KB039518

서울대학교 법학연구소
Medvlla Iurisprudentiae

06

금융법의
새로운 전개

박 준

박영사

머 리 말

25년간의 법률실무가 활동을 그만두고 학교에 부임한 것이 엊그제 같은데 벌써 12년 반이 흘러 정년퇴임하게 되었다. 그동안 주로 금융과 기업재무에 관한 법을 강의하였다. 넓은 의미의 금융법이라고 할 수 있다. 초기에는 법과대학에서 증권거래법과 상법연습을 강의하였다. 법학전문대학원이 출범한 후에는 법학전문대학원에서 금융거래법, 기업재무와 법 그리고 법조윤리를 담당하였고, 일반대학원에서는 금융법의 세부적인 주제와 관련 상사법을 더 깊이 있게 다루었다. 연구는 강의과목과 같은 분야에 치중하여 실무를 통하여 가지게 된 문제의식에서 출발하였다. 연구는 더 알아야 할 것과 더 생각해야 할 것이 많음을 깨닫게 하는 과정이었고, 실무가로서는 생각하기 어려운 새로운 의문도 제기할 수 있게 만들었다.

이 책 제1편 "금융·기업재무와 법"에 수록된 논문들의 특징은 다음과 같이 요약할 수 있다.

첫째, 금융거래에 대한 법적 규율은 그 금융거래에 내재된 위험의 인수와 이전 기능을 반영해야 한다는 생각을 바탕으로 하고 있다. 2008년 10월 리먼브러더스가 도산하며 글로벌 금융위기가 닥치는 시기에 쓴 "서브프라임 대출관련 금융위기의 원인과 금융법의 새로운 방향 모색"(2008)은 금융거래의 위험이전 기능에 주목하여 이에 적합한 법적 규율의 필요성을 강조하였다. 이 생각은 그 후의 연구에서도 계속되었다. "인수인 면책약정의 효력"(2017), "타인명의 자기주식 취득과 '회사의 계산'"(2018)과 "금융투자상품에 관한 손실보전약정과 강행법규·사회질서 위반"(2019) 등이 법적으로는 각각 다른 쟁점을 다루고 있지만, 그 바탕에는 관련된 금융거래의 위험인수와 이전 기능을 파악하고 이에 상응한 법적 규율을 해야 한다는 생각이 깔려 있다.

둘째, 금융거래의 내용을 심도 있게 분석하여 통념을 깨고 타당한 법적 규율이 무엇인지를 규명하고자 하였다. "상법상 사채의 속성"(2012), "타인명의 자기주식 취득과 '회사의 계산'"(2018)과 "금융투자상품에 관한 손실보전약정과 강행법규·사회질서 위반"(2019)이 대표적인 예이다. 특수한 사실관계에 일반적인 법리를 그대로 적용하는 경우의 문제가 무엇인지를 보여주는 "신디케이티드 대출에서 대리은행이 부담하는 선관주의의무"(2013)도 이 유형에 속한다고 할 수 있다.

셋째, 금융위기의 발생과 금융의 혁신에 따른 금융법의 발전을 다루고자 하였다. "1997년 경제위기와 IMF 구제금융이 금융법에 미친 영향"(2014)과 "서브프라임 대출관련 금융위기의 원인과 금융법의 새로운 방향 모색"(2008)은 1997년의 아시아 금융위기와 2008년의 글로벌 금융위기를 다루었고, "상법상 사채의 속성"(2012), "타인명의 자기주식 취득과 '회사의 계산'"(2018)과 "금융투자상품에 관한 손실보전약정과 강행법규·사회질서 위반"(2019)은 새로운 금융거래의 등장에 따라 기존 법리를 새로운 시각으로 바라보아야 함을 강조하였다.

이 책 제2편 "법률가의 의무와 책임"에 수록된 "이른바 현관예우·관선변호 현상에 대한 법적 고찰"(2011), "법관·검사의 징계사례에 관한 연구"(2014)와 "법관의 이익충돌"(2017)은 사법제도가 공정하게 운영되고 국민의 신뢰를 받을 수 있기 위한 법적 장치에 대한 연구로서 현상에 대한 분석과 아울러 법제도의 개선방안을 제시하였다. "외국법자문법률사무소의 법적 성격과 규제"(2013)는 법률시장의 개방을 위하여 제정한 외국법자문사법의 문제점을 지적하고 합리적인 해석과 바람직한 입법 방안을 제시하였다.

이 책에 수록된 논문들이 발표된 이후 상당한 시간이 흘러 현재는 법제도가 변한 부분도 많으나, 편집상 통일을 기하기 위한 수정, 오탈자 교정과 약간의 사소한 표현 수정 정도만 하고 원래의 논문을 그대로 수록하였다.

이 책에 수록된 대담에서 언급했듯이 무사히 정년퇴임하게 된 것은 연구와 교육에 몰두하게 해준 사랑하는 아내와 가족의 응원, 그리고 선후배, 동료 교수들과 학생들의 도움 덕분이다. 논문 작성에도 많은 도움을 받았다. 때로는 기본 아이디어만 가지고 때로는 초고를 만들어 토론하거나 발표하여 유익한 의견을 들었다. 모두 감사드린다. 물론 논문에 남아있는 잘못은 모두 저자의 몫이다. 정년퇴임 논문집 발간을 추진하여 주신 정긍식 법학연구소장님과 편집과 제작에 애써주신 조성호 이사님과 김선민 이사님 등 박영사 여러분들께도 감사드린다.

2020년 4월 28일

박 준

차 례

세부 차례

제 2 편 법률가의 의무와 책임

박준(朴峻) 교수 연보·논저 목록

I. 연 보

[출생 및 학력]

1954. 10.	서울에서 출생
1973. 1.	경기고등학교 졸업
1976. 4.	제18회 사법시험 합격
1977. 2.	서울대학교 법과대학 졸업(법학사)
1979. 8.	사법연수원 수료(제9기)
1984. 2.	서울대학교 대학원 법학석사과정 수료
1988. 6.	Harvard Law School 법학석사(LL.M.)

[수상]

1979. 8.	사법연수원장상
2009. 3.	심당국제거래학술상
2012. 11.	서울대학교 교육상
2013. 2.	한국상사법학회 우수논문상
2015. 12.	법무부장관 표창
2020. 2.	교육부장관 표창

[학내경력]

2007. 10.~2020. 2.	서울대학교 법과대학/법학전문대학원 교수
2008. 6.~2012. 5.	서울대학교 금융법센터장
2008. 6.~2014. 3.	서울대학교 금융법센터 BFL 공동편집위원장
2010. 11.~2012. 11.	서울대학교 금융경제연구원 부원장
2012. 10.~2015. 12.	Journal of Korean Law 편집위원장
2014. 1.~2016. 1.	서울대학교 금융경제연구원장
2015. 10.~2017. 9.	서울대학교 법학 편집위원장

2020. 3.~2021. 2.   서울대학교 경영대학 객원교수

[학외경력]
(1) 법조
1979. 12.~1982. 8.   육군 법무관
1982. 9.~2007. 9.   변호사(김·장 법률사무소)
1988. 8.~1989. 5.   뉴욕 Sullivan & Cromwell 법률사무소

(2) 학회, 학교 및 강의
1991.   ~1997.   한국증권연수원 강사(담당과목: 국제증권법규)
1993.   ~1995.   한국공인회계사회 회계연수원 강사(담당과목: 직업윤리–
                            회계감사인의 손해배상책임)
1995.   ~1997.   사법연수원 강사(담당과목: 국제금융관련계약/금융거래
                            법)
2001. 3.~2013. 2.   한국증권법학회 부회장
2006. 4.~2008. 3.   한국과학기술원 금융전문대학원 운영위원
2007. 11.~2013. 10.   은행법학회 자문위원
2013. 3.~현재   증권법학회 고문
2013. 11.~현재   은행법학회 고문

(3) 정부·공공기관 위원회
1994. 6.~1999. 1.   증권감독원 증권분쟁조정위원
1997. 5.~2006. 2.   증권예탁원 증권예탁결제제도 발전자문위원
1997. 4.~2020. 5.   한국상장회사협의회 주식업무자문위원
1997.   ~1998.   재정경제부 세제발전심의위원회 국제조세실무분과위원
1999. 2.~2003. 2.   금융감독원 금융분쟁조정위원
1999. 6.~2009. 3.   한국증권거래소 선물옵션시장 발전위원
2000. 10.   한국증권거래소 사외이사제도 개선 및 사외이사 직무
                            수행기준 제정위원
2003. 5.   한국증권거래소 배당지수운영위원
2005. 7.~2006. 7.   법무부 회사법개정특별분과위원
2006. 9.~2007. 1.   한국증권선물거래소 KRX 상장추진위원
2007. 9.~2014. 4.   한국예탁결제원 전자증권제도 자문위원회 위원장

2010. 3.~2011. 3.	법무부 공익신탁법제정 특별분과위원회 위원장
2011. 2.~2012. 2.	법무부 상법특별위원회 위원
2011. 5.~2011. 8.	법무부 상법시행령 개정을 위한 준법경영 법제개선단장
2012. 2.	한국상장회사협의회 상장회사 준법통제기준 표준모델 제정위원회 위원장
2012. 2.~2013. 2.	법무부 제2기 상법특별위원회 위원
2012. 3.~2013. 3.	법무부 남북법령연구특별분과위원회 상사소위원회 위원장
2013. 11.~2019. 11.	법조윤리협의회 자문위원
2014. 2.~2015. 1.	법무부 남북법령연구특별분과위원
2014. 5.~2015. 9.	한국예탁결제원 예탁결제제도 자문위원
2015. 9.~2018. 9.	법무부 공익신탁자문위원회 위원장
2015. 10.~2019. 10.	대법원 공직자윤리위원회 위원
2019. 12.~2022. 12.	법무부 공익신탁자문위원회 위원장

(4) 공익이사·사외이사

1997. 6.~2009. 2.	한국증권업협회 공익이사
1999. 2.~2001. 10.	한국주택은행 사외이사
2001. 11.~2002. 3.	국민은행 사외이사
2004. 3.~2007. 3.	우리은행 사외이사
2008. 3.~2010. 3.	한국씨티은행 사외이사
2009. 1.~2011. 3.	㈜케이티 사외이사
2010. 6.~2013. 3.	한국씨티금융지주 사외이사
2011. 3.~2013. 3.	한국씨티은행 사외이사
2013. 3.~2019. 3.	엘지디스플레이㈜ 사외이사
2014. 3.~2020. 3.	㈜녹십자홀딩스 사외이사

Ⅱ. 논저 목록

1. 단행본
(1) 저서 및 편저서
• 『자산유동화의 현상과 과제』(공편), 소화(2009). (2010년 문화체육관광부 우수학술

도서)
- 『회사법』(공저), 박영사(2010)(2016년 제6판부터 『신체계회사법』으로 제목 변경).
- 『판례 법조윤리』, 소화(2011).
- 『판례로 본 미국의 변호사윤리』(공저), 소화(2012). (2013년 문화체육관광부 우수학 술도서)
- 『파생금융거래와 법』(공편), 소화(2012).
- 『자본시장법 기본판례』(공저), 소화(2016).
- 『이익충돌에 관한 법적 연구』(공저), 박영사(2018).
- 『금융거래와 법』(공저), 박영사(2018).

(2) 번역서
- 『주요국가의 변호사윤리규범』(공역), 소화(2011). (2012년 대한민국학술원 우수학술 도서)
- 『회사법의 해부』(공역), 소화(2014).

2. 논문
- "Internationalization of the Korean Securities Market", International Tax & Business Lawyer Vol. 7 No. 1 (Winter 1989).
- "자본시장의 개방과 국제적 위법 증권거래의 규제", 증권 제63호(1990. 3).
- "국제증권거래에 대한 미국증권법의 규제"(공저), 증권 제67호(1991. 3).
- "Cracking Open Korea's Stock Exchange"(공저), International Financial Law Review Vol. X No. 10 (1991. 10).
- "미국자본시장에서의 채권(Yankee Bond)발행의 법적 규제"(공저), 증권 제72호 (1992. 6).
- "상장회사의 투자자에 대한 손해배상책임과 기업의 대응방안", 상장협 제26호(1992. 11).
- "국제적 회사정리를 둘러싼 제문제", 민사판례연구, 제16집(1994. 5).
- "주식매수청구권"(공저), 『상법개정에 관한 연구』(한국증권업협회 연구자료 94-2) (1994. 9).
- "시세조종행위의 규제", 인권과 정의 제230호(1995. 10).
- "증권시장의 세계화에 따른 국제증권예탁결제제도의 발전방향", 증권예탁 제20호 (1996. 12.).
- "Comments − Korea, Symposium: Capital Markets and Financial Services in the

Pacific Rim", Law and Policy in International Business Vol. 28 No. 3 (Spring 1997).

- "적대적 M&A의 방어와 관련한 법적 규제"(공저), 인권과 정의 제252호(1997. 8.).
- "채무자회생및 파산에 관한 법률 제120조의 해석"(공저), BFL 제22호(2007. 3).
- "Special Treatment of Derivatives in Korean Insolvency Proceedings: Comparison with the United States and Japan"(공저), Journal of Korean Law Vol.7 No.2 (2008. 6).
- "서브프라임대출 관련 금융위기의 원인과 금융법의 새로운 방향 모색", 국제거래법 연구, 제17집 제2호(2008. 12).
- "자본시장과금융투자업에관한법률에 따라 취득한 주식의 소각", 『21세기 상사법· 민사소송법의 과제』(정동윤 고희기념 논문집), 법문사(2009).
- "신용스왑(Credit Default Swap)계약상 신용보장의 대상과 범위", BFL 제33호(2009. 1).
- "신용스왑(Credit Default Swap)계약상 신용보장의무의 이행", BFL 제34호(2009. 3).
- "Consolidation and Reform of Financial Market Regulation in Korea: Financial Investment Services and Capital Markets Act", National Taiwan University Law Review Vol. 6 No. 1 (2011. 3).
- "우리나라 상사법 교육의 방향과 과제", 상사법연구 제30권 제1호(2011. 5).
- "이른바 현관예우·관선변호 현상에 대한 법적 고찰", 서울대학교 법학 제52권 제2 호(2011. 6).
- "신주인수선택권의 바람직한 운용방안"(공저), 상사법연구 제30권 제2호(2011. 8).
- "기업금융활성화와 신종증권에 관한 자본시장법의 개정", 상사판례연구 제24집 제3 권(2011. 9).
- "상법상 사채의 속성", 상사법연구 제31권 제3호(2012. 11).
- "외국법자문법률사무소의 법적성격과 규제 - 현행법의 합리적인 해석과 개선 방안 -", 인권과 정의 제433호(2013. 5).
- "신디케이티드 대출에서 대리은행이 부담하는 선관주의 의무", BFL 제59호(2013. 5).
- "1997년 경제위기와 IMF 구제금융이 금융법에 미친 영향", 서울대학교 법학, 제55 권 제1호(2014. 3).
- "법관·검사 징계사례에 관한 연구", 서울대학교 법학 제55권 제2호(2014. 6).
- "법학전문대학원에서의 이론교육과 실무교육", 저스티스 제151호(2015. 12).
- "인수인 면책약정의 효력", BFL 제82호(2017. 3).
- "법관의 이익충돌", 저스티스 통권 제159호(2017. 4).
- "회사채 관련 법제의 개선", 상사법연구 제36권 제1호(2017. 5).
- "예금계약", BFL, 제85호(2017. 9).
- "타인명의 자기주식 취득과 "회사의 계산"", 상사법연구 제37권 제1호(2018. 5).

- "리먼브러더스의 도산절차에서 제기된 파생금융거래 관련 법적 쟁점", BFL 제92호 (2018. 11.).
- "시세조종행위의 성립요건과 유형",『증권불공정거래의 쟁점 1』(BFL총서 14) (2019. 6).
- "금융투자상품에 관한 손실보전약정과 강행법규·사회질서 위반", 상사판례연구 제 32집 제4권(2019. 12.).

3. 기타 저술
- "증권거래법의 바람직한 개정방향", 서울경제신문(1991. 8).
- "주주의 대표소송", 상장(1996. 3).
- "파생상품(Derivatives)를 둘러싼 법적 제문제", 국제거래법연구 제5집(1996. 6).
- "증권거래법", 인권과 정의 제306호(2002. 2).
- "장외파생금융거래에 관한 법적 문제"(공저), Risk Korea(2004. 4).
- "21세기를 맞는 우리 회사법과 회사법학: 그 한계와 과제" 지정토론요지, 저스티스 제92호(2006. 7).

4. 기타 학회 발표 및 주요 강연
- "주식시장 개방에 따른 법적 문제점 개관", 증권법연구회 제38회 연구발표회(1992. 3).
- "국제적 회사정리를 둘러싼 제 문제", 민사판례연구회 하계심포지움(1993. 8).
- "시세조종행위 규제의 기본문제", 증권법연구회(1995. 5).
- "파생금융상품을 둘러싼 법적 제 문제", 국제거래법학회 월례발표회(1995. 11).
- "IMF 양해각서 체결과 금융시장의 개방", 정보통신연구원(1997. 12).
- "Legal and Regulatory Issues in Credit Derivatives", 와세다대학 국제심포지움 "글로 벌 금융규제의 재편성"(2009. 3).
- "Lessons from Recent Economic Crisis", Presidents of Law Associations in Asia Conference (2009. 7).
- "자본시장법 개정안의 주요내용과 금융산업에의 시사점", 제2012-5차 21세기 금융 비전포럼(2012. 7).
- "바람직한 법률가, 바람직한 법학교육", 서울대학교 교육상 수상 기념강연(2012. 11).
- "파생금융거래의 신용위험 관리를 위한 법적 장치", 법원 기업법연구회(2013. 5).
- "자기주식과 회사의 계산", 법원 상사국제거래소송연구회(2018. 1).

제 1 편
금융·기업재무와 법

1. 1997년 경제위기와 IMF 구제금융이 금융법에 미친 영향[*]

I. 서론

1997년 심각한 경제위기에 봉착한 우리 정부는 외환유동성 부족문제를 해결하기 위하여 1997년 11월 21일 국제통화기금(IMF)에 유동성조절자금의 지원을 요청하였다. 1997년 11월 24일부터 정부와 한국은행이 국제통화기금협의단과 협의한 후 12월 3일 한국은행총재와 부총리겸 재정경제원 장관 명의로 IMF로부터 3년간 155억 특별인출권(SDR)(미화 약 210억 달러)을 차입할 수 있는 대기성 차관(이하 "IMF 구제금융") 협약에 관한 "의향서" 및 이에 부속된 "경제프로그램각서(Memorandum on the Economic Program)(이하 "양해각서")"를 제출하였고,[1] 그 다음날 IMF 이사회가 이를 승인하여[2] IMF 구제금융 협약이 체결되었다.[3][4] IMF 구제금융 협

---

* 서울대학교 법학 제55권 제1호(서울대학교 법학연구소, 2014. 3) 게재.
 1) 국제통화기금과의 협의 과정은 국무회의 의안(1997. 12. 제887호), 국제통화기금(IMF) 대기성차관협약을 위한 양해각서(안), 5-6쪽. 의향서와 양해각서의 국문본은 윤제철, 「외환위기는 끝났는가 — 한국의 금융·기업 구조조정 10년 —」, 제2권(비봉출판사, 2007) 부록 2, 1221-1233쪽. 1997. 12. 3.자 의향서에 첨부된 이면약정(side letter)의 영문본은 강만수, 「현장에서 본 한국경제 30년」(삼성경제연구소, 2005), 519-521쪽.
 2) International Monetary Fund, Press Release Number 97/55 (December 4, 1997), "IMF Approves SDR 15.5 Billion Stand-by Credit for Korea".
 3) IMF 구제금융 협약의 법적 성질에 관하여는 박훤일, "IMF 협약과 금융구조조정의 문제점", 「경희법학」, 제35권 제1호(경희대학교 법학연구소, 2000. 12), 36-37쪽.
 4) 1997. 12. 3.자 의향서를 제출한 이후 제2차(1997. 12. 24), 제3차(1998. 1. 7), 제4차(1998. 2. 7), 제5차(1998. 5. 2), 제6차(1998. 7. 24), 제7차(1998. 11. 13), 제8차(1999. 3. 10), 제9차(1999. 11. 24), 제10차(2000. 7. 12) 의향서를 제출하였고, 제10차 의향서에서 대기성차관 협약이 2000. 12. 3. 종료하는 것으로 정하였다. 이들 의향서는 http://www.imf.org에

약은 3년 후 종료하였고 IMF로부터의 차입금 중 최종잔액을 2001년 8월 23일 전액 상환하였다.[5]

이 글은 IMF 구제금융이 우리나라 금융법에 미친 영향을 살펴보고 이를 평가하는 것을 목적으로 한다. 금융법제를 금융감독, 금융산업과 금융상품의 세 분야로 나누어, IMF 구제금융 기간(1997년 12월 3일부터 3년간) 중 제정 또는 개정된 금융관련 법령[6]의 내용 중 중요한 사항을 검토대상으로 하되 관련 판례와 필요한 경우 그 기간 전후의 법령의 제정·개정도 함께 살펴본다. 이와 같은 법령의 제정·개정 내지는 법제도의 도입·변경이 어떠한 이유로 이루어졌는지와 그 이후의 금융법의 변화와 관련하여 어떠한 의미를 가지며 어떠한 과제를 남기고 있는지를 검토한다.

아래 Ⅱ.에서는 IMF 구제금융 협약을 하기 이전의 우리나라의 금융법제 개혁 논의를 살펴보고, Ⅲ.에서는 앞에서 언급한 세 가지 분야별로 금융법제의 변화와 그 의미를 살펴본다. Ⅳ.에서는 Ⅲ.에서 살펴본 내용을 종합 정리한다.

Ⅱ. 1997년 경제위기 발생 이전의 금융법제 개혁 논의

1960년대 이후 우리나라는 정부 주도하에 경제개발을 하면서 금융을 정책수단으로 활용하여 성공적인 경제성장을 이루었으나, 경직된 규제와 과도한 정책금융 등으로 인하여 금융산업이 자율적으로 자금중개기능을 수행하지 못하고 금융의 효율성이 저하되었다.[7] 1990년대 중반 실물경제는 급격히 성장하는데 반하여 금융부문의 경쟁력이 취약하여 금융이 실물경제의 발목을 잡는 지경이 되었다. 과도한 규제로 인하여 금융부분의 효율성이 저하되고 수익성 보호를 위한 정부의 조치

서 볼 수 있고, 한국은행 업무참고자료 2001-1, IMF와의 대기성차관 협약(영문)으로도 발간되었다. 제1차 의향서부터 제5차 의향서의 요약은 김인준, 「위기극복 경제학」(율곡출판사 2013), 107-110쪽.

5) 재정경제부 보도자료, IMF 차입금 조기상환 완료(2001. 8. 23).

6) 은행·증권·보험에 관한 법령을 중심으로 검토하며 외환과 외국인투자는 다루지 않는다.

7) 금융개혁위원회, 「금융개혁 종합보고서」(1997. 12), 3-4쪽. 본문에 적은 내용 이외에도, 우리나라가 1995년 OECD에 가입하게 되면서 금융감독기능 통합, 중앙은행독립 및 금융개방에 관한 OECD의 견해를 무시할 수 없게 된 점도 금융개혁을 추진하게 된 계기가 되었다고 보는 견해도 있다. 전홍택, "금융개혁: 중앙은행 및 금융감독제 개편 사례", 「한국경제개혁 사례연구」(오름, 2002), 509쪽.

로 건전성이 약화되었으며 이러한 금융부문의 낙후가 국가경쟁력 제고에 걸림돌
이 된다는 인식하에, 금융부문을 실물경제 부문과 함께 발전시키고자 1997년 대통
령 직속으로 설치된 금융개혁위원회가 3차에 걸쳐 금융개혁방안을 제시하였다.[8]

　　금융개혁위원회는 금융개혁 1차 보고서[9]에서 금융개혁의 목표를 첫째, 금융
산업의 국제경쟁력 강화, 둘째, 이용자의 편의를 중시하는 금융제도 구축, 셋째,
금융체제의 안정성과 금융기관의 건전성 제고로 정하였다. 그 목표를 달성하기
위한 1차 금융개혁으로 (i) 업무영역의 확대를 통해 금융기관간 경쟁 촉진, (ii) 금
융기관이 창의적 역량을 발휘할 수 있도록 경영 자율화, (iii) 시장기능을 제약하는
각종 규제 폐지, (iv) 공정경쟁을 위한 기반구축과 시장규율의 확립을 제시하였
다.[10]

　　1차 금융개혁방안을 구체적으로 보면 금융산업에 대하여는 은행·증권·보험
의 업무영역을 확대하고, 금융기관의 지배구조를 개선하여 책임경영체제를 확립
하되, 업무별 한도규제를 철폐하고 자기자본 규제 등 건전성규제로 전환하는 등
금융기관의 자율성을 제고하는 것을 제시하였다. 금융상품과 거래에 관하여는 금
리와 수수료 규제를 자유화하고, 주거래은행제도를 폐지하며 여신한도 규제를 개
선하는 것과 해외증권발행, 해외차입, 외화대출 등 국제금융거래 규제를 완화하
는 것, 벤처금융과 중소기업금융을 활성화하는 것 등을 제시하였다. 또한 규제완
화와 관련하여 법령상 규제조항을 단순·명료·투명화할 것을 제시하였다.

　　이어 제시된 2차 금융개혁방안[11]에서는 (i) 금융산업 진입에 관하여는 진입
자유화와 금융지주회사제도의 도입을, (ii) 금융기관의 퇴출에 관하여는 적기시정
조치의 확립과 시가회계제도의 정착 및 위험자산 분류제도의 투명화, 금융기관
인수·합병의 원활화와 금융기관 파산·청산 제도의 개선, 예금보험기구의 통합
및 기능확충 등을 제시하였다. (iii) 금융감독에 관하여는 중앙은행의 독립성 강화
와 총괄적 금융감독기능을 가진 금융감독위원회의 설치를 제시하였다. 특히 금융

---

8) 금융개혁 1차 보고서 — 단기과제를 중심으로(1997. 4), 금융개혁 2차 보고서(1997. 6), 금
　융개혁 3차 보고서(1997. 11)가 제출되었고 이를 종합하여 「금융개혁 종합보고서」(1997.
　12)가 제출되었다. 금융개혁위원회의 배경과 활동에 대한 상세한 내용은 금융개혁위원
　회, 「금융개혁백서」(1998. 1), 간략한 설명은 윤계섭, "한국의 금융개혁", 「경영논집」, 제
　31권(1-2)(서울대학교 경영대학 경영연구소, 1997), 41-64쪽.
9) 금융개혁위원회, 금융개혁 1차 보고서 — 단기과제를 중심으로(1997. 4).
10) 금융개혁위원회, 금융개혁 1차 보고서 — 단기과제를 중심으로(1997. 4), 요약 9-10쪽.
11) 금융개혁위원회, 금융개혁 2차 보고서(1997. 6).

감독위원회 설치가 필요한 이유로 개혁위원회는 "금융산업의 겸업화 추세에 대응하여 복잡다기한 금융감독체계[12]를 일원화하고 기능적 감독 및 총괄감독기능을 제고할 필요"와 "금융자율화의 추세를 적극 수용하는 동시에 금융제도의 안정성과 신용질서를 확고히 유지할 필요" 및 "금융감독 체제 및 방식의 국제적 정합성 제고 필요"가 있으며, 이를 위하여 기관중심 금융감독에 기능중심감독을 접목하여 금융감독체계의 통합·일원화하고 금융감독의 중립성을 보장하며 전문성을 강화하여야 한다고 지적하였다.

금융개혁위원회가 제시한 개혁방안을 기초로 재정경제원 등 관계기관의 의견을 반영하여 작성한 '금융감독기구의 설치 등에 관한 법률안'을 비롯한 이른바 금융개혁법안들이 1997. 8. 23. 국회에 제출되었다. 당시 대통령 선거를 앞둔 시점이고 여러 관계기관의 이해관계가 얽혀 있어서 이들 법안은 국회에 계류되어 진전이 없다가 IMF 구제금융을 받게 되면서 양해각서상 이들 법안의 통과가 이행조건 중의 하나로 되어 있어 우여곡절 끝에 그중 일부가 1997. 12. 29.에 이르러서야 국회를 통과하게 되었다.[13] 아래에서 구체적인 법률과 제도의 변화를 검토하면서 드러나듯이, 금융개혁위원회가 제시한 개혁방안은 이후 금융법의 방향을 정하는 기본틀이 되었다.

Ⅲ. IMF 구제금융 협약 이후 금융법제의 변화

1. 개관

1997년 12월 3일자 양해각서에 담겨 있는 IMF 구제금융의 조건은 거시경제

---

12) 당시 우리나라의 금융감독은 은행, 증권, 보험, 기타의 금융업종별로 분산된 분리감독체제를 취하고 있었다. 같은 업종에 대하여도 금융기관의 종류, 관련업무의 내용 또는 규제의 내용에 따라 소관 감독기관이 달랐다. 예를 들면 은행의 경우에는 일반은행인지 특수은행인지에 따라 또 은행계정거래인지 신탁계정거래인지에 따라 한국은행 은행감독원과 재정경제원으로 감독권한이 나뉘어 있었고, 증권의 경우에는 재정경제원이 인가를 증권관리위원회와 증권감독원이 검사를 맡고 있었고, 보험의 경우에는 재정경제원이 포괄적 감독권을 가지고 보험감독원에게 감독 및 검사권 일부를 위임하고 보험감독원을 감독하는 체제를 취하였다. 1997년 말의 우리나라 금융기관 감독 검사 체계의 상세한 표는 최흥식, "Ⅶ장. 금융감독체계의 변천에 대한 정치경제적 분석", 〈한국의 금융제도: 주요 이슈의 회고와 과제〉 서울대학교 금융경제연구원 심포지엄 자료집, 2010, 12쪽.

13) 법안의 입안 과정과 통과 경과에 대한 상세한 설명은 최흥식, 앞의 논문(주 12), 14-15쪽; 강만수, 앞의 책(주 1), 250-261쪽.

정책, 통화정책, 재정정책 등과 아울러 금융개혁, 무역자유화, 자본자유화, 기업지
배구조, 노동시장의 유연성 제고, 외환 금융정보의 공개 및 금융실명제에 이르기
까지 광범위한 분야에 걸쳐 있다. 특히 양해각서는 우리 정부가 취하여야 할 법
제도에 관한 조치로서는 금융개혁을 가장 중요하게 언급하였다. 금융부문의 구조
조정과 개혁이 핵심적인 요소임을 강조하고, 부실금융기관의 문제 해결, 금융감
독기구의 확립, 금융산업의 리스크 관리, 금융산업의 시장개방 등을 강조하였
다.[14] 양해각서에 언급된 사항들이 법제화됨으로써 IMF 구제금융은 그 이전부터
절감하고 있던 금융개혁을 촉진하는 역할을 하였다. 양해각서에 명시적으로 언급
되지 않았으나 1997년 경제위기의 극복 과정에서 법제화된 내용도 상당히 있다.
아래에서는 IMF 구제금융 기간(1997년 12월 3일부터 2000년 12월 3일까지) 중 변경된
법제를 금융감독체제에 관한 법제, 금융기관과 금융산업에 관한 법제 및 금융상
품과 금융거래에 관한 법제로 나누어 검토하기로 한다.[15]

2. 금융감독체제

2.1. 통합 금융감독기구

2.1.1. 양해각서

금융감독체제에 관하여 양해각서는 은행·증권·보험 등 모든 금융기관의 감
독기능을 통합하는 법률을 제정하여 금융감독기구를 설치하도록 하고, 금융감독
기구는 예산상 자율권을 가지며 부실금융기관의 효율적 처리를 위한 권한을 가져
야 함을 강조하였다.[16]

---

14) 양해각서 제15항: "이 프로그램의 핵심은 금융부문의 광범위한 구조조정 및 개혁이다.
    한국정부는 부실금융기관의 문제점들이 고쳐지지 않으면 전체 금융시스템에 악영향을
    끼치며, 한국 금융시스템의 신뢰도를 저하시킨다는 것을 알고 있다. 그러므로 정부는 부
    실금융기관의 문제점을 해결하고, 금융산업의 시장개방을 위한 보다 강력하고 결정적인
    행동을 취한다. 강력하고 독립적인 금융감독기관을 세우기 위한 법률제정이 이뤄져야
    한다. 이는 금융기관의 건전성 감독을 강화하고, 투명성을 제고하기 위한 것이다. 회생
    가능성이 없는 금융기관을 퇴출하기 위한 실행계획과 일시적으로 취약하지만 자력갱생
    이 가능한 금융기관을 처리하기 위한 정책, 금융산업의 리스크 관리를 촉진시킬 대책이
    필요하다."
15) 본문에 적은 사항 이외에도 증권·선물 등 자본시장 규제도 금융법의 중요한 부분이지만
    시장규제의 기본틀은 IMF 구제금융이전부터 갖추어져 있었으므로 이 글의 검토대상에
    서 제외한다.
16) 양해각서 제16항: "12월 대선 후에 즉시 금융개혁법안을 처리하기 위한 임시국회를 소집
    한다. 법안은 다음과 같다.

2.1.2. 통합 금융감독기구의 설치

(1) 금융감독위원회의 설치

1997. 12. 31. 구「금융감독기구의 설치 등에 관한 법률」(법률 제5490호, 이하 이 글에서 구법표시는 모두 생략한다)이 제정되어 1998. 4. 1. 시행되었다. 이 법률은 당시 기관별·업종별 감독체제하에서 한국은행 은행감독원, 증권감독원, 보험감독원이 각각 은행, 증권, 보험을 감독하고, 제2금융권은 재정경제원이 감독하는 등 "분산되어 있던 금융감독기능을 금융감독위원회 및 금융감독원으로 통합·일원화함으로써 금융감독을 효율적으로 수행"하는 것을 목적으로 하였다.[17] 이 법률에 의하여 금융감독업무(금융기관에 대한 감독과 증권·선물시장에 대한 감독 등)[18]를 수행하기 위하여 국무총리 소속하에 금융감독위원회를 두되(동법 제3조 제1항, 제17조), 금융감독위원회는 독립적으로 사무를 수행할 수 있도록 하였다(동법 제3조 제2항). 또한 금융감독위원회(또는 그 산하에 설치된 증권선물위원회)의 지시·감독하에 금융기관에 대한 검사·감독업무 등을 수행하기 위하여 무자본특수법인으로 금융감독원을 설립하였다(동법 제24조). 이와 아울러 「은행법」도 개정되어 은행법상 은행에 대한 감독권자가 종전의 금융통화운영위원회와 그 지시·감독을 받는 한국은행 은행감독원장에서 금융감독위원회와 그 지시·감독을 받는 금융감독원장으로 변경되었다(은행법 제44조, 법률 제5499호, 1998. 1. 13. 전부개정, 1998. 4. 1. 시행).

금융감독위원회와 금융감독원은 은행, 증권·선물(증권회사, 투자신탁회사, 투자자문회사, 선물회사 포함), 보험뿐 아니라, 종합금융회사, 상호신용금고, 신탁회사, 여신전문금융회사 등 기타 제2금융권도 포함하여 금융산업을 전반적으로 감독할 수 있게 되었다(「금융감독기구의 설치 등에 관한 법률」 제38조).[19] 또한 금융산업의

　　　- 개정 한국은행법: 물가안정을 주임무로 하는 중앙은행의 독립성 보장.
　　　- 특수은행을 포함한 모든 은행, 증권사, 보험 등 모든 금융기관의 감독기능을 통합하는 법률. 이 기구는 운영상 예산상의 자율권을 가져야 하면, 부실금융기관을 효율적으로 처리하는 데 필요한 모든 권한을 가져야 한다. (이하 생략)"

17)「금융감독기구의 설치 등에 관한 법률」 제정이유.

18)「금융감독기구의 설치 등에 관한 법률」은 2008. 2. 29.「금융위원회의 설치 등에 관한 법률」(법률 제8863호, 2008. 2. 29. 시행)이 되었고 동 개정시 금융위원회는 정부조직법 제2조상의 중앙행정기관이 되었고, 소관업무가 "금융정책, 외국환업무 취급기관의 건전성 감독 및 금융감독에 관한 업무"로 확대되었다(「금융위원회의 설치 등에 관한 법률」 제3조).

19) 1998년부터 2006년까지의 각 금융산업별 규제감독의 내용은 김홍범, "금융규제감독의 경과와 개선 과제",「한국금융연구」제21권 별책(한국금융연구원, 2007. 8), 60-69쪽 표 1, 3, 4, 5, 6에 요약·정리되어 있음.

구조조정과 부실금융기관의 처리를 원활하게 하기 위하여 1998년 중 「금융산업의 구조개선에 관한 법률」이 두 차례에 걸쳐 대폭 개정(법률 제5496호, 1998. 1. 8. 개정, 1998. 4. 1. 시행; 법률 제5549호 1998. 9. 14. 개정 및 시행)되어,[20] 금융감독위원회로 하여금 부실 우려가 있는 금융기관에 대하여 다양한 적기시정조치[21]를 취할 수 있도록 하였다. 또한 광범위한 감독권한을 부여받은 금융감독위원회와 금융감독원은 업무수행시 공정성을 유지하고 투명성을 확보하며 금융기관의 자율성을 저해하지 않도록 노력할 의무를 부담하도록 하였다(동법 제2조).

(2) 금융감독위원회와 금융감독원의 관계

금융감독위원회는 합의제 행정기관으로 독립적으로 사무를 수행하도록 하였고(「금융감독기구의 설치 등에 관한 법률」제3조 제2항), 금융감독위원장이 금융감독원장을 겸임하도록 함으로써(동법 제29조 제2항),[22] 금융감독위원회는 통합금융감독기구의 의결기구로서 금융감독정책업무를 수행하고, 금융감독원은 집행기관으로서 금융감독위원회의 지시·감독하에 감독집행업무를 담당[23]하도록 하였다. 의결기구로 규정하였다고 하여 금융감독위원회가 감독권한을 직접 행사할 수 없는 것은 아니고, 금융감독업무는 본래 포괄적으로 금융감독위원회의 업무였다. 금융감독위원회는 금융감독업무에 관한 최고책임기구이고, 금융감독원은 그 보좌기관이며, 두 기관이 상호 대등적·독립적이거나 경쟁적인 관계에 있는 것은 아니었다.[24]

(3) 금융감독위원회와 재정경제부의 관계

금융감독위원회는 금융기관에 대한 감독권을 가지지만 금융기관의 설립·폐

---

20) 위 두 번의 개정 이외에도 2000. 1. 21. 일부 개정(법률 제6178호)으로 영업이 전부 정지되거나 계약이전이 결정된 부실금융기관의 관리인으로 예금보험공사의 임직원을 선임하고, 예금보험공사가 해산·파산한 금융기관의 최대채권자인 경우에는 예금보험공사의 임직원이 청산인·파산관재인으로 선임될 수 있도록 하였다(동법 제14조의6 및 제15조).
21) 아래 Ⅲ.3.4.2. 참조.
22) 2008. 2. 29. 「금융감독기구의 설치 등에 관한 법률」이 「금융위원회의 설치 등에 관한 법률」로 개정될 때 금융정책기능과 감독집행기능을 분리하여 금융행정의 책임성을 강화한다는 취지로 금융위원장의 금융감독원장 겸임 제도를 폐지하여 대통령이 금융감독원장을 별도로 임명하도록 하였고(동법 제29조 제2항), 금융위원회의 금융감독원 업무에 대한 지시·감독권을 지도·감독으로 변경하였다(동법 제18조, 제24조 제1항).
23) 김홍기, "우리나라 금융감독체계의 문제점 및 개선방안", 「상사법연구」, 제31권 제3호(한국상사법학회, 2012), 184쪽.
24) 헌법재판소 2002. 4. 25. 2001헌마285 결정.

쇄에 대한 인가권은 재정경제원장관[25]이 보유하였고[예: 은행법(1998. 1. 13, 전부개정 법률 제5499호, 1998. 4. 1. 시행) 제8조 제1항], 은행업무의 범위도 재정경제원장관이 정하도록 하여 다른 금융업종과의 업무영역조정기능을 재정경제원으로 일원화하였다(은행법 제27조 제2항). 또한 재정경제원장관이 금융감독에 관한 법령 제정·개정안 제안권도 보유하였다.[26] 이와 같은 사항들은 금융감독의 독립성과 효율성의 양면에서 비판받을 사항이었고, 결국 1999. 5. 24. 「정부조직법」 개정(법률 제5982호, 1999. 5. 24. 시행)으로 "금융감독행정의 효율적 수행과 피감사기관에 대한 중복규제를 배제하고 금융감독업무의 독립성과 일관성을 부여하여 금융업무의 건전성을 제고하려는 취지"[27]로 금융기관에 대한 인가권을 금융감독위원회로 이관하였고(동법 부칙 제3조 제38항 이하), 재정경제부장관은 금융감독 관련 법령 제정·개정안 제출시 금융감독위원회와 협의하도록 하였다(「금융감독기구의 설치 등에 관한 법률」 제64조의2). 금융감독 관련 법령 제·개정안 제출은 재정경제부장관의 소관사항이었다가 2008. 2. 29. 금융감독위원회가 중앙행정기관인 금융위원회로 개편됨으로써 비로소 금융감독 관련 법령 제·개정 제안을 할 수 있게 되었다[「금융위원회의 설치 등에 관한 법률」(법률 제8863호, 2008. 2. 29. 일부개정 및 시행) 제3조 제2항, 제17조 제6호].

2.2. 한국은행의 독립성 보장

2.2.1. 양해각서

양해각서는 1997년 12월 대선 후에 즉시 금융개혁법안을 처리하기 위한 임시국회를 소집하여 물가안정을 주임무로 하는 중앙은행의 독립성을 보장하는 내용으로 「한국은행법」을 개정하도록 정하였다.[28]

---

25) 당시 법률상 재정경제원장관으로 되어 있으나 「금융감독기구의 설치 등에 관한 법률」이 제정되어 시행된 1998. 4. 1.에는 재정경제원이 재정경제부로 개편되었다(정부조직법 법률 제5529호, 1998. 2. 28. 전부개정 및 시행).

26) 금융개혁위원회가 제시한 개혁방안과 달라진 부분이고 재정경제원이 강력한 권한을 확보한 대표적인 예의 하나이다. 금융개혁 2차보고서, 213, 233쪽, 전성인/김기홍/김상조/함준호, "한국금융개혁: 평가와 정책과제", 학술진흥재단 특별정책과제 최종연구결과보고서(2001), 19쪽.

27) 국회 행정자치위원회 수석전문위원 박봉국, 정부조직법중 개정법률안 검토보고(1999. 4), 8쪽.

28) 양해각서 제16항(주 16).

2.2.2. 「한국은행법」의 개정
(1) 한국은행의 중립성 제고

금융감독위원회 및 금융감독원의 설치로 종전 한국은행 은행감독원이 수행하던 은행감독업무를 금융감독위원회와 금융감독원이 수행하게 됨으로써 한국은행의 역할이 달라지면서 「한국은행법」도 개정되었다(법률 제5491호, 1997. 12. 31. 전부개정, 1998. 4. 1. 시행). 이 개정은 한국은행으로부터 금융감독기능을 분리하여 금융감독위원회와 금융감독원에 부여하되, 한국은행은 통화신용정책을 중립적으로 수립하여 자율적으로 집행하도록 하며 정부는 한국은행의 자주성을 존중하도록 규정하여(동법 제3조) 중앙은행의 독립성과 중립성을 보장하였다.

또한 한국은행의 정책결정기구로 금융통화위원회를 두되 종전에 재정경제원장관이 겸임하던 의장을 한국은행총재가 겸임하도록 하고(동법 제13조 제2항), 위원도 전원 상임위원으로 하였다(동법 제13조 제4항). 한국은행 정관변경에 대하여 정부가 가지고 있던 승인권을 폐지하고 금융통화위원회가 이를 승인하도록 하였으며(동법 제8조 제2항), 재정경제원장관이 가지고 있던 금융통화위원회 회의소집권 및 의안제안권(개정전 동법 제17조)을 폐지함으로써 한국은행의 독립성의 수준을 높였다. 한국은행의 예산은 금융통화위원회의 의결을 거쳐 확정하도록 하여(동법 제98조 제1항) 예산편성의 독립성을 부여하는 한편, 한국은행의 예산 중 통화신용정책과 관련된 예산을 제외한 경비 등에 관한 예산에 대하여는 미리 재정경제부장관의 승인을 얻도록 하여(동법 제98조 제2항) 예산편성의 자의성을 방지하도록 하였다. 또한 한국은행의 통화신용정책은 물가안정을 저해하지 않는 범위 내에서 정부의 경제정책과 조화를 이룰 수 있도록 하여(동법 제4조), 한국은행의 독립성 강화로 인한 부작용을 방지할 수 있는 장치도 두었다. 1987년 민주화 이후 여러 차례 시도되었으나 실패하였던 한국은행의 독립성 강화가 IMF 구제금융을 계기로 법률에 반영되게 된 것이다.[29]

(2) 책임성 장치

개정된 「한국은행법」은 독립성·중립성 강화와 더불어 한국은행의 책임성 장치를 보완하였다. 한국은행은 업무수행과 기관운영시 공공성과 투명성을 확보하도록 노력할 의무를 지며(동법 제5조), 정부와 협의하여 매년 정한 물가안정목표를 포

---

29) 1987년 이후 한국은행법 개정에 관한 논의의 내용, 과정 및 각 이해관계자들의 반응에 대하여는 전홍택, 앞의 논문(주 7), 485-523쪽.

함하는 통화신용정책 운영계획을 수립하여 공표하여야 한다(동법 제6조 제1항). 또한 한국은행은 감사원의 감사를 받으며(동법 제95조), 매년 1회 이상 통화신용정책의 수행상황에 대한 보고서를 작성하여 국회에 제출하여야 한다(동법 제96조).

(3) 한국은행의 금융기관 감독

금융감독위원회와 금융감독원 설치로 금융감독업무는 이들 두 기관의 소관 업무가 되었으나, 한국은행도 통화신용정책의 수행을 위하여 필요하다고 인정되는 경우 금융기관에 대하여 자료제출을 요구할 수 있고, 금융감독원에 대하여 금융기관에 대한 검사 및 공동검사를 요구하고 검사결과의 송부를 요청하거나 필요한 시정조치를 요구할 수 있도록 하였다(동법 제87조 및 제88조).

2.3. 평가

IMF 구제금융은 당시 금융감독체제의 개편의 필요성을 인식하고 있으면서도 기존의 감독기관 등 이해관계자들의 이해관계가 얽혀 정체 상태에 빠져 있던 문제를 일거에 해소하여 금융감독체제의 개편에 기여하였다고 할 수 있다.[30] 아래에서는 금융감독의 기본원리라고 할 수 있는 효율성, 독립성, 책임성의 관점에서 당시 이루어진 금융감독체제의 개편을 검토하고 남은 과제가 무엇인지를 살펴보기로 한다.[31]

2.3.1. 효율성 제고

(1) 통합금융감독체제로의 전환

우선 분산감독체제에서 통합감독체제로 전환하였다는 점은 금융감독의 효율성의 면에서 높이 평가할 수 있다.[32] 1997년 IMF 구제금융을 신청하는 상황에 이르기 전부터 당시의 금융규제, 특히 분산된 금융감독체계에 대하여는 각 금융감

---

30) 전성인/김기홍/김상조/함준호, 앞의 보고서(주 26), 6쪽.

31) 금융감독체제의 기본원리는 학자들에 따라 여러 가지로 설명된다. 독립성·책임성·투명성·염결성으로 구성된 것으로 보는 견해로는 Udaibir Das and Marc Quintyn, "Crisis Prevention and Crisis Management The Role of Regulatory Governance", IMF Working Paper WP/02/163 (September 2002), pp. 8-12이 있고, 효율성·책임성·전문성·정당성으로 설명하는 견해로는 Eric J. Pan, "Structural Reform of Financial Regulation", *Transnational Law & Contemporary Problems* Vol. 19:796 (January 2011), p. 808이 있다.

32) 분산감독체제가 비효율적이라는 점은 2008년 미국 재무부에서 발표한 금융개혁안에서도 인정하고 있다. U.S. Department of The Treasury, *Blueprint For A Modernized Financial Regulatory Structure* (March 2008), p. 140.

독기구의 자율성과 책임성의 부족, 정부에 의한 의사결정 주도, 종합적인 금융시
장과 금융산업 감독기능 미흡 등의 문제, 즉 총괄감독기능이 없다는 문제가 제기
된 상태였고,[33] 국제적으로도 금융의 겸업화·그룹화가 진행되고 있는 상황이었
으므로[34] 분산된 금융감독체제를 통합감독체제로 전환한 것은 자연스런 선택이
었다.[35][36] 금융개혁위원회의 개혁보고서에 드러나 있듯이 금융감독체제의 변화
에 대한 경제계의 요구는 강했으나 관련 기관 등 이해관계자들이 많아 쉽게 입법
이 진행되지 못하다가 IMF 구제금융을 계기로 비로소 법제화되었던 것이다.[37]

　　새로운 금융감독체제에서는 금융감독위원회가 은행·증권·보험·기타 금융
업을 모두 감독대상으로 삼아 총괄적인 금융감독이 가능하게 되었다는 점에서 큰
의의를 찾을 수 있다. 그러나 새로운 금융감독체제 하에서도 금융기관 설립·폐쇄
에 대한 인가권과 금융감독에 관련된 법령 제정·개정안 제출권을 재정경제부가
그대로 보유하고, 금융감독위원회는 감독 검사만을 행할 수 있도록 되어 있었다.
이 점은 금융감독위원회가 통합감독기구로 활동하는 데 중대한 제한이 되는 것이
었고 금융감독기구의 독립성뿐 아니라 효율성의 면에서도 비판받을 수 있는 부분
이었다. 결국 앞서 본 바와 같이 1999년 5월 금융기관 설립·폐쇄 인가권은 금융
감독위원회로 이관되었으나, 법령 제정·개정안 제출권은 2008년까지도 재정경제
부가 계속 보유하였고 다만 금융감독위원회와 협의절차를 거치도록 하였던 점은

---

33) 최흥식, 앞의 논문(주 12), 11쪽.

34) 1997년 영국이 금융감독청(Financial Supervisory Authority)제도를 도입할 때에도 금융의
　　겸업화·그룹화 현상이 통합금융감독기구가 필요한 이유의 하나로 제시되었다. Michael
　　Taylor, "The Road from 'Twin Peaks'—and the Way Back", *Connecticut Insurance Law
　　Journal*, Vol. 16, No. 1, p. 74 (2009).

35) 서울대학교 금융법센터, 금융감독 선진화를 위한 감독체계 개편 방안(2012. 10), 66쪽.

36) 통합금융감독기구 제도를 채택하는 추세에 대하여 Kenneth Mwenda, *Legal Aspects of
　　Financial Services Regulation and the Concept of a Unified Regulator* (World Bank
　　2006). 글로벌 금융위기의 초기인 2008년 3월 미국 재무부가 발표한 금융규제현대화 청
　　사진에서 업종별로 분산되고 연방과 주로 나뉜 금융감독체제의 개혁의 필요성을 역설하
　　고, 금융규제를 시장안정규제, 건전성규제와 영업행위규제로 나누고 각 규제담당 감독기
　　구를 설치하는 장기방안을 제시하였다. U.S. Department of The Treasury, *Blueprint For
　　A Modernized Financial Regulatory Structure* (March 2008). 리먼브러더스의 파산 등
　　2008년 후반 금융위기가 심각하게 되고 위기 극복을 위한 법안이 제시되면서 이 방안은
　　실현되지는 않았다.

37) 당시 통합금융감독체제로 개편한 것은 재정경제원이 한국은행의 은행감독권을 박탈하
　　여 금융감독권한을 전부 재정경제원이 장악하려는 시도로 보는 견해도 있다. 전성인/김
　　기홍/김상조/함준호, 앞의 보고서(주 26), 17쪽.

행정부·정치권이 독립적인 금융감독기구에 대한 권한 부여를 주저하는 모습을 잘 보여주었다고 할 수 있다.

(2) 불충분한 감독목표

「금융감독기구의 설치 등에 관한 법률」(법률 제5490호, 1997. 12. 31. 제정)이 금융감독위원회의 소관사무 처리시의 목표를 별도로 규정하지 않은 이상, 금융감독위원회의 업무처리시의 목표는 동법 제1조에 규정된 입법목적을 달성하는 것이라고 할 수 있다. 동법 제1조는 "건전한 신용질서와 공정한 금융거래관행의 확립" 및 "금융수요자 보호"를 입법목적으로 규정하였다. 금융감독위원회와 그 지시·감독을 받는 금융감독원은 법률상 영업행위규제 내지는 금융소비자보호를 목적으로 하고 있었고 건전성규제 및 이를 통한 금융시스템의 안정은 "건전한 신용질서 확립"에 녹아들어 있을 뿐 구체적인 목표로 삼지는 않았다고 할 수 있다. 현행 「금융위원회의 설치 등에 관한 법률」 제1조는 종전의 입법목적에 "금융산업의 선진화와 금융시장의 안정 도모"를 추가하여 개선이 되었으나 아직 매우 추상적이라는 한계가 있다. 금융감독기구의 업무수행의 중심을 잡을 수 있도록 하기 위해서는 규제목표를 잘 설정할 필요가 있다.[38] 이와 관련해서는 영국의 입법례를 참고할 만하다. 영국의 「2000년 금융서비스시장법」(Financial Services and Markets Act 2000)은 애초 시장의 신뢰, 공중의 이해증진, 소비자 보호, 금융범죄의 감축이라는 4가지의 목표를 들고 그 각 목표에 관하여 보다 상세한 규정을 두었다(Sections 2 (2), 3, 4, 5, 6). 「2012년 금융서비스법」(Financial Services Act 2012)으로 개정된 이후에는 금융행위청(Financial Conduct Authority)의 규제목표는 소비자보호, 시장질서유지와 경쟁의 3가지로 변경되었고, 건전성규제청(Prudential Regulation Authority)의 규제목표는 금융시스템의 안정을 확보하기 위한 피감독기관의 안전과 건전성 증진으로 정해졌다(Financial Services Act 2012 Section 6 (1)로 추가된 Financial Services and Markets Act 2000 Sections 1B (3), 2B (2), (3)).

(3) 금융감독기구의 기능별 분화 — 건전성규제와 영업행위규제

금융감독기구의 규제목표와 관련하여 단일한 통합금융감독기구를 설치하였을 때 충돌되는 규제목표를 추구함에 따른 문제가 제기된다. 즉 금융시스템보호

---

38) 감독목표와 관련하여 기업구조조정을 금융감독기구가 담당하는데 대한 비판은 전성인/김기홍/김상조/함준호, 앞의 보고서(주 26), 29-31쪽과 김인준, "금융부실과 금융구조 개혁", 「경제논집」, 제40권 제4호(서울대학교 경제연구소, 2001. 12), 404쪽.

를 목적으로 하는 건전성규제와 금융소비자 보호에 중점을 둔 영업행위규제를 동일한 감독기관이 담당함으로써 규제목적이 충돌하게 되는 문제가 발생하게 된다. 이 문제를 해결하기 위하여 양자를 별도의 기관에서 담당하도록 하여야 한다는 주장이 1995년 영국의 Taylor 박사에 의하여 제기되었고,[39] 1997년 영국이 통합금융감독기구로 금융감독청(FSA)을 설치하는 것으로 금융감독체제를 개편할 때도 이 문제가 제기되었으나 채택되지는 않았다.[40]

금융감독위원회 제도를 도입하던 당시 우리나라에서는 금융기관의 건전성규제와 영업행위규제(또는 금융소비자 보호)의 문제를 구별하여 논의하지는 않았다. 금융감독위원회가 양자를 모두 담당하게 되었고, 2008년 금융위원회 제도로 개편될 때도 이 부분은 변화가 없었다. 국제적으로는 호주[41]와 네덜란드[42]가 Taylor 박사의 주장을 받아들여 건전성규제기구와 영업행위규제기구를 분리하였다. 2008년 글로벌 금융위기를 겪으면서 각국이 건전성 규제기구와 영업행위 규제기구를 분리하고 있고,[43] 우리나라에서도 이와 유사하게 감독체제를 개편하여야 한다는

---

39) Michael Taylor, Twin Peaks: A Regulatory Structure for the New Century (Center for the Study of Financial Innovation, 1995).

40) Taylor 박사가 주장하는 twin-peaks 모델은 금융감독권을 가지고 있던 영란은행의 반대로 채택되지 않았다. Michael Taylor, supra note 34, p. 78.

41) 「2001년 호주증권투자위원회법」(Australian Securities and Investments Commission Act 2001)에 따라 설립된 호주증권투자위원회(Australian Securities and Investments Commission, ASIC)는 시장질서와 소비자보호를 담당하고 「1998년 호주건전성감독청법」(Australian Prudential Regulation Authority Act 1998)에 따라 설립된 호주건전성감독청(Australian Prudential Regulation Authority, APRA)은 금융기관의 건전성규제를 담당한다.

42) 2002년 금융감독기구를 개편하여 중앙은행(De Nederlandsche Bank: DNB)이 시장안정성 보호를, DNB와 연금및보험감독청(Pensioen+Verzekeringskamer: PVK)이 건전성감독을, 시장감독청(Authority for the Financial Markets: AFM)이 영업행위규제를 담당하여 변형된 twin-peaks 모델을 채택한 후 2004년 PVK가 DNB에 합병됨으로써 DNB가 건전성규제를 담당하게 되었다. Henriette Prast and Iman van Lelyveld, New Architectures in the Regulation and Supervision of Financial Markets and Institutions: The Netherlands (2004), pp. 14-15.

43) 영국은 「2012년 금융서비스법」(Financial Services Act 2012)으로 종전의 금융감독청(Financial Services Authority)을 금융행위청(Financial Conduct Authority)과 건전성규제청(Prudential Regulation Authority)으로 개편하여 전자는 영업행위규제와 금융소비자보호를 담당하고 후자는 금융기관의 안전과 건전성 증진을 담당하며, 영란은행이 금융안정성을 담당하도록 하였다. 영국의 새로운 금융감독체제에 대한 간단한 분석은 Mads Andenas and Iris H-Y Chiu, *The Foundations and Future of Financial Regulation: Governance for Responsibility* (Routledge, 2014), pp. 436-441. 미국은 금융개혁법(Dodd-Frank Wall Street Reform and Consumer Protection Act)에 따라 금융소비자보호국(Consumer Financial Protection Bureau, CFPB)을 설치하였다.

견해가 제시되고 있다.[44] 우리나라에서도 최근 저축은행 사태를 통하여 건전성규제와 금융소비자 보호의 문제가 상호 충돌한다는 점이 드러나게 되었고,[45] 이는 2012년 5월 금융감독원 내에 금융소비자보호처를 별도로 설치하는 결과로 이어졌다.[46] 이러한 변화는, 건전성규제와 영업행위규제의 목표가 서로 다르고 두 규제를 같은 감독기관이 담당할 경우 규제목적의 충돌로 인하여 규제의 혼선이 발생할 수 있다는 측면 및 금융감독기구의 전문성 제고라는 측면에서 타당한 조치였다고 할 수 있다. 금융소비자보호처가 금융감독원 내의 조직으로 남건 별도의 기관으로 분리되건 건전성규제와 금융소비자보호를 위한 규제는 기본적으로 상호 영향을 받지 않고 이루어질 수 있도록 할 필요가 있고, 다른 한편 두 감독기구 간의 협력과 조율이 이루어질 수 있는 장치도 마련될 필요가 있다.[47]

(4) 금융감독위원회와 금융감독원의 관계

금융감독위원회와 금융감독원 설립시에는 금융감독원은 금융감독위원회의 지시·감독을 받아 업무를 처리하도록 하고 금융감독위원장이 금융감독원장을 겸하도록 함으로써 양 기관 간의 지위와 권한 범위의 문제가 제기되지 않게 되어 있었다. 다만, 금융감독위원회의 사무국이 확대되면서 사무국과 금융감독원의 업무범위에 관한 문제가 제기되었고,[48] 2008. 2. 29. 「금융감독기구의 설치 등에 관한 법률」이 「금융위원회의 설치 등에 관한 법률」로 개정될 때 금융위원장의 금융감독원장 겸임 제도를 폐지하여 대통령이 금융감독원장을 별도로 임명하도록 하였고(동법 제29조 제2항), 금융위원회의 금융감독원 업무에 대한 지시·감독권을 지도·감독으로 변경하였다(동법 제18조, 제24조 제1항). 이러한 개정은 금융정책기능

---

44) 최흥식, 앞의 논문(주 12) 56쪽; 윤석헌/고동원/빈기범/양채열/원승연/전성인, "금융감독체계 개편: 어떻게 할 것인가?", 「금융연구」, 제27권 제3호(한국금융연구원, 2013), 88-91쪽. 정경영, "금융감독체계의 문제점과 개편방안 — 미국 금융감독개혁법제의 시사점을 참고하여", 「금융법연구」, 제9권 제2호(한국금융법학회, 2012)도 신중한 입장이지만 기본적으로 같은 취지.

45) 국무총리실, 금융감독혁신방안(2011. 9. 2), 38쪽.

46) 금융감독원 보도자료, 금융감독원 금융소비자보호처 출범(2012. 5. 15). 금융소비자보호 기능을 금융감독원으로부터 분리하여 독립기구로 만들 것인지에 대하여는 아직 논의 중이다.

47) 감독목표와 기능에 따라 감독방식도 달리 개발할 필요가 있다. 손상호, 「금융감독방식의 선진화 방안」(한국금융연구원, 2004. 7. 8)은 감독방식의 개선의 필요성을 지적하고 리스크중심의 예방적 검사 등의 방안을 제시하였다.

48) 김홍기, 앞의 논문(주 23), 195쪽 및 헌법재판소 2002. 4. 25. 2001헌마285 결정(주 24).

과 감독집행기능을 분리하여 금융행정의 책임성을 강화한다는 취지로 이루어진 것이었지만, 금융감독위원회와 금융감독원이 상호 권한범위를 다투는 계기가 되었다. 금융산업정책과 금융감독정책의 분리는 합리성이 있겠으나,[49] 금융감독에 관하여 정책기능과 집행기능을 별도 기관이 담당하도록 하면서[50] 두 기관 간의 지시·감독관계를 명확하게 하지 않으면 오히려 금융감독의 효율성을 해할 뿐이다.

2.3.2. 독립성 확보
(1) 정치권 및 행정부로부터의 독립

금융안정성의 확보 및 금융위기의 발생 예방을 목표로 금융감독의 수준을 향상시키기 위해서는 금융감독기구가 정치적 압력을 받지 않고 독립적으로 업무를 수행할 수 있어야 한다.[51] 특히 금융감독기구가 그 목표를 실행함에 있어서의 독립성은 '건전성규제를 할 수 있는 측면에서의 독립성(regulatory independence)'과 '감독활동상의 독립성(supervisory independence)', '기관상의 독립성(institutional independence)', '예산상의 독립성(budgetary independence)'으로 나누어 살펴볼 수 있다.[52]

① 금융감독위원회가 국무총리 소속하에 있지만 소관사무를 독립적으로 수행하도록 법적으로 보장받았으므로「금융감독기구의 설치 등에 관한 법률」(법률 제5490호) 제3조 제2항], 행정부처 내에서는 어느 정도 '기관상의 독립'을 이루었다고 볼 수 있다.

49) 이 점에 대한 간단한 설명은 김우찬, "실종된 금융감독체계 개편논의 다시 시작할 때", 주간 하나금융포커스, 제3권 제30호(하나금융연구소, 2013. 7. 29), 2쪽; 윤석헌/고동원/빈기범/양채열/원승연/전성인, 앞의 논문(주 44) 82쪽.
50) 김홍범, "금융감독체계 개편론 분석: 미국·영국·EU와 한국", 서울대 금융경제연구원 추계 컨퍼런스 발표논문(2009. 11. 23) 63-66쪽은 한편으로는 "금융정책업무를 떼어내 금융위원회를 순수 금융감독기구화해야 한다"고 하고 다른 한편 "하루빨리 금감원을 명실상부한 단일 통합감독기구로 정상화시켜야 한다"는 견해를 제시하였다.
51) Marc Quintyn and Michael W. Taylor, Regulatory and Supervisory Independence and Financial Stability (IMF Working Paper WP/02/46, March 2002)는 금융감독기구의 독립성에 관한 논의를 촉발한 두 개의 요인으로, 정치적 영향으로 인한 금융감독기구의 독립성 결핍이 1990년대의 금융위기 발생에 기여하였다는 점과 적합한 금융감독체제에 관한 논의가 이루어지게 된 점을 들고 있다.
52) Quintyn과 Taylor가 전통적인 중앙은행의 독립과 관련하여 논의되는 목표설정에서의 독립(goal independence)과 목표실행상의 독립(instrument independence) 중 후자가 작동하기 위한 4가지 요소로 제시한 것들이다. Quintyn and Taylor, 앞의 논문(주 51), pp. 13-22.

② 금융감독위원회가 금융감독에 관한 규정 제정권과 검사·제재권을 보유한
다는 점에서(동법 제17조), '금융안정성 확보를 위한 건전성규제를 할 수 있는 면
에서의 독립성'과 '감독활동상의 독립성'이 법률상 규정되었다고 볼 수 있다. 다
만, 금융기관 설립·폐쇄 인가권[53]은 1999. 5. 23.까지, 관련 법률 제정 개정안 제
출권은 2008. 2. 28.까지 재정경제부가 보유하고 있었기 때문에 금융감독위원회의
소관사무에 제한이 있었고 이로 인하여 건전성규제와 감독활동상의 독립성에는
한계가 있었다.[54] 이 부분에 관하여는 1997년 경제위기 이전 금융감독권을 가지
고 있던 재정경제원이 감독을 소홀히 한 결과에 대한 반성적 고려가 충분하지 않
은 것으로 볼 수 있다.[55]

③ 금융감독위원회 위원장·부위원장은 대통령이 임명하지만, 위원장을 비롯
한 위원들은 임기제로 하고(동법 제6조), 임기 전에는 원칙적으로 해임할 수 없도
록 한 점(동법 제10조), 위원장·부위원장·상임위원은 국회의원·공무원·피감독기
관의 임직원 기타 보수를 받는 직을 겸직하거나 영리활동을 할 수 없도록 한 점
(동법 제9조), 위원장이 금융감독위원회의 예산 기타 행정사무를 총괄하고(동법 제
15조 제1항) 금융감독위원회가 금융감독원의 예산 및 결산을 승인하도록 한 점(동
법 제18조) 등은 인사 및 예산상의 독립성을 보장하는 법적 장치라고 할 수 있다.

이와 같이 법률상으로는 금융감독위원회의 독립성을 보장하는 여러 법적 장
치를 두고 있으나, 금융감독위원장의 임기가 사실상 보장되지 않는 경우에는 정
부의 정책과 정치적 압력으로부터 독립하여 업무를 수행하기가 쉽지 않다는 면에
서,[56] 감독기구의 독립성은 법률에 적힌 조문의 내용뿐 아니라 실제 그 법률의

---

53) Quintyn and Taylor, 앞의 논문(주 51), p. 19는 금융산업 진입·퇴출에 대한 인가권을 금
  융감독기구가 가지는 것이 이상적임을 강조하였다.
54) 국회 재정경제위원회 전문위원, 금융감독기구의 설치 등에 관한 법률안 검토보고(1997.
  9), 3-4쪽, 18-21쪽은 이 문제를 제기하면서 금융감독위원회를 재정경제원 소속으로 하되
  인사·예산상의 독립성을 부여하는 방안을 제시하였다.
55) 비은행금융기관 감독권을 가진 재정경제원이 감독을 소홀히 하여 이들이 과도한 위험을
  부담하여 한국의 1997년 경제위기에 기여하였다는 점에서 한국의 1997년 경제위기는 금
  융감독기구의 독립성이 부족했던 사례로 제시되고 있다. Quintyn and Taylor, 앞의 논문
  (주 51), p. 6.
56) 금융감독위원회의 최초 4명의 위원장의 평균임기는 1년 7개월이고 최단 8개월인 경우도
  있었다. 김용재, "금융감독기구의 현황 및 문제점", 「법학논총」, 제17권(국민대학교 법학
  연구소, 2005), 204쪽.

운영에 의하여 크게 영향을 받는다고 하겠다.

한편 IMF 구제금융은 금융감독의 독립성뿐 아니라 중앙은행인 한국은행의 독립성을 개선하는데 중요한 역할을 하였다. 1997년 말의 한국은행법 개정은 한국은행의 목표를 물가안정으로 명확히 하고 독립성을 강화하였다는 점에서 그 이전에 오랫동안 논의되던 중앙은행의 독립성이 입법적으로 반영된 것이라고 할 수 있다. 독립성의 강화에 균형을 맞추어 국회에 대한 보고의무를 규정함으로써 책임성 장치를 명확하게 둔 것도 바람직한 입법이었다고 평가된다.

(2) 피감독기관으로부터의 독립 — 규제포획(regulatory capture) 및 규제관용 (regulatory forbearance)의 문제[57]

금융감독의 독립성은 정치권·행정부로부터의 독립뿐 아니라 피감독기관으로부터의 독립을 포함한다. 금융기관이 점차 대형화되고 큰 영향력을 가지게 됨에 따라 금융감독기구가 감독대상인 금융기관들에 의하여 포획되거나 관용을 베푸는 문제가 제기될 수 있다.[58] 특히 금융감독기구가 금융시장과 금융산업의 육성 및 경쟁력 강화를 규제감독의 목표로 삼았을 때 이러한 문제가 발생하기 쉽다. 저축은행 사태와 관련하여 금융감독원의 임직원이 뇌물을 받아 형사처벌된 사례

---

57) 규제포획에 대한 이론적인 분석은 George J. Stigler, "The Theory of Economic Regulation", *The Bell Journal of Economics and Management Science*, Vol. 2, No. 1 (Spring, 1971), pp. 3-21. 규제관용에 대하여는 Charles Goodhart, Philipp Hartmann, David T. Llewellyn, Liliana Rojas-Suarez and Steven Weisbrod, *Financial Regulation: Why, How and Where Now?* (Routledge, 1998), pp. 52-54. 국내 금융감독기구의 규제관용사례에 대한 연구는 이혜영, "금융규제개혁 과정에서 규제관용에 관한 연구: LG카드 사례를 중심으로", 「한국행정학보」, 제38권 제5호(한국행정학회, 2004. 10).

58) 이 문제는 종전부터 있었다. 「국회 IMF환란 원인규명과 경제위기 진상조사를 위한 국정조사특별위원회」, IMF환란 원인규명과 경제위기 진상조사를 위한 국정조사결과보고서 (1999. 3), 199쪽은 "금융권에 만연되어 있는 전관예우(재무관료의 금융권 진출)로 금융감독이 엄격하게 이루어지지 못하였다"고 지적하였다. 김용재, 앞의 논문(주 56), 203쪽이 지적하는 IMF 구제금융 이전 재정경제부의 종합금융회사에 대한 감독부실("재정경제부는 금융감독의 중립성과 전문성을 저해하는 방향으로 종합금융회사들에 대한 재량권한을 남용"하고 "종합금융회사들은 이를 악용, 과도한 위험을 인수"한 점, "종합금융회사들의 단기 외채급증이 1997년 금융위기를 발생시킨 결정적인 원인으로 작용"한 점)도 금융감독기구가 피감독기관에 의하여 포획되거나 관용을 베푼 예라고 할 수 있다. 1997년 종합금융회사의 부실화와 금융감독에 대한 보다 심층적인 분석은 최두열/이연호, "금융감독과 외환위기: 종합금융회사에 대한 제도적 접근", 「한국경제연구」, 제8권(한국경제연구학회, 2002. 6) 및 최두열, 「종금사에 대한 규제감독과 외환위기 발생」(한국경제연구원, 2001).

가 계속 발생하고 있고,[59] 저축은행이 금융감독원의 인사에 관여하려고 하였다는 보도[60]도 있으며, 금융감독기구의 임직원이 퇴직 후 금융기관의 감사 등으로 진출하는 사례[61]가 일반화되고 있다. 위와 같은 현상이 발생함은 금융감독기구가 감독대상에 의하여 포획되거나 관용을 베풀 수 있는 환경이 조성되고 있음을 의미한다. 이 문제를 방지하고 금융감독기구가 정당성을 확보하기 위해서는 금융감독기구에 대한 내외의 견제와 균형을 통하여 책임성 장치를 강화하고 금융감독기구의 업무수행의 투명성을 증진시킬 필요가 있다.[62] IMF 구제금융 기간 중 이루어진 제도개혁에 있어서는 이러한 점에 대한 고려가 미흡하였고, 앞으로 개선되어야 할 부분이라고 하겠다.

(3) 금융감독기구 조직의 법적 성격 문제

통합금융감독체제로 전환한 이후 금융감독제도에 대하여, 금융감독기구의 독립성을 강조하며[63] 금융감독기구의 민간조직화를 주장하는 입장이 꾸준히 제시되어 왔다.[64] 공식적 제도요인(관료조직의 순환보직)과 비공식적 제도요인(상명하복·응집력·엘리트의식과 불투명성·폐쇄성·경직성)으로 인하여 금융감독의 독립성과 책임성이 훼손될 우려가 있다는 것이다. 한편 금융감독의 효율성을 강조하는 입장에서는 국가행정기관에 의한 금융감독기능의 수행 내지는 민간조직에 의한 금융감독에 대한 행정적 통제를 선호할 것이다. 금융감독기구의 민간조직화를 주장하는 견해가 지적하는 관료조직의 문제점은 경청할 만하다. 그러나 금융감독기구

---

59) "저축은행 금품수수 전 금감원 간부 징역형 확정", 매일경제신문(2013. 1. 31); "저축은행 금품수수 금감원 전 간부 항소심서 징역 6년", 매일경제신문(2012. 12. 14); "부산저축은행비리 금감원 전 국장 2심도 실형", 매일경제신문(2011. 12. 9).

60) "저축은행, 금감원 감독자 인사까지 로비", 한겨레신문(2012. 7. 30).

61) "저축은행 감사·사외이사 금감원 출신 무려 54명", 한국일보(2011. 7. 25). 미국에서의 논의는 주 70.

62) 금융감독기구가 다루는 정보가 피감독기관의 비밀스런 정보일 경우가 많아서 금융감독의 투명성의 추구에는 한계가 있다고 보고 금융감독기구에 대하여 국제기구가 외부에서 평가하도록 하자는 의견도 제시되고 있다. Goodhart, Charles A. E., "Regulating the Regulator — An Economist's Perspective on Accountability and Control", in *Regulating Financial Markets Services and Markets in the Twenty First Century*, edited by Ferran, Eilis and Goodhart, Charles A. E. (Hart Publishing, 2001), pp. 163-164.

63) 윤석헌/김대식/김용재, "금융감독기구 지배구조의 재설계", 「상사법연구」, 제24권 제2호 (한국상사법학회, 2005. 8), 421-423쪽.

64) 김홍범, 「한국 금융감독 개편론」(서울대학교 출판부 2006); 김홍범 앞의 논문(주 19), 82-85쪽, 108-111쪽.

를 민간조직화한다고 하여도 그 조직이 관료화되는 경우에는 마찬가지의 문제(특히 비공식적 제도요인)가 야기될 수 있다. 또한 민간조직으로 하더라도 금융감독기구의 수장 및 일부 고위 임원은 정부에 의하여 임명되지 않을 수 없고, 이 점에서는 정부조직인지 민간조직인지에 따라 독립성에 차이가 생기지는 않는다. 오히려 민간조직으로 만들어 독립성을 지나치게 강조하는 경우 금융감독기구의 설치목적과 상관없이 조직 자체의 이익을 위하여 행동하거나 규제포획 또는 규제관용이 발생할 우려와 아니면 반대로 과도한 규제 또는 규제 감독의 경직화를 초래할 우려도 있다.[65] 이 점은 단순한 우려에 그치지 않고 실제 발생하고 있는 현상이기 때문에[66] 심각하게 고려대상으로 넣어야 할 것이다. 금융감독기구를 정부조직으로 할 것인가 민간조직으로 할 것인가 보다 더 중요한 문제는 금융감독기구의 감독목표를 명확히 하고, 법률에 정한 독립성 보장 조항을 제대로 준수하는 것이며, 금융감독기구의 전문성, 업무의 투명성,[67] 임직원의 염결성(integrity)을 증진시키는 방안[68]을 강구하는 것이라고 하겠다.

2.3.3. 책임성(accountability)

금융감독기구가 정치권력이나 행정부로부터 독립적으로 활동한다는 점의 동전의 뒷면은 금융감독기구가 책임성을 갖추어야 한다는 점이다.[69] 특히 통합금융

---

65) Quintyn and Taylor, 앞의 논문(주 51), 5쪽. 피감독기관인 금융기관이 금융감독정책의 결정과정에서 주도적인 역할을 해 온데 따른 문제를 해소하기 위해서 금융감독기구가 금융안정의 차원에서 다양한 이해관계자의 입장을 반영하여 주도적인 역할을 해야 함을 강조하고, 금융감독기구도 금융기관과 마찬가지로 스트레스 테스트를 할 필요가 있다는 주장도 경청할 만하다. Andenas and Chiu, 앞의 책(주 43), pp. 68-70, 454.

66) 최근의 몇 가지 언론보도를 들면, 금융제재권에 관하여 "금융소비자 보호하랬더니 … 금융위―금감원 또 밥그릇 싸움", 동아일보(2013. 7. 10), "금융위·금감원, 앞에선 밥그릇 싸움 뒤에선 몸집불리기", 서울경제신문(2013. 6. 30), 증권시장 불건전; 주가조작 사건 조사에 관하여, "대통령 '척결' 지시에도 부처간 밥그릇 싸움만", 매일경제신문(2013. 4. 8); 저축은행 사태이후 금융감독체제 개편에 관하여 "장기비전 없이 땜질식 금융정책 남발 … 밥그릇싸움 이제 그만", 매일경제신문(2012. 12. 31) 등.

67) 투명성을 정치권으로부터의 독립성, 공중에 대한 책임성과 더불어 금융감독체제에게 정당성을 부여하는 3대 요소의 하나로 보는 견해도 있다. Pan, 앞의 논문(주 31), p. 811.

68) 금융감독기구와 행정부 조직간의 인사교류·순환보직은 금융감독기구의 독립성뿐만 아니라 전문성확보 차원에서도 바람직하지 않다.

69) Marc Quintyn, Silvia Ramirez and Michael W. Taylor, The Fear of Freedom: Politicians and the Independence and Accountability of Financial Sector Supervisors (IMF Working Paper WP/07/25, February 2007), p. 6. 금융감독기구의 책임성의 개념 및 책임성 확보장치에 관한 상세한 논의는 Eva Hüpkes, Marc Quintyn, and Michael W. Taylor, The

감독체제에서는 통합 금융감독기구에 감독권한이 집중되어 감독권한의 남용(과다 규제와 과소규제의 양면)의 우려가 있고, 감독기구가 자신의 이익을 추구할 우려가 있다[70])는 점에서 책임성이 더욱 중요해진다.[71] 금융감독기구의 책임성의 대상은 입법부, 행정부, 사법부, 피감독기관, 금융소비자 기타 공중을 들 수 있다. 책임성의 구체적인 형태는 사전·사후 보고, 각종 조치에 대한 사법심사, 감독배상책임의 부담,[72] 규정 제정·개정시 사건 공고 및 의견수렴, 업무활동의 대외 공시를 통한 투명성 확보 등이 있을 수 있다. IMF 구제금융 체제하에서 이루어진 「금융감독기구의 설치 등에 관한 법률」상 금융감독위원회의 업무수행이 행정처분으로 법원의 심사를 받을 수 있다는 점과 업무수행에 있어 공정성과 투명성을 확보하여야 할 의무를 지도록 한 것은 분명하다. 그러나 그 밖의 어떠한 방법으로 누구에게 책임성을 갖추어야 하는지는 명백하지 않다.

금융감독기구의 책임성을 확보하되 독립성을 저해하지 않도록 하기 위한 첫째 방안은 업무수행의 투명성을 확보하는 것이다.[73] 행정절차법과 행정규제기본법에 의한 법령의 제·개정, 행정처분, 규제에 대한 일반적인 통제가 있을 뿐 금융감독에 관한 별도의 법률상 장치는 별로 없다. 이 점은 2008. 2. 29. 금융위원회로 개편되면서 위원회 의사록을 공개하도록 하여 뒤늦게 개선되었다. 그러나 금융위원회 홈페이지에는 의사록만이 공개되고 구체적인 내용이 기재된 의안은 공개되지 않기 때문에 결의의 내용을 정확히 파악하기 어렵게 운영되고 있다. 금융시스템 위험을 회피하기 위하여 비밀로 해야 하거나 영업비밀 또는 개인정보로 보호

Accountability of Financial Sector Supervisors: Principles and Practice (IMF Working Paper WP/05/51, March 2005).

70) 미국 증권거래위원회(SEC)가 자신의 이익을 추구하는 행위를 한다는 비판도 있다. 이 비판은, 미국 증권거래위원회가 기술적인 사소한 규정을 적극적으로 집행하면서 더 중요한 사기적 행위(예: 메이도프 사건)에는 별로 신경을 쓰지 않았는데, 이는 증권거래위원회 직원이 피감독기관에 취업하는 구조상 '사소한 규정의 적극 집행'이 피감독기관으로 하여금 규정준수 관련 전관 채용 수요가 증가하도록 하는 효과가 있지만 '중요한 사기사건의 조사'는 그렇지 않기 때문이라고 지적하였다. Jonathan Macey, *The Death of Corporate Reputation: How Integrity Has Been Destroyed on Wall Street* (FT Press, 2013), pp. 217-220.

71) 감독권한의 지나친 집중에 대한 비판은 전성인/김기홍/김상조/함준호, 앞의 보고서(주 26), 33-34쪽.

72) 금융감독기구의 감독책임에 관하여는 정순섭, "금융감독기관의 감독배상책임에 관한 연구", 「상사법연구」, 제31권 제4호(한국상사법학회, 2013), 151-231쪽.

73) Quintyn, Ramirez and Taylor, 앞의 논문(주 69), p. 11.

1. 1997년 경제위기와 IMF 구제금융이 금융법에 미친 영향 **23**

해야 할 것이 아닌 한, 실질적인 투명성을 확보할 수 있도록 운영될 필요가 있다. 반면 현재 시행되고 있는 제재 내용의 공시는 금융위원회의 조치를 구체적으로 알 수 있도록 한다는 점에서 바람직하다고 할 수 있다. 또한 금융감독의 투명성 제고 및 책임성 강화의 면에서 금융감독상 중요한 사건이 발생한 경우 감독담당 기관 또는 부서가 아닌 독립적인 제3자로 하여금 그 원인, 경과 및 이에 대하여 취한 대책을 조사하고 보고서를 작성하도록 하고 이를 일반 국민에게도 공개할 필요가 있다.[74]

금융감독기구의 책임성을 확보하기 위한 사전적 장치로는 각종 규정 제·개정 또는 정책수립시 이해관계자의 의견을 반영하여야 하고 이를 위해서는 형식적인 입법예고 절차에 그치지 않고 실질적인 의견을 반영하도록 할 필요가 있다. 마지막으로 책임성 확보를 위한 사전적 장치의 하나로 금융감독기구 간의 견제와 균형을 들 수 있다. 특히 금융기관이 정상적으로 운영되는 시기의 감독은 금융위원회와 금융감독원이 담당한다고 하더라도 금융기관이 부실화되어 예금보험기금이 사용되어야 할 우려가 있는 상황에서는 예금보험공사가 더 적극적으로 감독에 관여할 수 있도록 할 필요가 있다는 견해[75]도 경청할 필요가 있다. 평상시 금융기관을 감독하던 금융감독기구는 금융기관의 부실화와 관련된 감독부실이 있었던 경우에도 이를 스스로 인정하려고 하지 않을 유인이 크기 때문이다.

2.3.4. 효율성과 독립성의 조화—금융감독기구 간의 협력

각 금융감독기구와 정부부처가 관장한 업무는 다르고 통화신용정책과 금융 감독의 독립성이 강조되지만, 금융의 안정성을 확보하고 금융위기의 발생을 방지한다는 차원에서는 금융감독위원회(현 금융위원회), 금융감독원, 한국은행, 재정경제부(현 기획재정부)가 공동의 책임을 지고 상호 협조를 강화할 필요가 있다.

---

74) 정찬우/박창균/이시연, 「상호저축은행백서」(한국금융연구원, 2012. 5)와 국무총리실 보도자료, 관계부처 합동으로 금융감독 혁신 방안 마련(2011. 9. 2)에 첨부된 금융감독혁신 방안이 본문에서 언급한 유형의 보고서라고 할 수 있다. 2008년 초 주요투자은행 중 하나였던 베어스턴스의 붕괴 이후 미국 증권거래위원회(SEC) 감사부서(Office of Inspector General)가 시장감독부서(Division of Trading and Markets)의 감독이 적절했는지를 조사하고 권고사항을 제시하는 내용의 보고서를 발표한 것은 감독기구 자체적으로 사후에라도 문제점을 파악하고 개선하기 위한 노력의 예라고 할 수 있다. U.S. Securities and Exchange Commission, SEC's Oversight of Bear Stearns and Related Entities: The Consolidated Supervised Entity Program (September 25, 2008).

75) 전성인/김기홍/김상조/함준호, 앞의 보고서(주 26), 10, 36-38쪽은 예금보험공사가 부실화된 금융기관에 대한 전면적 권한을 행사하도록 해야 한다고 주장한다.

한국은행 은행감독원이 관장하던 은행감독업무를 금융감독위원회와 금융감
독원이 수행하게 됨에 따라 「한국은행법」 제88조는 한국은행이 필요한 경우 금융
감독원에게 금융기관 검사 또는 금융감독원의 검사시 공동참여를 요구할 수 있도
록 하였다. 이 조항에도 불구하고 금융감독원이 2002년 한국은행의 검사 및 공동
참여 요구를 거부하는 사건이 발생하였고 이는 금융감독기구 간의 협력이 쉽지
않음을 보여준다.[76] 글로벌 금융위기 발생 이후인 2009. 9. 15. '기획재정부·금융
위원회·한국은행·금융감독원·예금보험공사간 금융정보 공유에 관한 양해각서'
와 '한국은행과 금융감독원의 금융기관 검사에 관한 양해각서'가 체결되어 금융
감독기구 간의 정보공유와 검사에 대하여는 협력의 구체적인 사항을 정하고 각
금융감독기구의 부기관장급으로 구성된 "금융업무협의회"를 설치하여 협력이 원
활하게 이루어지게 한 것은 바람직한 일이다. 최근의 글로벌 금융위기에 대응한
영미의 금융감독체제 개편에서 보듯이[77] 금융감독기구들 간의 협력이 점점 중요
해 지고 있고 그 협력은 관련되는 각 기관의 최고책임자들이 참여하는 형태로 이
루어지는 것이 바람직하고 입법적으로 협력의무와 협력장치를 도입하는 것이 바
람직할 것이다. 우리나라와 금융감독체제가 다르기는 하지만 광의의 금융감독기
구 간의 협력에 관하여는 미국과 영국의 최근의 입법을 참고할 필요가 있다.

미국이 금융개혁법(Dodd-Frank Wall Street Reform and Consumer Protection Act)[78]
에 따라 설치한 금융안정감시위원회(Financial Stability Oversight Council: FSOC)는 행
정부(재무부), 중앙은행(연방준비제도이사회)과 각 금융감독기구의 장으로 구성된 10
인의 의결권 있는 위원[79]과 5인의 의결권 없는 위원[80]으로 구성된다(동법 제111조

76) 2011년 한국은행법 개정(법률 제11051호, 2011. 9. 16. 일부개정, 2011. 11. 16. 시행)과 동
  법시행령 개정(대통령령 제23488호, 2011. 12. 16. 개정, 2011. 12. 17. 시행)으로 금융감
  독원은 한국은행의 요구를 받은 후 1개월 이내에 응하도록 규정되었다(동시행령 제15조
  의3).
77) 최근의 영미의 금융감독체제의 변화에 대하여는 성태윤/박기영/박단비, "글로벌 금융위
  기이후 영미 금융 감독체제의 변화", 「한국경제의 분석」, 제18권 제1호(한국금융연구
  원, 2012), 1-39쪽; 김홍범 앞의 논문(주 50), 33-45쪽; 노철우, "우리나라 금융감독체계
  의 개편 논의와 방안 — 최근 영국의 금융개혁방안 및 우리나라에서의 개편 논의를 중
  심으로 —", 「금융법연구」, 9권 2호(한국금융법학회, 2012), 181-190쪽; 정경영 앞의 논문
  (주 44), 130-141쪽 등.
78) 미국의 금융개혁법에 대하여는 CCH, *Dodd-Frank Wall Street Reform Act and Consumer
  Protection Act — Law, Explanation and Analysis* (Wolters Kluwer, July 2010).
79) 재무부장관, 연방준비제도이사회의장, 통화감독청장, 증권거래위원장, 상품선물거래위원
  장, 연방예금보험공사사장, 금융소비자보호국장, 연방주택금융공사사장, 전국신용조합관

(b)). FSOC의 목적은 금융시장 내외로부터 발생하는 금융안정성에 대한 위험을 식별하고, 금융기관을 정부가 구제할 것이라는 기대를 주주, 채권자, 기타 거래상대방이 가지지 않도록 시장규율을 증진시키고, 금융시스템안정에 대한 위협에 대응하는 것이다(동법 제112조(a)(1)). 이를 위하여 정보수집, 금융시장 모니터, 관련 금융감독기구 간의 정보공유와 조정과 더불어 시스템적으로 중요한 비은행금융기관·금융활동·지급결제제도를 식별하고, 연방준비제도이사회에 대하여 건전성규제기준을 권고하며, 증권거래위원회·상품선물거래위원회 기타 감독기구에 대하여 중대한 유동성위험·신용위험 등을 야기할 만한 활동과 관련된 감독기준을 제정·강화할 것을 권고하는 등 광범위한 권한과 책임을 가진다(동법 제112조(a)(2)).

영국은 2012년 금융서비스법(Financial Services Act 2012)에 재무부, 중앙은행(Bank of England), 건전성규제청(Prudential Regulation Authority)과 금융행위청(Financial Conduct Authority) 간의 협력에 관한 조항을 상세히 두었다. 재무부·중앙은행·건전성규제청에게 그들의 기능이 영국 금융시스템의 안정에 관련되고 공공의 이익에 영향을 주는 것인 한, 그 기능수행을 협력할 의무를 부과하였고, 특히 중앙은행이 공적자금 필요통지를 한 경우 협력의 중요성을 강조하였다(동법 제64조). 재무부와 중앙은행·건전성규제청 사이의 양해각서(동법 제65조)와 재무부, 중앙은행, 건전성규제청과 금융행위청이 유럽감독기구 기타 국제기구의 구성원으로서 또는 그와 관련된 기능을 수행하는 경우에 관한 양해각서(동법 제66조)를 체결할 의무와 그 내용에 대하여 상세히 규정하였고, 공적자금을 투입하는 상황에 관하여는 중앙은행이 재무부에게 공적자금필요에 관하여 통지할 의무(동법 제58조)와 공적자금이 투입되는 비상상황에서의 재무부의 중앙은행에 대한 지시권(동법 제60조, 제61조) 등을 상세히 규정하였다.

3. 금융산업 관련 법제

3.1. 개관

1997년 경제위기 발생 전까지 정부주도의 고도성장을 추구하던 우리 경제정책하에서 금융은 그러한 정책수단의 하나에 불과한 것으로 취급되었고, 정부는 금

리위원회 의장 및 상원의 동의를 얻어 대통령이 임명하는 보험전문가의 10인.
80) 금융연구소장, 연방보험사무소장과 주(州)의 보험, 은행, 증권 감독자 중에서 각 1인을 지명하여 5인으로 구성됨.

융기관의 경영과 자금배분에 대한 직접적인 통제를 행하였다.[81] 진입장벽과 금리
·수수료 규제로 수익이 보장되었으므로 금융기관, 특히 은행 등 여신취급기관은
자산의 양적인 확대를 추구하였고, 1990년대에 들어 일부 금융자율화가 이루어진
상태에서도 영업전략에는 변함이 없어, IMF 구제금융을 받기 전부터 금융개혁이
필요하다는 점이 지적되었다.[82] 1997년 4월 금융개혁위원회는 금융산업의 경쟁력
강화가 필요함을 역설하고, 이를 위한 방안으로 금융기관의 업무영역 확대, 지배
구조개선과 건전성규제 강화를 통한 책임경영체제 확립 등을 제시하였다.[83] IMF
구제금융 기간 중 정비된 금융산업 관련 법제 중 중요한 부분은 첫째, 금융기관의
지배구조를 개선하고 책임경영체제를 확립하기 위한 법제, 둘째, 금융기관의 건전
성규제와 위험관리를 강화하기 위한 법제, 셋째, 부실금융기관의 처리 특히 적기
시정조치에 관한 법제와 넷째, 새로 도입된 금융지주회사 제도라고 할 수 있다.

3.2. 금융기관 지배구조의 개선과 책임경영의 확립
3.2.1. 지배구조 개선의 배경

　　1997. 4. 제출된 금융개혁 1차보고서는 금융기관의 경쟁력을 강화하기 위한
방안의 하나로 금융기관의 지배구조의 개선을 제안하였고, 구체적으로는 이사회
기능 강화, 비상임이사의 역할 제고, 비상임이사의 구성과 선임방식은 은행 자율
적 결정에 일임, 은행장·상임이사·감사의 결격사유 강화, 독립기관으로서의 감
사의 기능 강화 등의 내용을 담고 있었다.[84] 당시에는 논의가 별로 없었으나 IMF
구제금융을 받고 난 이후에는 당시 금융기관(특히 은행, 종합금융회사 등)의 지배구
조가 취약하여 내부 자율감시 기능과 위험관리 기능을 충분히 행하지 못하여 자
금의 조달과 운용상의 만기불일치에 따른 위험, 환위험, 거래상대방의 신용위험
등의 위험을 과도하게 부담하게 되었던 점이 경제위기의 한 원인이 되었다는 지
적을 받았다.[85]

---

81) 예컨대, 1961. 6. 20. 「금융기관에 대한 임시조치법」이 제정(법률 제626호)된 이후 1982.
　　12. 31. 폐지될 때까지 은행의 임원선임은 한국은행 은행감독원장의 승인을 받아야 했고
　　(동법 제3조 제1항), 은행의 대주주의 의결권 행사는 발행주식 총수의 10%의 범위 내에
　　서만 허용되었다(동법 제2조, 동법시행령 제4조).

82) 금융개혁위원회, 금융개혁 1차 보고서 — 단기과제를 중심으로(1997. 4), 3-5쪽.

83) Id., 13-106쪽.

84) Id., 48-51쪽.

85) 박재하, 「은행지배구조의 평가와 과제」(한국금융연구원, 2005. 12), 2-3쪽.

한편 양해각서는 기업의 지배구조를 개선하여야 함을 강조하였고(제34항), 지배구조의 개선 차원에서 상법상 이사회내의 위원회와 감사위원회 제도 도입(1999. 12. 31. 개정 법률 제6086호 1999. 12. 31. 시행)과 더불어 아래 3.2.2.부터 3.2.4.에서 살펴보는 바와 같이 금융기관에도 사외이사중심의 이사회, 감사위원회 및 소수주주의 권리행사 요건 완화가 입법화되었다. 금융기관에 대하여는 내부통제를 강화하기 위한 제도도 도입되었다. IMF 구제금융을 계기로 행하여진 일련의 금융기관 지배구조 개선 조치들은 최근 논의되는 「금융회사의 지배구조에 관한 법률」(안)의 토대를 이루었다. 또한 아래 3.2.5.에서 살펴보는 바와 같이 금융기관의 책임경영 환경을 확보하기 위하여 지배주주의 부당한 영향력 행사와 정치권 및 감독기관의 부당한 간섭을 방지하기 위한 장치도 도입되었다.[86]

3.2.2. 사외이사 제도와 감사위원회 제도의 도입

사외이사 제도가 최초로 우리나라 법률에 규정된 것은 2000. 1. 21. 개정된 「증권거래법」(법률 제6176호, 2000. 4. 1. 시행)이었다.[87] 이 개정으로 주권상장법인은 사외이사를 전체이사 수의 1/4 이상이 되도록 하여야 하고 자산총액 2조원 이상인 주권상장법인은 전체이사 수의 1/2 이상이며 3인 이상을 사외이사로 선임하여야 하게 되었다(동법 제191조의16 제1항, 동법시행령 제84조의23 제1항). 자산총액이 2조원 이상인 주권상장법인은 사외이사가 총위원의 1/2 이상인 사외이사추천위원회의 추천을 받아 선임하도록 하였고(동법 제191조의16 제3항, 제54조의5 제2항, 제3항), 아울러 사외이사가 총위원의 2/3 이상으로 구성된 감사위원회를 설치하도록 하였다(동법 제191조의17 제1항). 또한 자산총액 2조원 이상인 증권회사에 대하여도 상장여부를 불문하고 전체이사 수의 1/2 이상이면서 3인 이상을 사외이사로 선임하여야 하고(동법 제54조의5 제1항), 아울러 감사위원회를 설치하도록 하였다(동법 제54조의6 제1항).

---

86) 본문에서 논의하는 사항 이외에도 경영공시는 은행의 안정성과 건전성확보를 위한 기능의 면에서도 중요하다(심영, "은행의 지배구조 개선을 위한 법적 연구", 「영남법학」, 제8권 제1·2호(영남대학교, 2002. 2), 253쪽]. IMF 구제금융 기간 중 국제통화기금과의 협의사항을 반영하여 은행의 경영공시를 확충하였으나(금융감독위원회 은행업감독규정 제38조 1999. 9. 18. 개정), 경영공시는 IMF 구제금융 이전부터 있던 제도이고 다만 분기별로 공시하고 결산 후 공시에 필요한 기간을 단축하는 정도의 개선이 이루어졌을 뿐이다.

87) 증권거래법에 사외이사 선임이 명시되기 전인 1998. 2. 증권거래소의 유가증권상장규정(제48조의5)에 주권상장법인은 이사총수의 1/4 이상을 사외이사로 선임할 것을 의무화하는 조항을 두었던 바 있다.

은행에 대하여는 2000. 1. 21. 은행법 개정(법률 제6177호, 2000. 4. 22. 시행)으로 사외이사 제도가 도입되어 은행은 이사회에 일정한 결격사유[88]에 해당하지 않는 사외이사를 3인 이상으로 전체 이사수의 1/2 이상을 두되(동법 제22조 제1항), 주주대표와 이사회가 각각 전체 사외이사의 70%와 30%를 추천하여 선임하도록 하였다(동법 제22조 제3항).[89] 이는 1997. 1. 13. 은행법 개정(법률 제5253호, 1997. 1. 13. 시행)으로 도입된 비상임이사 제도[90]의 기본틀을 유지하는 것이었다. 이러한 은행의 사외이사제도는 2002. 4. 27. 은행법 개정(법률 제6691호, 2002. 7. 28. 시행)으로 사외이사가 총위원의 1/2 이상인 사외이사후보추천위원회에서 추천하는 사람 중에서 사외이사를 선임하는 것으로 변경(동법 제22조 제3항)될 때까지 유지되었다. 또한 2000. 1. 21. 은행법 개정은 은행이 사외이사가 총 위원의 2/3 이상으로 구성된 감사위원회를 설치할 것을 의무화하였다(동법 제23조의2 제1항).

2000. 1. 21. 「보험업법」개정(법률 제6175호, 2000. 4. 22. 시행)으로 증권회사에 관한 증권거래법 조항과 유사한 조항이 추가되어 자산총액 2조원 이상인 보험회사에 대하여는 사외이사 선임과 감사위원회 설치가 의무화 되었다(동법 제12조의2,

---

88) 2000. 1. 21. 개정(법률 제6177호, 2000. 4. 22. 시행)된 은행법 제22조 제7항은 1997. 1. 13. 은행법 개정(법률 제5253호, 1997. 1. 13. 시행)시 제14조의3 제6항에 규정된 비상임이사 결격사유(여신규모 상위 5위까지의 계열기업군 소속 기업의 임원, 계열주 및 계열주의 특수관계인)를 그대로 유지하였다. 사외이사의 독립성의 관점에서 강화된 결격사유는 은행업감독규정에 규정되어 있다가, 법률에 규정할 필요성에 관한 학계의 논의(고동원, "은행 경영지배구조의 법·제도적 문제점과 개선방향", 「증권법연구」, 제8권 제2호(한국 증권법학회, 2007), 286-287쪽 등)에 따라 2010. 5. 17. 은행법개정(법률 제10303호, 2010. 11. 18. 시행)에 이르러 결격사유가 법률에 규정되었다. 은행업감독규정에 규정되어 있던 결격사유에 대한 설명은 정기승, 「금융회사 지배구조론」(법문사, 2007), 122-124쪽.

89) 사외이사의 선임방법과 결격사유에 관한 사항은 국내외 합작은행, 외국인이 일정한 지분비율을 보유한 은행, 동질적인 주주집단이 지배하는 은행, 정부·예금보험공사가 일정 비율 이상을 출자한 은행에 대하여는 적용을 배제하였다(당시 은행법 제26조, 동법시행령 제18조). 이 적용배제조항은 몇 차례 개정을 거쳐 2010. 5. 17. 은행법 개정(법률 제10303호, 2010. 11. 18. 시행)에 이르러 지배주주가 외국인 내국인 여부에 따라 은행법 적용에 차이를 둘 이유가 없다는 이유로 완전히 삭제되었다. 국회 정무위원회 전문위원 손준철, 금융관계법률안(44건) 검토보고서(2009. 11), 77쪽.

90) 1997. 1. 13. 은행법 개정시 도입된 비상임이사 제도에 대하여 당시 입법 제안이유에서는 "대외개방과 금융자율화 등 경영환경의 변화에 능동적으로 대처하고 은행의 경쟁력을 제고하기 위하여 … 비상임이사 중심의 이사회제도를 도입함으로써, 은행의 책임경영체제를 확립하고 은행의 구조조정 등 경영혁신을 유도하려는 데 있는 것"으로 설명하였다. 1997. 1. 13. 개정된 은행법상 비상임이사는 전체이사수의 1/2을 초과하여야 하고 대주주대표·소액주주대표 및 이사회가 각각 비상임이사의 50%, 30%, 20%에 해당하는 후보자를 추천하여 선임하도록 하였다(동법 제14조의3 제1항, 제3항).

제12조의3). 〈표 1〉에서 보듯이 2000. 1. 21. 증권거래법·보험업법의 개정으로 정

〈표 1〉 금융기관과 주권상장법인의 사외이사 및 감사위원회 관련 법제의 변화

	적용대상	이사회의 사외이사 비율	사외이사의 자격/독립성	사외이사 선임절차	감사위원회 설치	감사위원의 자격
은행법 (1997.1.13.시행) (B1)	은행	비상임이사 1/2 초과	결격사유: 여신규모 5위까지의 계열기업 군소속 기업임원, 계열주 및 그의 특수관계인	대주주대표: 소액주주대표: 이사회 = 50:30:20 추천	없음	없음
증권거래법, 보험업법 (2000.4.시행) (A1)	주권상장법인*/ 증권회사*/ 보험회사*	1/2 이상+ 3인 이상	결격사유: 최대주주의 특수관계인, 주요주주와 배우자·직계존비속, 최근 2년 이내 임직원 등	후보추천위원회(1/2 이상 사외이사로 구성)	설치의무 (2/3 이상 사외이사)	없음
증권거래법 (2000.4.1.시행)	주권상장법인**	1/4 이상	A1과 동일	없음	없음	없음
은행법 (2000.4.22.시행) (B2)	은행	A1과 동일	결격사유: B1과 동일 결격사유 적용 배제: 합작은행, 외국인투자은행, 동질적 주주집단 지배은행, 정부 예보출자은행	주주대표: 이사회 = 70:30 추천	A1과 동일	없음
은행법 (2002.7.28.시행)	은행	A1유지	결격사유 조항 삭제	A1과 동일	A1유지	없음
증권거래법 (2004.4.1.시행) (A2)	증권회사*	A1유지	A1유지	A1유지	A1유지	회계재무 전문가 1인
	주권상장법인*	1/2 초과+ 3인 이상	A1유지	A1유지	A1유지	회계재무 전문가 1인
	주권상장법인**	개정없음	A1유지	없음	없음	없음
보험업법 (2008.1.20.시행)	보험회사*	개정없음	A1과 유사	A1유지	A1유지	회계재무 전문가 1인
상법 (2009.2.4.시행)	주권상장법인	A2와 동일	A1과 유사	A2와 동일	A2와 동일 (단, 2/3 사외이사 요건 삭제)	회계재무 전문가 1인
은행법 (2010.11.18.시행)	은행	1/2 초과+ 3인 이상	결격사유: 독립성 조항 추가-A1과 유사	A1유지	A1유지	회계재무 전문가 1인
2012.6.18. 국회제출- 「금융회사의 지배구조에 관한 법률」(안)	은행/증권회사/ 보험회사/기타 금융회사	1/2 초과 (예외: 1/4 이상)+3인 이상	결격사유: A1과 유사. 3년 이내 상근임직원/ 비상임이사.	A1과 유사 (후보추천위원회를 사외이사 과반수로 구성)	A1과 동일	회계재무 전문가 1인

주: * 자산 2조원 이상인 회사, ** 자산 2조원 미만인 회사

한 사외이사와 감사위원회 제도는 현행 제도 및 2012. 6. 18. 정부가 국회에 제출한 '「금융회사의 지배구조에 관한 법률」(안)'에 포함된 금융기관의 사외이사 및 감사위원회 제도의 기본틀을 이루었다고 할 수 있다.

3.2.3. 소수주주권의 강화

주권상장법인에 대하여는 IMF 구제금융을 받기 전부터 지배구조개선 노력의 일환으로 주주들이 권리를 쉽게 행사할 수 있도록 소수주주권의 행사요건을 완화하여 왔다. 아래 〈표 2〉에서 보듯이 1997. 1. 13. 증권거래법 개정(법률 제5254호, 1997. 4. 1. 시행)시 상법상의 소수주주권 중 대표소송, 이사해임청구, 위법행위 유지청구, 주총소집청구권, 회계장부열람, 회사의 업무·재산상태 검사청구 등에 필요한 지분율 요건을 대폭 완화하고 주주제안권 제도를 도입한 이후, 1998. 2. 24. 증권거래법 개정(법률 제5521호, 1998. 4. 1. 시행)으로 다시 한 번 요건을 완화하였고, 대표소송제기에 필요한 요건은 1998. 5. 25. 증권거래법 개정(법률 제5539호, 1998. 5. 25. 시행)으로 또 한 번 완화되었다.

IMF 구제금융 기간 중 금융기관 지배구조개선의 일환으로 금융기관의 주주들은 주권상장법인의 주주들보다 더 완화된 요건으로 소수주주권을 행사할 수 있도록 하였다(〈표 2〉). 2000. 1. 21. 은행법(법률 제6177호, 2000. 4. 22. 시행), 증권거래법(법률 제6176호, 2000. 4. 1. 시행), 보험업법(법률 제6175호, 2000. 4. 22. 시행) 등이 개정되어 증권회사, 은행, 보험회사에 대하여는 대체로 주권상장법인의 소수주주권 행사에 필요한 지분율의 1/2만을 요구하게 하였다(증권거래법 제64조, 은행법 제17조, 보험업법 제25조). 2001. 3. 28. 증권거래법 개정(법률 제6423호, 2001. 4. 1. 시행)으로 주권상장법인에 대한 소수주주권 중 일부의 행사요건이 종전의 지분율의 1/10로 대폭 완화됨에 따라(동법 제191조의13), 금융업종 별로 시차는 있으나 은행, 증권회사, 보험회사에 적용되는 소수주주권의 행사요건도 역시 다시 완화되었다(〈표 2〉). 2000. 1. 21. 은행법·증권거래법·보험업법의 개정으로 정한 소수주주권 행사요건 완화는 그 이후 약간의 개정이 있기는 하였으나 2012. 6. 18. 정부가 국회에 제출한 「금융회사의 지배구조에 관한 법률」(안)에 포함된 금융기관의 소수주주권 행사요건의 기본틀을 이루었다고 할 수 있다.

〈표 2〉 금융기관과 주권상장법인의 소수주주권 행사요건의 변화

	적용대상	대표소송 제기 (상법403조)	이사 위법행위 유지청구 (상법402조)	이사감사 해임청구 (상법385조)	회계장부 열람청구 (상법466조)	주주제안 (상법363조 의2)	주주총회 소집청구 (상법366조)	업무재산 상태 검사청구 (상법 467조)
상법 (1998.12.27. 까지)	주식회사	5%	5%	5%	5%	없음	5%	5%
증권거래법 (1997.4.1. 시행) (A1)	주권상장 법인	1%(0.5%*) 6개월 이상 보유	1%(0.5%*) 6개월 이상 보유	1%(0.5%*) 6개월 이상 보유	3%(1.5%*) 1년 이상 보유	1%(0.5%*)◉ 6개월 이상 보유	3%(1.5%*)◉ 1년 이상 보유	3%(1.5%*) 1년 이상 보유
증권거래법 (1998.4.1. 시행) (A2)	주권상장 법인	0.05% 6개월 이상 보유	0.5% (0.25%*) 6개월 이상 보유	0.5% (0.25%*) 6개월 이상 보유	1% (0.5%*) 6개월 이상 보유	A1과 동일	3%(1.5%*)◉ 6개월 이상 보유	3%(1.5%*) 6개월 이상 보유
증권거래법 (1998.5.25. 시행) (A3)	주권상장 법인	0.01% 6개월 이상 보유	A2와 동일	A2와 동일	A2와 동일	A2와 동일	A2와 동일	A2와 동일
상법 (1998.12.28. 시행)	주식회사	1%	1%	3%	3%	3%◉	3%	3%
은행법/증 권거래법/ 보험업법 (2000.4.시 행)(B1)	은행/증 권회사/ 보험회사	0.005%, 6개월 이상 보유	0.25% (0.125%■) 6개월 이상 보유	0.25% (0.125%■) 6개월 이상 보유	0.5% (0.25%■) 6개월 이상 보유	0.5% (0.25%■)◉ 6개월 이상 보유	1.5% (0.75%■)◉ 6개월 이상 보유	1.5% (0.75%■) 6개월 이상 보유
증권거래법 (2001.4.1. 시행) (A4)	주권상장 법인	A2와 동일	0.05% (0.025%*) 6개월 이상 보유	A2와 동일	0.1% (0.05%*) 6개월 이상 보유	A1과 동일	A2와 동일	A2와 동일
증권거래법 (2001.4.1. 시행)(B2) 은행법 (2002.7.28. 시행)(B2)	증권회사/ 은행	B1과 동일	0.025% (0.0125%■) 6개월 이상 보유	B1과 동일	0.05% (0.025%■) 6개월 이상 보유	B1과 동일	B1과 동일	B1과 동일
상법(2009. 2.4.시행)	주권상장 법인	A4와 동일	A4와 동일	A4와 동일	A4와 동일	A4와 동일	1.5% (0.75%■) 6개월 이상 보유	1.5% (0.75%■) 6개월 이상 보유
2012.6.18. 국회제출 「금융회사의 지배구조에 관한 법률」(안)	은행/증 권회사/ 보험회사/ 기타금융 회사	B1과 동일	B2와 동일	B1과 동일	B2와 동일	B1과 동일	B1과 동일	B1과 동일

주: * 괄호속의 숫자는 자본금 1,000억원 이상인 회사에게 적용.
　　 ■ 괄호속의 숫자는 자산총액 2조원 이상인 회사에게 적용.
　　 ◉ 의결권 있는 주식 기준.

3.2.4. 내부통제제도의 강화와 준법감시인 제도 도입

2000. 1. 21. 은행법(법률 제6177호, 2000. 4. 22. 시행), 증권거래법(법률 제6176호, 2000. 4. 1. 시행), 보험업법(법률 제6175호, 2000. 4. 22. 시행)의 개정내용 중 중요한 사항 중의 하나가 금융기관은 내부통제기준을 정하고 준법감시인을 임명해야 함을 법률상 규정하였다는 점이다. 내부통제기준은 법령을 준수하고, 자산운용을 건전하게 하며, 고객을 보호하기 위하여 임·직원이 그 직무를 수행함에 있어서 따라야 할 기본적인 절차와 기준이다. 은행·증권회사·보험회사 모두 내부통제기준을 정하여야 하고, 내부통제기준의 준수 여부를 점검하고 내부통제기준에 위반하는 경우 이를 조사하여 감사위원회에 보고하는 임무를 수행하는 준법감시인을 두도록 하였다(은행법 제23조의3, 증권거래법 제54조의4, 보험업법 제6조의 5).

1992년 COSO (Committee of Sponsoring Organizations of the Treadway Commission)가 내부통제를 '회사의 이사회 및 회사 경영진이 효과적이고 효율적인 업무처리, 재무정보의 신뢰성, 법규준수의 세 가지 목표 달성에 관한 합리적 확신을 가지기 위한 일련의 내부 절차와 과정'으로 정의하고 통제환경, 리스크 평가, 통제활동, 의사소통, 모니터링이라는 5개의 요소로 구성되는 모델을 제시하였고,[91] 1998년 바젤은행감독위원회가 대체로 COSO모델을 따라 은행의 내부통제에 관한 기본틀을 제시하였다.[92] 1997년 경제위기 전부터 금융기관의 자율적인 경영이 강조되었고 경제위기를 겪으면서 내부통제의 필요성을 절감하고 있던 차에 국제적으로 금융기관의 내부통제에 관한 기준이 제시되는 환경이 조성되어 입법화된 것으로 보인다.

3.2.5. 금융기관의 책임경영

금융기관의 이사회에 사외이사를 확충하고 감사위원회를 도입하며 소수주주권을 강화함으로써 금융기관이 주식회사로서 주주의 견제하에 주주가 선임한 이사들이 책임경영을 한다는 기본 방향이 제시되었다고 할 수 있다. 1998. 1. 13. 전부개정된 은행법(법률 제5499호, 1998. 4. 1. 시행)의 개정취지에도 은행의 책임경영체제를 강화한다는 점과 금융기관의 자율성을 제고한다는 점이 언급되었다. 이러

---

91) Committee of Sponsoring Organizations (COSO) of the Treadway Commission, Internal Control — Integrated Framework (1992).

92) Basle Committee on Banking Supervision, Framework for Internal Control Systems in Banking Organisations (September 1998).

한 금융기관의 책임경영에 대하여 금융관련 법규가 다시 명시적으로 규정하고 있다. 책임경영은 경영진이 지배주주로부터의 독립과 감독기관 및 정치권으로부터의 독립이라는 두 관점에서 살펴볼 필요가 있다.

(1) 지배주주와의 관계에서의 책임경영

먼저 대주주의 부당한 간섭을 받지 않는 책임경영에 관하여 보면, 1998. 1. 13. 은행법 전부개정(법률 제5499호, 1998. 4. 1. 시행)시 은행의 주주는 자신이 주식을 보유하는 은행으로 하여금 건전한 금융거래질서를 저해하는 행위를 하도록 강요하거나 영향력을 행사하는 행위를 하지 못하도록 규정하였고(동법 제15조 제8항), 2002. 4. 27. 개정(법률 제6691호, 2002. 7. 28. 시행)시 대주주의 부당한 영향력 행사에 대한 보다 상세한 조항을 두었다.

즉 은행의 대주주는 그 은행의 이익에 반하여 대주주 개인의 이익을 취할 목적으로 (i) 부당한 영향력을 행사하기 위하여 당해 금융기관에 대하여 외부에 공개되지 아니한 자료 또는 정보의 제공을 요구하는 행위, (ii) 경제적 이익 등 반대급부의 제공을 조건으로 다른 주주와 담합하여 당해 금융기관의 인사 또는 경영에 부당한 영향력을 행사하는 행위, (iii) 경쟁사업자의 사업활동을 방해할 목적으로 신용공여를 조기회수하도록 요구하는 등 금융기관의 경영에 영향력을 행사하는 행위, (iv) 경쟁사업자에 대한 신용공여시 정당한 이유없이 금리, 담보 등 계약조건을 불리하게 하도록 요구하는 행위 등을 하여서는 안 되도록 규정하였고(동법 제35조의4, 동법시행령 제20조의7), 그 이후 대주주의 부당한 영향력 행사행위의 유형이 추가되고 있다. 이 조항 이외에도 대주주의 사금고화를 방지하기 위하여 대주주에 대한 여신 및 대주주 발행 주식 취득을 제한하고, 절차적으로도 이사전원의 찬성을 얻도록 하여 사외이사의 견제기능에 의존하면서 금융감독기구에의 보고와 공시를 하도록 함으로써 감독기관의 감독기능과 일반 투자자 고객의 감시기능까지 작동하도록 하는 삼중 장치를 두어 부당한 대주주여신을 규제하고자 하였다.[93]

---

93) 2002. 4. 27. 은행법 개정(법률 제6691호, 2002. 7. 28. 시행)으로 은행의 대주주와의 거래에 대한 규제를 강화하였다. 은행은 당해 은행의 대주주(특수관계인 포함)에게 자기자본의 25%(또는 당해 대주주의 은행에 대한 출자비율 중 낮은 비율)를 초과하여 신용공여를 할 수 없도록 하고(동법 제35조의2 제1항), 전체 대주주에 대한 여신도 자기자본의 25%를 초과하지 못하도록 하였다(동법 제35조의2 제2항). 또한 은행이 대주주별로 일정한 금액(자기자본의 0.1% 또는 50억원 중 작은 금액) 이상의 신용공여 또는 대주주 발행주식을 취득하고자 하는 때에는 재적이사 전원의 찬성을 얻어야 하고(동법 제35조의2 제4항, 제35조의3 제4항), 그 신용공여 또는 주식취득 사실을 금융감독위원회에 보고하고

보험회사에 관하여는 2003. 5. 29. 보험업법 전부개정(법률 제6891호, 2003. 8. 30. 시행)시 대주주의 부당한 영향력 행사를 금지하는 내용의 조항이 추가되었다 (동법 제111조 제5항).[94] 증권회사에 관하여는 2007. 7. 19. 증권거래법 개정(법률 제 8527호, 2008. 1. 20. 시행)으로 유사한 내용의 조항이 추가되었고(동법 제52조의 5) 이는 현행 「자본시장과 금융투자업에 관한 법률」(법률 제8635호, 2007. 8. 3. 제정, 2009. 2. 4. 시행. 이하 "자본시장법")에도 유지되어 금융투자업자의 대주주가 부당한 영향력을 행사할 수 없도록 규정되어 있다(동법 제35조).

(2) 정치권과 금융감독기구와의 관계에서의 책임경영

2000. 11. 13. 국무총리 훈령으로 「금융기관의 책임경영과 금융행정의 투명성 보장에 관한 규정」(국무총리훈령 제408호, 2001. 11. 13. 시행)이 제정되어 금융감독기구가 감독업무를 객관적이고 투명하게 하도록 하여 금융기관의 경영에 대한 부당한 간섭을 배제하도록 하여 금융기관이 자율적이고 책임있게 운영되도록 하였다(동 규정 제1조). 동 규정에 따르면, 금융감독기관[95]은 법령에 의한 권한을 행사하는 경우 또는 동 규정 제5조에 의한 절차에 따라 협조나 지원을 요청하는 경우를 제외하고는 금융기관[96] 및 금융사업자단체의 경영에 부당하게 간섭하는 행위를 하여서는 안 될 뿐 아니라(동 규정 제3조 제1항), 금융감독기관은 금융기관 등의 경영에 책임이 없는 자가 금융기관 등에 대하여 대출·인사·채권관리 등에 관한 부당한 청탁이나 요구를 하지 못하도록 필요한 조치를 강구하여야 하고(동 규정 제3조 제2항), 금융기관이 부당한 청탁이나 간섭을 받은 사실을 재정경제부 또는 금융감독위원회에 신고하면 재정경제부장관과 금융감독위원장은 이를 시정하기 위하여 필요한 조치를 하여야 한다(동 규정 제4조 제1항, 제2항). 정부출자 금융기관에 대하여도 재정경제부장관 및 예금보험공사는 금융기관의 주주로서 권리를 행사하는 경우를 제외하고는 금융기관이 이사회를 중심으로 자율적으로 운영

컴퓨터통신 등을 통하여 공시하도록 하였다(동법 제35조의2 제5항, 제35조의3 제5항).

94) 정부가 제출한 개정법률안에는 포함되어 있지 않았으나 국회 검토과정에서 이 조항의 추가 필요성이 지적되었다. 재정경제위원회 수석전문위원 김문희, 보험업법개정법률안 (정부제출) 검토보고(2003. 4), 89쪽.

95) 금융감독기관이란 재정경제부, 금융감독위원회, 금융감독원, 예금보험공사 및 이들로부터 금융기관 또는 금융사업자단체에 대한 감독·검사업무를 위탁받아 수행하는 기관을 말한다(동 규정 제2조 제3호).

96) 「금융감독기구의 설치 등에 관한 법률」 제38조에 의한 검사대상기관을 말한다(동 규정 제2조 제1호).

될 수 있도록 하여야 한다(동 규정 제6조 제1항).

3.3. 금융기관 건전성규제와 여신관리 규제 강화
3.3.1. 양해각서

양해각서는 금융시스템의 기초를 다지고 금융기관의 건전성 기준을 강화해야 한다는 점을 강조하였고,[97] 이에 따라 IMF 구제금융을 받은 후 금융기관의 건전성규제를 강화하고 내부통제 및 위험관리 체제를 개선하기 위한 조치들이 행하여졌다. 특히 제6차 의향서(1998. 7. 24.)[98]에 바젤은행감독위원회가 제시한 국제적 기준에 따라 건전성규제를 개선할 것을 명시하였고, 제7차 의향서(1998. 11. 13.)에 자본이 불충분한 은행들의 자기자본비율 개선에 관한 구체적인 계획을 첨부하였으며,[99] 자기자본비율 8% 이상이던 은행이 그 수준 미만으로 되는 경우 금융감독위원회는 적기시정조치(prompt corrective action)를 취할 것이라고 하였다.

3.3.2. 건전성규제

은행에 대하여는 1991. 12. 31. 은행법 개정(법률 제4468호, 1991. 12. 31. 시행)으로 자기자본을 충실히 하고 적정한 유동성을 유지하는 등 경영의 건전성을 확보할 의무를 부과하였고(동법 제18조 제3항), 금융통화운영위원회가 금융기관경영의 건전성 확보를 위한 경영지도기준을 정하여 운용할 수 있도록 하였으며(동법 제18조 제4항), 은행이 경영지도기준을 충족시키지 못하는 등 경영의 건전성을 크게 해칠 우려가 있다고 인정되는 때에는 금융통화위원회가 자본금증액·이익배당제한

---

97) 양해각서 제28항: "정부는 금융시스템 현안뿐만 아니라 국내 금융시스템의 기초를 다지기 위한 보다 근본적인 대책의 필요성을 인식하고 있다. 이를 위하여 시장원리를 강화하고 국제기준에 맞는 규제와 효과적인 감독을 위한 인력확충 등의 노력이 이루어질 것이다. 회계기준과 공시에 관한 규정도 국제기준에 따라 강화되면, 대형 금융기관의 재무제표는 국제적으로 인정받은 회계법인의 감사를 받게 된다. 건전성 기준은 바젤 협약 수준으로 상향 조정해야 한다. 금융기관들은 건전성 기준에 입각하여 위험평가, 대출심사 등을 강화해야 한다."
98) 제6차 의향서(1998. 7. 24)의 주요내용은 이규성, 「한국의 외환위기 발생·극복·그 이후」 제2판(박영사, 2007), 363-405쪽에 정리되어 있음.
99) 제7차 의향서(1998. 11. 13)에 첨부된 경제정책 각서는 원칙적으로, 자기자본비율이 낮은 은행에 대해 1999. 3.까지 6%, 2000. 3.까지 8%, 2000. 12.까지 10%으로 개선하고, 다만 개별 기업여신이 50억원을 초과하지 않고 국제업무를 수행하지 않는 지방은행에 대하여는 1999. 3.까지 4%, 2000. 3.까지 6%, 2000. 12.까지 8%로 개선하도록 한다는 내용을 포함하고 있다. 제7차 의향서의 주요내용은 이규성, 앞의 책(주 98), 562-571쪽에 정리되어 있음.

등 경영개선을 위하여 필요한 조치를 요구할 수 있게 되었다(동법 제18조 제5항).
또한 위 개정 전부터 한국은행 은행감독원장은 필요한 경우 은행에 대하여 자산
의 장부가격의 변경, 불건전한 자산을 위한 적립금의 보유 또는 가치없는 것으로
인정되는 자산의 손실처리를 요구할 수 있었다(동법 제34조). 그러나 이때의 건전
성규제의 기준은 BIS기준과 상이하였고 그 기준도 형식적으로 적용되었다.100)

    은행의 건전 경영에 관한 이러한 은행법 조항은 IMF 구제금융을 받은 후에
도 그대로 유지되었고, 다만 건전성규제를 담당할 기관이 금융감독위원회와 금융
감독원장으로 변경되었다(법률 제5499호로 1998. 1. 13. 전부개정된 은행법 제45조, 제
50조). 당시 은행법 제45조에 근거하여101) 금융감독위원회는 1998. 4. 1. 은행업감
독기준을 제정하여 위험가중자산에 대한 자기자본비율(이른바 BIS비율) 8%를 비롯
한 각종 경영지도비율을 규정하였다(동기준 제29조 제1항).102) 또한 1999. 2. 5. 은
행법 개정(법률 제5745호, 1999. 4. 1. 시행)으로 자기자본의 개념을 종전의 '자본금
과 적립금 기타 잉여금의 합계액'에서 '국제결제은행의 기준에 따른 기본자본과
보완자본'으로 변경하였다(동법 제2조 제1항 제5호).

3.3.3. 자산의 건전성 분류와 대손충당금 적립

    '은행업감독기준'은 은행 보유자산의 건전성분류를 규정하고 있는데, 1999.
9. 17. 「은행업감독규정」을 개정하여 자산건전성 분류 및 대손충당금 적립제도에
관한 국제통화기금과의 협의 내용을 반영하였다. 은행 보유자산을 차주의 채무상
환능력과 금융거래내용 등을 감안하여 정상, 요주의, 고정, 회수의문, 추정손실의
5단계로 분류하고 적정한 수준의 대손충당금을 적립·유지하도록 함으로써 채무
상환능력에 의한 자산건전성 분류원칙을 제시하였고(동 기준 제30조 제1항),103) 자
산건전성 분류기준(동 기준 별표3)과 대손충당금 적립기준(동 기준 제30조의3)을 명

---

100) 상세한 내용은 최형규, "한국의 1997년 금융위기의 새로운 고찰: 국제금융규제기준의 파
    행적 시행의 원인", 「한국정치학회보」, 제42집 제1호(한국정치학회, 2008 봄), 227-245쪽.
101) 1999. 2. 5. 은행법개정(법률 제5745호, 1999. 4. 1. 시행)시 제45조 제3항에 금융감독위원
    회가 경영지도기준을 정함에 있어서는 국제결제은행이 권고하는 금융기관의 건전성 감
    독에 관한 원칙을 충분히 반영하도록 하는 조항이 추가되었다.
102) 당시까지 시행되던 금융통화위원회 제정 '금융기관 감독규정' 및 '금융기관의 채권발행
    에 관한 규정'을 대체하는 것이었다(은행업감독기준 부칙 제2조). 자기자본비율 8%는 종
    전의 '금융기관 감독규정'에도 규정되어 있었으나, 새로 제정된 은행업감독기준은 종전
    보다 더 다양한 경영지도비율을 요구하였다.
103) 건전성분류원칙에서 기준으로 삼은 차주의 채무상환능력은 미래의 채무상환능력이므로
    이를 흔히 'forward looking criteria'로 부른다.

시하였다. 나아가 각 은행은 자산건전성 분류 및 대손충당금 적립을 위하여 차주의 채무상환능력 평가기준을 포함한 자산건전성 분류기준 및 대손충당금 적립기준을 설정하고(동 기준 제30조 제2항), 그 분류와 적립의 적정성·객관성을 확보하기 위하여 독립된 여신심사 기능을 유지하는 등 필요한 내부통제체제를 구축하여 운영하도록 하였다(동 기준 제30조 제5항).104) 은행은 그 기준과 실제 분류 및 적립 결과를 금융감독원장에게 보고하여야 하고(동 기준 제30조 제3항), 금융감독원장은 은행의 자산건전성 분류 및 대손충당금 적립의 적정성을 점검하고 그것이 부적정하다고 판단되면 시정을 요구할 수 있는 권한을 가진다(동 기준 제30조 제4항). 이와 같은 자산건전성 분류기준과 대손충당금 적립 원칙은 2000. 8. 10.「보험감독규정」이 전면개정되면서 보험회사에도 도입되어 동일한 원칙이 적용되게 되었다(동 규정 제43조, 제44조, 별표 5). 자산건전성 분류방식의 변경은 IMF가 종전의 "느슨한 자산건전성 분류방식이 기업의 차입경영을 조장하고 대기업들로 하여금 외부 환경의 변화에 취약한 재무구조를 갖게 만들어 결국 외환·금융위기를 초래하였다"고 보고 개선을 촉구하였기 때문이다.105)106)

3.3.4. 동일인 및 동일계열기업군에 대한 여신한도

1999. 2. 5. 은행법 개정(법률 제5745호, 1999. 4. 1. 시행)으로 동일인 여신한도도 강화되었다. 종전에는 은행의 재무제표상의 자본금과 적립금 기타 잉여금의 합계액을 자기자본으로 하여 동일한 개인 또는 법인에 대하여는 원칙적으로 자기자본의 15%까지 대출, 30%까지 지급보증을 할 수 있어 결국 자기자본의 45%까지 여신을 제공할 수 있었다.107) 위 은행법 개정으로 국제결제은행(BIS) 기준에 따른

---

104) 금융개혁을 기업부문개혁을 하기 위한 수단으로 보아 건전성규제(BIS비율 규제)와 자산건전성 분류기준 강화는 기업이 공세적으로 확장하는 것을 어렵게 하려는 목적에서 고안된 것이라고 보는 견해도 있다. 신장섭/장하준,「주식회사 한국의 구조조정 무엇이 문제인가」(창비 2004), 20쪽, 161쪽; 장하준/신장섭, "한국 금융위기 이후 기업구조조정에 대한 비판적 평가",「한국경제의 분석」, 제9권 제3호(한국금융연구원, 2003. 12), 274쪽.

105) 박훤일, 앞의 논문(주 3), 48-49쪽.

106) Young Shim, "The Korean Financial Crisis", *Yearbook of International Financial and Economic Law*, 1997, p. 513은 IMF 구제금융이전에 대손충당금 적립을 느슨하게 한 점을 지적하였고, 강만수, 앞의 책(주 1), 407쪽은 "여신심사 능력이 취약한 금융기관의 대출관행은 … 기업의 무모한 확장에 대한 견제역할을 하지 못하였다. 오히려 경기확장기에 과다한 여신을 공급하다가 경기하강기에 기업자금 사정이 어려울 때 여신을 감축하여 '기업부실 → 여신감축 → 기업도산 → 은행부실'의 악순환을 자초"했음을 지적하였다.

107) 위의 한도는 신탁계정 대출에는 적용되지 않아 실제 동일인에 대한 은행의 신용위험노출은 더 커질 수 있었다. Shim, 앞의 논문(주 106), p. 513.

기본자본과 보완자본을 자기자본으로 정의하고(동법 제2조 제1항 제5호), 각종 여신
한도의 대상을 종전의 대출에서 신용공여로 변경하여 '대출, 지급보증 및 자금지
원적 성격의 유가증권 매입 기타 금융거래상의 신용위험을 수반하는 금융기관의
직접·간접적 거래'가 모두 적용대상이 되도록 하였고(동법 제2조 제1항 제7호), 이
여신에는 은행계정상의 여신뿐 아니라 원본 또는 이익보전 약정 신탁계정 및 종
금계정상의 여신도 포함되도록 하였다(은행업감독규정 별표 2). 특정 개인이나 법인
에 대하여는 원칙적으로 자기자본의 20%를 초과하는 여신을 금지하였고(동법 제
38조 제3항), 특정 개인 또는 법인 및 그와 신용위험을 공유하는 자에게는 원칙적
으로 은행의 자기자본의 25%를 초과하는 신용공여를 금지하여(동법 제38조 제1항)
동일인 여신한도를 대폭 강화하였다. 동일계열기업군에 대한 여신도 종전에는 자
기자본의 45%까지 할 수 있었으나 위 개정으로 동일 계열기업군에 속하는 경우
에는 신용위험을 공유하는 자에 해당하게 되어 결국 자기자본의 25%의 여신한도
의 적용을 받게 되었다. 또한 거액여신에 대한 규제도 강화되어 종전에는 동일한
개인, 법인 또는 동일계열기업군에 대한 여신이 자기자본의 15%를 초과하는 경우
거액여신으로 보고 거액여신의 합계액이 자기자본의 5배를 초과하지 못하도록
규제하였는데, 위 개정으로 거액여신의 범위가 확대되어 자기자본의 10%를 초과
하는 여신을 거액여신으로 보고 위 5배의 규제를 적용하도록 하였다(동법 제38조
제4항).[108]

3.4. 부실금융기관 관련 법제

3.4.1. 부실금융기관 관련 법제 정비의 배경

IMF 구제금융을 받게 된 상황하에서는 이미 다수의 금융기관이 부실화되어
부실금융기관의 정리가 중요한 쟁점이 되었다. 양해각서도 부실금융기관의 투명
한 구조조정을 강조하고 구조조정에는 금융기관의 폐쇄와 외국 금융기관에 의한
인수·합병도 허용되어야 함을 강조하여,[109] 금융기관의 부실화 우려 또는 부실

---

108) 동일인 여신한도 이외에도 대주주의 사금고화를 방지하기 위하여 대주주에 대한 여신
    및 대주주 발행 주식 취득을 제한하고, 절차적으로도 이사전원의 찬성을 얻도록 하여 사
    외이사의 견제기능에 의존하면서 금융감독기구에의 보고와 공시를 하도록 하였다. 위
    Ⅲ.3.2.5.(1).
109) 양해각서 제17항: "부실금융기관은 투명하고 잘 조정된 전략에 따라 구조조정되거나 자
    본확충이 이루어져야 한다. 금융기관의 퇴출정책에는 부실금융기관의 구조조정안 제출,

화 발생시 금융감독기구가 취할 조치에 관한 법제와 아울러 예금보험제도 및 부실채권 처리에 관한 법제가 정비되었다. 이러한 제도 개선은 IMF 구제금융 이전 금융개혁위원회가 1997년 6월 제출한 '금융개혁 2차보고서'에서 이미 논의가 되고 있었다. 금융개혁위원회는 금융기관 부실화 발생시 위험의 전이에 대한 인식 하에 조기 시정의 필요성을 강조하며, 각 금융산업별로 차이가 있는 적기시정조치 기준을 자본충실도에 의거하여 단순 투명화하고 금융감독기구의 재량권을 배제하여 시정조치를 의무화하는 것 등 적기시정조치의 정비를 제안하면서, 부실금융기관의 퇴출을 수월하게 할 수 있는 제도 개선을 촉구하였다.[110]

3.4.2. 적기시정조치 제도 개선

(1) 부실금융기관의 범위 확대

금융산업의 구조조정과 부실금융기관의 처리를 원활하게 하기 위하여 「금융산업의 구조개선에 관한 법률」이 두 차례에 걸쳐 대폭 개정(법률 제5496호, 1998. 1. 8. 개정, 1998. 4. 1. 시행(적기시정조치 관련 사항은 1998. 1. 8. 시행); 법률 제5549호, 1998. 9. 14. 개정 및 시행)되어 부실금융기관의 범위가 확대되고 적기시정조치에 관한 사항들이 개선되었다.

1998. 1. 8. 「금융산업의 구조개선에 관한 법률」이 개정되기 전까지 부실금융기관에 해당되기 위하여는 (i) 부채가 자산을 초과하는 경우로서 감독기관이 부실금융기관으로 결정한 경우와 (ii) 예금자의 예금채권에 대한 지급이 정지상태에 있는 경우 두 가지 중 어느 하나를 충족하면 되는 것으로 규정되어 있었다. 1998. 1. 8. 개정으로 (i)은 대체로 그대로 유지되었지만(다만 결정권은 금융감독위원회로 이관됨), (ii)의 경우에는 "예금자의 예금채권이나 다른 금융기관으로부터의 차입금(이하 "예금채권 등")의 지급이 정지상태에 있거나 외부로부터의 자금지원이나 별도 차입(통상적인 차입을 제외) 없이는 예금채권 등의 지급이 어렵다고 금융감독위원회 등이 인정하는 금융기관"으로 개정하여 지급정지가 발생하기 이전에 지급정지의 우려가 있는 경우에도 부실금융기관으로 정할 수 있도록 하였다. 또한 1998. 9. 14. 개정으로 종전 금융기관이 작성한 재무제표상 부채초과 여부를 판단

지급불능 금융기관의 폐쇄, 일정기간 중 구조조정을 하지 못한 금융기관의 폐쇄 등이 포함된다. 구조조정에는 국내 및 외국 금융기관의 인수 및 합병이 포함된다, 또 주주와 채권자간 손실을 분담하기 위한 명백한 원칙이 마련되어야 한다."(이하 생략)

110) 금융개혁위원회, 금융개혁 2차 보고서(1997. 6), 100-115쪽, 153-163쪽.

하던 것을 경영실사를 기초로 판단할 수 있도록 하고 또한 거액의 금융사고 또는 부실채권의 발생으로 부채가 자산을 초과하여 정상적인 경영이 어려울 것이 명백한 경우에도 부실금융기관으로 정할 수 있게 함으로써(동법 제2조 제3호), 위 (i)에 해당하는 부채초과 사유인 경우 부실금융기관으로 정할 수 있는 범위를 확대하였고 (ii)의 요건의 해석상 논란이 있을 수 있는 부분을 보다 명확하게 정비하였다 (아래 〈표 3〉).

〈표 3〉 부실금융기관의 범위

	부실금융기관의 범위	결정권자
1997. 1. 13.	(1) 채무가 재산을 초과하고 정상적인 경영이 어렵다고 판단되는 금융기관으로 결정권자가 부실금융기관으로 결정한 경우	(1) 아래 감독기관 금융통화위원회(일반은행) 증권관리위원회(증권회사) 재정경제원장관(기타) 또는 (2) 예금보험금 지급결정권자
	(2) 예금채권 지급이 정지상태에 있는 경우	별도 결정 없이 자동으로 부실금융기관에 해당
1998. 1. 8. 개정	(1) 채무가 재산을 초과하고 정상적인 경영이 어렵다고 판단되는 금융기관으로서 결정권자가 부실금융기관으로 결정한 경우	금융감독위원회 또는 예금보험공사 운영위원회
	(2) 예금채권이나 다른 금융기관으로부터의 차입금(이하 "예금채권 등")의 지급이 정지상태에 있거나 외부로부터의 자금지원이나 별도 차입(통상적인 차입은 제외) 없이는 예금채권 등의 지급이 어렵다고 결정권자가 인정한 경우	금융감독위원회 또는 예금보험공사 운영위원회
1998. 9. 14. 개정	(1) 경영상태를 실사한 결과 부채가 자산을 초과하는 금융기관 또는 거액의 금융사고 또는 부실채권의 발생으로 부채가 자산을 초과하여 정상적인 경영이 어려울 것이 명백한 금융기관으로서 결정권자가 부실금융기관으로 결정한 경우	금융감독위원회 또는 예금보험공사 운영위원회
	(2) 예금자보호법 제2조 제4호의 규정에 의한 예금 등 채권의 지급 또는 다른 금융기관으로부터의 차입금의 상환이 정지상태에 있는 금융기관	별도 결정 없이 자동으로 부실금융기관에 해당
	(3) 외부로부터의 자금지원 또는 별도의 차입(정상적인 금융거래에서 발생하는 차입 제외)이 없이는 예금 등 채권의 지급이나 차입금의 상환이 어렵다고 결정권자가 인정한 경우	금융감독위원회 또는 예금보험공사 운영위원회

(2) 적기시정조치 제도 정비

금융기관이 도산에 이르기에 앞서 재무구조가 일정한 기준을 맞추지 못하는 경우 금융감독기구가 금융기관에게 경영개선을 위한 일정한 조치를 취하도록 하는 적기시정조치 제도를 정비한 것이 IMF 구제금융으로 인한 금융산업 규제의 변화 중 중요한 사항의 하나다. 1992년 은행에 대하여 적기시정조치와 유사한 제도가 도입되었다가 1997년 「금융산업의 구조개선에 관한 법률」개정(법률 제5257호, 1997. 1. 13. 전부개정, 1997. 3. 1. 시행)으로 적기시정조치의 내용이 법률에 도입되었고,111) 1998년의 두 차례에 걸친 「금융산업의 구조개선에 관한 법률」개정으로 적기시정조치 제도가 정비되었다. 1998. 1. 8. 개정으로 부실 우려가 있는 금융기관 내지는 부실금융기관에 대하여 '경영개선조치'와 '경영개선명령' 두 단계의 조치를 취하도록 하면서 전자는 금융감독원장이, 후자는 금융감독위원회가 각 판단하도록 하였다. 또한 그 조치사항으로 주식소각에 관한 근거를 두어 1998년 1월 제일은행·서울은행에 대하여 자본감소 후 공적자금을 투입하여 증자하는 조치112)를 취하는 법적 근거가 되었다.

1998. 9. 14. 개정113)에서는 두 단계로 되어 있던 것을 통합하여 '적기시정조치'의 개념으로 포섭하고 조치권자도 금융감독위원회로 일원화하였다(〈표 4〉). 부실 우려가 있는 금융기관에 대하여 금융기관의 부실화를 예방하고 건전한 경영을 유도하기 위하여 당해 금융기관에 대하여 다양한 적기시정조치114)를 취하되,115) 그 기준과 내용을 고시하도록 하였다(동법 제10조 제2항)(〈표 4〉).116) 여기서 특히

---

111) 우리나라 적기시정조치 제도의 연혁에 대하여는 심영, "금융기관 적기시정조치 제도에 대한 소고", 「법학논문집」, 제30권 2호(중앙대학교, 2006), 112-115쪽.

112) 1998. 1. 15. 금융통화위원회가 제일은행·서울은행을 부실금융기관으로 지정하고 정부와 예금보험공사에 출자를 요청하였다. 재정경제부·금융감독위원회, 「공적자금 백서 — 금융구조개혁의 완결을 위한 중간 점검」(2000. 9), 92쪽. IMF 구제금융 하에서의 적기시정조치 및 유예의 사례들에 대하여는 전선애, "적기시정조치제도의 의의와 개선방안", 「규제연구」, 제15권 제1호(한국경제연구원, 2006), 79-85쪽.

113) 개정이유에서 국제통화기금과의 합의사항을 반영하려는 것이라고 하였다.

114) 개정전 법 제10조 제1항과 제11조 제1항에 규정된 조치와 거의 유사한 내용이나, 1998. 9. 14. 개정에서 '적기시정조치'라는 용어를 처음으로 사용하였다.

115) 금융기관의 구조개선에 관한 법률에 규정된 적기시정조치 이외에 개별 금융산업을 규율하는 법률에서도 부실화된 금융기관의 업무 제한에 관한 조항을 두고 있다(예컨대 1998. 1. 13. 전부개정된 은행법(법률 제5499호) 제46조).

116) 금융감독위원회가 적기시정조치의 기준과 내용을 고시하도록 규정한 제10조 제2항의 위헌여부에 대하여 헌법재판소는 포괄위임입법금지를 선언한 헌법 제75조에 위반되지 않

중요한 사항은 적기시정조치를 취할지 여부에 대한 금융감독기구의 재량을 배제하고 반드시 일정한 조치를 취하는 것을 원칙으로 한 것이다(동법 제10조 제1항). 다만, 금융감독기구가 단기간 내에 대상 금융기관이 기준을 충족시킬 것으로 판

〈표 4〉 적기시정조치 관련 법제의 변화

1998. 9. 14. 개정 이전까지-경영개선조치와 경영개선명령의 이원적 구조						
	경영개선조치(제10조 제1항)			경영개선명령(제11조 제1항)		
	발동요건	조치	담당기관	발동요건	조치	담당기관
1997. 3.1.	금융기관의 자기자본비율이 일정수준에 미달하는 등 재무상태가 불건전하다고 인정하는 때	요구: 주의·경고 또는 경영개선계획의 제출요구 등 필요한 조치	일반은행: 금융통화위원회 증권회사: 증권관리위원회 기타: 재정경제원장관(재량)	발동상황: 예금자보호 및 신용질서의 안정을 위하여 필요하다고 인정하는 때 대상: 부실금융기관	명령: 정상적인 경영을 위하여 필요한 최소한의 범위 안에서 자본금의 증액, 보유주식의 처분 등 경영개선조치 권고: 합병, 영업의 전부 또는 일부의 양도, 제3자에 의한 당해 금융기관의 인수	일반은행: 금융통화위원회 증권회사: 증권관리위원회 기타: 재정경제원장관(재량)
1998. 1.8.	금융기관의 자기자본비율이 일정수준에 미달하는 등 재무상태가 불건전하다고 인정하는 때	명령 또는 이행계획제출 명령: 주의, 경고, 자본금의 증액 또는 감액, 보유자산의 처분, 점포·조직의 축소, 고위험 자산의 취득금지, 영업의 일부정지등 필요한 경영개선조치	금융감독원장(재량)	발동상황: 예금자보호 및 신용질서의 안정을 위하여 필요하다고 인정하는 때 대상: 부실금융기관	명령: 제10조 제1항에서 규정하는 경영개선조치, 주식의 일부소각(일부주주소유주식 전부소각 포함)·병합, 임원의 직무집행정지 및 관리인의 선임, 합병, 영업의 전부·일부 양도, 제3자에 의한 당해 금융기관의 인수	금융감독위원회(재량)

1998. 9. 14. 개정-적기시정조치로 일원화(제10조 제1항)			
	발동요건	조치	담당기관
1998. 9.14.	발동상황: (1) 금융기관의 자기자본비율이 일정수준에 미달하는 등 재무상태가 제2항의 규정에 의한 기준에 미달하거나 (2) 거액의 금융사고 또는 부실채권의 발생으로 인하여 금융기관의 재무상태가 제2항의 규정에 의한 기준에 미달하게 될 것이 명백하다고 판단되는 때 목적: 금융기관의 부실화 예방과 건전한 경영 유도	권고·요구·명령 또는 이행계획 제출명령: 아래 적기시정조치: 1. 금융기관/임·직원 주의·경고·견책·감봉 2. 자본증가·감소, 보유자산의 처분, 점포·조직의 축소 3. 고위험 자산 취득금지, 비정상적으로 높은 금리에 의한 수신 제한 4. 임원 직무정지, 임원직무대행 관리인 선임 5. 주식소각·병합 6. 영업 전부·일부 정지 7. 합병, 제3자에 의한 해당 금융기관의 인수 8. 영업양도, 계약이전 9. 기타 금융기관의 재무건전성을 높이기 위하여 필요하다고 인정되는 조치	금융감독위원회(의무, 다만, 단기간 내에 기준 충족시킬 것으로 판단되거나 이에 준하는 경우 기간을 정하여 유예 가능(제10조 3항))
	적기시정조치 중 합병, 영업양도 또는 계약이전을 명하는 경우	권고: 다른 금융기관을 지정하여 명령의 대상이 되는 금융기관과의 합병, 영업의 양수 또는 계약이전을 권고(제11조 제1항)	금융감독위원회(재량)

는 것으로 판시하였다(헌법재판소 2004. 10. 28. 99헌바91 결정).

단되는 경우 또는 이에 준하는 경우117)에는 기간을 정하여 적기시정조치를 유예할 수 있도록 하여 결정재량을 일부 제한적으로 인정하였다(동법 제10조 제3항).

적기시정조치 중 자본감소 및 주식 소각 또는 병합과 관련하여 금융기관이 금융감독위원회의 감자명령을 이행하거나 증자를 위하여 주식을 병합한 결과 자본금이 당해 금융기관 설립에 관한 법률에서 정한 최저자본금 미만으로 감소하는 경우 1년 이내의 기간 동안 해당 금융기관의 인가를 취소하지 아니할 수 있도록 하였다(동법 제11조 제4항). 종전에는 금융기관 설립에 관한 각종 법률상 금융기관의 자본금이 법정자본금 미만으로 되는 경우 금융기관 인가 취소사유가 되어, 부실금융기관의 자기자본이 (-)이고 계속기업으로서의 가치도 역시 (-)임에도 불구하고 자본금을 전액 감자하지 못하고 법정자본금만큼은 남겨둔 상태에서 재무구조를 개선할 새로운 자금을 투입해야 하였다. 이렇게 법정자본금만큼 남겨둔 상태에서 새로운 자금을 투입하면 기존주주가 부실경영에 따른 손해를 모두 부담하지 않을 뿐 아니라 특히 신규자금투입으로 기존주주들에게 부(富)가 이전되는 효과가 생기는 불합리가 발생한다.118) 위 개정은 이러한 문제점을 해소하기 위한 것이었다.119)120) 또한 적기시정조치를 위반하거나 불이행하는 경우의 행정처분

---

117) 정부가 국회에 제출한 개정안에는 "기타 특별한 사유가 있다고 인정되는 때"로 되어 있었으나 국회 검토과정에서 이는 재량조항을 의무조항으로 변경하는 취지를 유명무실하게 할 우려가 있다고 지적되어 "이에 준하는 경우"로 수정되었다. 국회 재정경제위원회, 금융산업의구조개선에관한법률중개정법률안 심사보고서(1998. 9), 25, 57쪽.

118) 헌법재판소 2004. 10. 28. 99헌바91 결정도 자본감소명령을 규정하고 있는 금융산업의 구조개선에 관한 법률 제12조의 위헌여부를 판단하면서 "부실금융기관은 대부분의 경우 증자나 감자명령 당시 사실상 지급불능의 상태에 있어 파산을 선언하는 순간 금융기관의 재산가치도 영(0)이 되어 버릴 우려가 크며 이에 따라 부실금융기관의 주식도 이미 영(0)에 가까운 상태로 그 가치가 감소된다 할 것인데, 만일 이러한 주주들이 보유하고 있는 주식을 그대로 둔 채 정부 등이 부실규모에 상당한 자금을 투입할 경우 그에 걸맞은 지분을 확보하기 어려운 반면에 기존 주주들은 새로운 자금이 투입됨에 따라 경영이 정상화되고 기업가치가 상승하여 예상하지 않던 이익을 얻게 되는 불합리한 결과가 초래된다."라고 하여 이 문제를 지적하였다. 영국의 Northern Rock과 관련된 EU의 유사한 취지의 판결로는 34940/10. Grainger and others. v. The United Kingdom App. No. 34940/10 (The European Court of Human Rights, 10 July 2012).

119) 1998. 1. 경영개선조치를 받은 제일은행, 서울은행과 1998. 6. 경영개선조치에 대한 조건부승인을 받은 평화은행, 충북은행, 강원은행은 법정최저자본금 수준으로의 감자를 행하였고, 1998. 9. 11. 금융감독위원회의 승인을 받은 제주은행의 경영개선조치는 완전감자 및 증자로 되어 있었다. "제주銀 1개월內 완전減資/금감위, 조건부승인판정" 문화일보 (1998. 9. 12). 제주은행의 기존주식을 전부소각하는 내용의 감자명령의 적법성을 다툰 사건에서 대법원은 적기시정조치의 근거조항인 「금융산업의 구조개선에 관한 법률」 제10

중 계약이전 결정의 절차 및 효력에 관하여 상세한 조항을 두었다(동법 제14조 제5
항부터 제9항, 제14조의2).[121]

(3) 부실금융기관에 대한 자금지원

종전에는 부실금융기관을 인수·합병하거나 그 영업을 양수하고자 하는 자가
그 부실금융기관을 관할하는 예금보험기구에 자금지원을 신청할 수 있었으나,
1998. 1. 8. 개정으로 금융감독위원회가 부실금융기관이 계속된 예금인출 등으로
영업을 지속하기가 어렵다고 인정되는 경우, 정부 또는 예금보험공사에 대하여
당해 부실금융기관에 대한 출자를 요청할 수 있게 되었다(동법 제12조 제1항). 이때
신주 발행에 대한 상법의 일부 조항(제330조, 제344조 제2항, 제416조 내지 제418조)의
적용을 배제하고 이사회에서 신주 발행에 관한 사항을 결정할 수 있도록 하여 신
주 발행이 원활히 이루어지도록 하였다(동법 제12조 제2항). 정부 또는 예금보험공
사가 부실금융기관에 출자하기로 한 경우 금융감독위원회는 그 부실금융기관에
대하여 부실에 책임이 있는 주주들이 소유한 주식의 전부 또는 일부를 소각하거
나 병합하여 자본금을 감소하도록 명령할 수 있다(동법 제12조 제3항).[122] 또한

조의 합헌성 및 감자명령의 근거조항인 제12조 제3항의 합헌성을 인정하고, 재량권의 일
탈·남용에도 해당하지 않는다고 판시하였다(대법원 2005. 2. 18. 선고 2002두9360 판결).

120) 기존주주 보유주식을 완전히 감자할 수 있도록 입법을 하여야 한다는 점은 정부가 국제
통화기금에 제출한 제5차 의향서(1998. 5. 2)에 언급되었고, 1998. 9. 14. 개정의 개정이유
에서 이 부분은 국제통화기금과의 합의사항을 반영하기 위한 것임을 명시하였다. 제5차
의향서의 주요내용은 이규성, 앞의 책(주 98), 311-318쪽.

121) 1998. 9. 14. 개정으로 계약이전의 절차와 효력에 관한 조항이 상세히 규정되기 이전에
이루어진 계약이전결정에 관하여 대법원은 "그 성질은 금융감독위원회의 일방적인 결정
에 의하여 금융거래상의 계약상의 지위가 이전되는 사법상의 법률효과를 가져오는 행정
처분에 해당한다. … 구 금융산업구조개선법 제14조 제2항에 의한 금융감독위원회의 계
약이전결정에 따라 이루어지는 계약이전과 상법상의 영업양도는 그 목적, 법적 성질, 효
과를 달리하므로 금융감독위원회가 구 금융산업구조개선법 제14조 제2항에 따라 부실금
융기관에 대하여 계약이전결정을 내림에 있어 당해 부실금융기관의 주주총회의 특별결
의를 거쳐야 한다고 볼 수 없다. … 금융산업구조개선법이 1998. 9. 14. 법률 제5549호로
개정되면서 제14조 제6항으로 '… 계약이전을 하는 부실금융기관의 이사회 및 주주총회
의 결의를 요하지 아니한다.'라는 규정이 신설되었다고 하더라도 이는 금융감독위원회의
계약이전결정에는 상법 제374조 제1항 제1호가 적용되지 아니한다는 앞서 본 법리를 명
확히 선언한 확인적 규정에 불과하므로 위와 같은 규정이 금융감독위원회의 충청은행에
대한 계약이전결정 후에 신설되었다고 하여 위와 달리 해석할 것은 아니다."고 판시하였
다(대법원 2002. 4. 12. 선고 2001다38807 판결).

122) 헌법재판소는「금융산업의 구조개선에 관한 법률」제12조의 입법목적은 부실금융기관
을 그대로 방치할 경우 국민경제 전체에 미치는 부정적인 효과가 매우 크므로 금융거래

2000. 1. 14. 「부실금융기관 대주주의 경제적 책임부담 기준」을 제정하여 부실금융기관의 대주주는 금융업 관련 각종 인허가 신청시 금융기관 부실화에 따른 책임을 부담하도록 하였다.

(4) 금융기관의 합병·자본감소 등의 절차의 간소화

금융기관의 합병 절차(주주총회소집 통지기간, 대차대조표 공시기간, 주주명부폐쇄 공고기간, 채권자이의제출기간 등)를 대폭 단축하고(동법 제5조), 주식병합절차도 간소화하였다(제13조의2, 제5조의2). 또한 금융감독위원회로부터 자본금감소명령을 받은 부실금융기관은 이사회에서 자본감소를 결의할 수 있다(동법 제12조 제4항).123) 이러한 절차 간소화의 적법성 및 헌법위반여부에 대하여 이해관계가 있는 주주들이 문제를 제기한 바 있으나, 헌법재판소는 주주총회소집 통지기간 단축 조항이 헌법에 위반되지 않는다고 판시하였고,124) 대법원은 부실금융기관이

의 안전과 예금자보호 등 국민경제의 안정을 위하여 부실화된 금융기관에 대한 정부등의 출자를 통하여 이를 회생시키고자 하는 것이라고 판시하고, 동조 제3항에 의한 자본금감소명령은, 금융감독기관이 정부출자를 통해서라도 부실금융기관을 지원하는 것이 바람직하다고 판단하는 경우에 한하여 공적 자금 투입의 전제조건으로서 부실금융기관의 자본금을 실질에 맞추어 조절하는 불가피한 조치이자 동시에 기존의 주주에게 그 손실을 분담시키는 조치이고, 그 실질적 내용은 주주의 재산권을 박탈하는 조치가 아니라 감자명령 당시 자유시장에서 형성된 주식의 실질가치를 단지 확인하는 행위에 지나지 않으며, 위 조항은 주주의 재산권을 비례의 원칙에 부합하게 합헌적으로 제한하는 규정이라고 판시하였다(헌법재판소 2003. 11. 27. 선고 2001헌바35 결정).

123) 신주발행과 자본감소 절차에 관한 상세한 설명과 비판은 조정래/박진표, "금융산업의구조개선에관한법률의 개선방안", 「BFL」, 제7호(서울대학교 금융법센터, 2004. 9), 47-48쪽, 53쪽.

124) 헌법재판소 2008. 12. 26. 선고 2005헌바34 결정은 주주총회소집 통지기간 즉 "7일의 기간이 … 불합리하게 짧은 것이라고 볼 수는 없다. 제5조 제6항, 제8항에 의해 주주총회에 참석할 주주를 확정하거나 합병에 반대하는 소수주주의 권익을 보호하는 일에 다소간의 제약이 수반될 수도 있을 것이나, 그와 같은 시간적 제약으로 말미암아 … 주주의 권리행사가 원천적으로 부정되거나 현저히 곤란해졌다고 보기도 어렵다. … 금융산업의 경쟁력 향상을 위한 산업구조의 개선이라는 입법 목적에 비추어 볼 때, 이 사건 법률조항을 두고 입법적 재량을 벗어나 주주의 재산권을 과도하게 제한한 것이라고 보기는 어렵다. … 금융산업의 경쟁력 제고라는 시대적 목표를 달성하기 위해서는 금융기관의 인수, 합병 등을 통한 금융기관의 대형화, 전문화를 지향해야 한다는 목적을 실현하기 위한 공익적 목적 및 금융산업의 경쟁력 제고와 산업 구조의 합리화를 달성하기 위해 구조조정에 있어 신속하게 대처할 필요성 등을 종합적으로 고려해 본다면 금융기관의 합병에 대한 이 사건 법률조항의 차별취급은 합리적인 이유가 있다고 할 수 있고, 자의적인 차별로서 금산법의 적용을 받는 합병회사 주주의 평등권을 침해하였다고 하기는 어렵다"고 판시하였다.

이사회결의만으로 자본감소를 결의한 것이 적법 유효하다고 판시하였다.[125]

3.4.3. 기타

(1) 예금보호법제의 개선과 예금보험공사의 부실금융기관 정리기능 확충

경제위기로 부실금융기관이 증가하게 되면서 「예금자보호법」을 개정하여(법률 제5492호, 1997. 12. 31. 개정, 1998. 4. 1. 시행), 금융권역별로 나뉘어 운영하던 예금보험기구를 예금보험공사로 통합하였다(동법 제2조).

또한 경제위기 발생으로 인하여 예금보험제도에 의한 보호한도(종전: 2천만원)를 없애고 1997. 11. 19.부터 2000. 12. 31.까지 예금전액을 보호하도록 하였다가(예금자보호법시행령(대통령령 제15525호, 1997. 12. 5. 일부개정 및 시행) 부칙 제4항), 2001. 1. 1.부터는 보호한도를 은행, 증권, 보험뿐 아니라 저축은행(당시: 상호신용금고)을 포함한 소규모 저축기관들에 대하여 동일하게 5천만원으로 정하였다(예금자보호법시행령(대통령령 제16993호, 2000. 10. 31. 일부개정, 2001. 1. 1. 시행) 제18조 제6항). 저축은행의 경우 보호한도를 낮게 정하면 예금의 이탈로 인한 연쇄도산과 이에 따른 금융시스템 불안에 대한 우려 때문이었으나[126] 은행법상의 은행과 같은 수준의 예금보호한도는 저축은행 대주주 경영진의 고위험/고수익 추구 등 도덕적

---

125) 대법원 2010. 4. 29. 선고 2007다12012 판결은 "부실화 우려 있는 금융기관으로 하여금 이사회결의만으로 자본감소를 할 수 있도록 한 것은 자본감소 여부 결정에 관한 주주의 권한을 제한하는 결과가 되나, ① 부실화 우려 있는 금융기관을 그대로 방치할 경우 그 주주 … 예금주, … 기업과 개인 등 다수의 이해관계자들이 상당한 재산적 손실을 입게 되어 국민경제에 미치는 부정적 효과가 크므로 그 정상화를 위해 정부가 자금지원 등의 방법으로 개입할 필요가 있는 점, ② 정부가 부실화 우려 있는 금융기관에 출자지원 등을 하면서 당해 금융기관의 기존 주식을 그대로 두면 정부는 투입한 공적자금에 걸맞은 지분을 확보하기 어려운 반면 기존 주주는 경영정상화로 인해 예상하지 못했던 이익을 얻게 되는 … 점, ③ … 자본감소에 주주총회의 특별결의를 거치도록 하면 주주의 반대로 자본감소결의 자체가 이루어지지 않을 수 있을 뿐만 아니라 가사 이루어진다고 하더라도 … 상당한 기간 동안 정부 지원이 지연됨에 따라 대량 예금인출 사태의 발생 등으로 인하여 부실화 우려 있는 금융기관의 정상화가 어렵게 될 수 … 있는 점, ④ 부실화 우려 있는 금융기관의 주식은 자본감소 … 전에 이미 재무상태의 악화로 인하여 가치가 감소해 있다고 할 것이므로 이사회결의만으로 자본감소를 한다고 하여 주주가 경제적 손실을 입는 것은 아니고, 가사 경제적 손실을 입는다고 하더라도 이사회결의에 반대하는 주주에 대해서는 주식매수청구권이 인정되고 있으므로 그 손실을 보전할 수 있는 점 등에 비추어 볼 때, 위와 같은 주주 권한의 제한은 국민경제의 안정을 실현하기 위한 필요하고 적절한 수단으로 주주 재산권의 본질적 내용을 침해하는 것이라고 할 수 없다"고 판시하였다.

126) 정찬우/박창균/이시연, 앞의 백서(주 74), 60-61쪽.

해이와 예금자의 고금리 추구 현상을 가져왔고,[127) 높은 예금보호한도에 상응한 감독체제를 갖추지 않은 상태에서 고위험 사업을 추구한 저축은행들이 도산하는 사태의 원인의 하나가 되었다고 할 수 있다.

1997. 12. 31. 이루어진 개정에서는 예금보험공사의 부실금융기관 정리기능을 확대하여, 예금보험공사가 예금자등의 보호와 금융제도의 안정성 유지를 위하여 필요하다고 인정하는 경우에는 금융감독원에 대하여 구체적인 범위를 정하여 부보금융기관에 대한 검사 또는 공동검사를 요청할 수 있고(동법 제21조 제3항), 예금자등의 보호를 위하여 필요하다고 인정하는 경우에는 금융감독위원회에 대하여 당해 부실금융기관에 대한 계약이전의 명령이나 파산신청 등의 조치를 취할 것을 요청할 수 있도록 하였다(동법 제36조의2 제1항). 또한 예금보험공사는 예금자등의 보호 및 금융제도의 안정성 유지를 위하여 필요하다고 인정하는 경우에는 재정경제원장관의 승인을 얻어 부실금융기관의 영업 또는 계약을 양수하기 위한 정리금융기관을 설립할 수 있고(동법 제36조의3), 예금·적금의 지급, 대출의 회수 기타 부실금융기관의 정리업무를 효율적으로 수행하기 위하여 필요한 업무를 수행할 수 있도록 하였다(법 제36조의5).

(2) 부실채권정리

IMF 구제금융을 신청하기 몇 달 전인 1997. 8. 22. 「금융기관부실자산등의효율적처리및성업공사의설립에관한법률」이 제정되어 1997. 11. 23. 시행되었다(법률 제5371호). 동법은 제정시에는 은행(특수은행 포함)의 부실채권을 효율적으로 정리하고 부실징후기업의 경영정상화 노력을 지원하는 것을 목적으로 하였고(동법 제1조), 이를 위하여 부실채권정리기금을 설치하고(동법 제38조 이하) 성업공사를 설립하도록 하였다(동법 제6조 이하). 경제위기를 극복하는 과정에서 동법은 수차 개정되었다(특히 중요한 개정은 1999. 12. 31. 개정[128) 및 시행된 법률 제6073호와 2001. 12. 31. 개정 및 시행된 법률 제6561호).

---

127) Id., 133쪽.
128) 1999. 12. 31. 개정에서 성업공사의 명칭을 한국자산관리공사로 변경하고, 금융기관부실 자산의 효율적인 처리를 위하여 한국자산관리공사가 매입할 수 있는 부실채권을 확대하였으며(동법 제2조 제2호), 종전에는 부실자산을 처리하는 과정에서 한국자산관리공사가 출자한 기업의 차입원리금상환에 대하여만 보증을 할 수 있었던 것을 개정후에는 부실기업의 경영정상화에 필요한 경우 등에도 한국자산관리공사가 지급보증을 할 수 있도록 하여 한국자산관리공사의 업무범위를 확대하였다(동법 제26조 제1항 제1호의3 다목 및 라목).

3.5. 금융지주회사 제도의 도입

3.5.1. 금융지주회사 제도 도입의 배경

경제력 집중의 억제의 일환으로 1987년 4월부터 지주회사의 설립은 원칙적으로 금지되었다가「독점규제및공정거래에관한법률」(이하 "공정거래법") 제7조의2, 법률 제3875호, 1986. 12. 31. 일부개정, 1987. 4. 1. 시행),[129] IMF 구제금융체제하에서 기업 구조조정을 원활하게 수행하기 위하여 지주회사 설립의 필요성이 있었고 OECD 와 세계은행 등의 권고도 있어서[130] 공정거래법을 개정하여 지주회사 설립을 허용하기 시작하였다(법률 제5813호, 1999. 2. 5. 일부개정, 1999. 4. 1. 시행). 2000년에는 금융분야에서도 "금융기관의 대형화·겸업화를 통하여 금융기관의 경쟁력을 제고하기 위하여"[131] 「금융지주회사법」이 제정되어 금융지주회사 제도가 도입되었다 (법률 제6274호, 2000. 10. 23. 제정, 2000. 11. 24. 시행).

금융지주회사제도의 도입에 관하여는 IMF 구제금융 이전부터 논의가 있었다. 금융개혁위원회가 1997. 6. 제출한 '금융개혁 2차 보고서'는 "금융기관의 대형화를 용이하게 하고 부실금융기관의 정리를 원활하게 하여 금융산업의 구조조정 촉진 및 금융기관의 경쟁력 제고"에 기여한다는 점과 국제적인 추세에 발맞춘다는 점 등을 들어 순수 금융지주회사의 설립을 원칙적으로 허용할 것을 제안하였다.[132] IMF 구제금융은 이러한 제안이 입법으로 실현되는 촉매의 역할을 하였다고 할 수 있을 것이다.

3.5.2. 금융지주회사 제도의 요지

금융지주회사는 주식의 소유를 통하여 복수의 금융기관 또는 금융업의 영위와 밀접한 관련이 있는 회사를 지배하는 것을 주된 사업으로 하는 회사로서(「금융지주회사법」 제2조 제1호), 한편으로는 다양한 규제를 받고 다른 한편 효율적인 업무 수행을 위한 특별한 취급을 받는다.

---

129) 지주회사는 실질적인 생산활동을 하지 않는다는 점에서 공정거래법의 기본이념에 반한다고 보았다. 1986. 11. 22. 정부가 국회에 제출한 독점규제 및 공정거래에 관한 법률중 개정법률안의 주요골자.

130) 조성봉, "지주회사제도의 주요논점", 한국경제의 실상과 현안 정책과제 — 2003, 제13장 (한국경제연구원, 2003), 303쪽.

131) 2000. 6. 30. 정부가 국회에 제출한 금융지주회사법안의 제안이유.

132) 금융개혁위원회, 금융개혁 2차 보고서(1997. 6), 80-90쪽.

(1) 설립과 소유구조

금융지주회사는 금융감독위원회의 인가를 받도록 하고(동법 제3조), 금융지주회사 설립 촉진을 위하여 주식교환제도와 주식이전제도[133]를 새로이 도입하여 자회사의 발행주식 100%를 소유하는 금융지주회사를 쉽게 설립할 수 있도록 하였다(동법 제20조, 제31조). 은행을 자회사로 둔 은행지주회사의 경우에는 은행과 유사한 동일인 주식소유한도를 두었다(동법 제8조, 제8조의2, 제8조의5 및 제9조).

(2) 업무

금융지주회사 제도 이용시 위험의 전이(轉移), 과도한 지배력 확장 등의 부작용이 발생할 우려가 있고, 금융지주회사법은 이러한 부작용을 최소화할 수 있도록 여러 장치를 두고 있다. 금융지주회사는 자회사의 경영관리업무와 이에 부수하는 일정한 업무를 영위할 수 있고 그 밖의 다른 업무는 영위할 수 없다(동법 제15조). 또한 원칙적으로 비금융회사의 주식 소유가 금지되고 있고(동법 제6조의3, 공정거래법 제8조의2 제2항 제4호), 일정한 예외적인 경우를 제외하고는 금융지주회사가 손자회사·증손자회사를 두는 것은 엄격하게 제한되어 있었다(동법 제19조). 비금융회사 지배에 대한 제한 및 손자회사·증손자회사에 대한 제한은 2009년 금융지주회사법 개정(법률 제9788호, 2009. 7. 31. 일부개정, 2009. 12. 1. 시행)으로 보험지주회사와 금융투자지주회사의 개념이 도입되면서 상당히 완화되었다(동법 제19조의2, 제20조, 제25조, 제31조, 제32조).[134]

(3) 자금제공과 정보공유

「금융지주회사법」은 2002. 4. 27. 일부 개정되어(법률 제6692호, 2002. 7. 28. 시행) 동일한 금융지주회사에 속하는 금융기관 간에는 일정한 개인신용정보, 증권회사에 예탁한 금전과 증권에 관한 정보 등을 서로 제공할 수 있도록 하여 금융

---

133) 주식교환과 주식이전제도는 2001. 7. 24. 상법개정(법률 제6488호)시 주식의 포괄적 교환(상법 제360조의2 이하)과 주식의 포괄적 이전(상법 제360조의15 이하)으로 도입되어 지주회사를 설립하는 주요한 방법으로 자리잡게 되었다.

134) 2009. 7. 31.의 금융지주회사법 개정(법률 제9788호)은 "금융투자업·보험업 중심의 글로벌 금융그룹을 육성하기 위한 제도적 기반을 마련"하기 위하여 비은행지주회사에 대한 규제를 완화하였다. 이 개정과 관련하여 은행·보험·금융투자의 특성을 반영하여 규제의 차별화를 주장하는 견해는 김홍기, "개정 금융지주회사법의 주요내용과 관련법제의 개선방향", 「연세 글로벌 비즈니스 법학연구」, 제2권 제1호(연세대학교 법학연구원, 2010). 보험지주회사에 대한 규제완화가 시스템 안정성을 저해할 우려를 표명하는 글로는 정재욱/이석호, "보험지주회사 규제 및 감독에 관한 연구", 「한국경제의 분석」, 제15권 제1호(한국금융연구원, 2009. 4),

지주회사의 경영의 효율성을 높일 수 있도록 하였다. 이와 관련하여 금융지주회사, 자회사 및 손자회사는 임원 중 1인 이상을 신용정보관리인으로 선임하고 업무지침서를 작성하여 시행함으로써 개인신용정보 등을 엄격히 관리하도록 하였다(동법 제48조의2).

(4) 위험전이의 방지[135]와 기타 감독

금융지주회사는 자기자본을 초과하여 자회사의 주식을 보유할 수 없고, 동일한 금융지주회사에 속하는 자회사 상호간의 신용공여는 일정한 한도를 초과할 수 없다(동법 제46조 및 제48조). 금융지주회사와 그 자회사 등은 금융감독위원회가 정하는 경영지도기준을 준수하고, 금융지주회사와 자회사 등의 연결재무제표와 주요 경영상황 등을 의무적으로 공고하여야 한다(동법 제50조 및 제55조).

3.6. 평가
3.6.1. 금융기관의 지배구조 개선
(1) 금융기관 지배구조 개선이 필요한 환경

위 Ⅲ.3.1에서 언급한 바와 같이, 1960년대 이후 경제성장 과정에서 금융은 정부의 경제개발정책 수단의 하나로 취급되어 IMF 구제금융을 받은 1990년대 중반까지도 금융기관은 한편으로는 정부의 규제와 간섭하에 있었고 다른 한편으로는 진입장벽과 금리 등 거래조건의 규제의 우산하에서 영업할 수 있었기 때문에 경쟁이 없는 상황에서 금융기관과 기업의 도덕적 해이가 유발될 수 있는 환경이었다. 1990년대에 들어서면서 일부 금융자율화가 이루어졌지만 금융기관의 자율적 책임경영에 대한 인식의 부족과 함께 책임경영을 확보할 수 있는 법적 장치도 충분하지 않은 상황이었다. 정부의 경제개발정책을 지원하는 수단으로서의 금융이 아닌 민간의 실물경제의 발전과 함께 발전하는 금융산업이 되기 위해서는 금융기관의 자율적인 책임경영이 이루어져야 한다. 늦었지만 IMF 구제금융을 계기로 금융기관의 지배구조가 개선된 것은 다행이라고 할 수 있다.

---

135) 2008년 글로벌 금융위기 발생 이후 위험전이에 대하여 다시 인식하고 「금융지주회사법」을 개정하여(법률 제9788호, 2009. 7. 31. 일부개정, 2009. 12. 1. 시행), "금융기관의 대형화·겸업화에 따라 발생할 수 있는 위험의 전이(轉移), 과도한 지배력 확장 등의 부작용을 방지"하는 것이 동법의 목적의 일부임을 명시하였다(동법 제1조).

(2) 금융기관 지배구조의 금융법적 특성

IMF 구제금융의 이행조건을 상세히 기재한 양해각서는 금융기관의 지배구조에 대하여 특별한 언급을 하지 않고 일반적인 기업의 지배구조의 개선을 강조하였다(제34항). 한편 IMF 구제금융 이전인 1997. 4. 금융개혁위원회의 '금융개혁 1차보고서'는 금융기관의 책임경영체제 확립의 일환으로 금융기관의 지배구조 개선을 제시하였다. IMF 구제금융을 계기로 금융기관의 지배구조에 관한 기본틀이 잡혔다고 할 수 있는데 금융법적으로 의미가 있는 일이다.

회사의 지배구조는 경영자와 주주 간, 주주와 채권자 기타 이해관계인 간, 지배주주와 소수파주주 간의 이익충돌 문제를 다루고 좁은 의미로는 경영자와 주주 간의 대리인 문제를 다룬다.[136] 금융기관의 지배구조도 기본적으로 주식회사의 지배구조의 법리를 따라야 할 것이다. 그런데 은행 등 금융기관의 지배구조는 과도한 위험부담으로 인한 금융기관의 도산 및 이에 따른 예금자 기타 이해관계자가 입는 손해와 나아가서는 금융시스템에 초래할 위험을 방지하는 기능, 즉 금융규제법상 요구되는 기능을 행할 것이 기대된다. 이러한 점에서 금융기관의 지배구조는 금융기관에 대한 미시 건전성규제 및 금융시스템에 관한 거시 건전성규제의 일부분을 이룬다고 할 수 있다.[137)138)] IMF 구제금융 기간 중 금융기관의 지배구조를 개선할 때 이러한 금융규제법적 특성에 대한 암묵적인 인식이 있었을 것으로 추측되지만 명시적인 논의가 이루어졌음을 확인할 수 있는 자료는 발견하

---

136) 김건식, 「기업지배구조와 법」(소화, 2010), 4, 30쪽.

137) 정순섭, "금융회사의 조직규제 — 금융회사 지배구조의 금융규제법상 의미를 중심으로", 「상사판례연구」, 제24집 제2권(한국상사판례학회, 2011. 6), 10-11쪽. 박재하, 앞의 보고서(주 85), 7-8쪽. 최근 금융위원회 보도자료, 금융회사 지배구조 선진화 방안(2013. 6. 17), 2쪽도 "금융회사의 지배구조 실패는 일반 기업과 달리 금융시스템의 직접적 위험요인이 될 가능성이 높은 만큼, 주주대표성을 강조하는 일반기업 지배구조와 달리 예금자, 금융감독당국 등 이해관계자에 대한 대표성과 책임성이 부각될 필요가 있다는 점"에 주목하였다고 하였다. Andenas and Chiu, 앞의 책(주 43), p. 387은 금융기관의 지배구조의 기본틀이 일반회사와는 다른 근거로 금융기관의 높은 부채비율, 도산시 주주이외의 이해관계자의 손해부담, 재무상황 파악의 어려움 등을 제시하였다.

138) "외환위기 이후 금융기관의 경영형태가 소위 '관치금융'에서 주주지배금융 즉 '시장금융'으로 전환했다"고 보고 금융기관이 주주의 이익을 극대화하는 사업이 되었기 때문에 공공성이 약화되었다는 지적도 있으나[장진호, "외환위기 10주년 금융 공공성은 어떻게 껍데기가 돼갔는가", 「노동사회」, 통권 제117호(한국노동사회연구소, 2007. 1)], 금융기관의 지배구조 개선은 금융기관의 도산 내지는 부실화와 이로 인한 예금자 등의 피해 및 시스템위험을 방지하는 데 있으므로 공공성을 확보하는 기능을 한다.

지 못하였다.[139) 최근의 글로벌 금융위기 이후에는 금융기관의 지배구조에 대하여 국제적으로뿐만 아니라[140) 국내에서도 새롭게 논의가 이루어지고 있다.[141) 은행에 대한 지배구조의 개선과 공시가 강화되었고,[142) 2012. 6. 정부가 「금융회사의 지배구조에 관한 법률」(안)을 국회에 제출하여[143)144) 새로운 개선방안을 제시하였다.[145) 이러한 일련의 움직임도 금융기관 지배구조의 금융규제법적인 특성에 기인한다고 할 수 있다. 금융기관의 대주주에 대하여는 일반 주식회사의 지배구조에서 특별히 문제되지 않는 일정한 적격성(충분한 출자능력, 건전한 재무상태 및 사회적 신용)을 요구하는 것(은행법 제8조 제2항 제4호, 자본시장법 제11조 제2항 제6호, 보험업법 제6조 제1항 제4호 등)[146)도 이러한 금융규제법적 특성 때문이라고 할 수

---

139) '금융개혁 1차 보고서'는 당시 금융기관의 지배구조의 현황과 당면과제를 설명하면서 일반 기업의 지배구조만을 언급하고, 정부 개입을 배제하여 책임경영체제를 확립한다는 점을 강조하였다(43-47쪽). 금융위원회 보도자료, 금융회사 지배구조선진화 방안(2013. 6. 17)과 대비된다.

140) OECD, Corporate Governance and the Financial Crisis (June 2009); Basel Committee on Banking Supervision, Principles for enhancing corporate governance (October 2010) 등. 바젤은행감독위원회의 2010년 권고안의 개요는 최수정, "금융기관의 내부통제제도 강화를 위한 법적 개선방안: 은행을 중심으로", 「상사법연구」, 제29권 제4호(한국상사법학회, 2011. 2), 52-60쪽; 최영주, "은행 CEO리스크와 지배구조에 관한 연구", 「법학논고」, 제36집(경북대학교 법학연구원, 2011. 6), 146-152쪽. 2006년 바젤은행감독위원회의 은행지배구조에 대한 권고안의 개요는 심영, "은행 지배구조강화에 관한 소고", 「중앙법학」, 제8집 제1호(중앙법학회, 2006. 4), 461-469쪽.

141) 구본성, "금융회사의 지배구조 개선 기본방향", 한국금융연구원 정책토론회 발표자료(2010. 6. 23); 김건식/김동원, 「금융회사 지배구조 개선방안 연구」(한국기업지배구조원, 2010. 12) 등.

142) 은행법 개정(법률 제10303호, 2010. 5. 17. 개정, 2010. 11. 18. 시행)으로 이사회 독립성 강화, 감사위원회의 전문성 강화와 더불어 지배구조내부규범의 공시가 법제화되었다(동법 제22조, 제23조의2, 제23조의4).

143) 금융위원회 보도자료, 「금융회사의 지배구조에 관한 법률」 제정안 입법예고(2011. 12. 15), 금융위원회 보도자료, 「금융회사의 지배구조에 관한 법률」 제정안 국무회의 통과(2012. 6. 5).

144) 「금융회사의 지배구조에 관한 법률」(안)에 대하여는 벌써 상당히 많은 논의가 이루어지고 있다. 김태진, "〈금융회사의 지배구조에 관한 법률(안)〉 주요 내용 검토", 「기업지배구조리뷰Ⅰ」, 제61호(한국기업지배구조원, 2012. 3/4); 원동욱, "금융지배구조법의 주요 내용 및 향후 과제", 「금융법연구」, 제9권 제1호(금융법학회, 2012); 경제개혁연대, 「「금융회사의 지배구조에 관한 법률」 제정안의 문제점 및 개선방안」, 「기업지배구조연구」, 제42호(경제개혁연구소, 2012 봄).

145) 금융위원회, 금융회사 지배구조 선진화 방안(2013. 6. 17).

146) 보험업법은 "사회적 신용을 갖출 것" 대신에 "건전한 경제질서를 해친 사실이 없을 것"을 요구한다. 이러한 용어가 사용된 경위는 국회 재정경제위원회 수석전문위원 김문희,

있다.

금융기관 지배구조에 대한 법적인 규제는 금융규제적 특성에 근거하여 행하여지는 것이므로 그 규제는 금융규제법적 목적을 달성하는 범위 내에서 이루어져야 할 것이다. 그 범위를 넘는 부분은 회사의 일반적인 기업지배구조의 문제로 다루고 금융기관에게 자율성을 부여하는 것이 바람직할 것이다. 「금융회사의 지배구조에 관한 법률」 역시 이러한 금융기관 지배구조의 금융규제법적 특성을 반영하여 입법되어야 하고, 그 법률을 활용하여 금융감독기구, 정부, 시민단체 등이 자신의 권한을 확대하는 수단으로 삼아서는 안 될 것이다. 이러한 점에서 모범규준을 정하고 이를 '준수하거나 준수하지 않으려면 설명하라'(이른바 comply or explain)는 원칙의 도입은 금융규제법적인 면과 금융기관의 자율성을 조화시킬 수 있는 방안이다.[147]

(3) 위험관리와의 연계 필요성

금융기관의 지배구조를 특별히 규율하는 것은 앞서 본 금융규제법적인 특성이 있기 때문이고, 지배구조의 개선으로 기대하는 것은 금융기관의 도산 내지는 부실화의 방지이다. 금융기관은 자본의 건전성의 유지가 중요할 뿐 아니라, 거래상대방의 신용위험, 단기로 조달한 자금을 장기로 운용하는 만기불일치 위험, 고객의 자산을 취급하는 데 따른 운영위험 등 위험의 관리가 다른 어떠한 산업보다도 중요하다. 금융규제법적인 면에서 볼 때 금융기관의 지배구조와 내부통제제도는 금융기관의 주주의 이익을 보호한다는 점에만 초점을 맞출 것이 아니라 이러한 위험의 관리를 효과적·효율적으로 할 수 있도록 만들어져야 한다.[148][149]

보험업법개정법률안(정부제출) 검토보고(2003. 4), 37-38쪽.

147) 금융위원회, 금융회사 지배구조 선진화 방안(2013. 6. 17)은 이 원칙을 도입한다고 밝혔다.

148) 2010년 바젤은행감독위원회는 은행지배구조 개선원칙 중 6번째 원칙으로 "은행은 충분한 권한, 지위, 독립성, 인원과 이사회에의 접근성을 갖춘 효과적인 내부통제시스템과 위험관리기능(최고위험관리자를 포함함)을 가지고 있어야 한다"는 원칙을 제시하였다. Basel Committee on Banking Supervision, Principles for enhancing corporate governance (October 2010).

149) 영국의 Walker보고서는 은행, 보험회사 등의 금융기관의 이사회가 위험관리에 더 적극적으로 관여해야 한다고 주장하고 감사위원회와 별도로 리스크위원회를 둘 것, 리스크위원회는 리스크보고서를 작성하여 연차보고서에 포함시킬 것, 리스크관리의 독립성, 필요한 외부전문가의 조력을 받을 것 등을 제안하였다. Walker, David, "A review of corporate governance in UK banks and other financial industry entities Final recommendations" (26 November 2009), pp. 90-106. 금융기관의 리스크 관리체계의 구축에 관한 최근의 연구로는 구정한/이시연, 「금융회사의 바람직한 리스크 지배구조에 관한 연구」

(4) 지배구조 개선과 책임경영 법제의 실제 운용

지배구조에 관하여 법령으로 정하여 놓는다고 하더라도 그것이 원래의 입법취지에 맞추어 운영되지 않는다면 큰 의미가 없을 것이다. 지배구조 개선 법제의 실제 운용을 보면 긍정적인 면뿐 아니라 한계를 보이는 부분이 있다.

첫째, 사외이사 제도 및 감사위원회 제도에 대한 2005년의 설문조사 결과를 보면 은행의 이사회가 1997년 경제위기 이전보다는 어느 정도 발전되었으나 몇 가지 문제가 남아 있음을 드러냈다. 특히 이사회와 경영진의 불분명한 역할 분담, 정보흐름의 비효율성, 이해상충문제에 대한 안전장치 부족, 이사 교체방안 부재, 경영진 성과평가 절차 및 기준 불명확 등이 지적되었고,[150] 최근에도 사외이사의 독립성·전문성의 부족이 지적되고 있다.[151] 이러한 점들은 대부분 사외이사가 포함된 이사회의 실제 운영의 문제로서, 사외이사를 포함한 이사회 구성원의 전문성 강화와 더불어 금융기관의 특성에 대한 인식이 강조되어야 할 것으로 보인다.

둘째, 금융기관의 소수주주권 행사요건의 완화로 주주의 권리를 강화한 것이 실제 어떠한 의미를 가지는가이다. 소수주주권 행사요건 완화는 주주들의 견제기능을 강화하여 금융기관이 건전하고 합리적인 경영을 할 수 있도록 금융기관의 자율성을 제고하기 위한 장치라고 할 수 있다.[152] 기본적으로 주권상장법인에 적용되는 요건을 기초로 금융기관의 소수주주권 행사요건을 더 완화하였다. 완화된 행사요건인 최소지분율을 뒷받침할 만한 특별한 근거는 제시되지 않았고, 가능한 한 주주가 쉽게 문제를 제기할 수 있도록 하면서[153] 경영진의 위법행위 등 실체적인 판단을 법원의 판단에 맡긴 것으로 보인다. 물론 상장된 금융기관의 주주는 시장에서 손쉽게 주식을 매도할 수 있으므로 특별히 공익적 견지에서 활동하는 시민단체이거나 상당한 지분을 확보하고 주주적극주의 운동을 전개하는 주주가 아닌 한 자신의 비용을 들여 소수주주권을 행사(voice)하기보다는 매도(exit)를 택

(한국금융연구원, 2011. 1).

150) 박재하, 앞의 보고서(주 85), 9쪽.

151) 정기승, 앞의 책(주 88), 280-283쪽; 구본성, "금융회사 지배구조 선진화 방안", 한국금융연구원 주최 〈금융회사 지배구조선진화 방안〉 공개토론회 발표자료(2013. 6. 17), 17-21쪽 등.

152) 예컨대 은행법(법률 제6177호, 2000. 1. 21. 일부개정) 개정이유.

153) 구본성, 앞의 발표자료(주 151), 29, 31쪽은 사외이사후보추천과 관련한 주주제안권 행사요건을 0.5%에서 0.1%로, 주주대표소송 제기를 위한 지분요건을 0.005%에서 0.001%로 완화할 것을 제안하였다.

할 가능성이 크지만,[154] 소수주주권 행사요건 완화는 금융기관 최고경영진으로 하여금 주주들이 언제든지 감시권을 행사할 수 있음을 인식하도록 함으로써 경영진의 주의의무 준수에 기여할 것으로 보인다. 비상장 금융기관의 경우에는 주주의 탈퇴(exit, 즉 주식매도)가 쉽지 않으므로 강화된 소수주주권 행사(voice)를 할 유인이 커진다는 점에서 소수주주권 강화는 비상장 금융기관에서 더 의미가 있을 것이다.

위와 같은 법제의 변화와 관련하여 특기할 사항은 1997년 주주적극주의의 등장으로 제일은행의 은행장과 이사들을 상대로 하는 대표소송이 우리나라 최초의 대표소송으로 제기되었고 그 대표소송이 적법하게 유지될 수 있도록 하는데 소수주주권에 관한 법제의 변화가 기여하였다는 점이다.[155] IMF 구제금융 기간 중 제일은행 사건 이외에도 부실화된 금융기관의 이사를 상대로 한 대표소송이 여러 건 제기되었으나 기각 또는 각하되었다.[156]

셋째, 지배구조 개선과 책임경영 확보를 위한 법령의 정비만으로 충분하지 않은 것으로 볼 수 있는 사례로 저축은행 사태를 들 수 있다. 과다한 위험부담의 방지뿐 아니라 금융기관이 지배주주·경영자의 사금고화되지 않도록 하는 것도 효과적인 지배구조를 통하여 기대되는 사항이다. IMF 구제금융 기간 중 은행에 대하여는 대주주의 부당한 영향력 행사를 금지하도록 하는 내용의 입법이 이루어짐으로써 이 점의 중요성이 법률적으로도 확인되었고, 보험회사와 증권회사에 대하여도 같은 취지의 입법이 이루어졌다(위 Ⅲ.3.2.5.(1)). 그런데 2000년 이후 계속 발생하는 저축은행 관련 사건들을 보면 저축은행의 지배구조는 이러한 기능을 충분히 하지 못한 것으로 보인다. 2000년-2001년에 발생한 3대 게이트[157] 사건들은

---

154) voice와 exit에 대하여는 Albert O. Hirschman, *Exit, Voice, and Loyalty: Responses to Decline in Firms, Organizations, and States* (Harvard University Press, 1970).

155) 이 대표소송의 소제기 시점(1997. 6. 3.)에는 원고가 대표소송을 제기할 수 있는 주주요건을 충족하지 못하였으나 수차에 걸친 증권거래법 개정을 통하여 주권상장법인의 소수주주권 행사에 관한 요건이 완화되어 1심 변론종결일(1998. 6. 19)에는 그 요건을 충족하게 되었다(서울지방법원 1998. 7. 24. 선고 97가합39907 판결).

156) 1998년 대동은행, 1999년 한남투자증권의 소수주주들이 제기한 대표소송은 회사가 파산하여 대표소송이 허용되지 않았다. 이에 관한 논의는 김주영, "우리나라 주주대표소송의 제소현황 및 판결경향에 관한 고찰", 「기업지배구조리뷰 I」, 제34호(한국기업지배구조원, 2007. 9/10).

157) 정현준 게이트(동방상호신용금고), 진승현 게이트(열린상호신용금고), 이용호 게이트(대양상호신용금고).

모두 당시 상호신용금고의 지배주주로서 당해 상호신용금고로부터 불법적으로 대출받아 주가조작 등의 행위를 한 것과 관련이 있다.158) 2001년 상호신용금고의 명칭을 상호저축은행으로 변경하면서 사외이사, 감사위원회, 내부통제기준 등의 제도를 은행·증권회사·보험회사에 준하는 수준으로 도입하였다(법률 제6429호, 2001. 3. 28. 일부개정, 2002. 3. 1. 시행). 이 개정시에도 대주주의 사금고 범주를 벗어나지 못한 상호신용금고들이 상당수 있어 이를 방지하기 위한 법적 제도적 장치가 필요한 상황이었다.159) 2011년 이후 부실저축은행 20개를 정리할 때에도 역시 지배주주 및 경영진의 사금고화가 심각한 문제이었다.160) 「상호저축은행법」상 대주주의 부당한 영향력행사 금지 조항은 2007년에 이르러 추가되었지만(법률 제8522호, 2007. 7. 19. 일부개정, 2008. 1. 20. 시행)(동법 제12조의3), 그 이전부터 대주주에 대한 대출은 원칙적으로 금지되었으므로 위 조항이 늦게 추가되었다는 점이 대주주의 사금고화를 수월하게 하였다고 하기는 어렵다. 금융감독의 효율성을 높이기 위하여 한정된 인적 물적 자원을 은행·증권회사·보험회사 등 금융시장에서 더 중요한 역할을 하는 쪽으로 배분한 탓에 상호저축은행이 충분한 감독을 받지 못하였기 때문인 점도 있겠으나, 이와 같은 상호저축은행의 사례는 대주주가 있는 금융기관의 경우 금융기관 내의 지배구조만으로 효과적인 금융감독이 이루어지기 어렵다는 점을 잘 보여준다.161) 특히 지배구조의 개선뿐 아니라 공적 규제가 필요한 부분이 있고 아울러 경영공시를 통하여 투명성을 높이는 조치 및 사외이사 등 지배구조가 적정하게 작동하는데 참여하는 사람들의 인식을 개선하는 작업이 함께 이루어져야 한다.

넷째, 금융기관의 책임경영체제의 확립을 법규상 강조하고 있으나 금융감독기구 또는 정치권이 금융기관의 인사162) 또는 경영판단163)에 관여하는 등의

---

158) 정찬우/박창균/이시연, 앞의 백서(주 74), 293-297쪽. 진승현 게이트에 대하여는 대법원 2002. 7. 22. 선고 2002도1696 판결.

159) 국회 재정경제위원회 전문위원 김문희, 상호신용금고법중개정법률안 검토보고(2000. 12), 7, 10쪽.

160) 정찬우/박창균/이시연, 앞의 백서(주 74), 298-325쪽. 금융위원회 보도자료, 저축은행 건전경영을 위한 추가 제도개선 방안(2012. 9. 13).

161) 저축은행의 대주주의 모럴해저드에 대하여는 최영주, "저축은행 부실화에 있어 대주주의 영향과 법적 규제",「법학연구」, 제53권 제3호(부산대학교 법학연구소, 2012. 8), 193-228쪽.

162) 김인준, 앞의 논문(주 38), 403, 405쪽; 금융감독위원회 보도자료, 한국경제, 한겨레 및 연합뉴스의「은행장 인사」관련 보도에 대한 해명(2002. 3. 11); 금융감독위원회 보도자료, '03.3.1자 일부언론의「정부, 은행인사 개입」등 제하의 보도내용에 대한 해명

문제 제기가 끊이지 않고 있고, 정부 또는 예금보험공사가 주식을 소유한 금융기관에 대하여 주주로서 권리를 행사하는 활동과 금융감독기구로서 감독의 일환으로 이루어지는 활동이 명확히 구별되고 있는지에 대하여 의문이 발생하고 있다.164)165)

(5) 제도의 변화를 뒷받침할 의식의 변화

자율적 책임경영을 위한 법제도의 개선과 이와 관련하여 주주통제에 대한 의존이 강화된 점은 정부주도형 금융이 아닌 민간주도형 금융을 전제로 하는 것으로서 개발도상국 내지는 신흥국형 경제에서 선진국형 경제 체제로 바뀌었음을 의미한다.166) 금융기관의 주주 및 내부통제에 의존하기 위해서는 이러한 통제장치가 제대로 작동할 수 있어야 하고, 이는 단순히 법제도뿐 아니라 관련되는 사람들의 의식수준이 향상되어야 가능하다. 예컨대, 은행과 예금자, 보험회사와 보험계약자/수익자의 관계는 엄격한 의미의 법적인 신탁관계는 아니지만 이들로부터 조달한 자금은 실질적으로 수탁자적인 지위에서 운용한다는 의식이 필요하다.

(2003); "우려되는 '금융의 정치화'", 한국경제신문(2013. 7. 17); "국회 정무위 업무보고… '관치금융 판쳐', '인사개입 없었다'", 매일경제신문(2013. 6. 17); "[심층진단] 내치는 잠잠해졌는데… 정치인 칼춤에 휘둘리는 금융당국", 서울경제신문(2013. 6. 14).

163) 이혜영, "재규제 관점에서 외환위기 이후 금융부문 규제개혁정책의 평가", 한국사회와 행정연구, 제15권 제1호(서울행정학회, 2004. 5), 250-251쪽.

164) 우리금융지주의 민영화와 관련하여 공적자금관리위원회의 의결사항에 관하여 금융위원회가 보도자료, 우리금융지주 민영화 추진(2013. 6. 26)을 발표하였다. 이는 공적자금관리위원회사무국을 금융위원회에 설치하였기 때문인 것 같으나 금융위원회의 금융감독 차원에서의 업무인 것 같은 오해를 유발할 우려가 있다. 또한 그 내용을 보면 금융지주회사의 자회사 매각방법에 대하여도 구체적으로 언급하였다. 공적자금관리위원회의 업무는 예금보험공사 보유주식의 매각이므로(공적자금관리특별법 제3조 제2항 제7호) 금융지주회사가 보유한 자회사 주식의 매각이 금융지주회사의 가치에 영향을 줄 것인지 여부에 대하여 관심을 가지는 것은 당연하겠으나, 금융지주회사에 이사회를 두고 있는 이상, 자회사 주식 매각이 지주회사의 주주총회의 승인을 받아야 할 사항이 아니라면 그 매각 방법은 지주회사의 이사회에서 심의 결정할 사항일 것이다. 회사의 의사결정에 대하여 지배주주가 가지는 실질적인 영향력과 상법에 정해진 주식회사의 의사결정 절차의 차이의 문제라고 하겠다.

165) 산업자본의 지배를 방지하기 위하여 동일인 주식소유한도를 두고 있는 은행에 대하여는 정부 또는 감독기구에 의한 이사회 지배 가능성이 있으므로 이사선임의 투명성을 확보하여 정부 등의 간섭 가능성을 줄여야 한다는 지적도 있다. 심영, 앞의 논문(주 86), 249쪽.

166) 전홍택, 앞의 논문(주 7), 478쪽은 "1997년 말 임시국회에서 금융개혁법률안이 통과됨으로써 개발금융체제를 시장금융체제로 전환시키는 작업은 외형적으로 일단 성공하였다"고 평가하였다.

3.6.2. 건전성규제와 여신관리 규제 강화

금융기관 특히 은행의 여신이 정부의 정책적인 재원분배를 지원하는 역할을 하는데 그치고, 진입규제와 이자율 기타 수수료율 규제에 의하여 수익이 사실상 보장되던 시기에는 건전성규제와 위험관리의 중요성에 대한 인식이 충분하지 않았다. 예컨대 IMF 구제금융 이전부터 자기자본비율의 준수가 요구되었으나 산정기준이 BIS기준과는 달랐고 비율을 편법적으로 계산하는 것을 계속 허용함으로써 은행의 자본부족 현상이 발생하게 되었고, 외화자산 운용에 대한 기준을 준수하는지 여부에 대한 감독도 철저히 수행되지 않았다.[167)168)] 1997년 경제위기하에서 금융기관의 부실자산이 당해 금융기관뿐 아니라 금융시장의 안정성에 영향을 줄 수 있는 상황이 발생하자 비로소 금융기관의 건전성규제와 여신관리의 중요성을 다시 인식하게 되었다고 할 수 있다. 건전성규제와 여신관리의 강화는 IMF 구제금융의 요건이기도 하였지만, 당시의 금융환경이 이에 대한 경각심을 불러일으키기 충분하였고, 당시 취하여진 건전성규제와 여신관리 규제의 강화는 당연한 결과라고 할 수 있다.

건전성규제는 금융기관의 도산 및 이에 따른 금융시스템 위험을 방지하기 위한 규제의 가장 핵심적인 부분이므로, 국제적인 기준에 맞추어 규제의 내용을 정하고 그 규제를 집행하도록 한 것은 금융감독 규제에 있어 가장 기본적인 사항을 정비한 것이라고 할 수 있다.

금융기관의 자기자본비율 산정시 가장 핵심적인 역할을 하는 자산의 건전성 분류와 여신관리는 금융기관이 부담하는 주된 위험인 거래상대방에 대한 신용위험을 관리하는 것으로 금융기관이 정부의 관여와 보호를 벗어나 자율적인 경영을 하는 단계에서는 당연히 강화되어야 할 사항이다. 자산의 건전성 분류에 있어 미래의 채무상환능력(이른바 forward looking criteria)을 기준으로 하는 제도에 대하여는, 위험관리 전문가가 부족한 상황에서 이 제도를 은행뿐 아니라 제2금융권에까지 도입하는 것은 비현실적이라는 비판도 있었다.[169)] 그러나 위험을 부담하는 것을 영업으로 하는 금융기관이 위험관리를 선진적으로 정비해야 한다는 점에 대하

---

167) 재경부, 경제백서(1998), 166-168쪽.
168) IMF 구제금융 이전 자기자본비율이 제대로 산정되지 않은데 대해서는 최형규, 앞의 논문(주 100), 227-245쪽과 Shim, 앞의 논문(주 106), p. 514.
169) 박훤일, 앞의 논문(주 3), 51쪽.

여는 아무리 강조하여도 지나치지 않을 것이다.

금융기관의 과도한 위험부담은 일차적으로 규제자본의 사용(즉 자기자본비율이 감소한다는 점)으로 규율할 수 있지만, 자기자본비율 규제에 의존하는 것만으로는 위험의 모니터링과 적시의 위험관리가 충분하지 않을 수 있다. 특히 개별적인 거래 또는 행위 중 법규 또는 금융감독기구의 직접적인 규제가 필요한 사항(예: 동일인 여신한도)을 제외하면, 위험관리는 금융감독기구가 직접 규제 감독할 수 있는 성질의 것이 아니므로 금융기관이 내부적으로 위험을 모니터하고 관리할 수 있는 체제를 갖추어야 한다. 이러한 점에서 위 III.3.1.6.(3)에서 언급한 바와 같이 지배구조와 내부통제제도를 통하여 신용위험을 비롯한 금융기관이 노출된 각종 위험의 관리도 효과적으로 이루어지도록 할 필요가 있다.[170]

3.6.3. 부실금융기관 관련 법제의 정비

부실금융기관 관련 법제의 개선 중 가장 중요한 부분은 적기시정조치에 관한 사항이다. 이는 금융기관이 부실화되는 징후가 발생하면 조속히 적절한 조치를 취함으로써 금융기관의 부실화와 이로 인한 예금자 등 고객의 피해(예금보험으로 부보된 경우에는 예금보험공사의 부담) 및 금융시스템 위험을 방지하기 위한 것이다. 적기시정조치에 관한 법제 개선의 필요성은 이미 금융개혁위원회의 보고서에서 지적되고 있었고, IMF 구제금융은 입법을 촉진하는 계기가 되었다고 할 수 있다.

적기시정조치 법제는 (i) 부실금융기관 지정, (ii) 적기시정조치를 취할 것인지 여부의 결정, (iii) 적기시정조치의 내용의 결정의 3단계로 나누어 볼 수 있다. 부실금융기관의 지정은 자기자본비율 또는 경영실태평가의 결과에 기초하여 이루어진다는 점에서 금융기관의 부실화가 시작된 후 어느 정도 시간이 흐른 뒤에야 부실금융기관 해당 여부를 파악할 수 있다. 때로는 부실금융기관 지정이 너무 늦게 이루어지게 되는 것 아닌가 하는 우려가 있을 수 있다. 부실화의 정도를 다단계로 정하고 경영개선권고의 기준에 해당할 때 적절한 적기시정조치를 취하는 등의 운영을 통하여 이러한 우려는 해소할 필요가 있다.

적기시정조치를 취할지 여부에 대하여 금융감독기구의 재량을 배제하고 조

---

170) 금융기관의 내부통제의 금융규제법적 의미에 대한 전반적 논의는 정순섭, "금융회사 내부통제의 금융법상 지위: 규제의 내부화·민영화의 관점에서", 「선진상사법률연구」, 제49호(법무부, 2010. 1). 금융기관의 리스크 관리체계의 구축에 관하여는 구정한/이시연, 앞의 책(주 149).

치를 취할 것을 원칙으로 삼은 것은 금융감독기구가 규제포획 또는 규제관용의 문제에 빠질 우려를 불식시킨다는 면에서 바람직한 입법이다. 일정 기간 이내에 부실의 우려가 해소될 수 있는 경우라면 기간을 정하여 적기시정조치를 유예하는 제도도 의무조항의 경직성으로 인한 폐해를 줄이기 위하여 필요한 제도라고 할 수 있다.[171] 다만, 모든 재량적 행위가 그러하듯이 유예제도는 제도 자체보다도 어떻게 운영하는가가 더 중요하다고 할 수 있다.[172] 1998. 9. 14. 개정후 현행법에 서 유지되고 있는 유예제도는 "기준에 일시적으로 미달한 금융기관이 단기간에 그 기준을 충족시킬 수 있다고 판단되거나 이에 준하는 사유가 있다고 인정되는 경우"에 제한적으로 유예를 허용하고 있으므로 이 요건에 해당하지 않는 경우에 유예조치를 취하여서는 안 된다. 금융기관의 부실정도가 심각한 경우에는 대부분 단기간에 기준을 충족하기 어려울 것이고 그렇다면 유예조치의 대상이 될 수 없 을 것이다. 이러한 요건에도 불구하고 금융감독기구가 재량권을 남용하거나 근시 안적인 결정을 하는 것[173]을 방지하기 위해서는 유예할 수 있는 기간을 합리적인 일정 기간으로 한정하고 유예 여부 결정시 예금보험공사 등 관계기관의 의견을 반영하도록 하며, 부실정도가 일정 수준을 넘는 경우에는 유예의 대상으로 삼을 수 없도록 할 필요가 있다.[174] 상호저축은행에 대하여는 2012. 1. 17. 상호저축은

---

171) 한기정, "금산법상 적기시정조치의 법적 문제점에 대한 고찰",「상사법연구」, 제26권 제2 호(한국상사법학회, 2007), 544-545쪽도 같은 취지. 한편 정영철, "대법 2012. 3. 15 선고 2008두4619 판결에 대한 평석: 금융위 적기시정조치에 대한 사법적 통제의 한계",「한국 금융법학회지」, 제9권 제1호(한국금융법학회, 2012. 8), 504-505쪽과 심영, 앞의 논문(주 111), 123쪽은 유예제도의 폐지를 주장하였다.

172) 이혜영, 앞의 논문(주 57), 133-142쪽은 2003년-2004년 엘지카드 사례에서 금융감독위원 회가 적기에 적기시정조치를 취하지 않았음을 지적하고 그 원인과 영향을 분석하였다. 김태은, "제도의 유사성과 이질성의 원인에 관한 연구: 적기시정조치제도를 중심으로", 「한국행정학보」, 제46권 제4호(한국행정학회, 2012 겨울), 256쪽은 2000년부터 2011년 까지 증권회사와 저축은행에 대하여 적기시정조치를 유예한 9건의 사례를 요약하였다.

173) 국무총리실, 금융감독혁신방안(2011. 9. 2), 6쪽은 "금융시장 안정을 위해 부실저축은행 에 대한 적기 시정조치를 발동하는 대신 유예권을 과도하게 행사하고 M&A를 추진한 결 과, 부실이 오히려 크게 확대되는 사례도 발생"하였다고 지적하였고, 전성인/김기홍/김 상조/함준호, 앞의 보고서(주 26), 25쪽도 유사한 지적을 하였다. 전선애, 앞의 논문(주 112), 97쪽은 2002년 경영개선명령 유예후 1년 뒤 결국 영업인가가 취소된 김천저축은행 사례를 들고 있다.

174) 국무총리실, 금융감독혁신방안(2011. 9. 2), 17-19쪽은 이와 유사한 내용으로 유예제도 를 개선할 것으로 제시하였고, 김준경/신인석/김현욱/박창균/임경묵/강동수, "업무영역· 제재·적기시정조치 개선방향에 대한 연구",「금융연구」, 제18권 별책(한국금융연구원,

행업감독규정의 개정으로 유예기간을 3개월 이내로 정하도록 하고, 해당 상호저축은행이 제출한 경영개선계획을 예금보험공사에게 보낸 후 그 계획 승인 및 경영개선요구 유예 여부 결정 이전에 예금보험공사의 의견을 요청하도록 하는 등(상호저축은행업감독규정 제49조 제2항, 제6항, 제8항) 어느 정도 보완되었다. 은행·보험·증권회사 등에 대한 적기시정조치에 관하여는 법규상 보완이 이루어지지 않았으나 유사하게 운영되는 것이 바람직할 것이다.

한편 적기시정조치의 이행기간의 장기화에 따른 문제점도 지적되었고,[175] 권고-요구-명령의 3단계로 되어 있는 적기시정조치의 내용에 관하여는 경고-명령의 2단계로 단순화하자는 주장도 있어,[176] 효과적인 적기시정조치의 운영에 대한 심도 있는 검토가 필요하다.

마지막으로 주목할 만한 사항은 건전성규제와 더불어 부실금융기관 관련 사항에 대하여도 법률상 명확하고 상세한 근거를 두어 금융규제감독의 방법면에서 법의 지배가 강화되었다는 점이다. 특히 적기시정조치에 관한 법적 근거와 적기시정조치로 취할 수 있는 조치(예: 자본의 감소, 계약이전 등)를 이행하기 위한 구체적인 내용이 법률에 규정되었고, 이러한 조항의 합헌성과 적법성에 대하여 의문이 제기되었으나 대체로 헌법에 위반하지 않고 적법한 것으로 판단되었다.[177] 다만, 관리인의 선임과 권한 등 일부 논란의 여지가 있는 조항들이 있고,[178] 적기시정조치의 요건에 관하여는 실체적인 면이나 절차적인 면에서 모두 해석의 여지가 많이 남아 있어 실제 운영상 논란이 제기될 여지가 있다.[179] 그러나 적기시정조치가 발동되는 상황의 다양성과 시급성에 비추어 법률로 모든 구체적 상황을 규율할 수 없을 것이고 어느 정도는 금융감독기구의 합리적인 운영에 의존할 수밖에 없을 것이다.

2004), 13-14쪽은 적기시정조치의 유예제도의 폐지와 아울러 명확한 목표설정과 발동기준의 개선 등을 제시하였다.

175) 금융감독위원회 정례브리핑자료, 상호저축은행 적기시정조치 개선방안(2006. 7. 4).

176) 정영철, 앞의 논문(주 171), 504-505쪽.

177) 주 116, 118, 119, 121, 122, 124, 125에 언급한 헌법재판소 결정 및 대법원판결들. 하급심 판결들에 대하여는 권순일, "부실금융기관의 처리에 관한 쟁송", 「BFL」, 제7호(서울대학교 금융법센터, 2004. 9), 57-80쪽.

178) 권순일, 앞의 논문(주 177), 76-77쪽.

179) 정영철, 앞의 논문(주 171), 509-510쪽은 법원의 과도한 절차적 통제의 문제점을 잘 지적하였다.

3.6.4. 금융지주회사 제도의 도입

금융기관의 지배구조의 개선, 건전성규제와 여신관리의 강화 및 부실금융기관 관련 법제의 개선은 모두 개별 금융기관의 건전성 확보를 통하여 금융시스템 리스크를 예방하기 위한 장치들이라고 할 수 있는데 반하여, 금융지주회사 제도는 금융기관의 효율성을 도모하여 경쟁력을 제고하기 위한 것이다. IMF 구제금융 이후 금융산업의 구조조정이 활발히 이루어져서 일반은행의 숫자가 대폭 감소하였고,[180] 금융지주회사 제도의 도입으로 주요 은행들이 모두 금융지주회사로 전환하는 등[181][182] 금융기관의 대형화와 그룹화가 촉진되었다.[183][184]

---

180) 1997년 말 35개이던 은행(특수은행 포함)이 2013년 12월 말 7개의 시중은행, 6개의 지방은행, 농협, 수협, 중소기업은행, 한국산업은행의 17개로 재편되었고, 금융지주회사에 속한 지방은행 3곳을 제외하면 실질적으로 14개가 되었다고 할 수 있다. 공적자금관리위원회, 공적자금관리백서(2007. 8), 218쪽 및 금융감독원 금융통계정보시스템.

181) 2013년 12월 말 현재 13개의 금융지주회사가 설립되어 있고 11개가 은행을 주된 자회사로 하는 금융지주회사들이다. 우리, 신한, 하나, KB, SC, 산은, 씨티, BG, DGB, 농협, JB의 11개가 은행을 주된 자회사로 두고 있고 메리츠는 보험회사를 한국투자는 증권회사를 주된 자회사로 두고 있다(출처: 금융감독원의 금융통계정보시스템).

182) 금융지주회사 제도 도입 초기에는 "부실금융기관 정리과정에서의 충격완화라는 다소 소극적인 측면이 강했다"는 지적도 받았으나(노혁준, "금융기관의 구조조정과 금융지주회사", 「BFL」, 제7호(서울대학교 금융법센터, 2007. 9), 81쪽), 2008년 이후에 설립된 9건은 부실금융기관 정리와 관계없이 효율성과 경쟁력을 위하여 금융지주회사 제도를 활용하고자 한 것으로 보인다.

183) 함준호, "외환위기 10년: 금융시스템의 변화와 평가", 「경제학연구」, 제55집 제4호(한국경제학회, 2007. 12), 417-427쪽은 금융구조조정과정에서 금융기관의 대형화·그룹화가 급격히 진전된 점을 지적하고 대형화·그룹화로 인하여 시스템 위험 발생소지가 상승할 가능성이 높은 것으로 판단하였다.

184) 실증연구결과는 대체로 금융지주회사 제도의 이용이 금융산업의 효율성 또는 경영성과에 미친 영향은 미미하거나 부정적인 것으로 나오고 있다. 차현진/최준환, "은행산업의 구조변화가 효율성에 미친 영향", 「한국은행 조사연구」, 2008-31; 한국은행, "금융지주회사의 도입효과 분석과 발전방향", 「조사통계월보」(2008. 9)는 금융지주회사 제도 이용이 금융산업의 효율성 또는 경영성과에 미친 영향이 미미하거나 불분명하다고 보았고, 이명철/박주철, "금융지주회사 설립전후 투자자 반응", 「대한경영학회지」, 제23권 제1호(대한경영학회, 2010. 2)는 투자자들이 '금융지주회사 출범이 금융지주회사와 주요 자회사인 은행의 기업가치 증대로 이어질 것'이라고 판단하지 않는다는 실증분석결과를 제시하였다. 박종원/박래수/장욱/고종권/정혜정, "복합금융그룹화가 금융그룹 및 소속금융회사의 기업가치에 미치는 효과", 「금융연구」, 제23권 제2호(한국금융학회, 2009), 97-131쪽은 금융지주회사그룹 4개를 포함한 18개의 복합금융그룹을 대상으로 복합금융그룹화가 소속금융회사의 기업가치에 미치는 영향은 대체로 부정적이라는 실증분석결과를 제시하였고, 다른 한편 박종원/박래수/장욱/정혜정, "복합금융그룹화가 소속 금융회사의 부실위험에 미치는 영향", 「재무관리연구」, 제26권 제2호(한국재무관리학회, 2009),

금융지주회사 제도는 금융산업의 경쟁력 강화를 도모하기 위한 것이지만 지주회사 체제로 인하여 위험이 집중되거나 지주회사 체제 내에서 위험이 전이되지 않도록 하는 것이 중요하다. 특히 현행 「금융지주회사법」상으로는 동일한 금융지주회사가 복수의 자회사를 통하여 예금자의 예금을 기초로 하는 전통적인 은행업무와 높은 위험을 부담하는 투자금융 업무를 행할 수 있다는 점에서 위험전이의 방지가 중요하다. 이미 「금융지주회사법」은 이에 관한 여러 장치를 두고 있으므로 실제 운용을 어떻게 할 것인가가 문제다. 다른 한편 시스템 위험을 증가시키거나 고객의 이익을 해치지 않는 한 금융지주회사소속 자회사는 금융지주회사에 소속되어 있다는 점을 감안하여 효율적으로 경영할 수 있도록 할 필요가 있다. 금융지주회사 법제를 발전시키기 위해서는 위험 전이의 방지와 효율성의 증진을 어떻게 조화시킬 것인지에 대한 심도 있는 연구가 필요할 것이다.

4. 금융상품 관련 법제

4.1. 개관

1997년 경제위기의 직접적인 영향을 받아 두 개의 중요한 새로운 금융상품에 관한 법제가 도입되었다. 은행들이 가지고 있던 부실채권을 처리하기 위한 방안 중의 하나로 도입된 자산유동화 법제와 증권투자신탁제도를 보완하기 위하여 도입된 증권투자회사 제도가 그것이다.

이 두 가지 금융상품 이외에도 새로운 금융상품에 관한 법 전반이 IMF 구제금융의 간접적인 영향을 받았다고 할 수 있다. 양해각서는 금융부문의 광범위한 구조조정 및 개혁과 더불어 신속한 자본자유화를 추진하도록 하였고, 자본자유화에는 외국인에 대한 국내 금융산업 개방(우호적 M&A허용, 국내 은행 또는 증권 현지법인의 설립 등)과 주식시장의 개방을 포함하였다. 이러한 금융산업과 주식시장의 개방은 자연스럽게 금융시장에서의 새로운 상품 개발을 통한 경쟁을 가져왔고, 기존 법제상 새로운 금융상품 개발에 장애가 되는 요소들을 제거해 나가기 시작

113-153쪽은 복합금융그룹에 소속된 금융회사의 부실위험은 금융그룹의 대형화와 복합화의 정도가 높을수록 낮아진다는 연구결과를 제시하였다. 정형권/강종구, "은행 대형화 및 시장집중도 상승이 은행 효율성에 미친 영향", 「금융경제연구」, 제274호(한국은행, 2006)는 합병이나 지주회사를 통한 은행 간 통합이 비용효율성을 제고하지는 못했고 이익 효율성을 개선한 것으로 나타났으나 은행 간 통합에 따른 경쟁해소와 시장지배력 증대도 수익성 제고에 기여했을 것으로 보았다.

했다. 증권거래법상 증권의 개념이 한정적이었기 때문에 증권회사의 업무개발에 한계가 있었고, 이를 해소하기 위한 증권거래법 개정이 여러 차례 이루어지다가, 결국 자본시장법상 금융투자상품이라는 개념의 도입에까지 이르게 되었다.

　　한편, 양해각서는 금융거래의 투명성을 보장하고 부패를 줄이기 위하여 금융실명제의 기본골격을 유지하도록 하였다. 이에 따라 1993년의 대통령긴급재정경제명령을 대체하는「금융실명거래 및 비밀보장에 관한 법률」을 제정(법률 제5493호, 1997. 12. 31. 제정 및 시행)하여 금융실명제를 항구적인 제도로 정착시켰다. 금융실명제는 종전의 법제와 기본적으로 같은 내용이므로 자세히 살펴보지 아니하고, 아래에서는 자산유동화, 증권투자회사를 비롯한 집합투자 및 기타 새로운 금융상품 관련 법제의 3가지로 나누어 검토한다.185)

4.2. 자산유동화 법제의 도입

4.2.1.「자산유동화에 관한 법률」제정의 배경

　　1997년 초중반 종합금융회사들을 중심으로 일부 금융기관이 외화 유동성 확보를 위하여 자산유동화거래를 시도하였으나 성공적으로 마무리하지 못하였다. 경제위기의 발생 때문에 거래가 성사되지 않았다고 할 수 있겠으나, 자산유동화거래에 대한 법적인 불확실성도 자산유동화거래가 수월하게 진행되지 못하게 된 데 기여하였다고 하지 않을 수 없었다.186) 이후 경제위기의 발생으로 많은 부실채권이 발생하였고, 이를 보유·양수한 금융기관과 성업공사가 채권등 자산을 자본시장을 통하여 유동화하여 자금을 원활하게 조달할 수 있도록 하기 위한 목적으로187) 1998. 9. 16「자산유동화에 관한 법률」(법률 제5555호, 1998. 9. 16. 시행)이 제정되었다.188)

---

185) 본문에서 언급한 법제의 변화 이외에도 이자제한법이 1998. 1. 13. 폐지(법률 제5507호)된 점도 금융거래 관련 입법으로 특기할 사항이다. 이자제한법은 2007년 다시 제정되었다(법률 제8322호, 2007. 3. 29. 제정, 2007. 6. 30. 시행).

186) 김용호/이선지, "자산유동화거래의 법적 과제", 박준/정순섭 편저,「자산유동화의 현상과 과제」(제1권)(소화, 2009), 95쪽.

187) 1998. 8. 정부제출, 자산유동화에 관한 법률안 제안이유.

188)「자산유동화에 관한 법률」제정 이외에도 부실채권과 이와 관련된 부동산 처분으로 외화자금을 조달할 수 있도록「외국인토지법」을 개정하였다(법률 제5544호, 1998. 5. 25. 전부개정. 1998. 6. 26. 시행)(외국인의 토지취득계약에 대한 사전 허가 제도를 군사시설 보호구역 등 일부를 제외하고는 사후 신고제도로 변경함).

4.2.2. 「자산유동화에 관한 법률」상 자산유동화거래의 구조와 규제의 기본틀

「자산유동화에 관한 법률」은 자산유동화를 위한 특별목적기구(special pur-pose vehicle)에 해당하는 유동화전문회사 또는 신탁이 자산보유자로부터 유동화자산을 양도·신탁받아 이를 기초로 유동화증권을 발행하고, 유동화자산을 관리·운용·처분함으로써 얻는 수익으로 유동화증권의 원리금·배당금·수익금을 지급하는 구조로 자산유동화를 함을 명시하고(동법 제2조 제1호), 자산유동화를 하기 위해서는 자산유동화계획을 금융감독위원회에 등록하여야 하며(동법 제3조 제1항, 제4조), 자산유동화계획에 따른 유동화자산의 양도·신탁시에는 자산양도등록을 금융감독위원회에 하도록 하는 등(동법 제6조 제1항), 자산유동화 거래구조와 규제의 기본 틀을 규정하였다.

4.2.3. 유동화전문회사의 특별목적기구로서의 성격과 투자자 보호

「자산유동화에 관한 법률」상 유동화전문회사는 직원을 고용할 수 없고(동법 제20조 제2항), 유동화자산의 관리를 자산관리자에게(동법 제10조), 기타 업무를 업무수탁자에게 위탁하며(동법 제23조), 자산유동화계획에 따른 업무 이외의 업무를 수행할 수 없도록 함으로써(동법 제20조 제1항), 유동화전문회사가 특별목적기구에 불과하다는 점을 법률상 명확히 하였다.

유동화전문회사의 특별목적기구적 성격에 비추어 투자자의 입장에서는 자산관리자의 유동화자산 관리와 업무수탁자의 수탁업무 수행이 매우 중요하다. 우선 「자산유동화에 관한 법률」은 자산관리자에게 유동화자산 구분관리의무를 부과하고(동법 제11조 제1항), 자산관리자가 위탁관리하는 유동화자산은 자산관리자가 파산하여도 그의 파산재단을 구성하지 않으며(동법 제12조 제1항), 자산관리자의 채권자가 유동화자산을 강제집행할 수 없도록 하였다(동법 제12조 제3항). 이러한 조항은 「신탁법」상 수탁자의 분별관리의무(현행 신탁법 제37조) 및 수탁자 파산시 신탁재산이 파산재단을 구성하지 않는다는 원칙(현행 신탁법 제24조)과 같은 취지의 조항이라고 할 수 있다. 유동화자산의 소유권이 자산관리자에게 이전되는 것은 아니므로 자산관리자가 신탁법상의 수탁자는 아니겠으나, 유동화자산이 현금으로 바뀔 수 있고(채권의 추심 등) 현금은 점유자에게 소유권이 귀속되는 것이 통상일 것이므로 실질적으로 신탁법상의 수탁자와 다름이 없게 된다는 점을 반영하였다고 할 수 있다. 반면 「자산유동화에 관한 법률」은 업무수탁자의 의무에 대하여 아무런 조항을 두고 있지 않다. 업무수탁자는 재산을 수탁받은 것은 아니고 유동

화전문회사의 일정한 업무를 수탁받은 것이므로 신탁법상의 수탁자에 해당하지
는 않겠으나, 수탁받은 업무의 수행시 선관주의의무, 충실의무, 위탁자 및 수익자
의 이익에 반하는 행위를 하지 않을 의무 등은 신탁법상의 수탁자와 유사하게 부
담한다고 보아야 할 것이다.

4.2.4. 자산유동화거래의 실체법적인 면에 관한 특례조항

(1) 진정한 매매

「자산유동화에 관한 법률」은 자산유동화 거래의 실체법적인 면에 대해서도
중요한 조항들을 두었다. 특히 자산유동화거래에서 가장 중요한 법적인 고려요소
중의 하나는 유동화자산이 원래 그 자산을 가지고 있던 자산보유자의 소유를 벗
어나 유동화전문회사의 소유가 됨이 확실하여야 한다는 점이다. 자산유동화 거래
를 행한 후 자산보유자가 도산하는 경우 도산절차에서 자산유동화거래가 실질적
으로는 '자산보유자가 유동화자산을 담보로 제공하고 자금을 조달한 거래'로 인
정될 우려가 없어야 한다. 이러한 우려를 불식시키기 위해서는 자산보유자가 유
동화자산을 유동화전문회사에게 양도한 행위가 이른바 '진정한 양도(true sale)'로
인정되어야 한다. 자산유동화거래의 기원지이고 가장 활발하게 이루어지고 있는
미국에서는 진정한 양도에 해당하는지 여부에 대한 기준이 많은 판례를 통하여
어느 정도 정리되어 있다고 할 수 있겠으나,[189] 당시 우리나라에서는 그러한 기
준이 확립되어 있지 않았으므로 실제 자산유동화거래에서 진정한 양도에 해당하
는지 여부에 대하여 법적인 불확실성이 있었다. 이 문제를 해결하기 위하여 「자
산유동화에 관한 법률」은 자산유동화를 위한 유동화자산의 양도는 일정한 요건
을 갖추도록 하였고 그 요건을 갖춘 경우에는 담보권의 설정으로 보지 않는다고
명시하여(동법 제13조), 진정한 매매에 관한 안전항(safe harbor)조항을 두었다.

(2) 채권양도 대항력, 근저당권 피담보채권의 확정 및 소유권·저당권 취득에 관한 특례

자산유동화거래의 실체법적인 면에 관한 또 다른 중요한 조항은 채권양도시
의 대항력에 관한 것이다. 대표적인 유동화자산인 채권(債權)을 유동화하기 위해

---

189) 미국의 진정한 매매의 법리에 대하여는 Kenneth C. Kettering, "True Sales of Receivables:
A Purpose Analysis", *American Bankruptcy Institute Law Review*, Vol. 16, Issue 2
(Winter 2008), pp. 511-562; 윤부찬, "자산유동화와 진정한 매매의 법리", 「비교사법」, 제
14권 제3호(하)(통권 제38호)(한국비교사법학회, 2007), 1041-1078쪽; 함대영, "미국법하
에서의 진정매매 이론과 그 시사점", 「인권과 정의」 제416호(대한변호사협회, 2011. 4),
6-28쪽.

서는 채권을 양도하고 양도에 필요한 대항요건 및 저당권으로 담보된 채권인 경우 저당권 취득 절차를 거쳐야 하며, 저당권실행으로 취득한 부동산의 유동화시에는 소유권이전 절차를 거쳐야 한다. 「자산유동화에 관한 법률」은 이러한 절차의 시간과 비용을 절약할 수 있도록 채권양도 대항요건에 관한 특례, 190) 근저당권의 피담보채권 확정에 관한 특례191) 및 저당권·소유권 취득에 관한 특례192)를 규정하였다.

4.2.5. 자산보유자의 자격에 대한 규제

「자산유동화에 관한 법률」 제정시에는 법률에 규정된 여러 특례조항 및 세제상의 혜택이 자산유동화 거래에 부여된다는 인식하에서193) 이 법제도를 이용할 수 있는 사람, 즉 자산보유자를 은행, 증권회사, 보험회사 등 각종 금융기관과 성업공사, 한국토지공사, 한국주택공사, 국민주택기금 등 부동산 처분의 필요성이 있는 공기업으로 한정하였고, 국무회의 심의과정에서 "국제적 신인도가 높은 외국법인으로서 금융감독위원회가 인정하는 법인"도 포함되도록 하였다(동법 제2조 제2호).194)195)

---

190) 채무자에 대한 대항요건은 양도인 또는 양수인이 통지함으로써 갖출 수 있고 채무자의 소재불명 등으로 주소지로 양도통지를 할 수 없는 경우 공고로 갈음할 수 있도록 하였으며(「자산유동화에 관한 법률」 제7조 제1항), 유동화자산에 대한 동법 제6조 제1항에 따른 양도등록을 한 경우 제3자에 대한 대항요건을 갖춘 것으로 보도록 하였다(동법 제7조 제2항).

191) 채권의 양도인인 자산보유자가 채무자에게 근저당권의 피담보채권의 금액을 정하여 추가로 채권을 발생시키지 아니하고 그 채권의 전부를 양도 또는 신탁하겠다는 의사를 내용증명우편으로 발송한 때에는 그 발송일 다음 날에 당해채권은 확정된 것으로 보도록 하고, 다만, 채무자가 10일 이내에 이의를 제기한 때에는 확정되지 않도록 하는 채무자 보호조항을 두었다(「자산유동화에 관한 법률」 제7조의2). 결국 채권자의 확정통지 발송일 다음 날 피담보채권이 확정되지만 채무자의 통지수령 후 10일 이내 이의가 있으면 확정의 효력이 인정되지 않으므로 통지가 도달하지 않으면 확정의 효과가 발생할 수 없다.

192) 유동화전문회사가 저당권으로 담보되는 채권을 양수하는 경우 등기·등록을 하지 않더라도 자산양도 등록시 저당권을 취득한 것으로 보며(동법 제8조 제1항) 금융기관의 부실자산정리 또는 기업구조조정을 위하여 성업공사·한국토지공사가 취득한 부동산을 자산유동화하는 경우 유동화전문회사는 소유권이전등기를 하지 않더라도 자산양도 등록시 소유권을 취득하는 것으로 간주한다(동법 제8조 제2항).

193) 자산유동화 실무연구회, 「금융혁명 ABS-자산유동화의 구조와 실무」(한국경제신문사, 1999), 302-303쪽.

194) 국회 재정경제위원회 전문위원, 자산유동화에 관한 법률안 검토보고(1998. 8), 5쪽.

195) "국제적 신인도가 높은"이라는 요건은 2000. 1. 21. 개정(법률 제6181호, 2000. 1. 21. 시행)시 "신용도가 우량한"으로 개정되었다.

그러나 이러한 제한에 대하여는 국회심의과정에서 국내 일반기업도 자금조달의 새로운 방법으로 자산유동화를 이용할 수 있어야 형평에 맞다는 이유에서 국내법인도 포함시켜야 한다는 비판을 받았고,[196] 결국 "국제적 신인도가 높은 외국법인"이 아니라 "국제적 신용도가 높은 법인"으로서 자산유동화의 필요성이 있다고 금융감독위원회가 인정하는 법인으로 문안이 변경되어 입법되었다. 금융감독위원회는 이 조항에 따라 자산유동화 제도를 이용할 수 있는 일반기업의 요건으로 주권상장법인으로서 해외에서 증권을 발행한 실적이 있고 투자적격의 신용평가등급을 받았을 것을 요구하였다(1998. 11. 13. 제정 「자산유동화업무처리에 관한 규정」 제2조 제1항). 주권상장법인에 대하여는 해외증권발행실적 요건과 투자적격등급 요건이 삭제되고(2000. 4. 28. 개정과 2000. 6. 23. 개정), 투자적격 신용등급을 가진 비상장법인도 금융감독위원회 등록법인인 경우에는 자산보유자가 될 수 있도록 개정되었다(2000. 6. 23. 개정). 이러한 자산보유자 자격에 대한 제한은 「자산유동화에 관한 법률」의 적용을 받지 않는 이른바 비전형유동화 거래가 발생하게 된 하나의 원인이 되었다.

4.2.6. 주택저당채권유동화

「자산유동화에 관한 법률」은 금융기관과 일반기업의 원활한 자금조달을 통한 재무구조 건전성의 개선 이외에 "장기적인 주택자금의 안정적인 공급을 통하여 주택금융기반을 확충"한다는 점도 입법목적으로 하고 있다(동법 제1조). 유동화전문회사는 특별목적기구로서 일종의 서류상 회사(paper company)에 불과하므로 장기채권인 주택저당채권의 유동화 촉진을 위해서는 실체를 가진 회사가 발행할 필요가 있다.[197] 이를 위하여 「주택저당채권유동화회사법」(법률 제5692호, 1999. 1. 29. 제정, 1999. 4. 30. 시행)을 제정하여 실체가 있는 회사인 주택저당채권유동화회사가 주택저당채권[198]을 양수하여 이를 담보로 주택저당채권담보부증권을 발행하거나, 또는 주택저당채권을 기초로 수익증권인 주택저당증권을 발행하도록 하였다(동법 제2조 제1호). 1999년 한국주택저당채권유동화주식회사가 설립되어 주택저당채권유동화 업무를 수행하다가 「한국주택금융공사법」(법률 제7030호, 2003. 12.

---

196) 국회 재정경제위원회 전문위원, 자산유동화에 관한 법률안 검토보고(1998. 8), 4-5쪽.
197) 국회 재정경제위원회 전문위원, 주택저당채권유동화회사법안 검토보고(1998. 12), 8쪽.
198) 주택 구입 또는 건축에 소요된 대출자금과 이 자금의 상환을 위한 대출자금에 대한 채권으로서 그 주택에 설정된 저당권으로 담보된 채권.

31. 제정, 2004. 3. 1. 시행)에 따라 설립된 한국주택금융공사가 그 영업을 양수하였
다(동법 부칙 제8조, 제9조).

채권유동화계획의 등록(한국주택금융공사법 제23조), 주택저당채권 양도등의
등록(동법 제24조), 진정양도의 요건(동법 제25조), 양도의 대항요건에 관한 특례(동
법 제26조), 근저당권으로 담보된 채권의 확정(동법 제27조), 저당권 취득에 관한 특
례(동법 제28조) 등 유동화거래에 대한 실체법적인 사항에 관한 특례가 인정된다
는 점 및 유동화대상인 주택저당채권의 구분관리, 구분관리되는 주택저당채권이
한국주택금융공사의 파산재단을 구성하지 않으며 공사의 채권자가 강제집행할
수 없다는 점(동법 제30조) 등 투자자 보호를 위한 조항들은 「자산유동화에 관한
법률」과 매우 유사하다.

4.3. 집합투자 법제[199]

4.3.1. 증권투자회사 제도의 도입

(1) 제도 도입의 배경과 경과

IMF 구제금융 전까지 투자자들의 자금을 모아 전문가가 운용하는 집합적 간
접투자는 「증권투자신탁업법」(법률 제2129호, 1969. 8. 4. 제정)에 따른 증권투자신탁
회사가 운용하는 증권투자신탁과 「신탁법」에 따른 신탁업 인가를 받은 은행이 운
용하는 합동운용 금전신탁의 형태로 이루어져 왔다.[200] 1997년 경제위기를 맞아
"신탁재산의 부실이 위탁회사로 전이되어 위탁회사의 부실을 초래하였고 신탁재

---

199) 본문에서 논의한 증권투자회사법의 제정과 펀드투자대상의 확대 이외에 펀드 환매시의
법률관계를 정리하여 분쟁발생을 감소시킨 것도 IMF 구제금융 시기의 펀드관련 법제의
변화 중 중요한 사항이다. 법률 제5558호(1998. 9. 16. 일부개정)로 개정되기 전의 증권투
자신탁업법상 수익증권 소유자의 환매청구시 운용과 판매업무를 모두 담당하던 투자신
탁회사는 고유재산으로 환매하여야 하고 환매가액은 장부가를 기초로 산정한 기준가격
에 따랐다. 투자신탁회사가 환매한 수익증권을 다시 매각하지 못하면 이른바 미매각수
익증권으로 보유하여야 했고 투자신탁회사가 부실화되는 원인이 되었다(국회 재정경제
위원회, 증권투자신탁업법중개정법률안 심사보고서(1998. 9), 17쪽). 1998. 9. 16. 증권투
자신탁업법 개정(법률 제5558호)으로 신탁의 일부해지의 방법에 의하여 조성한 현금으
로 환매청구에 응하도록 하고(동법 제7조), 위탁회사의 고유재산으로 환매할 수 있다는
조항(동법 제30조)을 삭제하며, 기준가격을 시가로 평가하도록 하였다(동법 제29조 제2
항). 현행 자본시장법은 이 원칙을 유지하면서 더 상세한 조항을 두고 있다(동법 제235
조, 제236조, 제238조).

200) 집합적 간접투자제도의 연혁에 대하여는 김철배/박정훈/박철영/서종군/안창국/양중식/
장봉기/정철, 「간접투자 해설」(박영사, 2005), 32-39쪽.

산간 부당거래의 가능성이 제기되어 투자신탁제도에 대한 불신이 유발되[어] …
집합투자에 있어서 국제적 정합성을 제고하고 자본시장의 질적 고도화를 도모하
기 위하여"[201] 1998. 9. 16. 「증권투자회사법」(법률 제5557호, 1998. 9. 16. 시행)을 제
정하여 회사형 집합간접투자기구인 증권투자회사 제도를 도입하였다. 「증권투자
회사법」을 제정할 당시 증권투자회사는 "기존의 계약형에 비하여 설립이 용이하
고 운용상의 제약이 적어 투자자의 다양한 자산운용욕구에 부응할 수 있으며, 투
자자가 주주로서의 권리를 지녀 투자자 보호에 보다 충실하다는 등의 이점이 있
음"이 강조되었다.[202]

증권투자신탁과 증권투자회사가 실질적으로 같은 기능을 함에도 불구하고
법적인 형태가 다르다는 이유로 별개의 법으로 규율되게 되는 문제가 있어 양 제
도를 통합하여 2003. 10. 4. 「간접투자자산운용업법」(법률 제6987호, 2004. 1. 5. 시행)
이 제정되었고 이는 다시 자본시장법 제정시 흡수되어 이제는 특별법[203]에서 규
율하고 있는 벤처투자펀드, 구조조정펀드 등 일부 특수한 목적의 펀드를 제외하
고는 자본시장법이 집합적 간접투자 제도를 총괄하여 규율하고 있다.

(2) 증권투자회사의 특수성

증권투자회사는 증권투자신탁과 마찬가지로 금융감독기구의 감독을 받는
다.[204] 증권투자회사는 자산을 주로 유가증권 등에 투자하여 수익을 주주에게 배
분하는 것을 목적으로 하는 주식회사로서 본점외의 영업소를 설치하거나 직원을
고용하거나 상근인 임원을 둘 수 없다(증권투자회사법 제2조 제1호, 제3조 제1항, 제4
조 제2항)는 점에서 「자산유동화에 관한 법률」에 따른 유동화전문회사와 마찬가지
로 일종의 서류상의 회사 내지는 특별목적법인이라고 할 수 있다. 따라서 증권투

---

201) 현대증권주식회사, 「투자신탁의 이론과 실무」(무한, 2002), 463쪽.
202) 국회 재정경제위원회 전문위원, 증권투자회사법안 검토보고(1998. 12), 3쪽.
203) 부동산투자회사법, 선박투자회사법, 기업구조조정투자회사법, 중소기업창업지원법, 산업
발전법, 사회기반시설에 대한 민간투자법, 벤처기업육성에 관한 특별조치법, 부품소재기
업지원특별법, 문화산업진흥기본법, 여신전문금융업법 등.
204) 증권투자회사가 증권투자를 하기 위해서는 금융감독위원회에 등록하여야 한다(증권투자
회사법 제12조). 증권투자회사로부터 업무를 위탁받아 수행하는 자산운용회사도 금융감
독위원회에 등록하고(동법 제33조 제1항) 일정한 행위준칙의 적용을 받으며(동법 제33조
제3항), 자산보관회사와 판매회사는 신탁업, 은행업, 증권업 등 다른 금융업 인가를 받은
회사가 행하여야 하고(동법 제39조 제3항, 제41조 제2항), 금융감독위원회와 금융감독원
장은 이들 회사와 증권투자회사를 감독·검사할 수 있고 그 결과에 따라 금융감독위원회
가 등록취소, 업무정지 등의 조치를 취할 수 있다(동법 제61조 제2항 및 제5항).

자회사의 자산의 운용은 자산운용회사에게(동법 제32조 제1항), 자산의 보관은 자산보관회사에게(동법 제39조 제1항), 주식의 모집과 판매는 판매회사에게(동법 제41조 제1항), 명의개서 등의 업무는 일반사무수탁회사에게(동법 제42조 제1항) 각각 위탁하도록 하였다.205)

증권투자회사는 주식회사의 형태를 취하고는 있지만 서류상의 회사에 불과하여 특수한 지배구조를 가지고 있다. 우선 이사회는 운영이사와 감독이사로 구성하되 감독이사의 숫자가 운영이사보다 많도록 하였고(동법 제17조), 감사는 회계법인에 소속된 공인회계사로 자격을 제한하였다(동법 제26조). 증권투자회사법 제정시에는 운영이사도 자연인일 것을 전제로 하였고 감독이사와 더불어 감사도 두도록 하였으나, 운영이사 제도는 상근임원을 두지 못하도록 한 조항과 조화를 이루기 어렵고, 감독이사 제도와 감사 제도는 기능이 중복된다고 할 수 있었다. 2003. 10. 4. 간접투자자산운용업법 제정시 투자회사의 이사를 법인이사와 감독이사로 구분하고 법인이사는 자산운용회사가 맡도록 하였으며(간접투자자산운용업법 제77조), 투자회사에 감사는 두지 않도록 하여(동법 제181조 제2항), 이러한 문제를 해소하였다.

투자신탁의 경우에는 투자자(즉 수익증권 소지자)가 수익자로서의 권리를 가지는데 반하여, 증권투자회사의 투자자는 주주이므로 상법상 주식회사의 주주로서의 권리를 행사할 수 있다. 주주는 주식회사의 기업지배구조의 중요한 일부를 이루는 주주총회를 통하여 사적 자치를 더 효과적으로 할 수 있을 것이라는 점이 증권투자회사 제도 도입의 배경이기도 하다. 증권투자회사의 주주는 서면으로 의결권을 행사할 수 있도록 하였다(증권투자회사법 제16조). 1999년 말 상법상 의결권 서면 행사 제도가 도입된 것보다 1년 이상 앞서 증권투자회사법에 도입된 것이다. 또한 소수주주권의 행사요건을 주권상장법인206)과 동일하게 완화하고 대표소송은 1주라도 소유한 주주라면 누구든지 제기할 수 있도록 하여(동법 제84조 제3항) 주주권을 강화하였다.

---

205) 또한 증권투자회사 중 개방형은 수시로 신주발행과 환매가 이루어지게 되므로 1주당 순자산가치가 중요하고 자본금이라는 개념이 중요하지 않으므로 상법상의 주식회사와는 달리 무액면주식으로 발행할 수 있도록 하였다(증권투자회사법 제43조 제2항). 상법은 2011년 개정(법률 제10600호, 2011. 4. 14. 일부개정, 2012. 4. 15. 시행)에서 비로소 무액면주식의 발행을 허용하였다.

206) 당시 증권거래법 제191조의13 및 제191조의14. 위 Ⅲ.3.2.3.의 〈표 2〉.

(3) 증권투자회사 주식의 모집·판매의 규제

증권투자회사법 제정시에는 증권투자회사 주식의 모집·판매시 증권거래법 상의 유가증권신고서 제도의 적용을 배제함으로써(동법 제47조 제4항), 발행시장에 서의 투자자 보호가 미비한 문제점이 있었다. 그러나 2000. 1. 21. 개정(법률 제 6174호, 2000. 4. 1. 시행)으로 투자설명서를 금융감독위원회에 제출하도록 하고 투 자권유시 상대방에게 그 내용을 설명할 의무를 지며(동법 제9조 제2항, 제3항), 판매 권유시 사용하는 광고에 포함되어야 할 내용을 정함으로써(동법 제41조의2) 이 문 제는 어느 정도 해소되었다고 할 수 있다.

4.3.2. 집합투자기구의 투자대상의 확대

증권투자신탁업법과 증권투자회사법은 증권투자신탁과 증권투자회사가 투 자할 수 있는 대상은 유가증권, 유가증권지수(장내파생상품), 금융기관이 발행·매 출·중개하는 어음, 외화증권으로 한정하였으나, 자산운용법제를 기능별규제로 개편하면서 제정된 간접투자자산운용업법에서 투자대상을 증권, 장내파생상품 뿐 아니라 부동산, 실물자산 및 장외파생상품까지 확대하였다(동법 제2조 제1호, 제27조).

4.4. 금융투자상품

4.4.1. 증권거래법상의 증권의 개념 — 열거주의의 문제점

종래 금융시장에서 거래되는 금융상품은 전통적인 은행이 취급하는 예금과 대출, 전통적인 보험회사가 취급하는 보험상품과 증권회사가 취급하는 증권과 선 물로 구성되어 있었다. 투자자의 투자대상이라고 할 수 있는 것은 증권과 선물이 었고 증권은 증권거래법에 제한적으로 열거되어 있었다.[207] 또한 장외파생상품은 외국환거래법규[208]에서 규율하고 있는 것 이외에는 금융기관의 업무범위의 문제

---

207) 양해각서 제출시점인 1997. 12 3. 현재 유효한 증권거래법(법률 제5254호, 1997. 1. 13. 일부개정, 1997. 4. 1. 시행) 제2조 제1항은 국채, 지방채, 사채, 특별법에 의하여 설립된 법인이 발행한 채권과 출자증권, 주권, 신주인수권을 표시하는 증서, 외국법인이 발행한 증권·증서로 위의 증권·증서의 성질을 구비한 것, 외국법인이 발행한 증권·증서를 기 초로 발행한 증권예탁증서, 기타 대통령령으로 정하는 것을 유가증권으로 정의하였다. 증권거래법시행령(대통령령 제15516호, 1997. 11. 29. 타법개정, 1997. 11. 29. 시행) 제2 조의3은 수익증권, 일정한 기업어음, 증권거래소가 정한 유가증권옵션을 추가로 유가증 권으로 지정하였다.

208) 외국환거래규정 제7-40조 등.

로 규율되었다.209) 금융혁신 과정에서 새로 도입되는 금융상품이나 투자자가 원하는 것을 충족하기 위한 새로운 금융상품을 개발하는 경우 새로운 종류의 증권을 증권거래법령상 열거된 증권의 정의에 추가하여야만 했다.

실제 「자산유동화에 관한 법률」에 따른 유동화증권 중 수익증권과 출자증권 및 주택저당채권유동화회사법에 따른 주택저당증권은 기존에 열거된 증권에 속하지 않아 「증권거래법시행령」 제2조의3을 개정하여(대통령령 제16367호, 1999. 5. 27. 일부개정 및 시행) 이를 새로이 증권으로 열거하였다. 개별주식옵션을 도입하였을 때도 마찬가지로 「증권거래법시행령」 제2조의3을 개정하여(대통령령 제15687호, 1998. 2. 24. 일부개정, 1998. 4. 1. 시행) 유가증권에 새롭게 열거하여야만 하였다. 주가연계증권(ELS)과 주식워런트증권(ELW)을 처음 발행할 때도 마찬가지로 같은 조항을 개정하여(대통령령 제17907호, 2003. 2. 24. 일부개정 및 시행) 새로운 증권으로 열거하였다.

IMF 구제금융 기간 중 이루어진 금융시스템개혁은 시장원리의 강화를 기본정신으로 하였다. 이를 위해서는 금융기관의 자율적 경영과 혁신 및 상호 경쟁이 필요하였고, 새로운 금융상품의 개발은 혁신과 경쟁의 중요한 구성요소라고 할 수 있었다. 그러나 증권거래법상의 제한된 증권개념은 금융기관의 창의를 바탕으로 한 새로운 금융상품개발에 대한 장애요인이 되었다.

4.4.2. 기능적 규제로의 전환

증권 개념의 열거주의로 인한 문제를 해소하기 위한 방안의 하나로 2005년 「증권거래법시행령」을 개정하여(대통령령 제18757호, 2005. 3. 28. 일부개정, 2005. 3. 29. 시행) 어느 정도 포괄적인 파생결합증권의 개념을 도입하였다(동 시행령 제2조의3 제1항 제8호).210) 파생결합증권은 "재정경제부령이 정하는 기준에 따라 (ㄱ) 유가증권의 가격·이자율 또는 이를 기초로 하는 지수의 수치, (ㄴ) 재정경제부령이 정하는 것의 가격·이자율 또는 이를 기초로 하는 지수의 수치 또는 지표, 또는

---

209) 2002. 2. 증권거래법시행령이 개정되어(대통령령 제17518호, 2002. 2. 9. 일부개정 및 시행), 장외파생상품거래가 증권회사의 겸영업무의 하나로 포함되었다(동 시행령 제36조의 2 제1항 제1호의2). 장외파생금융거래는 "유가증권시장·협회중개시장 및 선물거래법에 의한 선물시장 밖에서 행하는 통화·유가증권 또는 통화·유가증권의 가격이나 이를 기초로 하는 지수를 대상으로 하는 거래로서 재정경제부령이 정하는 거래"로 정의되었다.

210) 당시의 유가증권개념의 한계와 파생결합증권 개념의 도입에 관한 논의는 정순섭, "유가증권개념에 관한 일고 ― 「파생결합증권」의 개념을 중심으로", 「증권선물」, 제7호(2005).

(ㄷ) 신용위험의 지표 중 어느 하나에 해당하는 것의 변동과 연계하여 미리 정하여진 방법에 따라 이익을 얻거나 손실을 회피하기 위한 계약상의 권리를 나타내는 증권 또는 증서"로 정의되었다.

파생결합증권의 기초자산은 유가증권, 신용위험과 재정경제부령이 정하는 것으로 하여 기초자산의 범위를 재정경제부령으로 쉽게 규율할 수 있도록 하는 한편, 기초자산의 종류가 무엇인지에 관계없이 파생결합이라는 성격에 기초하여 동일하게 규제하도록 하였다. 이와 같은 파생결합증권 개념의 도입은 종전에 증권의 형태 또는 발행자에 따라 규제의 대상으로 삼는지 여부가 결정되는 규제체계에서 파생결합이라는 기능을 중심으로 한 규제체계로 이행되는 전환점이 되었다고 할 수 있다. 이러한 기능적 규제로의 방향전환은 이후 2008년 자본시장법이 제정되어 금융투자상품의 개념이 도입되면서 분명하게 드러나게 되었다.211) 이러한 법제도의 변화와 더불어 IMF 구제금융 시기 이후 금융시장에는 파생금융상품을 비롯한 다양한 새로운 금융상품이 등장하였다.212)

4.4.3. 금융상품 판매제도

금융투자상품의 정의가 기능적으로 바뀌고, 다양한 금융투자상품이 개발됨과 아울러 금융투자상품의 개발자가 아닌 판매를 전문으로 하는 금융기관이 판매를 맡게 되었다는 점213)을 주목할 필요가 있다. 우선 펀드에 관하여는 증권투자신탁업법(법률 제5044호, 1995. 12. 29. 전부개정 및 시행)에서 수익증권을 판매하는 증권회사를 판매회사로 정의한 이후(동법 제2조 제5항), 판매회사에 은행(증권투자신탁업법 개정, 법률 제5558호, 1998. 9. 16. 일부개정 및 시행)과 보험회사(간접투자자산운용업법 제정,

---

211) 파생결합증권의 정의에 있는 '재정경제부령이 정하는 기준'[증권거래법시행규칙(재정경제부령 제429호, 2005. 3. 28. 일부개정 2005. 3. 29. 시행) 제1조의3 제2항]은 파생결합증권을 장외파생상품과 구별하는 기준으로 대금전액수령요건(발행자는 증권발행시 대금을 전액 수령하여야 할 것)과 추가지급의무 부존재요건(투자자는 그가 완결권을 행사하여 지급하는 경우는 제외하고 발행시 지급하는 것 이외에는 추가적인 지급의무를 부담하지 않을 것)의 두 가지 요건을 규정하였다. 이 두 가지 요건은 자본시장법상 파생상품과 증권을 구별하는 기준이 되었다. 이 요건에 관하여는 정순섭, 앞의 논문(주 210), 17-18쪽.

212) 위에서 언급한 자산유동화증권, 증권투자회사, 파생결합증권 이외에도 변액보험, 랩어카운트(wrap account), 부동산투자펀드 기타 두 가지 이상의 상품을 합성한 하이브리드형 상품(파생연계예금) 등 다양한 금융상품이 등장하였다. 정영식, "외환위기이후 금융신상품의 도입과 영향", Issue Paper(삼성경제연구소, 2001. 5).

213) 전자통신의 발달로 금융기관 직원이 고객을 직접 대면하지 않고 온라인으로 금융상품을 판매하는 규모가 증가하고 있다는 점도 중요한 변화라고 할 수 있다. 금융감독원 보도자료, 온라인 금융상품 판매현황과 시사점(2013. 10. 8).

법률 제6987호, 2003. 10. 4. 제정, 2004. 1. 5. 시행)가 차례로 추가되었다(판매실적은 ⟨표 5⟩). 또한 2003년 보험업법 개정(법률 제6891호, 2003. 5. 29. 전부개정, 2003. 8. 30. 시행)으로 방카슈랑스 제도가 도입되어 보험상품을 은행 등 다른 금융기관에서도 판매할 수 있게 되었다. 이렇게 다른 금융기관이 개발한 금융상품을 판매하는 업무가 금융기관의 주요 업무가 되는 경우 금융상품 판매시 금융기관이 어떠한 기능을 하여야 할 것인가가 문제될 수 있다. 즉 고객에 대한 조언을 곁들인 금융서비스를 제공하는 관계인가 아니면 외관상 고객과의 사이에 대등한 당사자 간의 매매 기타 거래를 행하는 것에 불과한 것인가의 문제가 제기될 수 있다.[214]

⟨표 5⟩ 집합투자기구 판매잔액 (단위: 조원)[215]

연말	은행	보험회사	증권회사	자산운용사	합계*
2005	63.9	3.6	131.6		200.0
2006	87.7	5.1	134.7	3.1	231.3
2007	126.6	8.9	151.8	4.4	292.4
2008	136.6	12.6	164.4	38.4	352.9
2009	121.1	13.6	176.0	13.3	325.6
2010	96.6	12.7	182.7	10.5	304.7
2011	91.5	11.3	164.2	13.2	283.3
2012	86.2	12.9	183.1	14.4	298.2

주: * 선물회사 기타 판매회사의 판매분도 포함됨
출처: 금융감독원 금융통계월보

4.5. 평가

4.5.1. 자산유동화 법제

(1) 자산유동화 거래의 법적 불확실성 해소

「자산유동화에 관한 법률」은 진정한 매매의 기준을 설정하고, 채권양도 대항

---

214) 미국에서는 금융기관이 종전에는 고객(client)중심으로 평판에 기초하여 영업하는 비즈니스모델에서 거래상대방(counterparty) 중심으로 매매거래(trading)에 기초한 비즈니스모델로 변화하고 있어 고객이 거래상대방에 불과하게 되고 있다고 지적하는 견해도 있다. Macey, 앞의 책(주 70), p. 118.

215) 2000년부터 2002년의 증권회사 및 은행의 수익증권 판매실적은 다음과 같다.
2000년: 증권회사 11조 4,543억원(93%), 은행 8,845억원(7%)
2001년: 증권회사 12조 2,810억원(89%), 은행 1조 5,123억원(11%)
2002년: 증권회사 14조 1,772억원(87%), 은행 2조 1,798억원(13%)
재정경제위원회 수석전문위원 김문희, 자산운용업법안(정부제출)검토보고(2003. 4), 40쪽.

력, 근저당권 피담보채권의 확정 및 소유권·저당권 취득에 관한 특례를 둠으로써
자산유동화거래에서 발생하는 주요한 법적 불확실성을 해소하고 비용과 시간을
절약하도록 함으로써 자산유동화거래의 활성화(〈표 6〉)에 기여하였다.216) 또한 특
별목적기구(special purpose vehicle)의 개념을 입법적으로 인정함으로써, 일정한 거
래만을 위한 법인을 설립한다는 개념이 정착되는 데에도 기여하였다고 할 수 있
을 것이다.217)

---

216) 민법에 대한 특례조항에 대하여는 비판이 있다. (1) 채권양도의 채무자에 대한 대항력에
관한 특례조항(「자산유동화에 관한 법률」제7조 제1항)은 너무 쉽게 채무자에 대한 대항
요건을 인정하였고, (2) 근저당권의 피담보채권의 확정조항(동법 제7조의2)은 채무자가
가진 계속적 거래를 할 권리를 침해하는 결과가 되며, (3) 저당권·소유권 취득 특례조항
(동법 제8조)은 이중양도시의 법률문제를 발생시킨다는 등의 비판을 받았다(김재형, 「민
법론 I」(박영사, 2004), 436-450쪽). (1)과 (3)의 문제가 실제 발생하는지 여부 및 얼마나
발생하는지에 대한 실증적인 조사는 보지 못하였다. (2)에 대하여는 확정통지가 반송되
거나 이의가 제기되는 경우가 약 40%에 이르는 등 채무자가 실제 이의권한을 적극적으
로 행사하고 있는 것으로 실무에서는 파악하고 있다(국회 정무위원회 수석전문위원 구
기성, 이중상환청구권부채권 발행에 관한 법률안 검토보고서(2013. 4), 51쪽). 보다 근본
적으로는 피담보채권이 미확정인 상태로 근저당권을 양도할 수 없다고 하는 법리에 대
한 재검토가 필요하다.
217) 종전에도 여러 출자자가 일정한 사업을 위하여 설립한 특별목적법인의 자금을 횡령한
사안에 대하여 횡령죄를 인정한 사례는 있었으나(대법원 2000. 3. 14. 선고 99도4923 판
결), 특별목적법인이라는 이유로 법인격이 부인되지는 않는다는 점에 관하여는 2010년
에 이르러 대법원판결이 내려졌다. "특수목적회사(SPC)는 일시적인 목적을 달성하기 위
하여 최소한의 자본출자요건만을 갖추어 인적·물적 자본 없이 설립되는 것이 일반적이
다. 따라서 특수목적회사가 그 설립목적을 달성하기 위하여 설립지의 법령이 요구하는
범위 내에서 최소한의 출자재산을 가지고 있다거나 특수목적회사를 설립한 회사의 직원
이 특수목적회사의 임직원을 겸임하여 특수목적회사를 운영하거나 지배하고 있다는 사
정만으로는 특수목적회사의 독자적인 법인격을 인정하는 것이 신의성실의 원칙에 위배
되는 법인격의 남용으로서 심히 정의와 형평에 반한다고 할 수 없으며, 법인격 남용을
인정하려면 적어도 특수목적회사의 법인격이 배후자에 대한 법률적용을 회피하기 위한
수단으로 함부로 이용되거나, 채무면탈, 계약상 채무의 회피, 탈법행위 등 위법한 목적
달성을 위하여 회사제도를 남용하는 등의 주관적 의도 또는 목적이 인정되는 경우라야
한다"라고 판시하여(대법원 2010. 2. 25. 선고 2007다85980 판결) 특별목적기구를 적법하
게 이용할 수 있음을 인정하였다. 그러나 조세와 관련하여서는 "형식상 거래당사자의 역
할만을 수행하였을 뿐 … 이고, 이러한 형식과 실질의 괴리는 오로지 조세회피의 목적에
서 비롯"되었다고 하여 상위의 투자자를 소득의 실질적 귀속주체로 인정하는 등(대법원
2013. 7. 11. 선고 2011두7311 판결 등) 실질을 중시하고 있다.

〈표 6〉 자산유동화증권 발행실적과 발행시장 자금조달실적 비교(단위: 조원)

연도 및 구분	1999	2000	2002	2004	2006	2008	2010	2012	2013 상반기
자산유동화증권 발행	6.8	49.4	39.8	27.0	23.2	20.6	28.0	47.5	26.7
직접금융실적	71.6	73.0	86.8	58.7	48.2	79.2	123.2	131	59.9
−주 식	41.1	14.3	9.3	8.3	6.5	5.0	10.3	2.3	1.7
−회사채	30.6	58.6	77.5	50.4	41.7	74.1	112.9	128.6	58.2

출처: 금융감독원

(2) 「자산유동화에 관한 법률」의 성격과 금융감독기구의 역할

「자산유동화에 관한 법률」에 따른 자산유동화는 금융감독기구에 등록하여야 하므로 유동화계획 등록 과정에서 금융감독기구의 실무가 실질적인 법규의 역할을 하게 될 수 있다. 특히 법규상 명시적인 근거 없이 금융감독기구의 실무자의 견해에 따라 자산유동화 거래구조가 크게 영향을 받을 수 있다. 금융감독기구의 실무자들은 투자자 보호와 시장질서의 차원에서 나름대로의 실무적인 견해를 갖추고 감독을 하고 있고, 이러한 실무에 대하여는 수긍할 만한 점도 있지만[218] 법치행정의 차원에서 재고하여야 할 점도 있다. 실제 「자산유동화에 관한 법률」에 의하지 않은 이른바 비전형유동화거래가 많이 증가하고 있다는 점(〈표 7〉에서 '상법상 유동화회사'로 분류된 것이 비전형유동화거래임)은 「자산유동화에 관한 법률」이 자산유동화 시장에서 충분한 역할을 하고 있는지에 대하여 의문을 가지게 한다.[219] 최근에는 신용파생상품 연계 비전형유동화거래가 폭발적으로 증가하고 있는데 당사자들이 비밀을 유지하고자 하는 점과 아울러 규제회피가 그 원인으로 분석되고 있다.[220] 이러한 현상은 아래 Ⅲ.4.5.3.에서 언급하는 새로운 금융상품의 개발과 관련된 문제를 잠재적으로 안고 있다고 할 수 있다.[221] 또한 신용파생상

---

218) 박준/김용호/이미현/정순섭/황호석 좌담회, "자산유동화 10년의 회고와 전망", 박준/정순섭, 앞의 책(주 186), 24쪽 황호석 발언.

219) 「자산유동화에 관한 법률」에 따른 자산유동화거래의 한계에 대하여는 김용호/이선지/유이환, "비등록유동화거래의 실태와 법적 문제", 박준/정순섭, 앞의 책(주 186), 149-156쪽. 비전형유동화거래의 실태에 대하여는 같은 논문, 143-148쪽.

220) 김경무, 미공시 ABCP 시장의 현주소 신용파생상품거래의 블랙홀 되나?(한국기업평가, 2012. 9. 24), 5-7쪽.

221) Id., 6쪽은 신용등급이 미공시됨을 투자자에게 충분히 알리지 않을 경우 불완전 판매가 될 우려가 있음을 지적하였다.

품과 결합된 비등록유동화 거래에 내재한 위험에 관한 정보가 투자자 등 거래상
대방에게 충분히 전달되지 않는 경우, 미국의 서브프라임 대출에 기초한 자산유
동화거래에서 발생한 것과 유사하게 투자자의 과도한 위험부담에 따른 문제가 발
생할 여지가 있다.222)

〈표 7〉 유동화회사 형태별 자산유동화증권 발행실적

연도 및 구분		2005	2006	2007	2008	2009	2010	2011	2012
금액 (단위: 조원)	유동화전문회사	18.0	15.1	10.0	8.7	19.3	11.5	13.6	19.8
	상법상 유동화회사	8.0	11.5	18.0	13.5	14.4	18.7	13.7	13.0
	기타*	4.3	3.3	3.6	4.2	11.0	7.8	8.5	20.0
	합 계	30.5	30.0	31.7	26.4	44.6	38.0	35.9	52.8
건수	유동화전문회사	188	142	69	49	81	49	51	78
	상법상 유동화회사	92	152	190	174	234	308	219	217
	기타*	11	11	9	11	18	18	21	41
	합 계	291	305	268	234	333	375	291	336

주: * 한국주택금융공사와 외국법인
출처: 한국기업평가223)

(3) 과제

「자산유동화에 관한 법률」은 자산유동화라는 새로운 금융상품이 우리나라
금융시장에 정착하는 데 매우 큰 공헌을 하였다고 할 수 있으나, 이미 언급한 비
전형유동화거래의 증가와 더불어 개선의 여지가 상당히 있다. 유동화전문회사나
유동화계획 원칙의 개정 등을 위하여 2010년 12월 정부가 "자산유동화에 관한 법
률 일부개정법률안"을 국회에 제출하였으나 임기만료로 폐기된 바 있다. 이 개정
안에 포함된 내용과 아울러 자산유동화거래와 집합투자의 구분을 어떻게 할 것인
가와 같이 그동안 충분한 논의가 없었던 쟁점224) 등 자산유동화법제의 개선에 관

---

222) 미국의 서브프라임 대출관련한 자산유동화거래 및 이에 관한 위험정보의 흐름의 문제에
관하여는 박준, "서브프라임 대출관련 금융위기의 원인과 금융법의 새로운 방향 모색",
「국제거래법연구」, 제17집 제2호(국제거래법학회, 2008. 12).

223) 김경무, 2012년 ABS 발행시장 분석(한국기업평가, 2013. 1. 17), 3쪽 및 김경무, 2006년
ABS 발행시장 분석 및 2007년 전망(한국기업평가, 2007), 229쪽. 이 통계와 금융감독원
보도자료에 기초한 〈표 6〉의 통계에는 차이가 있다. 이 통계는 신용평가 3사의 공시자료
를 기초로 한 것이라고 밝히고 있으나, 금융감독원 통계가 무엇을 기초로 한 것인지는
명확하게 적혀있지 않다.

224) 이 점에 대한 상세한 논의는 한민, "글로벌 금융위기 이후 자산유동화거래에 대한 법적

한 검토가 필요할 것이다.[225]

한편, 2008년 글로벌 금융위기의 발생으로 은행 등 금융기관의 경우에는 국제적으로 진정한 양도를 기초로 한 유동화증권보다는 카버드 본드가 투자자에게 더 매력적인 투자수단이 되게 되었다. 카버드 본드에 대한 법적인 불확실성을 해소하기 위한 입법으로 최근 「이중상환청구권부 채권 발행에 관한 법률」(법률 제12264호, 2014. 1. 14. 제정, 2014. 4. 15. 시행)이 제정된 것은 광의의 자산유동화 거래에 대한 입법의 진전이라고 할 수 있다.

4.5.2. 집합투자 법제

(1) 증권투자회사 제도의 활용 미진

증권투자신탁 제도하에서도 자산운용회사는 투자신탁재산을 선량한 관리자로 관리할 책임을 지고 수익자의 이익을 보호하여야 하며 특정한 신탁재산의 이익을 해하면서 다른 신탁재산의 이익을 도모하는 행위는 금지되고 있었다(증권투자신탁업법 제17조 제1항, 제33조 제1항 제7호). 또한 수탁회사는 위탁회사의 위법한 운용지시에 대하여 시정을 요구하여야 할 의무가 있었으나(동법 제41조 제1항) 그 기능을 충분히 수행하였는지에 대하여는 의문이 있었다. 본질적으로 투자신탁은 위탁회사(자산운용회사)와 수탁회사 간의 계약이고 투자자는 수익자에 불과하였다. 펀드 별로 별개의 법인격을 가지고 있는 증권투자회사에서는 감독이사의 감독과 더불어 투자자가 주주로서의 권리를 행사하여 자산운용을 감시할 수 있다는 점에서 투자자 보호의 면에서 증권투자신탁보다 더 우위에 있을 것이라는 기대를 할 수 있었다.

그러나 2013년 말 현재 투자회사의 형태로 설정된 펀드는 순자산총액 기준으로나 펀드숫자에 있어서나 투자신탁의 3% 정도에 불과하다(〈표 8〉). 이는 투자신탁에 비하여 투자회사가 우월한 금융상품이라고 시장에서 인정하지는 않는다는 것을 의미한다.

규제의 현안과 개선방향", 「상사법연구」, 제32권 제4호(한국상사법학회, 2014. 2), 25-47쪽.
225) 개정안에 대하여는 Id., 43-48쪽. 2010년 개정안의 내용 중 상당히 많은 부분이 2013. 9. 10. 의원입법으로 발의된 '자산유동화에 관한 법률 일부개정법률안'(성완종 의원 대표발의)에 포함되어 있다.

〈표 8〉 투자신탁과 투자회사 설립현황

		투자신탁	투자회사
2004년 말	순자산총액	107조 2,669억원	2조 3,752억원
	펀드 숫자	3,836개	107개
2013년 말	순자산총액	179조 5,632억원	4조 8,482억원
	펀드 숫자	3,209개	101개

출처: 금융투자협회 종합통계서비스

　　법적으로는 투자회사가 별개의 법인격을 가진다는 점에서 투자자가 감시해야 할 대상이 명백하고 투자회사별로 별도의 감독이사를 둠으로써 운용회사를 더 쉽게 감독할 수 있을 것으로 볼 수 있는 여지가 있다. 그러나 투자신탁도 신탁별로 구분하여 운용하여야 하고 수탁회사가 운용회사에 대한 감시의무 위반시 책임을 부담한다는 점을 인식하면 운용회사의 감시의 면에서도 법제도상으로는 큰 차이가 없다. 투자회사의 운용과 자산 보관 등에 관한 법적 규제도 기본적으로 투자신탁과 대동소이하다. 이러한 점에서 투자회사 제도를 도입하여 투자신탁에서의 문제점을 해소하고자 하였다면 투자회사 제도 도입이 목적을 달성하였다고 할 수 있을지 의문이다. 물론, 투자회사는 각자 별도의 법인격을 가지고 있다는 점에서 법인격이 없는 투자신탁을 운용하는 경우보다는 자산운용회사가 위법·부당한 펀드 운용(예컨대 동일한 자산운용회사가 운용하는 복수의 펀드 간의 펀드자산의 편출입)을 하기 어려울 것이다. 자산운용회사가 투자신탁에는 법인격이 없음을 악용하여 위법·부당하게 펀드를 운용하는 사례가 발생한다면 투자자입장에서는 투자신탁보다는 투자회사를 더 선호하는 현상이 발생할 수도 있을 것이다.

　　다만, 투자회사가 각 펀드별로 별개의 법인격을 가지고 있다고 하더라도 동일한 운용회사가 운용하는 투자회사의 감독이사가 동일하다면 동일한 수탁회사가 여러 투자신탁의 수탁회사로 운용회사의 운용지시를 감시해야 하는 경우에 비하여 크게 더 나을 것도 없다.[226] 동일인이 여러 증권투자회사의 감독이사를 겸

---

[226] 미국에서는 동일한 이사진이 동일 자산운용회사가 운용하는 여러 뮤추얼펀드의 이사가 되는 경우가 많다고 한다. Sophie Xiaofei Kong & Dragon Yongjun Tang, "Unitary Boards and Mutual Fund Governance", *Journal of Financial Research*, Vol. 31, No. 3 (2008), pp. 193-194. 또한 미국에서는 일반회사에서와는 달리 뮤추얼펀드의 이사회 및 사외이사가 충분한 기능을 수행하지 못한다고 보고 이사회 대신 준법감시인을 두어야 한다는 주장도 있다. John Morley and Quinn Curtis, "Taking Exit Rights Seriously: Why

임하고 있는지, 감독이사가 운용회사와 어떠한 관계에 있는지 등에 대한 실증 연구가 필요할 것으로 보인다.

(2) 투자회사 개념을 활용한 다양한 투자회사 법제의 문제

증권투자회사라는 법적 형태가 도입되자 유사한 법적 형태로 투자대상만을 달리하는 투자기구를 설립할 수 있도록 하는 법들이 다수 제정되었다. 「사회간접자본시설에 대한 민간투자법」(법률 제5624호, 1998. 12. 31. 전부개정, 1999. 4. 1. 시행)(2005. 1. 27. 법률 제7386호로 「사회기반시설에 대한 민간투자법」으로 법명이 개정됨)에 따른 사회간접자본투융자회사(현행법상으로는 "사회기반시설투융자회사"), 부동산투자회사법(법률 제6471호, 2001. 4. 27. 제정, 2001. 7. 1. 시행) 제5조에 따라 건설교통부장관의 인가를 받아 설립하는 부동산투자회사, 선박투자회사법(법률 제6701호, 2002. 5. 13. 제정, 2002. 8. 14. 시행) 제13조에 따라 해양수산부장관의 인가를 받아 설립하는 선박투자회사, 문화산업진흥기본법(법률 제7940호, 2006. 4. 28. 일부개정, 2006. 10. 29. 시행) 제52조에 따라 문화관광부장관에게 등록하여야 하는 문화산업전문회사가 대표적인 예이다. 이러한 현상은 각 소관부처의 입장에서 볼 때 신탁형보다 회사형 투자기구가 특별법상의 투자기구로 활용하기 수월하기 때문일 것이다.

「사회간접자본시설에 대한 민간투자법」은 사회간접자본투융자회사에 대하여 동법에 특별히 정한 일부 사항을 제외하고는 증권투자회사법을 적용하도록 하였다(동법 제41조 제3항, 「사회기반시설에 대한 민간투자법」 제41조 제4항). 그러나 부동산투자회사, 선박투자회사 및 문화산업전문회사에 대하여는 각 관련 법률에서 규율할 내용을 별도로 정하였고 이들 투자회사에 대한 감독도 기본적으로 인가·등록을 담당하는 소관 행정부처에서 담당하도록 하였으며 다만 일부 금융감독기구가 감독 검사의 대상으로 삼을 수 있을 뿐이다.[227]

Governance and Fee Litigation Don't Work in Mutual Funds", 120 *Yale L. J.* 84 (2010), pp. 133-135. 우리나라 투자회사의 감독이사에 대하여는 2000년 실태조사결과가 발표된 바 있고 감독이사의 전문성이 떨어지는 등 감독이사제도가 유명무실하다는 비판을 받았다. "뮤추얼펀드 감독이사제 '이름만 번듯'", 중앙일보(2002. 2. 23); "뮤추얼펀드 감독 '사각지대'", 한국금융신문(2000. 11. 2); "뮤추얼펀드 '주주는 봉'", 동아닷컴(2001. 1. 29).

227) 부동산투자회사는 건설교통부장관의 감독을 받도록 하였다가 2004. 10. 22. 개정(법률 제7243호, 2005. 4. 23. 시행)으로 공익 또는 투자회사의 주주 보호를 위하여 필요한 경우 금융감독위원회가 감독·검사의 대상으로 삼을 수 있도록 하였다(부동산투자회사법 제39조의2). 선박투자회사는 해양수산부장관의 감독·검사를 받지만, 금융감독위원회와 금

이와 같이 투자대상에 따른 투자회사별로 별도의 법률을 제정하여 규율하는 경우, 유사한 기능을 수행함에도 불구하고 규율하는 법률의 내용과 감독기관이 상이한 데 따라 달리 규율되는 문제가 발생한다. 특히 투자대상의 특성에 따른 차이 이외의 사항에 대하여도 달리 취급하면 투자자에게 혼선을 유발할 수 있어 바람직하지 않을 것이다. 자본시장법 입법시 이 문제가 대두되어 결국 투자자 보호의 필요성이 큰 공모펀드에 대하여 자본시장법을 적용하는 것으로 하되, 그 경우에도 인가·등록은 각 소관부처에서 담당하고 감독은 원칙적으로 소관부처에서 하되 금융위원회가 공동으로 감독을 할 수 있도록 하는 일종의 타협적인 입법이 이루어졌다(자본시장법 부칙 제42조 제58항부터 제65항(법률 제8635호, 2007. 8. 3. 제정, 2009. 2. 4. 시행)). 최소한 공모펀드인 경우에는 금융위원회의 감독을 받을 수 있게 되었다는 점에서 상당히 개선되었다고 이야기할 수 있겠으나, 근본적으로 투자회사는 투자자의 자금을 모아 운용한다는 점, 즉 자본시장에서 활동하는 투자기구라는 점에 가장 큰 특징이 있으므로 그 규제 감독의 틀은 투자대상을 중심으로 정할 것이 아니라 자본시장과 투자자 보호의 관점에서 정하는 것이 바람직할 것이다.

(3) 투자대상의 확대의 효과

투자대상의 확대로 금융기관이 창의성을 발휘할 수 있는 법적 환경을 조성하였으나 다른 한편 위험도가 높은 자산에 투자하는 펀드상품의 판매에 관한 분쟁이 증가하게 되었다. 이 점에 대하여는 아래 Ⅲ.4.5.3.에서 상세히 검토한다.

4.5.3. 새로운 금융상품 개발·판매에 따른 법적 과제

IMF 구제금융 기간 중 자산유동화와 증권투자회사 제도 도입을 위한 입법이 이루어졌지만, 더 중요한 것은 그 이후 금융기관의 업무 범위가 확대되고 파생금융상품을 비롯한 복잡한 금융상품이 거래되게 되었고 이러한 금융상품을 개발자가 아닌 다른 금융기관들이 판매하게 되었다는 점이다. 금융기관이 혁신을 통하여 새로운 금융상품을 개발하는 것은 경쟁적인 금융시장에서 매우 자연스러운 일이다. 금융이론과 전산의 발달에 따라 종전보다 훨씬 복잡한 내용의 금융상품이

용감독원장이 선박투자회사의 건전한 운영과 주주의 보호를 위한 금융감독과 관련하여 필요하다고 인정할 때에는 감독·검사를 할 수 있도록 하였다(선박투자회사법 제45조). 문화산업전문회사의 경우에는 공모펀드인 경우에 한하여 금융감독위원회가 투자자를 보호하기 위하여 필요한 경우 감독·검사의 대상으로 삼을 수 있도록 하였다(문화산업진흥기본법 제56조의2 제6항).

만들어지고 금융상품의 위험이전적 기능이 확대되면서[228] 법적으로 더 심각하게 고려해야 할 사항들이 등장하였다. 우선 거래 당사자가 거래의 내용을 충분히 파악하고 거래를 하는가의 문제가 제기된다. 금융상품이 복잡하게 되는 정도에 비례하여 금융기관과 투자자의 금융상품 이해능력도 높아지면 커다란 문제가 없을 것이다. 금융기관의 이해능력을 높이는 것은 금융기관이 상호 경쟁하며 스스로 행하여야 할 사항이라고 할 수 있을 것이고, 투자자의 이해능력을 높이는 것은 금융감독기구 및 금융기관들의 자율규제기구 내지는 단체의 몫이다.[229]

그러나 금융상품거래 당사자의 이해능력이 그렇게 높아지지 않는 경우에는 복잡한 금융상품의 내용을 정확히 파악하지 못하고 거래를 한 데 따른 위험을 누가 부담할 것인가의 문제가 발생한다. 매수자가 스스로 매매목적물의 효용과 성능을 파악하여 거래여부를 결정하는 전통적인 매매의 법리를 적용할 것인지, 고객이 전문가의 조언을 받는 거래의 법리(전문가의 선관주의의무 또는 충실의무)를 적용할 것인지 또는 그 중간의 어느 지점에 위치한 것으로 볼 것인지의 문제가 발생한다.[230]

자본시장법 시행 전에 발생한 키코사건에 관하여 대법원 2013. 9. 26. 선고 2013다26746 전원합의체 판결은 "장외파생상품은 … 손실이 과도하게 확대될 위험성이 내재되어 있고, … 은행의 권유는 기업의 의사결정에 강한 영향을 미칠 수 있으므로, 은행이 … 위험성이 큰 장외파생상품의 거래를 권유할 때에는 다른 금융기관에 비해 더 무거운 고객 보호의무를 부담"하지만, "은행 등 금융기관과 금융상품 거래를 하는 고객은 그 거래를 통하여 기대할 수 있는 이익과 부담하게

---

228) 금융이 위험이전적 기능을 확대하는 현상에 대하여는 박준, 앞의 논문(주 222), 39-43쪽.
229) 참고로 영국의 종전의 금융감독청(Financial Services Authority)의 4가지 규제목표 중 하나가 일반인의 금융시스템에 대한 이해도 증진이었고, 2010년 금융서비스법(Financial Services Act 2010)에 따라 독립기구로 소비자금융교육기구(Consumer Financial Education Body)를 설치하여 일반인의 금융지식과 이해를 높이도록 하였다. 현재는 Money Advice Service라는 이름으로 활동하고 있다. Money Advice Service, Financial Conduct Authority and HM Treasury Framework Document (April 1, 2013). Available at https://www.moneyadviceservice.org.uk/en/static/publications.
230) 영국의 RDR (Retail Distribution Review) 제도와 같이 금융기관이 투자자에게 제공하는 정보가 고객에 대한 조언인지 여부 및 그 조언을 어떻게 규율할 것인지를 보다 상세히 유형화하여 규율하는 것도 고려해 볼 수 있을 것이다. Financial Services Authority, *Retail Distribution Review: Independent and restricted advice.* Available at www.fca.org.uk/static/pubs/guidance/fg12-15.pdf.

될 위험 등을 스스로 판단하여 궁극적으로 자기의 책임으로, 그 거래를 할 것인지 여부 및 거래의 내용 등을 결정하여야 하고, 이러한 자기책임의 원칙은 장외파생상품 거래와 같이 복잡하고 위험성이 높은 거래라고 하여 근본적으로 달라지는 것이 아니다"고 판시하여 금융기관의 고객보호의무와 함께 고객의 자기책임의 원칙이 적용됨을 명확하게 하였다.[231]

이와 관련하여 자본시장법은 일반원칙으로 금융투자업자의 신의성실의무(제37조)를 규정하였으나 법적인 의미에 대하여는 의문이 있다.[232] 자본시장법은 또한 구체적으로 적합성의 원칙(동법 제46조), 적정성의 원칙(동법 제46조의2) 및 설명의무(동법 제47조) 준수 등을 정하여 놓았다. 이들 조항은 기본 개념을 정하여 놓았을 뿐이므로 구체적인 사안에서 어느 정도의 의무를 부담하는가에 대하여는 논의의 여지가 남아 있다. 최근 수년간 파생상품 및 파생상품에 투자하는 펀드와 관련된 분쟁이 증가하고 있고,[233] 적합성의 원칙과 설명의무가 문제되고 있다.[234]

---

231) 키코사건 대법원판결에 대하여는 진상범/최문희, "KIKO사건에 관한 대법원 전원합의체 판결의 논점 ― 적합성 원칙과 설명의무를 중심으로(상) ―", 「BFL」, 제63호(서울대학교 금융법센터, 2014. 1); 최문희, "KIKO사건에 관한 대법원 전원합의체 판결의 논점 ― 적합성 원칙과 설명의무를 중심으로(하) ―", 「BFL」, 제64호(서울대학교 금융법센터, 2014. 3).

232) 자본시장법 제37조의 해석에 관한 다양한 견해에 대하여는 김건식/정순섭, 「자본시장법」, 제3판(두성사, 2013), 760-762쪽. 자본시장법 제37조는 금융투자업자의 신의성실의무를 규정하며 제2항에서 "정당한 사유 없이 투자자의 이익을 해하면서 자기가 이익을 얻거나 제삼자가 이익을 얻도록 하여서는 아니 된다"고 규정(2012. 7. 6. 정부가 국회에 제출하였던 「금융소비자 보호에 관한 법률안」 제10조도 유사한 내용임) 하였으나, 이 조항에 의하여 금융투자업자가 부담하는 의무의 내용과 정도는 명확하지 않다. 예컨대 자산운용업은 투자자의 이익을 위하여 자산을 운용해야 하는 업무이므로 신탁사무의 성격을 가지고 있고 자본시장법은 제79조 제2항에서 별도로 충실의무를 명시하였으므로 제37조에 의존할 필요가 없다. 위 제37조 제2항을 통상 자기대리·쌍방대리 금지로 설명하나, 이는 투자중개업에 적합한 것이지 투자매매업에도 적합한지 의문이다. 투자매매업자에게 매매거래의 상대방의 이익을 추구하라고 하는 것은 매매의 본래의 성격과 어울리지 않는다. 영업의 성격을 구별하지 않고 일률적인 조항을 두는 경우 혼선이 발생할 수 있다.

233) 대부분 일반투자자들과 금융기관 간의 분쟁을 다루었지만, 복잡한 금융상품을 기관투자자에게 판매한 경우의 분쟁도 있다(예: 대법원 2012. 11. 15. 선고 2011다10532 판결; 서울고등법원 2012. 6. 8. 선고 2010나104272 판결 등). 자본시장법은 금융투자업자가 일반투자자에 대한 투자권유시 적합성의 원칙과 설명의무를 준수하도록 규정하고 있으나, 전문투자자에게 투자권유하는 경우에도 민법상의 손해배상책임이 발생할 수도 있다. 반면 위험부담능력이 있는 전문투자자와의 금융상품거래에서는 일반투자자와의 거래에서와는 달리 금융기관과 전문투자자가 체결한 계약의 효력이 인정되는 범위가 넓어져야 할 것이다.

234) 이 점에 관한 최근의 논의로는 박준/김무겸/김주영/이숭희/전원열/정순섭 좌담회, "금융

적합성의 원칙과 관련하여 주로 고객파악의무(know-your-customer)가 논의되고 있고 설명의무에 관하여는 그 범위와 방법 등이 논의된다. 이와 관련하여 강조하고 싶은 것은 금융기관의 고객파악의무 못지않게 중요한 것이 상품숙지의무이다.[235] 특히 널리 거래되는 범용성 있는 금융상품이 아닌 경우에는 상품숙지의무가 더욱 중요하다. 자신이 취급하는 금융상품의 내용을 정확히 파악하지 못하면 고객에 적합한 상품인지를 제대로 판단할 수 없고, 고객에 대하여 금융상품을 제대로 설명할 수 없다는 점에서 적합성의 원칙과 설명의무를 이행하기 위한 전제라고 할 수 있다.

최근의 판례들을 보면 금융상품을 판매하는 금융기관과 담당 직원들이 금융상품의 내용을 정확하게 파악하지 못하고 있음을 보여주는 건들이 속속 드러나고 있다.[236] 이러한 현상은 금융상품의 개발자와 판매자가 분화되어 판매를 전문으로 하는 경우 더 심화될 수 있고, 구체적인 통계로 확인할 수는 없으나 판매수익

상품 분쟁해결의 법리", 「BFL」, 제58호(서울대학교 금융법센터, 2013. 3), 6-42쪽. 키코 사건에 관한 대법원 전원합의체 판결로 어느 정도 정리가 되었다고 할 수 있을 것이나 아직도 논의할 여지가 많이 남아 있다. 주 231의 문헌.

235) 상품숙지의무에 대한 일반적인 논의는 안수현, "금융상품거래와 신뢰 — 자본시장법상 투자권유규제의 의의와 한계", 「BFL」, 제61호(서울대학교 금융법센터, 2013. 9), 54-55쪽 및 안수현, "DLS(Derivative-Linked Securities)의 법적 과제: 금융회사의 상품조사의무 도입 시론", 「금융법연구」, 제8권 제2호(한국금융법학회, 2011. 12), 91-105쪽.

236) 대체로 다음과 같은 3가지 유형이 있는 것으로 보인다. 유형(1)은 복잡한 내용의 금융상품을 판매하는 금융기관의 영업점 직원들이 그 내용을 정확하게 파악하지 못한 경우이다. 대표적인 사례가 우리파워인컴펀드 사건이다(대법원 2011. 7. 28. 선고 2010다76368 판결과 대법원 2011. 7. 28. 선고 2010다101752 판결). 유형(2)는 복잡한 금융상품의 판매를 담당한 중앙의 전문부서 직원들이 금융상품의 내용을 정확하게 파악하지 못하였거나 파악하였어도 판매시 사용할 서류를 부실하게 작성한 경우이다. 상품설명서를 정확하게 작성하지 않았다는 이유로 판매를 담당한 금융기관의 책임을 인정한 대법원 2010. 11. 11. 선고 2008다52369 판결의 사례를 그 예로 들 수 있다. 금융상품의 판매는 금융기관의 각 영업점에서 이루어지게 되므로 금융기관은 중앙에서 판매담당직원이 판매시 사용할 서면자료를 정확하게 작성하여 제공하고 판매담당 직원이 자신이 취급하는 금융상품의 내용을 정확히 파악하도록 교육할 필요가 있다는 점에서 유형(2)는 유형(1)의 발생원인 중의 하나이다. 유형(3)은 금융상품 자체는 복잡하지 않으나, 그 금융상품을 통하여 달성하고자 하는 목적을 금융기관 또는 그 담당직원이 정확하고 충분하게 이해하지 못한 경우이다. 유형(3)의 사례로는 금융기관(또는 그 담당직원)이 거래의 구조와 경제적 효과를 정확히 이해하고 있었는지에 대하여 의문이 제기되는 대법원 2010. 11. 11. 선고 2010다55699 판결의 사안을 들 수 있다. 유형(3)은 오래전부터 해오던 금융상품거래를 다른 용도로 사용할 때 발생할 수 있는 문제에 대하여 금융기관이 신중하게 검토하여야 함을 의미한다.

률이 상대적으로 더 높을 것으로 추정되는 복잡한 금융상품의 경우 문제가 발생할 우려가 더 크다.[237] 그런데 금융상품 판매는 금융기관의 중요한 수익원으로 인식되고 있고,[238] 금융감독기구도 이러한 인식하에 금융감독정책을 펴는 것으로 보인다.[239] 금융상품 판매를 단지 금융기관의 수익성의 원천이라는 관점에서만 볼 것이 아니라 금융감독차원에서는 금융기관이 금융상품의 내용을 파악하여 숙지하고 적합성의 원칙과 설명의무를 이행할 능력이 있는가의 관점[240] 및 거시적인 금융안정의 관점에서도 검토할 필요가 있다.

Ⅳ. 결론

위 Ⅲ.에서 검토한 내용을 종합하면 IMF 구제금융 기간 중 이루어진 금융감독 법제 전반에 관한 사항 세 가지와 금융감독체제, 금융산업규제 및 금융상품에 관한 사항 세 가지로 요약할 수 있다.

첫째, IMF 구제금융 기간 중 이루어진 금융법제는 현재의 금융법제의 기본

---

237) 최근 펀드와 파생결합증권의 온라인 판매가 크게 증가하고 있다. 금융감독원, 앞의 보도자료(주 213). 위 보도자료에 따르면 그 증가는 파생결합증권의 경우 상품에 대한 이해도가 높은 투자자들의 온라인선호에 따른 것이라고 하고 있으나, 금융회사가 고객과 대면하여 거래하지 않는다는 점에서 이른바 불완전판매의 문제 예방에 더 유의할 필요가 있다.

238) 예컨대 우리나라의 펀드판매비용은 주요 18개국 중 두 번째로 높다. 신보성, "판매채널 다양화와 금융소비자 보호", 자본시장 Weekly, 2010년 1호(자본시장연구원, 2009. 12. 29~2010. 1. 4).

239) 금융위원회, 금융감독원, 예금보험공사 등이 구성한 '저축은행 발전방향 모색 태스크포스(TF)'에서 저축은행 발전방안을 마련하면서 저축은행의 성장모델 다양화의 일환으로 펀드판매를 허용하고 방카슈랑스 판매를 활성화하는 방안이 긍정적으로 논의되고 있다고 보도되었고(연합뉴스, 2013. 8. 11), 금융위원회 보도자료, 저축은행의 건전한 발전을 위한 정책방향(2013. 9. 17)에서 펀드·보험·신용카드 등의 판매의 적극적 취급을 유도하기 위한 방안을 검토한다고 밝혔다.

240) 예컨대 판매담당 임직원의 금융상품 관련 기본소양 및 취급하는 금융상품에 대한 숙지도에 관한 내부통제를 적절하게 할 필요가 있다. 또한 담당 임직원에게 판매에 따른 성과보수가 지급되는 경우 투자권유시 임직원과 고객이 이익충돌되는 관계에 있기 때문에 판매에 따른 성과보수를 고객에게 알리는 등의 방법으로 이익충돌 관계에 대하여 고지하도록 할 필요가 있다. 1997년 경제위기 이후 은행원의 윤리의식이 종전에 비하여 별로 변하지 않았다는 연구결과(백자욱/권광현, "외환위기를 전후한 은행직원들의 윤리의식비교·분석", 「산업경제연구」, 제15권 제6호(한국산업경제학회, 2002. 12))는 금융상품 판매를 담당하는 금융기관 임직원의 윤리의식에만 의존할 수 없음을 보여준다.

틀을 이루었다. 금융감독체제의 면에서뿐만 아니라 금융기관의 지배구조 규제, 건전성감독 및 부실금융기관에 관한 법제 등 대부분의 기본적인 금융법제가 당시 이루어진 기본틀을 유지하고 있다. 즉 금융위기를 관리하고 있음을 보여주기 위한 것이 아니라 금융법제에 장기적으로 영향을 미치는 개혁이 이루어졌다고 할 수 있다.

둘째, IMF 구제금융 기간 중 이루어진 금융법제의 변화는 IMF 구제금융이라는 외적 요인에만 의존하여 이루어진 것은 아니다. 이 변화는 IMF 구제금융 기간 중 이루어졌으나 이전부터 이미 그 필요성이 인식되고 추진되어 오던 것들이다. 이 변화는 금융이 정부주도형에서 민간주도형으로 바뀌는 새로운 금융환경에 적합한 규제 감독의 수준을 찾아가는 과정이었다고 할 수 있다.[241]

셋째, IMF 구제금융 기간 중 내용과 방법 양면에서 금융규제가 개선되었다. 적기시정조치에 관한 법적 근거의 보완에서 보듯이 금융감독이 보다 더 충실하게 법규에 근거를 두었고,[242] 그 내용의 합헌성·적법성에 대하여 사법부의 확인을 받음으로써 법의 지배가 강화되었다고 할 수 있다. 2008년 글로벌 금융위기 발생 시 우리나라의 금융감독법제 개선의 필요성은 미국 등에 비하여 상대적으로 덜 심각하였는데,[243] 이는 우리나라가 글로벌 금융위기의 중심지에서 벗어나 있었기 때문이라고 할 수도 있겠으나 IMF 구제금융시 이미 이루어졌던 법제 개선의 효과도 어느 정도는 기여하였을 것이다.

넷째, IMF 구제금융 기간 중 만들어진 통합금융감독체제는 현재의 금융감독체제의 기본틀이 되었고 효율성의 면에서 큰 진전이 있었다고 할 수 있다. 최적의 금융감독체제가 어떠한 것인지는 논란이 있는 현재진행형인 문제이지만, 어떠한 감독체제를 취하건, 감독체제를 보다 효과적으로 운영하고 금융감독기구의 책

---

241) IMF 구제금융을 계기로 은행중심의 금융에서 자본시장중시의 금융으로 변화한 것으로 보는 견해도 있으나(김홍범, 앞의 논문(주 19), 71쪽), 최소한 법제도의 면에서는 IMF 구제금융으로 인하여 자본시장을 중시하게 되었다고 볼 근거는 찾기 어려울 것 같다.
242) 노철우, "외환위기 이후 국제금융법이 국내 사회에 미친 영향: 금융기관 구조조정을 중심으로", 「서울국제법연구」, 제14권 제2호(서울국제법연구원, 2007. 12), 73-76쪽은 사외이사, 감사위원회, 준법감시인, 건전성규제, 여신관리 등의 면에서 우리나라 법제도가 선진국 수준으로 제고되었고 금융산업의 경쟁력 제고에도 기여하였다고 보고 있다.
243) 2007년-2008년의 글로벌 금융위기 이후 우리나라 금융법제의 연도별 개정 내용은 노철우, "금융위기 극복을 위한 우리나라의 법적 대응 — 1997년 금융·외환위기 및 최근의 글로벌 금융위기를 중심으로 —", 「경영법률」, 제23권 제3호(한국경영법률학회, 2013), 178-196쪽.

임성을 확보하는 것이 중요하다. 금융감독기구 또는 정치권이 금융감독을 권력의 행사라고 보는 생각은 각 기관 간의 권한 다툼의 원천이다. 이러한 생각을 버리고, 금융감독기구가 명확한 감독목표를 기준으로 상호 협력하며 책임을 다할 수 있도록 법제의 개선과 실제운영이 이루어져야 할 것이다.

다섯째, IMF 구제금융 기간 중 입법한 금융기관의 지배구조 개선, 건전성규제 및 여신규제 강화, 적기시정조치 제도, 금융지주회사 제도 등의 기본적인 내용은 대부분 현재도 계속 유지되고 있다. 즉 당시 이루어진 조치들은 금융산업 규제의 기본틀을 형성하였다고 할 수 있다. 또한 IMF 구제금융 기간 중 이루어진 금융산업 규제에 관한 법제는 기본적으로 금융기관에 대한 건전성규제를 엄격히 하되 각 금융기관의 자율성을 확대하고 그 금융기관의 주주에 의한 통제 및 내부통제를 강화하도록 하였다. 금융기관의 지배구조에 대한 규제는 건전성규제라는 금융규제의 한 부분으로서 그 목적 달성에 필요한 범위 내에서 이루어져야 한다. 금융기관의 지배구조는 금융기관의 위험관리를 효과적으로 할 수 있도록 만들어져야 하고 자율적 경영이 실제 이루어지도록 제도가 운용되어야 한다. 그러나 저축은행 사태에서 드러난 바와 같이 자율성 확대와 내부통제에만 의존하여서는 건전성규제와 금융소비자 보호가 충분히 이루어지지 못하는 경우에는 공적 규제와 투명성 확대가 강화될 필요가 있다.

여섯째, IMF 구제금융을 계기로 자산유동화와 같은 새로운 금융상품이 법률에 반영된 것은 다양한 새로운 금융상품 개발·판매의 시발점이었다. IMF 구제금융 이후 자본시장의 발전과 금융상품 규제 완화로 다양한 새로운 금융상품이 속속 개발·판매되고 있고, 복잡한 금융상품이 등장하면서 투자자와 금융기관 간의 분쟁이 점증하고 있어 금융감독차원에서는 금융상품 판매를 단지 금융기관의 수익성의 원천이라는 관점에서만 볼 것이 아니라 금융소비자보호와 거시 건전성의 관점에서도 검토할 필요가 있다.

[참고문헌]

강만수, 「현장에서 본 한국경제 30년」(삼성경제연구소, 2005).

경제개혁연대, "「금융회사의 지배구조에 관한 법률」 제정안의 문제점 및 개선방안", 「기업지배구조연구」, 제42호(경제개혁연구소, 2012 봄).

고동원, "은행 경영지배구조의 법·제도적 문제점과 개선방향", 「증권법연구」, 제8권 제2호(한국증권법학회, 2007).

구본성, 금융회사 지배구조 선진화 방안(한국금융연구원 주최 금융회사 지배구조선 진화 방안 공개토론회 발표자료, 2013. 6. 17).

구정한/이시연, 「금융회사의 바람직한 리스크 지배구조에 관한 연구」(한국금융연구 원, 2011. 1).

국무총리실, 금융감독혁신방안(2011. 9. 2).

국회 재정경제위원회 수석전문위원 김문희, 보험업법개정법률안(정부제출) 검토보 고(2003. 4).

국회 재정경제위원회 수석전문위원 김문희, 자산운용업법안(정부제출) 검토보고(2003. 4).

국회 재정경제위원회 전문위원, 금융감독기구의 설치 등에 관한 법률안 검토보고 (1997. 9).

국회 재정경제위원회 전문위원, 금융산업의구조개선에관한법률중개정법률안 검토 보고(1998. 8).

국회 재정경제위원회, 금융산업의구조개선에관한법률중개정법률안 심사보고서(1998. 9).

국회 재정경제위원회 전문위원, 자산유동화에 관한 법률안 검토보고(1998. 8).

국회 재정경제위원회 전문위원, 주택저당채권유동화회사법안 검토보고(1998. 12).

국회 재정경제위원회, 증권투자신탁업법중개정법률안 심사보고서(1998. 9).

국회 재정경제위원회 전문위원, 증권투자회사법안 검토보고(1998. 12).

국회 재정경제위원회 전문위원 김문희, 상호신용금고법중 개정법률안 검토보고(2000. 12).

국회 정무위원회 수석전문위원 구기성, 금융소비자 보호에 관한 법률안(정부제출) 검토보고서(2012. 9).

국회 정무위원회 수석전문위원 구기성, 이중상환청구권부채권 발행에 관한 법률안 검토보고서(2013. 4).

국회 정무위원회 전문위원 손준철, 금융관계법률안(44건) 검토보고서(2009. 11).

국회 행정자치위원회 수석전문위원 박봉국, 정부조직법중 개정법률안 검토보고(1999. 4).

국회 IMF환란원인규명과경제위기진상조사를위한국정조사특별위원회, IMF환란원인
　　규명과경제위기진상조사를위한국정조사결과보고서(1999. 3).

권순일, "부실금융기관의 처리에 관한 쟁송", 「BFL」, 제7호(서울대학교 금융법센터,
　　2004. 9).

금융개혁위원회, 금융개혁 1차 보고서 — 단기과제를 중심으로(1997. 4).

금융개혁위원회, "금융개혁 1차 보고서 — 단기과제를 중심으로(1997. 4) 요약", 「규
　　제연구」, 1997년 봄호(통권 제19호)(한국경제연구원, 1997).

금융개혁위원회, 금융개혁 2차 보고서(1997. 6).

금융개혁위원회, "금융개혁 2차 보고서(1997. 6) 요약", 「규제연구」, 1997년 봄호(통
　　권 제19호)(한국경제연구원, 1997).

금융개혁위원회, 금융개혁 3차 보고서(1997. 11).

금융개혁위원회, 「금융개혁백서」(1998. 1).

금융개혁위원회, 「금융개혁 종합보고서」(1997. 12).

김건식, 「기업지배구조와 법」(소화, 2010).

김건식/김동원, 「금융회사 지배구조 개선방안 연구」(한국기업지배구조원, 2010. 12).

김건식/정순섭, 「자본시장법」 제3판(두성사, 2013).

김경무, 미공시 ABCP 시장의 현주소 신용파생상품거래의 블랙홀 되나?(한국기업평
　　가, 2012. 9. 24).

김경무, 2012년 ABS 발행시장 분석(한국기업평가, 2013. 1. 17).

김경무, 2006년 ABS 발행시장 분석 및 2007년 전망(한국기업평가, 2007).

김용재, "금융감독기구의 현황 및 문제점", 「법학논총」, 제17권(국민대학교 법학연구
　　소, 2005).

김용호/이선지, "자산유동화거래의 법적 과제", 박준·정순섭 편저, 「자산유동화의
　　현상과 과제」(제1권)(소화, 2009).

김용호/이선지/유이환, "비등록유동화거래의 실태와 법적 문제", 박준·정순섭 편저,
　　「자산유동화의 현상과 과제」(제1권)(소화, 2009).

김인준, "금융부실과 금융구조 개혁", 「경제논집」, 제40권 제4호(서울대학교 경제연
　　구소, 2001. 12).

김인준, 「위기극복 경제학」(율곡출판사, 2013).

김인준/이창용, 「외환위기 10년 한국금융의 변화와 전망」(서울대학교 출판부, 2007).

김재형, 「민법론 L」(박영사, 2004).

김주영, "우리나라 주주대표소송의 제소현황 및 판결경향에 관한 고찰", 「기업지배
　　구조리뷰L」, 제34호(한국기업지배구조원, 2007. 9/10).

김준경/신인석/김현욱/박창균/임경묵/강동수, "업무영역·제재·적기시정조치 개선방

향에 대한 연구", 「금융연구」, 제18권 별책(한국금융연구원, 2004).

김철배/박정훈/박철영/서종군/안창국/양중식/장봉기/정철, 「간접투자 해설」(박영사, 2005).

김태은, "제도의 유사성과 이질성의 원인에 관한 연구: 적기시정조치제도를 중심으로", 「한국행정학보」, 제46권 제4호(한국행정학회, 2012 겨울).

김태진, "〈금융회사의 지배구조에 관한 법률(안)〉 주요 내용 검토", 「기업지배구조리뷰 I」, 제61호(한국기업지배구조원, 2012. 3/4).

김홍기, "개정 금융지주회사법의 주요내용과 관련법제의 개선방향", 「연세 글로벌 비즈니스 법학연구」, 제2권 제1호(연세대학교 법학연구원, 2010).

김홍기, "우리나라 금융감독체계의 문제점 및 개선방안", 「상사법연구」, 제31권 제3호(한국상사법학회, 2012).

김홍범, "금융감독체계 개편론 분석: 미국·영국·EU와 한국", 서울대 금융경제연구원 추계 컨퍼런스 발표논문(2009. 11. 23).

김홍범, "금융규제감독의 경과와 개선 과제", 「한국금융연구」 제21권 별책(한국금융연구원, 2007. 8).

김홍범, 「한국 금융감독 개편론」(서울대학교 출판부, 2006).

노철우, "금융위기 극복을 위한 우리나라의 법적 대응 ― 1997년 금융·외환위기 및 최근의 글로벌 금융위기를 중심으로 ― ", 「경영법률」, 제23권 제3호(한국경영법률학회, 2013).

노철우, "우리나라 금융감독체계의 개편 논의와 방안 ― 최근 영국의 금융개혁방안 및 우리나라에서의 개편 논의를 중심으로 ― ", 「금융법연구」, 제9권 제2호(한국금융법학회, 2012).

노철우, "외환위기 이후 국제금융법이 국내 사회에 미친 영향: 금융기관 구조조정을 중심으로", 「서울국제법연구」, 제14권 제2호(통권 제27호)(서울국제법연구원, 2007. 12).

노혁준, "금융기관의 구조조정과 금융지주회사", 「BFL」, 제7호(서울대학교 금융법센터, 2007. 9).

박재하, 「은행지배구조의 평가와 과제」(한국금융연구원, 2005. 12).

박종원/박래수/장욱/고종권/정혜정, "복합금융그룹화가 금융그룹 및 소속금융회사의 기업가치에 미치는 효과", 「금융연구」, 제23권 제2호(한국금융학회, 2009).

박종원/박래수/장욱/정혜정, "복합금융그룹화가 소속 금융회사의 부실위험에 미치는 영향", 「재무관리연구」, 제26권 제2호(한국재무관리학회, 2009).

박 준, "서브프라임 대출관련 금융위기의 원인과 금융법의 새로운 방향 모색", 「국제거래법연구」, 제17집 제2호(국제거래법학회, 2008. 12).

박 준/김무겸/김주영/이숭희/전원열/정순섭 좌담회 "금융상품 분쟁해결의 법리", 「BFL」, 제58호(서울대학교 금융법센터, 2013. 3).

박 준/김용호/이미현/정순섭/황호석 좌담회, "자산유동화 10년의 회고와 전망", 박 준·정순섭 편저, 「자산유동화의 현상과 과제」(제1권)(소화, 2009).

박훤일, "IMF 협약과 금융구조조정의 문제점", 「경희법학」, 제35권 제1호(경희대학교 법학연구소, 2000. 12).

백자욱/권광현, "외환위기를 전후한 은행직원들의 윤리의식비교·분석", 「산업경제연구」, 제15권 제6호(한국산업경제학회, 2002. 12).

성태윤/박기영/박단비, "글로벌 금융위기이후 영미 금융 감독체제의 변화", 「한국경제의 분석」, 제18권 제1호(한국금융연구원, 2012).

서울대학교 금융법센터, 금융감독 선진화를 위한 감독체계 개편 방안(2012. 10).

손상호, 「금융감독방식의 선진화 방안」(한국금융연구원, 2004. 7. 8).

신보성, "판매채널 다양화와 금융소비자 보호", 자본시장 Weekly, 2010년 1호(자본시장연구원, 2009. 12. 29~2010. 1. 4).

신장섭/장하준, 「주식회사 한국의 구조조정 무엇이 문제인가」(창비, 2004).

심 영, "금융기관 적기시정조치 제도에 대한 소고", 「법학논문집」, 제30권 제2호(중앙대학교, 2006).

심 영, "은행 지배구조강화에 관한 소고", 「중앙법학」, 제8집 제1호(중앙법학회, 2006. 4).

심 영, "은행의 지배구조 개선을 위한 법적 연구", 「영남법학」, 제8권 제1·2호(영남대학교, 2002. 2).

안수현, "DLS(Derivative-Linked Securities)의 법적 과제: 금융회사의 상품조사의무 도입 시론", 「금융법연구」, 제8권 제2호(한국금융법학회, 2011. 12).

안수현, "금융상품거래와 신뢰 — 자본시장법상 투자권유규제의 의의와 한계", 「BFL」, 제61호(서울대학교 금융법센터, 2013. 9).

원동욱, "금융지배구조법의 주요내용 및 향후 과제", 「금융법연구」, 제9권 제1호(금융법학회, 2012).

윤계섭, "한국의 금융개혁", 「경영논집」, 제31권(1-2)(서울대학교 경영대학 경영연구소, 1997).

윤부찬, "자산유동화와 진정한 매매의 법리", 「비교사법」, 제14권 제3호(하)(통권 38호)(한국비교사법학회, 2007).

윤석헌/고동원//빈기범/양채열/원승연/전성인, "금융감독체계 개편: 어떻게 할 것인가?", 「금융연구」, 제27권 제3호(한국금융연구원, 2013).

윤석헌/김대식/김용재, "금융감독기구 지배구조의 재설계", 「상사법연구」, 제24권 제

2호(한국상사법학회, 2005. 8).

윤제철, 「외환위기는 끝났는가 ― 한국의 금융·기업 구조조정 10년 ―」 제1권, 제2
    권(비봉출판사, 2007).

이규성, 「한국의 외환위기 발생·극복·그 이후」 제2판(박영사, 2007).

이명철/박주철, "금융지주회사 설립전후 투자자 반응", 「대한경영학회지」, 제23권 제
    1호(대한경영학회, 2010. 2).

이혜영, "금융규제개혁 과정에서 규제관용에 관한 연구: LG카드 사례를 중심으로",
    「한국행정학보」, 제38권 제5호(한국행정학회, 2004. 10).

이혜영, "재규제 관점에서 외환위기 이후 금융부문 규제개혁정책의 평가", 한국사회
    와 행정연구, 제15권 제1호(서울행정학회, 2004. 5).

자산유동화 실무연구회, 「금융혁명 ABS ― 자산유동화의 구조와 실무」(한국경제신
    문사, 1999).

장하준/신장섭, "한국 금융위기 이후 기업구조조정에 대한 비판적 평가", 「한국경제
    의 분석」, 제9권 제3호(한국금융연구원, 2003. 12).

장진호, "외환위기 10주년 금융 공공성은 어떻게 껍데기가 돼갔는가", 「노동사회」,
    통권 제117호(한국노동사회연구소, 2007. 1).

재정경제부·금융감독위원회, 「공적자금 백서 ― 금융구조개혁의 완결을 위한 중간
    점검」(2000. 9).

전선애, "적기시정조치제도의 의의와 개선방안", 「규제연구」, 제15권 제1호(한국경
    제연구원, 2006).

전성인/김기홍/김상조/함준호, "한국금융개혁: 평가와 정책과제", 학술진흥재단 특
    별정책과제 최종연구결과보고서(2001).

전홍택, "금융개혁: 중앙은행 및 금융감독제 개편 사례", 모종린/정홍택/이수회, 「한
    국경제개혁 사례연구」(오름, 2002).

정경영, "금융감독체계의 문제점과 개편방안 ― 미국 금융감독개혁법제의 시사점을
    참고하여 ―", 「금융법연구」, 제9권 제2호(한국금융법학회, 2012).

정기승, 금융회사 지배구조론(법문사, 2007).

정순섭, "금융감독기관의 감독배상책임에 관한 연구", 「상사법연구」, 제31권 제4호
    (한국상사법학회, 2013).

정순섭, "금융회사 내부통제의 금융법상 지위: 규제의 내부화·민영화의 관점에서",
    「선진상사법률연구」, 제49호(법무부, 2010. 1).

정순섭, "금융회사의 조직규제: 금융회사 지배구조의 금융규제법상 의미를 중심으
    로", 「상사판례연구」, 제24집 제2권(한국상사판례학회, 2011. 6).

정순섭, "유가증권개념에 관한 일고 ―「파생결합증권」의 개념을 중심으로", 「증권선

물」, 제7호(증권선물거래소, 2005).

정영식, "외환위기이후 금융신상품의 도입과 영향", Issue Paper(삼성경제연구소, 2001. 5).

정영철, "대법 2012. 3. 15 선고 2008두4619 판결에 대한 평석: 금융위 적기시정조치에 대한 사법적 통제의 한계", 「한국금융법학회지」, 제9권 제1호(한국금융법학회, 2012. 8).

정재욱/이석호, "보험지주회사 규제 및 감독에 관한 연구", 「한국경제의 분석」, 제15권 제1호(한국금융연구원, 2009. 4).

정찬우/박창균/이시연, 「상호저축은행백서」(한국금융연구원, 2012. 5).

정형권/강종구, "은행 대형화 및 시장집중도 상승이 은행 효율성에 미친 영향", 「금융경제연구」, 제274호(한국은행, 2006).

조정래/박진표, "금융산업의구조개선에관한법률의 개선방안", 「BFL」, 제7호(서울대학교 금융법센터, 2004. 9).

진상범/최문희, "KIKO사건에 관한 대법원 전원합의체 판결의 논점 ― 적합성 원칙과 설명의무를 중심으로(상) ― ", 「BFL」, 제63호(서울대학교 금융법센터, 2014. 1).

차현진/최준환, "은행산업의 구조변화가 효율성에 미친 영향", 「한국은행 조사연구」, 2008-31(2008).

최두열, 「종금사에 대한 규제감독과 외환위기 발생」(한국경제연구원, 2001).

최두열/이연호, "금융감독과 외환위기: 종합금융회사에 대한 제도적 접근", 「한국경제연구」, 제8권(한국경제연구학회, 2002. 6).

최문희, "KIKO사건에 관한 대법원 전원합의체 판결의 논점 ― 적합성 원칙과 설명의무를 중심으로(하) ― ", 「BFL」, 제64호(서울대학교 금융법센터, 2014. 3).

최수정, "금융기관의 내부통제제도 강화를 위한 법적 개선방안: 은행을 중심으로", 「상사법연구」, 제29권 제4호(한국상사법학회, 2011. 2).

최영주, "은행 CEO리스크와 지배구조에 관한 연구", 「법학논고」, 제36집(경북대학교 법학연구원, 2011. 6).

최영주, "저축은행 부실화에 있어 대주주의 영향과 법적 규제", 「법학연구」, 제53권 제3호(부산대학교 법학연구소, 2012. 8).

최형규, "한국의 1997년 금융위기의 새로운 고찰: 국제금융규제기준의 파행적 시행의 원인", 「한국정치학회보」, 제42집 제1호(한국정치학회, 2008 봄).

최흥식, "Ⅶ장. 금융감독체계의 변천에 대한 정치경제적 분석", 〈한국의 금융제도: 주요 이슈의 회고와 과제〉 심포지엄 자료집(서울대학교 금융경제연구원, 2010).

한국은행, "금융지주회사의 도입효과 분석과 발전방향", 「조사통계월보」, 제62권 제

9호(한국은행, 2008. 9).

한기정, "금산법상 적기시정조치의 법적 문제점에 대한 고찰", 「상사법연구」, 제26권 제2호(한국상사법학회, 2007).

한 민, "글로벌 금융위기 이후 자산유동화거래에 대한 법적 규제의 현안과 개선방향", 「상사법연구」, 제32권 제4호(한국상사법학회, 2014. 2).

함대영, "미국법하에서의 진정매매 이론과 그 시사점", 「인권과 정의」 제416호(대한변호사협회, 2011. 4).

함준호, "외환위기 10년: 금융시스템의 변화와 평가", 「경제학연구」, 제55집 제4호(한국경제학회, 2007. 12).

현대증권주식회사, 「투자신탁의 이론과 실무」(무한, 2002).

Andenas, Mads and Chiu, Iris H-Y, *The Foundations and Future of Financial Regulation: Governance for Responsibility* (Routledge, 2014).

Basel Committee on Banking Supervision, Enhancing Corporate Governance for Banking Organisations (September 1999). Available at http://www.bis.org/publ/ bcbsc138.pdf.

Basel Committee on Banking Supervision, Principles for enhancing corporate governance (October 2010). Available at http://www.bis.org/publ/bcbs176.pdf.

Basel Committee on Banking Supervision, Framework for Internal Control Systems in Banking Organisations (September 1998). Available at http://www. bis. org/publ/ bcbs40.pdf.

Basel Committee on Banking Supervision, Enhancing corporate governance for banking organisations (February 2006). Available at http://www.bis.org/publ/ bcbs122.pdf.

Briault, Clive, "The Rationale for a Single National Financial Services Regulator", Financial Services Authority Occasional Paper No. 2 (May 1999). Available at SSRN: http://ssrn.com/abstract=428086 or http://dx.doi.org/10.2139/ssrn.428 086.

Briault, Clive, "Revisiting the Rationale for a Single National Financial Services Regulator", Financial Services Authority Occasional Paper No. 16 (February 2002). Available at SSRN: http://ssrn.com/abstract=427583 or http://dx.doi. org/10.2139/ssrn.427583.

CCH, *Dodd−Frank Wall Street Reform Act and Consumer Protection Act - Law, Explanation and Analysis* (Wolters Kluwer, July 2010).

Committee of Sponsoring Organizations (COSO) of the Treadway Commission, Internal Control — Integrated Framework (1992).

Das, Udaibir and Quintyn, Marc, "Crisis Prevention and Crisis Management The Role of Regulatory Governance", IMF Working Paper WP/02/163 (September 2002). Available at http://www.imf.org/external/pubs/ft/wp/2002/wp02163.pdf.

Financial Services Authority, Retail Distribution Review: Independent and restricted advice. Available at www.fca.org.uk/static/pubs/guidance/fg12-15.pdf.

Goodhart, Charles A.E., "Regulating the Regulator-An Economist's Perspective on Accountability and Control", in *Regulating Financial Markets Services and Markets in the Twenty First Century* edited by Ferran, Eilis and Goodhart, Charles A. E. (Hart Publishing, 2001), pp. 151-164.

Goodhart, Charles/Hartmann, Philipp/Llewellyn, David T./Rojas-Suarez, Liliana and Weisbrod, Steven, *Financial Regulation: Why, How and Where Now?* (Routledge, 1998).

Hüpkes, Eva, Quintyn, Marc, and Taylor, Michael W., "The Accountability of Financial Sector Supervisors: Principles and Practice", IMF Working Paper WP/05/51 (March 2005). Available at http://www.imf.org/external/pubs/ft/wp/2005/wp0551.pdf.

International Monetary Fund, Press Release Number 97/55 (December 4, 1997), IMF Approves SDR 15.5 Billion Stand-by Credit for Korea. Available at http://www.imf.org/external/np/sec/pr/1997/PR9755.HTM.

Kettering, Kenneth C., "True Sales of Receivables: A Purpose Analysis", *American Bankruptcy Institute Law Review*, Vol. 16, Issue 2 (Winter 2008), pp. 511-562.

Kong, Sophie Xiaofei and Tang, Dragon Yongjun, "Unitary Boards and Mutual Fund Governance", *Journal of Financial Research*, Vol. 31, No. 3 (2008) pp. 193-224.

Macey, Jonathan, *The Death of Corporate Reputation* (FT Press, 2013).

Morley, John and Curtis, Quinn, "Taking Exit Rights Seriously: Why Governance and Fee Litigation Don't Work in Mutual Funds", 120 *Yale Law Journal* 84 (2010).

Mwenda, Kenneth Kaoma, *Legal Aspects of Financial Services Regulation and the Concept of a Unified Regulator* (World Bank, 2006).

OECD, Corporate Governance and the Financial Crisis (June 2009).

Pan, Eric J., "Structural Reform of Financial Regulation", *Transnational Law & Contemporary Problems*, Vol. 19 (January 2011), pp. 796-867.

Prast, Henriette, and van Lelyveld, Iman, "New Architectures in the Regulation and Supervision of Financial Markets and Institutions: The Netherlands", DNB Working Paper No. 21 (2004). Available at http://www.dnb.nl/binaries/ Working% 20Paper%2021_tcm46-146678.pdf.

Quintyn, Marc/Ramirez, Silvia/Taylor, Michael W., "The Fear of Freedom: Politicians and the Independence and Accountability of Financial Sector Supervisors", IMF Working Paper WP/07/25 (February 2007). Available at http://www. imf.org/external/pubs/ft/wp/2007/wp0725.pdf.

Quintyn, Marc and Taylor, Michael W., "Regulatory and Supervisory Independence and Financial Stability", IMF Working Paper WP/02/46 (March 2002). Available at http://www.imf.org/external/pubs/ft/wp/2002/wp0246.pdf.

Shim, Young, "The Korean Financial Crisis", *Yearbook of International Financial and Economic Law* 1997.

Stigler, George J., "The Theory of Economic Regulation", *The Bell Journal of Economics and Management Science*, Vol. 2, No. 1 (Spring, 1971), pp. 3-21.

Taylor, Michael, "The Road from 'Twin Peaks' — and the Way Back", *Connecticut Insurance Law Journal*, Vol. 16, No.1 (2009).

Taylor, Michael, "Twin Peaks": A Regulatory Structure for the New Century (Center for the Study of Financial Innovation, 1995).

U.S. Department of The Treasury, Blueprint For A Modernized Financial Regulatory Structure (March 2008). Available at http://www.treasury.gov/press-center/ press-releases/Documents/Blueprint.pdf.

U.S. Securities and Exchange Commission, SEC's Oversight of Bear Stearns and Related Entities: The Consolidated Supervised Entity Program (September 25, 2008). Available at http://www.sec.gov/about/oig/audit/2008/446-a.pdf.

Walker, David, A review of corporate governance in UK banks and other financial industry entities Final recommendations (26 November, 2009). Available at http://webarchive.nationalarchives.gov.uk/+/http:/www.hm-treasury.gov.uk/ d/walker_review_261109.pdf.

2. 서브프라임 대출관련 금융위기의 원인과 금융법의 새로운 방향 모색*

Ⅰ. 머리말

최근 미국의 서브프라임 주택담보대출(이하 "서브프라임 대출"로 약칭한다)로부터 유발된 금융혼란이 전세계 금융시장을 강타하여 전세계가 대공황 이후의 최대의 금융위기를 맞고 있다. 우리나라도 환율이 급등하고 주가지수가 급락하는 등심각한 영향을 받고 있다. 서브프라임 대출로 인한 금융시장의 문제는 2007년초 미국의 일부 주택담보대출업자들이 도산하기 시작하면서 표면화되어, 2007년6월 투자은행인 Bear Stearns가 설립한 헤지펀드의 서브프라임 대출채권 관련 부실화로 인하여 32억불의 자금을 헤지펀드에게 지원하고, 2007년 7월 Standard & Poors, Moody's, Fitch등 신용평가기관들이 부동산관련 증권의 신용평가등급을하향조정함에 따라 일시적으로 금융혼란이 일어났다. 이후 2007년 9월 영국의 Nothern Rock의 도산, 2008년 3월 Bear Stearns에 대한 긴급금융 제공 및 JP Morgan의 Bear Stearns 인수에 이어 2008년 9월에는 미국의 5대 투자은행 중 하나인 Lehman Brothers가 연방파산법에 따른 회생 신청을 하였다. 미국의 5대 투자은행들 중 Merrill Lynch는 Bank of America에 인수되고, Goldman Sachs와 Morgan Stanley는 은행지주회사로 개편하기로 하는 등 금융산업의 골격이 급격히변화하고 있다. 미국은 2008년 10월 3일 긴급경제안정화법(Emergency Economic Stabilization Act of 2008)을 제정하여 7,000억불의 구제금융 자금을 사용하기로 하고, 각국의 중앙은행들은 금리를 인하하는 등 금융위기를 타개하기 위하여 안간

* 국제거래법연구 제17집 제2호(국제거래법학회, 2008. 12) 게재. 제2회 심당국제거래학술상수상(2009. 3).

힘을 쓰고 있다.

이 글에서는 서브프라임 대출로부터 유발된 금융위기의 원인을 법적인 측면에서 분석하고,[1] 이를 통하여 금융법의 새로운 방향을 모색하여 보고자 한다. 이 글은 다음과 같이 구성되어 있다. 아래 Ⅱ.에서는 우선 서브프라임 대출이 자산유동화를 통하여 자본시장 상품화되고 투자은행의 도산에 이르게 되는 일련의 거래에서 나타난 현상[2]을 서브프라임 대출, 유동화, 투자의 각 단계별로 살펴보고 법적인 측면에서 문제점을 분석한다. Ⅲ.에서는 Ⅱ.에서 살펴본 현상과 법적인 문제점에 비추어 서브프라임 금융위기가 주는 시사점, 즉 최근 금융시장의 역할 및 금융의 개념이 어떻게 변화하고 있는지를 살펴보고 이에 따라 금융법이 어떠한 점에 유의하고 어떠한 부분에 중점을 맞추어야 하는지에 대한 의견을 제시하고자 한다.

Ⅱ. 거래의 현상과 법적인 분석

1. 거래의 구조[3]

서브프라임 대출이 현재의 금융위기를 일으키게 된 일련의 거래는 다음과 같이 요약할 수 있다.

---

1) 서브프라임 대출 증가의 경제적인 배경으로 낮은 이자율로 인한 유동성 증가 및 부동산 가격상승으로 인한 거품현상, 보다 구체적으로는 1997년 7월부터 2006년 6월의 10년 간 2개월을 제외하고는 매월 부동산 가격이 상승하였고(연평균 상승률 12.4%), 2002년 1월부터 2004년 1월까지 3개월 만기 미재무부증권의 평균 수익률이 1.3%(과거 40년 간의 평균은 6.1%)라는 점이 지적되고 있다. Zingales (2008), p. 3.

2) 이 글에서는 서브프라임 대출부터 시작되어 Lehman Brothers의 회생신청까지 일어난 현상을 대상으로 하였고, 그 이후 발생한 전세계적인 신용경색에 따른 금융위기는 다루지 않았다. 또한 서브프라임 대출, 유동화 및 유동화증권 투자과정에서 나타난 현상은 앞으로 각국의 금융감독기관과 수사기관의 조사 및 각종 소송을 통하여 더 상세하고 정확하게 밝혀질 것으로 예상된다. 2008년 10월 3일 제정된 미국의 긴급경제안정화법 (Emergency Economic Stabilization Act of 2008) 제127조에서도 금융감독기관이 연방수사국(FBI)와 협조하여 금융상품의 개발, 광고, 판매시 사기, 부실진술 등이 있었는지를 조사할 것을 요구하고 있고 미국 증권거래위원회는 이미 50건 이상의 조사를 진행 중이다. Cox (2008), p. 11.

3) 서브프라임 대출 및 그 유동화의 내용을 전반적으로 설명한 자료로는 Tavakoli (2008)과 Goodman, Li, Lucas, Zimmerman and Fabozzi (2008); 서브프라임 대출로 인한 금융혼란의 발생원인의 일반적인 분석으로는 Ashcraft (2008).

1.1. 주택담보대출 단계

은행 또는 주택담보대출업자가 직접 또는 대출중개업자를 통하여 주택구입자(또는 주택소유자)에게 주택담보대출을 행한다.

1.2. 유동화[4] 단계

1.2.1. 대출채권의 양도와 주택담보부유동화증권(RMBS: residential mortgage backed securities)[5]의 발행

주택담보대출채권을 유동화(securitization)하기 위하여 특별목적기구(SPV: special purpose vehicle)[6]에게 양도한다.[7] SPV는 주택담보대출채권을 기초로 유동화증권(MBS: mortgage-backed securities)을 발행한다. 유동화는 Federal National Mortgage Association(Fannie Mae), Federal Home Loan Mortgage Corporation(Freddie Mac) 등 이른바 주택담보대출의 유동화를 위하여 설립된 공기업(GSE: government sponsored enterprise)을 통하여 이루어질 수도 있고(agency MBS), 일반 사기업인 금융기관들을 통하여 이루어질 수도 있다(non-agency MBS). non-agency MBS에서는 은행 또는 투자은행이 유동화에 적합한 채권의 집합이 될 수 있도록 주택담보대출채권을 매입하여 모아 두는 창고(warehouse) 역할을 하는 경우도 많다.[8]

---

4) 유동화(securitization)는 원래 유동성이 부족한 자산(illiquid asset)을 현금화하여 유동성을 제고하고 자금을 조달하기 위한 목적으로 하는 거래이지만, 보유자산의 현금흐름과 유동화증권의 자금조달비용의 차이를 이익으로 실현하기 위한 목적(arbitrage) 또는 은행 등 자기자본 규제를 받는 금융기관이 자산을 감소시켜 자기자본 규제를 준수하기 위한 목적으로도 이용된다. Tavakoli (2008), p. 3.

5) 저당권담보부대출 유동화증권(MBS: mortgage-backed securities)에는 주택담보부 유동화증권(RMBS: residential mortgage backed securities)와 상업용건물담보부 유동화증권(CMBS: commercial mortgage backed securities)이 있다. 저당권담보부 유동화증권을 CMO(collateralized mortgage obligations)로 부르기도 하는데 CMO는 통상 엄격한 대출심사기준을 적용한 주택담보대출을 유동화한 증권을 말한다. Tavakoli (2008), p. 2.

6) SPE(special purpose entity)라고도 부른다. 신탁구조를 취하는 경우와 회사형태인 경우가 있다. SPC(special purpose company)가 회사형태의 특별목적기구이다.

7) 미국의 서브프라임 대출의 약75%가 유동화되었고 그 유동화증권 중 약 80%가 신용등급 AAA등급 증권으로 발행되었고 약 2%만이 투자등급 미만의 등급으로 발행되었다. IMF (2008), p. 59.

8) 은행의 대출채권보유 창고기능이 드러난 사건으로 Calyon New York Branch v. American Home Mortgage Corp, 379 B.R. 503(Bkrtcy. D. DEL, Jan. 4, 2008)을 들 수 있다. 이 사건에서는 American Home Mortgage의 대출채권을 Calyon이 일시적으로 매수한 후에 최종 매수인 내지는 유동화가 확정되면 American Home Mortgage가 환매하기로 하는 약정을

non-agency MBS는 투자은행이 유동화의 구조를 설계하여 주선하고 유동화 증권도 판매한다. 신용평가기관은 다른 채권의 발행시와 마찬가지로 유동화증권의 신용을 평가하여 신용등급을 부여한다. 경우에 따라서는 보증보험회사(monoline insurance company)가 원리금 지급을 보증할 수도 있다.

유동화증권은 최선순위 채권(신용등급 AAA)으로부터 중순위 채권, 후순위 채권 및 신용등급없는 최후순위 증권(equity로도 불림)에 이르기까지 여러 순위의 증권으로 나누어(즉 여러 tranche로) 발행된다.[9] 투자자들은 각자의 위험선호도에 따라 적합한 채권을 매입할 수 있는 투자기회를 가지게 된다. 이러한 여러 순위의 증권을 발행하면 후순위증권이 선순위증권에 대한 신용보강의 역할을 하게 된다. 전통적으로는 3단계의 중순위의 투자등급채권(신용등급 AA, A, BBB)과 3단계의 후순위 비투자등급채권(신용등급 BB, B, 신용등급없는 채권 등)으로 나누어 발행하여 그 6단계의 채권이 최선순위 채권(신용등급 AAA)에 대한 실질적인 담보의 역할을 하는 구조를 취하였다. 고위험 서브프라임 대출채권을 유동화할 때는 다단계의 후순위 채권을 발행하는 구조 이외에 기초자산인 주택담보대출의 이자율이 높다는 점을 활용하여 대출이자율과 MBS의 발행이자율 간의 차이를 초과담보로 활용하는 이른바 초과수익-초과담보(excess spread/over-collateralization) 구조로 발행되는 경우도 많다.[10]

체결하였으나 환매가 이루어지기 전에 American Home Mortgage이 파산 신청하였고, 법원에서는 이 환매약정이 미국 파산법상의 자동정지에 대한 예외인정을 받을 수 있는 re-purchase agreement에 해당한다고 보았다. 이 판결문을 보면 American Home Mortgage의 파산신청일 현재 American Home Mortgage와 Calyon뉴욕지점 간의 대출채권 환매약정에 따라 환매할 대출금액이 12억불에 이른다.

9) 미국의 최초의 주택담보대출 유동화 증권은 Ginni Mae(Government National Mortgage Corporation)가 1970년 발행한 pass-through 증권이다. pass-through증권투자자는 기초자산인 주택담보대출채권에 대한 지분권을 가지게 되어 채무자가 지급하는 원리금을 지분율에 따라 나누어 받는 구조다. 신용의 개선, 금융시장의 변화 등에 따라 기존의 주택담보대출보다 더 좋은 조건의 대출을 받을 수 있는 경우 주택담보대출의 채무자는 새로운 대출을 받아 기존의 대출을 조기상환할 수도 있고, 이러한 경우 pass-through증권투자자는 조기상환을 받을 수밖에 없다. 투자자들은 본인의 의사와 관계없이 조기상환받아야 하는 위험을 부담하지 않기를 원하였으므로 주택담보대출의 유동화 방식을 개선하여 1983년 여러 순위의 채권을 발행하는 구조로 CMO(collateralized mortgage obligations)가 발행되었다. Geoffrey Fuller (2008), p. 173.

10) MBS의 신용보강방법에 대하여는 U.S. Securities and Exchange Commission (2008c), p. 6; U.S. Securities and Exchange Commission (2008d) p. 36214; 초과수익-초과담보 (excess spread/over-collateralization) 구조에 대한 상세한 설명은 Goodman, Li, Lucas, Zimmer-

1.2.2. CDO(collateralized debt obligations)의 발행[11]

대출채권의 유동화로 발행되는 MBS를 기초자산으로 하는 새로운 유동화가 행하여진다. 통상 CDO는 (ㄱ) 기초자산을 기준으로 대출채권을 기초자산으로 하여 유동화하는 CLO(collateralized loan obligations)와 회사채등 채권(bond)을 기초자산으로 하여 유동화하는 CBO(collateralized bond obligations)로 분류하고,[12] (ㄴ) CDO를 매입하는 SPV가 기초자산을 직접 매입하는지 여부에 따라 전통적 CDO(cash CDO 또는 true sale CDO)와 합성CDO(synthetic CDO) 및 두 가지가 합쳐진 복합CDO(hybrid CDO)로 분류한다. 최근 수년간 CDO의 기초자산 중 서브프라임 대출채권을 유동화한 MBS가 차지하는 비중이 큰 폭으로 증가하였다.[13] 또한 신용파생상품의 거래의 증가[14]와 더불어 합성CDO구조 또는 복합CDO구조를 취하는 경우가 증가하여, 1995년에는 CDO의 대부분이 전통적 CDO(cash CDO)였는데, 2002년에는 CDO의 75%가 합성CDO로 되었다.[15] 많은 경우 담보관리자(collateral manager)가 CDO의 기초자산을 적극적으로 매매하는 운용형 CDO(managed CDO) 형태로 되어 있어 사실상 헤지펀드와 유사하다.[16]

---

man and Fabozzi (2008), pp. 89-110.

11) 다른 종류의 신용파생거래(예: 신용스왑 CDS: credit default swap)를 이용하여 서브프라임 대출채권 내지는 MBS의 신용위험을 이전할 수도 있으나, CDO가 이러한 CDS거래를 포함하는 경우가 많으므로(합성CDO), 이 글에서는 CDO를 중심으로 논의한다.

12) CDO에는 CBO와 CLO 이외에도 CMO(collateralized mortgage obligations), 주로 헤지펀드 투자지분을 집합하여 그것을 기초로 발행하는 CFO(collateralized fund obligations)등도 있다. Tavakoli (2008), p. 2, 403.

13) CDO의 기초자산 중 서브프라임 대출채권을 기초로 한 MBS의 비중이 2003년에는 43.3% 이던 것이 2006년에는 71.3%로 증가하였다. U.S. Securities and Exchange Commission (2008c), p. 7. 주택담보대출을 기초로 한 CDO에는 A등급 이상의 신용등급을 받은 MBS를 기초로 한 High Grade CDO와 주로 BBB등급을 받은 MBS를 기초로 한 Mezzanine CDO가 있다. U.S. Securities and Exchange Commission (2008d), p. 36214.

14) 1996년에는 전세계 신용파생상품거래의 규모가 1,000-2,000억불 정도였으나, 2007년 말에는 ISDA (inter- national Securities and Derivatives Association)의 추산으로 62조불에 이르고 2008년 말에는 80조불에 이를 것으로 추정되고 있다. Tavakoli (2008), p. 83.

15) Tavakoli는 CDO발행규모도 급증하여 1995년에는 CDO발행규모가 25억불 정도였는데, 2006년 말의 CDO발행 잔액이 47조달러에 이르는 것으로 분석하였다. Tavakoli (2008) pp. 84, 86, 88. Tavakoli는 전통적인 Cash CDO보다 합성CDO가 늘어나는 이유로 합성 CDO가 대규모거래를 하기에 더 적합하고 계약서와 신용등급을 받는 절차가 더 단순한 점, AAA등급 중에서도 super senior tranche가 있는 점, 채권양수도가 필요 없어 설정이나 유지비용이 상대적으로 저렴한 점, 신용위험 이외에 이자율이나 통화위험을 부담하지 않는 점, 더 큰 leverage를 할 수 있는 점 등을 들고 있다. Ibid., pp. 184-246.

16) Bethel, Ferrell and Hu (2008), pp. 12-13. 미국 1940년 투자회사법(Investment Company

합성CDO에서는 자산보유자와 SPV 사이에서 자산보유자가 신용보장매수자 (credit protection buyer)가 되고 SPV가 신용보장매도자(credit protection seller)가 되는 신용파생거래를 한다. 자산보유자가 SPV에게 신용보장에 따른 수수료를 지급하고 신용파생계약에서 정한 신용사건(credit event)이 발생하면 SPV가 자산보유자에게 신용파생계약에서 정한 방법으로 산정한 금액을 지급한다. 즉 자산보유자는 자산(예: MBS) 보유에 따르는 신용위험(예: MBS발행자가 MBS증권의 원리금을 지급하지 않을 위험)을 SPV에게 이전하고 신용위험이 현실화되었을 때는 SPV로부터 지급을 받음으로써 보유자산의 원리금지급을 보장받는 것이다. SPV는 유동화증권을 발행하여 조달한 자금으로 무위험 금융자산(예: 국채) 또는 매우 낮은 위험의 금융자산을 매입한다. SPV는 그 금융자산에서 지급받게 되는 원리금의 현금흐름과 신용파생거래에서 받는 수수료를 기초로 유동화증권(CDO) 투자자에게 원리금을 지급한다. CDO도 최선순위 채권(신용등급 AAA)부터 중순위 채권, 후순위 채권 등 여러 순위의 채권으로 발행되어 투자자들의 위험선호도에 따라 판매한다. CDO증권에 대하여도 신용평가회사의 신용평가가 이루어지고, 보증보험회사가 보증하거나 최선순위 채권에 투자하는 경우도 있다.

1.3. 투자단계

서브프라임 대출을 유동화한 증권인 MBS 및 이를 기초로 다시 유동화한 증권인 CDO에 대한 투자자들 가운데는 감독을 받는 금융기관(Lehman Brothers, 베어스턴스 등과 같은 투자은행과 일반 상업은행, 자산운용업자들이 운용하는 펀드, 각종 연기금)과 감독을 받지 않는 헤지펀드가 있으나 감독을 받는 금융기관들이 심각하게 부실화되었으므로 이들을 중심으로 투자위험 관리와 자본의 건전성 면을 살펴본다.

2. 서브프라임 대출

2.1. 신용도에 따른 주택담보대출의 분류

미국의 주택담보대출은 공기업인 Federal National Mortgage Association

Act of 1940)에 따른 Rule 3a-7에서 일정한 적격자산의 현금흐름에 주로 의존한 증권을 발행할 것, 그 증권의 신용등급이 투자등급일 것, 9개월 이하의 단기증권이 아니면 수탁회사를 둘 것 등의 요건과 신규자산의 취득에 관한 요건 등 일정한 요건을 갖추면 유동화증권을 발행하는 회사가 투자회사에 해당하지 않도록 하고 있다.

(Fannie Mae) 또는 Federal Home Loan Mortgage Corporation(Freddie Mac)의 유동화의 대상이 될 수 있는 요건을 갖춘 대출(prime loan, conforming loan 또는 agency loan)과 그렇지 않은 대출 (non-agency loan)로 분류된다. non-agency loan에는 서브프라임 대출과 Alt-A대출[17])이 있고 그 이외에 jumbo prime대출[18])이 있다. 서브프라임 대출의 의미는 법령상의 용어가 아니고 반드시 일정한 의미로 사용되고 있지 않으나, 미국의 은행감독기관들이 발표한 지침[19])상으로는 개인 신용평가 점수인 FICO점수[20])가 일정한 수준[21]) 이하인 경우, 과거 1년간 30일 이상 연체하거나 2년간 60일 이상 연체한 경우, 과거 2년간 저당권이 실행되거나 대손상각 처리된 적이 있는 경우, 과거 5년간 파산선고를 받은 적이 있는 경우, 소득대비 부채상환비율(DTI: debt to income ratio)이 50% 이상인 경우, 생활비의 조달이 어려운 저소득층인 경우, 소득 입증자료 등의 서류가 불충분한 경우 등을 의미하고, 이러한 경우들을 포함하여 공기업인 Fannie Mae 또는 Freddie Mac의 유동화의 대상이 될 수 있는 요건을 갖추지 못한 경우(이른바 non-conforming loan)를 뜻하기도 한다.[22])

---

17) Lehman Brothers지주회사가 공시한 2008년도 2분기 재무제표 부속서류에서는 대체로 "prime"대출의 신용도는 갖추고 있으나 "prime"으로 취급하기 곤란한 요소(채무자의 소득입증서류가 부족한 경우, 주택을 채무자가 사용하고 있지 않은 경우 등)가 있는 경우를 Alt-A 주택담보대출로 분류하고 있다. Lehman Brothers Holdings Inc. Form 10-Q for the Quarter Ended May 31, 2008 (filing date: 2008-7-10), p. 69 Available at http://www.sec. gov/Archives/edgar/data/806085/000110465908045115/a08-18147_110q.htm

18) jumbo prime 대출은 FICO점수는 prime loan 이상이지만 대출금액이 Fanni Mae등 공기업에서 인정하는 금액을 초과하는 경우를 말한다. Goodman, Li, Lucas, Zimmerman and Fabozzi (2008), p. 8.

19) Office of the Comptroller of the Currency, et. al (2001), p. 3.

20) Fair Issac Corporation이 개발한 모델을 이용하여 개인의 신용도를 점수화한 것으로 350점에서 900점까지 분포가 이루어지고 점수가 높을수록 신용도가 높음을 의미한다. Goodman, Li, Lucas, Zimmerman and Fabozzi (2008), p. 12.

21) Office of the Comptroller of the Currency, et. al. (2001), p. 3는 660점, Tavakoli (2008), p. 15와 Ashcraft, p. 14는 650점을 기준으로 삼고 있으나, Lehman Brothers 지주회사가 공시한 2008년도 2분기 재무제표 부속서류에서는 FICO점수 620점 이하 기타 신용도에 부정적인 요소가 있는 경우를 서브프라임 대출로 취급하고 있다. Lehman Brothers Holdings Inc. Form 10-Q for the Quarter Ended May 31, 2008 (filing date: 2008-7-10) p. 24 Available at http://www.sec.gov/Archives/edgar/data/806085/000110465908045115/a08-18147_110q.htm.

22) Gwinner and Sanders (2008), note 5 at 4.

2.2. 서브프라임 대출의 현상

미국에서의 주택담보대출이 GDP의 70%를 넘는 규모로 국가경제에서 차지하는 비중이 상당히 크고,[23] 그 중 서브프라임 대출의 비중이 2001년에는 전체 주택담보대출의 8%이던 것이 2005년과 2006년에는 20%에 달하였고 이와 더불어 주택보급률도 1994년의 64%에서 2005년 69%로 상승하였다.[24]

2.2.1. 대출업자

초기에는 통상 은행이 서브프라임 대출을 취급하였으나 점차 주택담보대출 전문업자(mortgage company)와 대출중개업자(mortgage broker)의 주도로 이루어지게 되었다. 특히 대출중개업자가 대출을 일으키는 역할을 하는 비중이 높아졌다.[25] 대출중개업자는 대출업자가 채무자를 찾는 비용을 절감시켜주고 채무자에 관한 정보를 최초로 평가하는 기능을 행함으로써 대출업자의 신규대출을 일으키는데 소요되는 비용을 절감시켜준다. 한편, 채무자 입장에서는 대출중개업자를 통하여 여러 대출업자 중 적절한 대출업자를 선정하여 차입할 수 있다. 이와 같이 대출중개업자는 대출업자 및 채무자 양쪽의 대리인 내지는 수임인의 지위에 서게 되고, 대출중개업자가 대리인 내지 수임인의 지위를 벗어나기 위하여 독립적인 사업자의 지위를 가지고자 하는 경우도 많다. 채무자는 대출업자의 대출조건정보를 직접 접할 수 없기 때문에 대출중개업자는 채무자에게 최선의 조건인 대출을 중개하기보다는 대출중개업자 자신이 더 많은 수수료를 받을 수 있는 대출을 중개할 유인이 생기고, 그 대출이 채무자의 상환능력을 넘는 대출이 되더라도 유동화로 대출채권이 양도되면 이러한 중개에 따른 문제는 덮여지게 된다.[26]

2.2.2. 대출계약의 조건

2004년부터 2006년 중에 이루어진 서브프라임 대출은 대부분 금리조정조건

---

23) 선진국들의 주택담보대출은 대체로 GDP대비 40-100% 정도에 이르고 70%를 넘는 국가로서 미국, 영국, 네덜란드, 덴마크, 스위스 등이 있다. Gwinner and Sanders (2008), p. 31-32 및 European Mortgage Federation의 통계 Available at http://www.hypo.org/Content/Default.asp?PageID=202.

24) Federal Reserve, Amendment to Regulation Z, p. 44524. 무디스에 따르면 2002년에 일으킨 주택담보대출 총액 3조380억불 중 서브프라임 대출이 4,210억불로 14%이었고, 2006년에는 주택담보대출 총액 2조8860억불 중 서브프라임 대출이 6,400억불로 22%를 차지하였다. U.S. Securities and Exchange Commission (2008d), p. 36213.

25) 2004년의 주택담보대출이 50%가 대출중개업자를 통한 대출신청으로 이루어졌다. Havard (2008), p. 744.

26) Havard (2008), p. 753.

부 대출(ARM: adjustable rate mortgage)이고,27) 가장 전형적인 서브프라임 대출은 2/28(또는 3/27) 구조의 금리조정조건부 대출로 이루어졌다. 이 구조에서는 대출기간 30년으로 하되 최초 2년(또는 3년)간은 고정금리(teaser rate로 불리는 낮은 금리로 이루어지는 경우도 많음)로 이자를 산정하고 2년(또는 3년) 후에는 변동금리로 산정하는데 전형적인 대출의 경우 런던은행간 대출금리(LIBOR: London inter-bank offered rate)에 가산금리 6%를 합한 금리를 적용한다.28)

통상의 장기주택담보대출의 경우에는 주택매입대금(주택을 매입하기 위한 자금의 대출이 아닌 기존대출의 대환 또는 기존에 소유하는 주택을 담보로 하는 대출의 경우에는 주택가격)의 일정부분(예: 20%)을 채무자가 자신의 자금으로 지급(또는 부담)하고 나머지만을 대출받는다. 그런데, 최근의 미국의 주택담보대출의 경우(특히 2006년 이후)에는 채무자가 주택매입대금의 일부를 자기 자금으로 부담함이 없이 전부를 대출받는 경우도 상당히 있다.29) 대출기간이 통상의 주택담보대출기간인 30년이 아닌 40년으로 된 대출이나, 대출금을 상환하지 않고 이자만 지급하는 기간을 두는 조건(interest only조건)이나 이자가 원금에 가산되어 원금이 증가하는 조건(negative amortization)으로도 이루어졌다.

이러한 대출을 받는 채무자 입장에서 보면, 금융시장에서 자금이 풍부하게 공급되는 경우 2년간 낮은 이자율로 이자를 지급하면서 신용도를 축적하여 2년뒤 더 좋은 조건으로 새로운 대출을 받아 기존의 서브프라임 대출을 상환하거나 주택가격이 상승할 경우 주택을 매각하여 매도대금으로 대출금을 상환할 수도 있을 것이다. 그러나 채무자가 2년 뒤 더 좋은 조건으로 새로운 대출을 받지 못하는 경우에는 높은 이자율로 원리금을 갚아야 하는 부담이 생기게 되고, 주택가격이 하락하거나 원리금을 상환하기에 필요한 만큼 충분히 상승하지 못하는 경우에는 주택을 매각하여 서브프라임 대출을 상환할 수도 없게 된다. 이와 같은 대출 조건은 통상의 주택담보대출보다 훨씬 복잡하여 채무자들이 이해하기도 쉽지 않았

---

27) 이자율이 상승하던 1980년대에는 ARM조건의 대출이 많았으나 이자율이 하락하면서 ARM조건의 대출도 낮아져서, 1988년의 전체 주택담보대출의 58%가 ARM이었으나 그 비율이 2001년에는 12%로 낮아졌다. 그러나 2004년의 비율은 34%로 증가하였는데 그 이유는 단기금리와 장리금리의 차이가 벌어져서 상대적으로 단기 조달이 더 유리하였기 때문인 것으로 분석되고 있다. Zywicki and Adamson (2008), p. 48.

28) Goodman, Li, Lucas, Zimmerman and Fabozzi (2008), p. 16, p. 308; Ashcraft (2008), pp. 16-18.

29) Gwinner and Sanders (2008), p. 19.

다.[30)]

2.2.3. 느슨한 대출심사

최근 몇 년간 이루어진 서브프라임 대출의 대출심사는 매우 느슨했다는 점이 여러 통계조사 및 연구에서 확인되고 있다.[31)] 구체적으로 나타난 현상을 보면, 첫째, 저금리 정책으로 유동성이 많아지면서 대출업자들 간의 경쟁이 치열해 짐에 따라 대출심사가 완화되어 채무자의 소득증빙서류(세금납부를 증명하는 서류 등)를 확인하지 않는 대출의 비율이 증가하였다.[32)] 소득증빙 서류가 충분하지 않은 경우 대출업자로서는 그에 상응하는 보상을 받거나 다른 보호 장치를 대출조건에 반영하여 두어야 할 텐데 2004년부터 2006년에 이루어진 대출에서는 그러한 조치가 없이 서류기준을 느슨하게 적용한 경우가 많았다.[33)] 나아가 채무자가 자신에 대한 신용정보를 충분히 제공하지 않거나 허위로 제공하는 경우도 발생하였다.[34)]

둘째, 주택가격대비 대출금의 비율 즉 LTV비율, 특히 동일한 주택을 담보로 여러 대출업자가 대출하는 경우 전체 대출을 합산하여 산정하는 주택가격대비 총 대출금비율(CLTV ratio: combined loan to value ratio)이 매우 높았고 소득 대비 부채 상환비율도 높았다. 2006-2007년에 대출한 서브프라임 대출 중 CLTV가 100%인 대출이 30%를 넘고 CLTV가 90% 이상인 대출이 50%를 넘는다.[35)] 이와 관련하여 담보부동산의 가치를 평가하는 평가업자의 90%가 주택담보대출업자가 평가업자에 대하여 부당한 압력을 행사하려고 했다고 보고하였고, 담보부동산의 가치에 대하여 전문적인 평가업자의 평가를 받지 않고 부동산중개업자의 평가서에 의존하거나 평가모델을 이용하여 담보가치를 평가한 사례도 높은 비율로 나타났다.[36)]

---

30) Ashcraft (2008), p. 5. Federal Trade Commission는 프라임 대출의 경우에는 대출조건이 표준화되어 채무자가 굳이 대출계약의 상세한 내용을 읽어 볼 필요가 없으나, 서브프라임대출계약의 조건은 그렇지 않아 과거의 주택담보대출시 계약 내용의 고지관행으로는 불충분하다고 보고 계약 내용고지 제도의 개선을 제안하였다. Lacko and Pappalardo (2007). Zywicki and Adamson (2008), pp. 73-74도 같은 지적을 하고 있다.

31) PWG (2008a) p. 1; Ellis (2008), p. 1; Caprio (2008), p. 12; Bethel, Ferrell and Hu (2008), p. 24 등.

32) Goodman, Li, Lucas, Zimmerman and Fabozzi (2008), p. 17.

33) Ibid., p. 13.

34) Gwinner and Sanders (2008), p. 19, 이러한 대출이 liar's loan으로 불린다.

35) Goodman, Li, Lucas, Zimmerman and Fabozzi (2008), p. 11. 90일 이상 연체된 대출 건수 20만건 중 LTV가 80% 미만이고 DTI가 30% 미만인 대출의 비율은 2.9%에 불과하였다. O'Neil (2008), p. 101.

36) Inserra (2008), pp. 89-90.

셋째, 채무자의 신용에 대하여 독자적인 신용위험을 평가하기보다는 외부 신용평가 점수(FICO등)에 의존한 평가모델을 사용하여 신용위험 조사 및 평가에 필요한 시간과 비용을 절감하였다.[37] 그러나 이와 같이 일종의 평가모델을 이용하여 대출심사를 한 데 대하여는 그 평가모델이 프라임대출 내지는 주택가격상승시의 모델로서 서브프라임 대출과 같이 복잡한 대출조건으로 대출하는 경우 및 대출환경이 변화하는 상황에서는 적정하지 않았다는 점[38] 및 FICO와 같은 개인신용점수는 신용카드 등 단기 여신심사를 위한 것으로 주택담보대출과 같은 장기대출에는 적합하지 않다는 점과 채무자들이 그 점수만을 높이는 노력을 함으로써 실제의 신용도와 괴리가 발생할 수 있었음도 지적되고 있다.[39]

2.2.4. 기타 부당한 대출영업행위

대출중개업자는 대출을 받을 채무자를 대출업자에게 중개하여 주고 수수료를 받게 된다. 문제는 중개업자에게 지급되는 yield spread premium이다. 이 수수료는 채무자 신용등급에 해당하는 적정이자율보다 높은 이자율로 대출하도록 한 경우 초과부분은 대출업자가 기대하지 않은 추가적 이익이 되므로 그러한 이익 중 일부를 대출금액에 대한 비율로 중개업자에게 지급하는 것이다. 이러한 보수는 중개업자가 채무자의 신용도에 알맞은 이자율보다 높은 이자율로 대출하는 것을 권장하는 효과가 있다.[40] 그 밖에도 대출원리금 상환조건의 진정한 의미를 숨기고 대출하거나, 기존대출의 잦은 대환을 유도하여 수수료 수입을 높이고 주택가액 중 채무자의 소유지분을 줄이는 효과가 있는 거래를 하는 등의 약탈적 대출(predatory lending)이나 차별적 대출도 발생하였다.[41]

2.2.5. 주택담보대출채권의 유동화가 대출행태에 미친 영향

주로 예금으로 조달한 자금을 이용하여 대출하고 그 대출금을 자신의 자산

---

37) 외부의 실사전문회사(due diligence firm)에게 대출심사를 맡기는 비율이 2000년에는 30%이던 것이 2005년에는 5%로 낮아졌다. Bethel, Ferrell and Hu (2008), p. 19.

38) Zywicki and Adamson (2008), p. 51.

39) Ellis (2008), p. 20.

40) Petterson (2008), 각주 89-94의 본문; 양기진 (2008), pp. 272-273.

41) 약탈적 대출의 유형에는 채무자가 결국 원리금상환 불이행을 할 것이라는 점을 예상하고 담보물 처분으로 대출원리금을 회수할 생각으로 채무자의 상환능력이 아니라 주택가격에만 의존하여 대출하는 유형도 포함된다. Office of the Comptroller of the Currency, et. al. (2001), pp. 10-11; Zywicki and Adamson (2008), p. 12. 주택담보대출시 인종적 차별이 있었음을 주장하는 견해도 있고, 이를 근거로 하는 소송도 제기되었다. Hatch and Zabel (2008), pp. 143-148.

으로 보유하는 것이 전통적인 은행의 업무라고 할 수 있다. 대출업자도 예금을 받지 않는다는 점 외에는 마찬가지다. 자본시장을 통한 자산유동화 상품 판매가 활발해짐에 따라 대출 후 대출금을 보유하는 것이 아니라 대출 후 대출채권을 유동화하여 유동화증권으로 판매하거나 유동화증권을 판매하기 위하여 대출하는 구조(originate to distribute)로 대출이 행하여지게 되었다.[42] 전통적인 "대출 후 보유" 방식의 대출에서는 대출금 회수여부에 따른 손익이 전적으로 대출자에게 귀속되므로 대출심사를 신중히 하고 대출금의 회수에도 노력을 기울이지 않을 수 없다. 그러나 대출 후 대출채권을 SPV에게 양도하면 대출업자 입장에서는 대출에 대하여 아무런 위험을 지지 않기 때문에 대출심사를 엄격하게 하거나 대출금 회수를 위하여 특별히 노력할 필요가 없게 된다.[43][44][45] 또한 대출채권을 양수하여 유동화하는 SPV 또는 유동화 주선기관 역시 대출채권의 내용에 대한 구체적인 심사를 할 필요성을 느끼지 못하고 신용평가기관도 어떻게 대출되었는지에 대한 실사를 하거나 실사자료를 요구하지 않는다.[46] 한편, 자본시장에서 구조화상품에 대한 수요가 있음을 알고, 투자은행들이 주택담보대출업자를 인수하여 자회사로 두고 그 자회사가 행하는 주택담보대출을 유동화함과 아울러 다른 대출업자들에

---

42) 무디스에 따르면 2006년 일으킨 주택담보대출 총액 2조5,000억불 중 1조9,000억불이 RMBS로 유동화되었고 약 25%인 5,200억불이 서브프라임으로 분류되었다. U.S. Securities and Exchange Commission (2008d), p. 36214.

43) 유동화될 가능성이 높은 대출의 연체율이 같은 급의 신용평가점수(FICO score)를 받은 경우에 비하여 20% 정도 높다는 연구도 있다. Zingales (2008), p. 4. 엔론 사태에서도 대출은행이 신용파생거래를 이용하여 신용위험을 이전하였기 때문에 엔론을 계속 모니터할 유인이 적어졌다고 보는 것도 같은 맥락일 것이다. Partnoy and Skeel (2007), p. 1033.

44) 유동화 이후에도 자산보유자(대출자)에 대한 채권을 보유하는 covered bond 구조에서는 이와 같이 유동화로 인하여 대출업자가 대출심사를 느슨하게 할 유인이 없을 것이다. Covered Bond에 대하여는 정소민, 유럽의 카버드본드제도에 관한 고찰, BFL 제30호(2008. 7) 참조. 미국의 자산유동화와 영국, 독일, 일본의 주택저당증권의 비교는 Petterson (2008) 참조.

45) 대출업자가 유동화시 최후순위 증권을 인수하기 때문에 대출업자가 손해에 대한 1차적인 위험을 부담하는 것이고 따라서 유동화로 인하여 대출심사 및 관리를 소홀히 하였다고 볼 수 없다고 하는 주장도 있다. Zywicki and Adamson (2008), p. 54와 Goodman, Li, Lucas, Zimmerman and Fabozzi (2008), p. 314 등. 그러나 대출업자가 최후순위 증권을 인수하더라도 그것은 전체 유동화금액의 2% 정도이므로(IMF (2008), pp. 59-60), 최후순위 증권에서 손실이 발생하더라도 서브프라임 대출의 높은 이자율에 비추어 보면 그렇게 중요한 고려요소가 아닐 수 있을 것이다.

46) Tavakoli (2008), p. xiii-xiv는 "투자은행이, 전례 없이 낮은 대출심사 기준으로 전례 없이 위험한 상품을 판매하는 대출업자들에게 주된 자금공급자가 된 것"이라고 하고 있다.

게도 새로운 지역으로 진출할 것을 권하는 등 대출경쟁이 치열하게 되면서 대출
심사수준의 하락을 촉진하게 되었다.[47]

　대출채권의 회수를 담당하는 자산관리자(servicer)가 수령하는 수수료는 자산
관리기간과 금액에 비례하여 정하여지므로 자산관리기간이 길수록 수수료 수입
이 증대된다. 주택담보대출채권이 연체되어도 연체 후 담보를 실행하여 대출금을
회수하는 것보다는 대출조건을 변경하여 정상대출로 만들고 담보실행을 연기할
모티브가 있게 되고, 담보실행 시에는 회수에 필요한 비용을 과대계상할 우려가
있게 된다.[48]

2.2.6. 주택가격의 하락과 서브프라임 대출의 연체율 증가

　2006년 이후 부동산 가격이 하락하면서, 별도로 충분한 수입이나 다른 재산
이 없는 채무자는 LTV가 100% 또는 매우 높은 서브프라임 대출의 원리금을 상환
하기 어렵게 되어 연체가 발생하고,[49] 그 연체로 인하여 담보물인 주택이 경매가
되어 부동산 가격은 더 하락하는 악순환을 맞게 된 것이다.

2.3. 법적인 측면

2.3.1. 서브프라임 대출의 연원

　서브프라임 대출은 1980년에 제정된 예금기관규제완화 및 통화통제법
(Depository Institutions Deregulation and Monetary Control Act of 1980)이 각주의 이자
제한법에 대하여 우선 적용되어 이자제한을 받지 않게 되고,[50] 1982년 대체저당
권담보대출거래법(Alternative Mortgage Transaction Parity Act of 1982)으로 변동금리부
대출과 만기 일시상환조건부 대출이 허용된 후,[51] 1986년 조세개혁법(Tax Reform
Act of 1986)으로 일반 소비자금융과는 달리 주택담보대출의 이자를 과세소득에서
공제할 수 있도록 하면서 1990년대 중반부터 시작되었고 대체로 2003년 이후 급

---

47) Ellis (2008), p. 23.
48) Ashcraft (2008), p. 8.
49) 2007년 4/4분기의 서브프라임 대출의 연체율이 17.31%(프라임 대출의 연체율은 3.24%),
　　서브프라임 대출의 담보실행률이 8.65%(프라임대출의 담보실행율은 0.96%)였다. Zywicki
　　and Adamson (2008), p. 10.
50) Depository Institutions Deregulation and Monetary Control Act of 1980, Section 501. 12
　　U.S.C. 1735f-7a.
51) Alternative Mortgage Transaction Parity Act of 1982, Sections 802-805. 12 U.S.C. 3801-
　　3804.

격히 증가하였다.[52]

2.3.2. 주택담보대출업자 및 대출중개인에 관한 사항

(1) 대출을 받을 수 있는 요건 및 대출계약의 조건에 대한 직접적 규제

대출업자들의 주택담보대출에 대하여는 (ㄱ) 대출을 받을 수 있는 요건(채무자의 자격, 대출한도 등)이나 대출계약의 조건(대출이자율, 대출기간 등)에 대하여 직접적으로 규제하는 체제와 (ㄴ) 직접적인 규제 대신에 대출업자의 과도한 대출(과도한 신용위험부담)을 감독하거나(자기자본 규제 등) 대출업자의 대출 영업행위를 감독하는 방법(대출조건의 의미 및 위험에 대한 고지의무 부과 등)을 통하여 간접적으로 대출 위험을 관리하는 체제를 생각하여 볼 수 있다.

미국의 연방법상으로는 Ginni Mae등의 보증을 받는 등 공기업의 금융을 받는 경우[53]가 아닌 한 담보비율이나 채무자의 상환능력 평가에 대한 별도의 규제는 없는 것으로 보인다. 1999년 3월과 2001년 1월 미국 연방 은행감독기관들이 공동으로 제정한 서브프라임 대출에 관한 지침(이하 "서브프라임대출지침"이라 한다)[54]은 법적인 구속력은 없고[55] 서브프라임 대출에 따른 위험관리의 중요성을 강조하고 적정한 대출정책을 세울 것과 대출의 분류 및 충당금 적립 등의 내용을 담고 있으나, 우리나라의 감독 법규[56]와 같이 주택담보인정비율과 소득대비 부채상환비율 규제 등 대출을 받을 수 있는 요건과 대출계약의 조건에 관한 직접적인 규제는 하지 않는 것으로 보인다.

---

52) Kiff and Mills (2007), p. 3; Mulligan (2008), p. 79.

53) agency loan의 경우에는 LTV가 80%를 넘는 경우 사적인 주택담보보험(private mortgage insurance)에 가입할 것이 요구되고, Government National Mortgage Association(Ginnie Mae)의 보증을 받으려면 주택담보대출원리금 지급을 포함한 주택관련 지출이 소득에서 차지하는 비율(front-end DTI ratio)이 31% 이내이어야 하고, 총채무상환금이 소득에서 차지하는 비율(back-end DTI ratio)이 43% 이내이어야 한다. Goodman, Li, Lucas, Zimmerman and Fabozzi (2008), p. 11.

54) Board of Governors of the Federal Reserve System et. al. (1999); Office of the Comptroller of the Currency, et. al. (2001).

55) Zywicki and Adamson (2008), p. 59.

56) 은행의 경우, 투기지역여부, 상환기간, 담보가액 등에 따라 담보인정비율이 40% 이내에서 70% 이내로 정하여져 있다. 총부채상환비율도 일정한 예외를 제외하고는 40% 이내로 정하여져 있고, 그 밖에도 투기지역 대출, 미성년자대출 등에 대하여 추가적인 규제를 하고 있다. 은행업감독규정 제29조의2 및 별표 6, 보험업감독규정과 여신전문업감독규정도 유사한 조항을 두고 있다.

(2) 대출업자의 영업행위에 대한 규제

서브프라임대출지침은 채무자가 결국 원리금상환 불이행을 할 것이라는 예상하에 담보물 처분으로 대출원리금을 회수할 생각으로 채무자의 상환능력이 아니라 주택가격에만 의존하여 대출하는 유형을 약탈적 대출에 포함하여 불건전한 영업행위로 보았으나[57] 앞에서 언급하였듯이 이 지침은 법적인 구속력이 없는 것이었다. 한편 주택담보대출업자는 대출시 대출 예상조건을 기재한 서류(GFE: Good Faith Estimate)를 대출신청 접수 3일 이내에 제공하여야 하는 등 Truth in Lending Act(TILA), Real Estate Settlement Procedures Act(RESPA)와 Home Ownership and Equity Protection Act(HOPEA)에 따른 정보공개의무를 진다.[58] 이러한 대출 정보공개의 실효성에 대하여는 의문이 제기되어 연방거래위원회에서는 개선안을 제시하였다.[59] 특히 HOPEA가 적용되는 고금리 주택담보대출의 대출업자는 대출에 소요되는 비용, 실효이자율(APR: annual percentage rate), 매월 지급할 금액, 만기에 일시 지급할 금액 등에 관한 정보를 제공하여야 하고 이자를 원금에 가산하는 조건 등 일정한 대출조건에 대한 제한을 가하고 있다. 그러나 HOPEA는 1순위 저당권으로 담보된 주택담보대출의 APR이 미 국채금리보다 연 8%(2순위 담보인 경우 10%)를 초과할 경우 적용되므로 그 적용대상이 전체 주택담보대출의 1%도 안 된다.[60]

서브프라임 대출의 문제가 발생한 이후인 2008. 7. 14일 미국 연방준비이사회는 Regulation Z를 개정하여 서브프라임 대출(규정에서 사용하는 용어는 고이자율 주택담보대출(higher-priced mortgage loan))에 관한 사항을 추가하였다. 즉 고이자율 주택담보대출시에는 채무자의 수입과 (주택 이외의) 다른 자산으로 원리금을 상환할 능력이 있는지 여부를 묻지 않는 대출을 금지하고 대출업자가 어떠한 수입과 자산에 의존하여 채무자의 원리금상환능력을 인정하였는지 입증할 의무를 부담한다.[61] 개정된 규정은 연방준비이사회가 공시하는 프라임대출 이자율보다 1순위

---

57) Office of the Comptroller of the Currency, et. al. (2001), pp. 10-11.
58) Zywicki and Adamson (2008), p. 61. 대출업자에게 적용되는 Truth in Lending Act와 Home Ownership and Equity Protection Act의 간단한 설명 및 문제점에 대하여는 양기진 (2008), pp. 276-277.
59) Lacko and Pappalardo (2007).
60) Zywicki and Adamson (2008), pp. 63, 89.
61) Regulation Z의 개정으로 본문에 적은 내용 이외에도 불공정, 사기적 주택담보대출로부터 소비자 보호하고, 자격 있는 소비자의 지속 가능한 주택소유를 위한 대출을 유지하며, 대

담보인 경우에는 연 1.5%. 후순위 담보인 경우에는 3% 이상인 대출을 고이자율 대출로 정의하여 거의 대부분의 서브프라임 대출이 이 규정의 적용을 받게 되었다.

아울러 주택담보대출개혁및약탈적대출금지법(Mortgage Reform and Anti-Predatory Lending Act of 2007)이 발의되어 2007. 11. 15. 미 하원을 통과하였다. 그 내용으로는 주택담보대출업자의 등록의무, 대출업자가 서류상으로 확인된 자료에 기초하여 채무자의 상환능력이 있다고 합리적이고 선의로 결정한 경우에만 대출을 제공할 수 있도록 하고, 채무자에게 실질적인 유형적 이익(net tangible benefit)이 없는 대환 금지, 약탈적 차별적 대출 금지, 대출업자의 법위반시 채무자에게 대출 취소권 부여, 대출업자의 법위반시 채권 양수인 또는 유동화 기관이 선의라도 채무자에게 대출 취소권 부여, 담보권 실행을 위한 경매시 통지 및 이사에 필요한 시간을 확보해 줄 의무 등을 정하고 있다.

이러한 규정 개정이나 입법 움직임은 때 늦은 감이 있으나, 대출업자의 대출 영업 행위를 적절히 감독한다는 점에서 필요하고 적절한 조치로 보인다. 이와 같은 규정의 개정과 입법이 증권거래 또는 파생금융거래에 적용되는 적합성의 원칙을 대출에도 적용하고 있지는 않으나, 적합성의 원칙에 상당히 근접하는 내용을 담고 있다. 대출거래에 대하여 증권이나 파생거래에서 사용되는 적합성의 원칙을 적용하는 것이 타당한지에 대하여 논란이 있다.[62] 한편 일리노이주 등 일부 주에서 서브프라임 대출에 대한 직접적 규제를 하기 위한 법을 제정하였으나 그 지역 주민들에 대한 서브프라임 대출이 중지되거나 이자율이 상승하게 되어 오히려 주민들에게 불이익이 돌아가는 결과를 가져왔고,[63] 이는 직접적 규제가 예상치 않은 결과를 가져올 수 있음을 잘 보여주고 있다.

(3) 대출중개업자의 영업행위

서브프라임 대출에서 매우 중요한 역할을 수행하는 대출중개업자는 위에서

출 후 최초 7년 간의 상환능력 평가가 필요하고, 상환/지급금액이 4년 간 변동될 수 있는 경우에는 조기상환 수수료 부과를 금지하고, 조기상환수수료 부과기간을 2년 이내로 하며, 대출업자/대출중개업자는 주택감정인에 대한 고가감정 강요를 금지하고, 대출 신청 후 3일 이내 대출비용을 산정하여 채무자에게 고지하여야 하는 의무 등을 부과하였다.
62) Zywicki and Adamson (2008), p. 82-88은 적합성의 원칙을 대출업자에게 적용하는 것은 증권거래와 대출거래의 특성을 구분하지 않은 것으로 대출업자에게 과도한 부담을 지운다고 보고 있다.
63) Zywicki and Adamson (2008), pp. 65-66.

본 바와 같이 대출업자와 채무자 양쪽의 수임인의 지위에 서게 되는 경우가 많다. 이러한 경우 대출업자와 채무자 양쪽에 대하여 신인의무(fiduciary duty)를 부담하게 되어 이해상충의 문제가 발생할 수 있는데 이는 양쪽에 그 내용을 공개하고 명시적인 동의를 받으면 해결되는 것으로 보고 있다.[64] 신인의무 부담을 회피하기 위하여 대출중개업자가 수임인 내지는 대리인이 되지 않고 독립한 사업자의 지위를 가지려고 하는 경우가 많은데, 이러한 경우에도 대출업자가 대출중개업자의 행위에 대하여 알고 있는 경우에는 대출중개업자의 행위에 대하여 책임을 면할 수 없다고 보고 있다.[65] 대출중개업자의 지위는 구체적인 사안에 따라 달라질 수 있을 것이며, 대출중개업자가 채무자의 이익을 위하여 최선을 다하지 않은 경우 어느 정도까지 책임을 물을 수 있는지, 대출중개업자의 행위에 대하여 대출업자에게 책임을 물을 수 있는지 및 유동화 이후 채권자가 된 SPV에 대하여 어느 범위까지 대출중개업자의 행위에 따른 항변을 제기할 수 있는지 등의 문제가 각종 소송을 통하여 제기될 것으로 보인다.

2.3.3. 채무자에 관한 사항

(1) 주택담보대출의 세법상 취급

미국 연방내국세법은 신용카드 대출 등 다른 대출금에 대한 이자와는 달리 주택담보대출에 따른 이자 지급금을 집 2채까지 소득 계산시 소득 금액에서 공제하는 항목으로 인정하고 있다.[66] 한편 스웨덴, 스위스, 네덜란드 등 주택담보대출의 이자를 소득금액에서 공제하는 항목으로 인정하는 국가들은 주택에 대한 의제임대소득을 과세소득에 포함시킴으로써 이자의 소득공제에 대응하는 조치를 취하고 있는데 반하여 미국은 이러한 의제 임대소득을 인정하지 않고 있다.[67] 이러한 조세상의 취급은 다른 유형의 대출보다는 주택담보대출을 선호하게 되고 채무자가 주택담보대출금을 조속히 상환하지 않고 계속 채무를 유지하고자 하는 하나의 유인이 되고 있다.

---

64) Havard (2008), p. 779.

65) Ibid., p. 782.

66) Ellis (2008), pp. 17-18, 26 U.S.C. 163(h)(3) and 163(h)(4). 종전에는 신용카드 이자 등 다른 차입에 대한 이자도 개인소득세 과세시 소득공제되었으나 Tax Reform Act of 1986으로 주택담보대출 이자만 소득공제 대상으로 남았다.

67) Ibid., pp. 17-18.

(2) 저당권의 실행과 책임재산의 범위

미국의 약 절반에 해당하는 주에서 저당권실행을 법원절차가 아닌 사적인 절차로 진행할 수 있어서 신속하고 저렴한 비용으로 담보권을 실행할 수 있다는 점 및 캘리포니아주 등 일부 주에서는 주택담보대출의 책임재산을 당해 주택에 한정하도록 하고 있고,[68] 그렇지 않은 주에서도 대출업자들이 저당권 실행으로부터 회수하지 못한 부분을 채무자의 일반재산으로부터 청구하려 들지 않는 경향이 있다는 점이 미국의 주택담보대출의 특수성 중의 하나다. 이러한 책임재산 한정법제와 관행하에서는 주택가격이 하락하여 상환할 대출 원리금보다 작아지게 되는 경우, 채무자가 주택을 포기하고 대출금 상환을 연체하는 경우가 늘어날 수 있다. 즉 채무자가 변제의사는 있으나 변제할 능력이 없는 경우에만 대출금연체가 발생하는 것이 아니라, 채무자가 임의로 연체를 선택하는 경우도 있게 된다.[69] 이렇게 채무자가 연체를 선택할 것인지 여부를 결정할 수 있다는 점은 통상의 대출에서의 신용위험과 차이가 있고 이러한 점이 서브프라임대출을 기초자산으로 한 유동화 증권의 신용평가시에도 별도로 고려하여야 할 사항이라고 하겠다.

2.3.4. 유동화에 따른 대출관련 위험 정보의 수집 및 흐름에 관한 사항

대출결정단계에서 채무자가 자신의 신용에 관한 정보를 대출업자에게 정확하게 제공하지 않고, 대출업자도 채무자의 신용에 대하여 독자적인 자료 수집 및 심사를 하지 않는 경우, 대출업자는 채무자의 신용에 대한 정확한 평가를 할 수 없고 예상할 수 없는 높은 신용위험을 부담할 수 있게 된다. 이러한 위험부담에 대하여 대출업자는 대출계약시 채무자의 신용에 대한 채무자의 진술 및 보장을 받아 둠으로써 계약법적으로 보호를 받을 수 있겠으나[70] 신용위험이 현실화되어 대출원리금 상환을 연체하는 경우 진술 및 보장을 통한 계약법적인 보호는 실질

---

68) Ellis (2008), pp. 19-20는 50개의 주 중 44개주에서 대출업자는 저당권 실행으로부터 회수하지 못한 부분을 채무자의 일반재산으로부터 회수할 수 있는 법적인 권리가 부여되고 있다고 하나, Zywicki and Adamson (2008), pp. 31-32는 각 주의 담보실행 절차가 다양하여 책임재산 한정여부를 판단하기 쉽지 않지만 약 15-20의 주가 무엇인가 책임재산을 한정하는 내용의 법을 가지고 있고 서브프라임 대출 및 담보실행률이 높은 주인 캘리포니아, 콜로라도, 네바다, 아리조나 등이 여기에 속한다고 하고 있다.

69) Zywicki and Adamson (2008), pp. 29-35.

70) 유동화의 조건에 따라서는 양도한 대출채권이 부실화되었을 때 양도한 대출업자가 자산 양수인에 대하여 자산을 환매 또는 교체할 의무를 부담하는 경우도 있다.

적인 의미가 별로 없을 것이다. 대출 후 판매(originate to distribute) 구조, 즉 대출 채권이 유동화되는 경우에는 이 위험을 결국 유동화증권 투자자들이 부담하게 된다.[71] 이 문제를 해결하는 방법으로는 (ㄱ) 투자자들이 어떠한 성격의 위험을 얼마나 부담하는가에 대하여 유동화 주선기관이 실사 등을 철저히 하여 위험을 파악하고 그 내용에 따라 유동화 대상자산 요건을 정하고 이를 투자자들에게 고지하는 방법과 (ㄴ) 주선기관이 실사를 철저히 하는 대신 대출업자가 유동화증권을 발행하는 특별목적기구에게 유동화의 대상이 된 대출채권의 신용위험에 대하여 진술 및 보장을 하고 이에 위반되었을 때, 유동화의 대상이 된 자산을 환매하거나 교체할 의무를 부담하도록 하고 그 내용을 투자자에게 고지하는 방법을 생각하여 볼 수 있을 것이다. 후자의 방법을 취하는 경우 대출업자가 충분한 자력을 가지고 있지 않은 경우에는 자산 환매 또는 교체의무를 이행하지 못하는 경우도 발생할 수 있으므로,[72] 유동화 주선기관은 기본적으로 전자의 방법을 취하도록 하는 것이 투자자 보호와 자본시장의 건전한 발전을 위하여 바람직할 것이다.

2.4. 소결

서브프라임 대출이 심사를 느슨하게 하면서 증가하게 된 원인에는 물론 높은 유동성공급과 낮은 이자율이라는 경제환경이 가장 큰 역할을 하였을 것이지만, 대출업자들의 경쟁이 치열해졌다는 영업환경도 작용하였고, 법적인 측면에서도 원인으로 볼 수 있는 요소들이 있다. 우선, 서브프라임 대출 시장을 주도한 대출업자 및 대출중개인이 은행이 아니어서 자본건전성이나 영업행위의 면에서 충분한 감독을 받지 않아 채무자의 원리금 상환능력에 대한 심사가 느슨하게 되었고, 대출중개인의 이해상충적인 지위도 대출을 증가시키는데 기여하였을 것이다. 영업행위에 대한 감독이 부족한 상태에서 대출업자가 대출을 증대시키려는 욕구를 가지고 영업함으로써, 채무자가 대출 조건의 실질적인 의미를 제대로 이해하지 못하면서 차입하는 경우나 채무자가 자신의 신용에 관한 정보를 부정확하게

---

71) 대출 후 판매(originate to distribute) 구조를 제한함으로써 문제를 해결할 수도 있다는 생각을 해 볼 수 있지만 이러한 거래 형태는 금융기관의 주요한 자금조달 방법의 하나로서 이를 금지 또는 제한하는 것은 교각살우의 우를 범하는 것이라는 Schwarcz (2008)의 주장이 설득력이 있다. Schwarcz (2008), p. 16.
72) Ashcraft (2008), pp. 5-6.

제공하는 행위가 발생하게 되었다고 볼 수 있을 것이다. 다른 한편, 주택담보대출에 대한 이자를 과세소득에서 공제하는 세제는 채무자의 주택담보 대출 차입을 유인하는 요소 중의 하나가 될 수 있고, 담보권 실행으로 대출원리금을 전액 회수하지 못하는 경우 부족분을 채무자의 일반재산으로부터 회수하지 못하도록 하는 법이나 대출업자의 관행은 주택가격 하락시 채무자가 굳이 대출 원리금을 변제하지 않으려고 하는데 일조하였을 것이다. 마지막으로 부실가능성이 있는 서브프라임 대출의 증가에는 유동화를 통한 자금조달이 가능하게 되었다는 점이 하나의 원인으로 작용하였을 것이다. 유동화를 통하여 대출업자는 신용위험을 이전할 수 있게 되므로 신용위험의 부담시 즉 대출계약 체결 및 대출 실행시 엄격한 심사를 할 필요성을 덜 느끼게 되고 대출의 증가에 더 노력하게 되었다고 볼 수 있다. 결국 대출 실행시 신용위험 평가를 소홀히 하거나 높은 신용위험을 부담한 결과, 부동산 가격하락시 예상보다 훨씬 높게 대출연체율이 상승하였고 이는 유동화증권의 가치 하락으로 연결된 것이다.

3. 서브프라임 대출의 유동화

3.1. MBS 및 CDO 발행의 현상

앞에서 본 바와 같이 MBS, CDO 등 주택담보대출 유동화는 여러 순위의 증권을 발행하여 자금을 조달하고, 대출채권으로부터 회수하는 원리금의 현금 흐름을 그 각 순위의 증권의 원리금으로 상환하는 구조를 가지고 있다. 여러 순위의 증권의 이자율 및 가격은 그 증권이 가진 위험도에 따라 다르게 되므로 각 증권의 위험에 대한 신용평가가 매우 중요한 의미를 가진다. 서브프라임 대출의 유동화를 통하여 금융위기가 확산된데 대하여 각국의 감독당국과 국제기구들은 신용평가기관이 새로운 금융상품에 대하여 적정하게 신용평가를 하지 못한 것 아닌가라는 문제를 제기하고 있다.[73] 또한 투자은행이 유동화 거래의 구조를 설계하고 유동화증권의 판매에 이르기까지 주도적인 역할을 한다는 점에서 서브프라임 대출의 유동화에 관하여는 신용평가와 투자은행의 역할의 두 가지 면을 살펴보기로 한다.[74]

---

73) PWG (2008a), p. 14, U.S. Securities and Exchange Commission (2008c), p. 2, IOSCO (2008), p. 2 등.

74) 유동화증권의 발행시 보증보험회사(monoline insurance company)의 보증 또는 신용파생

3.1.1. 신용평가

신용평가기관은 MBS의 거래주선기관인 투자은행이 보내주는 MBS의 기초자산에 관한 데이터를 기초로 기초자산의 예상손실발생에 대한 평가, MBS의 구조에 대한 평가, 기초자산으로부터 나오는 현금흐름 및 그 현금흐름을 각 순위의 증권에 분배하는 순서(이른바 "waterfall")에 대하여 신용평가기관이 가진 일정한 모델을 활용한 평가 등의 분석을 거쳐 신용등급을 부여한다.[75] CDO의 신용평가도 MBS의 신용평가과정과 대체로 같지만, CDO의 경우에는 CDO의 기초자산인 MBS 또는 다른 CDO증권의 신용등급을 기초로 분석하고, 그 MBS 또는 CDO의 기초자산에 대한 평가는 행하지 않는다.[76] 또한 자산운용CDO의 경우에는 CDO의 기초자산이 나중에 변경될 수 있는데, 그 변경된 자산을 신용평가시점에 알 수 없으므로 기초자산에 포함될 수 있는 적격기준을 기초로 평가한다.[77] 이러한 신용평가와 관련하여 주목해야 할 몇 가지 현상이 있다.

첫째, CDO 등 구조화 금융 상품의 신용등급이 부여된 후 짧은 기간 내에 하향 조정되는 경우가 높게 나타났다.[78] 물론 경제 환경의 변화 등의 영향을 받은 것이겠으나 보다 근본적으로 CDO 등의 신용등급부여 단계부터 적정한 등급이 부여된 것인가에 대한 의문이 제기될 수 있다. 만약 처음부터 적정한 등급이 부여된 것이 아니라면 그 원인이 무엇인지 파악하여야 할 텐데 이와 관련하여 아래에 적은 현상에 주목할 필요가 있다.

둘째, CDO 등 구조화 금융상품에 대한 신용평가의 방법에 관한 사항이다.

우선, 일반 회사채에 대한 신용평가시에는 그 회사의 신용에 대한 분석과 판단을 통하여 신용등급을 부여하는데 반하여, CDO 등의 구조화 금융상품에 대하여 신용평가기관이 가지고 있는 일정한 정량적 모델을 사용하여 평가한다. 이러

거래를 수반하는 경우가 있는데 이 부분은 II.4.1.3.과 II.4.2.2.에서 신용파생거래를 다루면서 살펴보기로 한다.

75) U.S. Securities and Exchange Commission (2008c), pp. 7-11.
76) U.S. Securities and Exchange Commission (2008c), p. 9.
77) U.S. Securities and Exchange Commission (2008c), p. 9.
78) 예컨대, 2008년 2월 현재 어느 한 순위의 증권이라도 하향조정된 것을 포함하면 무디스가 신용평가한 2006년도 서브프라임 RMBS의 94.2%, 2007년도 서브프라임 RMBS의 76.9%에 달하고, 2008년 3월 현재 S&P가 2005년 1/4분기부터 2007년 3/4분기까지 신용평가한 서브프라임 RMBS의 44.3%의 신용등급을 하향조정하였다. U.S. Securities and Exchange Commission (2008d), p. 22.

한 평가 방법이 적정한가에 대한 의문이 제기된다.[79] 즉 CDO 등 구조화 금융상품은 일상적인 사업을 행하는 회사가 발행하는 것이 아니고 특별목적기구가 발행하는 것이므로 회사의 사업에 대한 평가와 같은 부분이 필요 없을 것이지만, 과연 정량적 모델로 판단하는 것이 적정한가의 문제와 그 모델이 적정한 모델인가의 문제가 제기될 수 있다.[80] 또한, 신용평가는 과거의 데이터를 기초로 장래의 예상손실발생 등에 대한 평가를 하는 것인데 서브프라임 대출의 경우에는 장기간의 데이터가 축적되어 있지 않고, 최근 몇 년간의 데이터는 그 당시의 경제 환경에서 나타난 것임에도 불구하고 그 이후 변화한 경제 환경을 적절히 반영하지 못하였다는 점,[81] 부동산시장의 변화와 사기적 대출의 가능성을 과소평가하였다는 점[82] 등이 지적되고 있다.

셋째, 신용평가기관은 거래주선기관 등이 제공하는 대출채권에 관한 각종 정보의 정확성을 확인할 의무가 없고 실제로도 확인하지 않는다는 점이다. 또한 신용평가기관은 MBS 발행자 또는 그 주선기관이 실사를 할 것을 요구하거나 실사 수준에 대한 보고서를 요구할 의무가 없고,[83] 그러한 요구를 하지 않음으로써 신용평가가 MBS 또는 CDO의 기초자산에 관한 정확하고 충분한 정보에 기반을 둔 것이라고 하기 어렵게 되었다. 서브프라임위기가 발생한 후에 신용평가기관들은 MBS의 주선기관인 투자은행들에게 MBS의 기초자산이 대출채권에 관한 실사자료를 요구하겠다고 하고 있다.[84]

넷째, 신용평가기관의 신용평가업무에 대한 수수료는 증권의 발행인(MBS의 경우에는 증권의 발행인이 SPV(특별목적기구)이므로 실질적으로 그 거래를 주선하는 투자

---

79) Zywicki and Adamson (2008), p. 55; Ashcraft (2008), p. 66.
80) PWG (2008a), p. 2.
81) U.S. Securities and Exchange Commission (2008c), p. 35.
82) PWG (2008a), p. 14.
83) U.S. Securities and Exchange Commission (2008c), p. 17.
84) 뉴욕주 검찰총장과 미국의 3대 신용평가기관이 주택담보대출 유동화(RMBS)와 관련하여 (1) 신용평가에 대한 수수료를 신용등급을 부여하는지 여부와 관련 없이 신용평가용역에 대한 대가로 지급받도록 하고, (2) 신용평가를 요청받은 모든 자산유동화거래에 대한 정보를 공개하며, (3) 대출업자 및 그 대출업자의 대출절차의 심사에 관한 기준을 정하여 그 심사결과를 공개하고, (4) 대출자산의 실사자료를 입수하여 평가하며, (5) RMBS의 신용평가시 독립성에 영향을 줄 요소에 대한 연례검토를 하고, (6) RMBS 기초자산에 관하여 주선기관인 투자은행으로부터 각종 진술 및 보장을 받기로 하는 등의 합의를 하였다. Available at http://www.oag.state.ny.us/media_center/2008/jun/june5a_08.html.

은행)으로부터 지급받는다는 점, 또한 MBS거래가 성사되어 신용등급을 부여하는
경우에만 수수료를 받는 것이 통상이라는 점이다.[85] 수수료 지급자와 신용등급이
용자가 다르다는 점 때문에 이해상충의 문제가 발생할 우려가 있고 이 점은 전통
적인 회사채등 채권 발행의 경우에도 항상 있어왔으나, 구조화 금융상품의 경우
에는 이 문제가 더 심각한 영향을 줄 수 있다. 서브프라임 대출채권을 기초로 한
MBS 및 CDO거래에서는 소수의 투자은행이 대부분의 거래를 주선하고 있다.[86]
따라서, 주선기관인 투자은행이 거래구조를 설계할 때 신용평가기준에 맞추어 더
좋은 신용등급을 받을 수 있는 기관을 선정할 수 있는 등 투자은행의 영향력이
매우 크다. 신용평가기관 입장에서는 MBS 또는 CDO거래의 신용평가로부터 얻는
수입이 높다. 이러한 점에서 신용평가기관이 투자은행과 협조하여 MBS 또는
CDO거래가 성사될 수 있도록 할 유인이 커진다.[87]

위의 기재한 사항 이외에도 미국 증권거래위원회의 조사결과에 따르면, MBS
및 CDO의 신용평가시 적용되는 신용평가기준이 대외적으로 공표되지 않았고, 신
용평가기관이 가지고 있는 평가모델을 적용한 결과와 다른 수치를 사용한 경우가
자주 있었는데도 그 근거를 서류상 명확히 하지 않아 어떠한 이유로 달리 적용하
였는지에 대하여 파악할 수 없었으며, MBS 및 CDO의 신용평가 절차가 문서화
되어 있지 않고 평가방법의 오류를 발견하고 수정하는 정책과 절차가 불충분하였
으며, 과거의 신용평가를 정기적으로 재검토하는 것도 불충분하였다는 점,[88] 신
용평가기관의 임원이 스톡옵션의 방법으로 성과급을 받는다는 점과 신용평가기
관의 임원이 단기적 성과를 위하여 과도한 위험을 부담하는 경영을 할 우려가 있
다는 점 등이 지적된다.[89] 위와 같은 현상이 발생하게 된 보다 근본적인 배경으
로 신용평가시장이 소수의 신용평가기관에 의하여 과점된 상태라는 점을 지적할

---

85) 신용평가기관이 발행회사로부터 신용평가 수수료를 지급받기 시작한 것은 미국 증권거
래위원회가 전국신용평가기관을 지정하여 신용평가에 따른 자본의 건전성평가를 하기
시작한 1970년대부터이고 그 이전에는 신용평가정보이용자로부터 신용평가에 대한 대
가를 받았다. Coffee (2006), pp. 293-295; Partnoy (2006), p. 62; Egan (2008), p. 1.

86) 미국 증권거래위원회가 642개의 MBS 및 368개의 CDO거래를 표본 조사한 결과 상위 12
개의 기관이 MBS거래의 80%, 상위 11개의 기관이 MBS 관련 CDO거래의 92%를 주선한
것으로 나타났다. U.S. Securities and Exchange Commission (2008c), p. 32.

87) U.S. Securities and Exchange Commission (2008c), p. 32; Zingales (2008), p. 5.

88) U.S. Securities and Exchange Commission (2008c), p. 13-20.

89) Hunt (2008), p. 33.

수 있겠으나,[90] 이에 대한 반론으로는 경쟁이 심화되는 경우 신용등급의 인플레를 초래할 우려가 제기될 수 있다.[91]

3.1.2. 투자은행 — 유동화 주선 및 판매기관

(1) 기초자산에 대한 실사

증권을 공모 발행할 때 작성하는 증권신고서나 사업설명서에 중요한 사항의 허위 기재 또는 기재 누락이 있을 경우 인수인은 투자자들에게 손해배상책임을 부담하게 된다.[92] MBS는 통상 공모 발행되므로 MBS 발행시 주선기관(arranger)은 인수인의 하나로 참여하여 이러한 책임에 노출되므로 증권신고서나 사업설명서에 기재하는 사항 내지는 기재할 사항에 대하여 면밀하게 실사(due diligence)하여야 한다. 이에 반하여 CDO는 통상 기관투자자들을 상대로 사모로 발행되므로 증권법상의 이러한 책임을 부담하는 위험에 노출되는 것은 아니겠으나, 투자은행들은 자신들의 평판 위험(reputation risk) 때문에 공모발행에 못지않게 실사를 하여야 한다.

MBS/CDO발행을 주선한 투자은행이 실제 어떻게 실사를 행하였는지는 각각의 발행건마다 다를 수 있다. 이 점은 감독기관의 조사와 각종 소송의 진행과정을 통하여 결과가 나와 보아야 알 수 있을 것이다. 다만, 한 가지 언급할 사항은, 서브프라임 대출을 유동화하는 경우에는 MBS/CDO의 주선기관인 투자은행들보다 대출업자가 MBS/CDO의 기초자산인 대출채권 관련 정보에 대하여 우월한 위치에 있다는 점이다. 투자은행은 대출업자가 충분한 정보를 제공하지 않는 경우에 대비하여 대출업자로부터 대출채권 관련 정보에 대하여 진술 및 보장(representations and warranties)을 받고 그 위반이 있을 경우 대출채권을 환매하도록 하는 방법으로 MBS/CDO투자자를 보호하는 장치를 두는 방법을 취할 수도 있다. 그러나 이러한 장치는 앞에서도 언급하였듯이 대출업자가 자력이 있다는 전제하에서 의미가 있는 것이고, 도산하게 되는 경우에는 큰 의미가 없게 된다.[93]

---

90) 2006 신용평가기관개혁법(Rating Agency Reform Act)이 제정된 후 새로운 신용평가기관의 시장 진입이 이루어져 전국규모 신용평가기관들이 10개로 증가하였으나, Standard & Poor's, Moody's, Fitch의 3개 회사의 전세계 신용평가시장 점유율이 39%, 40%, 16%로 도합 95%에 달한다. Egan (2008) p. 1. U.S. Securities and Exchange Commission (2008g) p. 35에 따르면 신용등급이 부여되어 있는 유동화증권 및 국채 중 위의 3개 회사가 신용등급을 부여한 것이 99% 이상이 된다.

91) Hunt (2008), p. 22.

92) 증권거래법 제14조, 미국 Securities Act, Section 11, Section 12(a)(2).

93) 앞의 Ⅱ.2.3.4.

(2) 투자은행의 담당 직원의 자질과 이해관계의 충돌

복잡한 금융상품을 개발하고 모니터하기 위해서는 금융에 대한 충분한 경험을 갖추어야 할텐데, 관련 금융분야(예컨대, 증권거래, 채권거래, 이자율거래)를 해 보지 않은 사람들이 파생거래/CDO를 담당하였다는 지적과 파생거래 구조담당부서(structuring group)는 거래구조의 개발로 수수료 수입을 올리고 판매와 위험관리는 다른 부서가 처리하도록 함으로써 회사의 전체적인 차원에서의 손익과 거래 구조 담당부서의 수입이 반드시 일치하지 않았다는 지적도 있다.[94] 이는 임직원의 성과급에도 영향을 주는 요소이고, 임직원의 이해관계와 회사 전체적인 이해관계가 반드시 일치하지 않았음을 보여 준다.

(3) 투자은행의 서브프라임 대출에 대한 위험 부담의 증가

서브프라임 대출의 유동화를 주선하던 투자은행들이 다른 대출업자로부터 대출채권을 매입하는 것보다 직접 대출을 실행하면 유동화가 더 수월해지고 수익성도 높을 것으로 생각하여 서브프라임 대출업자를 인수하여 서브프라임 대출을 활용한 유동화를 더 활발하게 진행하였고,[95] 또한 CDO 가운데는 순위가 다른 여러 종류(tranche)의 증권을 발행하는 경우도 있지만 최근 증가한 1개의 종류의 채권만을 발행하는 CDO(single tranche CDO)의 경우 판매하지 않은 부분은 주선기관이 떠 안는 경우가 많아[96] 결국 투자은행이 부담한 서브프라임 대출에 대한 위험이 증가하였다.

(4) 투자자에 대한 공시 및 위험고지

MBS/CDO의 판매기관이 그 증권을 투자자들에게 판매할 때, 그 증권에 내재한 위험을 얼마나 정확하고 충분하게 공시하고 투자자들에게 고지하였는지가 문제될 것이다. 이 부분 역시 구체적인 발행 건마다 사실관계가 다를 수 있으므로 감독기관 등의 조사결과 및 각종 소송의 진행과정을 통하여 밝혀질 것으로 예상된다.

3.2. 법적인 측면
3.2.1. 신용평가

신용평가기관은 이른바 평판자본(reputational capital)에 의존하는 사업으로 자

---

94) Tavakoli (2008), p. vii, p. 6 등.
95) 모간스탠리의 Saxon Capital 인수, 메릴린치의 Fin Financial 인수 등. Ibid., p. 161.
96) Ibid., p. 87.

본시장의 대표적인 문지기의 하나로 생각되어 왔다. 신용평가에 대하여는 법규상 신용평가의 이용강제, 신용평가기관에 대한 감독, 신용평가의 내용에 대한 책임의 세 가지 면에서 법적인 검토를 할 필요가 있다.

(1) 신용평가의 이용강제

미국은 1973년 증권회사에 적용되는 순자본규제(net capital rule)를 도입하면서 전국규모의 공인된 통계적 신용평가기관(NRSRO: nationally recognized statistical rating agency 이하 "전국적 신용평가기관"으로 약칭함)으로부터 받은 신용등급이 투자등급인지 여부에 따라 순자산계산시 감액비율이 달라지게 하였다.[97] 이어서 MMF(money market fund)의 투자대상이 되는 적격증권은 일정등급 이상의 신용평가를 받은 증권으로 한정하도록 하고,[98] 구조화금융 증권에 대하여 NRSRO로부터 상위 4개의 신용등급 중 하나를 받으면 그 증권을 발행하는 특별목적기구를 증권투자회사로 보지 않도록 하는 등,[99] 신용등급이 금융기관의 자본의 건전성규제와 자산운용에서 중요한 기준이 되고 있다.[100] 신용평가기관이 부여하는 신용등급에 따라 규제와 감독이 달라지도록 하는 것은 바젤은행감독위원회의 신자기자본비율 산정기준 중 신용위험에 대한 표준법에도 반영되어 있다.[101] 신용등급에 따라 규제와 감독의 차이를 두는 것은 신용평가에 일종의 규제상의 면허(regulatory license)를 부여하는 효과가 있다는 점에서 비판을 받고 있다.[102] 이러한 이용강제는 투자자들이 독자적인 심사를 하지 않고 신용평가기관이 부여한 신용등급에 의존하는 경향을 심화시켜 신용등급의 신뢰도와 관계없이 법규상 요구에 따른 수요를 창출하여 유동화를 증대시키는 데 기여하였다고 볼 수 있다.[103] 서브프라임 대출관련 유동화 증권의 신용등급이 부여된 이후 짧은 기간 내에 하향조정되는 현상이 발생하자 신용등급에 의존한 감독이 적절한지에 대한 의문이 제

---

97) Exchange Act Rule 15c3-1(c)(2)(iv) 17C.F.R. §240.15c3-1(c)(2)(iv).

98) Investment Company Act Rule 2a-7(a)(10) 17C.F.R. §270.2a-7(a)(10).

99) Investment Company Act Rule 3a-7(a)(2) 17C.F.R. §270.3a-7(a)(2).

100) 1930년대 이후 신용등급을 기준으로 한 미국의 은행규제의 추이에 대하여는 Coffee (2006), p. 288-289 참조, 신용등급을 기준으로 한 은행법규, ERISA, 주법 등에 대하여는 Hunt (2008), p. 28-29 참조

101) Basel Committee (2004), 문단 50 이하, 문단 91에서 신용평가기관이 6가지의 기준을 충족하여야 하도록 규정하고 있다.

102) Partnoy (2006), pp. 81-83; Coffee (2006), pp. 288-292.

103) Caprio (2008), p. 13.

기되었고 미국 증권거래위원회에서도 신용등급에 의존하도록 한 각종 규정 중 일부를 개정하는 규정 개정초안을 제시하였다.[104]

신용평가결과를 활용하여 금융기관의 규제와 감독의 기준으로 삼는 것은 우리나라도 마찬가지다. 바젤은행감독위원회의 신자기자본 비율 제도를 도입하여 표준법에 따라 외부 신용평가기관의 신용등급에 의존할 수 있도록 한 것은 물론이고,[105] 증권회사의 영업용 순자본 비율의 산정[106]과 영업행위에 대한 제한,[107] 보험회사의 자산운용,[108] 자산운용회사의 자산운용[109] 등의 기준이 되고 있다. 새로 제정된 「자본시장과 금융투자업에 관한 법률」 및 그 하위법규에서도 유사한 내용을 담고 있다.[110] 이번 서브프라임 대출관련 금융위기에서 나타난 신용평가기관의 문제점에 비추어 볼 때, 우리나라의 각종 법규상 신용등급을 기준으로 삼도록 한 부분을 그대로 유지하는 것이 타당한지에 대하여는 면밀히 재검토할 필요가 있다.

(2) 신용평가기관에 대한 감독

미국에서는 1973년 증권회사에 적용되는 순자본 규제제도(net capital rule)를 도입하면서 전국적 신용평가기관(NRSRO)을 지정하는 제도를 도입하였으나 그 신용평가를 활용할 수 있는 것에 그치고 신용평가기관을 감독대상으로 하지는 않았다. 엔론 사태 등을 거치면서 신용평가가 증권시장, 금융시스템 및 경제에 미치는 영향이 상당히 크다는 점 및 당시 2개의 신용평가기관이 시장을 과점하고 있기 때문에 경쟁이 필요하다는 점을 인식하고,[111] 2006. 9. 29. 신용평가기관개혁법(Rating Agency Reform Act)을 제정하여 1934년 증권거래소법(Securities Exchange Act of 1934)에 제15E조가 추가하였고 2007. 6. 미국 증권거래위원회가 이 법을 시행하

---

104) U.S. Securities and Exchange Commission (2008e)와 U.S. Securities and Exchange Commission (2008f).
105) 은행업감독규정시행세칙 별표 3.
106) 증권업감독규정 별표 7, 별표 12.
107) 증권업감독규정 제4-15조 제5항 제3호, 제4-47조, 제5-33조 제3항, 또한 유가증권인수업무에 관한 규칙 제12조에서 증권회사가 인수할 수 있는 무기명사채는 2개 이상의 신용평가전문회사로부터 신용등급을 받도록 규정하고 있다.
108) 보험업감독규정 별표 8, 별표 13.
109) 간접투자자산운용업감독규정 제60조, 제67조, 제68조.
110) 「자본시장과 금융투자업에 관한 법률시행령」 제328조, 금융투자업규정 제4-20조 제1항 (5)호 마목(3), 제5-18조 제2항 등.
111) Credit Rating Agency Reform Act of 2006, Section 2.

기 위한 규정112)을 제정하면서 신용평가기관이 증권거래위원회의 감독을 받게
되었다.113) 전국적 신용평가기관(NRSRO)은 증권거래위원회에 신용평가방법 등을
기재하여 등록할 의무와 증권거래위원회에 대한 보고의무를 지고, 증권거래위원
회는 이들 신용평가기관을 검사할 수 있다.114) 미국의 신용평가기관개혁법에 의
하여 신용평가기관들이 증권거래위원회의 감독을 받게 되었지만, 증권거래위원
회 또는 어떠한 주정부도 신용평가기관의 신용평가의 내용 또는 그 신용평가의
절차나 방법을 규제할 수는 없도록 하여 감독의 한계를 긋고 있다.115) 또한, 증권
거래소법 제15E조에 따른 민사적인 소권이 부여되지 않으며, NRSRO가 제출한 서
류로 인하여 민사적인 소권이 발생하지 않는다는 점을 명시하여.116) 민사소송에
대하여도 특례를 두고 있다.

서브프라임 사태가 발생한 후 미국 증권거래위원회는 주택담보대출관련 증
권의 신용평가시 개선할 점들을 발견하고 2008. 6. 11. 신용평가기관에 대한 감독
을 강화하는 내용의 규칙개정안을 발표하였다. 이 개정안에 따르면 신용평가기관
은 구조화상품의 기초자산의 특성에 대한 정보가 없는 경우 또는 거래구조에 대
하여 조언을 한 경우에는 신용평가를 할 수 없도록 하고, 모든 신용등급부여를
공표하도록 하며, 신용평가수수료 협상에 관여하는 사람은 신용평가에는 관여할
수 없도록 하여 신용평가기관의 신용평가 행동의 기준, 정보공시117) 및 이해상충
의 문제를 개선하기 위한 조항을 두고 있다.118) IOSCO에서도 2008. 5. 신용평가
기관의 모범행동강령을 개정하여 서브프라임 사태에서 나타난 신용평가기관의
문제를 해결하고자 하는 노력을 하고 있다.119)

신용평가기관의 중요한 문제점 중 하나가 수수료 수입과 관련한 이해상충의
문제이다. 신용등급은 투자자의 이용을 위한 것인데, 그 신용등급을 부여하는 업

---

112) Exchange Act Rule 17g-1부터 17g-6 17 C.F.R. §240.17g-1부터 17 C.F.R. §240.17g-6.
113) 미국의 전국적 신용평가기관에 대한 현행 감독법규에 관한 설명은 U.S. Securities and
    Exchange Commission (2008g) p. 2-23 참조.
114) Securities Exchange Act, Sections 15E and 17(a) 15U.S.C. §§78o-7 and 78q(a).
115) Securities Exchange Act, Section 15E (c)(2) 15U.S.C. §78o-7(c)(2).
116) Securities Exchange Act, Section 15E (m)(2) 15U.S.C. §78o-7(m)(2).
117) 신용평가 방법의 공시에 대하여도 그동안 추상적인 공시만 하면 충분하여 실질적으로
    신용평가 방법을 외부에서 알기는 어렵게 되어 있었으나 이번 개정안에서는 신용평가
    방법에 대한 정보공시를 더 강화하도록 하였다. Hunt (2008), p. 23.
118) U.S. Securities and Exchange Commission (2008d).
119) Code of Conduct Fundamentals for Credit Rating Agencies, IOSCO (2008), Annex A.

무에 대한 수수료는 신용등급을 받는 증권의 발행인(또는 주선기관)이 지급한다는 점에서 기본적으로 이해상충의 문제가 있다는 점은 오래 전부터 지적되어 왔다.[120] CDO 등 구조화 금융의 경우에는 발행인이 특별목적기구이고 실질적인 발행업무를 투자은행들이 수행하며 소수의 투자은행들이 대부분의 거래를 하고 있다는 점에서 신용평가기관의 이해상충 문제가 더 우려가 될 수 있다. 2008. 5. IOSCO에서 발표한 신용평가기관의 행동강령에서 신용평가기관이 자신의 신용평가 대상거래의 거래구조 설계에 관한 제안이나 조언을 금지하는 내용을 추가한 것을 보면 그동안 이러한 거래구조 조언도 행하여졌거나 이에 대한 감독이 소홀하였음을 암시한다.[121] 단순히 신용평가업무와 다른 업무 사이에 장벽을 쌓는 것으로 해결할 수 있는 것인지에 대하여는 의문이 있고 이를 해결하기 위한 학자들의 의견도 다양하지만,[122] 현실적으로 실현가능성이 얼마나 있는지 더 검토가 필요한 문제라고 하겠다.

(3) 신용평가의 내용에 대한 책임

서브프라임 대출채권을 기초로 한 MBS 또는 CDO투자로 손실을 입은 투자자들이 그 손실의 발생 원인을 제공한 사람들을 상대로 손해배상을 구하는 소송이 제기되고 있고 앞으로도 그러한 소송이 증가할 것이다.[123] 손해배상을 청구하는 원고의 입장에서는 신용평가기관을 피고에 포함시킬 생각을 할 텐데 과연 신용평가기관이 손해배상책임을 부담할 것인지, 부담한다면 어떠한 경우 어떠한 기준하에서 부담하도록 할 것인지는 손해배상을 구하고자 하는 사람이나 신용평가기관뿐 아니라 법률가에게도 관심을 불러일으키는 쟁점이다.

미국에서 공모로 증권을 발행하는 경우 1933년 증권법(Securities Act of 1933) 제7조에 정한 내용을 기재한 증권신고서를 미국 증권거래위원회에 제출하여야

---

120) Partnoy (1999), 소형 신용평가기관 중 Egan-Jones, Lace, Realpoint는 신용평가의 이용자로부터 수수료를 받고 있다. Egan (2008), p. 2.
121) Code of Conduct Fundamentals for Credit Rating Agencies, Section 1.14-1, IOSCO (2008) Annex A.
122) Partnoy (1999)와 Partnoy (2006)은 신용파생거래의 가산금리가 신용등급을 대체하는 기능을 할 수 있을 것으로 제안하였고, Hunt (2008)는 신용등급 발표시 그 신용평가가 어느 정도의 신뢰도를 가지고 있는지를 공개하고 낮은 신뢰도의 신용평가가 아닌 것으로 발표한 후 그 신용평가의 신뢰도가 낮은 것으로 판명된 경우 그 신용평가로 인한 수입을 반환하는 방안을 제시하고 있다.
123) Bethel, Ferrell and Hu (2008), Table 1; Sabry (2008), p. 7.

하고 그 증권신고서에 중요한 사실의 허위기재 또는 기재누락이 있는 경우에는 증권법 제11조에 따라 발행회사뿐 아니라 본인의 동의하에 증권신고서에 이름이 기재된 전문가도 손해배상책임을 부담한다. 그러나 신용평가는 증권법 제7조 및 제11조의 목적상 증권신고서의 일부를 이루는 것으로 보지 않도록 하여, 전국적 신용평가기관은 신용평가에 대하여 증권법 제7조 및 제11조에 따른 책임을 지지 않도록 하였다.124) 또한 공정공시 규칙에서도 회사가 신용평가기관에게 신용평가를 목적으로 정보를 제공하는 경우에는 다른 경우와 달리 공정공시 규칙의 적용을 배제하도록 하고 있다.125) 증권법상의 책임에 대한 예외를 인정하는 것은 신용평가가 신용평가기관의 의견이라는 주장이 반영된 것으로 보이고, 공정공시 규칙에 대한 예외는 신용평가기관에게 정보를 제공하는 것까지 공시하도록 하면 신용평가를 받고자 하는 기업이 신용평가기관에게 충분한 정보를 제공하지 않을 우려가 있고 신용평가가 결국 일반인에게 공개되는 이상 신용평가기관에게 제공한 정보를 일부의 투자자가 이용하여 거래할 가능성이 없다는 점이 반영된 것으로 보인다. 그러나 이러한 공정공시에 대한 예외는 신용평가기관에게 정보의 독점권 내지는 우선점유권을 부여하는 것이 되어 신용평가기관이 더 잘 평가할 수 있다는 오해를 가지도록 한다는 점에서 문제가 있다는 지적도 있다.126)

물론 신용평가기관의 신용평가가 사기적 행위를 금지하는 미국 1934년 증권거래소법(Securities Exchange Act of 1934) 제10조(b)항 및 이 조항에 근거한 미국 증권거래위원회 규칙 10b-5 위반이 되는 경우에는 손해배상책임을 부담할 수 있고, 실제 여러 소송이 제기되어 있다.127) 그러나, 증권거래소법 제10조(b)항 위반이 되려면 신용평가에 중대한 오류가 있고 신용평가기관이 그러한 오류에 대한 고의(scienter)가 있었을 것이 필요하므로 실제 이러한 손해배상청구는 그렇게 쉽지는 않을 것이나,128) 최근의 서브프라임 사태와 관련하여 제기된 소송에서 미국 법원이 어떻게 판단할 것인지 주목된다. 또한 MBS 또는 CDO의 발행자 내지는 주선기관인 투자은행이 증권거래소법 제10조(b)항 및 미국 증권거래위원회 규칙 10b-5를 위반하였음을 이유로 손해배상청구를 하면서 신용평가기관에 대한 방조

---

124) Securities Act Rule 436(g)(1) 17 C.F.R. §230.436(g)(1).
125) Securities Act Rule 100(b)(2)(iii) 17 C.F.R. §230.100(b)(2)(iii).
126) Egan (2008), p. 8.
127) Hunt (2008), note 261 at 60.
128) Coffee (2006), p. 302.

책임을 묻는 데 대하여는 최근 규칙 10b-5 위반에 대하여 방조자의 손해배상책임을 부정하는 취지의 미국 대법원의 판결129)에 비추어 보더라도 손해배상청구가 인정되기가 쉽지 않을 것이다.130)

또한 신용평가기관의 신용평가가 부정확한데 따른 손해배상청구에 대하여 미국의 하급심판결은 신용평가가 의견의 진술로서 미국수정헌법 제1조의 언론의 자유의 보호를 받는다고 본 사례131)가 있고, 신용평가기관도 같은 논리를 펴고 있다.132) 신용평가기관의 평판위험(reputation risk)이 신용평가기관의 행동을 제어하는 장치라고 보는 것이다.133) 그러나 신용평가기관이 의견을 제시하는 것이 아니라 허위의 사실을 적시하는 경우에는 이러한 언론의 자유의 보호를 받지 못한다.134) 언론의 자유의 보호를 받는다고 한 위 사건(Jefferson County School District No. R-1 v. Moody's Investment Services, Inc.)은 원고가 채권을 발행할 때 Moody's가 신용평가의뢰를 받지 않은 상태에서 자발적으로 원고의 신용상태 전망이 부정적이라는 발표를 하였고, 그 전에 청약한 투자자들 중 일부가 그 발표 후 청약을 취소하였고, 그 결과 원고가 높은 이자율로 발행하게 되었다는 이유로 손해배상을 청구한 사안이다. 이 사건은 의뢰받지 않은 신용평가라는 점과 신용평가의 대상인 발행자가 제기한 소송이라는 점에서 투자자들이 문제를 제기할 수 있는 서브프라임 대출관련 유동화증권의 신용평가와는 차이가 있어서 서브프라임 관련 소

---

129) Stoneridge Inv. Partners v. Scientific-Atlanta Inc. 128 S. Ct. 761(2008).
130) Horowitz and Galeoto (2008), p. 54.
131) Jefferson County School District No. R-1 v. Moody's Investment Services, Inc., 175 F.3d 848 (10th Cir. 1999).
132) Partnoy (2006), p. 84; 무디스코리아의 "신용등급사용의 한계" Available at http://www.moodyskorea. com/definition/credit01.asp.
133) Ashcraft (2008), p. 11, Hunt (2008), p. 61은 신용평가가 사실의 진술이 아니라 예측의견이므로 증권법상의 허위기재, 기재 투락에 따른 책임의 문제로 취급하기에 부적합하다고 보면서, 평가모델에 의거하여 평가하는 구조화금융의 경우에는 전통적인 일반 회사의 채권평가와는 달리 의견적 성격이 약화될 수 있다는 점을 언급하고 있다.
134) Dun & Bradstreet, Inc. v. Greenmoss Builders, Inc. 472 U.S. 749 (1985). 이 사건은 피상고인(건설회사)이 파산신청하지 않았음에도 불구하고 상고인의 직원(17세 학생)의 실수로 "피상고인이 파산신청하였다"는 내용의 금융정보보고서를 5명의 고객에게 보낸 사안에서 피상고인이 손해배상을 청구한 건이었고 미국 대법원의 의견은 5:4로 나뉘었다. 다수의견을 쓴 Powell 대법관은 다수의견이 신용평가에 대하여 일반적으로 언론의 자유 보호를 약화시키는 것은 아니고, 특정한 신용평가보고서를 언론의 자유로 보호할 것인지 여부는 당해 보고서의 "내용, 형식과 맥락"이 공공성을 나타내는지 여부에 달려있다고 하였다. 472 U.S. 749, 762 FN 8.

송에서 미국법원이 어떻게 판단할 지가 주목된다.

(4) 우리나라에서는 신용평가업무를 하려면 신용정보 및 이용에 관한 법률 제4조에 따른 허가를 받아야 하고, 허가를 받은 신용평가기관은 제9조의2에 따른 준수사항과 이에 따라 제정된 금융위원회의 규정을 준수하여야 한다. 이 준수사항은 신용평가 기관의 신용평가능력을 파악하는데 필요한 서류를 제출하도록 하고 있으나, 수수료를 발행회사로부터 받는데 따른 이해상충의 문제와 신용평가 방법에 대한 정보 공개 등은 요구되고 있지 않아, 이러한 문제에 대하여 어떻게 보완할 것인지 검토가 필요하다. 한편, 미국과는 달리 「자본시장과 금융투자업에 관한 법률」은 증권신고서에의 기재사항 및 부실기재에 대한 손해배상책임에서 신용평가를 배제하고 있지는 않다. 오히려, 신용평가를 전문으로 하는 자가 신고서의 기재사항 또는 그 첨부서류가 진실 또는 정확하다고 증명한 경우 허위기재 또는 기재누락에 대한 손해배상책임을 지도록 규정하고 있다.[135] 신용평가기관이 신용평가를 잘못한데 대한 책임에 관한 논의는 신용평가기관의 신용등급부여 기재가 어떠한 경우 증권신고서의 허위기재 또는 기재누락이 될 것인지의 문제가될 것이고. 신용등급 부여의 의견적 성격을 어떻게 평가할 것인가 및 신용평가에관한 공시를 어느 정도까지 요구할 것인가 등의 문제를 포함하게 될 것이다.

3.2.2. 투자은행 ― 위험고지

투자은행들이 서브프라임 대출을 기초로 한 유동화증권을 판매하면서 투자자에게 그 증권에 내재된 위험에 대하여 충분한 공시 또는 고지하였는지 여부는 실제 판매과정에서 어떻게 하였는지에 달려 있는 문제다. 이 점에 대하여는 이미투자자들이 투자대상상품의 적정한 가치에 대하여 투자은행이 잘못된 진술을 하였다는 등을 이유로 소송을 제기하고 있으므로 이러한 소송들의 결과를 통하여밝혀질 것이다.[136]

---

135) 증권거래법 제14조 제1항 제2호와 동법 시행령 제7조의4의 해석상 신용평가기관이 책임질 자에 속하는지 여부에 대하여 논란의 여지가 있지만, 「자본시장과 금융투자업에 관한 법률」 제125조 제1항 제3호와 동법 시행령 제135조 제1항은 문제를 해결한 것으로 보인다.

136) Bankers Life Insurance Co. v. Credit Suisse First Boston Corp. 등의 소송 Sabry (2008) pp. 6, 9, 투자은행에 대하여 제기될 수 있는 소송에 대한 분석은 Bethel, Ferrell and Hu (2008) pp. 37-47.

3.3. 소결

서브프라임 대출의 유동화는 대출채권을 자본시장의 투자상품으로 변형시키는 것이고 이는 대출업자가 대출시 부담한 신용위험을 유동화증권의 투자자에게 이전하는 것이다. 그런데 이번 서브프라임 사태는 대출채권을 유동화하는 기본 형태인 MBS만이 아니라 이를 다시 유동화하거나 신용파생거래를 결합한 CDO 또는 2차 3차 CDO거래를 통하여 서브프라임 대출을 기초로 한 자본시장의 금융상품이 엄청 늘어났고, 그만큼 서브프라임대출의 부실화의 영향을 받는 금융상품의 규모가 커졌다는 점을 주목하여야 한다. 이러한 서브프라임 대출의 유동화에서 가장 중요한 역할을 수행하는 기관이 유동화를 주선하는 투자은행과 유동화증권의 신용등급을 평가하는 신용평가기관이라고 할 수 있다. 투자은행이 유동화 과정에서 기초자산인 대출채권의 내용 즉 대출채권에 내재한 위험요소에 대한 충분한 실사를 하였는지, 유동화증권 판매시 그 위험요소를 투자자에게 충분히 공시 또는 고지하였는지 등의 문제는 각 유동화거래에서의 구체적인 사실관계가 파악되어야 알 수 있을 것이다. 서브프라임 대출을 기초로 한 유동화 특히 CDO 등의 구조화 금융상품의 증가에는 신용평가기관이 매우 중요한 역할을 수행하였다고 할 수 있다. 신용등급을 투자의 기준으로 삼는 여러 법규에 의하여 신용평가의 이용이 강제되는데 반하여 신용평가기관은 미국의 증권법규상의 책임에 대한 예외조항에 따른 보호를 받고 신용평가를 언론의 자유의 문제로 다루어 헌법상의 권리로 보호되어 온 점, 신용평가의 대상이 되는 발행자(특별목적기구가 발행자인 유동화거래나 구조화금융의 경우에는 실질적으로 그 거래를 주선하는 투자은행)로부터 수수료를 받는다는 점 등이 신용평가기관이 적극적으로 CDO 등의 구조화 금융상품의 신용평가에 대하여 보다 적극적인 입장을 취한 배경이 된다고 할 수 있다. 이러한 신용평가기관의 이해상충문제는 오래전부터 지적되어 온 문제로 이번 서브프라임 사태는 근본적으로 이해상충의 문제점을 안고 있는 신용평가를 법적으로 이용을 강제하는 데 대하여 재검토할 필요가 있음을 보여 주고 있다.

4. 유동화 증권에 대한 투자

4.1. 유동화 증권에 대한 투자 단계의 현상

서브프라임 대출채권을 기초로 한 유동화증권 중 더 문제가 되고 있는 CDO에 대한 투자는 대체로 은행, 투자은행, 보험회사, 연기금과 헤지펀드로 파악되고 있다.137) 이들의 투자에 공통적으로 나타나는 현상을 먼저 살펴 본 후, Lehman Brothers가 연방파산법에 따른 회생신청을 하여 2008년 가을 국제적 금융경색이 촉발되고 5대 투자은행이 모두 피인수되거나 은행지주회사로 전환되었다는 점에서 투자은행의 자본의 건전성 관리에 관한 부분을 살펴보기로 한다.

4.1.1. 소홀한 위험관리

투자자들의 서브프라임 대출채권 관련 증권(특히 CDO)에 대한 투자와 관련하여 지적되고 있는 사항은 이 금융상품이 가지고 있는 위험에 대하여 느슨하였다는 점이다.138) 구체적으로는 서브프라임 대출채권 관련 신용위험에 집중적으로 노출되어 있다는 점, 신용등급은 신용도에 대한 평가일 뿐 시장위험, 유동성위험 기타 위험을 평가하는 것이 아님에도 불구하고 그러한 금융상품에 대한 자체적인 조사나 평가 없이 모든 위험에 관하여 신용등급에 의존하였다는 점, 금융기관에 따라 차이는 있으나 위험관리를 위험모형에 의존하였다는 점, 수익률 경쟁으로 같은 신용등급이라도 수익률이 높은 금융상품에 투자함으로써 실질적으로 더 높은 위험을 부담하면서도 외관상으로는 그렇지 않은 것으로 보이는 투자를 한 점139) 등이 지적되고 있다.140) 연금은 부동산투자가 대체로 금지되어 있는데, 주택담보대출 유동화는 전통적인 채권투자의 형태를 띰으로써 투자등급 유동화증권(MBS 또는 CDO)은 채권투자가 되고 이러한 증권에 투자함으로써 실질적으로 부동산에 투자하는 효과를 누릴 수 있게 된다.141)

4.1.2. 부외거래기구(off-balance sheet entities)의 이용

대형 상업은행등 유수한 금융기관들이 구조화투자기구(SIV: Structured Investment Vehicle 또는 SIV-Lite)나 기업어음전문발행기구(commercial paper conduit) 등을 이용하여 위험을 관리하였다. 이들 부외거래기구는 회계원칙상 연결대상이 되지 않도록 설립·운용함으로써 금융기관의 재무제표에 반영되지 않도록 하고, 그 기

---

137) Blundell-Wignall (2007), p. 45.

138) PWG (2008a), p. 2.

139) 예컨대 Fannie Mae, Freddie Mac 등이 AAA등급의 채권을 발행하고 같은 AAA등급이지만 더 높은 수익률의 증권에 투자하는 방식으로 이자율 차이를 활용한 차익거래를 하였다. 같은 투자등급인데도 불구하고 더 높은 수익률로 거래된다는 것은 시장이 높은 위험이 있다고 평가한 것이다. Zingales (2008), pp. 6-7.

140) PWG (2008a), p. 12; IMF (2008), p. 80-81; Financial Stability Forum (2008), pp. 7-8; Schwarcz (2008), p. 15.

141) Bethel, Ferrel and Hu (2008), p. 16.

구의 설립 후원자인 금융기관이 가지고 있는 투자자산의 위험을 이들 기구로 이전한다. 이들 기구는 높은 부채비율로 운영되며 주로 commercial paper발행 등 단기자금을 조달하여 장기금융자산에 투자함으로써 장단기금리의 차이 및 보유자산의 수익률과 조달금리의 차이를 이용한 차익을 추구한다.142) 이 기구 설립을 추진한 금융기관은 이 기구에게 유동성을 공급할 것을 약정한다.143) 금융기관이 이러한 부외거래기구에게 위험자산을 양도하고 이들 기구의 채무에 대하여 금융기관이 법적인 책임을 지지 않는다는 점에서 금융기관의 재무제표에 부외거래기구의 재무상황은 반영되지 않았다. 그러나 이들 기구가 자금조달에 어려움을 겪게 되자 이들 기구를 설립하여 이용한 금융기관들이 그 기구의 채무를 인수함으로써 부외거래로 취급하던 것이 재무제표에 반영되게 되었다.144) 한편 금융기관이 직접 자신의 재무제표상에 보유하는 자산에 대한 정보공시와 비교할 때, 부외거래기구를 이용하는 경우 보유자산의 성격과 위험도에 관한 정보의 공시가 상대적으로 부족하였다는 지적을 받고 있다.145)

4.1.3. 신용파생거래

최근 수년간 신용파생거래의 규모가 급격하게 증가하였고,146) 서브프라임 대출의 부실이 전세계 주요 금융기관의 부실화로 연결된 데는 신용파생거래의 영향이 컸다고 보고 있다.147) 신용파생거래는 신용보장매도자(protection seller)가 신용위험을 부담하고 신용보장매수자(protection buyer)는 수수료를 지급하는 거래이다. 신용보장매도자는 보증에서의 보증인, 신용보장매수자는 채권자의 지위와 유사하지만 근본적인 몇 가지 차이가 있다. 보증의 수혜자는 피보증채권을 가지고 있음을 전제로 하는데 반하여 신용파생거래의 경우 신용보장매수자가 반드시 신

---

142) Fuller (2007), p. 180.

143) IMF (2008), pp. 69-71. 유동성지원약정도 바젤은행감독위원회의 종전 자기자본규제 (Basel I)하에서 자기자본 부담을 지지 않기 위하여 1년 미만으로 약정하였다. IMF (2008), p. 76.

144) IMF (2008), p. 72.

145) PWG (2008a), p. 12.

146) 신용파생거래의 규모가 2007년 말에는 ISDA(International Swaps and Derivatives Association, Inc.)의 추산으로 62조불에 이르고 2008년 말에는 80조불에 이를 것으로 추정되고 있다. Tavakoli (2008) p. 83. 신용위험을 부담하는 대출 및 채권 발행액이 16조불(회사채 6조불, 주택담보대출 7.5조불, 기타 자산유동화증권 2.5조불) 정도인데 신용파생거래의 규모가 이렇게 크다는 것은 신용위험을 부담하지 않으면서 신용파생거래를 하는 시장참여자도 있고 신용파생거래가 다단계로 거래되고 있음을 시사한다. Dinallo (2008), p. 3.

147) Zingales (2008), p. 11.

용파생거래의 대상이 되는 신용위험에 노출(예: 대출 또는 채권 보유)되어 있어야
하는 것은 아니다. 또한 보증의 경우에는 주채무자가 채무불이행하지 않는 한 보
증인에 대하여 보증채무의 이행을 청구하지 못하는 것이 원칙이겠으나, 신용파생
거래에서는 대상채무의 채무불이행 이외에 구조조정 등의 다른 일정한 신용사건
(credit event)이 발생한 경우에도 신용보장매도자가 지급할 의무가 발생할 수 있
고, 신용보장매도자가 추가 담보를 제공할 의무가 발생하기도 한다. 신용파생거
래가 급증하였음에도 불구하고 미국에서는 특별한 규제를 하지 않아 미국의 금융
시스템에 미칠 수 있는 영향을 파악하기 어렵고, 상대방의 보장의무 이행능력의
파악도 쉽지 않을 수 있다.

4.1.4. 투자은행의 자본의 건전성 관리

　　투자은행 중 연방파산법에 따른 회생 신청한 Lehman Brothers가 도산에 이
르게 된 경위에 대하여는 앞으로 관계 당국의 조사보고서가 나와 보아야 파악이
될 것이다. 재무상황 악화로 금년 3월 JP Morgan에 인수된 Bear Stearns에 대하여
는 미국 증권거래위원회의 감사부서에서 작성한 2008. 9. 25.자 조사보고서가 발
표되었다.[148] 이 보고서는 Bear Stearns의 감독에 관하여 다양한 문제점을 지적하
고 36가지의 개선 권고사항을 제시하였다. 미국 증권거래위원회의 관련 부서에서
는 많은 권고사항에 대하여 동의하였으나 일부 사항에 대하여는 다른 의견을 제
시하여 증권거래위원회 내부적으로도 투자은행의 감독에 대하여 의견이 나뉘고
있음을 보여 주고 있다.

　　투자은행의 부실화에서 가장 주목할 사항은 투자은행의 자본의 건전성에 대
한 규제다. Lehman Brothers지주회사의 연방파산법에 따른 회생 신청서와 2008년
2분기 재무제표를 보면 2008. 5. 31. 현재 총자산이 6,390억불, 총부채가 약 6,130
억불, 총자기자본이 262억불로 총자산과 총자기자본의 비율이 24.3으로 나타났고,
이 비율은 2007년 9월 말 이후 3분기에 걸쳐 30 이상을 유지하였고, 순자산과 유
형자본(tangible equity capital: 후순위채 포함, 영업권 등 무형자산 제외)의 비율은 2008.
5. 31.이 12이고 그 전 3분기의 비율은 대체로 15-16 정도를 유지하였다.[149] 이러

---

148) U.S. Securities and Exchange Commission (2008a)(2008b).

149) Lehman Brothers Holdings Inc. Form 10-Q for the Quarter Ended May 31, 2008 (filing date: 2008-7-10), p. 55. http://www.sec.gov/Archives/edgar/data/806085/00011046590804 5115/a08-18147_110q.htm

한 자본 구조에서는 보유 자산의 가치가 장부가보다 3-4% 이상 하락하면 자기자본을 전액 잠식하여 자기자본이 마이너스가 될 수 있을 것이다.

4.1.5. 기타

대출 연체율이 높아짐에 따라 서브프라임 대출을 기초로 한 MBS 또는 CDO의 부실화가 발생한 후 서브프라임 대출이 아닌 프라임 주택담보대출을 기초로 한 유동화 증권이나 다른 자산유동화 증권에도 곧 영향을 미쳤다. 이러한 현상의 원인으로 Schwarcz 교수는 높은 신용등급 증권에 대해 부실화로 인한 투자자들의 신뢰 상실 및 옥석을 가리지 않는 역선택이 작용한 것으로 보고 이를 해소하기 위해서는 이러한 금융상품에 대한 투자자들의 이해도가 높아져야 하고 충분한 정보가 제공되어야 한다고 보고 있다.[150] 또한 투자기관으로서의 각종 금융기관의 경우에도 투자수익에 대한 성과급제도로 인하여 단기 실적 위주의 투자를 하게 된 점도 CDO에 대한 수요가 늘어나게 된 배경의 하나로 들 수 있다. 신용파생상품이나 CDO거래에서 가장 활발한 투자자군 중의 하나가 헤지펀드로 신용파생상품 거래가 원활히 이루어지도록 유동성을 공급하고 가격의 효율성을 증진시켜 왔다.[151] 헤지펀드에 관하여는 이번 심포지움에서 별도로 다룰 예정이므로 깊이 있는 논의를 하지 않는다.

4.2. 법적인 측면[152]

4.2.1 위험 관리 및 부외거래기구의 이용

서브프라임 대출 자체도 과거의 전통적인 주택담보대출보다 복잡한 조건으

---

150) Schwarcz (2008), p. 26.

151) Basel Committee (2008), p. 7.

152) 본문에서 다룬 사항 이외에도 투자자산에 대한 시가평가제도 때문에 MBS, CDO 등의 신용등급하락에 따른 시가하락분이 반영되어 자기자본비율이 하락하고 이에 따라 자산을 처분하게 되어 이들 증권의 가격이 더욱 하락하는 악순환이 일어남으로써 금융기관들의 부실자산이 급증하였다고 보는 견해도 있으나 이 문제는 회계의 문제로 보고 이 글에서 상세히 다루지 않는다. 2008. 10. 3. 제정된 미국의 긴급경제안정화법 제132조와 제133조에서도 이러한 견해를 받아들여 미국 증권거래위원회로 하여금 90일 이내에 시가평가제도에 대한 검토를 하도록 하고 시가평가제도를 당분간 유예할 수 있도록 규정하였다. MBS 및 CDO의 신용등급하락 및 시장가격 하락과 더불어 자기자본 규제 등에 따른 재무비율 유지를 위하여 시장에서 매도가 늘어나면서 가격하락을 촉진하는 악순환을 방지하기 위하여 일시적으로 적용유예를 하면 모르되, 보유하고 있는 자산의 가치를 보다 공정하게 평가하고 공시하는 것이 바람직하다는 점에 비추어 볼 때 시가평가 제도를 장기적으로 적용하지 않는 방안은 적절한 조치라고 하기는 어려울 것이다.

로 이루어지고, 그 대출채권을 기초로 만들어진 구조화금융상품 역시 복잡하여 위험의 평가가 쉽지 않게 되는 등 새로운 금융상품이 계속 개발되는데 반하여 위험관리에 대하여는 감독기관이나 금융기관이 모두 그 개발속도를 따라가지 못한 것으로 보인다. 기관투자자들이 신용등급에 과도하게 의존한 점은 앞서 살펴 본 신용등급의 이용을 강제하는 각종 법규의 영향이 컸던 것으로 보고 이러한 법규의 개정 작업이 진행 중이다.[153]

또한 부외거래로 허용될 것인지 여부 및 연결대상인지 여부는 기본적으로 회계원칙의 문제이겠으나, 금융기관의 재무상황을 주주 등 투자자에게 공시할 때 포함할 정보의 범위를 정한다는 점에서 법적인 문제가 될 수 있다. 부외거래 기구의 채무를 결국 그 기구를 설립하여 이용한 금융기관이 부담하게 된 것에 비추어 볼 때, Basel I 하에서의 연결 기준 내지는 부외거래의 기준이 실질적인 관계를 충분히 반영하지 못한 것이라고 할 수 있다. Basel II 하에서는 이러한 부외거래 기구를 이용하여 금융기관의 재무제표에 반영하지 않는 형태의 거래구조를 이용하기 어려울 것으로 보인다.[154] 그동안 금융기관의 서브프라임 대출 채권 관련 금융상품의 가치 하락 분을 재무제표 및 공시에 적시에 반영하지 않았음을 이유로 하는 소송이 제기되는 등[155] 서브프라임 대출 관련한 회계처리가 법적인 문제로 등장하고 있고, 이러한 소송의 결과가 어떻게 될 것인지 주목된다.

한편 Financial Stability Forum에서는 금융기관의 자기자본 규제시 구조화 금융상품의 위험가중치를 상향조정하고, 부외거래기구에 대한 유동성지원약정에 대한 소요자본도 상향조정하고, 그동안 시장위험만 반영하던 단기매매 등을 하는 트레이딩 포지션(trading book)에 대하여도 채무불이행위험과 신용등급이 하락할 위험(event risk)을 반영하여 자기자본규제를 하도록 제안하는 등 구조화 상품의 위험에 대한 현행 자기자본규제를 보완하는 작업[156]은 금융상품의 위험을 적정하게 평가하고 반영하기 위한 장치를 만들고자 하는 노력의 일환이라고 할 수 있다.

---

153) 앞의 II.3.2.1.(1) 참조.
154) 예컨대, 유동성지원약정에 대하여 신용위험을 반영하도록 한 Basel Committee (2004) 문단 578; IMF (2008), pp. 74-77; Mizen (2008), p. 561.
155) Saltzman v. Citigroup 소송에 관하여는 Johnston, Greer, Biermacher and Hummel (2008), p. 135. 회계처리와 관련하여 제기될 수 있는 소송의 분석은 Bethel, Ferrel and Hu (2008), pp. 47-49.
156) Financial Stability Forum (2008), p. 14.

4.2.2. 신용파생거래의 규제

두 당사자 간의 계약의 형태로 이루어지는 신용파생거래인 신용스왑(CDS: credit default swap)은 증권에 기초한 것이 아닌 한(non security-based swap agreement)[157] 미국에서 특별한 규제를 받지 않아 왔다.

우선, 증권과 선물에 관련된 법을 보면 2000년 상품선물현대화법(CFMA: Commodity Futures Modernization Act of 2000)에 의하여 증권·선물 관련 법의 적용대상에서 제외되었다. 1974년 미국 선물거래소법(Commodity Futures Act)이 제정된 이후 장외선물거래가 선물거래소법상의 선물에 해당하는지 여부에 대하여 논란이 있어 왔으나,[158] 2000년 상품선물현대화법을 제정하여 장외에서 거래되는 스왑계약이 농산물에 관련되는 것이 아니고 거래당사자에 관한 요건 등 일정한 요건을 갖추는 한 상품선물거래소법(Commodity Exchange Act)의 각종 조항들이 적용되지 않도록 하였다.[159] 또한 상품선물현대화법은 스왑계약[160]을 증권에 기초한 스왑(security-based swap agreement)과 증권에 기초하지 않은 스왑(non security-based swap agreement)으로 나누되, 두 가지 유형 모두 1933년 증권법이나 1934년 증권거래소법상의 증권에 해당하지 않는 것으로 규정하고, 다만 증권에 기초한 스왑(security-based swap agreement)에 대하여는 사기방지, 시세조종방지, 내부자거래금지등 불공정거래에 관한 조항이 적용되도록 하였다.[161] 증권에 기초한 스왑에 불공정거래 조항이 적용되기는 하지만 미국 증권거래위원회가 보고의무, 서류작성의무, 불공정거래를 예방하기 위한 예방적 절차나 기준을 마련하는 것은 금지하였다.

한편 CDS가 보험에 해당하는지 여부의 문제가 제기되었으나, 2000. 6. 16. 뉴욕주의 보험감독당국에서 신용보장매입자가 대상채무로부터 손실을 입지 않을

157) 증권에 기초한 스왑(security-based swap)은 스왑계약의 중요한 조건이 증권 또는 증권의 인덱스의 가격, 수익률, 가치, 변동률에 기초한 경우를 말하고 이에 해당하지 않는 경우에는 증권에 기초하지 않은 스왑(non-security based swap)이다. Commodity Futures Modernization Act of 2000, Section 301.
158) 2000년 상품선물현대화법 제정이전의 논의에 대하여는 Cravath, Swaine & Moor (2001), pp. 11-13.
159) Commodity Futures Modernization Act of 2000, Section 105(b).
160) 1933년 증권법과 1934년 증권거래소법 개정의 맥락에서 스왑계약에 증권의 매매, 선도, 조건부 매매, 증권에 관한 풋, 콜 등 각종 옵션은 포함되지 않는다. Commodity Futures Modernization Act of 2000, Section 301.
161) Commodity Futures Modernization Act of 2000, Sections 302 and 303.

수 있다는 전제하에서 CDS가 보험에 해당하지 않는다는 유권해석을 하고, 이에 근거하여 CDS가 행하여져 왔다. 최근 뉴욕주 보험감독당국에서, 위 유권해석은 보장매입자가 "대상채무에 대하여 중대한 이익(material interest)을 가지고 있거나 가질 것으로 합리적으로 예상되는 경우"에는 적용되지 않고 이러한 경우 CDS 보장매도 계약의 체결은 보험업 영위에 해당할 수 있다는 입장을 표명하였다.162) 뉴욕주 보험감독당국은 보험업 인가를 받은 보증보험회사가 유동화증권을 기초로 다시 유동화하는 2차, 3차 CDO에 대한 보증을 하지 못하도록 하는 등 보증보험회사의 CDS관련 업무에 관한 최상의 업무처리 관행(best practice)을 제시하고,163) 이를 2009년 1월부터 시행하겠다고 발표하였으나, 미국 연방정부차원에서 CDS시장의 투명성 강화 및 위험관리 강화를 위한 조치를 취하기로 하자164) 주정부 차원에서의 규제보다는 연방정부차원의 총괄적인 규제가 더 바람직하다는 입장을 표명하였다.165)

　　미국 연방정부 차원에서는 재무부장관이 의장으로 있고 연방준비제도이사회, 증권거래위원회와 상품선물거래위원회가 참여하는 금융시장대책그룹(President's Working Group)이 CDS시장의 투명성과 공정성을 개선하고, 장외파생거래의 위험관리와 하부구조를 강화하고 금융감독기관 간의 협력을 도모한다는 정책목표를 세우고 2008년 11월 14일 연방준비제도이사회, 증권거래위원회와 상품선물거래위원회가 CDS시장의 중앙청산기관(CCP: Central Counterparty)에 관한 감독의 협력과 정보의 공유 등에 관한 양해각서를 체결하였다.166)

　　미국의 금융감독기관들이 CDS의 규모와 시스템위험을 촉발할 가능성 등을 파악하지 못한 것은 CDS가 증권, 선물규제 등 규제의 밖에 있었다는 점 때문이라고 할 수 있을 것이다. CDS의 신용보장매수자가 일반 투자자라면 CDS의 신용보장매도자가 신용위험을 부담할 만한 능력이 있는지 여부 내지는 신용보장매도자의 자본의 건전성의 문제는 규제법에서 다루어야 할 문제일 것이다. 그러나 CDS

---

162) New York State Governor Paterson Press Release (2008), State of New York Insurance Department, Circular Letter No. 19 (September 22, 2008), p. 7.
163) State of New York Insurance Department, Circular Letter No. 19 (September 22, 2008)
164) US Treasury (2008b); PWG (2008a)(2008b).
165) Dinallo (2008), p. 6-7; New York State Insurance Department, First Supplement to Circular Letter No. 19 (November 20, 2008).
166) US Treasury (2008b).

거래가 금융기관 등 기관투자자들 간에 이루어지는 경우에는 스스로 거래 상대방의 신용도에 대한 평가를 할 수 있다고 볼 수 있을 텐데, 그렇게 하지 못하였다면 그것은 금융기관의 위험 평가 능력 내지는 위험 평가 장치가 부족하였다고 할 수 있다. 미국과는 달리 우리나라는 「자본시장과 금융투자업에 관한 법률」상 CDS를 포함한 장외파생상품이 규제대상이 되었고, CDS의 신용보장매도를 영업으로 하는 경우에는 일정한 자본금 요건을 갖추어 금융투자업 인가를 받고[167] 경영의 건전성 등에 대한 감독을 받게 되며,[168] 일반투자자와 거래할 때는 적합성의 원칙 등 각종 영업행위 규제를 받아야 하는 등,[169] CDS거래 등 파생금융거래에 관한 규제 및 감독체제는 이미 갖추었다. 또한, 파생상품 거래를 영업으로 하는 경우에는 항상 「자본시장과 금융투자업에 관한 법률」이 적용될 것이므로 종전에 금융기관 별로 장외파생거래에 대한 감독의 기준이 다르다는 점[170] 때문에 발생할 수 있는 규제차익의 우려도 해결될 것으로 보인다.

4.2.3. 투자은행의 자기자본 규제

(1) 투자은행에 대한 일반적인 자기자본 규제

미국의 투자은행은 증권회사(broker-deader)로 규제를 받는데, 증권회사에 대한 자기자본 규제는 1934년 증권거래소법(Securities Exchange Act of 1934)을 제정할 때부터 동법 제8조(b)항에서 정하고 있었지만, 여러 가지 불충분한 점이 있었다.[171] 1942년 미국 증권거래위원회는 증권회사의 재무구조에 대한 증권거래위원회의 감독권한을 정한 일반적인 조항인 동법 제15조(c)항(3)호에 근거하여 규칙 15c3-1을 제정하였으나, 뉴욕증권거래소등 일정한 증권거래소의 회원에게는 적용

---

167) 「자본시장과 금융투자업에 관한 법률」 제6조 제2항, 제12조 제1항.

168) 「자본시장과 금융투자업에 관한 법률」 제31조 등.

169) 「자본시장과 금융투자업에 관한 법률」 제46조 내지 49조.

170) 예컨대, 증권회사의 장외파생금융업무에 대하여는 증권거래법시행령 제84조의28과 동법시행규칙 제36조의18에서 거래상대방에 대한 제한과 거래방법에 대한 제한 등이 엄격하게 규정되어 있는데 반하여 은행의 장외파생금융업무에 대하여는 그러한 법령이 없다.

171) 당시 Securities Exchange Act of 1934, Section 8(b)에서 고객의 예탁금을 포함한 총채무(aggregate indebtedness)가 순자산(net capital)의 20배 범위 내에서 미국 증권거래위원회가 정하는 비율을 넘지 못하도록 규정하였다. 그러나 이 조항은 위탁매매업무(broker)를 하지 않고 자기매매업무(dealer)만 하는 증권업자에게는 적용되지 않고 채무도 위탁매매업을 영위하며 통상 부담하는 채무에 한정하여 적용되는 등의 한계가 있어 미국 증권거래위원회에서 이 조항에 근거한 규칙을 제정하지 않았다. Loss and Seligman (1991), p. 3129-3130.

이 면제되어, 투자은행의 재무건전성 규제는 증권거래위원회규칙과 회원의 재무
구조에 관한 증권거래소의 규정으로 이원화되어 적용되었다.[172] 1975년 미국 증
권거래위원회는 규칙 15c3-1을 개정하여 거래소 회원에게도 적용되도록 하고 원
칙적으로 증권회사의 leverage 비율 즉 총채무(aggregate indebtedness)와 순자본(net
capital)의 비율이 15배를 초과하지 않도록 자기자본 규제를 강화하고 그 비율이 12
이상이 되면 즉시 증권거래위원회에 보고하도록 하는 조기 경보장치도 두었다.[173]
총채무와 순자본 산정시 여러 가지 조정을 거치도록 하고 있고 이에 대하여 매우
상세한 조항을 두고 있다.[174] 예컨대, 순자본은 자산에서 부채를 차감한 금액을
기본으로 하되, 미실현이익을 가산하고, 미실현손실은 감액하며, 고정자산 및 쉽
게 현금화할 수 없는 자산과 증권의 시가의 일정한 비율(이른바 haircut)을 포함한
여러 가지 공제항목을 감액한다. 미국 증권거래위원회 규칙 15c3-1은 증권회사의
지급능력(solvency)에 관한 것이라기보다 유동성(liquidity)을 유지하도록 하는 것이
고 이는 고객이 쉽게 예탁금과 증권을 회수할 수 있도록 하기 위한 것이었다.[175]

(2) 투자은행 지주회사에 대한 자기자본 규제

2004. 6. 8. 미국 증권거래위원회는 지주회사에 속한 투자은행이 지주회사와
계열회사를 통합하여 자기자본규제를 받을 수 있는 제도 즉 CSE 제도(consolidated
supervised entity program)를 도입하였다. 이 제도의 도입 배경에는 EU에서 금융그
룹에 대한 통합 감독방안을 도입하여 자기자본규제, 내부통제, 위험관리 등에 관
한 규정을 지주회사차원에 적용하도록 하면서, EU지역에 자회사를 둔 미국 금융
기관에 대하여 미국에서 이와 유사한 감독을 하지 않는 경우에는 EU자회사가 추
가적인 자기자본규제를 받게 될 우려가 있다는 점이 작용하였다.[176] 이 제도의
적용을 받고자 하는 경우에는 투자은행의 최상위 지주회사가 보고의무, 그룹차원
의 위험관리의무, 및 증권거래위원회의 검사권 등에 관하여 자발적으로 동의하는
내용의 각서를 제출하여야 하고, 바젤은행감독위원회에서 정한 기준에 따른 그룹

---

172) Loss and Seligman (1991), p. 3130-3134.
173) Exchange Act Rule 17a-11(c)(1) 17 C.F.R. §240.17a-11(c)(1). Exchange Act Rule 17a-11(c)(3)
    은 증권회사의 순자본이 미국 증권거래위원회규칙 15c3-1에 따른 최소순자본의 120% 이
    하로 되는 경우에도 증권거래위원회에 보고하도록 하고 있다.
174) Exchange Act Rule 15c3-1(c) 17 C.F.R. §240.15c3-1(c).
175) Loss and Seligman (1991), p. 3156.
176) U.S. Securities and Exchange Commission (2004a), p. 34429.

차원의 자기자본과 시장위험, 신용위험, 운영위험에 대한 충당을 하여야 하며,[177] 이 제도의 적용을 받으면 자회사인 투자은행의 leverage 비율 등은 적용되지 않는다.[178] 또한 CSE제도의 적용을 받는 경우 자기자본의 산정시 시장위험과 파생상품관련 신용위험을 수학적 모델을 이용하여 산정할 수 있다.[179] 지주회사는 바젤기준에 따라 위험자산 대비 10% 이상의 자본을 보유하여야 하고 그 이하로 내려가면 증권거래위원회에 보고하여야 하며, 유동성이 악화되는 환경하에서 예상현금유출에 충당할 수 있는 충분한 독자적 유동성과 재무자원을 유지할 의무를 부담한다.[180] CSE제도하에서 재무건전성악화를 조기 발견하기 위하여 잠정적 순자산이 50억불 미만으로 된 경우 증권거래위원회에게 보고하도록 하는 장치를 두었다.[181] 그러나 CSE제도하에서 투자은행의 궁극적인 지주회사는 법률로 증권거래위원회의 감독을 받도록 되어 있지 않고 CSE제도를 이용하겠다는 투자은행의 신청에 따라 자발적으로 증권거래위원회의 감독에 따르겠다는 것이어서 감독에 한계가 있다.[182] 미국 증권거래위원회에서는 CSE제도가 적절한 감독수단이 되지 못하였음을 인정하고 CSE제도의 대상이었던 투자은행들이 모두 피인수, 연방파산법에 따른 회생신청, 은행지주회사로 전환됨과 아울러 CSE제도를 폐지하기로 하였다.[183]

(3) Bear Stearns건에 대한 미국 증권거래위원회의 조사결과

미국 증권거래위원회 감사부서(Office of Inspector General)는 Bear Stearns의 지주회사가 자기자본 비율을 유지하고 있었으나 필요한 자기자본액이 충분하였는지에 대하여 의문을 제기하였다.[184] 또한 증권거래위원회가 규정을 제정할 때

---

177) Exchange Act Rule 15c3-1e(a)(1)(viii) 17 C.F.R. §240.15c3-1(e)(a)(1)(viii).

178) Exchange Act Rule 15c3-1(a)(7) 17 C.F.R. §240.15c3-1(a)(7).

179) Exchange Act Rule 15c3-1e(a)(1)(iv) 17 C.F.R. §240.15c3-1e(a)(1)(iv).

180) U.S. Securities and Exchange Commission (2008a), p. 3-4.

181) Exchange Act Rule 15c3-1(a)(7)(ii) 17 C.F.R. §240.15c3-1(a)(7)(ii).

182) Cox (2008) p. 7, Securities Exchange Act 제17조 (i)항에서 투자은행지주회사(investment bank holding company)에 대한 조항을 두고 있고 이에 기초하여 미국 증권거래위원회가 2004. 6. 8. Rule 17i-1 내지 17i-8을 제정하였다. 투자은행지주회사는 증권거래위원회의 감독을 받을 것인지 여부를 스스로 결정하여 감독을 받기로 할 수도 있고, 또한 감독대상에서 제외되도록 신청할 수도 있다.

183) SEC press release 2008-230 (2008. 9. 26). Available at http://www.sec.gov/news/press/2008/2008-230.htm.

184) U.S. Securities and Exchange Commission (2008a), p. 11.

는 담보부 자금조달이 불가능한 상황은 예상하지 않았고 무담보 자금조달이 1년 이상 불가능한 경우 담보부 자금조달의 조건이 악화될 것이라고 전제하였는데, 실제로는 담보부 자금조달이 불가능한 상황이 발생하여 유동성이 부족하게 되었다고 보고 있다.[185] Lehman Brothers의 자기자본 및 유동성 감독의 결과가 어떠하였는지에 대하여는 아직 발표된 바 없다. 증권거래위원회감사부서는 Bear Stearns의 총자산 대 자기자본의 비율(leverage ratio)이 33이 되어 매우 높았다는 점을 지적하고 CSE제도에서도 leverage ratio 규제를 할 것을 권고하였으나,[186] 증권거래위원회의 시장감독부서(Division of Trading and Markets)는 leverage ratio규제가 자산의 위험가중치를 감안하지 않은 덜 세련된 감독수단이라는 점등을 들어 반대하여[187] 증권거래위원회 내부적으로도 의견의 일치를 보지 못하고 있다.

미국 증권거래위원회의 Bear Stearns에 대한 조사결과를 보면 의문점과 연구검토할 사항이 있다. 우선, 증권거래위원회의 조사결과로는 Bear Stearns는 바젤기준에 따른 10%의 자기자본 비율을 유지하였으나, 자금이 부족하여 결국 구제금융을 받아 JP Morgan에게 인수되었다는 것이다. Bear Stearns의 경우에는 10%의 자기자본 비율을 유지하였다고 하는데 JP Morgan이 Bear Stearns를 인수한 가격은 2008. 3. 16. 최초 발표시에는 주당 2불, 2008. 3. 24. 변경계약 발표시에는 주당 10불로 정하여진 점이나 Lehman Brothers가 연방파산법에 따른 회생절차 신청을 한 것에 비추어 보면 두 회사 모두 단순한 유동성의 문제가 아니라 도산상태 내지는 쉽게 도산할 수 있는 상태에 있었던 것으로 보이고, 이것이 사실이라면 현행 자기자본 규제 내지는 현재와 같은 방식의 시행으로는 투자은행들의 도산을 사전에 감지하기 어렵다는 이야기가 된다.[188] 그렇다면, 바젤기준에 따른 자기자본 비율을 적용하는 것만으로는 Bear Stearns와 같은 증권회사 및 그 지주회사의 자기자본 내지는 재무구조의 건전성을 확보하는데 불충분한 것이거나 바젤 기준이 제대로 적용되지 않은 것 아닌가 하는 의문이 든다.

미국 증권거래위원회의 감사부서는 미국의 투자은행지주회사에 적용하는 자

---

185) Ibid., pp. 11-13.
186) Ibid., pp. 19-20.
187) Ibid., pp. 93.
188) CSE제도를 이용하는 경우 투자은행의 조기경보 기준은 CSE제도 이용신청시 투자은행의 최상위 지주회사가 신청하고 미국 증권거래위원회가 승인하여 결정한다. U.S. Securities and Exchange Commission (2004a), note 81 at 34448.

기자본 규제로는 유동성 확보가 안 되는 상황에 대비할 수 없다는 점을 지적하였다. 미국 증권거래위원장 Cox도 미국 의회 증언에서 투자은행들이 연방준비은행의 자금을 대출받을 수 없다는 점에서 일반 상업은행과 큰 차이가 있고 그렇기 때문에 바젤 기준의 자기자본 비율에만 의존해서는 안 된다는 입장을 표명하였다.[189] 이러한 지적이 타당하다면, 투자은행에 대하여는 바젤 기준의 자기자본 비율만이 아니라 유동성 위험관리를 하는 감독체제가 필요하다는 결론에 이르게 될 것이다. 바젤은행감독위원회의 자기자본 규제가 주로 예금을 받아 대출을 행하고 필요한 경우 중앙은행의 유동성 공급을 받을 수 있는 은행의 영업모델을 기준으로 한 것이므로 투자은행의 영업모델에 따른 위험을 분석하여 자기자본 규제 방법을 재검토할 필요가 있다.

다음, CSE제도하에서 재무건전성 악화를 조기 발견하기 위하여 잠정적 순자산이 50억불 미만으로 된 경우 미국 증권거래위원회에게 보고하도록 하는 장치를 두고 있으나 Lehman Brothers와 같이 자산 및 부채 규모가 6,000억불이 넘는 규모의 투자은행의 경우에는 50억불이라는 금액이 그렇게 큰 의미를 지니지 못할 수 있다는 점에서 절대금액 기준과 더불어 재무비율을 기준으로 한 조기 경보 장치가 필요할 것이다. 또한, 자기자본 규제 자체에 보완하여야 할 부분이 있겠지만, 그 규제를 시행하는 감독기관이 감독을 충분히 하였는지에 대하여는 앞으로 Lehman Brothers가 연방파산법에 따른 회생 신청에 이르게 된 경위에 대한 조사 결과가 나온 후에 더 검토할 부분이다.

4.3. 소결

엄격한 감독을 받는 은행은 감독 밖에 있는 부외투자기구를 이용하여 CDO 등에 투자하고, 투자은행의 경우에는 자기자본 감독체제가 도산에 이를 때까지 사전에 경고를 울리는 역할을 하지 못한 점 및 기본적으로 장외파생거래를 감독 밖에 두도록 한 점, 새로운 금융상품의 위험에 대한 평가에 대하여 감독기관이나 금융기관이 모두 충분한 체제를 갖추지 못하고 신용등급에 의존하여 투자위험 관리가 소홀하였다는 점 등이 금융위기가 확산되게 된 요인 중의 하나로 지적될 수 있을 것이다.

---

189) Cox (2008), p. 4.

Ⅲ. 서브프라임 위기의 시사점과 금융법의 새로운 방향 모색

1. 금융의 기능의 변화—위험의 이전 기능 확대

서브프라임 위기에서 나타났듯이 최근의 금융상품의 개발 및 확산은 금융감독기관의 감독의 개선 또는 법규의 정비 속도보다 빠르게 진행되고 있다. 이는 컴퓨터 및 정보통신기술의 발달에 따라 과거보다 훨씬 손쉽게 신상품의 수리적 분석을 할 수 있다는 점 및 금융이론의 발달에 따른 것이라고 할 수 있다. 또한 경제의 국제화에 따라 금융상품의 거래로 인하여 어느 한 국가의 금융시장에서 발생한 문제가 빠른 속도로 다른 국가로 전이된다. 이와 같이 빠르게 진행되는 금융시장의 발전에 대하여 법적으로 대증적 요법으로 대응하는 것보다는 금융시장의 역할과 금융의 기능 변화를 직시하여 그 변화의 본질을 파악하고 이에 상응하는 법적인 틀을 갖출 필요가 있다.

이번 서브프라임 위기를 보면, 서브프라임 대출채권을 유동화하여 MBS, CDO 등을 발행하는 과정을 거쳐 주택담보대출채권의 위험이 투자자에게 이전되었다. 유동화가 원래 자산보유자가 자금을 조달하기 위한 방편으로 자산을 이전하는데서 출발하였지만, 신용파생거래 및 이를 이용한 합성화 CDO거래는 자산의 이전 없이 위험만을 이전하는 것이다. 이전된 위험은 외관상으로는 주택담보대출을 받은 채무자가 원리금을 상환하지 못할 위험 즉 신용위험의 모습을 띠고 있으나, 실질적으로는 주택시장의 가격변화에 따른 위험 내지는 시장위험과 사기적 대출이 있을 위험 등 여러 가지 위험을 포함한 것이었다. 위험의 이전과정에서 채무자의 신용위험 평가도 느슨했지만, 신용위험 이외의 위험에 대한 인식과 평가가 충분하지 못한데 따라 문제가 더 심각해진 면도 있다. 이러한 위험의 이전 및 그 이전을 위한 중개 활동이야말로 최근 금융시장이 행하는 중요한 기능이라고 할 수 있다. 통상 금융시장은 자금의 공급자와 자금의 수요자를 연결시켜주는 역할을 하는 것으로 설명하고 있다. 자금의 중개는 아직도 금융시장이 행하는 가장 중요한 역할이라고 할 수 있겠으나, 금융시장이 점차 자금만 중개하는데 그치지 않고 위험도 중개한다는 점에 주목하여야 한다.190) 금융기관의 감독 및 금융

---

190) 신용위험이나 투자위험·시장위험 등은 그동안 금융시장이 중개하여 오던 것이고 모두 금전의 융통과 관련된 위험들이다. 그런데, 이제는 이러한 금전의 융통과 별로 관련이

시장의 규제도 자금의 흐름만이 아닌 위험의 흐름의 관점에서 살펴 볼 필요가 있다. 위험 중심의 관점에서는 금융업의 유형도 (ㄱ) 위험의 부담·이전·분산거래의 직접 당사자(대출, 증권매매, 보험인수, 파생거래체결), (ㄴ) 위험의 부담·이전·분산 거래의 주선자(arranger)(대출주선, 금융투자상품의 중개 주선 대리, 자산유동화의 주선, 파생거래의 중개 등), (ㄷ) 위험의 부담·이전·분산 거래의 조언자(advisor)로 기본유형을 분류하여 금융법의 체계를 잡아갈 수 있을 것이다.

이번 서브프라임 위기가 유동화 거래 및 신용파생거래 등 파생금융상품의 거래에 기인하였다고 보고(내지는 그러한 거래에서 위험의 인식 및 평가가 불충분하게 이루어진 점에 비추어 그러한 거래의 위험도가 높다고 보고) 이러한 거래를 직접적으로 규제하여야 한다는 논의도 있을 수 있다. 그러나 유동화거래나 파생금융거래는 주식, 채권 등 다른 금융상품과 마찬가지고 금융시장에서의 거래를 위한 여러 도구들 중의 하나라고 볼 수 있다.[191] 복잡한 유동화거래 또는 파생금융거래의 경우 내재한 위험을 쉽게 파악하지 못하고 거래하여 나중에 위험이 현실화되었을 때 당사자 간의 분쟁이 발생할 수도 있고 많은 당사자들이 거래한 경우 금융시장에 전반적인 영향을 줄 수 있다. 복잡한 유동화 거래나 파생금융거래에 대하여는 허용여부에 관한 일정한 기준을 정하여 직접적인 규제를 하는 방법도 생각하여 볼 수도 있을 것이지만, 기본적으로는 창의성을 억제할 것이 아니라 그 거래에 내재한 위험을 어떻게 파악, 평가, 반영할 것인가의 문제로 접근하여야 할 것이 아닌가 한다.[192] CDS를 포함한 장외파생금융거래에 대하여 감독기관이 실태를 파악하고 있어야 함은 물론이고, 장외파생금융거래를 영업으로 행하는 금융투자업자들의 상대방인 고객의 보호를 위하여 어떠한 장치를 둘 것인가 및 금융기관이 장외파생금융상품의 당사자가 되었을 때의 위험관리를 어떻게 할 것인가의 문제에 치중하여야 할 것이다. 대 고객 거래에 적용되는 적합성의 원칙과 설명의무에 대하여는 금융상품의 복잡성과 위험도에 상응하여 금융투자업자가 이러한 의

없는 위험(예: 날씨변화, 재해 발생, 사망률 등)도 파생금융거래 또는 보험계약의 유동화를 통하여 이전됨으로써 위험 이전이 금융시장의 중요한 기능 중 하나로 되고 있음이 잘 드러나고 있다.

191) Fuller (2007), p. 168.

192) 직접적인 규제의 예로써 우리나라의 자산유동화를 들 수 있다. 「자산유동화에 관한 법률」을 제정하고 금융감독원에서 실질적으로 자산유동화 거래를 심사하고 있으나 규제가 창의성을 억제하고 규제를 받지 않는 구조의 거래들이 증가하는 현상을 보이고 있다. 김용호 등(2008) 참조.

무를 준수할 수 있는 장치를 갖추고 있는지, 그 장치가 작동하는지 등에 대한 감독이 중요하다.

2. 위험정보의 흐름과 위험의 부담

이번 서브프라임 사태로 인한 금융위기가 Lehman Brothers 등 주요 투자은행의 몰락, 전세계의 주요 대형금융기관의 부실화로 나타남으로써 금융기관과 기관투자자의 위험관리 소홀의 문제가 제기되고 있다. 주택담보대출업자가 서브프라임 대출을 하고 그 대출채권이 유동화되어 투자자들의 투자대상이 되기까지의 일련의 과정을 보면, 대출, 유동화, 투자 각 단계마다 위험의 관리가 충분하지 않았음을 알 수 있다. 일련의 과정 중 어느 한 단계에서라도 위험의 관리가 철저하게 이루어졌다면 전후방으로 영향을 주어 이번 서브프라임 위기와 같은 위기가 발생하지 않거나 심각성이 덜했을 것이다. 즉 서브프라임 대출단계에서 대출심사가 철저히 이루어지고 주택가격하락에 따른 위험을 감안하여 대출원리금 연체율을 낮출 수 있었다면 근본적으로 이번의 서브프라임 위기가 발생하지 않았을 것이다. 유동화단계에서도 유동화의 기초자산인 대출채권의 위험도에 대한 평가 및 유동화증권, 특히 CDO의 특수성을 감안한 위험평가가 철저하게 이루어졌다면, 주택담보대출업자가 대출심사를 느슨하게 하거나 과도한 대출을 하는 것을 방지할 수 있었을 것이다. 또한 투자자들이 과도한 차입투자를 하지 않았더라면 주택가격변화 및 CDO의 부실화에 대하여 투자자들이 감내할 수 있는 능력이 강화되었을 뿐 아니라 CDO에 대한 수요도 감소하였을 것이고 이는 서브프라임 대출을 위한 과도한 자금공급을 억제하는 효과가 있었을 것이다. 금융기관의 부실화로 인한 금융시스템 리스크의 발생 및 이로 인한 경제전반에의 영향을 생각하면, 금융기관의 위험관리의 중요성은 아무리 강조하여도 지나치지 않을 것이다.

서브프라임 대출, 유동화 및 투자 각 단계에서 충분한 위험관리를 하지 않고 높은 위험을 부담한 유형을 살펴보면, 위험을 이전함으로써 자신이 위험에 노출되지 않았다고 생각하는 경우 위험관리를 소홀히 하거나 높은 위험 부담을 꺼려하지 않는 현상을 확인할 수 있다. 즉, 주택담보대출업자는 유동화를 통하여 대출채권을 양도하게 되므로 대출채권을 스스로 보유하고 있는 경우에 비하여 자신이 대출원리금 상환을 받을 수 없는지에 대하여 아무래도 관심이 적을 수밖에 없고 대출시 위험관리를 소홀하게 된다. 투자 단계에서도 감독을 받는 상업은행들도

SIV를 설립하여 SIV에게 위험자산을 양도하고 SIV가 부담하는 위험은 자신의 위험이 아니라고 보았고, SIV는 매우 높은 부채비율하에서 단기자금조달로 장기자산에 투자하는 높은 위험의 영업을 하다가, 금융시장 경색으로 SIV가 자금조달을 할 수 없는 상태에 이르게 되었다. 이러한 상황이 되자 SIV를 설립하여 활용한 은행들은 평판위험(reputation risk) 때문에 원래 법적인 책임을 부담하지 않을 것을 전제로 설립된 SIV의 채무를 스스로 부담하기로 함으로써 은행 자체적으로 자산운용을 하였을 때에 비하여 위험관리가 투명하게 이루어지지 않았다.

　　위험을 이전한 당사자가 위험에 더 이상 노출되지 않는다고 하여 위험관리를 소홀히 한다면, 위험을 이전받는 당사자가 그 위험을 평가할 수 있는 충분한 정보를 제공받아서 그 위험을 적절히 평가하고 관리할 수 있어야 할 것이다. 그런데 항상 그렇게 충분한 정보를 받는 것은 아니라는데 문제가 있다.[193] 이 문제가 발생하는 상황의 예로는, 대출단계에서 채무자가 자신의 신용에 관한 정보를 대출업자에게 충분히 제공하지 않고 대출을 받는 경우, 유동화단계에서 대출업자가 대출관련 정보를 유동화 주선기관에게 충분히 제공하지 않고 유동화하거나, 신용평가기관이 대출관련 정보를 충분히 제공받지 않고 신용평가업무를 처리하는 경우, 유동화증권을 판매하는 단계에서 투자자에게 유동화증권에 내재한 위험(그 중 신용위험은 궁극적으로 대출시 부담한 위험이 될 것임)에 관한 정보가 충분히 제공되지 않는 경우 등을 들 수 있다. 이러한 현상들을 보면 법적으로도 검토할 문제들이 있다.

　　첫째, 위험 양도인이 위험관리를 소홀하게 하는 문제는 위험을 이전하는 거래에서 일반적으로 발생할 수 있다. 이 문제는 금융기관의 감독 내지는 규제의 차원에서 검토할 필요도 있겠으나, 계약법적인 면에서도 생각하여 볼 필요가 있다. 보험이나 보증 등 오랜 세월에 거쳐 발전되어온 위험이전 거래에 대하여는 단순히 당사자 간의 계약에 맡겨두지 않고 계약으로 법에서 강행적으로 적용하는 사항(예: 보험계약자의 고지의무)이나 계약상 언급이 없을 경우 법으로 보완하는 사항(예: 하자담보책임)을 두고 있으나, 신용파생거래와 같은 새로운 형태의 위험이전 거래는 아직 당사자 간의 계약에만 의존하고 있다. 이러한 새로운 위험이전 거래의 당사자 간의 권리의무를 계약에만 맡겨 둘 것인지 아니면 일정부분에 대하여

---

193) Basel Committee (2008), pp. 19-20.

는 법으로 정하는 것이 바람직한 지가 더 연구할 과제 중의 하나다.

둘째, 상업은행들이 부외거래기구인 SIV를 이용하다가 결국 SIV를 인수하거나 자신의 재무제표에 반영하도록 한 것은 어떠한 요건을 갖추어야 과연 위험이 실질적으로 이전되었다고 볼 수 있는지의 문제를 다시 검토할 필요가 있음을 보여주고 있다. 이 문제에 대하여는 회계, 재무적인 면뿐만 아니라, 회사의 재무상태의 공시 및 이에 따른 재무건전성 규제 준수여부 및 투자자들의 투자판단에의 영향 등 법적인 면에서도 검토할 필요가 있다. 그동안, 자산이 진정으로 양도되었는지 여부(이른바 true sale의 문제)는 「자산유동화에 관한 법률」 제13조에 규정된 것과 같이 양도거래 자체의 내용이 일정한 요건(즉 양도인의 파산시 그 자산이 양수인의 것으로서 자산양도인의 파산재단에 포함되지 않도록 할 수 있는 요건)을 충족하는지 여부를 중심으로 논의가 되어 왔다. 은행이 자산을 그대로 보유하면서 신용위험만을 이전하는 경우 자기자본 규제의 차원에서 보유한 자산의 위험가중치를 어떻게 산정할 것인가의 문제 역시 거래의 내용을 중심으로 정했다.[194] 양수인이 양도인과 관계가 없는 당사자인 경우에는 양도거래 자체만을 기초로 판단할 수 있을 것이지만, SIV와 같은 특별목적기구가 양수하는 경우 위험이 양도되었는지 여부를 판단할 때는 양수인의 설립 목적, 양도인과 양수인 간의 관계, 양도거래의 목적 등도 고려 대상에 포함하여야 것이다.

셋째, 소매금융투자자들에게도 복잡한 금융상품이 판매될 수 있고, 실제로 판매되고 있는 상황이므로[195] 그러한 금융상품에 내재한 위험에 관한 정보가 충분히, 그리고 투자자들이 이해할 수 있는 형태로 제공되어 투자자들이 그 위험에

---

194) 은행업감독업무시행세칙 제46조의3 제1항은 은행이 신용파생상품을 이용하여 기초자산의 신용위험을 헷지하는 경우의 기준을 정하고 있는데 모두 신용파생거래 자체에 적용되는 기준들이고 제2항은 특별목적기구(Special Purpose Vehicle)를 통해 신용연계채권(Credit Linked Note)을 발행하여 기초자산의 신용위험을 제3자에게 이전하는 경우 그 SPV를 은행이 직·간접적으로 지배하지 아니할 것, SPV 명칭은 은행의 명칭을 포함하거나 연관되지 아니할 것, 은행은 SPV의 운영비용을 직·간접적으로 부담하지 아니할 것, 은행은 SPV의 현금부족을 보충하기 위하여 어떠한 형태로도 SPV에게 자금을 제공하지 아니할 것 등의 요건을 추가로 요구하고 있다. 그러나 SPV에게 자산을 양도하는 형태의 거래 또는 기업어음발행기구(CP conduit)를 이용하는 거래에는 위 제2항의 요건이 적용되지 않을 것으로 보인다.

195) 2008. 10. 30. 현재 간접투자기구 설정잔액 총 346조원 가운데 파생상품간접투자기구의 설정액이 28조9450억원에 이른다. http://www.amak.or.kr/Disclosure/Statistics/StSettlementByPeriodForDiv.aspx?__redirectPage__=/Disclosure/Statistics/StSettlementByPeriodForDiv.aspx&__secondsToWait__=20.

대하여 판단할 수 있도록 할 필요가 있다. 「자본시장과 금융투자업에 관한 법률」이 제정되어 금융투자상품의 판매시 적합성의 원칙 준수의무[196]와 설명 및 위험고지 의무[197] 등이 명시적으로 규정되어 있어 종전에 비하여 소매금융투자자 보호의 면에서 일보 전진한 것은 틀림없다. 「자본시장과 금융투자업에 관한 법률」에 규정된 사항은 일반적인 원칙의 선언으로서 중요한 의미를 지니고 있고, 그 시행을 어떻게 할 것인지 즉 복잡한 금융상품의 위험정보를 투자자에게 어떻게 전달하여야 충분하고 투자자들이 이해할 수 있는 수준이 된다고 할 것인지는 금융감독기관, 자율규제기구 및 각 금융기관의 몫이다. 주식, 채권 투자 등 오래전부터 내려온 투자상품의 투자 위험에 대하여는 금융기관뿐 아니라 투자자들도 익숙한 것이고, 파생금융상품의 경우에도 선물환거래 또는 주가지수 선물 옵션과 같은 파생의 기본만으로 구성된 전형적인 금융상품의 위험의 고지는 어려운 일이 아닐 것이다. 이러한 파생거래가 복합적으로 반영된 거래의 위험정보를 어떻게 전달하여야 하는가는 구체적인 상품과 거래상대방의 금융거래 경험이나 금융지식 숙지도 등에 따라 달라질 것이지만, 복합적인 파생거래를 기본적 파생거래(선물, 옵션)로 인수 분해하여 각 구성요소를 파악하고 그 구성요소에 관한 위험정보와 그러한 구성요소가 결합됨에 따라 증가, 감소할 수 있는 위험에 관한 정보를 제공하도록 하는 방법을 생각하여 볼 수 있을 것이다. 위험 요소에는 거래의 구조에 따른 시장위험이나 신용위험도 있겠으나 세금부담, 거래의 효력에 관한 법적 위험 등 다른 위험요소에 대하여도 보다 정확하고 충분한 정보가 투자자들에게 전달되도록 하는 등 설명의무의 이행 및 위험의 고지가 실질적으로 이루어질 수 있도록 하여야 한다. 금융상품이 복잡하여 고객이 그 금융상품에 내재한 위험을 파악하기 어려운 경우에는 간단한 금융상품을 판매하는 경우 보다 더 상세히 그리고 알 수 있도록 설명하여야 한다는 점에서 금융투자업자의 설명의무가 더 강화된다고 할 수 있다.

3. 자본시장 문지기들의 역할

3.1. 투자은행

이번 금융위기는 수년간에 걸친 유동성 과잉공급과 서브프라임 대출 및 그

---

196) 「자본시장과 금융투자업에 관한 법률」 제46조.
197) 「자본시장과 금융투자업에 관한 법률」 제47조.

유동화과정을 통하여 잉태되어 왔지만, 단기적으로는 2008. 9. 15. 미국의 주요 투자은행인 Lehman Brothers가 연방파산법에 따른 회생을 신청하고, Merrill Lynch가 다른 은행에 인수되는 것을 시작으로 2008년 10월 전세계적인 금융혼란이 발생하였다. 미국의 주요 투자은행 중 도산 또는 상업은행에 인수된 기관 이외에 존속하고 있던 Goldman Sachs와 Morgan Stanley는 은행지주회사로 전환됨으로써 독립된 투자은행 그룹이 소멸되었다. 투자은행은 앞서 본 대출채권의 유동화의 주선기관으로서 금융상품의 위험을 파악하고 위험정보를 전달할 지위에 있었을 뿐 아니라 유동화상품 내지는 파생거래가 내재된 금융상품의 투자자로서 자신의 자산의 위험을 관리할 지위에 있었으나, 결국 자산의 부실화로 추가자본이 필요한 상태로 되었다. 서브프라임 대출을 유동화하고 그 유동화한 상품으로 다시 CDO를 만들어 판매하는 과정에서 투자은행이 어떠한 법적인 책임을 부담할 것인지 여부 및 그 범위는 구체적인 거래의 사실관계에 따라 달라질 것이고 각 소송에서 판단될 문제일 것이지만, 금융시스템의 차원에서 보면 자본시장의 문지기의 하나로 생각되어온 투자은행이 투자자들의 위험 판단을 도와 자본시장의 시장으로서의 기능을 원활하게 하는 본래의 역할을 충분히 다하지 못하였다는 비난을 피하기 어려울 것이다.

　전통적인 투자은행의 핵심 업무는 기업공개 등 증권 발행시 그동안 축적된 경험과 정보를 활용하여 시장의 수요를 판단하고 적정한 가격과 조건으로 증권을 발행하도록 하는 역할이었다. 이러한 업무는 여러 당사자들의 상호 상충될 수 있는 이해관계를 조정할 수 있는 투자은행의 경험, 능력과 이에 관한 평판(reputation)을 기초로 하는 것이었다. 물적 자본(financial capital)보다는 인적 자본(human capital)에 의존하는 것이고, 기업인수에 관한 자문업무(M&A advisory)도 같은 맥락으로 이해할 수 있다. 이러한 투자은행의 업무는 최근 20-30년 간 자기 자신의 계산으로 하는 투자(principal investment)를 통한 수익이 늘어나면서 변화하여 과거의 수수료 위주의 업무에서 자본을 이용한 투자수익을 추구하는 업무로 변하였다. 이에 따라 투자은행의 기업형태도 구성원 상호간의 인적 신뢰관계가 중요한 조합(partnership) 구조에서 큰 금액의 자본조달을 할 수 있는 주식회사로 바뀌어 기업공개를 하게 되었다.[198)]

---

198) 투자은행의 기능의 역사적 변화에 대하여는 Morrison and Wilhelm (2007) 참조.

이와 같이 이번 금융위기가 발생하고 해결하는 과정에서 미국의 주요 투자은행들은 전부 상업은행에 인수되거나 은행지주회사로 변화하게 되었다. 이러한 변화에 대하여는 두 가지 설명이 가능할 것으로 보인다. 첫째, 투자금융지주회사는 법률상 규제 감독할 근거가 없는 반면, 은행지주회사는 엄격하게 감독을 하도록 규정하고 있으므로 투자은행들에 대한 보다 엄격한 감독을 위해서는 은행지주회사 체제로의 전환이 필요하다. 둘째, 투자은행(증권회사)의 업무가 고위험, 고변동성에 노출되어 있고, 그 위험을 감당할 수 있도록 하려면 막대한 자본 및 저위험 자산이 필요한데, 상업은행은 자본 규모가 크고, 예금자로부터 자금 조달하여 상대적으로 저위험, 저변동성 자산을 보유하고 있다는 점 및 연방준비은행으로부터 대출을 받을 수 있다는 점에서 고위험 영업에 대한 방파제 역할을 할 수 있다. 첫째 요소가 주된 동기라면 은행지주회사로의 전환은 충분한 설득력을 가질 것이나 만약 두 번째의 요소를 중요한 사항으로 본 것이라면 은행지주회사로의 전환이 과연 합당한 조치인지에 대하여는 의문이 있다. 물론 규모의 경제를 활용하여 더 효율적으로 업무를 처리한다거나 예금 등 낮은 비용으로 조달되는 자금으로 금융시장에서의 경쟁력을 높일 수 있는 면과 사업다각화를 통하여 위험을 분산하는 측면이 있을 것이다. 그러나 더 큰 규모의 자본과 자산을 가지고 고위험 영업을 함으로써 상업은행이 도산하거나 부실화되는 경우에는 투자은행의 도산보다 더 심각한 시스템 위험을 초래할 수 있다. 투자은행 도산에 따른 시스템 위험을 최소화하고 이번 금융위기를 극복하기 위한 단기적인 방안으로서 투자은행을 상업은행과 결합시키는 방안을 충분히 이해할 수 있지만, 이러한 방안이 장기적으로 바람직한 방향인지에 대하여는 큰 의문이 있다. 단기적으로 부득이하게 이러한 방향으로 처리하는 경우에도 투자은행업무를 영위하는 은행지주회사의 위험관리에 대하여는 더욱 철저한 감독이 필요할 것이다.

우리나라에서는 이번 금융위기를 겪으면서 「자본시장과 금융투자업에 관한 법률」이 추구하는 금융투자업의 방향이 올바른 것인지에 대하여 다시 한 번 짚어볼 필요가 있다. 정부는 "규제를 획기적으로 개편하여 시장의 자율과 혁신을 촉진하고 투자자 보호를 강화하여 시장의 신뢰를 높인다"는 기본 취지를 가지고 「자본시장과 금융투자업에 관한 법률」을 제정하는 과정에서 외국의 대형투자은행을 모델로 삼아 법제정의 필요성을 역설하였다. 즉 "기업금융(Investment Banking), 자산관리(Wealth management), 자기매매(Principal Investment)를 균형 있게 영위하는 외국의 투자은행에 비하여 국내 증권회사는 증권서비스(위탁매매)위주의 영업모델로 외국 투자은행과 큰 차이가 있고”, “규모 측면에서는 외국 투자은행의 1/20 수준(자기자본 기준)에 불과하고 수익성도 크게 낮다”는 점을 법 제정의 필요성의 하나로 들었다.199) 또한, 금융투자업자가 기업금융, 자산관리, 자기매매를 종합적으로 영위하는 선진국의 투자은행의 영업모델을 선택할 수 있도록 한다고 하며, 그 한 예로서 기업 인수합병 또는 프로젝트금융 주선 시, 주선기관인 증권회사가 직접 투자를 할 수 없어 투자자를 탐색하는데 비용이 상승하고 거래가 지연되므로, 이를 개선하여 기업인수합병 주선 등 기업금융 업무시 자산관리를 통해 조달한 자금(사모펀드)이나 고유재산(금융상품판매 자금) 등을 직접 투자(브릿지 금융 등)할 수 있도록 하여 시너지 효과를 높인다는 내용을 담고 있다.200) 규제를 획기적으로 개편하여 시장의 자율과 혁신을 촉진하고 투자자 보호를 강화하여 시장의 신뢰를 높인다는「자본시장과 금융투자업에 관한 법률」의 취지는 바람직하다. 그러나 금융투자업자의 업무 중 자기자신의 계산으로 행하는 투자업무(principal investment)가 확대될수록 금융투자업자의 위험노출 정도가 커지고 금융투자업자의 부실이 금융시스템에 미치는 영향이 커진다는 점과 다른 업무(전통적인 투자은행업무 및 자산관리업무)와 이해상충의 문제가 발생할 수 있다는 점을 고려할 때 자기자신의 계산으로 하는 투자업무에 대하여는 매우 신중하게 접근하여 위험관리 및 자기자본 규제를 강화할 필요가 있다.201)「자본시장과 금융투자업에 관한 법률」을 통하여 육성하여야 할 것은 전통적인 투자은행의 특성과 기능이어야 할 것이다. 즉 물적 자본(financial capital)보다 인적 자본(human capital)에 기초하여 경험, 능력과 평판을 바탕으로 수행하는 각종 자문, 인수 등을 증진하는 쪽으로 입법적 제도적인 정책방향을 잡는 것이 바람직한 것 아닌가 하는 생각이다.

　　원래 종합금융(universal banking)을 해 오던 유럽의 금융기관에 이어 미국이 투자은행을 은행지주회사체제로 전환하여 결국 상업은행, 투자은행 더 나아가 보험 등 금융업무를 종합적으로 취급하는 회사 체제로 변화하는 경우 우리나라 금융기관들도 국제적인 경쟁력을 갖추기 위하여 이와 유사한 체제로 변화하여야 한

---

199) 재정경제부『자본시장과 금융투자업에 관한 법률 제정안』설명자료(2006. 6. 30), p. 2.
200) Ibid., pp. 108-109.
201)「자본시장과 금융투자업에 관한 법률」제30조와 제31조는 금융투자업자의 위험관리와 관련하여 재무건전성과 경영건전성 유지에 관한 조항을 두고 구체적인 내용은 금융위원회에게 위임하였다.

다는 주장도 있을 수 있다. 이러한 주장이 얼마나 설득력이 있을지는 국제적인 금융감독 동향을 예의 주시하여 보고 판단하여야 하겠으나, 이러한 체제는 위에서 언급한 바와 같이 위험노출이 더 커질 수 있는 우려를 안고 있다. 만약 이러한 체제로 가야 하는 경우에는 금융기관의 위험관리제도에 대한 보다 면밀한 검토가 필요하고, 그 감독이 실질적으로 이루어질 수 있도록 하는 장치가 필요할 것이다.

3.2. 신용평가기관

신용평가회사의 신용평가는 자본시장에서 불가결한 요소로 자리잡았고, 이번 금융위기를 초래한 원인 중의 하나로 투자자들이 지나치게 신용평가기관의 신용등급에 의존하였다는 점이 지적되었고, 투자자들이 신용등급에만 의존하지 말고 신용등급 부여시 전제사항의 적정성 여부에 대한 분석을 포함하여 투자대상인 금융상품을 독자적으로 심사, 분석하여야 한다고 지적되고 있다.[202] 이러한 지적은 신용평가의 한계를 인식한 것으로 볼 수 있지만, 다른 한편 서브프라임 대출 관련 금융상품에 대한 신용평가가 자본시장의 참여자들의 기대에 부응하지 못하였다고 볼 수도 있다. 신용평가에 대한 책임에 관하여는 우리나라의 「자본시장과 금융투자업에 관한 법률」에서는 금융투자상품 공모시의 허위기재와 기재누락의 문제로 다루고 있어서 미국과는 다르다고 하겠으나, 신용등급 부여가 사실의 기재가 아니라는 점에 비추어 신용등급 부여를 적정하게 하는 장치로서 충분한 역할을 할 수 있는지에 대하여는 재검토가 필요할 것으로 보인다. 아울러 신용평가시 이해상충 발생을 방지하여 투명성을 높이는 장치와 신용평가시의 전제사항에 대한 정보가 신용평가의 이용자들에게 제공되어 신용평가시 사용하는 모델이 적정한지 여부에 대하여 이용자들이 알 수 있도록 하는 장치는 마련되어야 할 것이다.

4. 금융시장의 복잡화와 이해상충 및 도덕적 해이 문제의 빈번한 발생

서브프라임 대출이 유동화되어 투자자들이 투자하고 그 투자금을 회수하는 일련의 과정을 보면 여러 국면에서 여러 금융기관 및 관여기관들에게 이해상충 및 도덕적 해이의 문제가 발생함을 볼 수 있다. 즉, 대출단계에서는 대출중개업자

---

202) 앞의 Ⅱ.4.1.1.

가 대출업자와 채무자 사이에서 이해상충이 발생할 수 있는 지위에 있게 되고, 대출업자는 자신의 이익을 위하여 유동화 후 대출채권의 양수인(실질적으로는 유동화 증권 투자자)의 이익을 충분히 고려하지 않고 대출할 모티브가 커지게 된다. 유동화 단계에서는 주선기관이 자신의 이익을 위하여 유동화증권 투자자들이 부담하는 위험과 투자자들의 이익을 충분히 고려하지 않고 유동화거래를 성사시킬 모티브가 커지며, 특히 주선기관의 담당 임직원은 자신의 성과급을 위하여 높은 위험이 내재된 유동화거래라도 계속 거래가 이루어지도록 할 모티브가 커진다. 신용평가기관도 자신의 이익을 위하여 유동화 내지는 구조화상품에 대한 신용평가를 더 적극적으로 행할 모티브가 커진다.

　이러한 이해상충 내지는 도덕적 해이의 문제를 야기하는 경우 새로운 입법을 행하지 않더라도 기존의 법테두리 안에서도 법적인 불이익을 가할 수 있을 것이다. 경제활동 특히 금융거래에 대한 사전적인 규제를 최소화하고 다만 그 활동주체가 각종 주의의무를 위반한 경우 사후적으로 민형사상 책임을 묻는 방식의 법적인 틀은 금융거래에서의 창의성을 발휘할 수 있도록 한다는 점에서 충분히 설득력이 있을 것이다. 그런데, 이번 서브프라임 위기를 보면, 금융시장의 참여자들이 모두 유사한 문제를 일으키거나 문제를 인식하지 못하는 경우 그 문제가 금융시스템에 미치는 영향이 매우 심각할 수 있다는 점과 아울러 사후적인 조치만으로 충분하지 않을 수 있음을 보여 준다. 특히 다른 사람의 재산을 직접, 간접적으로 활용하여 영업하는 경우의 이해상충이나 도덕적 해이가 발생할 수 있는 경우에 대하여는 사전적으로 이를 방지할 수 있는 장치를 마련할 필요가 있지 않을까 하는 생각이 든다. 아울러 「자본시장과 금융투자업에 관한 법률」의 발효 등 금융법제의 변화와 더불어 국내에서도 금융투자상품의 판매업에 변화가 있을 것으로 예상되는데 금융상품을 개발한 금융기관의 지휘 감독을 받지 않는 독립적인 판매업자 제도를 도입하는 경우 그러한 판매업자의 영업행위 규제에 대하여는 미국 서브프라임 대출중개인의 영업행태에서 드러난 이해 상충 등의 문제를 참고하여야 할 것이다.

　또한 최근 금융산업에서 발생하는 문제는 많은 경우 대리인 문제를 포함하고 있다. 이번 서브프라임 사태에서도 서브프라임 대출부터 시작하여 유동화와 투자에 이르기까지 곳곳에서 담당 임직원의 성과급에 따른 단기 수익의 추구 및 과도한 위험의 인수 현상이 드러나고 있다. 이러한 현상은 스톡옵션을 포함한 성과급 제도에 대한 재검토가 필요함을 말해준다. 성과급 제도는 대체로 연간 실적을 기초로 산정하여 지급하고 과도한 위험 부담이 현실화되는 경우에도 성과급을 반환하지는 않는다. 또한 위험이 현실화되는 데는 시간이 걸리므로 그 이전에 퇴직하면 과도한 위험부담에 따른 성과평가를 할 수 없게 된다. 퇴직 후에도 실적이 과대평가되었음이 밝혀지면 성과급을 반환하는 약정을 미리 체결할 수도 있겠으나 이미 지급한 성과급의 반환은 결국 회사와 임직원 간의 분쟁을 불러일으키고 실질적으로 회수하기가 쉽지 않을 수 있다. 성과급의 전부 또는 일부를 연간 실적이 아니라 더 장기 실적을 기초로 하는 방안도 생각하여 볼 수 있을 것이다. 또한 스톡옵션의 경우에도 높은 위험부담으로 성과를 올리면 그 성과를 스톡옵션 보유자가 주주와 함께 누리게 될 것이지만, 위험부담으로 인한 손실이 발생하는 경우 그 손실은 주주들이 입게 되고 스톡옵션 보유자는 전혀 위험에 노출되지 않는다는 점에서 스톡옵션 보유자는 회사가 보다 높은 위험을 인수하면서 수익을 추구하게 만들 가능성이 높다. 회사의 성과에 대한 보상을 주가에 연동하되 위험 부담에 따른 불이익도 부담하도록 하려면 보상의 일부를 스톡옵션보다는 자기주식으로 지급하는 방안도 고려하여 볼 수 있을 것이다.

5. 금융감독기관의 역할 및 국제적인 협력

2007년 초 주택담보대출업자들이 도산하고, 2008년 초 Bear Stearns가 JP Morgan에 인수된 이후 Lehman Brothers가 연방파산법에 따른 회생을 신청하기 까지 상당한 시간이 흘렀지만 미국의 금융감독당국이 투자은행들의 자본 건전성 등에 대하여 특별한 조치를 취한 것 같지 않다. 미국 증권거래위원회의 감사실에서 미국 의회의 지시를 받아 Bear Stearns에 대한 증권거래위원회의 감독에 대하여 조사한 보고서에서 18가지의 지적사항과 36가지의 개선방안을 제시한 것을 보면,[203] 감독에 불충분한 점이 상당히 많이 있었음을 알 수 있다. 이 보고서는 증권거래위원회의 감독에 한하여 조사 보고한 것이고, 보다 거시적이고 근본적인 문제로서 미국의 금융 감독은 금융업 권역별로 나뉘어 통합적인 감독이 안 된다는 점이 오래전부터 지적되어 왔다.[204] 미국 재무부도 금융감독 체계를 개선하여야 한다는 점을 인식하여 자본의 건전성 규제와 영업행위 규제로 나누어 기능별 감독을 기

---

203) U.S. Securities and Exchange Commission (2008a) 및 (2008b).
204) 예컨대 Markham (2003).

본으로 하는 장기계획을 발표하였다.205) 이러한 미국 재무부의 방안은 금융의 기
능 변화를 인식한 바람직한 방안으로 보인다. 우리나라는 이미 권역별 금융감독
기관을 통합하였으므로 미국에서 발생하는 금융권역별 금융감독기관의 분화에
따른 문제가 발생할 소지는 적다.

금융 감독의 궁극적인 목적 중의 하나가 시스템 리스크가 현실화되지 않도
록 하는데 있을 텐데, 미국의 금융감독기관들이 이 점에 관하여 충분한 역할을
하지 못하였다는 점에 대하여는 큰 의문이 없을 것이다. 미국의 금융감독기관들
이 서브프라임 대출업자들의 부실대출이 상당한 기간 계속되는 것을 방치한 점,
신용평가기관의 문제점에 대한 지적이 오래전부터 있어왔음에도 불구하고 충분
히 대처하지 못한 점, 금융기관들의 투자위험관리의 현실을 파악하지 못하였거나
투자은행의 자기자본 규제 등의 제도를 개선하지 못하였거나 제대로 시행하지 못
한 점, 2007년부터 서브프라임 부실이 심각함을 파악한 이후에도 금융시스템 리
스크가 현실화되지 않도록 하기 위한 충분한 조치를 취하지 않은 점 등은 타산지
석으로 삼아야 할 사항이다. 이번 금융위기를 계기로 감독기관의 역할과 금융기
관에 대한 규제 감독의 정도 및 방법에 대하여 국내외적으로 여러 각도에서 검토
가 이루어질 것으로 예상된다. 금융감독기관은 위법한 거래를 방지하는 장치, 과
도한 위험을 수반하는 거래에 대하여는 거래 당사자가 그 위험을 충분히 파악하
여 제대로 판단한 후에 거래여부를 결정할 수 있도록 하는 장치를 둠과 아울러
금융기관의 건전성 감독을 강화하여 금융시스템을 흔드는 위험의 현실화를 방지
하여야 한다. 그러나 그러한 규제 또는 감독이 금융시장 참여자들의 창의성을 억
제하는 방향으로 이루어지는 것은 바람직하지 않을 것이다.

이번 금융위기는 미국의 서브프라임 대출로부터 시작되었으나 금융시장의
새로운 금융상품의 활발한 거래를 통하여 국제적으로 여러 금융기관이 손실을 입
었고, Lehman Brothers의 연방파산법에 따른 회생 신청 이후에는 신용경색이 급
격히 국제적으로 확산되었다. 2008년 11월 15일 G20 정상회담 공동선언에서도 밝
혔듯이 금융 감독은 기본적으로 각 국가의 책임이겠으나 금융시장의 국제화로 인
하여 금융 감독의 국제적 협력이 매우 중요하게 되었다.206) 우리나라의 경제규모

---

205) U.S. Treasury (2008a).
206) G20 선언에서는 금융시장의 투명성과 책임의 강화, 건전성 감독과 위험관리 등 건전한
　　규제의 증진, 불공정한 거래의 방지를 통한 금융시장의 신뢰도 증진, 국제적 협력의 강

와 국제 교역 및 국제 금융 관련 정도에 비추어 볼 때, 이러한 국제적 협력 및
국제금융기구에서의 역할을 보다 적극적으로 확대하여야 할 필요성이 있다. 우
리나라가 영국, 브라질과 더불어 2009년 G20 의장국이 된 것은 공동선언에서 제
시한 개선 방안을 실행하기 위한 적극적인 활동을 벌일 수 있는 좋은 기회라고
하겠다.

Ⅳ. 맺는 말

이 글에서는 서브프라임 대출로부터 시작하여 세계적인 문제로 대두된 금융
위기의 원인을 법과 제도적인 관점에서 분석하여 보았다. 서브프라임 대출을 일
으키는 단계로부터 금융기관의 부실화에 이르기까지의 과정을 보면, 느슨한 대출
심사와 채무자의 상환능력을 넘는 과도한 차입, 유동화를 통한 대출채권의 양도
와 이로 인한 대출업자의 해이, 자본시장관련 법규상 및 관행상 신용등급이 자본
시장에서 행하는 실질적 역할과 신용평가기관의 인식 및 법적인 책임과의 괴리,
기관투자자들의 투자시 신용등급에 대한 과도한 의존 및 높은 비율의 차입금에
의존한 투자, 투자은행 등 관련 회사의 임직원의 이해관계와 그 회사의 이해관계
의 괴리 등의 현상이 어우러져 있고, 각 현상에 대하여 법과 제도적인 배경 및 문
제점을 살펴보았다. 또한, 그 과정의 내부에는 서브프라임 대출시 대출업자가 부
담한 위험이 유동화를 통하여 자본시장으로 이전되고 신용파생상품거래 내지는
신용파생적 요소가 내재된 CDO거래를 통하여 자본시장 내에서 확산되었으나 그
위험에 관한 정보는 충분히 전달되지 않았거나 적절하게 평가되지 않았다는 점
및 금융시장의 문지기로 기대되는 기관들이 그 역할을 충분히 하지 못한 점 등을
파악할 수 있고, 이러한 점들에는 법과 제도의 측면에서 고려하여야 할 사항들이
있음을 살펴보았다. 이번 서브프라임 대출로부터 시작된 금융위기의 원인분석을
통하여, 금융시장에서 위험의 이전기능이 증대되고 있으나 그 위험에 대한 인식,
평가, 관리가 소홀했음과 앞으로 금융법과 제도를 위험의 측면에서 검토할 필요
성이 있음을 강조하였다. 아울러 금융시장의 문지기들이 그 역할을 다할 수 있는
장치를 마련할 필요성과 금융감독기관의 역할과 국제적 협력의 중요성도 강조하

화, 국제금융기구의 개혁 등의 기본 원칙을 선언하고 그 실행계획도 제시하였다.

였다. 이번 금융위기를 해소하기 위한 노력 중에는 감독기관의 역할과 금융기관에 대한 규제 감독의 정도 및 방법이 포함될 것이다. 위험의 인식, 평가, 관리를 할 수 있도록 하고, 금융기관의 건전성 감독을 강화하여 금융시스템을 흔드는 위험의 현실화를 방지하여야 하겠으나, 규제 또는 감독이 금융시장 참여자들의 창의성을 억제하는 방향으로 이루어지는 것은 바람직하지 않을 것이다.

[참고문헌]

양기진, "미국서브프라임 위기에서 본 금융소비자보호법제에 대한 시사점", 「증권법
연구」 제9권 제1호(한국증권법학회, 2008).

김용호·이선지·유이환(2008), "비등록 유동화거래의 실태와 법적 문제", BFL 제31
호(서울대학교 금융법센터, 2008. 9).

Ashcraft, Adam B. and Schuermann, Til, "Understanding the Securitization of Sub-
prime Mortgage Credit", Wharton Financial Institutions Center Working Paper
No. 07-43 (March 2008) Available at SSRN: http://ssrn.com/abstract=1071189.

Basel Committee on Banking Supervision, "International Convergence of Capital
Measurement and Capital Standards, A Revised Framework" (June 2004)
Available at http://www.bis.org/publ/bcbs107.pdf?noframes=1.

Basel Committee on Banking Supervision (2008), "Credit Risk Transfer — Devel-
opments from 2005 to 2007" (July 2008) Available at http://www.bis.org/publ/
joint21.pdf?noframes=1.

Bethel, Jennifer E., Ferrell, Allen, and Hu, Gang (2008), "Legal and Economic Issues
in Subprime Litigation", Harvard Law and Economics Discussion Paper No.
612 (March 2008) Available at SSRN: http://ssrn.com/abstract=1096582.

Blundell-Wignall, Adrian (2007), "Structured Products: Implications for Financial Mar-
kets", Financial Markets Trends, No. 93, Vol. 2007/2 Available at http://www.
oecd.org/dataoecd/53/17/39654605.pdf.

Board of Governors of the Federal Reserve System, Federal Deposit Insurance
Corporation, Office of the Comptroller of the Currency and Office of Thrift
Supervision, SR 99-6, Interagency Guidance on Subprime Lending (March 1,
1999) Available at http://www.federalreserve.gov/boarddocs/srLETTERS/1999/
sr9906a1.pdf.

Caprio, Gerard, Jr.; Demirguc-Kunt, Asli; Kane, Edward J. (2008), "The 2007 melt-
down in structured securitization : searching for lessons, not scapegoats",
World Bank, Policy Research Working Paper 4756 (October, 2008) Available
at http://www-wds.worldbank.org/external/default/WDSContentServer/IW3P/
IB/2008/10/21/000158349_20081021171734/Rendered/PDF/WPS4756.pdf.

Coffee, John C. Jr. (2006), *Gatekeepers: The Professions and Corporate Governance*,
Oxford University Press.

Cox, Christopher (2008), Testimony Concerning the Role of Federal Regulators:

Lessons from the Credit Crisis for the Future of Regulation Before the Committee on Oversight and Government Reform United States House of Representatives (October 23, 2008) Available at http://oversight.house.gov/documents/20081023100525.pdf.

Cravath, Swaine and Moore, Memorandum For ISDA Members Commodity Futures Modernization Act of 2000 (January 5, 2001) Available at http://www.isda.org/speeches/ pdf/Analysis_of_Commodity-Exchange-Act-Legislation.pdf.

Dinallo, Eric, New York State Insurance Department Testimony to the United States House of Representatives Committee on Agriculture Hearing to Review the Role of Credit Derivatives in the U.S. Economy (November 20, 2008) Available at http://www.ins.state.ny.us/speeches/pdf/sp0811201.pdf.

Egan, Sean J. (2008), Testimony of Sean J. Egan, Managing Director Egan-Jones Rating Co. before the House Committee on Oversight and Government Reform October 22, 2008 Available at http://oversight.house.gov/documents/20081022102906.pdf.

Ellis, Luci (2008), "The housing meltdown:. Why did it happen in the. United States?", BIS Working Papers. No 259 (September 2008).

Federal Reserve System, 12 CFR Part 226, Regulation Z; Docket No. R–1305, Truth in Lending, Federal Register Vol. 73, No. 147 (July 30, 2008) Available at http://edocket.access.gpo.gov/2008/pdf/E8-16500.pdf.

Financial Stability Forum (2008), Report of the Financial Stability Forum on Enhancing Market and Institutional Resilience (April 7, 2008) Available at http://www.fsforum.org/publications/r_0804.pdf.

Geoffrey Fuller (2008), *The Law and Practice of International Capital Markets*, Butterworths.

Goodman, Li, Lucas, Zimmerman and Fabozzi (2008), *Subprime Mortgage Credit Derivatives*, John Wiley & Sons.

Gwinner, William B. and Sanders, Anthony (2008), "The Sub Prime Crisis: Implications for Emerging Markets", World Bank Policy Research Working Paper No. 4726 (September 1, 2008) Available at SSRN: http://ssrn.com/abstract=1273487.

G20 Declaration of the Summit on Financial Markets and the World Economy (November 15, 2008) Available at http://www.whitehouse.gov/news/releases/2008/11/20081115-1.html.

Hatch, Thomas and Zabel, Richard (2008), "Home Mortgage Disclosure Act Data

Spwan Lawsuits By Minorities and Cities" in *The Subprime Crisis, A Thompson West Report: Perspectives and Insights on the Subprime Lending Crisis* (Thompson West, 2008), p. 143-148.

Havard, Cassandra Jones (2008), ""Goin' Round In Circles" ⋯ And Letting The Bad Loans Win: When Subprime Lending Fails Borrowers: The Need For Uniform Broker Regulation", 86 *Nebraska Law Review* 737.

Horowitz, Robert and Galeoto, Laureen (2008), "The Subprime Meltdown - A Perfect Strom" in *The Subprime Crisis, A Thompson West Report: Perspectives and Insights on the Subprime Lending Crisis* (Thompson West, 2008) p. 49-58.

Hunt, John P., "Credit Rating Agencies and the 'Worldwide Credit Crisis' : The Limits of Reputation, the Insufficiency of Reform, and a Proposal for Improvement" (September 5, 2008). *Columbia Business Law Review*, Forthcoming Available at SSRN: http://ssrn.com/abstract=1267625.

Inserra, Thomas (2008), "Restoring Confidence: Learning From the S&L Crisis To Address the Subprie Mortgage Problem" in *The Subprime Crisis, A Thompson West Report: Perspectives and Insights on the Subprime Lending Crisis* (Thompson West, 2008), p. 85-92.

International Monetary Fund (2008), Global Financial Stability Report, April 2008 Available at http://www.imf.org/External/Pubs/FT/GFSR/2008/01/pdf/text.pdf.

International Organization Of Securities Commissions (2008), The Role of Credit Rating Agencies in Structured Finance Markets Final Report Available at http://www.iosco.org/library/pubdocs/pdf/IOSCOPD270.pdf.

Johnston, Kenneth C., Greer, James B., Biermacher, Julie K. and Hummel, Joseph, "The Subprime Morass: Past, Present, and Future", 12 *N.C. Banking Inst.* 125 (March, 2008).

Kiff, John and Mills, Paul, "Money for Nothing and Checks for Free: Recent Developments in U.S. Subprime Mortgage Markets", IMF Working Paper WP/07/188 (July 2007) Available at http://www.imf.org/external/pubs/ft/wp/2007/wp07188.pdf.

Lacko, James M. and Pappalardo, Janis K. (2007), Improving Consumer Mortgage Disclosures: An Empirical Assessment of Current and Prototype Disclosure Forms, Federal Trade Commission, Bureau of Economics Staff Report (June 2007) Available at http://www.ftc.gov/os/2007/06/P025505MortgageDisclosure

Report.pdf.

Loss, Louis and Seligman, Joel (1991), *Securities Regulation* 3rd ed. (Little Brown and Company, 1991).

Markham, Jerry W. (2003), "Super Regulator: "A Comparative Analysis of Securities and Derivatives Regulation in the United States", the United Kingdom, and Japan" 28 *Brook. J. Intl L.* 319.

Mizen, Paul, The Credit Crunch of 2007-2008: A Discussion of the Background, Market Reactions, and Policy Responses, *Federal Reserve Bank of St. Louis Review*, 90(5) (September/October 2008), pp. 531-67. Available at http://re search.stlouisfed.org/publications/review/08/09/Mizen.pdf.

Morrison, Alan D. and Wilhelm, William J. (2007), *Investment Banking: Institutions, Politics, and Law* (Oxford University Press, 2007).

Mulligan, Howard (2008), "As Lawmakers tackle the Subprime Crisis, Professional Vigilance is the Must: New Laws, Strictier Guidelines in the Works", in *The Subprime Crisis, A Thompson West Report: Perspectives and Insights on the Subprime Lending Crisis* (Thompson West, 2008), p. 77-83.

New York State Governor Paterson Press Release : Governor Paterson Announces Plan To Limit Harm To Markets From Damaging Speculation (September 22, 2008) Available at http://www.ny.gov/governor/press/press_0922081_print.html.

New York State Insurance Department, Circular Letter No. 19 (September 22, 2008) Available at http://www.ins.state.ny.us/circltr/2008/cl08_19.pdf.

New York State Insurance Department, First Supplement to Circular Letter No. 19 (November 20, 2008) Available at http://www.ins.state.ny.us/circltr/2008/cl08_19s1.pdf.

O' Neil, Joseph Jr. (2008), "Bankruptcy Reform in the Wake of the Subprime Crisis: Is It Enough?" in *The Subprime Crisis, A Thompson West Report: Pers−pectives and Insights on the Subprime Lending Crisis* (Thompson West, 2008), p. 99-105.

Office of the Comptroller of the Currency, Board of Governors of the Federal Reserve System, Federal Deposit Insurance Corporation and Office of Thrift Supervision, SR 01-4, Expanded Guidance for Subprime Lending Programs (January 31, 2001) Available at http://www.federalreserve.gov/Boarddocs/SRletters/2001/sr0104a1.pdf.

Partnoy, Frank (1999), "The Siskel And Ebert Of Financial Markets?: Two Thumbs

Down For The Credit Rating Agencies", 77 *Wash. U. L.Q.* 619.

Partnoy, Frank (2001), "The Paradox of Credit Ratings", U San Diego Law & Econ Research Paper No. 20. Available at SSRN: http://ssrn.com/abstract=285162 or DOI: 10.2139/ssrn.285162.

Partnoy, Frank (2006), "How and Why Credit Ratings Agencies Are Not Like Other Gatekeepers" in *Financial Gatekeepers: Can They Protect Investors?* (Yasu-yuki Fuchita and Robert E. Litan ed.),   Brookings Institution Press.

Partnoy, Frank and Skeel David Jr. (2007), "Promise and Perils of Credit Derivatives", 75 *U. of Cincinnati Law Review* 1019.

Peterson, Christopher Lewis (2008), "Over-Indebtedness, Predatory Lending, and the International Political Economy of Residential Home Mortgage Securitization: Comparing the United States' Subprime Home Mortgage Lending Crisis to Home Finance in the United Kingdom, Germany, and Japan" (January 11, 2008). Available at SSRN: http://ssrn.com/abstract=1083184.

President's Working Group on Financial Markets (1999), Over-the-Counter Deriva-tives Markets and the Commodity Exchange Act (November 1999) Avail-able at http://www.ustreas.gov/press/releases/reports/otcact.pdf.

President's Working Group on Financial Markets (2008a), Policy Statement on Fin-ancial Market Developments (March 2008) Available at http://www.treas.gov/press/releases/reports/pwgpolicystatemktturmoil_03122008.pdf.

President's Working Group on Financial Markets (2008b), Policy Objectives for the OTC Derivatives Market (November 14, 2008) Available at http://www.treasury.gov/press/releases/reports/policyobjectives.pdf.

President's Working Group on Financial Markets (2008c) Progress Summary on OTC Derivatives Operational Improvements (November 14, 2008) Available at http://www.ustreas.gov/press/releases/reports/progresssummary.pdf.

Sabry, Dr, Faten, Sinha, Anmol and Lee, Sungi, "Subprime Securities Litigation: Key Players, Rising Stakes, and Emerging Trends", Part III of A NERA Insights Series (July 3, 2008).

Schwarcz, Steven L. (2008), "Protecting Financial Markets: Lessons from the Subprime Mortgage Meltdown", Duke Law School Legal Studies Paper No. 175 Avail-able at SSRN: http://ssrn.com/abstract=1056241 (Forthcoming 99 *Minnesota Law Review*, Issue no. 2 (2008-09).

Tavakoli, janet M. (2008), *Structured Finance & Collateralized Debt Obligations:*

New Developments in Cash and Synthetic Securitization 2n ed., John Wiley & Sons, Inc.

U.S. Securities and Exchange Commission (2004a), Alternative Net Capital Requirements for Broker-Dealers That Are Part of Consolidated Supervised Entities [Release No. 34-49830] (June 8, 2004), Federal Register Vol. 69 No. 118 (June 21, 2004) Available at http://www.sec.gov/rules/final/34-49830.pdf.

U.S. Securities and Exchange Commission (2008a), SEC's Oversight of Bear Stearns and Related Entities: The Consolidated Supervised Entity Program (September 25, 2008) Available at http://www.sec.gov/about/oig/audit/2008/446-a.pdf.

U.S. Securities and Exchange Commission (2008b), SEC's Oversight of Bear Stearns and Related Entities: Broker-Dealer Risk Assessment Program (September 25, 2008) Available at http://www.sec.gov/about/oig/audit/2008/446-b.pdf.

U.S. Securities and Exchange Commission (2008c), Summary Report of Issues Identified in the Commission Staff's Examinations of Select Credit Rating Agencies Available at http://www.sec.gov/news/studies/2008/craexamination070808.pdf.

U.S. Securities and Exchange Commission (2008d), Proposed Rule: Proposed Rules for Nationally Recognized Statistical Rating Organizations (June 16, 2008), Federal Register Vol. 73 No. 123 (June 25, 2008) Available at http://www.sec.gov/rules/proposed/2008/34-57967fr.pdf.

U.S. Securities and Exchange Commission (2008e), Proposed Rule: References to Ratings of Nationally Recognized Statistical Rating Organizations (July 1, 2008), Federal Register Vol. 73 No. 134 (July 11, 2008) Available at http://www.sec.gov/rules/proposed/2008/ic-28327fr.pdf.

U.S. Securities and Exchange Commission (2008f), Proposed Rule: References to Ratings Of Nationally Recognized Statistical Rating Organizations (July 1, 2008), Federal Register Vol. 73 No. 134 (July 11, 2008). Available at http://www.sec.gov/rules/proposed/2008/34-58070fr.pdf.

U.S. Securities and Exchange Commission (2008g), Annual Report on Nationally Recognized Statistical Rating Organizations (June, 2008) Available at http://www.sec.gov/ divisions/marketreg/ratingagency/nrsroannrep0608.pdf.

U.S. Treasury (2008a), Blueprint for a Modernized Financial Regulatory Structure (March 31, 2008) Available at http://www.treas.gov/press/releases/reports/

Blueprint.pdf.

US Treasury Press Release (2008b), PWG Announces Initiatives to Strengthen OTC Derivatives Oversight and Infrastructure (November 14, 2008) Available at http://www.ustreas.gov/press/releases/hp1272.htm.

Zingales, Luigi (2008), Written Testimony of Luigi Zingales on "Causes and Effects of the Lehman Brothers Bankruptcy" Before the Committee on Oversight and Government Reform United States House of Representatives October 6, 2008 Available at http://oversight.house.gov/documents/20081006103245.pdf.

Zywicki, Todd J. and Adamson, Joseph, "The Law & Economics of Subprime Lending" (March 1, 2008). *University of Colorado Law Review*, Forthcoming Available at SSRN: http://ssrn.com/abstract=1106907.

3. 신디케이티드대출에서 대리은행이 부담하는 선관주의의무

— 대상판결: 대법원 2012. 2. 23. 선고 2010다83700 판결 —*

I. 사건의 개요

1. 사실관계

■ 2005. 12. 28. 대구시 대봉동 아파트신축분양 사업(이하 "이 사건 사업")에 관한 사업협약서(이하 "사업협약") 체결.

■ 피고 솔로몬저축은행(이하 "솔로몬")은 16개 금융기관을 대주단으로 모집한 후, 대출조건의 확정, 참여은행별 대출 분담금의 할당 등 대출업무를 주관하여 진행하였다.

■ 2006. 1. 25. 솔로몬이 16개 금융기관에게 "대주단 구성이 확정되어 대출을 실행하고자 하니 약정대출금을 송금하여 주기를 바라며, 솔로몬이 대출금의 자금집행에 있어서 선량한 관리자로서의 주의의무를 다하여 자금집행에 차질이 없도록 할 것"이라는 내용으로 통지하였다.

■ 2006. 1. 27. 융자협약서(이하 "융자협약") 체결.

■ 2006. 1. 27. 자금관리 대리사무 약정서(이하 "자금관리약정") 체결.

■ 2006. 2. 1. 원고(에이치케이저축은행)는 대출약정금 80억원을 에스디에게 대출하였다(원고를 포함한 대주단의 대출을 이하 "이 사건 대출").

■ 에스디가 이 사건 사업을 진행하기 위하여 토지를 매입하던 중 지가의 상

* BFL 제59호(서울대학교 금융법센터, 2013. 5) 게재.

승 등으로 토지 매입비가 예상보다 증가되어 미리 정한 지불예정액에 따라 사용할 경우 향후 본 PF 대출에 필요한 계약율 95%를 달성하기 어렵게 되었다. 2006. 5. 3.경 에스디는 잔여대출금 중 대주단에게 담보로 제공할 토지의 소유권 확보 목적으로 사용할 자금을 다른 토지의 계약금으로 사용하고자 하는(이하 "대출금 전용") 요청을 하였고, 솔로몬과 동부증권이 이에 동의함. 그 후 이에 따라 대출금을 사용하였다.

■ 2006. 10. 23. 솔로몬은 원고에게 당초 예정된 4,859.9평(매입가 414억5천만원)이 아닌 3,328.7평(매입가 353억17백만원)만을 담보로 제공받게 되었음을 통지하였다.

■ 원고는 솔로몬에게 당초 예정된 담보를 제공받지 못한데 따른 손해배상을 청구하였다.[1]

2. 관련 계약조항

2.1. 2005. 12. 28.자 사업협약

■ 계약 당사자: 시행사(에스디), 대주(솔로몬), 시공사(태영), 금융주간 겸 자문기관(동부증권)

■ 주요 계약내용:

제4조 사업부지 부동산 계약금 대출

① 솔로몬은 본건 사업을 위하여 다음 각호의 내용으로 에스디에게 계약금 대출을 하기로 한다.

    1. 채무자 : 에스디

    2. 채권자 : 솔로몬

    3. 금융주간 및 자문기관 : 동부증권

    4. 자금용도 : 사업부지 부동산 계약금(일부 중잔금) 및 기타 사업비

    5. 대출금액 : 금 700억원 내외(추후 별도 협의)

    6. 대출기간 : 이 사건 사업 관련 본 PF 대출시 최우선 변제

④ 본조 기재 계약금 대출의 기타 세부적인 사항은 에스디, 솔로몬, 동부증권 간에 별도로 협의하여 대출 관련 약정서를 체결하기로 한다.

---

1) 판결문에는 명확하게 나오지 않지만 본 PF 대출이 이루어지지 못하였고 이 사건 사업은 실패로 돌아간 것으로 보인다.

⑤ 제1항 내지 제4항에도 불구하고, 제1항 제2호 기재 채권자가 솔로몬 또는 제3자(솔로몬 또는 동부증권이 지정하는 금융기관)로 변경 또는 추가되는 경우 계약당사자는 제3자가 사업협약상 대주로서의 제 조항을 준수하는 것을 조건으로 하여 사업협약이 계약 당사자 사이는 물론 위 제3자 사이에도 적법, 유효하게 효력을 발생하는데 동의한다. 따라서 위와 같은 경우 위 제3자가 사업협약상 대주로서의 제 조항을 준수하는 것을 조건으로 하여 위 제3자가 대주와 동일한 내용으로 당사자로 편입되는 것으로 하며, 위 제3자를 대주와 동일하게 해석, 적용하기로 한다.

제5조 계약금대출 관련 채권보전 및 일부 사업부지 부동산 소유권 확보
① 계약 당사자는 제4조에서 정한 솔로몬의 계약금대출 원리금은 본 PF 대출시 최우선 상환하기로 하는데 합의한다.
③ 에스디는 사업협약 체결과 동시에 사업부지에 대한 매매계약을 체결하고 솔로몬에게 계약서 등을 첨부하여 제4조 기재에 따른 계약금 대출을 요청하여야 한다. 단, 에스디가 본건 사업부지 계약금 이외에 중잔금의 일시불 지급 및 매입을 요구하는 경우 에스디는 당해 부지의 소유권이전과 동시에 당해 부지에 대하여 솔로몬을 제1순위 근저당권자로 하는 근저당권 또는 이에 준하는 담보권을 설정하여야 한다(다만, 채권최고액은 솔로몬과 동부증권과의 별도 협의를 요한다).
⑤ 제1항의 계약금 등은 에스디의 최종 책임 하에 본래의 적정한 용도로만 이루어져야 하며, 에스디가 제출한 계약서 원본 등 자료에 대하여 솔로몬 및 동부증권이 해당자료 및 계약금 입금계좌를 확인한 후 집행한다.

제6조 본 PF 대출
① 본 PF 대출은 에스디와 태영이 공사도급계약을 체결한 후 별도 협의하여 진행키로 하며 이때 동부증권을 금융주간 및 자문기관사로 우선 협상하기로 한다.
② 본 PF 대출시기는 에스디와 태영이 공사도급계약을 체결하고 사업부지매매계약이 계약금 대출 기표일로부터 6개월 이내(3개월 1회 한하여 연장가능)에 사업부지(국공유지 포함) 총필지수의 95% 이상 달성되고, 그 매입가가 에스디가 2005. 12. 작성한 사업계획서상 사업수지표 기재 예정토지매입가의 범위

내인 경우 태영의 연대보증 하에 즉시 실행하기로 한다. 다만, 위 예정토지매입가를 초과하는 경우에는 에스디, 태영, 동부증권이 본 PF 대출시기를 별도로 협의하기로 한다. 한편, 위 95% 이상 확인은 태영과 동부증권이 협의하여 결정키로 한다.

제9조 자금관리
본건 사업과 관련한 제 자금은 본 PF 대출 집행 이전까지 동부증권이 관리하고, 본 PF 대출 집행 이후에는 태영이 관리하기로 한다(계좌관리 : 태영 단독 명의, 에스디 및 태영 공동 날인 예정)

제12조 동부증권의 금융주간 겸 자문
동부증권의 본건 금융주간 및 자문의 전제조건은 별첨 'Indicative Terms & Conditions'에서 정한 모든 조건을 충족됨을 전제로 한다. 또한, 본 계약에 따라 솔로몬 또는 동부증권이 주간 겸 자문한 금융기관의 대출은 솔로몬 또는 동부증권이 주간한 각 금융기관의 여신심사기준에 따른 내부승인을 조건으로 한다.

2.2. 2006. 1. 27.자 융자협약
■ 계약 당사자: 차주(에스디), 보증인(개인 8명), 대주단(솔로몬 및 원고 포함), 주간사은행(솔로몬)

■ 주요 계약내용:
제1조 에스디는 다음의 조건으로 솔로몬과 참여은행의 대출금을 운용한다.
(1) 대출금액 : 710억원
참여기관별 여신취급 내역 : 원고와 솔로몬은 각 80억원(나머지 참여은행은 생략)
(3) 대출기간 : 대출취급일로부터 6개월
(6) 대출의 실행 : 솔로몬과 참여은행은 에스디와 보증인의 요청에 의하여 (1)항에서 정한 대출금을 기표하여 솔로몬에 개설한 에스디 명의의 보통예금 계좌에 입금하기로 하고, 솔로몬과 참여은행은 이를 대출의 실행으로 인정하기로 합의한다.

제2조 대출자금의 용도

에스디와 보증인은 본건 대출금을 본 협약서 말미에 기재하는 (별첨 1)의 담보부동산에 대한 선순위상환자금 및 (별첨 2)의 담보부동산에 대한 매입잔금 및 (별첨 3) 사업부지에 대한 계약금의 지급 및 초기사업자금으로 사용한다.

(별첨 1) 선순위 상환 부동산 내역 (내역 생략)

(별첨 2) 소유권 이전 후 담보 부동산 내역 (내역 생략)

상기 필지 중 토지 작업의 특성상 지번이 변경될 수 있으며, 변경되는 경우에라도 융자협약서 제5조의 (1)항에 의하여 담보취득하는 부동산의 매매대금은 414억5천만원 이상이어야 함

제3조 상환방법

에스디와 보증인은 별첨 1 내지 별첨 3 내역의 부동산에 대한 토지매매계약 완료 후(95% 계약율 달성, 국공유지 포함), 태영을 시공사로 하고 동부증권을 금융주간사로 하는 본 PF 대출금으로 본건 대출금을 상환하기로 한다.

제5조 담보제공

(1) 에스디와 보증인은 협약서 말미에 기재하는 (별첨 1)과 (별첨 2)의 담보부동산에 대하여 아래 내용과 같이 담보신탁계약을 체결하여야 한다.

> ① 위탁자 : 에스디
> ② 수탁자 : 한국자산신탁 주식회사
> ③ 공동 1순위 우선수익자 : 솔로몬과 참여은행
> ④ 공동 1순위 우선수익권증서 금액 : 923억원

(2) 에스디와 보증인은 회사주식 100%에 대하여 솔로몬과 참여은행을 담보권자로 하는 주식양도담보권설정계약을 체결한다.

(4) 에스디는 시행사의 사업권 및 시행권 포기각서를 임시주주총회의사록을 첨부하여 솔로몬과 참여은행에게 제출하여야 한다.

제6조 보장 및 준수사항

(3) 에스디와 보증인은 사업협약상 대주의 지위에 본 융자협약서상의 참여은행이 포함됨을 승인하며 이에 이의를 제기하지 않기로 한다.

(8) 에스디와 보증인은 본 융자협약서에 의한 대출실행시, (별첨 1) 담보부동

산에 대한 선순위상환자금 129억8600만원 중 104억원은 대출실행시에 지급하고, 잔액 25억8600만원은 사업부지 매매계약율 95% 달성시에 지급하기로 한다.

(9) 상기 (8)항의 조건에도 불구하고, 대출실행시에 에스디와 보증인은 (별첨 1) 담보부동산에 대하여 솔로몬과 참여은행이 1순위 담보를 취득할 수 있도록 하여야 한다.

제7조 대출금의 관리

참여은행이 실행한 대출자금은 솔로몬에 개설한 에스디 명의의 보통예금계좌에 이체하여 솔로몬의 관리감독하에 제2조에서 정한 용도로 집행하기로 한다.

제10조 채무불이행

상호저축은행의 여신거래기본약관 및 유사성격의 대출약정상의 채무불이행 이외에 다음의 사항을 포함하며, 채무불이행시에는 그 원인의 해소가 있기 전까지 기한의 이익을 상실하고 … (이하 생략)

(1) 제6조 보장 및 준수사항의 부인 및 미이행

(5) 에스디와 보증인이 이 융자협약서에 의하여 규정된 의무를 이행하지 아니하거나 이를 부인하는 경우

제12조 공동법적절차

에스디에게 대출한 솔로몬 및 참여은행들 중 어느 한 저축은행에라도 이자 납입이 지연되거나, 기한의 이익이 상실되었을 때에는 지체 없이 참여은행들은 솔로몬에게 알려야 하며, 법적절차는 본 융자협약서 상의 모든 대출은행이 공동으로 착수하기로 하되, 법적절차의 수행은 주간사은행인 솔로몬이 맡기로 한다.

2.3. 2006. 1. 27.자 자금관리약정

■ 계약 당사자: 자금관리위임자(에스디), 자금관리수임자(한국자산신탁), 주간사은행(솔로몬), 금융주간사(동부증권)

■ 주요 계약내용:

- 이 사건 사업의 자금관리를 한국자산신탁에게 위임하고 토지를 한국자산신탁에게 담보신탁함.

- 한국자산신탁 명의로 개설한 관리계좌로 자금을 이체하면, 한국자산신탁이 관리계좌에 입금된 자금에 대하여 대출금의 수납관리와 사업부지 매매대금, 일반사업비등의 자금집행 관리를 하기로 함.

- 에스디가 사업부지 매입자금을 미리 정하여 둔 지불예정액 범위 내에서 요청할 경우에 한국자산신탁이 이를 지급하고, 에스디가 위 지불예정액을 초과하는 사업부지 매입자금을 요청하거나, 사업부지 매입자금 외의 일반사업비 또는 기타 경비 등의 자금인출을 요청하는 경우에는 피고와 동부증권의 동의를 얻어 한국자산신탁에게 요청하면 한국자산신탁이 이에 지급하기로 함.

3. 당사자의 주장

3.1. 원고의 주장

3.1.1. 솔로몬은 대출금 전용에 대한 동의권이 없음

융자협약이 대출금의 용도 및 용도별 소요금액을 특정하고 있었고 솔로몬은 대출금이 정해진 용도대로 집행되는지를 감독할 의무만 부담하고 있을 뿐 용도를 변경하여 집행할 권한이 없음에도, 차주 에스디의 요청에 따라 대주단의 동의 없이 담보로 제공될 토지의 소유권 확보 용도의 자금을 다른 사업부지의 계약금으로 용도를 변경하여 집행하는 채무불이행 또는 불법행위를 하였다

3.1.2. 솔로몬의 수임인으로서의 의무위반

솔로몬은 융자협약의 주간사로서 대출금의 집행 등에 관하여 원고의 수임인으로서 선량한 관리자로서의 주의의무를 부담하므로, 당초 대출의 전제조건이었던 매입가 합계 414억5천만원 이상인 토지의 담보제공이 이루어질 수 없는 사정을 알았거나 알 수 있었다면, 즉시 대주단에게 이러한 사정을 알리고 대출실행을 중단한 다음 대출금 회수를 위한 절차에 착수하여 원고의 손해를 줄일 수 있도록 노력하여야 할 의무가 있음에도 불구하고, 이를 게을리한 채 계속 대출을 실행하여 원고로 하여금 솔로몬이 매입가 414억5천만원 이상인 토지의 담보제공이 이루어질 수 없는 사정을 알았거나 알 수 있었던 이후에 인출된 대출금 상당의 손해를 대주단이 입게 하였다.

Ⅱ. 법원의 판단

1. 원심판결(서울고등법원 2010. 9. 15. 선고 2009나102140 판결)

1.1. 대출금 전용에 대한 솔로몬의 동의권한
원심판결은 이 점에 대하여는 명시적인 판시를 하지 않았다.

1.2. 솔로몬의 선량한 관리자로서의 주의의무 위반여부
원심판결은 솔로몬이 융자협약의 주간사은행으로서 원고를 포함한 참여은행들과의 관계에서 선량한 관리자의 주의로서 대출금이 적절히 집행되도록 하여야 할 의무를 부담한다고 보았고, 나아가, 솔로몬이 에스디, 태영, 동부증권, 한국자산신탁과 사이에 대주단에게 담보로 제공할 토지의 소유권 확보 목적으로 사용하기로 한 잔여대출금을 다른 토지의 계약금으로 사용하는데 합의한 2006. 5. 3.경에는 위 합의에 기한 자금집행으로 인하여 매입가 414억5천만원 이상인 토지들의 담보제공이 이루어질 수 없는 사정을 알았거나 알 수 있었다고 보았다. 그러나, 다음과 같은 점을 근거로 솔로몬이 선량한 관리자로서의 주의의무를 위반하지 않았다고 판시하였다.

① 이 사건 대출은 이 사건 사업의 초기단계에서 사업부지에 관한 매매계약을 체결하기 위한 계약금 등에 사용될 자금을 단기간 대여하는 것으로서 융자협약에 따라 매입가 414억원(담보감정가 250억원) 상당의 토지들이 담보로 제공된다 하더라도 이 사건 대출금을 담보하기에 부족하나, 이 사건 사업이 정상적으로 진행되어 PF대출을 받게 되면 그 대출금으로 이 사건 대출금이 우선 상환될 것이므로, 이 사건 대출금의 상환을 위하여는 이 사건 사업이 정상적으로 진행되게 하여 PF대출이 이루어지도록 하는 것이 가장 중요한 점,

② 매입가 414억5천원 이상인 토지들을 담보로 제공하여야 할 의무 자체는 융자협약 제5조 1항에 의하여 에스디가 참여은행들에게 직접 부담하는 것으로, 솔로몬이 대주단의 나머지 참여은행들에게 이와 같은 의무를 부담하는 것은 아닌 점,

③ 에스디가 이 사건 사업 진행을 위해 토지를 매입하던 중 지가의 상승 등으로 토지 매입비가 예상보다 증가됨으로써, 만약 잔여대출금을 원래대로 이 사건 사업 목적 토지 매수를 위한 계약금으로 사용하는 경우 솔로몬을 비롯한 참여

은행들에 대한 담보취득의무를 이행하지 못하게 되고, 반대로 잔여대출금을 담보취득을 위한 토지 매입에 사용하는 경우 PF대출이 가능하게 되는 계약율 95%를 달성할 수 없게 되어 결국 이 사건 대출의 목적 달성이 불가능해지는 상황에 처하게 되었는바, 자금관리약정에서 에스디가 지불예정액을 초과하는 사업부지 매입자금을 요청하거나, 사업부지 매입자금 외의 일반사업비 또는 기타 경비 등의 자금인출을 요청하는 경우에는 솔로몬과 동부증권의 동의를 얻은 경우 한국자산신탁이 그에 응하기로 정한 것은 이 사건 사업의 추진과정에서 이 사건에 있어서와 같은 사정변경이 있을 때 적절한 대처를 하기 위한 것으로 보이는 점,

④ 에스디가 융자협약에 따른 담보제공의무를 이행하지 못한 경우에는 이 사건 대출금채무의 기한이익 상실사유가 되기는 하지만, 2006. 5. 3.경 이미 이 사건 대출금 중 414억5,575만5,175원이 집행된 상태였는바, 위와 같은 사유로 즉시 대출금의 집행을 중단하고 대출금 회수를 위한 절차에 착수하는 경우 이 사건 사업은 추진이 불가능하게 되고, 충분한 담보를 확보하지 못한 이 사건 대출금은 그 회수가 매우 곤란하게 되는 점,

⑤ 솔로몬이 이러한 상황에서 이 사건 대출금의 기한이익을 상실시키지 않고 이 사건 사업을 계속 진행시켜 PF대출을 받을 수 있게 하는 것이 이 사건 대출금을 회수하는 최선의 방법이라고 판단하여 자금관리약정에 따라 태영, 동부증권 및 한국자산신탁 등 관계사와 협의 및 동의의 절차를 거쳐 이 사건 대출금을 계속 집행하기로 한 점,

⑥ 에스디는 대주단에게 매입가 414억5천만원 이상인 토지들을 담보로 제공하여 주지 못하였으나, 약정된 매입가의 85% 이상인 매입가 353억1,700만원 상당의 토지들을 담보로 제공하여 준 점.

2. 대법원 2012. 2. 23. 선고 2010다83700 판결

2.1. 솔로몬의 권한

대법원은 다음과 같은 점들을 근거로 "동부증권과 함께 이 사건 대출금의 집행을 관리·감독하는 솔로몬은 참여은행으로부터 이 사건 사업의 원활한 수행을 위하여 이 사건 대출금이 융자협약 제2조에 정한 용도로 적절하게 집행되는지를 관리·감독하는 사무를 위임받았다고 할 것이고, 따라서 위 용도로 이 사건 대출금이 집행되고 이 사건 사업의 원활한 수행을 위하여 필요한 한도 내에서 동부증

권과 협의하여 이 사건 대출금의 세부적 집행내역을 변경하여 집행하는 데 동의할 권한을 가진다"고 보았다.

① 참여은행도 사업협약 제4조 제5항, 융자협약 제6조 제3항에 의하여 솔로몬과 동일한 권리의무를 갖는 사업협약의 계약당사자로 편입됨으로써 사업협약의 계약 내용에 구속되므로, 참여은행과 솔로몬 사이의 이 사건 대출금 집행의 관리감독사무에 관한 법률관계는 사업협약과 융자협약을 함께 고려하되 이 사건 사업의 금융주간 및 자문기관이자 뒤에서 보는 바와 같이 사업협약상 이 사건 대출금의 관리자인 동부증권과의 관계도 고려하여 조화롭게 해석되어야 하는 점,

② 그런데 사업협약 제9조는 이 사건 사업과 관련한 제 자금은 본 PF 대출 집행 이전까지 동부증권이 관리한다고 규정하고 있고, 제5조 제5항은 이 사건 대출금은 에스디의 최종 책임하에 본래의 적정한 용도로만 이루어져야 하며 솔로몬 및 동부증권이 에스디가 제출한 계약서 원본 등 자료 및 계약금 입금계좌를 확인한 후 집행하기로 규정하고 있는데, 위 규정들의 내용과 참여은행이 사업협약의 계약당사자로 편입된 점 등을 고려하면 사업협약은 솔로몬 및 참여은행과 동부증권 사이에서 동부증권이 이 사건 대출금의 관리를 담당하되 솔로몬 및 참여은행이 동부증권과 함께 이 사건 대출금 집행이 본래의 적정한 용도로 이루어지는지를 관련 자료를 통해 확인한 후 집행하기로 정하였다고 볼 수 있는 점,

③ 융자협약 제7조는 위와 같은 사업협약을 전제로 참여은행이 자신들의 업무인 사업협약 제5조 제5항의 대출금 집행의 관리감독사무를 솔로몬에게 위임하는 규정이고, 이 사건 자금관리약정도 위와 같은 사업협약을 전제로 솔로몬과 동부증권이 이 사건 대출금 집행의 관리를 한국자산신탁에게 위임하면서 일정한 경우(에스디가 지불예정액을 초과하는 사업부지 매입자금을 요청하거나 사업부지 매입자금 외의 일반사업비 또는 기타 경비 등의 자금인출을 요청하는 경우)에는 이 사건 대출금의 집행에 앞서 솔로몬과 동부증권의 동의를 요하도록 하는 내용으로 체결된 점,

④ 사업협약 제5조 제5항은 대출금이 본래의 적정한 용도로만 이루어져야 한다고 규정하고 그 용도에 따른 구체적인 금액을 특정하고 있지 않으므로 동부증권은 참여은행에 대하여 이 사건 사업이 원활하게 수행될 수 있도록 이 사건 대출금을 관리할 주의의무가 있을 뿐 에스디가 약정한 담보제공이 이루어지도록 관리할 주의의무까지 부담한다고 보기 어렵고, 동부증권과 함께 이 사건 대출금의 집행을 관리·감독하는 솔로몬 또한 동부증권과 동일한 주의의무를 부담한다

고 보는 것이 타당한 점,

⑤ 융자협약 제7조의 '제2조에서 정한 용도'라 함은 제2조에 기재되어 있는 선순위상환자금, 매입잔금, 계약금의 지급 및 초기사업자금이라는 용도를 의미한다고 보는 것이 자연스러운 해석인 점,

⑥ 이 사건 대출과 같이 부동산개발사업의 초기 단계에서 사업부지의 매입에 사용될 자금을 단기간 대여하는 제2금융권의 브리지 론(bridge loan) PF 대출은 충분한 담보를 확보하기보다는 이후 인허가 작업이 종료되어 착공에 들어가는 시점에 제1금융권이 취급하는 본 PF 대출을 통하여 조달된 자금으로 상환될 것을 예정하기 때문에 대주를 비롯한 이해관계자들에게 가장 중요한 것은 담보제공의 범위가 아니라 본 PF 대출의 성공인 점.

2.2. 솔로몬의 선량한 관리자로서의 주의의무 위반여부

대법원은 우선 "복수의 참여은행이 신디케이트를 구성하여 채무자에게 자금을 융자하는 신디케이티드 론(syndicated loan) 거래에서, 참여은행으로부터 신디케이티드 론과 관련된 행정 및 관리사무의 처리를 위탁받아 참여은행을 대리하게 되는 대리은행(agent bank)은 위탁받은 사무에 관하여 참여은행과 위임관계에 있다. 이 경우 구체적인 위임사무의 범위는 신디케이티드 론 계약의 대리조항(agency clause)에 의하여 정하여지는 것이지만, 참여은행과 대리은행은 모두 상호 대등한 지위에서 계약조건의 교섭을 할 수 있는 전문적 지식을 가진 거래주체라는 점에서 원칙적으로 대리은행은 대리조항에 의하여 명시적으로 위임된 사무의 범위 내에서 위임의 본지에 따라 선량한 관리자의 주의로써 위임사무를 처리하여야 하고, 명시적으로 위임받은 사무 이외의 사항에 대하여는 이를 처리하여야 할 의무를 부담한다고 할 수 없다"고 하여 대리은행의 의무에 관한 일반적인 법리를 설시하였다.

대법원은 이 사건에 관해서는 "융자협약 당시 참여은행이 피고에게 에스디가 약정한 매입가 414억5천만 원 이상의 토지의 담보제공이 이루어질 수 없는 사정이 발생하는지를 감시하거나 그러한 사정이 발생하는 경우 이를 참여은행에게 알리는 사무를 위임하였다고 볼 자료를 기록에서 찾아볼 수 없다"고 하고 이를 근거로 "피고가 2006. 5. 3.경 에스디가 대주단에게 담보로 제공할 토지의 소유권 확보 목적으로 사용하기로 한 잔여 대출금을 다른 토지의 계약금으로 사용하는

데 동의하게 되면 매입가 414억5천만 원 이상인 토지들의 담보제공이 이루어질 수 없게 되는 사정을 알았거나 알 수 있었다고 하더라도, 참여은행으로부터 그러한 사정이 발생하는지를 감시하여 보고하는 사무를 별도로 위임받지 않은 이상 즉시 참여은행에게 그러한 사정을 알리지 아니하였다고 하더라도 이를 두고 피고가 이 사건 대출금 집행의 관리·감독사무에 있어 선량한 관리자의 주의의무를 위반하였다고 볼 수 없다"고 판시하였다.

Ⅲ. 대상판결의 검토

대상판결의 판시사항을 검토하기 전에 우선 1.에서 전형적인 신디케이티드대출과 비교한 이 사건 대출의 특성을, 2.에서 솔로몬과 대주단의 관계를, 3.에서는 대출금 전용에 대한 솔로몬의 동의가 융자협약상 어떠한 의미를 가지는 행위인지를 살펴본다. 4.에서는 대상판결 중 대출금 전용에 대한 솔로몬의 동의권한에 대한 판시사항을, 5.에서는 솔로몬의 수임인으로서의 의무위반여부에 대한 판시사항을 살펴본다.[2] 이 평석은 제한된 자료에 기초하여 작성하였기 때문에 필자가 파악하지 못한 사실관계 기타 고려해야 할 사항이 있을 수도 있고, 아래에서 논의하는 사항들에 대하여 소송과정에서 당사자들이 충분히 주장·입증하였는지 필자로서는 알 수 없음을 밝힌다.

1. 이 사건 대출의 특수성

1.1. 전형적인 신디케이티드대출

복수의 금융기관이 대주단(syndicate)을 구성하여 주선은행(arranger)을 통한 협상으로 결정된 공통된 대출조건하에 하나의 대출계약서로 차주에게 대출하는 유형의 대출거래를 신디케이티드대출(syndicated loan)이라고 부른다. 이러한 신디케이티드대출은 다수의 금융기관이 분담하여 자금을 제공함으로써 대규모의 자금 조달을 가능하게 하고, 특히 프로젝트금융이나 기업인수금융에서 많이 이용된다. 신디케이티드대출이 이루어지기 전에 통상 차주가 주선은행과 주요 대출조건

---

2) 대상판결에 대한 평석으로는 진상범, 신디케이티드 론 거래의 대리은행이 부담하는 선관주의의무의 범위, 대법원판례해설 제91호(2012년 상), 298-331쪽; 한민, 신디케이트대출에 관한 법적 검토, 이화여자대학교 법학논집 제16권 제4호(2012. 6), 223-228쪽.

을 협의하고 주선은행에게 대주단의 구성을 의뢰(mandate)한다. 주선은행이 참여
은행들을 모아 대주단을 구성하고 대출조건에 대하여 최종 합의하여 대출계약을
체결한다. 이렇게 대출계약이 체결되면 주선은행이 할 일은 끝나며 통상 주선은
행은 업무수행에 대한 대가를 대출계약 체결시 일시에 지급받는다.[3]

　　복수의 금융기관이 대주단을 구성하여 차주에게 대출하는 것이지만, 전형적
인 신디케이티드대출에서 대출에 따른 권리의무 관계는 각 대주와 차주 간에 발
생한다.[4] 그렇다고 하여 대출실행과 대출원리금의 회수를 각 대주가 차주와 직접
접촉하여 개별적으로 행하여야 한다면 불편할 뿐 아니라 업무의 불통일 및 대주
단 구성원 간의 채권회수 및 정보의 불균형을 초래하게 되므로 대주단 전체적으
로 대출관리업무를 일괄적으로 행할 필요가 있다. 이 역할을 맡은 금융기관이 대
리 은행(agent bank)이다.[5] 대리은행은 통상 대출실행에 필요한 선행조건(conditions
precedent)이 성취되었는지 여부, 각 참여은행의 대출 실행시 차주와의 사이에서
창구 역할, 대출금의 원금 상환 및 이자 지급시 각 참여은행에 대한 분배(통상 안
분분배 조항(sharing clause)[6]을 둠), 재무정보 제공 기타 차주의 부수적인 의무의 이
행확인 등의 업무를 수행한다.[7] 대리은행의 수임업무의 구체적인 범위와 책임의

---

3) 주선은행의 역할, 의무 및 책임에 대한 상세한 설명은 한민(주 2), 215-222쪽; 진상범(주
　2), 319-321쪽.

4) Loan Market Association의 표준대출계약서(single currency term facility agreement)(이하
　"LMA표준대출계약서")도 각 대주의 대출실행의무는 각 대주의 개별적인 의무이고, 각
　대주가 차주에 대하여 가지는 채권도 각각 개별적이고 독립적임을 명시적으로 규정하고
　있다(2.2).

5) 대리은행의 역할에 대한 일반적인 설명은 한민(주 2), 223-225쪽; 진상범(주 2), 314-318
　쪽, 321-324쪽. 영미에서의 신디케이티드대출시 대리은행에 대하여는 Agasha Mugasha,
　The Law of Multi-Bank Financing Syndicated Loans and the Secondary Loan Market
　(Oxford University Press, 2007), pp. 404-437; Charles Proctor, The Law and Practice of
　International Banking (Oxford University Press, 2010), pp. 393-398.

6) 안분분배조항에 대하여는 신희강/강은주, 신디케이티드대출에서의 분배조항에 대한 이
　해, BFL 35호(2009. 5), 20-31쪽

7) LMA표준대출계약서(주 4)는 대리은행의 권한과 의무에 대하여 다음과 같이 정하고 있다.
　각 참여은행은 대리은행이 대출계약서 및 부속약정서상 또는 이와 관련하여 대출은행에
　게 명시적으로 부여된 권리, 권능, 권한과 재량 및 기타 부수적인 권리, 권능, 권한 및 재
　량을 행사할 수 있도록 수권한다는 점(25.1(b))을 규정하고 대리은행의 의무에 대한 일반
　조항으로 다음과 같이 규정하였다(25.2).
　(a) 대리은행은 어느 당사자가 다른 당사자에게 전달하기 위하여 대리은행에게 교부한
　　　서류의 원본 또는 사본을 즉시 그 당사자에게 전달하여야 한다.
　(b) 대출계약서 및 부속약정서에 달리 명시되어 있지 않는 한, 대리은행은 그가 다른 당

정도는 계약조항에 따라 결정된다. 통상 대리은행은 행정사무적인(administrative in nature) 업무를 행하고 기한의 이익 상실 또는 계약의 변경등은 대주단의 다수결 (예: 과반수, 2/3 또는 3/4. 일부 사항은 전원일치)로 정한데 따라 행동한다. 대리은행은 작은 금액의 수수료를 받고 대출금관리를 하기 때문에 큰 위험을 부담하지 않으려 하고 대주단도 중요한 사항은 스스로 결정하기를 원하기 때문이다.[8] 대리은행은 이와 같이 통상 재량권을 행사하지 않는 행정사무적인 업무를 수행하므로 고의·중과실이 없으면 업무수행에 다른 책임을 지지 않는다는 내용의 책임제한조항 및 업무수행과정에서 입은 손해를 대주단으로부터 보상받을 수 있는 조항(indemnity)[9]을 대출계약에 명시한다. 대리은행은 통상 업무수행에 대한 수수료를 대출기간중 정기적으로 차주로부터 지급받는다. 그러나, 수수료를 차주로부터 지급받는다고 하여 대리은행이 차주와 위임관계에 있는 것은 아니고 대주단으로부터 위임받은 사무를 처리하는 것이다.

대주단을 구성하는 각 대주의 차주에 대한 권리의무가 개별적이라는 점에서는 각 대주가 각각 별도로 차주에게 대출한 것과 유사하지만 일정한 경우 대주단이 집단적으로 의사결정을 한다는 점과 대출원리금 회수시 대주단 내부적으로 안분분배하는 조항을 두어 개별적 대출의 성격을 어느 정도 제한한다는 점이 신디케이티드대출의 특징이라고 할 수 있다.

사자에게 전달하는 서류의 충분성, 정확성 또는 완전성을 검토하거나 조사할 의무가 없다.

(c) 대리은행이 어느 당사자로부터 대출계약서를 언급하고 채무불이행을 묘사하며 묘사된 상황이 채무불이행이라고 기재한 통지를 받았을 경우, 즉시 참여은행들에게 통지하여야 한다.

(d) 대리은행이 이 계약상 참여은행(대리은행 또는 간사은행은 제외)에게 지급할 원금, 이자, 약정수수료 또는 다른 수수료가 지급되지 않았음을 알았을 경우, 다른 참여은행들에게 즉시 통지하여야 한다.

(e) 대출계약 및 부속약정서상 대리은행의 의무는 오로지 기계적이고 행정사무적인 성질(solely mechanical and administrative in nature)이다.

8) 森下哲朗, 「シンジケート·ローンにおけるアレンジャー´ エージェントの責任」, 上智法学論集 51卷 2号(2007), 9쪽; Philip R. Wood, International Loans Bonds, Guarantees, Legal Opinions 2nd ed. (Sweet & Maxwell 2007), p. 120.

9) LMA표준대출계약서(주 4)는 대리은행이 다른 당사자에게 신인의무를 부담하지 않는다는 조항(25.4), 대리은행의 책임을 고의·중과실로 인한 경우로 제한하는 조항(25.9), 대리은행이 입은 손해를 대주단이 보상하도록 하는 조항(25.10) 등을 두고 있다. 국내 신디케이티드대출계약에서 사용되는 책임제한조항과 보상조항의 예는 한민(주 2), 224-225쪽.

1.2. 이 사건 대출과 전형적인 신디케이티드대출의 차이

이 사건 융자협약에 따른 대출은 한 개의 융자협약으로 동일한 대출조건하에 17개의 대주들이 대출에 참여하여 대출하였다는 점에서 신디케이티드대출이라고 할 수 있다. 그런데 융자협약은 전형적인 신디케이티드대출과는 달리 대주단의 집단적 의사결정에 관한 조항과 대주단 구성원 간의 공평을 기하기 위한 안분분배 조항(sharing clause)을 두지 않았다. 또한 대리은행의 책임을 제한하는 조항이나 대리은행이 수임업무 수행 중 입은 손해를 대주단으로부터 보상을 받도록 하는 조항을 두지 않았다. 융자협약에 다수의 참여은행이 당사자로 참여하여 동일한 대출조건하에 대출하였다는 점에서는 신디케이티드대출이라고 부를 수 있겠으나, 전형적인 신디케이티드대출에서 흔히 사용되는 조항들이 포함되어 있지 않다는 점에서 전형적인 신디케이티드대출과는 차이가 있다.

1.3. 대출금의 용도 제한

대주들이 대출금의 용도를 제한하고 용도외 사용을 방지하고자 한다면, 대출금을 사용하여야 할 시점이 된 이후에 대출을 실행하는 것이 가장 효과적이다. 전형적인 국제적인 대출거래에서는 차주의 자금수요에 따라 대출실행이 여러 번 이루어질 필요가 있는 경우, 대출금을 인출할 수 있는 기간을 정하고 그 기간 동안 차주가 수시로 필요한 금액의 인출을 요청하면 대주가 대출을 실행하고, 인출요청에 대비하여 대주가 대출할 태세를 갖추고 있는데 대한 대가로 대주는 약정수수료(committment fee)를 지급받는 거래구조를 취한다.[10] 융자협약은 이와 같은 구조를 취하지 않았고, 대주단은 융자협약 체결 직후인 2006. 2. 1. 한번에 대출한 것으로 보인다.[11]

한편 융자협약은 대출금의 용도를 제한하고자 하였으므로 대주단이 대출을 실행하여 차주 계좌에 입금한 후에도 그 자금의 사용을 제한할 필요가 있게 된다. 이 목적으로 융자협약 제7조가 "대주단이 실행한 대출자금은 솔로몬에 개설한 차주명의 보통예금계좌에 이체하여 솔로몬의 관리감독하에 제2조에서 정한 용도로

---

10) LMA표준대출계약서(주 4) 5.2(a), 5.5, 11.1.

11) 융자협약 제1조(6)은 "솔로몬과 대주단은 차주와 보증인의 요청에 의하여 2006년 월 일 (1)항에서 정한 대출금을 기표하여 솔로몬에 개설한 차주 명의의 보통예금계좌에 입금하기로 하고, 솔로몬과 대주단은 이를 대출의 실행으로 인정하기로 합의"하였다.

집행하기로 한다"라고 규정한 것으로 보인다. '대출금의 집행'은 이미 대주단에 의하여 대출이 실행된 이후 대출금을 실제로 사용하는 행위를 말하는 것으로 보인다.[12]

1.4. 대출금의 집행에 관한 관리

대출이 실행된 이후 대출된 자금을 차주가 실제로 사용하는데 대한 통제에 대하여 사업협약, 융자협약과 자금관리약정이 서로 다른 내용의 조항을 두고 있다.

사업협약 제9조는 이 사건 사업과 관련한 제 자금을 본 P/F 대출 집행 이전까지는 동부증권이 관리하고 본 P/F 대출 집행 이후에는 시공사인 태영이 관리하는 것으로 규정하였다. 한편 사업협약 제5조 제5항은 에스디가 사업부지 부동산 매입대금 지급을 위하여 대출받은 자금은 솔로몬과 동부증권이 에스디가 제출한 자료를 확인한 후 집행하도록 규정하였다.

융자협약 제7조는 대주단이 제공한 대출금을 솔로몬에 개설한 에스디명의의 보통예금계좌에 이체하여 솔로몬의 관리감독하에 융자협약 제2조에 정한 용도로 집행하도록 규정하였다.

자금관리약정은 한국자산신탁 명의의 관리계좌를 개설하고 그 계좌에 대주단이 제공한 대출금도 수납하여 관리하는 것으로 규정하였고, 이 약정 체결시점에 미리 정한 지불예정액을 지급하는 경우에는 에스디의 요청에 따라 한국자산신탁이 부동산 매도인에게 직접 지급하고, 지불예정액을 초과하는 지급요청에 대하여는 에스디가 솔로몬과 동부증권의 동의를 얻어 인출요청하면 한국자산신탁이 지급처(즉 수령자)에게 직접 지급하도록 규정하였다.

이와 같이 3개의 계약상 자금관리에 관한 조항이 통일되어 있지 않아 누가 어떠한 권한과 의무를 가지는지에 대하여 논란의 여지가 있다. 우선, 에스디, 솔로몬과 동부증권이 모두 사업협약과 자금관리약정의 당사자이므로 이들 3당사자 사이에서는 자금관리에 관한 사업협약의 조항(제9조)이 자금관리약정의 내용으로 구체화된 것으로 볼 수 있을 것이다. 한편 에스디, 솔로몬과 대주단이 당사자인

---

12) 2006. 2. 1. 원고는 대출약정금을 차주 에스디에게 대출하였으므로, 원심판결에 기재된 원고의 주장 중 "피고는 … 원고 등 참여은행에게 이러한 사정을 알리고, 대출실행을 중단한 다음 … "라는 부분에서 대출실행은 융자협약등에서 사용하는 용어인 대출금의 집행 즉 차주가 대출금을 실제로 사용하는 행위를 의미하고자 한 것으로 보인다.

융자협약상으로는 솔로몬이 대출금 집행을 관리 감독할 의무를 진다(제7조). 대주단은 자금관리약정의 당사자가 아니고 융자협약상 자금관리약정의 체결을 승인하지도 않았다. 그렇다면, 대주단의 관점에서는 솔로몬이 융자협약상 지고 있는 대출금 집행을 관리감독할 의무를 이행하는 방법으로 자금관리약정의 당사자가 된 것이라고 볼 수 있을 것이다.[13]

2. 솔로몬과 대주단의 관계

융자협약은 솔로몬을 주간사은행으로 부르고 있고 대리은행은 두지 않았다. 융자협약상 주간사은행의 주된 업무는 (i) 대출금의 관리(대주단이 실행한 대출자금을 주간사은행에 개설한 차주명의의 보통예금계좌에 이체하여 융자협약 제2조에서 정한 용도로 집행하는 것을 관리감독함)와 (ii) 상환자원의 배분(차주의 대출금 상환시 주간사은행을 통하여 배분함)이다. 그 밖에 (iii) 차주의 채무불이행시 법적 절차의 수행, (iv) 차주 및 보증인의 신용상태의 파악등 사후관리 및 (v) 대출과 관련하여 차주 또는 보증인이 제출하는 서류를 주간사은행이 단독 보관 등도 주간사은행으로서의 솔로몬의 업무로 규정되어 있고 나아가 (vi) 융자협약상 원활한 업무진행을 위하여 주간사은행이 업무위임을 요청하는 경우 대주단이 이에 적극 협조하기로 하였다. 이러한 업무들은 모두 대출계약 체결 후 대출의 실행과 상환 관련 업무로서 통상 대리은행의 업무에 해당한다.

융자협약은 주간사은행이라는 용어를 사용하고 있지만 주간사은행으로서의 솔로몬의 역할은 전형적인 신디케이티드대출에서의 대리은행의 역할 중 일부에 해당한다고 할 수 있다. 다만, 전형적인 신디케이티드대출계약과는 달리 융자협약은 솔로몬의 수수료[14] 및 책임 등에 관한 조항을 두고 있지 않다. 융자협약이 주간사은행이라는 용어를 사용하고 있음에도 불구하고, 대상판결이 대주단과 솔로몬의 관계가 신디케이티드대출에서의 참여은행과 대리은행의 지위에 있음을

---

13) 자금관리약정에 규정된 솔로몬의 동의의 의미에 대하여는 아래 Ⅲ.4.2.에서 더 상세히 검토함.

14) 판결문에 의하면 솔로몬은 주간사은행으로서의 업무를 처리한 대가로 차주로부터 대출금의 1%에 해당하는 7억1천만원을 지급받았다. 주선은행으로서의 역할과 대리은행으로서의 역할에 대한 수수료를 구별하지 않고 지급받은 것으로 보인다. 이와 같은 방식으로 대가를 지급한 것은 이 사건 대출이 브리지 론(bridge loan)으로서 대출기간이 6개월인 단기대출이기 때문인 것으로 보인다.

전제로 법률관계를 분석한 것은 타당하다.[15]

3. 대출금 전용에 대한 솔로몬의 동의의 융자협약상 의미

3.1. 대출금 전용의 내용과 융자협약과의 관계

이 사건에서 솔로몬이 대출금 전용에 대한 동의시 대주단에 대한 선량한 관리자로서의 주의의무를 다하였는지 여부를 판단하기 위해서는 우선 그 동의가 융자협약상 어떠한 의미를 가지는지를 파악할 필요가 있다.

융자협약 제2조가 대출금의 용도를 제한하였고 제5조가 차주의 부동산 담보제공의무를 규정하였다. 제2조에 따른 별첨 2 말미에 "융자협약서 제5조 (1)항에 의하여 담보취득하는 부동산의 매매대금은 414억5천만원 이상이어야 함"이라고 정하였고, 별첨에서 각 부동산 별로 담보로 제공할 부동산인 경우에는 매매대금, 그 밖의 부동산인 경우에는 지불예정액을 정함으로써 융자협약의 당사자들인 차주와 대주단 사이에서는 대출금의 용도중 담보부동산 취득에 필요한 금액규모와 지불예정액에 대한 합의가 있었다. 대출금 전용은 (i) 대주단에게 담보로 제공할 부동산을 매입하는데 사용할 대출금을 다른 용도(담보로 제공하지 않을 부동산 매입용)로 사용하는 것이고 (ii) 미리 정해 놓은 부동산 취득에 필요한 지불예정액을 초과하여 대출금을 사용하는 것이다. 대출금 전용에 대한 동의의 계약상 효과는 융자협약 제2조에 정한 대출금 용도에 관한 제한, 제5조에 정한 차주의 담보제공의무, 제10조에 정한 기한의 이익상실 사유 발생과 관련하여 검토할 필요가 있다.

3.2. 담보제공용 토지 확보 목적의 대출금을 타용도로 사용하는 행위

대상판결은 "에스디가 대주단에게 담보로 제공할 토지의 소유권 확보 목적으로 사용하기로 한 잔여 대출금을 다른 토지의 계약금으로 사용하는" 것으로 설시하고 있어, '잔여 대출금을 담보로 제공할 토지의 소유권 확보 목적으로 사용하기로 하는 합의'가 있었음을 전제로 하고 있다. 그런데 이 합의가 융자협약의 조항(예컨대 제2조와 별첨 2)을 의미하는 것인지(제1견해), 아니면 융자협약에 기하여

---

15) 원심은 솔로몬이 대주단의 대리은행의 지위에 있음을 명시적으로 언급하지 않았다. 또한 피고 솔로몬은 원심까지 차주의 위임을 받아 대출주선업무(arranger업무)를 한 것이지 대주단으로부터 위임을 받은 것은 아니며, 융자협약 제7조는 관리감독권한을 부여한 것이지 관리감독의무를 부담하게 하는 규정이 아니라고 주장하였다고 한다. 진상범(주 2), 326쪽.

별도로 합의가 있었음을 의미하는 것인지(제2견해) 명확하지 않다.16) 어느 쪽이건 대출금 전용은 그 합의의 변경을 의미한다. 그 합의가 융자협약 제2조의 일부를 이루는 것이라면 대출금 전용에 대한 동의는 융자협약의 변경 내지는 융자협약상 대주단의 권리의 일부 포기를 의미하고, 동의가 융자협약에 따른 부수적인 합의에 불과한 경우에는 부수적인 합의의 변경 또는 그 합의에 의한 대주단의 권리의 일부 포기를 의미한다.

제1견해에 따르는 경우에는 대출금 전용은 (i) 대출금용도 제한 불준수와 (ii) 담보부동산 제공의무 불이행의 두 가지 면에서 융자협약상 의미를 가진다. 대상판결은 (i)과 관련하여 솔로몬이 "이 사건 사업의 원활한 수행을 위하여 필요한 한도내에서 동부증권과 협의하여 이사건 대출금의 세부 집행내역을 변경하여 집행하는데 동의할 권한을 가진다"고 판시하였고, (ii)에 대하여는 명시적인 언급을 하지 않았다. 대상판결에 따르면 솔로몬이 대주단으로부터 권한을 위임받아 대출금 전용에 동의한 것이므로 (i)의 문제는 제기될 수 없다. 또한 이와 같이 솔로몬이 대주단으로부터 위임받은 권한에 기하여 특별한 유보 없이 대출금 전용에 대하여 동의하였다면, 그 전용으로 인하여 담보부동산의 매입규모가 축소된 범위 내에서는 차주의 담보제공의무(매입가 414억5천만원 이상의 부동산을 담보로 제공할 의무)가 솔로몬의 동의에 의하여 면제되었다고 보는 것이 합리적일 것이다.17)

---

16) 대상판결이 대출금 전용에 대하여 솔로몬이 동의권을 가지고 있다고 보는 근거중의 하나로 "융자협약 제7조의 '제2조에서 정한 용도'라 함은 제2조에 기재되어 있는 선순위상환자금, 매입잔금, 계약금의 지급 및 초기사업자금이라는 용도를 의미한다고 보는 것이 자연스러운 해석인 점"을 들고 융자협약 별첨2의 말미 기재사항(담보부동산의 매매대금이 414억5천만원 이상이어야 함)은 전혀 언급하지 않은 것으로 보아 대상판결은 '대출금을 담보로 제공할 토지의 소유권 확보 목적으로 사용하기로 하는 합의'를 융자협약 자체로 보지는 않은 것 같다. 이와 달리 원심판결은 차주가 대주단에게 매입가 414억5천만원 이상의 부동산을 담보로 제공할 의무를 지고 있음을 인정한 후 차주가 "담보제공의무를 이행하지 못한 경우에는 이 사건 대출금채무의 기한이익 상실사유가 되기는 하지만"이라고 설시하여 대출금 전용의 법적 효과에 관하여 대상판결과는 다른 입장을 취한 것으로 보인다.

17) 원심판결은 차주가 대주단에게 매입가 414억5천만원 이상의 부동산을 담보로 제공할 의무를 지고 있음을 인정하고, 차주가 "담보제공의무를 이행하지 못한 경우에는 이 사건 대출금채무의 기한이익 상실사유가 되기는 하지만"이라고 설시하였다. 원심판결은 대출금 전용에 대한 솔로몬의 동의가 414억5천만원 이상의 부동산을 담보로 제공할 의무에 대한 일부 면제의 효과가 있는 것으로 보지 않은 것으로 보인다. 원심판결이 결론적으로는 솔로몬의 동의로 차주와 대주단 사이에서 적법하게 대출금 용도가 변경되어 집행되었다는 입장을 취한 것으로 볼 수 있는데 적법한 대출금 용도 변경에도 불구하고 담보제

요컨대 솔로몬의 동의는 (i) '잔여 대출금을 담보로 제공할 토지의 소유권 확보 목적으로 사용하기로 하는 합의'의 변경이고, 그 합의가 융자협약의 일부를 이루는 것이었다면 융자협약의 변경 내지는 융자협약상 대주단의 권리의 일부 포기의 효과가 있고 (ii) 담보부동산 제공의무 불이행 및 이에 따른 기한의 이익 상실 사유 발생과 관련해서는 동의한 대출금 전용의 범위 내에서는 담보제공의무 면제의 효과를 가지게 된다. 제2견해에 따르는 경우에도 부수적인 합의의 변경도 역시 그 합의에 따른 대주단의 권리를 일부 포기하는 효과가 있다.

3.3. 미리 정한 지불예정액을 초과하는 금액으로 집행하는 행위

융자협약의 별첨의 지불예정액 기재와 자금관리약정상 지불예정액을 미리 정한 것이 계약상 어떠한 의미를 가지는지는 명확하지 않다. 만약 차주와 대주단 간에 대출금을 "지불예정액에 따라 집행하기로 하는 합의"가 있었다면, 그 합의는 융자협약 수준의 합의이고 지불예정액 초과금액 집행은 융자협약의 변경 내지는 대주단의 권리 포기에 해당한다(제1상황). 이와 달리 "지불예정액"은 잠정적인 금액이고 대출금 집행은 차주의 신청에 대하여 대리은행(솔로몬)이 관리감독하는 것에 불과한 경우에는 자금관리약정에서 정한 절차대로 대출금을 집행하면 차주와 대주단의 관계에서는 융자협약에 따라 집행한 셈이 될 것이다(제2상황). 제1상황이라면 위 Ⅲ.3.2.의 논의와 같은 논의를 할 수 있다. 그런데, 대상판결은 제2상황으로 파악한 것으로 보인다. 물론 두 경우 모두 대리은행은 지불예정액 초과금액 집행시 대주단에 대하여 선량한 관리자로서의 주의의무를 다해야 하는 점에서는 차이가 없다.

3.4. 전형적인 신디케이티드대출의 경우

전형적인 신디케이티드대출에서는 대주단의 다수결(일정한 사항은 대주단 전원의 동의)에 의하여 계약을 변경하거나 권리를 포기(waiver)할 수 있도록 규정한다.[18] 이는 대리은행이 이러한 계약의 변경이나 권리의 포기는 독단적으로 결정

공의무는 변경 전과 동일하다고 보는 근거가 무엇인지는 명확하지 않다.

18) LMA표준대출계약서(주 4) 34. Amendments and Waivers는 대주단 전원의 동의가 필요한 사항으로 다수결요건, 변제기 연장, 이자율인하, 원리금 또는 수수료액의 감액, 대출약정 기간의 연장, 차주 또는 보증인의 변경 등을 들고 있고 나머지 사항에 관한 대출계약서의 변경에는 다수결(2/3)이 필요한 것으로 규정하고 있다.

할 수 있는 재량을 부여받지 못하고 대주단의 결정에 따라야 한다는 것을 의미한
다.19) 대출계약뿐 아니라 대출계약에 부수하여 체결한 주요한 약정상의 대주의
권리를 포기하는 경우도 마찬가지이다. 또한 통상의 신디케이티드대출에서는 대
리은행이 기한의 이익 상실 사유의 발생에 관하여 정보를 지득한 경우 이를 대주
단에게 알려야 하는 것으로 보고 있다.20)21)

4. 대출금 전용에 대한 솔로몬의 동의 권한 유무

4.1. 대상판결의 판시

대상판결은 위 II.2.1.에서 본 바와 같이 6가지의 근거를 들어 솔로몬이 융자
협약 제2조에 정한 용도로 대출금을 집행하고 이 사건 사업의 원활한 수행을 위

---

19) Agasha(주 5), pp. 426-427은 대리은행의 임무를 설명하면서 대주의 권리포기(waiver), 계
   약변경(amendment) 및 차주의 요청에 대한 동의(consent)에 관하여는, 대리은행이 차주
   의 요청을 받아 이를 대주단에게 전달하고, 대주단이 계약에 정해진 바에 따라 다수결
   (또는 전원일치)로 합의하여 결정하는 것으로 설명하였다. 또한 p. 427에서는 대출계약
   상 차주의 기한의 이익상실사유 발생과 관련하여 대리은행에게 재량권을 부여하는 경우
   도 많으나 대리은행이 그 재량권을 행사하는 경우는 거의 없고 통상 대주단의 지시에 따
   른다고 설명하였다. Leo Clarke and Stanley F. Farrar, Rights and Duties of Managing and
   Agent Banks in Syndicated Loans to Government Borrowers, 1982 U. Ill. L. Rev. 229
   (1982), p. 247도 일반적으로 대출계약의 변경에 대하여는 대리은행이 거의 재량권을 가
   지지 못하며 대부분의 변경사항은 대주단의 다수결에 의하여 일부 변경사항은 대주단
   전원의 동의를 요한다고 적고 있다.
20) 일본론채권시장협회(JSLA: Japan Syndication and Loan Trading Association)의 표준대출
   계약서 제18조 제4항은 대주가 차주에게 기한의 이익상실사유가 발생한 것을 안 때는
   즉시 이를 대리은행에게 통지하고 대리은행은 그 사유의 발생을 다른 모든 대주단에게
   통지하도록 규정하였다.
21) 한민(주 2), 227쪽은 "대출계약에서 명시적으로 규정하지 않은 이상 대리은행이 차주에
   관한 정보를 적극적으로 파악하여 대주들에게 보고할 의무는 없다고 할 것이나, 차주로
   부터 당해 대출거래와 관련하여 대리은행의 지위에서 중요 정보를 수동적으로 제공받은
   경우에는 대리은행은 이를 대주들에게 직접 통지하거나 적어도 차주로 하여금 대주들에
   게 통지하도록 조치를 취하는 것이 대리인으로서의 의무에 부합된다"는 견해를 취하였
   다. 森下哲朗(주 8), 65쪽은 한걸음 더 나아가 "기한의 이익 상실 사유로 되는 정보를 입
   수한 경우에는 대리은행뿐 아니라 모든 대주들이 속히 대리은행에게 전달하고 대리은행
   이 각 대주단 참여은행에게 전달하여야 한다는 점에 주의할 필요가 있다"는 견해를 제시
   하였다. Tony Rhodes, Syndicated Lending: Practice and Documentation, 4th edition
   (Euromoney Institutional Investor, 2004), p. 250도 대리은행의 의무를 설명하면서 "대리
   은행이 채무불이행(event of default) 발생을 감시하거나 조사할 의무를 지지는 않지만
   채무불이행사유 발생을 알게 되면 모든 당사자들에게 적시에 통지하여야 한다"고 설명
   하였다.

하여 필요한 한도 내에서 대출금의 세부적 집행내역을 변경하여 집행하는 데 동의할 권한을 가진다고 보았다.

6가지의 근거는 (i) 대주단이 사업협약의 당사자가 되었기 때문에 사업협약 내용에 구속되며 사업협약의 해석상 대출금의 관리는 동부증권이 담당하되 솔로몬·대주단·동부증권과 함께 대출금집행의 용도를 확인하여 집행하기로 정하였다고 볼 수 있는 점(근거①②), (ii) 자금관리약정상 솔로몬의 동의를 받도록 한 조항이 있으므로 솔로몬이 동의권을 가진다는 점(근거③), (iii) 대출금 전용이 융자협약상의 대출금용도에 부합한다는 점(근거⑤), (iv) 솔로몬은 차주의 담보제공을 관리할 주의의무는 없고 동부증권과 동일한 정도의 주의의무를 가지고 자금관리를 하여야 한다는 점(근거④), (v) 대주를 포함한 모든 이해관계자들에게 가장 중요한 것은 담보제공의 범위가 아니라 본 PF 대출의 성공이라는 점(근거⑥)으로 요약할 수 있다.

이중 (i), (ii)와 (iii)은 솔로몬이 대출금 전용에 대하여 동의할 권한을 가지는지 여부의 문제를 다룬다고 할 수 있고, (iv)와 (v)는 권한 유무의 문제보다는 권한을 행사할 때 준수하여야 할 주의의무의 내용 내지는 권한행사의 한계의 문제를 다룬다고 볼 수 있다. (i)에 대하여도 의문의 여지는 있으나,[22] 대리은행의 권한과 주의의무의 관점에서 중요한 사항이 아니므로 상세히 논하지 않고 아래에서는 (ii)부터 (v)를 검토한다.

4.2. 자금관리약정상 솔로몬의 동의를 받도록 한 조항을 근거로 대주단과의 관계에서 솔로몬이 동의할 권한이 인정되는지 여부

대상판결이 제시한 근거 ③은 대주단이 솔로몬에게 대출금집행의 관리감독 사무를 위임하였다는 점과 자금관리약정상 대출금 전용에 대하여 에스디가 솔로

---

22) 대상판결은 사업협약 제4조 제5항, 융자협약 제6조 제3항에 의하여 대주단이 솔로몬과 동일한 권리의무를 갖는 사업협약의 계약당사자로 편입되었다고 보았으나, 솔로몬을 제외한 대주단은 사업협약의 당사자가 아니므로 사업협약의 조항을 근거로 들어 그들이 사업협약의 당사자로 편입되었다고 할 수는 없다. 또한, 융자협약 제6조 제3항은 차주와 보증인의 보장 및 준수사항일 뿐, 참여은행들이 사업협약의 당사자에 편입되어 사업협약에 구속됨에 동의하는 조항이 아니다. 물론 융자협약 제6조 제3항이 사업협약 당사자 편입에 대한 대주단의 동의를 전제로 한 것이라고 할 수 있고 정황상 대주단이 사업협약의 내용을 알고 융자협약의 당사자가 되었을 것으로 추측되나, 제6조 제3항이 바로 사업협약에 구속되는데 대한 대주단의 동의에 해당한다고 보는 것이 타당한지는 의문이다.

몬과 동부증권의 동의를 받아 한국자산신탁에게 인출요청을 하도록 한 조항을 언급하였다.

우선 자금관리약정과 융자협약의 관계를 살펴볼 필요가 있다. 융자협약은 담보부동산에 대한 담보신탁에 대하여 규정하였지만(제5조), 담보신탁 이외의 자금관리약정 체결에 대하여는 아무런 언급을 하지 않았다. 대주단은 자금관리약정의 당사자가 아니다. 자금관리약정이 대주단의 승인하에 체결된 약정이라고 할 근거나 달리 대주단을 구속하는 약정이라고 할 근거를 찾아 볼 수 없다.

자금관리약정의 내용을 보면 이 약정은 시행사 에스디가 자금(및 대출금으로 매입한 부동산)을 임의로 사용할 것을 우려하여 한국자산신탁에게 자금관리를 맡기고 매입한 부동산을 신탁하도록 하며, 한국자산신탁은 대주단에게 대출금의 130%의 제1순위 우선수익권을 부여하도록 하는 등 대주단을 비롯한 이 사건 사업에 관여하는 다른 당사자들의 이익을 위하여 에스디의 자금을 관리하기 위한 것으로 보인다.

이러한 자금관리약정의 당사자와 내용에 비추어 보면, 솔로몬의 동의를 받도록 한 조항은 에스디에 대한 관계에서는 솔로몬이 동의권을 부여받은 것이라고 할 수 있으나, 그 약정의 당사자가 아닌 대주단에 대한 관계에서 솔로몬이 동의권을 부여받은 것이라고 할 수는 없다. 자금관리약정의 당사자들 간의 권리의무관계는 자금관리약정의 기재사항을 기초로 판단하면 될 것이다. 예컨대, 솔로몬과 차주 간의 관계에서 솔로몬이 동의여부를 전적으로 그의 재량으로 정할 수 있는지 아니면 부당한 동의거부는 허용되지 않는 것인지는 기본적으로 자금관리약정의 해석의 문제이다. 그러나, 수임인 솔로몬과 위임인 대주단 간의 관계에서 차주의 대출금 전용 요청시 솔로몬이 어느 범위 내에서 동의할 수 있는지는 위임계약의 내용의 문제이지 위임인이 당사자로 참여하지 않은 자금관리약정의 해석의 문제가 아니다. 대출금의 용도에 관한 수임인 솔로몬과 위임인 대주단 간의 위임관계는 융자협약 제7조에 정하여져 있다. 대주단이 솔로몬에게 대출금 전용에 대한 동의여부를 결정할 재량권을 명시적으로 부여한 근거가 없는 이상, 대주단에 대한 관계에서는 솔로몬이 대출금전용에 대한 동의권을 가지고 있다기보다는 융자협약상의 의무를 이행하는 방법의 하나로 동의여부를 결정하는 지위에 있다고 보아야 할 것이다. 견해를 달리하여 솔로몬이 대주단으로부터 대출금 전용에 대한 동의여부를 결정할 권한을 부여받았다고 하더라도, 그 권한은 수임인으로서 행사하는 것이므로 융자협약 제7조에 규정된 대출금 집행 관리감독이라는 위임의 본지에 따라 선량한 관리자로서의 주의의무로 행사하여야 한다.

대출금 전용에 대한 동의는 융자협약(또는 이에 따른 부수적인 합의)의 변경 또는 대주단의 권리의 포기의 성격을 가진다(위 Ⅲ.3.2. 참조). 전형적인 신디케이티드대출의 거래 관행에 비추어 볼 때 이러한 성격의 행위는 대주단이 "명시적으로" 허용·승인한 경우에만 대리은행이 행할 수 있는 성질의 것이라고 보는 편이 더 설득력이 있다.

4.3. 융자협약 '제2조에서 정한 용도'의 해석

대상판결이 제시한 근거 ⑤는, 솔로몬은 융자협약 제7조(대주단이 실행한 대출자금은 솔로몬의 관리감독하에 제2조에 정한 용도로 집행하기로 한다)에 따라 관리감독의무를 지지만 제2조에 기재되어 있는 선순위상환자금, 매입잔금, 계약금의 지급 및 초기사업자금이라는 용도 중 어느 것으로 사용하도록 해도 무방하다는 취지로 보인다.

'제2조에서 정한 용도'의 의미를 파악하기 위해서는 위 Ⅲ.3.에서 살펴본 바와 같이 대상판결이 판시의 전제로 하고 있는 '잔여 대출금을 담보로 제공할 토지의 소유권 확보 목적으로 사용하기로 하는 합의'와 지불예정액의 합의가 융자협약상 어떠한 의미를 가지는지를 검토할 필요가 있다. 위와 같은 합의를 고려하지 않고 단순히 융자협약 제2조에 기재되어 있는 선순위상환자금, 매입잔금, 계약금의 지급 및 초기사업자금이라는 용도 중 어느 것으로 사용하여도 무방한 것으로 합의되었다고 단정하여 대리은행에게 대출금 전용에 대하여 동의권을 부여하였다는 근거로 삼을 수 있는지 의문이다.

4.4. 솔로몬의 주의의무와 동부증권의 주의의무가 동일하다고 본 점

대상판결이 제시한 근거 ④는 솔로몬이 동부증권과 동일한 주의의무를 진다고 보았고 근거 ⑥은 대주들을 이 사건 사업의 다른 이해관계자들과 구별하지 않았다. 이와 같이 보는 것이 과연 합리적인가?

동부증권은 금융주간 및 자문기관의 자격으로 사업협약 및 자금관리약정의 당사자가 되었고 융자협약의 당사자는 아니다. 동부증권은 시행사인 에스디의 위임을 받아 금융주간 및 자문업무를 행하는 기관으로 에스디에 대하여 의무를 지는 것이고, 사업협약 제9조의 자금관리도 시행사인 에스디와 시공사인 태영에 대하여 의무를 지는 행위라고 보는 것이 합리적이다. 그런데 시행사 에스디와 대주단은 차주와 대주로 이해관계가 상반된다. 특히 특정 사업을 위한 시행사로 별도 법인을 설립하는 경우에는 그 법인(또는 그 법인의 경영자 또는 조언자)은 사업의 위험을 채권자에게 이전하고 채권자의 부가 그 법인의 주주에게로 이전되는 방향으로 의사결정을 할 유인이 크다. 동부증권은 융자협약상 대주단과 이해관계가 상반되는 시행사 에스디에게 조언을 하는 위치에 있고 대주단에게는 원칙적으로 아무런 계약상 의무를 부담하지 않는 관계에 있다.[23]

그러나, 솔로몬은 동부증권과는 다르다. 융자협약상 솔로몬은 대출금을 융자협약 제2조에 정한 용도로 집행하도록 관리감독할 의무를 진다. 대리은행은 대주단의 위임을 받아 대주단의 이익을 위하여 수임사무를 행하여야 할 의무를 진다. 차주의 이익을 도모하기 위한 임무를 수행하는 것이 아니다. 이 점에서 차주인 시행사의 위임을 받아 그의 이익을 도모하기 위한 역할을 하는 동부증권과는 큰 차이가 있다. 솔로몬은 차주인 시행사의 입장에 서서 융자협약상의 대리은행의 임무를 수행하여서는 안 되고 대주단의 입장에서 판단하여야 한다. 대리은행은 대상판결이 제시한 근거 ⑥에 언급된 상황도 대주단의 입장에서 보고 대주단의 이익을 위하여 판단하여야 한다.

요컨대, 솔로몬(수임인)의 대주단(위임인)에 대한 관계를 대주단의 상대방인 차주의 자문기관인 동부증권의 대주단에 대한 관계와 동일시 할 수는 없다. 솔로몬이 대주단에 대한 주의의무의 내용과 근거 ⑥에 언급된 내용은 솔로몬이 대출금 전용에 대한 동의권을 가지는지 여부에 관한 문제라기보다는 동의 여부에 대하여 판단할 때 선량한 관리자로서의 주의의무를 다했는지 여부를 판단하는 문제이다.

4.5. 소결

솔로몬이 이 사건 사업의 원활한 수행을 위하여 필요한 한도 내에서 대출금

---

23) 부동산개발사업의 시행자에 대한 금융주간 및 자문기관을 맡은 증권회사의 입장에서는 본 PF 금융 단계에서 자본시장에서 증권을 발행하여 자금을 조달하는 방안을 택하게 되는 경우 자금조달을 주관하는 역할을 함으로써 자신의 영업성과를 높일 수 있을 것이다. 증권회사는 시행사에 대한 조언자의 입장에서뿐 아니라 자신의 영업을 위하여도 대주단의 이해관계와는 관계없이 본 PF 금융 단계로 진전되도록 의사결정할 유인이 있을 것이다.

전용에 대한 동의권을 가지고 있다고 하는 판시의 근거들을 살펴보았지만 쉽게 수긍하기 어렵다. 자금관리약정 중 차주가 솔로몬의 동의를 받도록 한 조항을 근거로 그 약정의 당사자가 아닌 대주단이 솔로몬에게 동의권을 부여하였다고 할 수는 없다. 솔로몬이 융자협약상 대출금 관리감독의무를 계속 지고 있다는 점에 비추어 보면, 솔로몬은 융자협약상의 관리감독의무를 이행하는 과정 중의 하나로 위 약정상의 동의 여부를 결정해야 하는 지위에 있다고 봄이 더 설득력이 있을 것으로 보인다.

권한이 있다고 하는 경우 그 권한을 행사할 때 준수할 주의의무 문제를 다룬 근거 ④⑥도 쉽게 수긍하기 어렵다. 이 사건 사업에 관여하는 여러 당사자는 각각 자신의 이해관계를 가지고 있고 각각 부담하는 위험도 다르다. 수임인의 선량한 관리자로서의 주의의무는 수임사무의 내용에 비추어 결정되어야 한다. 대주단과 차주인 시행사는 이해관계가 상반되는 입장에 있고, 솔로몬은 대주단으로부터 관리감독을 위임받았고, 동부증권은 시행사로부터 위임받아 시행사에게 조언하는 위치에 있다. 동부증권은 대주단의 수임인이 아니므로 대주단에 대하여 선량한 관리자로서의 주의의무를 부담하지 않는다. 반면 솔로몬은 대주단로부터 위임받은 사무를 처리하는 지위에 있으므로 대주단의 이익을 위하여 행동해야 할 의무를 진다. 솔로몬과 동부증권이 이 사건 사업추진에 있어서 근본적으로 다른 입장에 처하여 있음을 고려하지 않고, 대주단에 대한 관계에서 솔로몬이 동부증권과 동일한 주의의무를 부담한다고 하는 판시는 동의하기 어렵다.

위임인인 대주단이 대리은행에게 대출금 전용에 대하여 동의할 권한을 부여하였다고 하더라도, 차주의 신청이 있으면 대리은행이 항상 동의하라는 의미는 아니고 대주단의 이익에 부합하는 경우에 한하여 동의하라는 취지일 것이다. 즉 대리은행이 대출금 전용에 대한 동의여부를 결정할 권한을 대주단으로부터 부여받았다고 하더라도, 대리은행은 선량한 관리자로서의 주의의무를 가지고 동의여부를 판단하여야 한다. 이러한 점에서 동의권의 유무가 문제가 아니고 동의할 것인지 여부에 대한 판단의 기준이 문제이다. 이 점은 아래 III.5.2.에서 논의한다.

5. 솔로몬의 선량한 관리자로서의 주의의무 위반여부

대상판결은 신디케이티드대출시 대리은행의 지위에 대하여 일반론을 먼저 설시한 후, 이 사건에서 솔로몬의 행위가 선량한 관리자로서의 주의의무를 위반한 것인지를 판단하였으므로 아래에서도 두 단계로 나누어 검토한다.

5.1 대리은행의 지위에 관한 일반론

대상판결은 대리은행의 지위에 관한 일반론으로 (i) 대리은행(agent bank)은 대주단과 위임관계에 있다는 점, (ii) 구체적인 위임사무의 범위는 대출계약의 대리조항에 의하여 정하여진다는 점, (iii) 대주단과 대리은행은 모두 대등한 지위에서 계약조건의 교섭을 할 수 있는 전문적 지식을 가진 거래주체라는 점에서 원칙적으로 대리은행은 대출계약의 대리조항에 의하여 명시적으로 위임된 사무의 범위 내에서 위임의 본지에 따라 선량한 관리자의 주의로써 위임사무를 처리하여야 하고 명시적으로 위임받은 사무 이외의 사항에 대하여는 이를 처리하여야 할 의무를 부담한다고 할 수 없다고 하였다.

(i)과 (ii)에 설시한 일반론은 기본적으로 타당한 설시이다. 다만 보다 정확히 말하자면 위임사무의 범위는 대리은행과 대주단 간의 계약에 의하여 정하여진다. 전형적인 신디케이티드대출계약은 대리은행의 권한과 의무에 관한 중요한 내용을 별도의 조항으로 묶어서 규정한다.[24] 아마 이 조항을 대리조항(agency clause)이라고 부른 것으로 보인다.[25] 그러나, 대리은행의 할 일은 그러한 별도의 조항뿐 아니라 대출계약의 여러 조항에 산재되어 있다. 대상판결에서 구체적인 대리은행의 수임사무의 범위가 대출계약의 대리조항에 의하여 정하여진다고 한 부분은 대리은행과 대주단 간의 계약에 의하여 정하여진다는 취지로 읽는 것이 타당할 것이다.

(iii)도 그 자체로는 대체로 수긍할 수 있다.[26] 특히 금융기관과 같이 전문성을 가진 거래주체 간의 계약에 대하여는 그 계약에 명시된 사항을 중시한다는 점이 중요한 의미를 가진다. (iii)은 전형적인 신디케이티드대출계약에서는 매우 타당하다.[27] 전형적인 신디케이티드대출계약에서 대리은행은 대체로 판단이 필요

---

24) 예컨대, LMA표준대출계약서(주 4) 25(Role of the Agent and the Arranger).

25) 진상범(주 2), 334-337쪽

26) (ii)에서와 마찬가지로 (iii)에서 대상판결이 "대리조항"이라고 한 부분은 대리은행과 대주단 간의 계약을 의미하는 취지로 읽어야 할 것이다.

27) 참고로 JSLA(주 20)가 2003. 12. 발표한 "론 신디케이션거래에 있어서 행위규범"은 대리은행과 대주단의 관계에 대하여 다음과 같이 적고 있다. 이 행위규범은 JSLA의 표준계약서를 전제로 한 것이다.
   - 대리은행과 참가금융기관은 대리은행에게 위임된 사무내용, 대리은행의 책임범위에

없는 행정사무적 업무[28]를 행하도록 한다. 수임사무의 성질이 그러하기 때문에 명시적으로 위임된 사무만 처리할 수 있도록 하며, 대리은행의 책임을 고의·중과실로 인한 경우로 제한하는 책임제한조항 및 대리은행이 수임업무 수행으로 입은 손해를 대주단으로부터 보상을 받도록 하는 조항을 둔다.[29]

그런데 이 사건 융자협약에 대하여는 전형적인 신디케이티드대출계약에서의 논의를 그대로 적용하기 어려운 난점이 있다. 이 사건에서 문제되는 대출금 전용에 대한 동의는 위 Ⅲ.3.2.에서 살펴본 바와 같이 융자협약(또는 이에 따른 부수적인 합의)의 변경 또는 대주단의 권리의 포기의 성격을 가지는 것이고, 전형적인 신디케이티드대출에서는 이러한 성격의 행위는 대주단의 결정에 따라 행하도록 규정하는 것이 통상이기 때문이다. 또한, 융자협약이 전형적인 신디케이티드대출계약에서 사용하는 대리은행의 책임을 제한하는 조항을 두고 있지 않기 때문에 통상 책임제한조항을 둔 계약서를 전제로 하는 전형적인 신디케이티드대출에 관한 논의를 이 사건에 그대로 적용하기 어렵다.

대리은행이 일정한 업무를 수임한 경우 그 수임사무를 어떻게 처리하여야 "위임의 본지"에 따라 선량한 관리자로서의 주의의무를 다하는 것인가의 문제를 생각하여 볼 필요가 있다. 대리은행이 수임사무를 처리하면서 준수하여야 할 선량한 관리자로서의 주의는 수임사무의 내용과 위임의 본지가 무엇인지에 따라 달라진다. 수임사무의 내용 중 수임인이 판단할 사항이 많을수록, 또 판단에 대한 수임인의 재량이 클수록, 수임인의 주의의무의 수준은 높아져야 한다.[30] 대출계약에서 대리은행에게 판단이 필요한 사무를 위임한 경우에는 판단의 내용과 판단

관하여 명확한 합의를 신디케이티드대출계약에 해 두어야 한다,
- 참가금융기관은 신디케이티드대출계약에 명시적으로 대리은행에게 위임한 사무의 수행과 책임 이외의 사항을 대리은행에게 기대하여서는 안 된다.
- 대리은행은 신디케이티드대출계약상 명시적으로 위임된 사무를 선관주의의무로 수행하여야 하고 또 수권의 범위를 넘는 권한을 행사할 의무는 없다.

28) LMA표준대출계약서(주 4)에서 "대리은행의 의무는 오로지 기계적이고 행정사무적인 성질(solely mechanical and administrative in nature)"이라고 규정하고 있다(25.2(e)).

29) 대리은행이 이와 같이 행정사무적인 역할만을 수행하기 때문에 대리은행(agent bank)이라는 용어를 사용하더라도 전통적인 의미의 대리인이 아니라 "차주와 대주단 양자의 행정사무의 부담을 덜어주기 위한 접촉 창구"에 불과하다는 견해까지 제시된다. Clarke/Farrar(주 19), p. 247.

30) 진상범(주 2), 323쪽도 "대리은행에게 재량이 부여된 경우에는 계약상 명기된 사항이외에도 대리은행에게 책무가 미친다고 해석될 위험이 있고 대리은행이 스스로의 행위에 의해 명기된 사항 이외의 책무를 부담하게 될 여지도 있다"는 입장이다.

에 이르는 절차의 양쪽의 측면에서 선량한 관리자의 주의의무를 생각해 볼 필요
가 있다.

위임인의 이해관계에 영향을 미치는 사항에 대한 판단을 하여야 할 경우에
는, 판단의 내용면에서는 위임인의 이익을 판단의 기준으로 삼는 것이 위임의 본
지에 따르는 것이다.[31] 수임인이 "위임인의 이해관계에 영향을 미치는 판단"을
할 재량권을 명시적으로 부여받은 경우에도 그 재량권은 위임인의 이익을 판단기
준으로 삼아 행사하여야 한다. 재량권의 행사의 한계와 방법은 물론 위임계약에
의하여 정해지겠으나, 일반적으로는 수임인은 그의 결정이 위임인의 이익에 부합
한다는 합리적인 근거를 가지고 있어야 한다. 그러한 합리적인 근거를 가지지 못
한 경우에는 위임인의 의사를 확인할 필요가 있을 것이다. 수임인이 명시적으로
재량권 행사를 위임받고 위임인의 이해관계에 영향을 미치는 사항에 대하여 위
임인의 의사를 정확히 알 수 없는 경우에는 위임인에게 그러한 판단이 필요한 상
황이 발생하였음을 알리고 위임인의 의사를 확인하는 것이 위임인의 위임의 본지
에 부합하는 경우가 많을 것이다.[32] 특히, 수임인이 어떠한 판단을 하건 그것이
위임인의 이해관계에 긍정적 영향과 부정적 영향을 모두 미칠 수 있는 양면성을
가지는 경우에는 그 비교형량을 수임인이 임의로 하는 것보다는 위임인의 의사를
확인하는 편이 위임의 본지에 따르는 것일 경우도 상당히 있을 것이다. 판단이
필요한 사항에 대하여 위임인이 자신의 입장을 정할 수 있는 능력이 있고 위임인
이 스스로 결정하는 것이 합리적인 경우라면 더욱 그럴 것이다.

5.2. 이 사건에서 선량한 관리자의 주의의무 위반여부

대상판결은 차주가 대주단에게 담보로 제공할 토지 확보 목적으로 사용하기
로 한 잔여 대출금을 다른 토지의 계약금으로 사용하는 데 솔로몬이 동의하게 되
면 매입가 414억5천만원 이상인 토지들의 담보제공이 이루어질 수 없게 되는 사
정을 알았거나 알 수 있었다고 하더라도, 대주단으로부터 감시·보고 사무를 별도
로 위임받지 않은 이상 대주단에게 그 사정을 알리지 아니하였다고 하더라도 이

---

31) LMA표준대출계약서(주 4)는 대주단의 지시가 없는 경우 대리은행은 대주단의 최선의 이
　익을 위한다고 생각하는 작위/부작위를 할 수 있는 것으로 규정하고 있다(26.7(d))
32) Wood(주 8), p. 123도 대리은행이 재량권을 행사하는 경우에 대하여 설명하면서 "대리은
　행은 의문이 있을 때에는 대주단의 지시를 받아야 한다"라고 하였다.

를 두고 대출금 집행의 관리·감독사무에 있어 선량한 관리자의 주의의무를 위반하였다고 볼 수 없다고 판시하였다. 대상판결은 '솔로몬이 대출금 전용시 414억5천만원 이상의 토지의 담보제공이 이루어지지 못한다는 점에 대하여 대주단에게 알리는 행위'를 '별도의 사무'로 보고 그 사무를 명시적으로 위임받지 않은 이상 그러한 통지를 하지 않은 것은 선량한 관리자로서의 주의의무 위반이 아니라고 판단한 것이다. 이 판시에 대하여는 다음과 같은 몇 가지 점에서 의문이 있다.

첫째, 대주단에 대한 통지가 '별도의 사무로 수임'되었는지 여부 이외에 '선량한 관리자로서의 주의의무'를 다하기 위하여 그러한 통지를 하였어야 하는지 여부에 대하여도 판단이 필요하다. 수임사무의 성격, 그 사무를 처리할 때의 상황, 그 사무처리가 위임인에게 미치는 영향 등을 고려할 때, 선량한 관리자의 주의의무를 다하기 위하여 위임인에 대한 통지 및 위임인과의 협의를 거쳐야 할 경우가 있을 수 있다.[33] 이러한 경우의 통지 또는 협의는 그것이 명시적으로 위임받은 사무라서 행하는 것이 아니라 다른 수임 사무를 위임의 본지에 따라 선량한 관리자의 주의의무로써 처리하기 위하여 행하는 것이다. 대주단이 솔로몬에게 대출금 전용에 대한 동의권을 부여하였다고 보는 경우에도 동의권의 행사여부 결정 시 솔로몬은 대주단에 대한 선량한 관리자로서의 주의의무를 다해야 할 것이기 때문에 이 점에 대한 판단이 필요하다.

둘째, 대리은행이 계약 변경 또는 대주단의 권리 일부 포기의 의미를 가지는 동의를 할 때 위임인 대주단에게 알려 대주단과 협의할 필요가 있는지 여부에 대하여 생각해 볼 필요가 있다.[34] 대상판결은 이 점에 대하여 언급하지 않았다. 아마도 대상판결의 "솔로몬이 대출금 전용에 대하여 동의할 권한이 있다"는 근거 ④⑥에서 이미 솔로몬의 주의의무가 동부증권의 그것과 동일하다고 판시하였고,

---

33) 민법 제683조상 수임인이 지는 보고의무(위임인의 청구가 있는 때에는 위임사무의 처리 상황을 보고하고 위임이 종료한 때에는 지체없이 그 전말을 보고할 의무)도 수임인의 선량한 관리자로서의 주의의무에서 유래한 것이다.

34) JSLA(주 20)가 2007. 10. 발표한 "론 신디케이션에 있어서 거래참가자의 실무지침" 7쪽은 "covenant의 준수상황 모니터를 대리은행이 행하여야 한다는 생각은 대리은행의 본래의 직책에 맞지 않는다. 계약에 특별히 그러한 취지의 규정이 없는 한 이러한 생각은 잘못이고 참가금융기관이 행하는 것이 당연하고 필요한 것이다"라고 적고 있다. 이 사건에서도 솔로몬이 차주의 담보제공의무 불이행을 감시할 의무를 지지 않는다는 판시는 위 실무지침과 같은 취지라고 할 수 있다. 그런데, 이 사건에서는 솔로몬이 적극적인 동의행위를 하였고, 그 동의의 대상인 차주의 행위가 담보제공의무 불이행을 초래할 수 있다는 점에서 감시의무가 없다는 일반적인 논의만으로 해결할 수 있는 문제는 아니다.

본 PF 대출을 추진할 수 있는 요건을 갖추는 것이 대주단을 포함한 모든 이해관계
자들에게 중요하다는 점을 강조하였기 때문에, 솔로몬의 동의권한 행사시 대출금
집행에 대한 관리감독 의무를 수행하는 자로서의 선량한 관리자로서의 주의의무
를 논할 필요가 없다고 판단한 것으로 보인다. 이러한 판시 및 대주단이 대리은행
에게 동의권을 부여했다고 보는 판시의 문제점은 이미 위 III.4.에서 살펴보았다.

부동산개발금융과 같은 프로젝트금융에서 시행사는 그 사업만을 위하여 설
립한 별도법인인 경우가 많다. 이러한 별도법인은 다른 사업이나 자산을 가지고
있지 않으므로 실질적인 신용부담자(예: 우량한 신용도를 가진 건설회사)가 보증하지
않는 한,[35] 대주단에게는 담보취득이 매우 중요한 의미를 가진다. 그렇다고 하더
라도 담보부동산 취득에 사용하기로 한 대출금을 다른 부동산 매입용으로 사용하
도록 동의한 점 또는 부동산 매매용 계약금을 지불예정액을 초과한 금액으로 집
행하는데 대하여 동의한 점 그것 자체만을 가지고 곧바로 선량한 관리자로서의
주의의무를 위반하였다고 단정할 수는 없다. 대출금 전용의 규모나 그 전용시점
에 대주단이 취득할 담보부동산에 얼마나 영향을 주었는지 및 본 PF 대출에 관하
여 금융기관들과 얼마나 협의가 진행되었는지 등 구체적인 상황에 비추어 판단하
여야 한다. 이 사건에서 솔로몬이 선량한 관리자로서의 주의의무를 다했는지 여
부를 이 글로 판단하는 것은 적절하지 않으므로 일반적인 논의만을 하기로 한다.

대출금 전용의 규모가 상당한 수준이고 그 전용으로 대주단이 취득할 담보
부동산이 상당히 줄어들게 되며 상당한 수준의 추가적인 부동산매입자금이 필요
한 등 사업자체가 원래 계획대로 성공적으로 진행될 가능성에 변수가 생긴 상황
하에서 대리은행이 대출금 전용에 대한 동의여부를 결정하는 것이 쉽지 않을 수
있다. 이러한 상황에서 우선 수임인인 대리은행은 항상 위임인인 대주단의 입장
에서 검토와 판단을 하여야 한다. 다음, 대리은행이 대출금 전용에 대하여 동의하
려면, 필요한 조사와 검토를 한 후 그 결과 담보부동산 감축(또는 감축 가능성)에도
불구하고 본 PF 대출의 성사 가능성을 고려할 때 대출금을 전용하여 집행하는 것
이 대출금 회수 가능성을 높인다고 믿어야 하고 그러한 믿음에 대한 합리적인 근

---

35) 이 사건 대출에 대하여 8명의 개인이 연대보증하였다. 부동산개발에 관한 프로젝트금
   융에서의 사업위험의 부담에 대하여는 김형두/변동열, 부동산개발사업에 대한 법적 조
   명 — 공모형 대규모 부동산개발사업에서의 시사점을 중심으로 —, BFL 제52호(2012. 3),
   21쪽.

거를 가지고 있어야 한다. 그러한 합리적인 근거를 갖춘 믿음이 없다면 대리은행
은 위임인이자 대출금 회수불능의 위험을 지고 있는 당사자인 대주단에게 통지하
여 대주단의 결정에 따르는 것이 위임의 본지에 따른 선량한 관리자로서의 주의
의무에 부합할 것이다. 대주단의 권리의 포기는 대주단이 결정하도록 하는 전형
적인 신디케이티드대출계약의 관행에 비추어 보아도 그렇다.

　　셋째, 원심판결은 "2006. 5. 3.경 지불예정액에 따라 대출금을 사용할 경우
본 PF 대출이 가능하게 되는 계약율 95%를 달성할 수 없게 되어 지불예정액과 달
리 자금을 집행할 필요가 생겼다"고 하였고, 대상판결과 원심판결 모두 본 PF 대
출의 성공이 중요하다는 점을 강조하였다. 이 판시는 계약율 95% 달성시 본 PF
대출이 성사되도록 예정되어 있거나 그 성사 가능성이 매우 높은 경우에만 타당
하다. 그런데, 특정한 금융기관과 본 PF 대출 협상이 진행되고 있었다는 점에 대
하여는 판결문상 아무런 언급이 없어 정확한 상황을 파악할 수는 없다. 판결문에
아무런 언급이 없는 것을 보면 당시 계약율 95%가 달성되면 본 PF 대출이 곧 성
사될 수 있는 상황은 아니었던 것으로 추측된다.

　　사업협약상 예정토지매입가를 초과하는 경우에는 시행사(차주) 에스디, 시공
사, 동부증권이 본 PF 대출시기에 대하여 협의하고, 계약율 95% 달성 여부는 시
공사 태영과 동부증권이 협의하여 결정하는 것으로 되어 있다(제6조 제2항). 계약
율 95% 달성은 이 사건 사업에 대한 행정기관의 인허가를 받고, 경우에 따라서는
선분양을 통하여 아파트청약자로부터 자금을 조달하기 위하여 필요한 사항이었
을 것이므로 시행사와 시공사가 가장 관심을 보일 사항이다. 계약율 95%의 달성
은 이 사건 사업의 진행을 위하여 필요한 사항이고 따라서 이 사건 사업에 관여
한 모든 당사자들을 위하여 바람직한 사항이라고 할 여지도 있겠으나, 각 당사자
들의 이해관계가 반드시 동일하지는 않다. 대주단에 대하여 충분한 담보를 제공
하는 대신 계약율 95%를 달성하기 위한 대출금 전용은 기본적으로 시행사와 시
공사 및 이들에 대한 자문기관의 이해관계에 부합한다. 시행사, 시공사 및 이들에
대한 자문기관은 대출금 전용으로 인하여 아무런 불이익을 입지 않고 이 사건 사
업을 진행하게 된다. 그러나, 계약율 95%를 달성하더라도 본 PF 대출이 성사되지
않는 경우에는 대주단은 애초 융자협약 체결시 예정하였던 담보부동산을 취득하
지 못하게 된다. 일정한 담보를 받는 것을 전제로 신용위험을 관리하고자 했던
대주단의 계획과는 다른 결과가 발생하는 것이다. 이러한 상황에서 대출금 전용

에 대한 동의 여부를 결정할 때 대리은행은 대주단의 이익을 위하여 의사결정을 하여야 할 의무가 있고, 동의하기 위해서는 필요한 조사와 검토를 거쳐 대출금 전용 집행이 대주단의 이익에 부합한다는 점에 대하여 합리적인 근거로 뒷받침되는 믿음이 있어야 한다.

5.3 소결

대리은행이 대주단에 대한 관계에서 준수하여야 할 선량한 관리자로서의 주의의무의 내용과 정도는 수임사무의 내용에 따라 달라질 것이다. 대리은행의 지위에 관한 대상판결의 일반론은 판단이 필요없는 행정사무적 업무36)를 행하는 전형적인 신디케이티드대출계약에서의 대리은행에 관하여는 타당하다. 전형적인 신디케이티드대출계약과는 다른 내용의 대출계약에 대하여 전형적인 신디케이티드대출계약에서의 논의를 그대로 적용할 수는 없다. 대리은행이 대주단의 이해관계에 영향을 미칠 사항에 대한 판단을 해야 하는 경우에는 위임인인 대주단의 이익을 판단의 기준으로 삼아야 하는 것이 원칙이다. 절차적으로도 대주단에게 상황을 알리고 대주단의 의사를 확인하는 것이 위임의 본지에 따라 선량한 관리자의 주의의무를 다한 것이 될 경우도 있을 수 있다. 이 경우 대리은행이 별도로 위임받아야만 그러한 행위를 할 필요가 있는 것은 아니다. 명시적으로 계약서에 기재되어 있지 않은 행위(예: 조사, 보고, 협의등)라고 하더라도 대리은행이 수임사무를 선량한 관리자의 주의의무를 다하여 수행하기 위하여 그러한 행위를 해야 할 필요가 있을 수 있다.

대리은행이 위임인인 대주단의 이해관계에 영향을 미치는 결정을 하여야 하는 경우에는 대리은행은 필요한 조사와 검토를 한 후 합리적인 근거를 가지고 위임인의 이익이 된다고 믿는 방향으로 결정하여야 한다. 합리적인 근거를 갖춘 믿음이 없다면 대리은행은 위임인인 대주단에게 통지하여 대주단의 결정에 따르는 것이 위임인의 위임의 본지에 따른 선량한 관리자로서의 주의의무에 부합할 것이다.

---

36) 주 28.

6. 맺는 말

6.1. 대상판결의 의의와 평가

　　대상판결은 신디케이티드대출시 대리은행의 주의의무를 처음으로 다룬 판결이다. 융자협약상 주간사은행이라는 용어를 사용하고 있지만 솔로몬이 맡은 역할에 비추어 대리은행으로 파악한 것은 타당하다. 또한, 대리은행의 주의의무에 관한 일반적인 판시 중 상호 대등한 지위에서 계약조건을 교섭할 수 있는 전문적 지식을 가진 거래주체 간의 거래에서는 수임인은 계약에 명시된 사무의 범위 내에서 위임의 본지에 따라 위임사무를 처리할 의무가 있다고 하여 전문적 거래주체 간의 거래에서 합의된 계약의 내용을 중시한 점은 거래당사자의 예측가능성을 높인다는 면에서 의미가 크다.

　　대리은행의 의무가 계약에 명시된 사무에 국한된다고 보는 것은 전형적인 신디케이티드대출에서는 대리은행이 행정사무적인 업무를 수행하기 때문에 선량한 관리자로서의 주의의무를 다하기 위하여 다른 특별한 행위를 할 필요가 없기 때문이다. 대리은행이 단순한 행정사무적인 업무 이외에 위임인의 이해관계에 영향을 미칠 수 있는 사항에 대하여 판단을 해야 하는 경우에는 단순한 행정사무적인 업무를 수행할 때와는 다른 수준의 선량한 관리자로서의 주의의무를 다할 것을 기대하는 것이 합리적이다.

　　이 사건 융자협약은 전형적인 신디케이티드대출계약과는 상당히 차이가 있다. 전형적인 신디케이티드대출계약에 관한 논의를 모두 그대로 이 사건에 적용할 수는 없다. 특히 부동산개발과 같이 다수의 당사자가 관여하는 거래에서는 각 당사자의 이해관계가 다르기 때문에 모든 당사자가 동일한 입장을 취하여야 하는 것은 아니다. 수임인은 위임인이 누구인지 위임의 본지가 무엇인지에 따라 행동하여야 한다. 또한 어떠한 사항의 의사결정에서 그 사항에 따른 위험을 부담하는 사람이 중요한 역할을 하는 것이 합리적이다. 이러한 점에서 대상판결이 대주단의 수임인과 차주인 시행사의 수임인을 동일 평면에 놓은 점과 수임인(대리은행)의 위임인(대주단)과의 의사소통을 별도의 사무로 위임받았는지 여부의 관점에서만 검토하고 선량한 관리자로서의 주의의무의 이행의 관점에서 검토하지 않은 것은 아쉬운 부분이다.

6.2. 계약서 작성시의 유의사항

이 사건 융자협약은 수백억원의 대출을 행하기 위한 계약임에도 불구하고 당사자 간의 권리의무 관계가 치밀하게 규정되어 있지 않다. 이 사건 사업에 관한 3개의 계약(사업협약, 융자협약, 자금관리약정)이 상호 아귀가 잘 맞게 작성되지 않아 해석상 논란이 생길 수밖에 없다.

또한 이 사건 융자협약은 다수의 금융기관이 참여하여 대주단을 구성하는 신디케이티드대출의 형식을 갖추고 있지만, 내용상으로는 신디케이티드대출의 가장 특징적인 사항들(특히 대주단의 집단적 의사결정)이 빠져있고, 주간사은행과 대주단 간의 법률관계가 명확하지 않았다. 대리은행의 행위 중 대주단의 이해관계에 영향을 미칠 수 있는 사항에 대한 분쟁 발생을 방지하기 위하여 대리은행에 대한 위임사무의 범위와 권한을 보다 명확하게 정할 필요가 있었다. 대리은행과 대주단의 관계뿐 아니라 차주와 대주단의 권리의무 관계 및 대주단 구성원 상호 간의 권리의무 관계도 명확하게 정하여 놓지 않으면 분쟁 발생 가능성이 높아지게 된다. 금융시장의 관행으로 대출계약의 주요 조항들을 표준화하면 당사자들의 권리의무에 대한 예측가능성을 높이고 분쟁도 예방할 수 있다. 외국의 대출계약서의 표준화 작업37)과 마찬가지로 우리나라에서도 신디케이티드대출계약서의 표준화작업을 추진하여 계약서를 정비하는 방안도 심각하게 고려할 필요가 있다.38)

---

37) 유럽시장에서는 LMA(주 4), 일본시장에서는 JSLA(주 20), 아시아시장에서는 ALPMA(Asia Pacific Loan Market Association), 미국시장에서는 LSTA(The Loan Syndication and Trading Association) 등이 대출계약서의 표준화에 앞서고 있다.

38) 한민(주 2), 238쪽도 같은 취지.

[참고문헌]

김형두/변동열, "부동산개발사업에 대한 법적 조명 ― 공모형 대규모 부동산개발사업에서의 시사점을 중심으로 ―", 「BFL」 제52호(서울대학교 금융법센터, 2012. 3.).

신희강/강은주, "신디케이티드대출에서의 분배조항에 대한 이해", 「BFL」 35호(서울대학교 금융법센터, 2009. 5).

진상범, "신디케이티드 론 거래의 대리은행이 부담하는 선관주의의무의 범위", 「대법원판례해설」 제91호(2012년 상)(법원행정처, 2013).

한 민, "신디케이트대출에 관한 법적 검토", 「이화여자대학교 법학논집」 제16권 제4호(이화여자대학교, 2012. 6).

Clarke, Leo and Stanley F. Farrar, "Rights and Duties of Managing and Agent Banks in Syndicated Loans to Government Borrowers", 1982 U. Ill. L. Rev. 229 (1982).

Mugasha, Agasha, *The Law of Multi―Bank Financing: Syndicated Loans and the Secondary Loan Market* (Oxford University Press, 2007).

Proctor, Charles, *The Law and Practice of International Banking* (Oxford University Press, 2010).

Rhodes, Tony, *Syndicated Lending: Practice and Documentation (4th ed.)* (Euromoney Institutional Investor, 2004).

Wood, Philip R., *International Loans Bonds, Guarantees, Legal Opinions (2nd ed.)* (Sweet & Maxwell, 2007).

森下哲朗, "シンジケート・ローンにおけるアレンジャー´ エージェントの責任", 「上智法学論集」 51巻 2号(2007).

4. 인수인 면책약정의 효력[*]

I. 머리말

증권의 공모를 위하여 작성하는 증권신고서·투자설명서에 중요사항에 관한 거짓기재·기재누락(이하 "부실기재")이 있어 증권 취득자가 손해를 입은 경우, 발행인과 인수인 기타 일정한 관련자들이 상당한 주의를 기울이는 등 일정한 예외에 해당하지 않는 이상 자본시장법 제125조에 따라 그 손해를 배상할 책임을 진다. 자본시장법이 적용되지 않는 경우에는 민법상의 불법행위 책임을 부담할 수 있다.[1]

증권을 인수하는 인수인은 이러한 손해배상책임을 부담할 경우에 대비하여 흔히 그 책임을 발행인에게 전가하는 면책약정(indemnification)을 인수계약에 포함시킨다. 미국 뉴욕주법이 준거법인 인수계약에 이러한 면책약정이 포함되어 있는 경우, 뉴욕주 변호사들은 통상 그 면책약정 또는 인수계약의 효력에 대한 법률의견을 내는 것을 거부한다. 면책약정의 효력이 인정되지 않을 수 있기 때문이다. 한국법에 따라 체결되는 인수계약에 이러한 면책약정이 포함되어 있는 경우는 어떠한가. 이에 대한 한국변호사의 법률의견은 통일되어 있지 않은 것으로 보인다. 면책약정에 대한 의견을 제시하지 않는 로펌도 있고, 법률의견에 면책약정에 관한 특별한 제한을 두지 않는 로펌도 있는 것으로 알려지고 있다. 또한 인수인 면책약정의 효력을 다룬 국내 판례와 국내 학설은 아직 보지 못하였다.

아래 II.에서는 미국 투자은행이 사용하는 인수인 면책약정의 내용과 이에

---

[*] BFL 제82호(서울대학교 금융법센터, 2017. 3) 게재.
1) 감사인의 책임에 관한 대법원 1998. 4. 24. 선고 97다32215 판결, 대법원 1999. 10. 22. 선고 97다26555 판결 등.

대한 미국의 논의 를 살펴보고, Ⅲ.에서는 국내 증권공모시 사용되는 인수인 면책약정의 유형과 한국법상 인수인 면책약정의 효력을 인수인의 자본시장 문지기 역할과 관련하여 살펴보기로 한다. 이 글은 인수인 면책약정의 가장 기본형인 신규발행 증권 공모와 관련하여 발행인이 인수인을 면책하는 약정을 대상으로 한다. 대주주가 보유한 기발행증권을 매출할 때 발행인이 인수인을 면책하는 약정에 관한 추가적인 쟁점2)은 다루지 않는다.

Ⅱ. 인수인 면책약정에 관한 미국에서의 논의

1. 인수인 면책약정의 내용

증권 공모시 발행인과 인수인이 체결하는 인수계약은 인수할 증권에 대한 조항, 인수의 방법 내지는 유형에 관한 조항, 인수의무의 발생과 소멸에 관한 조항(선행조건, 계약의 해지 해제), 진술 및 보장(representations and warranties), 확약사항(covenants), 면책 (indemnity), 수수료 및 비용 부담에 관한 조항 기타 일반조항으로 구성된다. 이 가운데 증권신고서·투자설명서의 부실기재에 따른 손해배상에 관한 면책 및 책임분담(indemnity and contribution) 조항의 주요 내용은 대체로 다음과 같다.3)

① 발행인은 증권신고서·투자설명서상 중요한 사항에 대한 부실기재로 인하여 인수인과 그 대리인, 임직원, 계열사가 입는 손해를 면책하고 보상할 의

---

2) 신규발행 증권의 모집에서는 발행인의 자금조달을 위하여 인수인과 면책약정이 포함된 인수계약을 체결하는 것이지만, 기발행증권의 매출에서는 발행인이 조달하는 자금은 없어 면책약정이 발행인이 아닌 매출대주주의 혜택을 위한 것 아닌가 라는 의문이 추가적으로 제기될 수 있다. 미국에서의 간단한 논의는 Charles J. Johnson, Jr., Joseph McLaughlin and Eric S. Haueter, Corporate Finance and the Securities Laws, Fifth Edition (Wolters Kluwer 2016), pp. 2‑47‑2‑48.

3) Line Corporation의 2016. 7. 11.자 International Underwriting Agreement(대표주관회사: 모간스탠리, 골드만삭스, 제이피모간, 노무라), 삼성바이오로직스의 2016. 10. 28.자 인수계약서(대표주관회사: 한국투자증권, 씨티그룹글로벌마켓), 제일모직의 2014. 12. 5.자 주식 총액인수계약서(대표주관회사: 우리투자증권, 씨티그룹글로벌마켓, 제이피모간), 현대로템의 2013. 9. 16.자 인수계약서(대표주관회사: 대우증권, 우리투자증권; 공동주관회사: 메릴린치, 도이치증권), 삼성생명의 2010. 4. 23.자 총액인수 및 모집매출위탁계약서(대표주관회사: 한국투자증권, 골드만삭스) 등 참조.

무를 부담한다. 다만, 인수인이 증권신고서·투자설명서 기재에 사용할 것을 명시적으로 전제하여 제공한 정보를 발행인이 원용함으로써 발생한 부실기재는 제외한다.

② 인수인은 그가 증권신고서·투자설명서 기재에 사용할 것을 명시적으로 전제하여 제공한 정보로 인한 부실기재로 인하여 발행회사와 그 대리인, 임직원등이 입은 손해를 면책하고 보상할 의무를 부담한다. 인수인의 이 의무는 개별채무이며, 귀책사유 있는 인수인은 귀책사유 없는 인수인을 면책하고 보상할 의무 부담한다.

③ ①과 ②에 따른 면책이 면책 받을 권리가 있는 당사자(이하 "면책권리자")에게 가능하지 않거나 또는 관련된 손해를 면책, 보상하기에 부족한 경우, (i) 공모를 통해 발행인이 얻는 이익과 인수인이 얻는 이익의 비율(이하 "상대적 이익비율")에 따라 책임을 분담하고, (ii) 이러한 분담이 법령상 허용되지 않는 경우 상대적 이익비율과 아울러 발행인과 인수인의 과실비율 및 기타 형평성을 고려하여 분담한다. 이 때 상대적 이익비율은 공모로 발행인이 조달한 금액(비용 제외)과 인수인이 받은 수수료액의 비율에 의한다. 발행인과 인수인의 상대적인 과실은, 부실기재가 발행인이 제공한 정보에 의한 것인지 인수인이 제공한 정보에 의한 것인지 여부 및 각 당사자의 그 정보에 대한 의도, 인식, 정보 접근성과 부실기재를 시정하거나 방지할 기회를 갖고 있었는지 여부에 의해 결정한다.

위 ①과 ②는 증권신고서·투자설명서의 부실기재에 따른 손해배상책임이 문제될 때 발행인과 인수인이 상대방을 면책하는 내용(indemnity)[4]이고, ③은 그러한 면책약정의 효력이 인정되지 않는 경우 손해배상책임의 분담 및 구상(contribution)[5] 비율을 정하는 원칙에 대한 합의이다.

---

4) 학자들은 'indemnity'를 '상환'(권영준, "미국법상 공동불법행위자 상호간 구상관계", 민사법학 제64호(2013. 9), 337쪽) 또는 '상환(전액구상)'(박영규, "영미법상의 공동불법행위에 관한 연구", 일감법학 제21권(2012), 429쪽), '보상'(고세일, "공동불법행위자의 책임귀속과 책임분배에 대한 연구: 미국 불법행위 보통법전집 제3판 책임분배를 중심으로", 고려법학 제74호(2014. 9), 117쪽) 등의 용어로 번역하였으나, 이 글에서는 실제 인수계약서에서 사용하는 용어인 "면책"을 사용하였다.

5) 학자들은 대체로 'contribution'을 '구상'으로 번역하고 있으나(권영준, 앞의 논문(주 4), 338쪽, 박영규, 앞의 논문(주 4), 427쪽, 고세일, 앞의 논문(주 4), 137쪽) 등), 실제 인수계

2. 인수인 면책약정의 효력에 관한 미국에서의 논의[6]

2.1. 연방증권법(Securities Act of 1933)

미국 연방증권법은 증권신고서·투자설명서의 부실기재로 인한 투자자의 손해에 대하여 발행인, 인수인 등 6개 그룹의 책임주체가 연대(joint and several)하여 배상할 책임을 지도록 규정하고, 이들 책임주체들이 책임분담·구상(contribution)할 수 있되 다만 사기적 부실표시에 책임이 있는 사람은 구상을 주장할 수 없도록 규정하였다(제11조 (f)항).

미국 연방증권법 제11조 (f)항에 구상에 관한 조항을 둔 것은 당시 미국 보통법상 공동불법행위자 사이의 구상은 허용되지 않는다는 원칙[7]의 적용을 배제하는 효과가 있었다.[8] 이와 같이 미국 연방증권법은 책임주체들 사이에서 손해배상으로 인한 손실을 분배(distribution)하는 책임분담·구상(contribution)에 관한 조항을 두었으나, 책임주체 중 하나가 다른 주체에게 그 책임부담으로 인한 손실을 전부 전가(shift)하는 면책(indemnity)에 대해서는 언급이 없다.

연방증권거래소법(Securities Exchange Act of 1934)도 제9조 (e)항과 제18조 (b)항에 연방증권법 제11조 (f)항과 유사한 책임분담·구상(contribution) 조항을 두었다. 1995년 증권소송개혁법(PSLRA: Private Securities Litigation Reform Act)은 민사책임에 관하여 고의가 있는 경우에는 연대책임을, 고의가 없는 경우에는 분할책임(proportionate liability)을 지도록 개정하고, 책임분담·구상에 관하여도 상세한 원칙

약서에서는 주로 '책임분담'이라는 용어를 사용한다.

6) 영국에서는 인수인 면책약정의 효력을 인정하는 듯하다. Hudson, Securities Law (Sweet & Maxwell, 2008), p. 646. 그러나 증권공모와 관련하여 손해배상책임을 추궁하는 민사소송이 활발한 미국과는 달리 영국에서는 그러한 소송이 거의 이용되지 않았다는 점을 함께 고려할 필요가 있다. Louise Gullifer and Jennifer Payne, Corporate Finance Law: Principles and Policy Second Edition (Bloomsbury, 2015), pp. 518-519.

7) 영국 보통법에서는 고의에 의한 공동불법행위에서만 구상을 허용하지 않았으나, 당시 미국 법원은 고의에 의한 것인지 여부를 묻지 않고 공동불법행위자 간의 구상을 허용하지 않았다. David S. Ruder, "Multiple Defendants in Securities Law Fraud Cases: Aiding and Abetting, Conspiracy, In Pari Delicto, Indemnification, and Contribution." 120 University of Pennsylvania Law Review 597 (1972), p. 647. 미국에서도 이러한 태도는 비판을 받았고, 20세기 중반부터는 고의에 의하지 않은 공동불법행위에서는 구상이 허용되었다. 권영준, 앞의 논문(주 4), 341쪽.

8) William O. Douglas and George E. Bates, "The Federal Securities Act of 1933", 43 Yale Law Journal 171 (1933), p. 178 n. 30.

을 도입하였다. 그러나 PSLRA는 연방증권거래소법에 따른 손해배상책임 및 연방
증권법 제11조에 따른 사외이사의 책임에 한하여 적용될 뿐 연방증권법 제11조에
따른 인수인의 손해배상책임에 직접 적용되지는 않는다.[9]

2.2. 면책약정에 관한 미국 증권거래위원회의 입장

미국 증권거래위원회(Securities and Exchange Commission 이하 "SEC")는 인수계
약에 연방증권법에 따른 손해배상책임에 관하여 발행인이 인수인을 면책하는 약
정(indemnification)을 두고 있는 경우 그 내용을 공시하도록 하였다(Regulation S-K
508(g)). 또한, 증권신고서 효력발생기간의 단축을 신청하는 경우 이사, 임원 및
지배주주가 면책약정의 혜택을 포기하지 않는 한 다음과 같은 내용을 증권신고서
에 기재할 것을 요구하고 있다(Regulation S-K 512(h)).

> "발행인의 이사, 임원 및 지배주주가 부담해야 할 연방증권법에 따른 책
> 임을 면책시키는 면책약정은 연방증권법에 반영된 공공정책(public policy)
> 에 반하고 따라서 효력이 없다는 것이 SEC의 의견임을 발행인이 알고 있다.
> 이사, 임원 또는 지배주주가 등록하려는 증권과 관련하여 면책 받을 권리를
> 주장할 경우(다만, 이사, 임원, 지배주주 등이 소송 기타 절차에서 방어에
> 성공하여 그 관련 비용을 발행인에게 청구하는 경우는 제외), 발행인의 변
> 호사가 그 쟁점에 대하여 확실한 선례가 있음을 확인한 경우가 아닌 한, 발
> 행인은 당해 면책약정이 연방증권법에 표현된 공공정책에 반하는지 여부에
> 관하여 관할법원에 신청하여 판단을 받아야 하며 법원의 최종판단에 기속
> 된다."

이사, 임원 및 지배주주에 대한 면책약정이 있으나 증권신고서의 효력발생기
간 단축을 신청하지 않는 경우, 이사, 임원 및 지배주주가 그러한 면책약정의 혜
택을 포기하지 않는 한 다음과 같은 내용을 증권신고서에 기재할 것을 요구하고

---

9) PSLRA에 따른 구상에 대하여는 Marc I. Steinberg and Christopher D. Olive, "Contribution
   and Proportionate Liability Under the Federal Securities Laws in Multidefendant Securities
   Litigation After the Private Securities Litigation Reform Act of 1995", 50 SMUL Rev. 337
   (1996).

있다(Regulation S-K 510).

> "발행인의 이사, 임원 및 지배주주가 부담해야 할 연방증권법에 따른 책
> 임을 면책시키는 면책약정은 연방증권법에 반영된 공공정책(public policy)
> 에 반하고 따라서 효력이 없다는 것이 SEC의 의견임을 발행인이 알고 있
> 다."

이와 같이 SEC는 오래전부터[10] 발행인이 이사, 임원 및 지배주주의 연방증
권법상의 책임을 면책하는 합의는 공공정책(public policy)에 반하여 효력이 없다는
입장을 취하여 증권신고서에 기재할 것을 요구하였다.[11]

한편 발행인이 인수인과의 사이에서 면책약정을 체결하는 것이 관행이었음
에도 불구하고, SEC 규정은 동일인이 발행인의 이사, 임원 또는 지배주주이면서
동시에 인수인이 되는 경우만을 규정하고 있고 그 밖에 인수인과의 면책약정에
대하여는 언급하지 않았다. 이는 연방증권법 시행 초기에 인수인들이 연방증권법
제11조에 따른 위험을 전부 부담하기를 꺼려할 것이라는 두려움과 경제회복에 대
한 위협이 있었기 때문이라고 설명되고 있다.[12] 이러한 설명에도 불구하고 SEC가
인수인과의 면책약정에 대하여 달리 취급하는데 대하여는 반론이 제기되었고,[13]
아래 Ⅱ.2.3.2(1)에서 언급한 Globus Ⅰ 항소심 판결이 이 반론을 인용하였다.[14][15]

---

10) 위와 같은 내용의 SEC 규정은 1957년에 제정되었다. 17 C.F.R. §230.460(a). 22 Federal
   Register 4075 (June 11, 1957).
11) SEC는 책임보험 가입은 면책약정과는 달리 취급한다. 발행인이 보험료를 부담하여 임원
   배상책임보험에 가입하는 경우에도 효력발생기간 단축에 장애가 되지 않는다(Rule
   460(c)). 이는 보험회사가 피해를 입은 투자자들이 손해배상을 받을 수 있는 자력을 보완
   할 수 있다고 보기 때문인 것으로 설명되고 있다. Louis Loss, Joel Seligman and Troy
   Paredes. *Fundamentals of Securities Regulation* Vol. 2 (Wolters Kluwer, 2011), p. 1838.
12) Id.
13) Note, Indemnification of Underwriters and Section 11 of the Securities Act of 1933, 72
   Yale L.J. 406 (1962-1963), p. 411.
14) 418 F2d 1276 (2d Cir. 1969), 1288.
15) 증권실무를 담당하는 유수한 뉴욕로펌의 변호사가 집필한 책에서는 Regulation S-K, Item
   512(h)에 따른 발행인의 의무가 인수인에 대한 면책약정에 직접 적용될 수는 없지만 그
   기본 취지는 변함이 없다고 하며 인수계약에서 면책약정이 인정되지 않는 경우 발행인
   과 인수인이 책임을 분담하되, 발행인이 인수인보다 많은 금액을 분담하는 내용으로 정
   한다는 점을 지적하였다. Edward F. Greene et al., *U.S. Regulation of the International*

2.3. 면책약정의 효력에 관한 미국의 판례와 논의

2.3.1. 인수인에 대한 역할기대와 인수인의 책임

증권신고서·투자설명서의 부실기재에 대한 대표적인 판결인 1968년의 Escott v. Barchris Construction Corp.[16] 판결은 연방증권법 제11조는 투자자 보호를 목적으로 하고 이를 위하여 인수인은 투자설명서의 진실성을 책임지게 되어 있으며, 단순히 발행인이 제공한 정보를 투자설명서에 반영하는데 그치지 말고 별도로 그 정보를 검증하는 시도를 해야 하며, 발행인의 임원이나 사내변호사만을 신뢰하여서는 안 된다고 판시하고, 당해 사건에서 인수인이 합리적인 조사를 하지 않아 손해배상책임을 진다고 판시하였다. 이어 1971년의 Feit v. Leasco Data Processing Equipment Corporation[17] 판결은 인수인이 발행인의 경영진의 주장에 그냥 의존하는 것은 받아들일 수 없고 인수인은 악마의 대변자(devil's advocate) 역할을 해야 한다고 판시하여, 인수인이 단순히 고객인 발행인을 만족시키는데 그쳐서는 안 되고 투자자 및 공중을 위하여 행동할 것이 기대된다는 점을 강조하였다.[18]

2.3.2. 면책약정의 효력

(1) Globus v. Law Research Service, Inc.("Globus I")[19] — 인수인이 악의인 경우

발행인이 인수인을 면책하는 약정의 효력을 인정하지 않은 대표적인 판결이다. 이 사건의 사실관계를 요약하면, (i) 발행인 Law Research Service, Inc.("LRS")가 소규모 주식공모를 하고 Blair & Co.는 인수인으로 관여하였다. (ii) 공모에 응한 투자자들은 공모시 사용된 투자설명서상 발행인의 중요한 계약에 관한 부실기재[20]가 있었음을 이유로 발행인과 그 사장 및 인수인을 상대로 소송을 제기하였

Securities and Derivatives Markets, Vol. 1, 11th Edition (Wolters Kluwer, 2014), p. 2-135.

16) 283 F. Supp. 643 (S.D.N.Y. 1968). 이 판결의 개요는 박준, "상장법인의 투자자에 대한 손해배상책임과 기업의 대응방안 — Escott v. Barchris Construction Corporation 판결을 중심으로", 상장협 (1992년 추계호), 85-97쪽.

17) 332 F. Supp. 544 (E.D.N.Y. 1971).

18) Helen S. Scott, "Resurrecting Indemnification: Contribution Clauses in Underwriting Agreements", 61 NYUL Rev. 223 (1986), p. 239.

19) 1심: 287 F. Supp. 188 (S.D.N.Y. 1968), 항소심: 418 F2d 1276 (2d Cir. 1969).

20) LRS는 법률가를 상대로 법률정보제공 사업을 하였고 이를 위하여 1963. 6. 5. Sperry Rand와 전산설비와 프로그래밍 관련 계약을 체결하였다. 1965. 1. 25. Sperry는 LRS의 대금 지

다. (iii) 위 소송에서 Blair는 인수계약상의 면책조항[21])을 근거로 LRS에게 횡소 (cross-claim)를 제기하였다.

1심 법원은 면책약정에 따른 Blair의 횡소를 기각하면서 다음과 같이 판시하였다.

"부실기재 사실을 실제 알고 의무 이행을 고의로 무시하여 공공의 이익을 위반하는 위법행위를 저지른 Blair에게 면책약정을 실행하도록 허용하는 것은 연방증권법에 포함된 공공정책에 어긋난다. 연방증권법의 목적은, 원고들과 같은 소액투자자들을 포함한 일반 투자자가, 발행인만이 아니라 인수인도 투자설명서에 기재된 사실을 철저하게 조사하는 데 따른 혜택을 입어, 잠재적 투자자가 진실에 접근할 수 있도록 하는데 있다. 인수인이 발행인으로부터 면책 받아 자신의 위반행위에 대한 책임을 회피하는 것이 허용된다면, 면책이 이행될 수 없는 경우에 비하여, 인수인은 철저한 조사를 하여 자신의 이름으로 배포되는 투자설명서가 진실되게 하려는 유인이 작아질 것이다."

제2항소법원은 인수인이 통상의 과실보다 무거운 죄악을 범한 사건을 다룬다는 점을 지적하면서 1심 판결에 동의하고 항소를 기각하였다. 항소심 판결은 "연방증권법 제11조의 민사책임 및 이와 유사한 조항들은 피해를 입은 매수인의 손해를 보전하는 것보다는 연방증권법의 집행을 촉진하고 의무 위반자를 징벌함으로써 태만을 억제하고자 하는데 있다"고 보고,[22]) "인수인이 그의 책임을 발행인에게 자유롭게 전가할 수 있다면, 민사책임의 강박적(in terrorem) 효과는 좌절된다. 발행인이 인수인보다 더 무거운 책임을 져야 한다는 점을 보임(발행인이 정보에 더 가까울 때 이것은 어렵지 않음)으로써 면책 받을 수 있음을 아는 인수인은 그

급불이행을 이유로 1965. 1. 29.자로 계약을 해지한다는 통지를 보냈고 1965. 1. 29. 이후 LRS에 대한 서비스 제공을 중단하였으며, LRS는 Sperry를 상대로 이에 관한 소송을 제기하였다. 1965. 3. 15. 공모를 위한 투자설명서에는 Sperry와의 계약을 체결하였음을 기재하였고 위와 같은 해지 통지, 서비스 제공중단과 소송제기에 대한 기재는 없었다.

21) 위 Ⅱ. 1.에서 언급한 조항 ①과 거의 같은 내용이다. 다만, Blair의 의무 이행시 고의, 악의 또는 중과실 또는 Blair가 계약상 그의 의무를 무모하게 무시함에 기인한 경우에는 LRS가 면책 의무를 부담하지 않도록 하였다. 418 F2d 1276 (2d Cir. 1969) n. 14.

22) 연방증권법상 민사책임 제도의 목적이 투자자에게 구제수단을 제공하는데 있기보다는 손해 발생과 배상이라는 일이 발생하지 않도록 법 준수를 강제하는데 있다는 점은 연방증권법 제정 직후의 논문에서도 강조되었다. Harry Shulman, "Civil Liability and the Securities Act." 43.2 Yale Law Journal 227 (1933), pp. 227, 251, 253.

의 독립적인 조사를 느슨하게 할 경향을 가지게 된다"고 지적하였다.

(2) Eichenholtz V. Brennan[23] — 인수인이 악의가 아닌 경우

Globus I 사건은 부실기재에 대하여 인수인이 악의인 경우이었으나 Eichen-holtz V. Brennan 사건에서 제3항소법원은 인수인이 악의가 아닌 경우에도 인수계약상의 면책약정에 따른 청구를 기각하였다.

제3항소법원은 Globus I 판결 등을 인용하며 "일반적으로 연방법원은 면책약정에 따른 청구는 연방증권법률의 취지(policy)에 반하므로 그러한 청구를 허용하지 않는다. 증권법제의 목표는 증권거래에서 주의(diligence)를 촉진하고 태만(negligence)을 억제하는데 있다. 이러한 목표는 발행인과 인수인을 손해배상책임이라는 실질적인 위험에 노출시킴으로써 달성된다"고 하였다.

이 사건에서 인수인은 자신이 단순히 과실이 있을 뿐이고 공모에서 미미한(de minimus) 역할을 했을 뿐이라고 하며 면책약정에 따른 청구가 인정되어야 한다는 주장을 하였으나, 제3항소법원은 면책 청구를 허용하지 않은 전례들을 인용하며 "계약에 의한 면책은 위법행위의 주장이나 과오가 결정되기 전에 미리 인수인이 그의 책임 전부를 발행인에게 전가하는 것이고, 이는 인수인의 '조사자 및 공적인 대변자(public advocate)'로서의 역할을 약화시킨다. 법원이 인수인 면책약정에 따른 청구를 인정한다면, 인수인이 조사의무를 다할 유인을 효과적으로 없애게 된다"[24]고 하며, 인수인이 구상(contribution)할 권리는 있으나 면책(indemnification) 받을 권리는 없다고 판시하였다.

(3) Credit Suisse First Boston, LLC v. Intershop Communications AG[25] — 투자자와의 소송에서 승소한 인수인의 소송비용 상환 청구를 허용한 경우

위 (1), (2)에서는 인수인이 증권신고서·투자설명서의 부실기재에 따른 손해배상책임을 인수계약상의 면책약정을 근거로 발행인에게 전가하고자 하였으나 면책약정의 효력이 인정되지 않았다. Credit Suisse First Boston, LLC v. Intershop Communications AG 사건은 투자자가 인수인을 상대로 제기한 손해배상청구소송에서 인수인이 승소한 후 인수계약상의 면책약정에 따라 그 소송비용을 발행인에

---

23) 52 F.3d 478 (3d Cir. 1995).
24) "법률이 인수인으로 하여금 그들에게 제공된 자료를 검증하는 합리적인 시도를 하도록 하는 예방적 목적을 달성하지 못하게 된다"는 Helen Scott 교수의 논문(Scott, 앞의 논문 (주 18), p. 245)도 인용하였다.
25) 407 F.Supp.2d 541 (S.D.N.Y. 2006).

게 청구한 건이다.

이 사건에서 발행인은 Globus I 판결이 판시한 바와 같이 면책약정은 공공정책에 반한다는 주장을 하였다. 뉴욕남부지방법원은 잘못이 없는 당사자가 면책약정에 따라 소송방어비용을 청구할 수 있고 이 사건에서 면책약정에 따른 청구는 인수인이 자신의 손해배상책임을 발행인에게 전가하는 것이 아니라고 하며 발행인의 주장을 배척하였다.

2.3.3. 책임분담·구상 약정에 관한 논의

인수계약에 통상 포함되는 면책조항에는 면책권리자의 면책권(indemnity)이 인정되지 않는 경우 책임분담·구상(contribution)하는 약정이 들어간다(위 Ⅱ.1.③). 이 약정은 (i) 상대적 이익비율(공모로 발행인이 조달한 금액(비용 제외)과 인수인이 받은 수수료액의 비율)에 따라 분담하는 것을 원칙으로 하고, (ii) 그것이 허용되지 않는 경우에는 과실비율 및 기타 형평성을 고려하여 분담하기로 정한다. 과실비율을 정할 때 부실기재가 어느 당사자가 제공한 정보에 의한 것인지, 각 당사자의 그 정보에 대한 의도, 인식, 정보 접근성과 거짓 기재 또는 기재누락을 시정하거나 방지할 기회를 갖고 있었는지 등에 의해 결정한다.

특별한 약정이 없어도 증권신고서·투자설명서의 부실기재에 따른 손해배상책임 주체 사이에서 구상(contribution)할 수 있는 권리가 인정된다. 이 점은 Globus v. Law Research Service, Inc.("Globus Ⅱ")[26] 판결로 확인되었다. 앞서 본 Globus 사건에서 Globus I 판결에 따라 발행인(LRS)과 그 사장 및 인수인(Blair)이 연대하여 손해배상책임을 지게 되었다. 판결 받은 금액 전액을 Blair가 원고들에게 지급한 후 다른 피고들에게 구상을 청구하였다. Globus Ⅱ 판결은 증권법이 "발행인과 인수인을 손해배상책임이라는 실질적 위험에 노출시킴으로써 주의, 조사 및 법률이 요구하는 사항의 준수를 독려하는 것"이라고 한 Globus I 항소심 판결을 인용하며, 연대하여 부담하는 손해배상책임을 신속하게 이행한 당사자에게 모든 부담을 넘김으로써 발행인과 그 사장의 손해배상책임을 무력화시킬 수는 없다고 보아 Blair의 구상 청구를 인용하였다.

미국에서는 구상이 허용될 경우 전통적으로 각 책임주체의 분담비율은 균등한 것으로(pro rata) 보았으나, 균등분담은 적용의 간편함에도 불구하고 형평에 맞

---

26) 1심: 318 F. Supp. 955 (1970), 항소심: 442 F.2d 1346 (2d Cir. 1971).

지 않는 면이 있어 결국 과책의 정도를 비교하는 방법이 채택되었다.[27] 인수계약서에서 사용되는 책임분담·구상 약정은 책임분담 비율에 대한 합의를 정하고 있다. 연방증권법 제정 직후에는 이러한 합의가 허용된다는 입장을 취한 견해가 제시되었으나,[28] 법 제정 후 50년이 지난 시점에는 허용여부가 불명확하다는 의견이 제시되고 있다.[29] 후자의 견해는 인수계약서의 책임분담·구상 약정은 상대적 이익비율을 사용하여 면책약정의 효과를 달성하고 인수인의 손해배상책임을 무력화시킨다고 보고, 상대적 과실비율의 산정 기준도 인수인의 임무를 무시한 것이라고 비판한다.[30]

2.4. 인수인 면책약정에 관한 미국 변호사의 법률의견

증권 발행시 통상 인수인은 변호사로부터 법률의견서를 받는 것을 인수계약서에 따른 인수의무 이행의 선행조건으로 요구한다. 법률의견서의 내용 중 가장 중요한 사항 중의 하나가 증권 발행에 관련된 주요 계약서가 유효하고 구속력있으며 집행가능하다(valid, binding and enforceable)는 점에 대한 법률의견이다.

Globus I 사건에 관한 항소심 판결이 선고된 이후 인수인 면책약정의 효력에 대한 심각한 의문이 제기되어 변호사의 법률의견 작성실무에 큰 영향을 주었다. 법률의견에 "면책과 책임분담에 관한 권리는 연방 또는 주 증권법에 따라 제한될 수 있다"는 단서를 붙이는 방안도 제시되었으나 이는 증권법을 넘어 일반적인 공공정책(public policy) 위반을 포괄하지 못하는 문제가 있었다. 결국 효력·집행가능성에 대한 법률의견에서 면책약정을 제외하거나, 아예 인수계약서 전체에 대하여 효력·집행가능성에 대한 법률의견을 내지 않는 실무가 형성되었다.[31]

---

27) Note, "Contribution Under the Federal Securities Laws," 1975 Wash. U. L. Q. 1256 (1975), pp. 1303-1314; Scott, 앞의 논문, pp. 255-256. 이러한 변천과정 및 불법행위법 리스테이트먼트 제3판(The Restatement(Third) of Torts: Apportionment of Liability) 제8조에 따른 비율산정기준에 관하여는 권영준, 앞의 논문(주 4), 350-353쪽. 이동진, "공동불법행위, 구상, 과실상계의 경제적 분석", 법경제학연구 제9권 제1호(2012. 6), 73쪽은 여러 나라에서 이러한 변천을 거쳤음은 언급하였다.

28) Douglas and Bates, 앞의 논문(주 8), pp. 178-179.

29) Scott, 앞의 논문(주 18), p. 253.

30) Id., pp. 265-269.

31) Donald W Glazer, Scott T Fitzgibbon & Steven O Weise, *Glazer and Fitzgibbon on Legal Opinions: Drafting, Interpreting, and Supporting Closing Opinions in Business Transactions*, Third Edition (Wolters Kluwer, 2008), p. 382.

인수계약서 전체에 대하여 효력·집행가능성에 대한 법률의견을 내지 않는 이유는 법률의견을 발급하는 시점은 증권발행과 증권대금의 지급이 이루어지는 계약이행(closing) 시점인데, 그 시점 이후 인수계약서에서 의미가 있는 조항은 실질적으로 면책약정뿐이므로 면책약정을 제외하고 인수계약서에 대한 법률의견을 내는 것은 의미가 없기 때문이다.[32)33)] 그래서 통상 인수계약서에 대해서는 적법하게 내부승인되고 서명·교부된(duly authorized, executed and delivered) 점에 대한 법률의견을 제시할 뿐 효력·집행가능성에 대한 법률의견을 제시하지 않는다.[34)]

Ⅲ. 한국법상 인수인 면책약정의 효력

1. 국내의 인수계약상 인수인 면책약정

1.1. 개관

인수인 면책약정에 관한 국내 실무를 확인하기 위하여 2016년 및 2011년에 한국거래소 유가증권시장에 신규상장된 회사들의 기업공개시 체결된 인수계약서를 확인하여 보았다. 인수계약서에 규정된 손해배상책임의 분담 및 면책에 관한 조항을 살펴보면 다음과 같은 3개의 유형으로 나누어 볼 수 있다. 유형A는 2011년에는 있었지만 2016년에는 없다. 유형C는 공모대상에 외국투자자를 포함시켜 외국금융회사를 주관회사로 한 경우에 사용된다. 대부분은 유형B이다. 아래에서 보듯이 유형B도 대표주관회사에 따라 내용에 상당한 차이가 있다. 금융회사 별로 표준적인 계약서 초안을 가지고 있기 때문일 것으로 추측된다. 그런데 동일한 금융회사가 대표주관회사를 맡았으나 면책조항의 내용이 다른 경우도 있는데 이것이 협상의 결과인지는 파악하기 어렵다.

---

32) Id., p. 383.

33) 미국변호사협회(American Bar Association)의 법률의견 작성지침도 법률의견의 수령자에게 충분히 유용하지 않은 경우에는 의견의 범위를 제한하거나 의견 전부를 생략할 수 있다고 하였다. The Committee on Legal Opinions, "Guidelines for the Preparation of Closing Opinions", 57 Bus. Law. 875 (2002), p. 676 n. 7.

34) Glazer, et. al., 앞의 책(주 31), p. 382.

1.2. 유형A[35)]

1.2.1. 관련 계약조항

(i) 귀책사유 있는 당사자가 다른 당사자에게 손해배상하되, 주관회사 및 그 임직원은 고의·중과실의 경우만 손해배상책임을 부담한다.

(ii) 발행인은 증권신고서·투자설명서에 기재된 사항의 위반·불이행으로 인한 책임을 부담하고, 계약 체결 및 이행과 관련된 소송제기시 대표주관회사 및 임직원을 면책할 의무 부담한다. 다만 대표주관회사·임직원의 고의·중과실이 있다고 확정판결을 받은 경우는 제외한다.

1.2.2. 관련 계약조항 적용시 손해배상책임의 분배 및 전가

유형A는 증권신고서·투자설명서의 부실기재에 따른 손해배상책임을 발행인과 인수인 사이에서 분배하거나 전가하는 내용을 명시적으로 정하고 있지 않다. 유형A의 경우에는 계약조항을 인수인에게 유리한 쪽으로 넓게 해석한다면 모르되 증권신고서·투자설명서의 부실기재에 따른 인수인의 책임을 발행인에게 전가하기에 충분한 내용을 담고 있지 못하다.

1.3. 유형B[36)]

1.3.1. 관련 계약조항

(i) 귀책사유 있는 당사자가 다른 당사자에게 손해배상한다. 여기에 추가하여 인수인 및 그 임직원은 고의·중과실의 경우만 손해배상책임을 부담하고, 인수인 및 임직원의 고의·중과실이 없는 경우 발행인이 인수인 및 임직원을 면책할 의무를 부담한다는 조항을 넣는 경우도 있다.[37)]

---

35) 인터지스의 2011. 11. 10.자 인수계약서(대표주관회사: 삼성증권) 제18조.

36) 이 유형 중 약간 간단한 조항을 둔 예로는 화승엔터프라이즈의 2016. 9. 19.자 인수계약서(대표주관회사: 한국투자증권) 제19조, 엘에스전선아시아의 2016. 9. 7.자 인수계약서(대표주관회사: 한국투자증권, 하나금융투자) 제20조, 용평리조트의 2016. 5. 13.자 인수계약서(대표주관회사: 대우증권) 제19조. 약간 상세한 조항을 둔 예로는 두올의 2016. 7. 15.자 인수계약서(대표주관회사: 미래에셋증권) 제18조, 해성디에스의 2016. 6. 14.자 인수계약서(대표주관회사: NH투자증권) 제17조, 해태제과식품의 2016. 4. 26.자 인수계약서(대표주관회사: NH투자증권, 삼성증권) 제18조, 대림씨엔에스의 2016. 3. 18.자 인수계약서(대표주관회사: 대우증권) 제19조, 제이에스코퍼레이션의 2016. 1. 25.자 인수계약서(대표주관회사: NH투자증권) 제18조.

37) 예: 두올의 2016. 7. 15.자 인수계약서(대표주관회사: 미래에셋증권) 제18조, 제이에스코퍼레이션의 2016. 1. 25.자 인수계약서(대표주관회사: NH투자증권) 제18조, 엠케트렌드

(ii) 발행인은 주식공모에 따른 모든 업무와 관련하여 인수인 및 그 임직원이 입은 손해를 배상할 책임을 부담한다(발행인의 귀책사유가 필요한지 여부에 대하여는 여러 유형이 있다. 발행인이 단순히 공모와 관련된 모든 업무와 관련하여 배상책임을 지도록 한 경우[38]가 제일 많고, 발행인이 귀책사유가 있는 경우에 책임을 지도록 한 경우[39] 또는 발행인이 고의·중과실이 있는 경우 책임을 지도록 한 경우[40]도 있다). 다만, 손해배상 받을 자의 고의·중과실[41] 또는 고의·과실[42]로 인한 손해는 제외한다. 인수인이 그의 고의·중과실로 인한 발행인의 손해를 배상한다는 조항을 추가한 경우도 있다.[43]

(iii) 발행인이 인수계약과 증권신고서·투자설명서에 기재한 사항의 불이행에 따른 책임과 증권신고서·투자설명서의 부실기재에 따른 책임을 부담하고, 이로 인하여 인수인 및 그 임직원이 소송당한 경우 면책 의무를 부담한다.

(iv) 발행인이 대표주관회사에 제공한 재무제표 등 각종 신고서 작성 및 증권 분석 관련 자료상의 부실기재에 대한 책임을 부담하고, 이로 인한 인수인 또는 그 임직원의 손해(소송비용, 변호사비용 등 포함)를 배상한다.

(v) 판결로 위 조항의 일부 또는 전부가 무효가 되는 경우 그 과실 비율에 따라 손해배상 책임을 부담하지만, 인수인의 책임은 인수인이 받은 수수료를 한도

의 2011. 5. 6.자 인수계약서(대표주관회사: 우리투자증권) 제15조.

38) 예: 한국자산신탁의 2016. 6. 29.자 인수계약서(대표주관회사: 대신증권, 신한금융투자) 제17조, 제이에스코퍼레이션의 2016. 1. 25.자 인수계약서(대표주관회사: NH투자증권) 제18조, 해태제과식품의 2016. 4. 26.자 인수계약서(대표주관회사: NH투자증권, 삼성증권) 제18조, 두올의 2016. 7. 15.자 인수계약서(대표주관회사: 미래에셋증권) 제18조, 해성디에스의 2016. 6. 14.자 인수계약서(대표주관회사: NH투자증권) 제17조, 핸즈코퍼레이션의 2016. 11. 18.자 인수계약서(대표주관회사: 케이비투자증권) 제18조(책임부담).

39) 예: 엘에스전선아시아의 2016. 9. 7.자 인수계약서(대표주관회사: 한국투자증권, 하나금융투자) 제20조, 화승엔터프라이즈의 2016. 9. 19.자 인수계약서(대표주관회사: 한국투자증권) 제19조.

40) 예: 대림씨엔에스의 2016. 3. 18.자 인수계약서(대표주관회사: 대우증권) 제19조, 용평리조트의 2016. 5. 13.자 인수계약서(대표주관회사: 대우증권) 제19조.

41) 예: 해성디에스의 2016. 6. 14.자 인수계약서(대표주관회사: NH투자증권) 제17조, 해태제과식품의 2016. 4. 26.자 인수계약서(대표주관회사: NH투자증권, 삼성증권) 제18조, 제이에스코퍼레이션의 2016. 1. 25.자 인수계약서(대표주관회사: NH투자증권) 제18조.

42) 예: 한국자산신탁의 2016. 6. 29.자 인수계약서(대표주관회사: 대신증권, 신한금융투자) 제17조, 대림씨엔에스의 2016. 3. 18.자 인수계약서(대표주관회사: 대우증권) 제19조, 용평리조트의 2016. 5. 13.자 인수계약서(대표주관회사: 대우증권) 제19조.

43) 예: 대림씨엔에스의 2016. 3. 18.자 인수계약서(대표주관회사: 대우증권) 제19조.

로 한다.[44]

1.3.2. 관련 계약조항 적용시 손해배상책임의 분배 및 전가

유형B는 첫째, 발행인은 주식공모에 따른 모든 업무와 관련하여 인수인 및 그 임직원이 입은 손해를 배상할 책임을 부담하도록 하였다(발행인의 과실 또는 중과실을 요구한 경우도 있으나 대부분 발행인의 귀책사유를 묻지 않음). 둘째, 발행인이 증권신고서 작성과 관련하여 대표주관회사에 제공한 재무제표 등 자료상 부실기재가 있는 경우 이로 인하여 인수인 또는 그 임직원이 입은 손해를 배상할 책임을 발행인이 부담함을 명시하였다. 나아가 이러한 합의가 무효가 되는 경우 손해를 과실 비율에 따라 부담한다는 점과 인수인의 책임을 인수인이 받은 수수료를 한도로 한다는 점을 명시하였다.

가장 전형적인 유형B에 따르면 증권신고서·투자설명서의 부실기재는 공모에 따른 업무에 속할 것이므로 인수인이 입은 손해를 발행인이 배상하기로 합의한 것이고, 발행인이 제공한 자료로 인한 경우에는 더욱 그렇게 된다. 결국 증권신고서·투자설명서의 부실기재에 따라 인수인이 손해배상책임을 지게 된다고 하더라도 그로 인한 인수인의 손실을 발행인에게 전가할 수 있게 하였다. 또한 그러한 약정이 무효로 판정되어 발행인과 인수인이 손실을 분담하는 경우에는 인수인의 부담부분이 수수료액에 한하게 된다.

1.4. 유형C[45]

1.4.1. 관련 계약조항

위 Ⅱ.1.에서 언급한 미국의 인수계약서에서 흔히 사용되는 면책약정(indemnity)과 거의 동일한 내용이다.

---

44) 대부분 인수인이 받은 수수료를 한도로 한다는 조항을 두고 있지만 이와 달리 정한 경우도 있다. 신세계인터내셔날의 2011. 6. 3.자 인수계약서(대표주관회사: 한국투자증권) 제17조는 인수인의 수수료 금액과 발행인이 조달한 금액의 비율로 분담하는 것으로 규정하였다. 두산엔진의 2010. 11. 29.자 인수계약서(대표주관회사: 대우증권, 동양종합증권) 제17조 제5항은 과실비율에 따른 손해의 분담만 규정하고 손해의 한도액은 정하지 않았다.
45) 두산밥캣의 2016. 11. 7.자 인수계약서(대표주관회사: 한국투자증권, 제이피모간) 제18조(면책 및 책임분담), 삼성바이오로직스의 2016. 10. 28.자 인수계약서(대표주관회사: 한국투자증권, 씨티증권) 제18조(면책 및 책임분담). 두산밥캣 건은 기발행주식의 매출이고 삼성바이오로직스 건은 매출과 모집이 포함되어 있다.

1.4.2. 관련 계약조항 적용시 손해배상책임 분배 및 전가

유형C은 첫째, 증권신고서·투자설명서에 기재할 목적으로 인수인이 제공한 정보로 인하여 거짓 기재 또는 기재누락이 발생한 경우에 한하여 그 정보를 제공한 인수인이 책임을 지고, 그 이외의 경우에는 증권신고서·투자설명서의 부실기재에 대하여 모두 발행인이 책임을 지도록 하였다. 둘째, 그 합의의 효력이 인정되지 않는 경우 위 Ⅱ.에서 논의한 미국의 인수계약서에서 사용하는 것과 동일한 분담 기준을 정하였다.

유형C에 따르면 인수인이 증권신고서·투자설명서에 기재되도록 할 목적으로 발행인에게 제공한 정보상 거짓이나 누락이 없는 한 증권신고서·투자설명서의 부실기재에 대한 인수인의 책임을 발행인에게 전가하는 효과가 있게 되고, 면책조항의 효력이 인정되지 않아 책임을 분담하는 경우에는 인수인의 부담부분이 발행인에 비하여 매우 작은 비율이 되게 된다.

2. 한국법상 인수인 면책약정의 효력

2.1. 면책약정이 없는 경우의 구상

대법원 판례에 따르면, 공동불법행위자는 피해자에 대하여 부진정연대채무를 부담하고 어느 한 공동불법행위자가 자신이 부담할 부분을 넘어서 변제하여 공동의 면책을 얻은 경우에는 손해의 공평한 분담이라는 견지에서 다른 공동불법행위자에게 부담부분의 비율에 따라 구상을 청구할 수 있다.[46] 부담비율 결정시 불법행위 및 손해의 발생 내지 확대에 대한 주의의무의 정도에 상응한 과실의 정도를 비롯한 기여도와 부진정연대채무자 사이의 내부적 법률관계를 고려하여야 하고, 손해의 공평한 분담이라는 견지에서 신의칙상 상당한 한도로 구상권 행사를 제한할 수도 있다. 이 때 어느 한 공동불법행위자의 부담부분이 100%이어서 그가 다른 공동불법행위자에게 구상 청구를 할 수 없는 경우도 발생할 수 있다.[47]

---

46) 대법원 2001. 1. 19. 선고 2000다33607 판결, 대법원 2005. 7. 8. 선고 2005다8125 판결 등 다수.

47) 대법원 1996. 2. 9. 선고 95다47176 판결. 권영준, 앞의 논문(주 4), 346-347쪽은 고의에 의한 공동불법행위자의 구상권 행사를 허용하지 않던 미국의 법리를 논의하며, 우리 불법행위법에서도 신의칙이나 형평의 이념을 통하여 고의에 의한 공동불법행위자의 구상권 행사를 제한할 수 있음을 시사하였고, 348쪽은 "독일에서도 내부관계에서 과책의 정도가

자본시장법 제125조는 민법상의 불법행위에 따른 손해배상책임의 특칙으로[48] 민법상의 불법행위 책임보다는 청구권자의 증명부담을 줄여주는 대신 짧은 제척기간을 두었다. 투자자는 특칙인 자본시장법 제125조에 따라 손해배상을 청구할 수도 있고 특칙의 적용을 받지 않고 민법상의 불법행위책임을 청구할 수도 있다. 자본시장법 제125조에 따른 손해배상책임을 지는 주체들 간의 관계는 기본적으로 민법상의 부진정연대채무자와 마찬가지이고 어느 한 사람이 손해배상책임을 자신의 부담부분을 넘어 이행한 경우 그 넘는 부분을 손해배상책임을 지는 다른 주체에게 구상권을 행사할 수 있다.[49] 이 때 구상권 행사 가능 여부와 그 범위는 공동불법행위에서의 구상에 적용되는 기준이 그대로 적용될 수 있을 것이다.

2.2. 면책약정의 효력
2.2.1. 문제의 소재
위 Ⅲ.2.1.에서 언급한 분담과 구상의 법률관계는 자본시장법 제125조상의 손해배상책임 주체들 사이에 책임분담과 구상에 대한 약정이 없는 경우에 관한 것이다. 그들 사이에 미리 책임의 분담 또는 전가를 약정한 경우, 특히 유형B 또는 유형C와 같이 증권신고서·투자설명서의 부실기재에 따른 인수인의 손해배상책임을 발행인에게 전가하는 내용의 면책약정이나 인수인과 발행인의 손해배상책임 분담 비율을 인수인에게 유리하게 정한 약정의 효력을 인정할 것인가가 문제될 수 있다.

공서양속에 반하거나 강행법규를 위반하지 않는 이상 계약의 효력은 인정되어야 하는 것이 원칙이다. 계약에 의하여 발생하는 연대채무에서는 합의로 연대채무자의 부담부분을 정할 수 있음은 물론이다. 불법행위에 따른 손해배상책임 또는 이와 유사한 성질의 채무의 발생을 우려하여 분담부분을 미리 정하는 것도 원칙적으로는 계약 자유의 원칙에 따라 허용된다고 보아야 할 것인가. 특히 사전

압도적인 자가 다른 자를 상대로 구상권 행사를 하는 것은 금지 내지 제한하는 해석론"이 있음을 언급하였다.
48) 김건식·정순섭, 자본시장법 제3판(두성사, 2013), 229쪽; 임재연, 자본시장법 2016년판(박영사, 2016), 457-459쪽; 한국증권법학회, 자본시장법 [주석서1] 개정판(박영사, 2015) (남궁주현 집필), 636쪽.
49) 김건식·정순섭, 앞의 책(주 48), 249쪽; 임재연, 앞의 책(주 48), 480쪽.

약정이 위법행위의 발생을 촉진하거나[50] 다른 법률상의 의무의 이행을 소홀히 할 것을 의도한 경우 또는 그러한 효과가 발생하는 경우에는 그 약정의 효력을 전적으로 계약자유의 원칙에 맡겨둘 수 있는지에 대해서는 신중히 검토해 볼 필요가 있다.

2.2.2. 인수인의 자본시장 문지기 기능

인수인은 자본시장의 문지기(gatekeeper)의 하나다. 증권공모의 맥락에서 자본시장의 문지기는 자본시장에서 자금을 조달하려는 기업에게 필요한 서비스를 제공하고 그 기업이 위법행위를 하려고 할 때 서비스 제공을 거부함으로써 그 기업의 자본시장 진입을 억제하는 기능을 한다. 문지기들은 통상 평판자본을 기초로 발행시장에서 지속적으로 활동하는 전문가들이다. 1회의 공모에 그칠 수 있는 발행인보다는 더 적극적으로 증권법규를 준수하여 공모하도록 할 유인이 크다. 증권법규는 평판자본 유지만을 유인으로 삼아 문지기 역할을 할 것을 기대하는 것이 아니라 제재의 방법도 사용한다. 자본시장법에 따른 인수인의 민·형사책임도 이러한 맥락에서 이해할 수 있다.[51]

증권신고서·투자설명서에 중요한 사항의 부실기재가 있는 경우, 인수인은 '상당한 주의를 하였음에도 불구하고 부실기재를 알 수 없었음'을 증명해야 자본시장법 제125조상의 손해배상책임을 면할 수 있다. 즉 "자신의 지위에 따라 합리적으로 기대되는 조사를 한 후 그에 의하여 거짓의 기재 등이 없다고 믿었고 그렇게 믿을 만한 합리적인 근거가 있었음"을 증명해야 한다.[52] 인수인이 합리적으로 기대되는 조사를 하고 그 조사 결과 합리적인 근거를 가지고 부실기재가 없다

---

50) 불법행위의 유발을 방지하기 위한 제도의 예로는 고의의 불법행위로 인한 손해배상채권에 대한 상계 금지(민법 제496조)와 고의의 불법행위로 인한 손해배상채무를 면책대상에서 제외하는 것(채무자 회생 및 파산에 관한 법률 제625조 제2항 제4호)이 있다(그 제도의 취지에 대하여는 대법원 2002. 1. 25. 선고 2001다52506 판결 등, 헌법재판소 2011. 10. 25. 2009헌바234 결정).

51) 증권신고서의 부실기재에 따른 투자자의 손해를 배상할 책임을 인수인이 발행인과 연대하여 부담하도록 하는 경우에 비하여, 투자자에 대한 배상액을 결정하는 단계에서 (다른 책임주체와 비교) 인수인의 과책 정도를 반영하여 배상액을 감액한다면, 인수인에게 손해배상책임을 부과시킴으로써 자본시장 문지기로서의 역할을 수행할 것을 요구하는 효과는 줄어들 것으로 보인다.

52) 대법원 2015. 12. 23. 선고 2015다210194 판결, 대법원 2014. 12. 24. 선고 2013다76253 판결, 대법원 2007. 9. 21. 선고 2006다81981 판결, 대법원 2002. 9. 24. 선고 2001다9311 판결 등.

고 믿어야 한다. 자본시장법상 발행인 규율과는 별도로 인수인이 독자적인 조사를 해야 할 의무를 특별히 부과한 것이라고 볼 수 있다.

2.2.3. 인수인 면책약정과 인수인이 문지기 역할을 수행할 유인

투자자는 발행인·인수인 등을 상대로 증권신고서·투자설명서의 부실기재에 따른 손해를 배상할 책임을 추궁할 수 있다. 이 때 발행인과 인수인 사이에서 미리 유형B 또는 유형C와 같은 약정을 체결하고 그 약정이 유효할 경우, 발행인에 관한 정보가 부실기재됨으로 인한 손해배상책임의 문제가 제기되어도 인수인은 발행인으로 하여금 모든 손해를 배상할 것을 요구할 수 있게 된다. 인수인이 투자자에 대한 손해배상책임을 이행한 경우에는 그로 인한 손실을 전부 발행인으로부터 전보 받을 수 있게 된다. 이와 같은 결과는 인수인이 증권신고서·투자설명서에 부실기재가 발생하지 않도록 상당한 주의를 기울일 필요성을 느끼지 못하게할 우려가 크다.[53]

인수인이 독자적인 조사의무를 이행하지 않으면 발행인이 작성한 증권신고서·투자설명서를 검증하지 못하게 되어 결국 발행시장 공시제도가 제대로 작동되지 못하게 된다. 발행인이 자본시장 거래에 경험이 부족하거나 인력이 부족하여 인수인 측의 직원이 증권신고서·투자설명서 초안을 작성하는 경우에는 문제가 더 심각해진다.

앞서 언급한 Scott 교수의 지적과 마찬가지로 면책약정이 무효일 경우 적용되도록 한 책임분담·구상 약정 역시 인수인의 부담부분이 매우 작게 산정되도록하고 있다는 점에서 면책약정에 못지않게 상당한 주의를 기울일 유인을 억제할우려가 있으나, 책임을 전부 발행인에게 전가하는 면책약정보다는 유인 억제 효과는 작을 것이다.[54]

---

53) 물론 다음과 같은 점들을 고려할 때 면책약정 만으로 인수인이 상당한 주의를 기울일 유인이 100% 사라지는 것은 아니다. 첫째, 발행인이 도산하거나 도산에 근접한 상황에서 발행인에게 구상 청구를 하게 되면 현실적으로 구상권 행사로 전액을 회수할 수 없을 수도 있다. 둘째, 인수인이 투자자에게 지급한 손해배상액을 전부 발행인으로부터 전보 받는다고 하더라도, 부실기재된 증권신고서·투자설명서를 사용한 증권공모에 관여하였다는 사실과 투자자로부터 손해배상청구를 당했다는 사실은 남아 있고, 이로 인한 명성 또는 평판자본(reputational capital)의 훼손이 발생할 수 있다. 그러나 평판자본이 실제 크게 중요하게 작동하지 않는 시장에서는 금전적 손실 전보를 염두에 두고 상당한 주의를 해태할 우려가 훨씬 커질 것이다. 셋째, 사실관계에 따라 인수인이 형사책임 또는 행정적 제재를 받을 수 있다.
54) 책임분담 약정이 없더라도 복수의 책임주체 간의 분담과 구상이 인정될 것이므로 책임

2.2.4. 인수인 면책약정과 보험가입의 차이

인수인이 증권인수업무와 관련한 손해배상책임 발생을 우려하여 책임보험에 가입한 경우에도 인수인의 자본시장 문지기로서의 역할을 수행할 유인이 줄어들어 책임보험의 효력을 부정해야 하는가 하는 의문이 제기될 수 있다. 결론적으로 책임보험 가입과 발행인으로부터 받는 면책약정은 구별되어야 하고, 책임보험의 효력을 부정할 것은 아니다.

인수인은 발행인이 증권법규를 준수하지 않으면서 자본시장을 이용하는 행위를 억제할 임무를 인수인이 맡고 있고, 발행인은 인수인의 독자적인 조사의 대상인 정보를 제공하는 주체로서 사실상 인수인의 독자적인 조사의 상대방이라고 할 수 있다. 이와는 달리 책임보험은 증권 공모과정에 참여하지 않은 제3자가 보험자로 인수인과 계약함으로써 이루어진다. 또한 발행인으로부터의 면책약정은 특별한 대가없이 이루어지는데 반하여 책임보험 가입을 위해서는 보험료를 지급하여야 한다. 그 보험료는 보험가입자들 전체 즉 인수업무를 수행하는 금융회사들이 전반적으로 상당한 주의를 이행하는 정도를 반영하여 산정될 것이므로 상당한 주의의 태만은 결국 보험료의 상승을 가져오고 이는 인수인의 부담이 될 수밖에 없다.

2.2.5. 인수인의 자본시장 문지기 역할과 공서양속

미국의 판결들은 인수인이 독자적인 조사의무를 수행해야 하는 "공적인 대변자" 또는 "악마의 대변자"로서의 역할을 해야 하고 이를 행할 유인을 줄이는 면책약정은 연방증권법에 반영된 공공정책(public policy)에 위반한다고 보아 효력을 인정하지 않았다. 국내 인수계약상 사용되는 유형B 또는 유형C의 인수인 면책약정도 인수인이 독자적인 조사 의무를 이행할 유인을 없애거나 대폭 줄이는 효과가 있다는 점에서는 미국 판결이 다룬 사건과 별 차이가 없다.

이제 부딪히는 문제는 인수인이 독자적 조사 의무를 이행할 유인을 없애는 것이 민법 제103조에 규정된 "선량한 풍속 기타 사회질서"에 위반되는지 특히 공

분담 약정은 그러한 구상관계를 명확히 한 것에 불과하다고 할 수도 있다. 그러나 법원이 사실관계에 기초한 과책 비율을 정하는 것과 달리 미리 당사자가 합의하는 것이고 약정이 과도하게 일방적이면 면책약정(면책은 책임분담이 극한에 도달해 분담비율이 100:0이 되는 경우임)과 유사한 효과를 가질 것이다. 과도한 지 여부의 판단은 당해 사건의 구체적인 사실관계에 따라 달라질 수 있다는 점에서 유형화하여 사전에 판단하기는 쉽지 않을 것이다.

공의 이익을 보호하기 위한 공서양속에 위반되는지 여부이다. 공공의 이익을 보호하기 위한 공서양속에 위반되는 행위에는 사회제도의 정상적인 기능수행을 위태롭게 하는 행위가 포함된다.[55)]

사회질서는 사회마다 차이가 있고 시대에 따라 변한다. 인수인 면책약정이 공서양속 위반인지 여부는 결국 자본시장이 사회제도로 인정될 것인지 여부와 그 비중, 자본시장의 정보공시제도의 중요성, 정보공시제도의 훼손으로 인한 자본시장 신뢰의 추락과 자본시장 기능의 훼손의 심각성, 자본시장 문지기의 역할의 중요성 등에 대한 평가의 문제라고 하겠다.

불법행위의 유발을 방지하기 위한 제도로 고의의 불법행위로 인한 손해배상채권에 대한 상계 금지(민법 제496조)와 고의의 불법행위로 인한 손해배상채무를 면책대상에서 제외하는 것(채무자 회생 및 파산에 관한 법률 제625조 제2항 제4호)을 두고 있음에 비추어, 인수인이 부실기재에 대하여 악의인 경우는 면책약정에 근거한 청구를 할 수 없지만 악의가 아닌 경우에는 면책약정의 효력을 인정해야 한다고 보는 견해도 있을 수 있다. 이 견해에 따르면 인수인이 형사책임도 질 수 있는 정도가 되어야 면책약정에 따른 청구를 할 수 없게 될 것이다. 이 견해는 형사책임과는 별도로 민사책임 제도를 둠으로써 인수인에게 독자적인 조사를 할 것을 요구한다는 점 및 인수인이 악의가 아니라도 독자적인 조사를 하지 않으면 발행인의 정보공시를 검증하지 못하게 되고 이는 발행시장 질서의 중요한 부분이 작동하지 않음을 의미한다는 점에 큰 비중을 두지 않는 것이다.

자본시장 관련 거래 중 사회질서 위반으로 무효로 판단된 예로는 증권회사의 고객 손실보전 약정이 있다. 대법원은 증권회사의 고객 손실보전 약속이나 손실보전행위가 "위험관리에 의하여 경제활동을 촉진하는 증권시장의 본질을 훼손하고 안이한 투자판단을 초래하여 가격형성의 공정을 왜곡하는 행위로서, 증권투자에 있어서의 자기책임원칙에 반하는 것"이므로 "정당한 사유 없는 손실보전의 약속 또는 그 실행행위는 사회질서에 위반되어 무효"라고 하였다.[56)]

정보공시가 자본시장의 기초를 이루는 것이며 증권공모시 발행인이 공시의무 불준수의 유혹에 빠질 것에 대비하여 제도적으로 자본시장 문지기로서의 인수인에게 상당히 의존하고 있다는 점을 고려하면, 인수인 면책약정은 인수인이 악

---

55) 주석민법, 민법총칙(1) (사법행정학회, 2010) 제103조 주석(윤진수·이동진 집필), 417쪽.
56) 대법원 2001. 4. 24. 선고 99다30718 판결.

의인 경우는 물론 악의가 아닌 경우에도 발행시장의 가장 중요한 제도의 의미를 무력화시킬 우려가 있고, 이는 증권회사의 손실보전약정에 못지않게 공공의 이익을 위한 사회질서를 훼손할 우려가 있음을 의미한다고 보아야 할 것이다. 미국 법원의 판시가 한국법의 맥락에서도 상당히 설득력이 있어 보인다.

Ⅳ. 맺는 말

인수계약상 흔히 들어가는 인수인 면책약정은 인수인이 자본시장 문지기로서의 역할을 수행할 유인을 줄이게 된다는 점에서 미국 법원은 그 약정의 효력을 인정하지 않고 있다. 국내에서 사용되는 인수인 면책약정도 자본시장법이 인수인에게 부과한 상당한 주의 즉 합리적인 조사를 할 의무를 이행할 유인을 줄인다는 점에서 자본시장법의 목적을 달성하는데 지장을 초래하게 됨을 부인할 수 없을 것이다. 그러한 효과가 있음을 이유로 면책약정이 공서양속에 반하는 계약으로 인정될 것인지 여부는 논란의 여지가 있을 것이다. 공시제도가 자본시장 질서의 기초를 이루고 있고, 인수인의 독자적인 조사의무의 이행 유인을 억제하는 것은 결국 공시제도의 중요한 부분이 작동하지 못하게 하는 것이고 이는 공공의 이익을 위한 사회질서를 훼손할 우려가 있다는 점에서 미국 법원의 판시가 한국법 맥락에서도 설득력이 있다.

이 글은 자본시장의 문지기 역할의 관점에서 인수인 면책약정의 효력을 살펴보았으나, 면책약정 조항의 유무효에 대한 다툼에서는 실제 계약실무에 비추어 조항을 약관으로 볼 것인지 여부, 일부무효의 법리 등에 대한 논의가 추가로 제기될 수 있다.

[참고문헌]

김건식·정순섭, 「자본시장법」 제3판(두성사, 2013).

고세일, "공동불법행위자의 책임귀속과 책임분배에 대한 연구: 미국 불법행위 보통법전집 제3판 책임분배를 중심으로", 「고려법학」 제74호(고려대학교 법학연구원, 2014. 9).

권영준, "미국법상 공동불법행위자 상호간 구상관계", 「민사법학」 제64호(한국민사법학회, 2013. 9).

박영규, "영미법상의 공동불법행위에 관한 연구," 「일감법학」 제21권(건국대학교 법학연구소, 2012).

박 준, "상장법인의 투자자에 대한 손해배상책임과 기업의 대응방안 — Escott v. Barchris Construction Corporation 판결을 중심으로," 「상장협」 1992년 추계호(한국상장회사협의회, 1992).

윤진수/이동진, 「주석민법, 민법총칙(1)」(한국사법행정학회, 2010), 제103조 주석

이동진, "공동불법행위, 구상, 과실상계의 경제적 분석," 「법경제학연구」 제9권 제1호(한국법경제학회, 2012. 6).

임재연, 「자본시장법」 2016년판(박영사, 2016).

한국증권법학회, 「자본시장법 주석서 1」 개정판(박영사, 2015).

American Bar Association, The Committee on Legal Opinions, "Guidelines for the Preparation of Closing Opinions", 57 *Bus. Law.* 875 (2002).

Douglas, William O. and George E. Bates. "The Federal Securities Act of 1933", 43 *Yale Law Journal* 171 (1933).

Glazer, Donald W, Scott T Fitzgibbon & Steven O Weise, *Glazer and Fitzgibbon on Legal Opinions: Drafting, Interpreting, and Supporting Closing Opinions in Business Transactions*, Third Edition (Wolters Kluwer, 2008).

Greene, Edward F. et al., U.S. *Regulation of the International Securities and Derivatives Markets, Vol. 1, (11th ed.)* (Wolters Kluwer, 2014).

Gullifer, Louise and Jennifer Payne, *Corporate Finance Law: Principles and Policy (2nd ed.)* (Bloomsbury, 2015).

Hudson, Alastair, *Securities Law* (Sweet & Maxwell, 2008).

Johnson, Jr., Charles J., Joseph McLaughlin and Eric S. Haueter, *Corporate Finance and the Securities Laws (5th ed.)* (Wolters Kluwer 2016).

Loss, Louis, Joel Seligman and Troy Paredes, *Fundamentals of Securities Regulation Vol. 2* (Wolters Kluwer, 2011).

Note, "Indemnification of Underwriters and Section 11 of the Securities Act of 1933", 72 *Yale Law Journal* 406 (1962-1963).

Note, "Contribution Under the Federal Securities Laws", 1975 *Wash. U. L. Q.* 1256 (1975).

David S. Ruder, "Multiple Defendants in Securities Law Fraud Cases: Aiding and Abetting, Conspiracy, In Pari Delicto, Indemnification, and Contribution", 120 *University of Pennsylvania Law Review* 597 (1972).

Scott, Helen S., "Resurrecting Indemnification: Contribution Clauses in Underwriting Agreements", 61 *NYUL Rev.* 223 (1986).

Shulman, Harry., "Civil Liability and the Securities Act", 43.2 Y*ale Law Journal* 227 (1933).

Steinberg, Marc I. and Christopher D. Olive, "Contribution and Proportionate Liability Under the Federal Securities Laws in Multidefendant Securities Litigation After the Private Securities Litigation Reform Act of 1995", 50 *SMUL Rev.* 337 (1996).

5. 금융투자상품에 관한 손실보전약정과 강행법규·사회질서 위반[*]

I. 문제의 제기

「자본시장과 금융투자업에 관한 법률」(이하 "자본시장법")은 일정한 정당한 사유가 있는 경우를 제외하고는 금융투자상품의 매매 그 밖의 거래와 관련하여 금융투자업자가 투자자가 입은 손실을 보전할 것을 사전에 약속하거나 손실을 사후에 보전하는 행위와 투자자에게 일정한 이익을 보장할 것을 사전에 약속하거나 사후에 일정한 이익을 제공하는 행위를 금지하고 있다(동법 제55조). 이러한 취지의 조항은 일찍이 (구)증권거래법 제52조에도 두고 있었다. 대법원은 (구)증권거래법 조항을 위반한 손실보전약정에 대하여 강행법규 위반[1] 또는 사회질서 위반[2]으로 보아 무효라고 판시하였다. 이 글은 대법원 판결들이 제시한 법리가 현재도 타당한지를 살펴보고자 한다.

이러한 검토가 필요하게 된 것은 금융 환경과 법제가 크게 변했기 때문이다. 우선 (구)증권거래법하에서 문제된 손실보전 또는 이익보장은 통상 고객이 증권회사 직원에게 증권매매를 일임하는 일임매매[3]와 결부하여 이루어지는 경우가 대부분이었으나, 자본시장법하에서는 투자일임업으로 행하는 경우가 아닌 한 투

---

* 상사판례연구 제32집 제4권(2019. 12) 게재.

1) 대법원 1997. 2. 14. 선고 95다19140 판결.
2) 대법원 2001. 4. 24. 선고 99다30718 판결.
3) (구)증권거래법은 증권회사가 고객으로부터 일임을 받아 증권매매하는 것을 일정한 제한 하에서 허용하였고(동법 제107조), 대법원은 (구)증권거래법 제107조를 위반한 일임매매 약정도 사법상으로는 유효하다고 보았다(대법원 1996. 8. 23. 선고 94다38199 판결, 대법원 2002. 3. 29. 선고 2001다49128 판결 등).

자매매업자 또는 투자중개업자의 일임매매가 금지되고(동법 제71조 제6호) 이를 위반하면 형사처벌[4]할 수 있게 되었다(동법 제444조 제8호). 이러한 법개정은 손실보전 또는 이익보장 약정이 이루어질 수 있는 환경을 제거하는 효과가 있을 것이다. 이보다 더 중요한 변화는 증권회사 등 금융투자업자가 취급할 수 있는 금융투자상품의 범위가 대폭 확대되어, 금융투자업자는 인가를 받아 장외파생상품거래를 할 수 있게 되었다는 점이다. 파생상품거래는 당사자 사이에서 그 파생상품의 기초자산에 관한 위험을 이전하는 거래이다. 기초자산에 관한 위험을 부담하는 당사자(예: 투자자)가 파생상품거래를 하여 거래상대방(예: 금융투자업자)에게 그 위험을 이전할 수 있다. 금융투자업자가 투자자와 장외파생상품거래를 함으로써 투자자가 부담하거나 부담하게 될 위험을 금융투자업자가 인수하는 것은 장외파생상품거래의 기본적 속성이라고 할 수 있다.

  장외파생상품거래를 할 수 있는 증권회사가 고객의 금융투자상품 매매와 관련된 장외파생상품거래를 하는 경우, 증권회사가 고객의 손실을 보전하는 효과를 가져올 수 있다. 그렇다면 고객의 손실을 보전하는 효과가 있는 범위 내에서는 그러한 장외파생상품거래가 강행법규 또는 사회질서 위반이 되고 따라서 그 거래를 무효로 보아야 하는가. 아니면 반대로 허용된 장외파생상품거래를 하는 범위 내에서는 정당한 사유가 있다고 보아 자본시장법 제55조에 따른 금지가 적용되지 않는 것으로 보아야 하는가. 후자의 견해를 취하는 경우 보다 근본적으로 증권회사의 손실보전약정이 강행법규 또는 사회질서에 위반하여 무효라고 보는 대법원 판례의 논거가 계속 유지될 수 있는가. 이러한 사항들이 이 글에서 규명해 보고자 하는 쟁점들이다.

---

4) 5년 이하의 징역 또는 2억원 이하의 벌금.

Ⅱ. 손실보전약정에 대한 법적 규율

1. 입법 연혁

1.1. 자본시장법 이전의 법률

1.1.1. 증권회사

(1) 1976년 증권거래법 개정 — 법적 규율 도입

(구)증권거래법은 1976년 전부개정[5]시 제52조에 "부당권유행위등의 금지"라는 제목하에 증권회사의 임직원은 "유가증권의 매매거래에 있어서 고객에 대하여 당해 거래에서 발생하는 손실의 전부 또는 일부를 부담할 것을 약속하고 권유하는 행위"(동조 제1호)와 "유가증권의 매매거래에 관련하여 투자자의 보호 또는 거래의 공정을 저해하거나 증권업의 신용을 추락시키는 행위"(제3호)를 하여서는 안되는 것으로 규정하였다.

요컨대, 이 조항의 적용대상인 행위주체는 증권회사의 임직원이었고, 적용대상 행위유형은 명시적으로는 증권매매거래에서 고객의 손실부담을 약속하고 권유하는 행위에 국한되었으며, 다른 유형의 손실보전행위(예: 손실보전에 대한 사전 약속없이 사후에 손실을 보전하는 행위 등)에 대한 적용은 제3호의 해석에 달려있었다. 또한 이 조항(제52조)을 위반한 자는 형사처벌[6]할 수 있도록 하였다(당시 증권거래법 제209조 제6호).

이 조항은 정부안으로 제출된 법률안[7] 그대로이다. 법률안과 심사보고서[8] 모두 법률안의 주요골자 중 하나로 "공정거래의 확립을 위하여 증권회사 임직원의 매매거래를 제한함"을 들고 제52조가 이에 해당하는 것으로 기재하였을 뿐 위 조항이 들어가게 된 배경에 대한 더 상세한 설명은 없다.

(2) 1982년 증권거래법 개정

(구)증권거래법 제52조는 1982. 3. 29. 개정되어[9] 적용대상인 행위주체에 증권회사의 임직원뿐 아니라 증권회사 자체도 포함되었고, 행위유형도 (i) 제1호 이

---

5) 법률 제2920호, 1976. 12. 22. 전부개정, 1977. 2. 1. 시행.
6) 2년 이하의 징역 또는 200만 원 이하의 벌금.
7) 증권거래법개정법률안(제안자: 정부, 제안일자: 1976. 10. 21).
8) 증권거래법개정법률안 심사보고서(1976. 11. 27).
9) 법률 제3541호, 1982. 3. 29. 일부개정, 1982. 4. 1. 시행.

외에, (ii) "유가증권의 발행업무와 관련하여 고객을 유치하기 위하여 고객에 대하여 직접 또는 간접으로 재산상의 이익을 제공하거나 자기의 거래상의 지위를 부당하게 이용하여 고객의 사업활동을 제한하는 행위"(제2호)를 추가하고, (iii) 제3호를 "제1호 및 제2호의 행위 이외에 유가증권의 발행 또는 매매 기타 거래와 관련하여 투자자의 보호 또는 거래의 공정을 저해하거나 증권업의 신용을 추락시키는 것으로서 재무부령10)이 정하는 행위"로 개정하여 제3호의 적용범위를 시행규칙으로 정하도록 위임하였다. 1992. 4. 28. 증권거래법시행규칙 개정으로 제13조의2(증권회사등의 금지행위)가 추가되어 "유가증권의 매매 기타 거래와 관련하여 고객에게 수수료의 할인등 직접 또는 간접적인 재산상의 이익을 제공하거나, 정당한 사유없이 당해 거래에서 발생한 손실의 전부 또는 일부를 보전하여 주는 행위"(동조 제2호)가 금지행위로 규정되었다.11)

이와 같이 1982년 개정으로 적용대상인 행위주체와 행위유형은 확대되었으나, 제52조 위반에 대한 형사처벌 조항이 삭제되었다.12) 대신 행위주체에 증권회사가 포함된 것을 반영하여 이 조항 위반시 증권회사에 대한 영업정지를 명할 수 있도록 하였고, 아울러 이 조항을 위반한 임원을 해임할 수 있도록 하였다(당시 증권거래법 제57조 제1항, 제3항).

(3) 2001년 증권업감독규정 개정 — 허용되는 손실보전과 이익보장

금융위원회는 2001. 4. 27. 증권업감독규정을 개정하여 증권회사의 우월적 지위에 의한 불공정행위를 금지하는 여러 조항을 추가하였다. 동규정 제4-8조 제1항에 "증권회사는 금전 제공, 수수료 할인 또는 비정상적 조건에 의한 유가증권 매매 등 직접 또는 간접의 방법으로 고객에게 유가증권매매 기타 거래에서 발생하는 손실의 전부 또는 일부를 보전하여 주어서는 아니된다"고 규정하면서, 증권회사의 위법행위로 인한 손해배상과 고객과의 분쟁해결을 위한 일정한 유형의 행

---

10) 2000. 1. 21. 증권거래법 개정(법률 제6176호, 2000. 4. 1. 시행)으로 동법 제52조 제3호가 개정되어 대통령령에 위임하는 것으로 개정되었다.

11) 위 조항은 1997. 4. 1. 증권거래법시행규칙 개정(총리령 제623호)으로 동시행규칙 제13조의3으로 변경되었고, 2000. 11. 21. 증권거래법시행규칙 개정(재정경제부령 제167호)으로 삭제되었다. 대신 2000. 9. 8. 증권거래법시행령 개정(대통령령 제16966호)으로 그 내용을 동시행령 제36조의3에 신설하였다.

12) 제209조 제6호가 개정되어 동조에 따른 형사처벌 대상 행위유형에서 제52조 위반이 삭제되었다. 이러한 개정을 하는 목적과 배경에 대하여 정부의 개정법률안(1981. 11. 24. 제안)과 국회 심사보고서(1982. 3.)에 아무런 언급이 없다.

위는 손실보전으로 보지 않는 단서[13]를 두고 그 단서에 따라 보상 또는 배상하는 경우에는 사전에 준법감시인에게 보고할 의무를 부과하였다(동조 제2항).

1.1.2. 투자자문회사

1987. 11. 28. (구)증권거래법 개정(법률 제3945호, 1988. 1. 1. 시행)으로 투자자문업에 관한 조항이 신설되면서 동법 제52조 제3호가 투자자문회사에게도 준용되는 것으로 되었다(동법 제70조의7). 이후 투자자문업과 투자일임업에 대한 적용법률이 (구)간접투자자산운용업법로 변경되면서 투자자문업 또는 투자일임업을 영위하는 투자자문회사의 손실보전 또는 이익보장행위의 금지도 동법 제147조 제1항 제4호[14]에 규정되었고, 이를 위반한 경우에는 형사처벌[15]할 수 있도록 하였다(동법 제182조 제14호).[16]

1.1.3. 집합투자업자

자본시장법 이전에 증권투자신탁과 이를 운용하는 위탁회사(자본시장법상 집합투자업자에 해당)를 규율한 (구)증권투자신탁업법과 (구)간접투자자산운용업법은 위탁회사가 투자자에게 투자신탁의 성과에 대한 손실보전이나 이익보장을 금지하는 조항을 두고 있지 않았다.[17]

---

13) 다음 각호의 1에 해당하는 행위는 손실을 보전하는 행위로 보지 아니한다.
　　1. 증권회사나 그 임직원이 자신의 위법(과실에 의한 위법을 포함한다. 이하 이 조에서 같다)행위여부가 불명확한 경우 사적 화해의 수단으로 손실을 보상하는 행위. 다만, 증권투자의 자기책임원칙에 반하는 경우에는 그러하지 아니하다.
　　2. 증권회사의 위법행위로 인하여 손해를 배상하는 행위
　　3. 분쟁조정 또는 재판상의 화해절차에 의하여 손실을 보상하거나 손해를 배상하는 행위
14) 투자자문회사 또는 그 임·직원은 그 업무와 관련하여 다음 각호의 1에 해당하는 행위를 하여서는 아니된다.
　　4. 투자자문자산의 투자에 관하여 고객과 일정한 이익의 보장 또는 이익의 분할을 약속하거나 손실의 전부 또는 일부를 부담할 것을 약속하는 행위
15) 5년 이하의 징역 또는 3천만 원 이하의 벌금.
16) (구)간접투자자산운용업법의 위 조항은 유사투자자문업자에게도 적용되었으나(동법 제149조 제4항), 투자자문업 또는 투자일임업을 겸영하는 증권회사에게는 적용되지 않았다(동법 제153조 제2항).
17) (구)간접투자자산운용업법(법률 제7221호, 2004. 10. 5. 일부개정, 2004. 12. 6. 시행) 제144조의11 제2항은 사모투자전문회사의 업무집행사원(법인이 업무집행사원인 경우에는 법인의 임직원)에게 적용되는 금지사항의 하나로 "원금 또는 일정한 이익의 보장을 약속하는 등의 방법으로 사원이 될 것을 부당하게 권유하는 행위"(동조 동한 제2호)를 규정하고, 그 위반을 형사처벌(1년 이하의 징역 또는 500만 원 이하의 벌금)할 수 있도록 하였다(동법 제184조 제27호).

1.2. 자본시장법
1.2.1. 금융투자업자 일반

2007. 8. 3. 제정되어 2009. 2. 4. 시행된 자본시장법은 제55조(손실보전 등의 금지)에서 다음과 같이 손실보전 금지조항을 두었고,[18] 동조항을 위반한 행위에 대하여는 형사처벌[19]할 수 있다(동법 제445조 제10호).[20]

> "금융투자업자는 금융투자상품의 매매, 그 밖의 거래와 관련하여 제103조 제3항에 따라 손실의 보전 또는 이익의 보장을 하는 경우, 그 밖에 건전한 거래질서를 해할 우려가 없는 경우로서 정당한 사유가 있는 경우를 제외하고는 다음 각 호의 어느 하나에 해당하는 행위를 하여서는 아니 된다. 금융투자업자의 임직원이 자기의 계산으로 하는 경우에도 또한 같다.
> 1. 투자자가 입을 손실의 전부 또는 일부를 보전하여 줄 것을 사전에 약속하는 행위
> 2. 투자자가 입은 손실의 전부 또는 일부를 사후에 보전하여 주는 행위
> 3. 투자자에게 일정한 이익을 보장할 것을 사전에 약속하는 행위
> 4. 투자자에게 일정한 이익을 사후에 제공하는 행위"

자본시장법 제55조는 (구)증권거래법과 비교할 때 다음과 같은 특징이 있다.
① 행위주체는 금융투자업자와 그 임직원을 포함한다. 금융투자업자에는 증권회사가 주축인 투자매매업자와 투자중개업자 이외에 집합투자업자, 투자자문업자, 투자일임업자, 신탁업자가 모두 포함된다.
② 행위유형은 (i) 금융투자상품의 매매 그 밖의 거래와 관련하여 (ii) 손실보전 또는 이익보장에 대하여 사전에 약속하거나 약속없이 사후 보전 또는 제공을 하는 행위를 모두 포함한다. (구)증권거래법이 적용대상 행위유형을 (i) 손실부담을 약속하고 "권유"하는 행위 또는 "고객을 유치하기 위하여" 이익을 제공하는 행위

---

18) 자본시장법은 제55조의 금지와 관련하여 동법 제103조 제3항(신탁업자의 손실보전 또는 이익보장에 관한 조항)에 따른 경우를 제외하고는 금융투자업자가 투자광고를 할 때 손실보전 또는 이익보장으로 오인하게 하는 표시를 금지하는 조항도 두고 있다(제57조 제4항).
19) 3년 이하의 징역 또는 1억원 이하의 벌금.
20) (구)간접투자자산운용업법과 마찬가지로 자본시장법도 경영참여형 사모집합투자기구의 업무집행사원(법인이 업무집행사원인 경우에는 법인의 임직원)이 "원금 또는 일정한 이익의 보장을 약속하는 등의 방법으로 사원이 될 것을 부당하게 권유하는 행위"를 해서는 안되도록 하고(제249조의14 제6항 제2호), 이를 위반한 경우에는 형사처벌(1년 이하의 징역 또는 3천만 원 이하의 벌금)할 수 있도록 하였다(제446조 제47호).

로 규정한 것과는 달리 고객에 대한 "권유" 또는 "고객유치"를 요구하지 않는다.

③ (i) 자본시장법 제103조 제3항[21])에 따른 경우와 (ii) 건전한 거래질서를 해할 우려가 없는 경우로서 정당한 사유가 있는 경우에는 손실보전 또는 이익보장에 대한 사전약속이나 사후 손실보전 또는 이익제공 모두에 대하여 금지가 적용되지 않는다. 자본시장법과 하위법규는 동법 제55조에 규정된 "정당한 사유가 있는 경우"에 대한 구체적인 조항을 두고 있지 않다.

④ 1982년 증권거래법 개정으로 형사처벌 조항이 삭제된 것과는 달리 자본시장법상으로는 손실보전 또는 이익보장 금지를 위반한 행위에 대해 형사처벌할 수 있다.

1.2.2. 투자매매업자와 투자중개업자의 불건전영업행위 규제

자본시장법 제71조는 투자매매업자와 투자중개업자의 불건전영업행위 금지를 규정하고 있다. 금융위원회는 동조 제7호와 동법시행령 제68조 제5항 제14호에 따른 위임을 받아 금융투자업규정에 불건전영업행위 유형의 하나로 "증권의 매매, 그 밖에 거래와 관련하여 손실을 보전하거나 이익을 보장하는 행위"를 열거하면서 위법행위로 인한 손해배상 또는 고객과의 분쟁해결을 위한 몇 가지 예외[22])를 규정하였다(금융투자업규정 제4-20조 제1항 제7호). 이 예외의 내용은 (구)증권업감독규정 제4-8조과 거의 동일하다. 이 조항 위반에 대해서는 과태료를 부과할 수 있다(동법 제449조 제1항 제29호).

또한 자본시장법은 투자매매업자와 투자중개업자의 일임매매를 원칙적으로 금지하고 있다(동법 제71조 제6호[23])).

---

21) 신탁업자는 연금이나 퇴직금 지급을 목적으로 하는 신탁으로서 금융위원회가 고시하는 경우에 한하여 수탁한 재산에 대하여 손실보전 또는 이익보장을 할 수 있다(자본시장법시행령 제104조 제1항).
22) 예외는 다음과 같고 사전에 준법감시인(준법감시인이 없는 경우에는 감사 등 이에 준하는 자)에게 보고한 경우에 한한다.
   가. 투자매매업자·투자중개업자 및 그 임직원이 자신의 위법(과실로 인한 위법을 포함한다. 이하 이 조에서 같다)행위여부가 불명확한 경우 사적 화해의 수단으로 손실을 보상하는 행위. 다만, 증권투자의 자기책임원칙에 반하는 경우에는 그러하지 아니하다.
   나. 투자매매업자 또는 투자중개업자의 위법행위로 인하여 손해를 배상하는 행위
   다. 분쟁조정 또는 재판상의 화해절차에 따라 손실을 보상하거나 손해를 배상하는 행위
23) 투자자로부터 금융투자상품에 대한 투자판단의 전부 또는 일부를 일임받아 투자자별로 구분하여 금융투자상품을 취득·처분, 그 밖의 방법으로 운용하는 행위. 다만, 투자일임업으로서 행하는 경우와 제7조 제4항에 해당하는 경우에는 이를 할 수 있다.

2. 판례

2.1. 증권회사에 관한 판례

2.1.1. (구)증권거래법 제52조 제1호 관련

증권회사의 손실보전 약정을 금지한 (구)증권거래법 제52조 제1호가 강행법 규이고 이를 위반한 행위가 무효라는 판결로는 우선 대법원 1980. 12. 23. 선고 79 다2156 판결을 들 수 있다. 이 대법원 판결은 피고(증권회사)의 영업부장이 고객에 게 월 4% 정도의 이득금을 지급하기로 한 약정은 공정한 증권거래질서의 확보를 위하여 제정된 강행법규인 증권거래법 제52조 제1호에 위배하여 무효라고 판시 한 원심판결이 위법이 없다고 하였다. 이 판결은 (구)증권거래법 제52조 위반에 대한 형사처벌 조항이 있던 법제하에서의 판시이지만, 이 판시는 1982년 형사처 벌 조항이 삭제된 이후에도 여러 대법원 판결24)에서 유지되고 있다.

1982년 형사처벌 조항이 삭제된 이후의 법이 적용된 사건을 다룬 대법원 1997. 2. 14. 선고 95다19140 판결은 손실발생여부와 관련없이 피고(증권회사)가 원고(고객)에게 금융기관의 금리보다 연 1% 정도 높은 비율의 이익금 지급을 보 장한 이익금 약정이 강행법규인 증권거래법 제52조 제1호 위반으로 무효라고 판 시하면서, " … 이 사건 채권매매 위탁계약에 의하여 이루어지는 채권매매거래는 일정한 수익률이 보장되는 예금과는 달리 그 예탁금에 대하여 일정한 수익이 보 장되는 것이 아니고, 채권의 종류나 매매의 시기 및 방법 등에 의하여 이익이 발 생하거나, 손실이 발생할 수 있는 것이며, 이익이 발생하는 경우에도 그 수익률이 항상 일정한 것은 아니므로 <u>이와 같은 거래에는 항상 위험이 따르고, 그 위험은 원칙적으로 고객이 부담할 수밖에 없는 것이라고 할 것</u>25)이다"라는 점을 강조하

---

24) 대법원 1996. 8. 23. 선고 94다38199 판결(증권거래법 제52조 제1호는 공정한 증권거래질 서의 확보를 위하여 제정된 강행법규로서 이에 위배되는 주식거래에 관한 투자수익보장 약정은 무효); 대법원 1997. 2. 14. 선고 95다19140 판결(피고가 원고와의 채권매매 위탁 계약에 의하여 이루어지는 채권매매거래로 인하여 손실이 발생하였는지의 여부와는 관 계없이 항상 예탁금에 대하여 금융기관의 금리보다 연 1% 정도 높은 비율의 이익금 지 급을 보장하기로 한 이익금 약정은 강행법규인 증권거래법 제52조 제1호 소정의 '손실의 전부 또는 일부를 부담하는 행위'에 해당하는 것으로서 무효"). 한편 대법원 1994. 1. 28. 선고 93다49703 판결은 증권회사 지점장대리는 고객과 손실보전약정을 체결할 대리권이 없다고 하여 손실보전약정이 증권회사에게 효력이 없다고 판시하였다.

25) 밑줄은 필자가 표시함.

였다.

2.1.2. (구)증권거래법 제52조 제3호 관련

부당권유행위의 금지에 초점을 둔 (구)증권거래법 제52조 제1호는 별다른 논란 없이 강행법규로 보고 그 위반행위가 무효라고 판시한 것과는 달리, '권유' 요소가 들어 있지 않은 (구)증권거래법 제52조 제3호 위반에 대해서는 달리 판시한 하급심 판결들이 있었다.

먼저 대법원 1997. 2. 14. 선고 95다19140 판결의 사례를 보자. 이 사건에서는 증권회사 지점장이 채권매매거래를 위탁한 고객과 일정한 이익금의 지급을 보장하기로 약정하였다. 원심판결(부산고법 1995. 3. 31. 선고 94나309 판결)은 그 약정이 (구)증권거래법 제52조 제3호의 위임에 따라 동법 시행규칙 제13조의2 제2호 전단에 규정된 '유가증권의 매매 기타 거래와 관련하여 고객에게 수수료의 할인 등 직접 또는 간접적인 재산상의 이익을 제공하여 주는 행위'에 해당될지언정 동법 제52조 제1호 소정의 '손실의 전부 또는 일부를 부담하는 행위'에 해당하지는 않는다고 보아 그 이익금 지급의 효력을 인정하였다. 그러나 대법원은 위 약정이 (구)증권거래법 제52조 제1호의 '손실의 전부 또는 일부를 부담하는 행위'에 해당한다고 보아 무효라고 판시하였고, 제52조 제3호 위반의 효력에 대해서는 판시하지 않았다.

4년 후 대법원 2001. 4. 24. 선고 99다30718 판결은 (구)증권거래법 제52조 제3호를 위반한 손실보전 행위가 사회질서에 위반되어 무효라고 판시하며 그 논거로 손실보전하기로 하는 약정 또는 손실보전 행위가 (i) 증권투자에서의 자기책임 원칙에 반한다는 점을 들어서 사회질서에 반한다고 하고 구체적으로 (ii) 위험관리에 의하여 경제활동을 촉진하는 증권시장의 본질을 훼손한다는 점, (iii) 안이한 투자판단을 초래한다는 점, (iv) 이로 인하여 가격형성의 공정을 왜곡한다는 점을 들었다. 이 판시는 이후의 판결[26]에서도 유지되고 있다.

2.2. 집합투자 관련

대법원은 투자신탁의 위탁회사가 관련 법령[27]을 위배하여 감독기관의 승인

---

26) 대법원 2002. 12. 26. 선고 2000다56952 판결, 대법원 2003. 1. 24. 선고 2001다2129 판결.
27) 구 증권투자신탁업법(1995. 12. 29. 법률 제5044호로 전면 개정되기 전의 법률) 제4조 제2항, 같은 조 제10항 제9호, 제6조 제2항.

을 받지 않고 수익자와 개별적으로 원본 보전이나 수익보장의 약정을 하는 것은 (i) 증권투자신탁의 본질과 기능에 반하고 (ii) 건전한 투자신탁거래질서를 해하는 것으로서 무효라고 판시하였다(대법원 1999. 2. 12. 선고 98다25337 판결). 또한 대법원은 투자신탁회사 지점장이 고객확보를 위하여 연 14%의 수익을 보장한 사건에서 그 약정이 무효라고 판시하면서, 위탁자(=집합투자업자)의 고유재산으로 행하는 수익보장약정이 사회질서에 위반한다는 점에 대한 근거로 (i) 자기책임주의, 실적배당주의, 수익자평등대우주의에 반하고 안이한 투자행태를 조장한다는 점, (ii) 집합투자업자의 재정을 부실하게 만든다는 점, (iii) 투자자들 사이의 불평등감 심화로 일반 공중이 증권투자를 기피하게 하여 투자신탁 자체의 존립을 어렵게 만든다는 점, (iv) 이로 인하여 자금배분의 왜곡과 국민경제에 대한 악영향을 끼친다는 점을 들었다(대법원 1998. 10. 27. 선고 97다47989 판결).[28]

대법원 판결은 아울러 수익보장약정이 투자신탁거래질서를 위반하고 (구)증권투자신탁업법 제6조 제2항 위반으로 무효라는 해석은 "투자자문회사나 그 임직원이 유가증권의 투자에 관하여 고객과 일정한 이익의 보장 또는 이익의 분할을 약속하거나 손실의 전부 또는 일부를 부담할 것을 약속하는 행위를 명문으로 금하고 있는 증권거래법의 취지와도 부합한다"고 판시하였다(대법원 1998. 10. 27. 선고 97다47989 판결).

2.3. 금융투자업자(또는 그 임직원)가 아닌 사람과의 손실보전약정

대법원 2010. 7. 22. 선고 2009다40547 판결은 투자자가 금융투자업자(또는 그 임직원)가 아닌 사람과 체결한 손실보전약정의 사법적 효력을 인정하였다. 이 판

---

28) 대법원은 사모투자전문회사 업무집행사원의 이익보장 약속에 의한 부당권유 행위를 금지하는 조항의 입법취지에 대해서도 유사한 판시를 하였다(대법원 2017. 12. 13. 선고 2017두31767 판결). 즉 (i) 투자자에게 원금 또는 일정한 이익의 보장을 약속하게 되면, 실질적으로 대여 목적의 자금을 모집하게 되어 투자 수익 배분에 의한 간접투자와 집합투자의 활성화라는 사모투자전문회사 제도의 본질을 훼손한다는 점, (ii) 사모투자전문회사 내지 그 업무집행사원이 그 약속을 이행하기 위하여 위험을 수반하는 일반적인 투자와 달리 부득이 불건전한 거래 또는 변칙적인 거래를 할 우려가 있다는 점, (iii) 간접투자와 집합투자에 따른 수익의 배분과 괴리된 고정적인 이익 배분을 기대한 투자자의 안이한 투자판단을 초래한다는 점, (iv) 그 결과 투자 대상 기업의 수익 가치에 대한 일반 투자자 및 시장의 평가 내지 투자에 대한 위험 부담 없이 자금 모집이 이루어지게 되어 간접투자와 집합투자에 관한 공정한 거래질서의 왜곡을 가져올 위험성이 발생한다는 점 등을 들었다.

결은 "증권거래법상 증권회사 또는 그 임직원이 고객에 대하여 수익을 보장하는 약정의 사법적 효력을 부인하는 것은, 증권시장에서의 가격이 공정하게 형성되도록 노력할 책무가 있는 증권회사나 그 임직원이 고객에 대하여 수익을 보장하는 약정을 하고 이를 이행하기 위하여 부득이 불건전한 거래 또는 변칙적인 거래를 함으로써 증권시장의 공정한 거래질서의 왜곡을 가져올 위험성이 있다는 점 등을 고려한 것임을 감안할 때, 증권회사 및 그 임직원과 고객 사이가 아닌 사인들 사이에 이루어진 이 사건 수익보장약정에 대하여 증권거래법상 수익보장금지 원칙을 곧바로 유추적용하기는 어렵다 할 것이고, 달리 그 사법적 효력을 부인할 근거를 찾기 어렵다."고 판시하였다.[29][30]

3. 학설

증권회사의 손실보전약정의 사법적 효력에 관한 학계의 논의는 대법원 판례가 어느 정도 확립된 1990년대 중반부터 시작되어 2000년대 중반까지 이루어졌고, 증권회사가 파생상품거래를 할 수 있게 된 이후 및 자본시장법이 제정된 이후에는 새로운 논의를 찾아보기 어렵다.

1990년대 중반 이후 2000년대 중반까지의 학계의 논의는 일부 소수설[31]도 있었으나 대체로 대법원 판결과 같은 입장에 서 있다.

(구)증권거래법 제52조 제1호에 관한 대표적인 선행연구는 이 조항을 강행법

---

29) 서울고등법원 2018. 7. 13. 선고 2017나2002746 판결은 무등록 투자일임업자와 체결한 손실분담 약정에 자본시장법이 적용되지 않음을 이유로 무효 주장을 배척하였다.

30) 물론 투자자가 금융투자업자(또는 그 임직원)가 아닌 사람과 체결한 손실보전약정이 다른 사유로 사회질서에 위반하여 무효로 될 수는 있을 것이다. 예컨대 서울중앙지방법원 2007. 6. 13 선고 2006가합103268 판결은 시세조종행위에 의한 수익을 분배하거나 보장하는 내용의 수익보장약정은 사회질서에 반하여 무효라고 판시하였다.

31) (구)증권거래법 제52조 제1호를 위반한 손실보전약정의 사법상의 효력이 있다는 견해로는 안문택,「증권거래법개론」박영사, 1982, 372쪽. 이 견해는 손실보전에 의한 권유가 장기적으로 증권회사에 무리한 위험부담을 주어 경영을 불건전하게 하고 고객과의 분쟁도 일어난다는 점 때문에 위 조항이 손실보전에 의한 권유를 금지한 것으로 설명하고 있다. 이 견해가 제시된 시기의 일본증권거래법(証券取引法)도 증권거래에 관하여 투자자에게 손실보전 또는 이익보장을 약속하고 권유하는 행위를 금지하고 있었으나(동법 제50조 제2호, 제3호), 일본의 학설은 그 금지를 위반한 증권회사의 투자자에 대한 약속을 무효라고 하면 오히려 투자자에게 손실을 입힐 위험이 있다고 하여 그 효력을 인정하는 것이 통설이었다. 神田秀樹/黒沼悦郎/松尾直彦,「金融商品取引法コンメンタール 第2卷」, 商事法務, 2014, 340쪽; 神崎克郎,「証券取引法」(現代法律学全集)(靑林書院, 1980), 353쪽.

규로 보고 위반행위를 무효로 판시한 대법원 1996. 8. 23. 선고 94다38199 판결의
결론에 찬성하는 입장을 취하였다.[32] 다만 이 연구는 1982년 이 조항 위반에 대
한 형사처벌 조항이 삭제되어 대법원 1980. 12. 23. 선고 79다2156 판결 시와는 상
황이 다른 점을 지적하고,[33][34] 무효로 보는 근거로는 대법원 판결과는 약간 다르
게 (i) 투자자 사이의 불평등한 대우로 인한 다른 투자자들이 증권투자에 대한 불
신감을 가지게 될 가능성이 있다는 점, (ii) 손실보전약정으로 인하여 증권회사가
부담하는 리스크가 크고 시장상황의 변화에 따라 증권회사가 위태롭게 될 가능성
이 크다는 점, (iii) 손실보전과 같이 투자자의 투자위험을 부담하는 것은 증권회사
의 위탁매매업무와는 질적으로 다르다는 점 등에 중점을 두었다.[35]

　　이와는 달리 위 대법원 판결의 결론에 찬성하면서 손실보전 또는 이익보장

32) 김건식, "증권회사직원의 이익보증약정과 투자자의 구제—대법원 1996. 8. 23. 선고 94다
38199판결", 「민사판례연구」 제19집(박영사, 1997), 289-290쪽.

33) 김건식, 앞의 논문(주 32), 289쪽. 이상철, "증권매매위탁계약에 관한 몇가지 법률적 문제
점", 「증권거래에 관한 제문제(상)」(재판자료 제90집)(법원도서관, 2001), 27쪽도 형사처
벌 조항이 삭제된 이후의 "판례가 약정 무효의 근거에 대하여 깊이 있는 검토를 하지 않
고 그대로 답습한 것은 문제가 있다"고 지적하였다. 그러나 강용현, "부당권유 및 과당매
매로 인한 증권거래와 증권회사의 불법행위책임", 「대법원판례해설」 제27호(법원행정처,
1996), 28-29쪽은 "증권거래법 제52조 제1호가 손실전보를 금지하는 일차적 이유는 증권
거래 질서유지를 위하여 손실전보행위 자체를 금지하려는 데 있지만, 제2차적으로는 증
권투자는 본질적으로 투자자의 자기책임하에 위험성을 감내하고 거래하는 것이어서 위
규정에 위반된 이익을 투자자에게 보유시키면 이러한 거래를 막을 수 없어 장기적 결과
적으로는 투자자에게 더 큰 위험을 부담시키게 되어 이를 막기 위하여는 그로 인한 이익
도 박탈하는 것이 타당하다고 본 것"이라고 보고, 처벌규정이 없더라도 입법취지는 마찬
가지이므로 (구)증권거래법 제52조 제1호를 효력규정으로 본 대법원 1980. 12. 23. 선고
79다2156 판결의 입장이 유지되어야 한다는 입장을 취하였다.

34) 일본에서는 대형증권회사들의 손실보전 스캔들로 인하여 1991년 증권거래법(証券取引法)
을 개정하여 손실보전규제를 강화하고 위반에 대해 형사처벌 조항을 두었다. 그 이후 이
를 위반한 손실보전약정이 무효라고 보는 견해가 다수설이 되었다. 神田秀樹/黒沼悦郎/
松尾直彦, 앞의 책(주 31), 340쪽.

35) 김건식, 앞의 논문(주 32), 289-290쪽. 이 논문 286쪽은 일본에서도 손실보전약정 금지조
항의 취지의 하나로 대체로 투자자의 안이한 투자판단과 이로 인한 시장에서의 공정한
가격형성의 왜곡을 들고 있으나, 이에 대해서는 손실보전이 일임매매와 더불어 일어나
는 것이 보통이고 실제 투자판단을 고객이 아닌 증권회사가 하기 때문에 투자판단이 안
이하게 된다는 전제가 잘못되었다는 비판이 있음을 지적하였다. 오세욱, "이익보장 또는
손실보전약속의 사법상의 효력", 「재판실무연구」, 광주지방법원, 1997, 445-459쪽도 일본
의 재판례들과 학설을 소개하며 증권회사는 공정한 가격형성을 왜곡시키는 투자판단을 배제
할 책무를 적극적으로 부담하고 있다고 보아 손실보전 약정뿐 아니라 권유행위를 동반
하지 아니한 손실보증 역시 금지된다는 입장을 표시하였다.

약정을 금지하는 이론적 근거를 자기책임 원칙에서 찾는 견해도 있다.[36] 이 견해는 손실보전 또는 이익보장 약정이 사회질서에 반한다는 근거로 (i) 증권투자는 위험을 수반하므로 투자자는 위험을 인식하고 손실이건 이익이건 투자결과를 스스로 부담해야 하고 이익은 향유하면서 손실을 부담하지 않는다면 자기책임 원칙에 반한다는 점, (ii) 투자자가 수익보장약정에 의존하여 경솔한 투자나 투기적인 거래를 할 가능성이 있다는 점, (iii) 증권회사 또는 그 임직원이 수익보장 약정을 이행하기 위해서 불건전한 거래 또는 변칙적인 거래를 하여 증권시장의 공정한 거래질서를 해하고 결과적으로 전체 투자자에게 큰 위험을 부담시키는 결과를 가져올 위험성이 있다는 점을 들고 있다.

(구)증권거래법 제52조 제3호에 관한 대표적인 선행연구는 대법원 2002. 12. 26. 선고 2000다56952 판결을 평석하면서, (구)증권거래법 제52조 제3호, 동법 시행규칙 제13조의3 제2호 위반행위도 동법 제52조 제1호 위반행위와 같이 강행법규 위반으로 무효이고 동법 제52조 제1호에 관한 해석론을 그대로 원용할 수 있다는 입장을 취하고 있다.[37]

자본시장법 제55조에 관한 문헌도 (구)증권거래법 제52조에 관한 선행연구와 대동소이하다.[38][39]

---

36) 김신, "투자수익보장 약정의 효력", 「판례연구」(부산판례연구회, 1996), 273-274쪽.

37) 정대익, "손실보전약정에 의한 부당권유행위 및 증권회사의 반대매매의무", "상사판례연구" 제18집 제3권(한국상사판례학회, 2005), 136-137쪽.

38) 김건식/정순섭, 「자본시장법」(제3판)(두성사, 2013), 786-787쪽; 한국증권법학회, 「자본시장법 주석서 Ⅰ」(개정판)(박영사, 2015), 330-331쪽; 임재연, 「자본시장법」(박영사, 2018), 238-238쪽; 김정수, 「자본시장법원론」(제2판)(SFL그룹, 2014), 272쪽.

39) 일본에서는 손실보전을 규제하는 논거를 (i) 증권시장에서의 가격형성기능의 왜곡, (ii) 증권거래의 공정과 증권시장에 대한 일반투자자의 신뢰를 훼손하는 결과 초래, (iii) 금융상품거래업자의 재무건전성의 훼손, (iv) 투자자의 투자판단에 맞는 투자성과를 시장 메커니즘에 따라 분배하지 않는 결과 발생 등으로 설명하고, (i)과 (ii)에 대해 그러한 폐해가 없다는 비판과 (iii)에 대해 재무건전성 확보를 달성하기 위하여 형사벌로 규제하는 것은 지나치다는 비판이 있다(橋本円, 「損失補てん規制」(商事法務, 2018), 6쪽; 神田秀樹/黒沼悦郎/松尾直彦, 앞의 책(주 31), 335-336쪽; 神崎克郎/川口恭弘/志谷匡史, 「金融商品取引法」(青林書院, 2012), 830쪽). 또한 손실보전 금지조항(일본 금융상품거래법 제39조)을 고객에 대한 성실의무(일본 금융상품거래법 제36조: 자본시장법 제37조와 유사한 내용임)를 구체화한 규정의 한 유형이라고 보는 견해도 있으나(川村正幸, 「金融商品取引法」(中央経済社, 2008), 326-327쪽), 이 조항은 증권회사 등 금융투자업자의 건전한 영업행위 확립과 재무건전성 확보에 중점을 두고 있으므로 단순히 거래상대방에 대한 성실의무를 구체화한 것이라고 보기는 어려울 것이다.

Ⅲ. 금융투자업자의 위험인수

1. 금융투자상품 투자자의 위험의 인수와 전가

1.1. 금융투자상품 투자와 위험의 인수

증권을 비롯한 금융투자상품에 대한 투자에는 항상 위험이 따른다. 이 점은 금융투자상품 투자에 특유한 것은 아니다. 모든 종류의 자산의 취득자는 그로 인한 위험에 노출된다. 예컨대 건물을 취득한 경우 법적으로는 취득자가 건물에 대한 소유권을 취득하지만, 위험의 관점에서 보면 그 취득자는 건물의 가격변동위험, 화재로 소실될 위험 등에 노출된다. 물권을 취득한 경우뿐 아니라 채권을 취득한 경우에도 마찬가지이다. 고객에게 자금을 대출한 은행은 고객으로부터 원리금을 상환받지 못할 신용위험에 노출된다.

금융투자상품 가운데 주식에 투자하면, 이익배당청구권과 의결권 등 주주권을 취득하게 되지만 장래에 받을 현금흐름(주식 매도로 회수할 수 있는 금액과 매도하기까지의 이익배당 등)은 당해 주식발행회사의 경영상황과 경제적, 사회적, 정치적 요인 등 다양한 요인의 영향을 받는 주식시장의 변화에 따라 달라진다. 즉 증권시장에서 주식에 투자한 투자자는 발행회사의 사업위험과 시장위험을 부담하게 된다. 회사채 등 채권에 투자한 경우에는 채권발행자가 원리금을 상환하지 못할 위험 즉 신용위험을 부담하고, 채권의 만기까지 보유하지 않고 중도에 채권시장에서 매도하고자 하는 경우에는 채권발행자의 상환능력이 충분한 경우에도 시장금리의 변동으로 인한 채권 가격변동위험[40]을 부담한다. 외국 증권 등 외화로 표시된 자산에 투자한 투자자는 이에 추가하여 원화와 해당 외화 사이의 환율변동의 위험을 부담한다.

이와 같이 투자자의 금융투자상품 투자는 그 금융투자상품에 내재한 위험을 인수하는 행위라고 말할 수 있다.[41]

---

40) 채권의 가격변동과 동전의 앞뒷면의 관계에 있는 유통수익률의 변동은 채무자의 신용위험의 변화에 기인한 부분과 시장이자율의 변화에 기인한 부분으로 나누어 볼 수 있다.

41) 금융거래에 따른 위험의 부담, 감축 및 이전에 관하여는 박준/한민, 「금융거래와 법」 제2판(박영사, 2019), 6-9쪽.

1.2 투자자의 투자관련 위험의 회피·전가

대법원판결은 증권투자에는 "항상 위험이 따르고, 그 위험은 원칙적으로 고객이 부담할 수밖에 없는 것이라고 할 것"임을 강조하고[42] 손실보전약정이 사회질서에 반한다는 가장 핵심적인 근거로 자기책임의 원칙에 어긋난다는 점을 들고 있다.[43] 대법원 판결은 투자자의 안이한 투자판단의 초래, 이로 인한 가격형성의 왜곡도 논거로 들고 있으나,[44] 이 점들은 자기책임의 원칙 위반을 전제로 한 것이다.

대법원판결이 다룬 손실보전약정에는 (i) 증권회사가 고객과 체결했다는 요소와 (ii) 투자자의 증권투자에 따른 손실을 보전한다는 요소가 있다. 대법원판결이 고객의 위험부담원칙을 강조한 것은 판시 문면상으로는 마치 (ii)의 요소만으로도 사회질서 위반으로 인정한 것, 즉 증권투자에 따른 위험을 투자자가 제3자에게 전가하는 약정은 항상 사회질서에 반한다고 보는 것처럼 읽힐 수 있다. 그러나 (ii)의 요소만으로도 사회질서 위반으로 인정했다고 대법원판결을 이해하는 것은 타당하지 않다. 우선 증권회사(또는 그 임직원)와 고객의 관계에 있지 않은 사람들 사이에서 이루어진 수익보장약정의 효력을 부인할 근거를 찾기 어렵다고 한 대법원 2010. 7. 22. 선고 2009다40547 판결의 판시는 (ii)의 요소만으로는 사회질서 위반이라고 할 수 없음을 판시한 것과 다름이 없다.

(ii)의 요소만으로는 사회질서 위반이라고 할 수 없다는 점을 더 살펴보자. 만약 위험의 전가 자체가 사회질서에 반한다고 본다면, 금융투자상품 투자자는 그 금융투자상품 처분시까지 투자에 따른 위험을 전부 반드시 자신이 부담하고 있어야 한다는 결론에 이르게 될 것이다. 그러나 이러한 결론이 부당함은 쉽게 알 수 있다. 증권투자자뿐 아니라 어떠한 자산이건 그 자산보유자는 자산보유에 따른 위험을 부담한다. 자산보유자가 그 자산보유로 인하여 발생하는 위험을 회피할 장치를 찾는 것은 매우 자연스러운 일이다. 예컨대 건물소유자가 건물에 대한 화재보험에 가입하는 행위, 채권자가 채무자에 대한 신용위험을 회피하기 위하여 보증보험에 가입하는 행위는 자산보유에 따른 위험을 제3자에게 채권적으로 전

---

42) 대법원 1997. 2. 14. 선고 95다19140 판결.

43) 대법원 2001. 4. 24. 선고 99다30718 판결, 대법원 1998. 10. 27. 선고 97다47989 판결.

44) 증권시장에 無리스크를 요구하는 자금이 유입되는 것 자체에 의하여 공정 타당한 가격형성을 왜곡하는 것으로 이어진다는 것이다(神田秀樹/川村和夫, 「注解 証券取引法」(有斐閣, 1997), 610쪽).

가하여 위험을 회피하고자 하는 것이다.

금융투자상품 투자에 따른 신용위험 또는 시장위험의 전부 또는 일부를 타인에게 전가하는 계약 체결을 위와 같은 건물소유자 또는 대출채권자의 위험회피 행위와 달리 취급할 이유가 있는가. 상장증권은 증권시장에서 거래된다는 점이 건물 또는 대출채권과는 차이가 있으나, 그 점 때문에 증권투자에 따른 위험을 증권시장 밖에서 타인에게 전가하는 행위를 사회질서에 반하는 행위로 볼 이유는 없다. 증권 또는 다른 금융투자상품 투자에 따라 인수한 위험을 다른 사람과의 합의에 의하여 그에게 전가하는 행위는 사적 거래로서 종래의 분류에 따른 공서양속[45]에 어긋나지 않고, 새로운 분류[46]에 따르더라도 그 거래가 일반적으로 공공의 이익을 해친다거나, 그 거래로 인하여 피해를 입는 제3자가 있어서 공서양속 법리로 그를 보호해야 할 필요가 있는 것이 아니기 때문이다.[47]

실제로 금융투자상품 투자에 따른 위험 중 환율변동위험에 대해서는 금융투자상품 판매회사의 권유에 의하여 투자자가 그 위험을 회피하기 위한 계약을 체결하는 경우가 흔히 있다.[48]

2. 금융투자업자의 금융투자상품 관련 위험의 인수

2.1. 파생상품 영업으로 인한 위험인수 방법의 변화

2.1.1. 증권회사의 위험인수

증권회사의 업무범위에 파생상품거래가 포함되기 이전에는 증권회사는 스스

---

45) ① 정의관념에 반하는 행위, ② 인륜에 반하는 행위 ③ 개인의 자유의 심한 제한행위 ④ 생존권의 위협행위 ⑤ 사행행위. 윤진수, "한국민법상의 공서양속", 민사법학 제85호(한국민사법학회, 2018), 392-393쪽.

46) 문제되는 공서양속이 누구의 이익을 보호하기 위한 것인가 하는 관점에서 공서양속 위반의 유형을 ① 특정인의 이익이 아닌 공공의 이익을 보호하기 위한 것인 경우, ② 법률행위의 당사자 이외의 특정의 제3자의 이익을 보호하기 위한 것인 경우 및 ③ 법률행위의 당사자(계약의 당사자 또는 단독행위의 표의자)의 이익을 보호하기 위한 경우로 나눈다. 윤진수, 앞의 논문(주 45), 393쪽.

47) 위험의 전가행위를 공시하도록 할 것인지 여부(예컨대 대량주식보유보고에 주식에 관한 파생상품거래를 공시하도록 할 것인지 여부)에 대한 논의 역시 위험의 전가행위가 성질상 사회질서에 위반되는 것이 아님을 전제로 하는 것이다. 한편 시세조종을 통하여 투자위험을 감축하고자 하는 경우에는 그 감축 방법이 사회질서에 위반하는 것이라고 할 수 있을 것이다.

48) 대법원 2010. 11. 11. 선고 2010다55099 판결(엔화 표시 역외펀드에 투자한 투자자에게 펀드를 판매한 은행이 권유하여 원화-엔화 선물환거래를 체결함).

로 증권을 취득하는 방법으로 증권에 내재한 위험을 인수할 수 있었다. 발행시장에서의 증권인수(underwriting)와 유통시장에서 증권회사가 자기의 계산으로 행하는 상품증권 투자 또는 매매(이른바 principal investment 또는 proprietary trading)로 증권 투자에 따른 위험을 인수하였다.

그러나 파생상품 영업이 허용된 자본시장법 하에서는 증권회사는 증권을 직접 취득하지 않고서도 파생상품거래를 통하여 위험을 인수할 수 있게 되었다. 즉 증권회사는 주식파생상품거래를 통하여 주식의 가격변동위험을, 이자율파생상품거래를 통하여 이자율 변동에 따른 위험을, 신용파생거래를 통하여 신용위험을 각각 떠안을 수 있게 되었다. 또 증권회사는 마찬가지의 방법으로 그 위험을 거래 상대방에게 전가할 수도 있게 되었다.

2.1.2. 장외파생상품거래를 통한 증권회사의 위험인수에 대한 제한

증권회사(보다 정확하게는 투자매매업자 또는 투자중개업자)의 장외파생상품 영업에는 일정한 제한이 있다. 그 가운데 하나로 거래 상대방이 일반투자자인 경우에는 그가 위험회피목적 거래를 하는 경우에 한하여 장외파생상품거래를 할 수 있다(자본시장법 제166조의2 제1호). 위험회피목적 거래란 "위험회피를 하려는 자가 보유하고 있거나 보유하려는 자산·부채 또는 계약 등(이하 "위험회피대상")에 대하여 미래에 발생할 수 있는 경제적 손실을 부분적 또는 전체적으로 줄이기 위한 거래로서 계약체결 당시 (i) 위험회피대상을 보유하고 있거나 보유할 예정일 것과 (ii) 장외파생거래 계약기간 중 장외파생거래에서 발생할 수 있는 손익이 위험회피대상에서 발생할 수 있는 손익의 범위를 초과하지 아니할 것이라는 요건을 갖춘 거래"를 의미한다(자본시장법시행령 제186조의2).

2.2. 금융투자업자의 파생상품거래를 통한 위험 인수

2.2.1. 가상의 주식파생상품거래

A증권회사가 다양한 상황에 있는 여러 고객과 다음과 같이 장외주식파생상품거래를 체결한 경우를 생각해 보자.

(1) 주식파생상품거래의 내용

주식파생상품거래의 내용은 "A증권회사가 C회사 발행 주식에 관하여 (i) 주식파생상품거래의 기간 동안 주식가격의 상승한 경우 그 상승분을 고객이 증권회사에게 지급하고, (ii) 주식가격이 하락한 경우에는 그 하락분을 증권회사가 고객에게 지급하며, (iii) 한편 증권회사는 고객에게 주식파생상품거래의 명목금액(=체결시의 주식가격 × 주식파생상품거래에서 정한 주식수)에 대해 주식파생상품거래의 기간 동안 일정한 이자율로 산정한 금액을 지급하기로 하는 거래"이다. 이 때 A증권회사는 파생상품영업 인가 기타 그 거래에 적용되는 각종 규제상 요건을 준수하였고, 거래의 조건도 금융시장의 상황과 관행에 비추어 적정하게 정했다고 가정한다.

이해의 편의를 위하여 구체적으로 숫자를 넣어 보면 다음과 같다. 주식파생상품거래를 C주식 1만주에 대해서 체결하고, 체결시 C주식의 시가가 10,000원이고 기간은 1년으로 하였고 주식파생상품거래상의 이자율을 연 5%로 정했다고 가정하자.

(i) 주식파생상품거래의 만기시 C주식의 시가가 12,000원이 되면 고객이 A증권회사에게 2천만원(2,000원(=12,000원−10,000원)×10,000주)을 지급하고,

(ii) 주식파생상품거래의 만기시 C주식의 시가가 7,000원이 되면 A증권회사가 고객에게 3천만원(3,000원(=10,000원−7,000원)×10,000주)을 지급하며,

(iii) 주식파생상품거래의 만기시 C주식의 시가가 어떻게 형성되건 상관없이 A증권회사는 고객에게 500만원(명목금액 1억원(=10,000원×10,000주)×연 5%)을 지급하여야 한다.

(i), (ii), (iii)에 따라 산정한 금액은 모두 주식파생상품거래의 만기 시에 지급하게 되므로 (i), (ii), (iii)에 따라 산정한 금액을 모두 합산하여 정산한 잔액을 A증권회사 또는 고객이 상대방에게 지급하게 된다.

(2) 주식파생상품거래의 상대방

A증권회사가 위와 같은 주식파생상품거래를 다음과 같은 각각 다른 상황에 있는 여러 고객과 체결하였다고 가정해 보자.

거래① : 아직 C회사 발행주식을 보유하지 않은 고객 B1.

B1은 A증권회사와 주식파생상품거래를 체결하고 즉시 A증권회사에 개설한 계좌를 이용하여 C회사 발행주식을 매수하거나, A증권회사에 개설한 계좌를 이용하여 C회사 발행주식을 매수하고 즉시 A증권회사와 주식파생상품거래를 체결함.[49]

---

49) 서울남부지법 2015. 6. 11. 선고 2014가합4256 판결이 다룬 사건에서는 고객 A회사가 D증권회사에게 자신이 보유한 K회사 주식을 매도하고 동시에 K회사 주식에 대한 총수익

거래② : 아직 C회사 발행주식을 보유하지 않은 고객 B2.

B2는 D증권회사에 개설한 계좌를 이용하여 C회사 발행주식을 매수하고 A증권회사와 주식파생상품거래를 체결함.

거래③ : C회사 발행주식을 A증권회사에 개설한 계좌를 통하여 오래 전에 매수하여 계속 보유하고 있는 고객 B3.

2.2.2. 주식파생상품거래①, ②, ③의 기능

법적인 관점에서 보면 거래①, ②, ③은 모두 A증권회사와 고객 사이의 채권채무를 발생시키는 계약으로서 주식파생상품거래의 만기시의 대상 주식의 주가에 따라 계약당사자 중 어느 한 당사자가 상대방에게 지급할 채무를 지고 상대방은 이에 상응하는 채권을 가지게 된다.

위 3개 유형의 주식파생상품거래를 위험의 관점에서 보면, 모두 고객은 주식투자로 인하여 자신이 부담할 투자위험 가운데 주식파생상품거래의 기간 동안의 위험을 A증권회사에게 전가하고 A증권회사는 그 위험을 인수하는 것이다. 주식파생상품거래를 체결함으로써 고객은 주식투자에 따른 위험 대신에 A증권회사의 신용위험을 부담하게 된다. 다만 주식파생상품거래의 상대방인 고객의 주식투자 유형이 다르기 때문에 거래①, ②, ③을 나누어 살펴볼 필요가 있다.

거래①은 B1이 A증권회사의 위탁매매를 이용하여 주식을 취득하였으나 주식파생거래의 기간 동안 주식투자위험을 A증권회사에 대한 신용위험으로 전환함으로써 위탁매매를 담당한 증권회사가 주식매매거래에 대한 손실보전 또는 이익보장 약정을 하는 경우와 실질적으로 같은 기능을 한다.

거래②에서는 고객 B2의 주식위탁매매는 D증권회사가 처리하였고, 주식파생상품거래를 체결한 A증권회사는 고객 B2의 주식매수를 위한 위탁매매업무를 수행하지 않았다. 따라서 A증권회사가 자신의 고객의 "매매거래와 관련하여 손실보전 또는 이익보장 약정을 금지"하는 조항을 위반한 것인지에 대해 의문이 제기될 수 있다. 그렇다고 해도 주식파생거래의 기간 동안 고객의 투자위험이 신용위험으로 변경된다는 점에서는 거래①과 동일하다.

거래③은 이미 주식을 보유한 B3가 주식파생상품거래 기간 동안 부담할 투자위험을 A증권회사에게 전가하고 A증권회사에 대한 신용위험으로 전환하는 기

스왑(total return swap) 계약을 체결하였다.

능을 한다. B3가 이미 주식을 보유한 상태에서 주식파생상품거래를 체결하였으므로 A증권회사가 "주식매수거래와 관련하여 손실보전 또는 이익보장 약정"을 한 것이라기보다는 사후에 손실보전 또는 이익보장 약정을 체결하는 것과 유사한 기능을 한다. 주식취득 후 시간이 지난 뒤 주식파생상품거래를 체결함으로써 투자위험 전가의 개시시점에 차이가 있을 뿐 주식파생상품거래의 기간 동안 고객이 투자위험을 A증권회사에 대한 신용위험으로 변경한다는 점에서는 거래①, ②와 차이가 없다.

2.2.3. 주식파생상품거래①, ②, ③의 법적 취급

거래①, ②, ③은 모두 증권회사가 투자매매업자로 적법한 인가를 받아 파생상품거래를 한 것인데, 그동안 판례에서 강행법규 위반으로 무효라고 판시한 손실보전 또는 이익보장과 매우 흡사한 기능을 한다. 이러한 점에 비추어 거래①, ②, ③을 법적으로 어떻게 평가해야 할 것인지에 대하여 의문이 제기된다. 기능에 비추어 그동안 판례에서 무효로 판시한 손실보전 또는 이익보장 약정과 동일하게 취급해야 하는가 아니면 달리 취급해야 하는가. 그동안 판결례나 학자들의 연구에서 이 문제를 다룬 것을 발견하지 못했으나, 대체로 다음과 같은 3가지 견해를 생각해 볼 수 있다.

(1) 견해 1

첫 번째 견해는 거래①, ②, ③ 모두 손실보전 또는 이익보장 약정과 동일하게 취급하여 무효라고 보아야 한다는 견해이다.

이 견해의 논거로는 대체로 (i) 투자자가 부담해야 하는 주식투자에 따른 위험을 증권회사가 인수하고 투자자는 증권회사에 대한 신용위험만을 부담하는 것이 되었으니, 이는 대법원 판례가 손실보전약정을 무효로 보는 논거의 근저를 이루는 자기위험 부담의 원칙에 어긋나는 행위이고 사회질서에 위반되는 행위라고 보아야 한다는 점, (ii) 통상 금융투자업자의 업무범위에 속하는 행위는 관련 규제를 위반하지 않고 달리 탈법적 행위가 아닌 한 적법 유효한 행위이지만, 사회질서에 위반되지 않는 범위 내에서만 그렇다는 점, (iii) 자기책임의 원칙에 어긋나는 행위는 건전한 거래질서를 해할 우려가 있기 때문에 자본시장법 제55조가 규정한 예외(건전한 거래질서를 해할 우려가 없는 경우로서 정당한 사유가 있는 경우)에 해당하지 않는다고 보아야 한다는 점 등을 들 것으로 생각해 볼 수 있다.

(2) 견해 2

두 번째 견해는 주식파생상품거래의 상대방이 A증권회사의 위탁매매거래 고객인 거래①만 자본시장법 제55조 위반에 해당한다는 견해이다.

이 견해의 논거로는 대체로 (i) 원래 (구)증권거래법 제52조가 증권회사의 "부당권유행위"를 규제하기 위하여 손실보전을 금지한 것에 비추어, 자본시장법 제55조가 명시하고 있지는 않으나, 이 조항은 증권회사가 자신의 고객의 증권매매와 관련하여 행하는 손실보전을 규율하고자 한 것으로 보는 것이 합리적이라는 점, (ii) (구)증권거래법 제52조와 마찬가지로 자본시장법 제55조 위반행위는 투자자 간의 불평등한 대우에 따른 증권투자에 대한 불신감 초래의 우려와 손실보전으로 인하여 증권회사에게 미치는 재무적 부담 증대의 문제를 야기할 수 있다는 점에서 자본시장법 제55조가 규정한 예외("건전한 거래질서를 해할 우려가 없는 경우로서 정당한 사유가 있는 경우")에 해당하지 않는다고 보아야 한다는 점 등을 들 것으로 생각해 볼 수 있다.

(3) 견해 3

세 번째 견해는 거래①, ②, ③ 모두 자본시장법 제55조에서 규정한 예외인 정당한 사유가 있는 경우에 해당하여 적법하고 유효하다고 보는 견해이다.

이 견해의 논거로는 (i) 증권회사가 장외파생상품거래를 할 수 있는 영업인가를 받아서 각종 법규를 준수하여 고객과 거래한 것이라면 그 거래는 적법하고 유효한 것으로 보아야 하는 것이 원칙이라는 점, (ii) 증권회사가 정상적으로 장외파생상품거래를 하였다면 거래①, ②, ③ 모두 주식파생상품거래로서의 경제적 합리성을 갖추고 있을 것(그 거래의 조건에 주식투자위험 인수에 대한 대가가 적정하게 반영되어 있을 것)이므로, 파생상품거래의 상대방인 고객이 주식투자위험을 증권회사에게 전가하는데 대한 대가를 지급한 거래이고, 달리 탈법적인 거래가 아닌 이상 건전한 거래질서를 해할 우려가 없다고 보아야 하며, 따라서 종전 판례가 다룬 손실보전 또는 이익보장 약정과는 다르게 취급해야 한다는 점, (iii) 이와 달리 만약 증권회사가 고객과 장외파생상품거래를 하였으나 투자위험인수에 대한 적정한 대가를 수령하지 않는 등 장외파생상품거래가 외관상 형식에 그치는 경우에는 그 거래는 탈법적인 거래로 자본시장법 제55조 위반이라고 볼 수 있다는 점 등을 들 수 있다.

(4) 검토

생각건대 다음과 같은 이유로 견해 3이 타당하다고 본다.

첫째, 견해 1은 기본적으로 자기책임의 원칙에 의존하고 있으나 이는 설득력이 없다. 투자자가 주식(보다 일반적으로는 금융투사상품) 투자에 따른 위험을 타인에게 전가하는 행위가 자기책임의 원칙에 위반하므로 사회질서에 반하는 행위라고 보는 것은 타당하지 않다. 앞서 논의한 바와 같이 주식투자를 포함하여 어떠한 종류의 자산이라도 취득하면 그 자산 보유에 따른 위험에 노출되지만 그러한 위험에 노출된 사람이 그 위험을 감축하고자 하는 행위는 매우 자연스러운 것이고 이를 사회질서에 위반한다고 볼 수는 없다.

둘째, 견해 2는 주로 (구)증권거래법 제52조의 반사회성의 근거로 제시되었던 (i) 투자자 간의 불평등한 대우로 인한 증권투자에 대한 불신감 초래와 (ii) 손실보전으로 인하여 증권회사에게 미치는 재무적 부담 증대의 문제를 야기할 수 있다는 점에 근거하고 있으나, 이러한 점들은 증권회사가 인가를 받아 정상적으로 행하는 장외파생상품거래를 금지할 근거로 사용할 수 없다는 점에서 견해 2의 논거는 타당하지 않다.

즉 어느 투자자가 증권회사와 장외파생상품거래를 하는 경우에는 장외파생상품거래의 당사자인 투자자가 수수료를 거래상대방인 증권회사에게 지급하는 등 그 장외파생상품거래에 따른 대가를 부담한다. 따라서 이러한 경우 장외파생상품거래가 손실보전 또는 이익보장의 기능을 한다고 하여도, 증권회사가 투자자 사이에서 불평등한 대우를 한 것은 아니다.

또한 장외파생상품거래에 따라 증권회사가 부담하는 위험은 장외파생상품영업 규제 차원에서 관리, 감독되는 것이므로, 장외파생상품영업에 관한 진입규제와 영업행위규제를 준수한 장외파생상품거래에 대하여 그 거래에 따른 위험 부담을 근거로 반사회성이 있다고 할 수는 없다.

셋째, 원래 (구)증권거래법 제52조 제1호는 증권회사가 손실부담을 약속하고 증권매매거래를 권유하는 행위만을 금지하였으나 1992년 증권거래법시행규칙 개정으로 권유없이 행하는 손실보전 또는 이익보장도 금지하였고, 자본시장법 제55조 역시 권유행위를 금지하는 것이 아니라 손실보전 또는 이익보장을 금지하는 것이므로 증권회사가 자신의 고객에 대해 손실보전 또는 이익보장을 한 경우에만 적용된다고 볼 근거는 없다. 따라서 금융투자업자의 손실보전 또는 이익보장이 금지되는지 여부를 그 상대방이 자신의 고객인지 여부에 따라 구분하는 견해 2는 타당하지 않다.

자본시장법 제55조상 손실보전 또는 이익보장 약정의 상대방이 누구이건 정당한 사유가 없으면 금융투자업자의 손실보전 또는 이익보장 약정은 금지된다고 보는 것이 문면에 부합한다. 금융투자업자가 장외파생상품거래를 할 수 있는 영업인가를 적법하게 받은 후에 행하는 장외파생상품거래는 적법하고 유효한 거래라고 보아야 하고, 따라서 그 거래가 손실보전 또는 이익보장의 기능을 한다고 하더라도 자본시장법 제55조의 정당한 사유가 있다고 보아야 한다.

만약 증권회사가 외관상 장외파생상품거래의 형식을 갖추었을 뿐 거래의 조건이 거래체결시의 유사한 장외파생상품의 가격과 거래상대방의 신용위험 등을 반영하지 않음으로써 거래상대방이 그 장외파생상품거래의 대가를 지급하지 않고 손실보전 또는 이익보장을 받을 수 있도록 하였다면, 증권회사의 그러한 행위는 장외파생상품거래를 탈법적으로 이용한 것이라고 할 수 있고, 이는 자본시장법 제55조를 위반한 것이라고 보아야 할 것이다.

Ⅳ. 자본시장법 제55조의 재검토

1. 자본시장법 제55조의 정당한 사유

금융투자업자가 투자자에게 손실보전 또는 이익보장 약속을 하거나 그 효과가 있는 거래를 하는 경우 모두 자본시장법 제55조에 위반하는 것은 아니다. 건전한 거래질서를 해할 우려가 없는 경우로서 정당한 사유가 있는 경우에는 동 조항의 금지가 적용되지 않는다. 아래에서는 정당한 사유가 있는 경우를 금융투자업자가 적법한 영업활동으로 행하는 경우와 자본시장법 제71조에 따른 2단계 위임에 근거하여 금융투자업규정 제4-20조에 규정된 예외사유로 나누어 검토한다.

1.1. 적법한 영업활동

금융투자업자가 영업인가를 적법하게 받아 관련 영업행위 규제를 준수하여 적법한 방법으로 행하는 업무는 그것이 손실보전 또는 이익보장의 약속이나 손실보전 또는 이익제공행위와 같은 기능을 수행하거나 그와 같은 경제적 효과를 가진다고 하여도 적법한 행위이고 사법적 효력도 있다고 해야 올바를 것이다.

몇 가지 예를 들어 보자.

1.1.1. 투자대상인 증권에 대한 지급보증

대법원 2005. 5. 13. 선고 2003다57659·57666 판결은 증권회사의 기업어음 지급보증이 손실보전 또는 이익보장 약정이라고 볼 수 없다고 판시하였다. 이 사건의 사실관계를 보면, A증권회사가 B은행에게 C회사 발행 기업어음의 매수를 권유하자 B은행은 C회사 기업어음은 지급보증 없이는 매수할 수 없다고 하였고, 이에 A증권의 자금채권팀장이 담당임원의 지시를 받아 기업어음매출보관통장에 "본 통장에 기재된 어음에 대하여 만기시에 지급을 책임지겠습니다"라고 기재하여 위 기업어음을 B은행에게 매도하였다. 이 사건의 1심 판결[50]은 위 지급보증[51]이 (구)증권거래법 제52조 제1호의 손실보전 약정에 해당하여 무효라고 판시하였으나, 항소심 판결[52]은 (구)증권거래법 제52조 제1호 위반이 아니라고 보았고, 대법원은 상고를 기각하였다.

이 판결에 대한 대법원 재판연구관의 판례해설은 위 지급보증이 (구)증권거래법 제52조 제1호의 규율대상에 포함되지 않는 여러 논거를 제시하면서 "투자대상인 유가증권에 대한 보증제도는 현실적이고 경제적 이유에서 즉 시장자체의 수요에 의하여 운용되는 제도로서 보증제도 자체는 지극히 합법적인 제도인 만큼 유가증권에 대하여 보증을 하는 것이 증권거래의 질서를 왜곡하거나 훼손하는 것이라 할 수 없"다는 점을 지적하였다.[53]

다만, 이 판결은 다음과 같은 점에서 논란이 있을 수 있다. 대법원으로부터 법리오해의 위법이 없다고 인정된 항소심 판결은 손실보전 약정에서 증권회사가 인수하는 위험은 시장에서의 가격변동에 관한 위험 즉 시장위험이고, 보증하는 증권회사가 인수하는 위험은 발행인에 관한 신용위험이라는 점을 지적하고 기업어음 보증은 손실보전 약정에 해당하지 않는다고 판시하였다.[54]

---

50) 서울중앙지법 2002. 7. 16. 선고 2000가합70021 판결.
51) "본 통장에 기재된 어음에 대하여 만기시에 지급을 책임지겠습니다"라는 기재가 부탁받지 않은 지급보증인지 아니면 손해담보 또는 이와 유사한 약정인지에 대하여는 논란이 있을 수 있을 것이나, 이 사건에서는 이 점은 다투어지지 않은 것으로 보인다.
52) 서울고등법원 2003. 10. 1. 선고 2002나47299 판결.
53) 정한익, "기업어음에 지급보증을 한 것이 증권거래법 제52조 제1호 소정의 손실보증약정에 해당하는지 여부", 「대법원판례해설」 제55호(법원행정처, 2005), 98쪽.
54) "손실보전 또는 이익보장 약정에 따라 투자자가 증권회사에 대하여 청구하는 것은 시장에서의 가격변동 결과 발생한 손실금이나 약정한 이익금이지만 기업어음에 대한 지급보증

발행인의 상환의무가 없는 주식에 대한 투자에서는 신용위험이 있을 수 없고 결국 발행회사의 사업성과와 그 밖의 여러 정치적, 경제적, 사회적 요인들이 작용하여 형성되는 가격에 관한 시장위험이 투자위험의 대부분을 차지한다. 그러나 채무증권에 대한 투자에서는 원금상환이 이루어지는 만기 전에 투자를 회수하려면 시장에서 매도하여야 하므로 투자자가 시장위험을 부담하지만(채무증권에 대한 시장위험은 기본적으로 채무자의 신용위험의 변동과 시장이자율의 변동에 따라 변하므로 채무자의 신용위험은 시장위험에도 영향을 준다), 만기까지 보유하는 경우에는 발행인의 신용위험이 남을 뿐이다. 즉 투자자의 채무증권 투자에 따른 손실발생의 가장 중요한 요인은 신용위험이고 만기전 시장매도시에는 시장이자율변동위험도 영향을 미친다.

그렇다면 자본시장법 제55조에 금지하는 손실보전 약정에는 발행자의 신용위험을 부담하는 것도 당연히 포함된다고 보아야 한다. 이 판결의 판시에 따르면 만기까지 보유하는 경우의 손실보전약정을 보증의 형식으로 하면 자본시장법 제55조의 손실보전약정 금지의 적용을 받지 않게 된다는 것인데 이는 설득력이 약하다. 금융투자업자가 채무증권의 지급을 보증할 수 있는 적법한 근거가 있고, 보증수수료의 수령 등 정상적인 보증행위를 한 경우라면 자본시장법 제55조의 정당한 사유가 있다고 볼 수 있을 것이다. 그러나 보증할 적법한 근거가 없거나 보증이 비정상적으로 행해진 경우에는 그것이 보증의 형식을 갖추고 있다고 하여 자본시장법 제55조상 손실보전약정 금지의 적용을 받지 않는다고 할 수는 없을 것이다.[55]

의 경우에는 확정된 어음금채무를 보증한 보증인에 대하여 보증채무의 이행을 구하는 것이므로 이를 투자와 관련된 손실보전 또는 이익보장 약정이라고 볼 수 없고, 지급보증의 경우에는 … 구상권을 행사할 수 있으나 손실보전 약정의 경우에는 이러한 구상의 문제는 발생하지 아니하며 … "라고 판시함.

55) 위 사건에서 A증권회사는 그 기업어음 보증이 허용되지 않음에도 불구하고 지급을 약속하였다. 항소심 판결(서울고등법원 2003. 10. 1. 선고 2002나47299 판결)은 "유가증권의 매매에 수반하는 보증 등 신용공여 행위도 적어도 외형상으로는 증권회사의 업무로 볼 수 있을 뿐만 아니라 … "라고 하여 권리능력 범위 외의 행위라는 주장을 배척하였을 뿐, 손실보전약정 금지와 관련하여 법규를 위반한 보증이라는 점이 쟁점이 되지는 않은 것으로 보인다. 현행 자본시장법은 증권 및 장외파생상품에 대한 투자매매업을 경영하는 금융투자업자에 한하여 지급보증업무를 부수업무로서 금융위원회에 사전신고한 후 영위할 수 있도록 하고 있으나(동법 제40조 제5호, 동법시행령 제43조 제5항 제6호), 기업어음증권을 매매·주선·대리하는 경우 기업어음증권에 대하여 직접 또는 간접의 지급보증을 하지 않을 것을 요구하고 있다(동법시행령 제183조 제1항).

1.1.2. 환매조건부증권매매거래(repo)

금융투자업자가 보유한 채권을 거래상대방에게 매도하되 일정기간 후 최초 매매가액에 일정한 환매이자율을 반영한 환매가격으로 환매하는 환매조건부로 매도하는 경우를 상정해 보자. 이 거래는 외관상 매도대상 채권의 시장가격의 변동과 무관하게 거래상대방인 매수인에게 일정한 이익을 보장하는 것처럼 보이고 실제 이 거래는 그것을 목적으로 한다. 환매조건부증권매매거래는 증권매도자가 보유증권을 실질적인 담보로 자금을 조달하고 증권매수자가 그 증권을 실질적인 담보로 삼아 자금을 제공하는 기능을 한다.[56] 이와 같이 이 거래는 증권의 매매와 관련하여 일정한 수익을 거래상대방에게 보장하는 환매조건을 붙였기 때문에 자본시장법 제55조 위반의 외관을 가지고 있으나, 환매조건부증권매매거래의 본래의 목적을 달성하기 위하여 시장에서 형성되는 적정한 환매조건하에 행하는 환매조건부증권매매를 금지할 이유는 없다. 그 거래는 증권시장에서의 채권가격형성의 왜곡을 초래하거나 증권시장의 본질을 훼손하지 않는다.[57]

1.1.3. 장외파생상품거래

금융투자업자가 손실보전 또는 이익보장을 제공하더라도 그 제공이 적법한 경우에는 투자자의 투자위험을 금융투자업자가 인수한 것이지만 이는 정당한 행위이다. 현행법령상 금융투자업자가 인가를 받아 행하는 장외파생상품거래는 적법한 거래이다. 위 Ⅲ.2.2.3.(4)에서 상세히 검토한 것과 같이 투자자가 금융투자업자에게 적법하게 필요한 대가를 지급하고 장외파생상품거래를 행함으로써 손실보전 또는 이익보장을 제공받는다면 이는 적법하고 정당하며 자본시장법 제55조로 금지되지 않는다.

1.2. 자본시장법 제55조와 제71조의 정비 필요성

앞의 Ⅱ.1.2.에서 살펴본 바와 같이, 자본시장법은 제55조에서 금융투자업자의 손실보전 또는 이익보장의 약속과 손실보전 또는 이익제공 행위를 금지하면

---

56) 거래 대상증권이 법적인 담보가 되는 것은 아니다. 환매조건부증권매매의 구조와 기능에 대해서는 박준/한민, 앞의 책(주 41), 649-657쪽.

57) 일본 금융상품거래법(金融商品取引法)은 유가증권매매거래와 관련한 손실보전과 이익보장을 금지하면서 그 유가증권매매거래에서 금융상품거래업자등이 자기의 자금조달을 위하여 행하는 일정한 환매조건부채권매매거래를 제외하여 금지의 적용을 배제하였다(동법 제3조 제1항, 동법시행령 제16조의5).

서, 제71조에서는 투자매매업자와 투자중개업자의 불건전영업행위를 금지하고 있다. 동법 제71조는 불건전영업행위를 열거한 후 동조 제7호로 동법시행령에 불건전영업행위의 유형 추가를 위임하였고, 동법시행령 제68조 제5항은 그 위임을 받아 불건전영업행위를 추가로 열거한 후 동조 동항 제14호로 다시 금융위원회에 불건전영업행위의 유형을 추가할 수 있도록 위임하였다. 그 위임을 받아 금융위원회는 금융투자업규정 제4-20조에 "증권의 매매, 그 밖에 거래와 관련하여 손실을 보전하거나 이익을 보장하는 행위"를 불건전영업행위를 포함시키면서 위법행위로 인한 손해배상 또는 고객과의 분쟁해결을 위한 몇 가지 예외[58]를 규정하였다. 이와 같이 2단계 위임을 받아 금융위원회가 정한 예외는 자본시장법 제55조에 정한 정당한 사유에 해당하는 것으로 해석되고 있다.[59]

이러한 입법은 정비할 필요가 있다.

첫째, 자본시장법 제55조에서 금융투자업자의 손실보전 또는 이익보장을 금지하고 있는데 이를 다시 불건전영업행위로 열거할 필요가 무엇인지 의문이다. 동일한 내용의 행위에 대하여 같은 법률 내에서 다른 규율을 하도록 정하면 두 조항의 관계에 대한 해석에 따라 혼선이 발생할 우려가 크다.

둘째, 자본시장법 제55조 위반에 대해서는 형사처벌(3년 이하의 징역 또는 1억 원 이하의 벌금)을 할 수 있도록 되어 있으나(동법 제445조 제10호), 동법 제71조 제7호에 따라 2단계 위임을 받아 규정된 금융투자업규정 제4-20조에서 불건전영업행위로 규정된 손실보전 또는 이익보장 행위를 한 경우에는 과태료에 처할 수 있을 뿐이다(동법 제449조 제1항 제29호). 동법 제71조 제7호에 의하여 동법시행령에 위임된 불건전영업행위 유형에 대해서는 죄형법정주의 원칙상 형사처벌 조항을 둘 수 없었기 때문인 것으로 보이나, 동일한 자본시장법 내에서 동일한 내용의 행위에 대한 제재 수준을 달리 규정하는 것은 타당하지 않을 것이다.

셋째, 금융투자업규정 제4-20조에서 손실보전 또는 이익보장의 예외로 규정한 위법행위로 인한 손해배상 또는 고객과의 분쟁해결을 위한 경우는 투자매매업자와 투자중개업자에게만 적용할 것이 아니라 모든 금융투자업자에게 적용되어야 할 사항이므로 이러한 예외는 오히려 제55조에 대한 예외로 규정하는 것이 타

---

58) 주 22.
59) 한국증권법학회, 앞의 책(주 38), 332쪽; 정순섭/김민교, 온주 자본시장과금융투자업에관한법률 제55조(로앤비, 2015. 12. 24).

당할 것이다.

2. 자본시장법 제55조의 기초를 이루는 정책적 고려

2.1. 자기책임의 원칙

대법원 판례는 증권회사 등이 고객에게 증권거래와 관련하여 발생한 손실을 보전하여 주기로 하는 약속이나 그 손실보전행위는 증권투자에 있어서의 자기책임원칙에 반하는 것이고 이로 인하여 안이한 투자판단을 초래하여 가격형성의 공정을 왜곡하는 행위라고 보아 정당한 사유 없는 손실보전의 약속은 사회질서에 위반되어 무효라고 판시하여 투자자의 자기책임 원칙을 강조하였다.[60]

단순히 투자자가 투자에 따른 위험을 부담하지 않는 것이 사회질서에 반하는 심각한 문제라면 투자자가 금융투자업자 또는 그 임직원이 아닌 사람과 체결한 손실보전 또는 이익보장 약정도 무효라고 해야 올바를 것이다. 그러나 대법원 2010. 7. 22. 선고 2009다40547 판결은 투자자가 금융투자업자 또는 그 임직원이 아닌 사람과 체결한 손실보전 또는 이익보장 약정에 대해서는 (구)증권거래법상 수익보장금지를 유추적용할 수도 없고 그 약정이 사회질서에 반한다고 볼 수 없다고 판시하였다. 이는 자본시장법 제55조에서 금지한 행위가 단순히 투자자가 스스로 투자위험을 부담해야 한다는 자기책임의 원칙을 위반하기 때문에 금지하는 것은 아니라는 점을 잘 보여준다. 투자자가 증권 등 금융투자상품에 투자할 때 또는 투자한 이후, 그 투자에 따른 위험을 이전하거나 다른 방법으로 위험을 헤지하고자 하는 것은 매우 자연스러운 행위임에 비추어 대법원 2010. 7. 22. 선고 2009다40547 판결의 판시는 당연한 결론이다. 이는 투자자의 투자위험 감축 의지를 비난할 수는 없다는 점을 잘 보여준다.

투자자가 자신이 부담하는 투자위험을 타인에게 전가하거나 감축하는 방법을 찾는 행위는 매우 자연스런 투자활동의 일부분이고 그 자체가 비난받을 행위는 아니다. 실제 투자자가 금융투자상품에 투자할 때, 투자자와 거래상대방인 금융회사 사이에서 그 투자에 따른 투자위험을 감축하기 위한 거래가 이루어지고 있다. 대표적인 것이 역외펀드상품 판매시 투자자의 투자위험의 일부인 환위험에 관한 손실보전 장치에 해당하는 환헤지거래이다. 이러한 거래는 위법성 또는 효력에 대한 논의 없이 실제 널리 행해지고 있다. 이는 추측건대 손실보전 또는 이

---

60) 대법원 2001. 4. 24. 선고 99다30718 판결, 대법원 2002. 12. 26. 선고 2000다56952 판결 등.

익보장 약정도 정당한 사유가 있으면 자본시장법 제55조에 위반하지 않는다는 점에 의존한 것으로 보인다. 이와 같이 투자자가 투자위험을 부담하지 않도록 하는 거래가 실제 행해지고 그것이 적법 유효하다는 것은 투자자의 투자위험 감축을 위한 거래가 그 거래의 성질상 사회질서에 반하는 행위가 아니라는 점을 잘 보여준다. 그렇다면 손실보전약정이 투자자의 자기책임의 원칙에 어긋나고 안이한 투자판단을 초래하여 가격형성의 공정을 왜곡하기 때문에 자본시장법 제55조가 손실보전 약정을 금하는 것이라는 주장은 더 이상 타당하지 않다.

2.2. 다른 정책적 고려사항

자본시장법 제55조는 투자자가 아닌 금융투자업자를 규율하는 조항이다. 자본시장법 제55조는 금융투자업자 또는 그 임직원이 금융투자상품의 매매 기타 거래와 관련하여 정당한 사유없이 손실보전·이익보장 약속을 하지 못하도록 하였다. 자본시장법 제55조가 이러한 조항을 둔 이유는 손실보전 또는 이익보장을 약속하는 주체가 금융투자업자(또는 그 임직원)이기 때문이다. 금융투자업자(또는 그 임직원)의 손실보전 또는 이익보장 약속을 금지하는 취지는 다음과 같이 생각해 볼 수 있다.

금융투자업자가 인가받은 업무로서 파생상품거래를 하여 투자위험을 인수한다면 파생상품업무에 대한 위험관리 절차와 기준을 따라야 할 것이므로(자본시장법 제28조의2, 제166조의2 등), 그 위험인수로 인한 금융투자업자의 재무건전성에의 영향이 통제될 수 있을 것이다. 그러나 금융투자업자가 적법한 파생상품거래가 아닌 손실보전 또는 이익보장 약정으로 투자위험을 인수하는 것을 허용하면, 그 담당 임직원은 금융투자업자의 위험인수에 대한 대가를 적정하게 받지 않고 투자자와의 친분관계에 의하여 위험인수를 결정할 우려가 있다. 금융투자업자가 이러한 방법으로 위험인수를 하게 되면 금융투자업자의 재무건전성에 미치는 영향을 미리 점검할 수도 없을 것이다.

또한 금융투자업자가 적법한 파생상품거래로 투자자의 투자위험의 전부 또는 일부를 인수하는 경우에는, 투자자로부터 그 위험인수에 대한 적정한 대가를 받게 될 것이므로 그 투자자를 다른 투자자와 달리 우대하는 것이 아니다. 그러나 담당임직원의 투자자와의 친분관계를 이유로 적정한 대가를 수령하지 않고 위험인수에 관한 절차와 기준 준수 없이 손실보전 또는 이익보장 약정을 하는 경우

에는 다른 투자자들과 비교하여 특별한 우대를 하는 문제가 발생하고, 이는 다른
투자자들의 금융투자업자에 대한 신뢰 나아가 자본시장에의 투자에 대한 신뢰에
악영향을 줄 우려가 있을 것이다.

자본시장법 제55조는 "금융투자상품의 매매 그 밖의 거래"와 관련하여 행하
는 손실보전 약정에 적용되므로 그 매매 그 밖의 거래는 장내거래에만 국한되지
않는다. 또한 동 조항은 투자중개업자에게만 적용되는 것이 아니라 투자매매업자
에게도 적용된다. (구)증권거래법 제52조 제1호는 증권회사의 손실보전 약속을 활
용한 "권유" 행위를 규율하고 있었지만 자본시장법 제55조는 권유를 요구하지 않
는다. 손실보전 또는 이익보장 약정이 증권회사의 시장중개자로서의 중립성과 공
정성을 훼손하는 행위라는 점을 강조하는 견해[61]도 있으나, 자본시장법 제55조의
적용범위에 비추어 보면 이러한 견해가 자본시장법 제55조하에서도 타당한지는
의문이다.

결국 이를 요약하면 금융투자업자(또는 그 임직원)를 규율하는 자본시장법 제55
조의 기초를 이루는 정책적 고려사항은 (i) 금융투자업자(또는 그 임직원)가 법규를
준수하지 않고 행하는 투자위험 인수를 금지하고 그 위반을 처벌하여 (ii) 이로 인한
금융투자업자의 재무건전성에의 악영향 발생 및 (iii) 그러한 투자위험인수에 따른
투자자 간의 불평등한 대우 등을 방지하는데서 찾을 수 있다고 해야 할 것이다.

3. 자본시장법 제55조의 강행법규성[62] 재검토

3.1. 강행법규성 재검토의 필요성

대법원 판례는 (구)증권거래법 제52조 제1호를 강행법규로 보았고 증권회사
가 체결한 손실보전 또는 이익보장 약정은 강행법규에 위반하거나 사회질서에 반

---

61) 神田秀樹/黑沼悦郎/松尾直彦, 앞의 책(주 31), 39쪽.

62) 임의법규 또는 단속법규에 대응하는 "강행법규", 단속규정에 대응하는 "효력규정"이라는
개념의 정의에 대해서는 여러 견해가 있으나(견해의 대립에 관한 요약된 정리로는 김수
정, "효력규정과 단속규정의 구별기준에 관한 체계화 모색",「민사법학」제85호, 한국민
사법학회, 2018, 5-7쪽), 증권회사 등 금융회사의 손실보전 약정에 관한 대법원 판결들이
"강행법규"라는 용어를 사용하고 있으므로(대법원 1998. 10. 27. 선고 97다47989 판결, 대
법원 2001. 4. 24. 선고 99다30718 판결, 대법원 2002. 12. 26. 선고 2000다56952 판결, 대
법원 2007. 4. 12. 선고 2004다62641 판결, 대법원 2007. 11. 29. 선고 2005다64552 판결
등), 이 글에서는 어떤 법규가 일정한 행위를 금하고, 그 법규에 위반되는 행위의 사법적
효력이 부정되는 경우 그 법규를 "강행법규"로 표시하였다.

하는 것으로 무효로 보아왔다. 그러나 위 Ⅳ.2.에서 살펴본 바와 같이 자기책임의
원칙에 기초하여 자본시장법 제55조의 금지를 사회질서를 반영한 강행법규라고
해서는 안 되고, 동 조항의 기초를 이루는 정책적 고려사항은 금융투자업자의 행
위규제와 재무건전성 확보에 있다고 보는 것이 타당할 것이다. 자본시장법 제55
조가 달성하고자 하는 정책적 고려사항에 비추어 볼 때, 금융투자업자가 투자자
와 체결한 손실보전 또는 이익보장 약정이 동 조항의 금지를 위반하는 경우, 그
약정의 사법상 효력이 부정되어야 하는가를 검토할 필요가 있다.

3.2. 강행법규성 여부의 판단 기준

일정한 행위를 금지하는 법률 조항이 이에 위반한 행위의 효력에 대해서 명
시적으로 정하였으면, 헌법상 기본권 침해의 기준을 위반하여 위헌이 되지 않는
한, 그 조항이 정한대로 하면 될 것이다.[63] 법률이 위반행위의 사법상 효력에 대
해 아무런 언급을 하지 않을 때, 대법원이 무효여부를 판단하기 위하여 적용한
기준으로 입법취지와 목적,[64] 사법상 효력을 부인해야 할 필요성,[65] 반사회적 반
도덕성,[66] 법적 안정성[67]을 들 수 있으나 그 기준들이 "예견가능성을 담보할만한

---

63) 위반행위를 무효로 규정한 예로는 독점규제 및 공정거래에 관한 법률(이하 "공정거래법")
제16조 제2항(기업결합 제한, 지주회사 설립제한), 제19조 제4항(부당한 공동행위 금지).
64) ① 위반을 무효로 인정한 예: 대법원 2010. 12. 23. 선고 2008다75119 판결(공인중개사 자격
이 없는 자가 중개사무소 개설등록 없이 체결한 중개수수료 지급약정 — 무효), 대법원
2004. 10. 28. 선고 2004다5556 판결(보조금의예산및관리에관한법률 제35조에 따른 승인을
받기 이전의 특약 — 부동적 무효), 대법원 2004. 6. 25. 선고 2002다56130 판결(직업안정법에
위반된 무허가 근로자공급사업자와 공급을 받는 자 사이에 체결한 근로자공급계약 — 무효)
② 위반을 무효가 아니라고 한 예; 대법원 2019. 6. 13. 선고 2018다258562 판결(금융투자
업등록을 하지 않고 체결한 투자일임계약 — 유효), 대법원 2018. 7. 11. 선고 2017다
274758 판결(여객자동차운수사업법 제12조를 위반한 지입계약 — 유효), 대법원 2019. 1.
17. 선고 2015다227000 판결(공정거래법 제10조의2 제1항, 제15조를 위반한 채무보증이
나 탈법행위의 효력 — 유효), 대법원 2018. 10. 12. 선고 2015다219528 판결(구 노인복지
법 제35조 제3항의 위임에 따른 구 노인복지법 시행규칙 제22조 제1항 [별표 4] 제2항
(가)목 전문의 금지를 위반한 저당권설정계약 — 유효), 대법원 1981. 5. 26. 선고 80다
2367 전원합의체 판결(외국환관리법 위반행위 — 유효).
65) ① 위반을 무효로 인정한 예: 대법원 1994. 12. 13. 선고 94다31617 판결(대외무역법상 수
입금지를 위반한 탈법적인 매매계약 — 무효)
② 위반을 무효가 아니라고 한 예: 대법원 1996. 8. 23. 선고 94다38199 판결((구)증권거
래법 제107조를 위반한 일임매매약정 — 유효).
66) ① 위반을 무효로 인정한 예: 대법원 2010. 2. 25. 선고 2009다98843 판결(변호사법 제109
조 제1호를 위반하여 변호사 아닌 자가 이익취득을 목적으로 하는 법률행위 — 무효)

구체성을 결여하고 있다"거나,[68] "대부분의 대법원 판결은 그와 같이 판단한 실질적인 이유를 제시하지 않고 결론만을 내리고 있을 뿐"이라는 점[69]이 지적되고 있다. 최근에는 대법원판결이 "그 규정의 입법 배경과 취지, 보호법익, 위반의 중대성, 당사자에게 법규정을 위반하려는 의도가 있었는지 여부, 규정 위반이 법률행위의 당사자나 제3자에게 미치는 영향, 위반 행위에 대한 사회적·경제적·윤리적 가치평가, 이와 유사하거나 밀접한 관련이 있는 행위에 대한 법의 태도 등 여러 사정을 종합적으로 고려해서 효력을 판단하여야 한다"[70]거나 "금지규정의 목적과 의미에 비추어 그에 반하는 법률행위의 무효 기타 효력 제한이 요구되는지를 검토하여 이를 정할 것"[71]이라고 판시하고 있으나 이 판시도 강행법규 여부의 판단시 고려할 사항들을 제시했을 뿐 판단의 기준은 구체적으로 제시하지 않았다.

3.3. 자본시장법 제55조의 강행법규성 검토

3.3.1. 강행법규로 볼 요소

자본시장법 제55조를 강행법규로 보고 따라서 그 위반은 무효라고 보아야 한다는 견해는 기존의 대법원 판례와 같은 논거를 들 것이고 추가적으로 대체로

---

② 위반을 무효가 아니라고 한 예: 대법원 2009. 6. 25. 선고 2007다12944 판결((구)전기통신사업법 제36조의3 제1항 제4호의 금지('전기통신사업자가 이용약관과 다르게 전기통신역무를 제공하거나 전기통신이용자의 이익을 현저히 저해하는 방식으로 전기통신역무를 제공하는 행위')를 위반한 행위 — 유효)

67) 대법원 1996. 8. 23. 선고 94다38199 판결((구)증권거래법 제107조를 위반한 일임매매약정 — 유효).

68) 김수정, 앞의 논문(주 62), 7-13쪽.

69) 김재형, "법률에 위반한 법률행위 — 이른바 강행법규의 판단기준을 중심으로 —", 「민사판례연구」제26권(박영사, 2004), 6쪽. 이 논문 22쪽은 손실보전 금지와 관련한 대법원 1996. 8. 23. 선고 94다38199 판결(실질적인 이유의 설시없이 "(구)증권거래법 제52조 제1호는 공정한 증권거래질서의 확보를 위하여 제정된 강행법규"라고 판시하는 한편 상세한 이유를 들어 (구)증권거래법 제107조가 고객을 보호하기 위한 규정이라고 보고 이를 위반한 일임매매 약정이 효력이 있다고 판시함)과 대법원 1997. 2. 14. 선고 95다19140 판결(채권투자에는 위험이 따르고 그 위험은 원칙적으로 고객이 부담해야 한다고 보아 채권매매관련 이익보장 약정을 무효로 판시함)을 비교한 후, 결국 법률목적을 달성하거나 거래안전을 보호하기 위하여 그 법률을 위반한 법률행위를 무효로 할 것인지 여부를 정하고 그에 따라 강행법규 여부를 결정하고 있다고 지적하였다.

70) 대법원 2018. 10. 12. 선고 2015다256794 판결, 대법원 2019. 1. 17. 선고 2015다227000 판결.

71) 최근 대법원 2019. 6. 13. 선고 2018다258562 판결.

다음과 같은 점들을 논거로 제시할 수 있을 것이다. 첫째, "법률에서 일정한 행위를 금지하면서 이를 위반한 계약을 유효하다고 하는 것은 법질서의 자기모순"[72]이라는 점이다. 특히 자본시장법이 동 조항 위반행위에 대해 상당히 엄한 형사처벌 조항을 두고 있다는 점에서 동조항의 금지의 기초를 이루는 정책적 고려사항의 중대성에 대한 사회적·윤리적 가치평가가 드러나 있다고 볼 여지가 있다. 둘째, 그동안 손실보전 또는 이익보장 약정을 무효로 하는 대법원판례가 확립되어 손실보전 또는 이익보장 약정이 위법하고 강행법규 위반으로 무효라는 인식이 금융투자업자의 임직원들뿐 아니라 투자자들에게도 수십 년간에 걸쳐 확산되어 왔다는 점도 고려해야 한다. 셋째, 자본시장법 제55조를 강행법규로 보아 이를 위반한 손실보전 약정이 무효가 됨으로 인하여 손실보전 약정을 신뢰한 투자자가 손해를 입는 상황이 발생하더라도, 투자자는 금융투자업자 또는 그 임직원의 고객보호의무 위반을 근거로 손해배상을 청구함으로써 해소할 수 있으므로, 손실보전 약정이 무효로 됨으로 인하여 투자자가 입을 수 있는 부당한 손해는 방지할 수 있다는 점도 근거로 들 수 있을 것이다.

그러나 형사처벌 조항이 있다는 점이 강행법규성을 인정할 결정적인 요소는 아니다. 강력한 형사처벌 조항이 있어도 그 위반의 사법적 효력을 인정한 예는 많다.[73] 대법원 판례에 따라 손실보전 또는 이익보장 약정을 무효로 보는 인식이 확산되었더라도 금융의 환경과 법제의 변화에 따라 손실보전 또는 이익보장 약정을 금지하는 법률의 취지와 성격을 다시 검토할 필요가 있다.

3.3.2. 강행법규로 보지 않을 요소

자본시장법 제55조의 목적과 의미에 비추어 이에 위반한 행위를 무효로 할 필요가 있는지를 살펴보자.

첫째, 입법취지와 목적에 비추어 보면, 자본시장법 제55조가 금지하는 행위는 단순히 투자자가 투자위험을 헤지하는 행위가 아니라, 금융투자업자가 법규상 허용되지 않는 방법으로 (특히 무상으로) 헤지수단을 제공하는 행위이다. 금융투자업자가 법규상 허용되지 않는 방법으로 손실보전 또는 이익보장 약정을 함으로써 위험을 인수하여 불평등한 대우로 인한 고객들의 신뢰 하락을 초래하고 금융투자

---

72) 김재형, 앞의 논문(주 69), 17쪽.
73) 대법원 1981. 5. 26. 선고 80다2367 전원합의체 판결(외국환관리법 위반), 대법원 2019. 1. 17. 선고 2015다227000 판결(공정거래법 제10조의2 제1항, 제15조 위반) 등.

업자의 재무건전성을 해할 우려가 있다. 결국 자본시장법 제55조의 보호법익은 금융투자업자의 건전한 영업행위의 확립과 금융투자업자의 재무건전성 훼손의 방지라고 할 수 있다.

금융투자업자의 건전한 영업행위 확립이 공서양속에 이를 정도의 사회질서에 해당한다고 하기는 어려울 것이다. 또한 재무건전성의 확보가 금융투자업자의 부실화를 방지하여 궁극적으로는 그 부실화로 인한 투자자의 피해와 자본시장의 혼란 등 사회적, 경제적 영향을 방지하고자 하는데 있겠지만, 그러한 사회적, 경제적 영향의 방지는 간접적인 효과에 불과하다. 금융투자업자의 재무건전성에 대한 악영향은 금융투자업자의 경영에 관한 사항이고 이는 금융투자업자의 주주와 임직원 등 직접적인 이해관계자들의 이익을 해하는 사항이다. 금융투자회사의 재무건전성의 확보가 곧바로 공서양속에 속하는 사회질서에 해당한다고 할 수 없음을 대법원에서도 확인한 적이 있다. 대법원 2002. 9. 24. 선고 2001다39473 판결은 증권회사의 재무건전성을 유지하기 위한 장치의 하나로 영업용 순자본에 가산될 수 있는 후순위차입금에 상계약정을 붙이는 것을 금지한 법규를 위반하여 상계권 부여 특약을 한 사건에서 그 특약의 효력을 인정하였다.[74]

둘째, 증권회사와 같은 금융투자업자가 인가를 받아 적법하게 파생상품거래를 할 수 있게 된 상황하에서는 동일한 기능을 하는 거래 가운데 인가를 받아 행하는 것은 정당한 사유가 있어서 자본시장법 제55조의 금지의 적용을 받지 않고 그렇지 않은 거래는 금지되게 된다. 같은 기능을 하는 거래라고 하더라도 금지의 적용 여부가 달라진다. 위법행위로 인한 손해배상 또는 고객과의 분쟁해결을 위한 일정한 경우에도 정당한 사유가 있는 것으로 보아 동 조항을 적용하지 않게 된다. 이는 위험을 이전하는 거래 자체의 속성이 반사회성, 반도덕성을 가짐으로

---

74) 대법원 2002. 9. 24. 선고 2001다39473 판결은 "구 증권거래법(1997. 12. 13. 법률 제5423호로 개정되기 전의 것) 제54조, 제209조 제7호에 따르면, 증권관리위원회는 필요한 경우 증권회사에 대하여 필요한 명령을 할 수 있고 이를 위반한 경우 형사처벌의 대상이 되며, 이에 따른 시행령 제37조에 의하여 증권관리위원회가 1997. 2. 28. 제정한 '증권회사의 재무건전성준칙' 제9조 제2항 제4호가 '영업용 순자본'에 가산될 수 있는 '후순위차입금'은 그 본질을 해할 우려가 있는 상계약정이나 담보제공약정이 붙어 있어서는 안되도록 규정하고 있으나, 위 추가약정에 의한 상계권 부여특약이 위 규정에 위반하였다고 하더라도 사법적 효력을 가지지 못하여 무효라고는 할 수 없다고 해석함이 옳다."고 판시하였다. 이 판결과는 달리 이면계약으로 상계약정한 것은 건전성 규제의 목적을 정면으로 위반한 것으로 무효라고 보는 것이 타당하다고 보는 견해로는 정순섭, "후순위약정의 법적 문제", 「BFL」 제68호(서울대학교 금융법센터, 2014), 47쪽.

써 경제질서를 해하는 것75)이 아님을 잘 보여준다.

셋째, 자본시장법 제55조의 적용을 받는 주체는 금융투자업자와 그 임직원이고, 투자자는 그 적용대상이 아니다. 고객도 금지조항의 적용을 받는 대상으로 포함시킨 일본 금융상품거래법76)과는 달리 자본시장법은 금융투자업자와 그 임직원만을 적용 대상으로 삼고 있다. 자본시장법 제55조상의 금지를 금융투자업자와 그 임직원에 대한 형사적, 행정적 제재에 의존하면 충분한 것이지 사법적 효력을 부정할 필요성이 얼마나 있는지 의문이다.

넷째, 앞서 본 바와 같이 자본시장법 제55조의 적용대상은 장내거래 또는 투자중개업자에 한정되지 않고 매우 광범위하다. 또한 정당한 사유라는 예외의 범위가 불명확하다. 이러한 점에 비추어 볼 때 그 위반의 사법적 효력을 부정하는 데에는 매우 신중할 필요가 있다.

그렇다면 자본시장법 제55조는 공공의 이익을 보호하기 위한 조항이라기보다는 금융투자업자(및 그 임직원)를 규제하는 조항으로서 그 위반은 행정법규 위반에 그치는 것이고 사법적 효력을 부정할 공서양속 또는 강행법규적 성격을 가진다고 보기 어렵다는 것이 더 설득력이 있을 것이다.

---

75) 거래의 속성상 경제질서를 위반하는 것으로 인정된 대표적인 예로는 보험금을 부정취득할 목적으로 보험계약을 체결한 경우를 들 수 있다. 대법원은 "이러한 목적으로 체결된 보험계약에 의하여 보험금을 지급하게 하는 것은 보험계약을 악용하여 부정한 이득을 얻고자 하는 사행심을 조장함으로써 사회적 상당성을 일탈하게 될 뿐만 아니라, 또한 합리적인 위험의 분산이라는 보험제도의 목적을 해치고 위험발생의 우발성을 파괴하며 다수의 선량한 보험가입자들의 희생을 초래하여 보험제도의 근간을 해치게 되므로, 이와 같은 보험계약은 민법 제103조 소정의 선량한 풍속 기타 사회질서에 반하여 무효라고 할 것이다"고 판시하거나(대법원 2005. 7. 28. 선고 2005다23858 판결, 대법원 2018. 9. 13. 선고 2016다255125 판결), "당초부터 오로지 보험사고를 가장하여 보험금을 취득할 목적으로 생명보험계약을 체결한 경우에는 사람의 생명을 수단으로 이득을 취하고자 하는 불법적인 행위를 유발할 위험성이 크고, 이러한 목적으로 체결된 생명보험계약에 의하여 보험금을 지급하게 하는 것은 보험계약을 악용하여 부정한 이득을 얻고자 하는 사행심을 조장함으로써 사회적 상당성을 일탈하게 되므로, 이와 같은 생명보험계약은 사회질서에 위배되는 법률행위로서 무효라고 하여야 할 것이다"고 판시하였다(대법원 2000. 2. 11. 선고 99다49064 판결).

76) 일본 금융상품거래법은 금융상품투자업자 등의 손실보전 또는 이익보장 약정 또는 제공을 금지하고(동법 제39조 제1항) 그 위반을 형사처벌(3년 이하의 징역 또는 300만엔 이하의 벌금)할 수 있도록 함(동법 제198조의3)과 아울러, 고객이 스스로 또는 제3자로 하여금 요구하여 금융상품거래업자등과 손실보전 또는 이익보장 약정을 체결하는 행위를 금지하고(동법 제39조 제2항) 그 위반도 형사처벌(1년 이하의 징역 또는 100만엔 이하의 벌금)할 수 있도록 하였다(동법 제200조 제14호).

V. 맺는 말

(구)증권거래법부터 현행 자본시장법에 이르기까지 법률로 증권회사(또는 금융투자업자)와 그 임직원의 손실보전 또는 이익보장 약정을 금지하였고, 대법원판례는 그 금지를 위반한 약정을 강행법규 또는 사회질서에 반하는 행위로 보아 무효로 판시하여 왔다. 그 논거의 가장 중심에 놓인 것은 손실보전 또는 이익보장 약정이 증권투자에서의 자기책임의 원칙에 반한다는 것이다.

그런데 투자자가 투자로 인한 위험을 인수한 경우 그 위험을 이전하거나 감축하고자 하는 활동은 매우 자연스러운 활동이다. 장외파생상품거래는 바로 그러한 투자자가 부담하는 투자위험을 이전 또는 감축하는 대표적인 수단이다. 증권회사가 영업인가를 받아 적법하게 장외파생상품거래를 하는 경우, 그 거래가 손실보전 또는 이익보장 약정의 기능을 한다고 하여도 이는 정당한 거래로서 자본시장법 제55조 위반이 아니라고 보아야 한다. 자본시장법 제55조의 기초를 이루는 정책적 고려사항은 대법원판례가 강조해온 자기책임의 원칙에서 찾기보다는 금융투자업자의 위법한 투자위험 인수와 이로 인한 금융투자업자의 재무건전성에의 악영향 발생 및 불평등한 대우로 인한 신뢰하락 등을 방지하는데서 찾아야 할 것이다. 이러한 정책적 고려사항에 비추어 볼 때 자본시장법 제55조에 규정된 금지를 사회질서를 반영한 강행법규에 해당하는 것으로 보기는 어려울 것이다.

[참고문헌]

강용현, "부당권유 및 과당매매로 인한 증권거래와 증권회사의 불법행위책임", 「대법원판례해설」 제27호(법원행정처, 1996).

김건식, "증권회사직원의 이익보증약정과 투자자의 구제 — 대법원 1996. 8. 23. 선고 94다38199판결", 「민사판례연구」 제19집(박영사, 1997).

김건식/정순섭, 「자본시장법」(제3판)(두성사, 2013).

김수정, "효력규정과 단속규정의 구별기준에 관한 체계화 모색", 「민사법학」 제85호(한국민사법학회, 2018).

김신, "투자수익보장 약정의 효력", 「판례연구」(부산판례연구회, 1996).

김재형, "법률에 위반한 법률행위 — 이른바 강행법규의 판단기준을 중심으로 —", 「민사판례연구」 제26권(박영사, 2004).

김정수, 「자본시장법원론」(제2판)(SFL그룹, 2014).

박준/한민, 「금융거래와 법」(제2판)(박영사, 2019).

안문택, 「증권거래법개론」(박영사, 1982).

오세욱, "이익보장 또는 손실보전약속의 사법상의 효력", 「재판실무연구」(광주지방법원, 1997).

윤진수, "한국민법상의 공서양속", 「민사법학」 제85호(한국민사법학회, 2018).

이상철, "증권매매위탁계약에 관한 몇 가지 법률적 문제점", 「증권거래에 관한 제문제(상)」(재판자료 제90집)(법원도서관, 2001).

임재연, 「자본시장법」(박영사, 2018).

정대익, "손실보전약정에 의한 부당권유행위 및 증권회사의 반대매매의무", 「상사판례연구」 제18집 제3권(한국상사판례학회, 2005).

정순섭, "후순위약정의 법적 문제", 「BFL」 제68호(서울대학교 금융법센터, 2014.)

정순섭/김민교, 온주 자본시장과금융투자업에관한법률 제55조(로앤비, 2015. 12. 24).

정한익, "기업어음에 지급보증을 한 것이 증권거래법 제52조 제1호 소정의 손실보증약정에 해당하는지 여부", 「대법원판례해설」 제55호(법원행정처, 2005).

한국증권법학회, 「자본시장법 주석서 Ⅰ」(개정판)(박영사, 2015).

橋本円, 「損失補てん規制」(商事法務, 2018).

神崎克郎, 「証券取引法」(現代法律学全集)(青林書院, 1980).

神崎克郎/川口恭弘/志谷匡史, 「金融商品取引法」(青林書院, 2012).

神田秀樹/川村和夫, 「注解 証券取引法」(有斐閣, 1997).

神田秀樹/黒沼悦郎/松尾直彦, 「金融商品取引法コンメンタール 第2巻」(商事法務, 2014).

川村正幸, 「金融商品取引法」(中央経済社, 2008).

6. 상법상 사채의 속성[*]

Ⅰ. 서론

상법 중 회사편이 개정되어 2012년 4월 15일 시행되었다(이하 위 개정을 '2011
년 상법개정'으로, 개정된 이후의 상법을 '개정상법'으로, 개정되기 이전의 상법을 '개정전
상법'으로 약칭함). 개정상법은 개정전 상법이 규정하였던 일반사채, 전환사채 및
신주인수권부사채에 추가하여 종전 증권거래법에 근거하여 상장회사가 발행할
수 있었던 이익참가부사채, 교환사채와 상환사채(상법 제469조 제2항 제1호와 제2호)
및 파생결합사채 즉 다른 자산(증권, 통화 포함)이나 지표에 연계하여 지급금액이
결정되는 사채(상법 제469조 제2항 제3호)를 사채의 종류로 열거하였다. 또한 2011
년 7월 14일 '전자단기사채 등의 발행 및 유통 등에 관한 법률'(이하 '전자단기사채
법'으로 약칭함)이 제정되어 2013년 1월 15일 시행을 앞두고 있다. 이 법은 만기 1
년 이내의 단기사채 중에서 전자적으로 등록한 전자단기사채의 발행과 유통을 한
국예탁결제원에 개설된 계좌를 통하여 행하도록 하였다.

이 글은 최근의 법률 제정·개정을 계기로 상법상 사채의 속성이 무엇인지를
검토하고 사채에 해당하는지 여부가 문제될 수 있는 다양한 거래유형을 분석하여
사채 해당여부에 대한 기준을 제시하고자 한다.[1) Ⅱ.에서는 사채의 속성에 관한
전통적인 견해들과 외국의 입법례를 살펴보고 사채의 속성을 논하는 실질적인 의
의가 무엇인지를 검토한다. Ⅲ.에서는 개정상법에 따를 때 사채는 어떠한 속성을
가지는지를 검토하여 사채 해당여부에 대한 기준을 제시한다. Ⅳ.에서는 상법상

---

[*] 상사법연구 제31권 제3호(한국상사법학회, 2012. 11) 게재. 한국상사법학회 우수논문상수
상(2013. 2).
1) 국제적으로 발행되는 채권에 상법의 사채 관련 조항들이 적용되어야 하는지 여부에 관
한 국제사법적인 쟁점은 다루지 않는다.

사채에 해당하는지 여부가 문제되는 여러 거래유형, 즉 의무전환사채, 자동전환사채, 강제전환사채, 자본시장과 금융투자업에 관한 법률(이하 '자본시장법'으로 약칭함)상의 파생결합증권 및 기업어음 등을 사채로 취급하여야 하는지 여부를 검토한다.

Ⅱ. 사채의 속성에 관한 논의와 그 의의

1. 사채의 속성에 관한 전통적인 견해

종래 사채는 대체로 다음과 같은 속성을 가진 것으로 설명되어 왔다.[2]

(i) 발행자가 주식회사라는 점.

(ii) 발행회사가 채무(내지는 금전채무)를 부담한다는 점.[3]

(iii) 채권자가 확정된 이자를 지급받는 점.

(iv) 비교적 장기의 자금을 조달한다는 점.

(v) 단위화된 증권으로 발행되며 채권자가 불특정의 투자자라는 점.[4]

또한 발행회사와 최초의 사채권자 간의 법률관계를 규율하는 계약에 대하여도 다수의 견해는 소비대차[5] 내지는 소비대차에 유사한 무명계약[6]으로 보고 있다.

---

2) 「주석 상법 회사법(4)」(한국사법행정학회, 2003), 216쪽(김교창 집필부분); 권기범, 「현대회사법론」(제4판)(삼영사 2012), 940쪽; 송옥렬, 「상법강의」(제2판)(홍문사, 2012), 1109쪽; 이철송, 「회사법강의」(제20판)(박영사, 2012), 980쪽; 임재연, 「회사법 Ⅰ」(박영사, 2012), 749쪽; 정동윤, 「상법(상)」(제6판)(법문사, 2012), 719쪽, 정찬형, 「상법강의(상)」(제15판)(박영사, 2012), 1148-1149쪽; 최기원, 「신회사법론」(제14대정판)(박영사, 2012), 840쪽 등. 일본의 鴻常夫, 「社債法」(有斐閣, 1958), 9쪽도 같은 취지. 김교창, "상법중 사채에 관한 개정의견", 「회사법의 제문제」(한국사법행정학회, 1982) 132쪽은 "사채란 주식회사가 일반대중으로부터 채권발행의 방법에 의하여 기채를 함으로써 부담하는 채무"라고 하였다.

3) 회사의 이익과 관계없는 확정적인 채권이라거나, 기업가치와 관계없이 미래의 현금흐름이 고정된다거나, 청산시 주주에 우선하여 변제받는다거나 하는 설명은 모두 '채무'라는 점을 부연한 것이다.

4) 집단성, 정형성과 대량성을 가진다는 설명은 단위화된 증권을 발행하는 데 따라 발생하는 현상을 부연한 것이다.

5) 임재연, 앞의 책(주 2), 754쪽. 이철송, 앞의 책(주 2), 983쪽은 "사채의 발행과 인수에 있어 당사자의 목적은 경제적으로나 법적으로나 금전채권·채무를 발생시키는데 있으므로 소비대차로 보는 것이 타당하다"고 한다.

6) 최기원, 앞의 책(주 2), 846쪽; 권기범, 앞의 책(주 2), 940쪽.

2. 사채의 속성에 관한 외국의 입법례와 논의

2.1. 일본

일본의 종전 상법에서는 우리나라와 마찬가지로 사채에 관한 정의 조항을 두고 있지 않았으나, 회사법을 제정하면서 사채란 "이 법률의 규정에 따라 회사가 행하는 배정에 의해 발생하고 회사를 채무자로 하는 금전채권으로서 제678조(모집사채에 관한 사항의 결정) 각호에 열거된 사항에 관한 정함에 따라 상환되는 것을 말한다"고 규정하였다.[7] 일본 회사법상 사채의 정의에는 다수의 투자자로부터 자금을 조달한다는 집단성, 정형성과 양도성 등의 요소에 대하여는 아무런 언급을 하지 않았다. 이는 그러한 요소를 결한 사모사채가 증가하고 있기 때문이다.[8]

일본 회사법상 사채의 정의 조항은 사채에 관한 강행법규의 적용범위를 명확하게 하기 위하여 둔 것이지만, "이 정의는 동일한 내용의 채권을 분할하여 일정한 절차로 배정함으로써 성립한다고 하는 점 이외에는 금전채권으로서 본래 가지고 있는 내용을 정한 것이고 정의에 해당하는 것을 피하는 것도 곤란하지는 않기 때문에 결국 회사가 회사법의 규정에 의한 사채를 발행한다고 정하면 사채이고, 그렇지 않으면 사채가 아닌 것으로 규정한 것과 다름없어" 투자자보호와 법률관계의 명확화 어디에도 도움을 주지 못한다는 비판을 받고 있다.[9] 또한, 일본의 회사법상 사채의 정의조항을 둔 이후에도 "사채는 통상은 대량성과 대공중성(對公衆性)을 특징으로 하지만 1인에 대하여 사채를 발행하는 것도 가능하기 때문에 엄밀히 사채를 정의하는 것은 극히 곤란하다. 회사법의 정의는 일본회사가 외국에서 사채를 발행하는 경우와 외국회사가 일본에서 사채를 발행하는 경우에 일본 회사법의 사채에 관한 규정의 적용이 있는가 하는 종래 다툼이 있는 문제에 관하여 영향을 미치지 않는다"는 견해가 제시되고 있다.[10]

---

7) 일본 회사법 제2조 제23호.
8) 野村修也, "新会社法における社債制度", 「ジュリスト」 1295호(2005. 8. 1-15), 119쪽.
9) 江頭憲治郎, 「株式会社法」(第4版)(有斐閣, 2011), 662쪽. 江頭憲治郎 교수는 사채관리자를 둘 의무, 사채권자집회 등 회사법상의 강행규정은 공중을 보호하는 목적으로 설치된 것인 점에 비추어 볼 때 사채의 규정의 적용을 회피한 채권이 공모된 경우에는 인수를 거부하는 등 시장관계자의 자제가 필요하다고 주장한다.
10) 神田秀樹, 「会社法」(第11版)(弘文堂, 2009), 287쪽.

2.2. 미국

미국의 Model Business Corporation Act 제3.02조 제7호[11]는 회사가 정관에 달리 정하지 않는 한 사채를 발행할 능력이 있음을 규정하였을 뿐, 사채발행에 대한 다른 조항을 두고 있지 않다. 델라웨어주 회사법도 유사하게 회사의 사채발행능력을 규정하고 있을 뿐이다.[12]

2.3. 영국

영국 회사법(Companies Act 2006)은 제19편(제738조 내지 제754조)에서 사채(debentures)에 대하여 규정하고 있다. 제738조에서 동법상 사채(debentures)는 회사의 자산에 담보권이 설정되는지 여부와 관계없이 debenture stock, bonds, 기타 회사의 다른 증권을 포함한다고 규정하고 있을 뿐 사채가 어떠한 속성을 가지는지에 대하여는 명시적으로 정의하지 않았다.[13][14] 영국의 판례 가운데는 인지세 납부의무가 있는지 여부의 맥락에서 문서 표면상 사채(debenture)라고 하고 연2회 이자를 지급하는 이표를 첨부하고 지급약속을 표시한 증서를 약속어음(promissory note)이 아닌 사채(debenture)로 본 사례가 있다.[15] 이 판례의 입장을 유지한다면

---

11) "… every corporation has the same powers as an individual to do all things necessary or convenient to carry out its business and affairs, including without limitation power:
… (7) to make contracts and guarantees, incur liabilities, borrow money, issue its notes, bonds, and other obligations (which may be convertible into or include the option to purchase other securities of the corporation), and secure any of its obligations by mortgage or pledge of any of its property, franchises, or income;"

12) Delaware General Corporation Law 제122조 제13호.

13) Davies, Paul L. and Worthington, Sarah, Principles of Modern Company Law (Ninth Edition)(Sweet & Maxwell, 2012), p. 1183; Eilis Ferran, Principles of Corporate Finance Law(Oxford University Press, 2008), p. 321.

14) 영국에서는 유통가능한 채무증서 중 대체로 만기 10년 이상인 것을 bonds, 만기 10년 미만인 것을 notes, 만기 1년 미만인 것을 commercial paper로 부르지만 그 구별이 명확하지는 않다. Davies and Worthington, 앞의 책(주 13), p. 1183; Louise Gullifer and Jennifer Payne, Corporate Finance Law(Hart Publishing, 2011), pp. 30-31.

15) British India Steam Navigation Co v Commissioners of Inland Revenue [1881] 7QBD165. 이 판결은 계쟁 문서가 인지세법상 낮은 인지세의 적용대상인 약속어음과 높은 인지세의 적용대상인 사채 중 어디에 해당하는지를 다루었다. 판결문에서 Grove 판사는 사채(debenture)는 약속어음(promissory note)에 무엇인가 약간 더 추가된 것이라고 하면서 이표가 붙어 있는 등 계쟁 문서는 통상의 약속어음과 형식이 다르다는 점을 지적하였다. Lindley 판사도 계쟁문서가 약속어음과 매우 다르고 여러 조항들을 두고 있으며 사채(debenture)로 표시되어 있다는 점을 지적하면서 상인이 약속어음으로 인정하지 않을 문

차입자의 원금상환 및 정기적인 이자지급 약속이 규정된 대출계약(loan agreement)
도 사채에 해당하게 되는 문제가 발생하게 된다는 점과 영국에서는 사채(debe-
nture) 납입의무에 대하여는 특정채무의 이행강제(specific performance)가 허용된다
는 점[16]에서 사채(debenture) 해당여부가 중요한 의미를 가진다는 점을 지적하며,
이 맥락에서는 사채(debenture)를 좁게 해석하여 투자자들에게 직접 발행하여 투
자자들이 거래할 수 있는 채무증권에 한정하여야 한다는 견해가 제시되고 있
다.[17]

2.4. 독일

독일 주식법(Aktiengesetz: AktG)은 전환사채, 신주인수권부 사채, 이익참가부
사채의 발행등 주주의 지분권 또는 배당을 받을 권리에 영향을 주는 사채의 발행
에 관한 조항을 두고 있을 뿐,[18] 일반 사채의 발행에 대하여는 별도의 조항을 두
고 있지 않다.[19] 한편, 2009년 8월 5일 시행된 新債券法(Schuldverschreibungsgesetz;
SchVG)[20]이 독일법에 따라 동일한 조건으로 집단적으로 발행되는 債券(Schuldvers-
chreibung)에 적용되고(SchVG 제1조 제1항), 주식회사가 발행하는 사채에도 적용된
다.[21] 新債券法의 적용대상이 동일한 조건으로 집단적으로 발행된 債券이라는 점

서를 인지세법상 약속어음으로 볼 것인지 아니면 문서에 적힌대로 사채로 볼 것인지의
문제라고 하면서, "사채(debenture)의 정확한 의미는 알지 못한다. 정확한 정의를 어디
서도 찾지 못하였다"고 언급하고 결론적으로 이를 사채에 해당하는 것으로 판시하였
다. 이 판결로부터 반세기 이상 지난 후 내린 Knightsbridge Estates Trust Ltd v Byrne
[1940] AC 613 판결에서도 판사들은 사채(debenture)의 의미가 무엇인지 명확하지 않다
고 언급하였다.

16) 영국 Companies Act 2006 제740조.

17) Ferran, 앞의 책(주 13), p. 321. 이 견해도 은행대출채권도 유통시장에서 양도된다는 점
을 감안하여 유통·거래가능성(tradability)이 사채(debenture)인지 여부를 구별하는 결정
적 요소는 아니라고 하고 있다.

18) Aktiengesetz §221.

19) Uwe Hüffer, Aktiengesetz 8. Auflage(C.H. Beck 2008) S. 1091은 일반사채의 발행은 독일
민법에 따른 무기명채권이나 지시채권으로 발행할 수 있기 때문으로 설명하고 있다.

20) 新債券法은 舊債券法('채권(債券)소지인의 권리에 관한 법률' — Gesetz betreffend die
gemeinsamen Rechte der Besitzer von Schuldverschreibungen: SchVerschrG, 1899. 12. 4.
제정, 1994. 10. 5. 최종개정)을 폐지하고 이를 대체하는 법으로 제정되었고, 2012. 3.
13. 최종 개정되었다. 新債券法의 24개의 조문 중 18개 조문이 채권자집회와 결의에 관
한 것이다.

21) 新債券法은 카버드본드 및 독일연방, 주정부, 지방자치단체 또는 연방의 특별기금이 발

에서 집단성·호환성을 전제로 하고 있고 그 밖의 속성에 대하여는 특별한 조항을 두고 있지 않다. 위 법의 해석상 債券에는 전통적인 일반사채, 전환사채, 신주인수권부사채뿐 아니라 신용연계증권도 포함된다고 보고 있고, 債券에 포섭될 수 있는 파생상품(Derivate)이 증가함에 따라 채권의 소비대차적 요소가 억제되는 점이 지적되고 있다.[22]

3. 사채의 속성에 관한 논의의 실질적 의의

3.1. 상법상 사채에 관한 조항의 적용

3.1.1. 상법상 사채로 발행할 수 있는지 여부의 판단

상법상 사채의 속성을 규명하는 첫째 의의는 상법상 사채에 해당하지 않으면 상법에 따른 사채로 발행할 수 없다는 점이다. 2011년 상법개정으로 파생결합사채를 사채의 한 종류로 정하기 전에는 이른바 신종사채를 발행할 수 있는지 여부에 대하여 활발한 논의가 있었다. 유가증권법정주의의 원칙, 즉 유가증권에 대하여는 선의취득, 인적 항변의 단절 등 법률로 특별한 장치를 마련해 놓고 있으므로 법률에 정해진 유가증권이 아닌 것을 당사자들이 임의로 창출해 낼 수는 없다는 원칙을 따를 경우, 상법에 따라 사채를 발행하기 위해서는 상법에 정해진 사채가 무엇인지를 규명하여야 한다. 유가증권법정주의 내지는 법률에 명시적으로 정해진 유가증권 이외의 유가증권을 발행할 수 없다는 관념이 타당한지 여부에 대하여는 논란이 많지만,[23] 상법에 따른 사채로 발행할 수 있는지 여부 및 상법의 사채에 관한 조항이 적용되는지 여부를 판단하기 위해서는 상법상 사채가 무엇인지를 규명할 필요가 있을 것이다.

3.1.2. 사채발행과 다른 채무부담행위의 차이

상법상 사채의 속성의 규명은 사채에 관한 상법 조항의 적용대상인지 여부를 결정하기 위하여 필요하다. 회사는 은행으로부터 자금을 차입할 수 있고 사채를 발행하여 자금을 조달할 수도 있는데, 다른 형태의 자금차입에 대하여는 특별

행하거나 책임을 지는 채무증서에는 적용되지 않는다(SchVG 제1조 제2항).

22) Veranneman, Peter, Schuldverschreibungsgesetz Kommentar(Verlag C.H.Beck München, 2010), S. 11, 17.

23) 윤영신, "법률에 규정이 없는 사채의 발행가부",「상사법연구」제22권 제1호((사)한국상사법학회, 2003), 469-470쪽; 김건식, "워런트(Warrant)의 도입에 관한 소론",「법학」제40권 제1호(서울대학교, 1999), 254쪽.

한 조항을 두지 않으면서 사채 발행에 대하여 특별한 조항을 두는 것은 사채가 다음과 같은 특성을 가지고 있기 때문일 것이다.[24)

첫째, 은행으로부터의 차입과 전통적인 사채는 금전채무를 부담한다는 점에서는 마찬가지이지만, 사채는 회사에 대한 채권이 증권에 표창되어 전전 유통된다는 점에 차이가 있다. 이 때 증권은 채권(債權)이 표창되고 유통성(기명식 사채의 경우에는 지명채권의 양도방식과 사채권(社債券)의 교부라는 완화된 유통성)이 부여된다는 의미에서의 유가증권을 의미하는 것이고 투자계약증권까지 포함하는 자본시장법상의 증권을 의미하는 것은 아니다. 단위화된 증권으로 표창된 채권이 전전유통될 수 있으므로 불특정 다수의 채권자가 금액만 다른 동일한 내용의 채권(債權)을 호환성 있는 채권(債券)의 형태로 보유할 수 있게 되므로, 이들의 법률관계를 집단적·정형적으로 정할 필요성과 집단적 의사를 확인할 필요성이 생긴다.

둘째, 단순히 금전채무를 지는데 그치는 내용의 일반사채가 아닌 주주의 권리에 영향을 미칠 수 있는 사채를 발행할 경우에는 신주발행 또는 주주권에 적용되는 각종 강행규정과의 조화를 꾀할 필요가 발생한다. 장래 신주가 발행될 수 있어 주주의 지분권에 영향을 줄 수 있는 전환사채와 신주인수권부사채 또는 주주의 지분권의 일부인 이익배당청구권에 영향을 줄 수 있는 이익참가부사채와 같은 종류의 사채를 발행할 때에 이러한 필요가 생긴다.

3.1.3. 증권의 발행과 유통

(1) 증권실물의 발행에 관한 조항

상법상 사채를 증권으로 발행하도록 하여 유통가능하게 한 조항으로는 상법 제478조 내지 제480조, 제486조 내지 제488조를 들 수 있다. 1962년 상법이 제정되었을 때는 증권 실물의 발행이 당연히 전제되었기 때문에 관념적인 사채의 발행과 사채권을 작성하여 교부하는 행위를 구별할 필요가 없었을 것이고, 상법에

---

24) 東京대학교의 칸다(神田秀樹) 교수는 상법에 사채에 관한 조항을 둔 이유로 다음과 같은 점을 들었다.
  (i) 사채를 유가증권화 하는 것을 가능하게 한다.
  (ii) 사채는 공중에 대한 기채에 의하여 생긴다고 하는 집단성을 가지고 있기 때문에 그 발행에 관하여 특별한 기술적 처리를 하는 것이 타당하다.
  (iii) 다수의 사채권자를 보호하고 또 집단적인 취급을 할 필요가 있다.
  (iv) 주주의 이해관계에 영향을 미칠 수 있는 사채의 경우에는 주주와의 이해조정에 관한 조항이 필요하다. 神田秀樹, 앞의 책(주 10), 288쪽.

서도 이 두 가지를 구별하지 않고 사채의 발행이라고 표현하였다.[25] 이제는 증권예탁결제제도와 전산기술의 발달로 증권실물을 발행하지 않더라도 사채의 유통이 가능하게 되었다. 공사채등록법에 따른 등록이나 전자증권제도에 따른 전자증권 형태의 발행을 이용하거나 자본시장법 제308조 내지 제314조에 따른 증권예탁제도의 계좌간 대체를 이용하여 유통되는 경우에도 사채로서의 성격은 그대로 유지된다고 보아야 할 것이다. 이러한 점에서 사채권 실물을 대신하는 다른 방법 (예컨대 전자증권 또는 계좌 대체)을 활용할 수 있는 경우 사채권의 작성 교부가 중요한 사항은 아니라고 할 것이고 관념적인 사채로 유통된다는 점이 고려대상이 된다.

(2) 사채권자의 집단성·정형성에 관한 조항

증권에 표창되는 채권에 투자하는 분산된 다수의 채권자들은 계약체결과 권리행사에 있어서 몇 가지 문제를 안게 된다.[26] 첫째, 그들에게 유리한 조건으로 계약을 체결할 수 있는 충분한 정보를 가지지 못한다. 특히, 주주가 채권자에 대하여 과도한 위험부담을 제한하는데 동의할 자세가 되어 있어도 회사의 경영자의 대리인 문제로 인하여 채권자들은 경영자로부터 충분한 정보를 제공받지 못하게 된다. 둘째, 정보가 제공된다고 하더라도 분산된 다수의 사채권자가 사업에 내재한 위험을 평가할 능력이 부족하다. 셋째, 작은 금액을 투자한 사채권자는 다른 사채권자의 행동에 무임승차하게 되어 계약 체결시 바람직한 계약조건에 도달하기 어렵게 될 뿐 아니라 적정수준보다 낮은 수준으로 발행회사에 대한 모니터링이나 권리행사가 이루어지게 된다.

이러한 문제들은 사채의 발행 단계에서는 자본시장법상 공모발행시의 공시와 인수인의 자본시장 문지기(gatekeeper)로서의 역할을 통하여 상당부분 해소될 수 있다. 상법은 사채 발행 이후 증권으로 유통가능한 채권채무관계가 형성됨으로써 불특정 다수의 채권자가 발생할 수 있다는 점을 고려한 조항을 두고 있다. 다수의 사채권자가 존재할 수 있게 되므로 이들의 의사가 무엇인지를 확인할 수 있는 장치가 필요하고, 그 목적으로 상법에 규정된 것이 사채권자집회에 관한 조항들(상법 제490조 내지 제512조)이다. 또한 사채권자가 반드시 사채권자집회를 통

---

25) 김교창, 앞의 논문(주 2), 135쪽은 이 점을 지적하며 개정전 상법 제472조의 "각 사채", 제474조 제1항, 제474조 제2항 제5호와 제6호의 "사채"는 채권(債券)으로 개정하여야 함을 주장하였다.

26) Hideki Kanda, Debtholders and Equityholders, Journal of Legal Studies Vol. 21(1992), pp. 443-444.

해서만 의사를 개진할 수 있다면 집회의 개최 등에 필요한 시간과 비용을 감안할 때 비효율적인 경우도 많이 있을 수 있다. 이러한 점을 고려하고 사채권자의 이익을 위하여 사채권자를 대변할 수 있는 장치가 필요하게 된다. 개정 상법에 도입된 사채관리회사에 관한 조항들(상법 제480조의2 내지 제485조)이 바로 그것이다.

3.1.4. 주주와 사채권자의 이해조정 및 신주발행과 주주권에 관한 강행규정의 수정

전환사채, 신주인수권부사채, 이익참가부사채에 관한 조항들은 사채발행으로 인하여 주주의 이해관계에 영향을 미칠 우려가 큰 경우 주주와 사채권자 간의 이익충돌을 사전에 해결하고 법률관계를 명확히 하며, 신주 발행 또는 이익배당에 관한 여러 강행규정들을 수정하여 적용하기 위한 조항이라고 할 수 있다.[27] 사채가 주식의 속성 중 일부를 가지고 있거나 잠재적으로 가지고 있기 때문에 둔 조항들이다. 사채의 조건이 다양화되면서 사채와 주식이 상호 접근하는 현상을 보이고 있는데, 이 때 사채와 주식의 경계선을 긋기 위한 기준이 무엇인지를 정할 필요가 있다. 이를 위하여 상법상 사채의 속성의 탐구가 필요하다.

3.2. 사채를 전제로 한 다른 법률의 적용

사채인지 여부의 판단은 상법상 사채에 관한 조항의 적용여부뿐 아니라, 다른 법률에서 사채에 대한 일정한 법적 취급을 하도록 정하고 있는 경우 그 취급을 받을 수 있는지 여부를 정할 때도 중요한 의미를 가지게 된다. 사채임을 전제로 하여 법률관계를 규율하는 법률로는 자본시장법, 신탁법, 공사채등록법, 전자단기사채법, 각종 세법 등을 들 수 있다. 물론 상법 이외의 다른 법률의 적용시에는 그 법률의 입법목적에 비추어 그 법 분야의 법리에 따라 판단하여야 할 것이지만,[28] 상법상 사채로 파악되는지 여부가 중요한 고려 요소가 될 것이다. 자본시장법과 관련하여 유의할 점은 현행 자본시장법상 상법상의 사채는 채무증권에 해당하지만(자본시장법 제4조 제3항), 2012. 6. 25. 정부가 국회에 제출한 자본시장법

---

27) 전환사채, 신주인수권부사채, 이익참가부사채에 관한 상법 조항의 의미에 대하여는 윤영신, 앞의 논문(주 23), 475-486쪽.

28) 세법상 주식과 채권의 구별에 대하여 이창희, 「세법강의」(제10판)(박영사, 2012), 891-893쪽은 부채와 자본을 대치시키는 기본 축은 투자위험과 기업운영에 대한 지배권이라는 점을 지적하고 사안별로 증권의 경제적 실질이 무엇인가에 따라 판단하여야 할 문제로 보고 있다.

개정안에 따르면 상법상의 사채 중 전통적인 사채 및 파생결합사채 중 일부는 채무증권에 속하고 다른 일부는 파생결합증권에 속하게 된다는 점이다.[29]

Ⅲ. 개정상법에 따른 사채의 속성의 검토

1. 논의의 순서

전통적인 견해가 제시하는 사채의 속성에서 출발하여 개정상법상 사채가 어떠한 속성을 지니는지를 검토한다. 전통적인 견해가 제시하는 사채의 속성 중 (i) 발행자가 주식회사라는 점은 개정상법에서도 변함이 없다. (ii) 발행회사가 채무를 부담한다는 점, (iii) 채권자가 확정된 이자를 지급받는 점 및 (iv) 비교적 장기의 자금을 조달한다는 점이 개정상법상의 사채에서는 어느 정도 갖추어져야 하는지를 아래 2. 채무의 존재에서 검토한다. 또한, (v) 단위화된 증권으로 발행되며 채권자가 불특정의 투자자라는 점은 아래 3. 증권의 발행에서 검토한다.

2. 채무의 존재

2.1. 사채에 표창되는 주된 채무의 내용

2.1.1. 상환의무

(1) 전통적인 상환의무와 원금의 개념 및 그 변화

전통적인 사채는 원금의 상환을 전제로 한다. 상법도 여러 군데 원금상환을 전제로 하는 조항을 두고 있고,[30] 개정전 상법 제505조에서는 사채의 총액에 관한 기한의 이익 상실을 규정하고 있어서 사채의 원금을 전액 상환함을 전제로 하였다. 또한 발행회사와 최초의 사채권자 간의 계약의 법적 성격에 대한 논의시

---

29) 2012년 6월 25일 국회에 제출된 자본시장법 개정안에 따르면 "발행과 동시에 투자자가 지급한 금전 등에 대한 이자, 그 밖의 과실(果實)에 대해서만 해당 기초자산의 가격·이자율·지표·단위 또는 이를 기초로 하는 지수 등의 변동과 연계된 증권" 즉 발행회사가 투자자의 투자원금(즉 발행가액) 해당금액의 반환의무를 지는 경우에는 채무증권에 속하고 그렇지 않은 경우에는 파생결합증권에 해당하게 되는 것으로 명시하였다(자본시장법 개정안 제4조 제7항 단서 제1호).

30) 사채청약서의 기재사항에 사채상환과 이자지급의 방법과 기한을 정하도록 한 상법 제474조 제2항 제8호, 사채의 상환청구권의 소멸시효에 관한 상법 제487조, 사채 총액에 대한 기한의 이익 상실을 규정한 상법 제505조(이 조문은 2011년 상법개정으로 삭제됨) 등이 대표적인 조항이고 그 이외에도 상환 또는 상환액이라는 용어를 여러 곳에서 사용하고 있다.

가장 널리 인정되는 견해는 소비대차 내지는 소비대차에 유사한 무명계약으로 본다. 소비대차란 "당사자 일방이 금전 기타 대체물을 상대방에게 이전할 것을 약정하고 상대방은 그와 같은 종류, 품질 및 수량으로 반환할 것을 약정"[31]하는 것이므로 원금의 전액 상환을 전제로 하게 된다. 이와 같이 전형적인 소비대차에서는 원금 즉 대여자가 차입자에게 대여한 금액을 만기에 상환하여야 하고 이 금액은 이자의 산정을 위한 기준금액이 된다. 전형적인 전통적 사채에서는 사채청약자가 발행회사에게 납입한 금액이 원금이 되고[32] 그 원금을 기준으로 이자를 산정하며 만기에 원금을 상환한다.

그런데, 개정상법 제469조 제2항 제3호는 다른 일정한 자산이나 지표의 변동에 연계하여 상환 또는 지급금액이 결정되는 파생결합사채를 사채의 한 종류로 열거하였다. 파생결합사채의 발행회사가 사채권자에게 지급할 금액은 전통적인 사채의 원금 또는 이자와는 달리 다른 자산이나 지표의 변동에 연계하여 변동한다. 상환할 금액이 사채의 발행가액보다 작아질 수도 있고 상환금액이 전혀 없게 될 수도 있다. 즉 사채발행회사가 사채권자에게 상환 또는 지급할 금액은 최초의 사채청약자가 발행회사에게 납입한 발행가액과는 다른 금액이다. 파생금융거래에서 상환·지급금액을 산정하는 기준금액은 이른바 명목금액(notional amount)이고 어느 한 거래당사자가 다른 당사자에게 지급하는 금액이 기준금액이 되어야 하는 것은 아니다. 파생결합사채는 파생금융거래를 증권에 표창한 것으로[33] 이러한 원리가 동일하게 적용된다. 즉 파생결합사채에서는 사채의 조건에서 정한 명목금액(notional amount)을 기준으로 기초자산의 가치 또는 지표의 변동에 따라 상환·지급금액이 결정된다. 이와 같이 파생결합사채에서는 만기에 상환·지급할 금액이 반드시 최초의 사채권자가 발행회사에게 지급한 금액이 되어야 할 필요가 없다는 점 및 이자의 산정기준으로서의 원금의 개념이 필요없다는 점 때문에 전통적인 사채에서의 원금의 개념의 존재의의가 상실되었다. 파생결합사채에서 원

---

31) 민법 제598조.
32) 물론 사채를 할인발행하는 경우에는 발행가액이 사채의 조건에서 정한 원금보다 작게 된다. 이 경우에는 발행가액과 원금의 차이(즉 할인액)가 실질적으로 사채권자에게 지급할 이자의 일부가 된다.
33) 상법상의 파생결합사채 및 자본시장법상의 파생결합증권은 파생거래의 성격을 가지고 있지만, 투자자의 손실이 투자원본에 한정된다는 점에서 증권화되지 않은 파생상품·파생금융거래와는 차이가 있다.

금개념이 필요없게 되었다는 점은 파생결합사채를 포함한 사채 전반에 적용되는 사채의 속성상 원금이 차지하는 비중에 영향을 줄 수밖에 없다. 이 점에 관하여 파생결합사채라는 새로운 종류의 사채의 속성상으로는 원금의 의의가 상실되었다고 하더라도 그 밖의 사채에서는 아직 원금의 존재의의를 인정하여 사채의 속성을 이원적으로 파악하고자 하는 견해도 있을 수 있다. 그러나, 이 글은 파생결합사채를 포함한 상법상 사채 전체를 관통하는 속성이 무엇인지를 찾고자 하므로 이원적 접근방법을 취하지 않는다. 아래에서는 원금이 사채의 본질적 속성이 아니게 되었음을 다각도로 살펴본다.

(2) 상환의무의 성격과 규모

전통적인 사채에서는 투자자인 사채권자는 사채의 원금을 상환 받을 채권을 가지고 있기 때문에 발행회사가 그 상환채무를 이행하지 못할 위험 즉 신용위험만을 부담하였고, 그 신용위험에 대한 대가로 이자를 수령하였다. 개정상법상으로도 이와 같은 전통적인 사채에 투자하는 사채권자는 발행회사의 신용위험만을 부담하게 될 것이지만, 파생결합사채에 투자하는 사채권자는 발행회사의 신용위험뿐 아니라 다른 자산이나 지표·지수의 변동 위험(예컨대 통화 또는 환율을 기초로 하는 경우에는 환위험, 이자율을 기초로 하는 경우에는 이자율변동위험, 주가를 기초로 하는 경우에는 주식가치가 변동하는 시장위험)에 노출되게 된다. 사채권자가 신용위험 이외의 다른 위험에 노출됨에 따라 상환·지급할 금액의 규모는 그 위험이 어떻게 실현되는가에 따라 다르게 되고 반드시 사채의 발행가액 또는 미리 정한 일정한 금액이 되어야 하는 것이 아니다. 상환이라는 용어는 소비대차에서의 원금의 상환에 적합한 용어로서 소비대차적 성격이 없는 거래에서의 주된 채무의 이행에는 적합한 용어가 아니다. 상법상 상환이라는 용어를 계속 사용하고 있어도 이는 발행회사가 사채상 부담하는 주된 채무를 이행함을 의미하는 것으로 읽는 것이 타당할 것이다.

이와 같이 사채의 상환·지급금액의 규모가 사채의 발행가액(또는 투자자의 투자원금)에 연동되는 점은 더 이상 사채의 속성이 아니게 되었다. 이는 다른 각도에서 보면 발행회사가 사채권자에게 지급하여야 할 금액을 사채계약으로 정할 수 있음을 의미한다. 합리적인 투자자라면, 사채만기까지의 기간 동안 (영구채[34]의 경

---

34) 영구채에 대하여는 아래 Ⅲ.2.1.1.(3)1) '상환의무의 기한이 없는 경우'에서 상세히 논의함.

우에는 영구히) 사채권자가 수령할 현금흐름의 현재가치의 합계가 사채권자가 납입한 금액에 대하여 발행회사의 신용도를 반영한 기대수익을 달성할 수 있는 수준에 달해야 투자할 것이다. 예컨대, 파생결합사채에서 다른 자산·지표에 따라 상환규모가 변동할 수 있도록 하여 발행회사가 발행가액보다 더 작은 금액을 지급하도록 하는 조건이 들어간다면, 사채권자는 이에 상응하여 통상의 사채에서의 원리금보다 더 큰 금액을 지급받을 수 있는 경우도 발생할 수 있도록 조건을 정하는 것이 통상일 것이다. 또한, 발행회사가 항상 사채발행가액보다 작은 금액을 상환함으로써 채무를 면할 수 있는 조건으로 발행되는 경우에는, 합리적인 투자자라면 그에 상응하여 통상의 사채이자율보다 더 높은 이자의 지급을 요구할 것이고, 발행회사가 그만큼 높은 이자를 지급하지 않겠다고 한다면 사채에 투자할 합리적인 투자자를 찾기 어려울 것이다. 또한 이와 같이 항상 통상의 사채발행가액보다 작은 금액을 상환하도록 미리 정한 경우에는 만기 이전에 지급한 금액 중 일부가 사실상 원금을 일부 상환하는 성격을 가지는 것으로 보아야 할 경우도 있을 것이다.[35)]

(3) 상환의무의 기한
1) 상환의무의 기한이 없는 경우

상법은 사채청약서의 기재사항에 사채상환의 방법과 기한을 정하도록 하고 (제474조 제2항 제8호), 사채의 상환청구권의 소멸시효를 규정하는 등(제487조), 상환이 기한부 채권채무 관계임을 전제로 하는 여러 조항을 두고 있다. 상환주식과 같은 특별한 정함이 있는 경우가 아닌 이상, 자본감소 또는 자기주식 취득 등 일정한 예외적인 경우를 제외하고는 주주에 대한 투자원금의 반환을 예정하지 않는 것과는 달리, 사채는 채무를 표창하며 따라서 발행회사가 사채상 부담하는 주된 채무를 이행하여야 함을 나타낸 것이다.

회사가 계속기업으로 운영되고 있는 동안은 원금상환의무를 부담하지 않고 이자만 지급하는 내용의 사채 즉 영구채는 상법상 사채에 해당하는가. 이러한 영구채에 대하여는 회사가 청산·파산하지 않는 한 상환의무를 부담하지 않는다는 점에서 상환을 전제로 하는 사채의 개념에 포함시킬 수 있는지에 대하여 의문이 제기될 수 있으나, 아직 국내의 학자들 가운데 영구채의 사채적 성격을 부인하는

---

35) 이와 같은 경우 만기이전에 이자명목으로 지급하는 금액을 전부 이자로 취급한다면 발행회사가 세법상 이자비용을 과대하게 인정받게 되는 부당한 결과가 될 수 있을 것이다.

견해는 보이지 않는 것 같다. 외국에서는 명시적으로 영구채를 허용하는 조항을 두거나,36) 학설로 영구채 발행이 가능하다고 보고 있다.37)

2002년 개정된 은행의 자기자본에 관한 금융감독원 규정상으로는 일정한 조건을 갖춘 영구채(만기 30년 이상인 채권으로서 발행회사가 동일한 조건으로 만기를 연장할 수 있는 권한을 보유한 경우도 동일)를 기본자본(tier 1 capital)으로 인정하였고(이른바 신종자본증권),38) 실제 여러 은행들이 만기 30년 이상인 채권으로서 발행회사가 만기를 연장할 수 있는 조건으로 신종자본증권을 발행하였다.39) 최근에는 금융기관이 아닌 일반 회사도 이와 유사한 조건의 증권을 발행하였다.40)

사채의 발행회사가 사채의 원금을 상환하지 않고 이자만 지급하는 것으로 충분하다면, 의결권 없는 배당우선주와 실질적으로 차이가 없는 것 아닌가 하는

---

36) 영국의 회사법(Companies Act 2006) 제739조 제1항은 사채를 상환하지 않는다거나 (irredeemable) 조건의 성취(발생가능성이 얼마나 낮은지 상관없이) 또는 기간의 경과(기간이 얼마나 장기인지 상관없이)시에만 상환한다는 조건이 포함되어 있다는 이유만으로 사채가 무효는 아니라고 명시적으로 규정하였다. 이 조항은 영국의 1907년 회사법에 최초로 도입되었고(Knightsbridge Estates Trust Ltd v Byrne [1940] AC 613 중 Romer경의 판시), 저당권설정자를 보호하는 저당물회수권에 관한 형평법상의 법리가 회사가 발행하는 사채에는 적용되지 않음을 명백히 하여, 영구채 또는 상환기간이 장기간인 사채의 효력에 대한 의문을 없애기 위한 것이다. Geoffrey Morse, Palmer's Company Law Annotated Guide to Companies Act 2006(Sweet & Maxwell, 2007), p. 571; John Birds, Annotated Companies Legislation(Oxford University Press, 2010), p. 854.

37) 사채의 상환의무에 대하여는 일본의 회사법도 우리 상법과 유사한 조항을 두고 있으나 영구채의 발행이 가능한 것으로 보고 있다. 江頭憲治郎, "永久社債に関する諸問題", 「企業と法(下) 西原寛一 先生 追悼論文集」(有斐閣 1995), 255-272쪽; 今井克典, 「会社法コンメンタール〈16〉社債」(商事法務, 2010), 27-28쪽. 일본의 회사법 제정 이전 상법하에서 일본 대장성은 법무성과 협의를 마치고, 사채청약서와 사채권면에 사채상환의 기한으로서 예컨대 '회사를 청산하는 때에 상환한다'고 기재하면 불확정기한부 사채로 일본 상법상 적법한 것으로 해석한다고 공표한 바 있다. 일본 대장성 신문발표 "금융·증권등의 규제의 철폐에 관하여"(1997. 7. 31) http://www.fsa.go.jp/p_mof/big-bang/bb33.htm 鈴木克昌/峯岸健太郎/久保田修平/根本敏光/前谷香介/田井中克之/宮田俊, 「エクイティ・ファイナンスの理論と実務」(商事法務, 2011), 47쪽 주 50.

38) 은행업감독업무시행세칙 별표 3 제1장 5. 나. (가).

39) 신종자본증권에 대하여는 고창현, 신종자본증권, 「민사판례연구」 제27권(박영사, 2005), 868-900쪽. 일본에서의 이러한 종류의 하이브리드채권에서 상환이 예정되어 있지 않은 것은 아니라는 점을 지적하고 또한 이자지급을 발행회사가 연기할 수 있다고 하더라도 사채에 해당한다고 본 견해로는 森順子, "会社法における社債の概念と実務への影響", 「商事法務」 1774호(2006. 8. 5), 66-67쪽.

40) 두산인프라코어 기타 주요경영사항(자율공시)(2012. 9. 24) 및 Offering Circular U.S.$ 500,000,000 3.250% Senior Capital Securities(25 September 2012).

점에서 영구채의 사채성에 대하여 의문이 제기될 수 있다. 그러나, 영구채의 경우에도 발행회사가 청산·파산한 경우에는 사채권자에 대한 원금 상환의무가 발생하고,[41] 회사의 청산·파산시 주주에 대한 잔여재산배분은 채무를 전부 이행한 후에만 가능하다(상법 제260조, 제542조)는 점에서 무의결권 우선주와는 근본적으로 차이가 있으며, 따라서 영구채도 사채에 해당한다.   만약, 발행회사가 계속기업으로 활동하는 기간 중뿐 아니라 청산·파산시에도 원금상환의무가 없는 조건으로 발행한다면, 그러한 증권은 채무를 표창한 것이라고 보기 어렵고 사채에 해당한다고 할 수 없다.

2) 상환의무의 기한이 단기인 경우

종래 사채는 통상 비교적 장기 자금 조달을 위하여 사용되는 것으로 설명되었다. 2011년 7월 14일 전자단기사채법이 제정되어 '사채권'으로서 만기 1년 이내 등 일정한 요건[42]을 갖춘 채권을 전자단기사채로 정의하였다(제2조 제1호). 전자단기사채 제도는 그동안 기업의 단기자금 조달 방법이었던 기업어음이 노출한 여러 문제점, 즉 발행과 유통정보가 투명하지 않다는 점, 분할양도의 어려움 및 어음 실물 발행 및 보관으로 인한 비용 등의 문제점을 해결하기 위하여 도입되었다.[43] 법

---

41) 기한부채권은 파산선고시에 변제기에 이른 것으로 보게 되는데(채무자회생 및 파산에 관한 법률 제425조), 영구채의 경우 파산선고시 채무이행에 관하여 특약사항을 두고 있는 경우가 대부분일 것이므로 위 조항이 그대로 적용되는 것은 아닐 것이다. 예컨대 투자자가 5년만기 사채와 영구채 중 어느 것에 투자할 것인지를 판단한다면 5년 만기 사채의 [원금의 현가+5년간의 이자의 현재가치]와 영구채의 [영구하게 지급되는 이자의 현재가치]를 비교할 것이고, 이자를 계속 지급할 의무를 이행하지 않는 경우에는 원금의 상환을 영구히 하지 않아도 된다는 약정의 기초가 흔들리게 될 것이고 사채권자로서는 이러한 경우 원금의 상환을 요구할 수 있는 권리를 유보하고 싶어 할 것이다. 권리유보는 결국 기한의 이익 상실 조항에 반영될 것이고, 영구채의 원금상환 영구유예는 '이자 지급의무의 불이행 등 사채계약상 기한의 이익 상실 사유 발생'을 해제조건으로 하는 것이라고 할 수 있다.

42) '전자단기사채'란 자본시장법 제4조제3항에 따른 채무증권인 사채권으로서 다음 각 목의 요건을 모두 갖추고 전자적 방식으로 등록된 것을 말한다.

가. 각 사채의 금액이 1억원 이상일 것

나. 만기가 1년 이내일 것

다. 사채 금액을 한꺼번에 납입할 것

라. 만기에 원리금 전액을 한꺼번에 지급한다는 취지가 정하여져 있을 것

마. 사채에 전환권, 신주인수권, 그 밖에 다른 증권으로 전환하거나 다른 증권을 취득할 수 있는 권리가 부여되지 아니할 것

바. 사채에 담보부사채신탁법 제4조에 따른 물상담보를 붙이지 아니할 것

43) 기업어음에 비하여 전자단기사채법에 따른 전자단기사채가 거래의 투명성, 양도의 편의

률에 정한 전자단기사채의 요건을 갖춘 경우에는 위 법률에 따른 등록 및 계좌대체를 통한 거래 및 권리행사를 할 수 있게 된다.[44] 위 조항은 그 문면상 사채의 만기가 1년 이내일 수 있음을 확인하였다고 할 수 있고, 그렇다면 이 법률의 적용을 받지 않는 만기 1년 이내의 사채에 대하여 상환의무의 기한이 단기라고 하여 사채의 속성을 잃는다고 볼 수는 없다.

(4) 상환의 목적물

전통적인 사채는 발행회사가 자금조달을 위하여 발행하고, 발행회사는 만기에 금전으로 상환한다. 그러나, 상법상 사채의 상환을 반드시 금전으로 해야만 하는 제한을 두고 있지는 않다. 금전으로 상환하지 않고 다른 물건으로 상환하는 경우에도 사채의 속성을 잃는 것은 아니다. 다만, 다수의 투자자들에게 사채를 발행한 경우 발행회사의 사채권자에 대한 상환의무는 균일하여야 할 것이므로 상환의 목적물은 종류물이 되어야 할 것이다. 발행회사가 보유한 다른 회사 발행 주식이나 채권 등의 증권이 이러한 용도로 사용될 수 있다. 사채발행회사가 발행한 다른 사채로 상환하는 사채도 허용하지 않을 이유가 없다.[45] 이 점은 개정상법 제469조 제2항 제2호에 의하여 입법적으로 확인되었다고 볼 수 있다.[46] 이와 관

성 및 발행회사와 투자자 간의 권리의무관계설정의 융통성 등의 면에서 개선된 금융상품이므로 위 법이 시행되면 전자단기사채가 기업어음를 대체할 것이 기대된다. 금융위원회 보도자료, 「전자단기사채등의 발행 및 유통에 관한 법률안」국회 의결(2011. 6. 23); 박동민/이항용, "전자단기사채제도 도입을 통한 기업어음시장 개선에 관한 연구", 「한국증권학회지」 제40권 1호(한국증권학회, 2011), 109-140쪽

44) 전자단기사채법 제32조는 전자단기사채등에 대하여 상법의 사채원부작성 조항과 사채권자 집회에 관한 조항들의 적용을 배제하였다. 일본의 '사채·주식등의 대체에 관한 법률' 제83조를 참고한 것이고(전자단기사채 등의 발행 및 유통에 관한 법률안 검토보고서(2010. 9), 44쪽 및 심사보고서(2011. 6), 46쪽), 이러한 배제에 대하여 일본에서는 "단기사채가 일반사채에 비하여 상환시기와 금액이 확정되므로, 사후적으로 투자자의 의사에 의하지 않고 조건을 변경할 수는 없다. 사채권자 집회에 의한 다수결로 단체적으로 취급하여 소수파 사채권자의 의사가 반영되지 않는 조건변경을 인정하는 것은 유통을 현저하게 저해하게 될 것이므로 그렇게 되지 않도록 하기 위한 것이다"라고 설명하고 있다. 尾崎輝宏/高橋 康文, 「逐条解説 新社債, 株式等振替法」(金融財政事情研究会, 2006), 211쪽.

45) 今井克典, 앞의 책(주 37), 31-32쪽.

46) 사채상환을 사채발행회사가 발행한 다른 사채가 아닌 사채발행회사가 보유한 다른 회사 발행 주식 기타 유가증권으로 하는 경우에는 상환사채와 실물인도형 파생결합사채의 두 가지 유형 모두에 해당할 수 있다. 조건부 또는 기한부 상환사채의 발행회사는 상환목적물을 미리 한국예탁결제원에 예탁할 의무를 지지만(상법시행령 제23조 제3항), 실물인도형 파생결합사채에 대하여는 그러한 의무조항이 없다. 양자 모두에 해당하는 경우를 처리할 수 있도록 입법적으로 정비할 필요가 있을 것이다.

련하여 상법 제469조 제2항 제3호의 파생결합사채의 정의상 '상환 또는 지급금
액'이라는 용어를 사용하여 반드시 금전으로만 상환하여야 하는 것 아닌가 하는
의문이 발생할 수 있으나, 이 조항은 상환 또는 지급채무의 양이 다른 자산·지표
등의 변동에 따라 달라짐을 나타내기 위한 것으로 보아야 할 것이고 실물로 결제
하는 것을 배제하는 것이라고 보아서는 안 될 것이다.[47]

사채권자의 선택에 따라 다른 회사가 발행한 주식 기타 증권으로 상환받을
수 있는 내용의 사채인 교환사채는 반드시 특별한 근거조항이 없더라도 사채의
범주에 포함된다고 보아야 할 것이다. 종전의 증권거래법 및 개정상법상의 교환사
채에 관한 조항들은 사채권자의 보호를 위하여 특별히 추가적으로 정하여 놓은
것이라고 볼 수 있다. 다만, 자기주식으로 상환받을 수 있는 교환사채는 주주의 지
분권에 영향을 줄 수 있다는 점에서 전환사채의 발행과 마찬가지로 규율함이 타
당하다.[48] 그러나, 개정상법은 종전의 증권거래법과 마찬가지로 사채권자의 교환
권 행사시 자기주식으로 상환받을 수 있는 사채를 교환사채로 보고 다른 회사가
발행한 증권으로 상환하는 경우와 구별하지 않고 있다(상법시행령 제22조 제2항).

(5) 소결

사채는 발행회사의 상환·지급의무를 표창한다. 전통적인 사채가 소비대차적

---

47) 자본시장법상의 파생결합증권의 범위에 대하여도 동일한 논의가 있었다. 자본시장법 제
4조 제7항이 "'파생결합증권'이란 기초자산의 가격·이자율·지표·단위 또는 이를 기초
로 하는 지수 등의 변동과 연계하여 미리 정하여진 방법에 따라 지급금액 또는 회수금액
이 결정되는 권리가 표시된 것을 말한다"고 규정함으로써 마치 발행회사가 금전으로 지
급할 의무를 지는 것(현금결제형 또는 차액정산형)만 파생결합증권에 해당되고, 실물인
도형은 포함하지 않는 것 아닌가 하는 의문이 있을 수 있으나, 자본시장법의 규제목적상
예컨대 현금결제형 옵션과 실물인도형 옵션을 구별할 이유는 없을 것이므로 실물인도형
옵션이 표창된 증권도 파생결합증권에 해당한다고 보는 것이 타당하다. 자본시장법시행
령 제139조 제1호 바목은 파생결합증권 중 권리의 행사로 주식등의 기초자산을 취득할
수 있는 것이 공개매수의 적용대상이 됨을 명시적으로 규정함으로써 실물인도형 파생결
합증권이 있을 수 있음을 입법적으로 확인하였다고 할 수 있다. 위 쟁점에 관한 견해의
대립에 대하여는 박준, "기업금융활성화와 신종증권에 관한 자본시장법의 개정", 「상사
판례연구」 제24권 제3호(한국상사판례학회, 2011), 39-40쪽 주 14.
48) 이 문제는 근본적으로 자기주식의 취득과 처분의 성격을 어떻게 파악할 것인가의 문제
이다. 다른 자산의 취득과는 달리 자기주식의 취득의 본질은 이익배당 또는 자본의 환급
과 마찬가지이므로 자기주식이 회사의 자산이 될 수 없고 따라서 자기주식의 처분을 통
상적인 회사의 자산의 처분으로 취급할 것이 아니라 신주발행과 동일하게 취급하여야
함이 타당하다. 자기주식의 본질에 대하여는 송옥렬, 앞의 책(주 2) 838-839쪽; 김건식 등
7인, 「회사법」(제3판)(박영사, 2012), 350-351쪽.

성격을 가지고 원금의 개념이 필요했던 것과는 달리, 파생결합사채에서는 원금의 개념의 존재의의가 없다. 상환금액의 규모와 상환기한의 장단기는 개정상법상 사채의 속성을 결정하는 요소가 아니다. 또한 반드시 금전으로만 상환하여야 하는 것도 아니다. 상환기한이 없더라도 발행회사의 청산·파산시 원금상환의무가 있는 한 채무를 표창한다고 볼 수 있고 사채에 해당한다. 그러나, 평상시뿐 아니라 청산·파산시에도 상환의무가 없는 조건으로 발행된 증권은 채무를 표창하는 것이라고 할 수 없어서 사채에 해당한다고 볼 수 없다. 원금상환의무의 유무에 따른 사채와 주식의 구별에 대하여는 아래 2.2.에서 더 상세히 검토한다.

2.1.2. 이자의 지급

(1) 이자지급 유무

전형적인 소비대차에서의 이자는 원금, 이자율, 기간의 경과라는 3개의 요소에 의하여 산정된다. 개정상법이 사채에 포함시킨 파생결합사채는 증권·통화 기타 자본시장법 제4조 제10호에 규정된 기초자산의 가격·이자율·지표·단위 기타 이를 기초로 한 지수에 따라 지급금액이 산정되므로. 이자 산정을 위한 3개 요소의 일부 또는 전부가 없을 수 있게 된다. 이러한 사채에서는 이자를 지급하는 것이 아니라 사채조건에 정해진 방법으로 정해진 금액을 지급(금전지급채무가 아닌 다른 채무를 표창하는 경우에는 그 채무를 이행)하는 것이다. 이와 같이 이자산정을 위한 기본적인 3개 요소를 갖추지 못하고 지표나 지수에 연계하여 지급의무의 발생여부 및 지급금액이 산정되더라도 사채의 속성을 상실하지 않는다.

(2) 이표 또는 표면이자율의 유무

파생결합사채는 물론 다른 종류의 사채에 있어서도 증권의 표면상 이자율이 정해져 있지 않거나 이표가 없는 경우에도 상법상의 사채에 해당한다. 이자를 지급하지 않는 전형적인 채권은 할인채(zero-coupon bond)이고, 발행시 투자자가 발행회사에게 지급하는 발행가액(A)과 만기시 상환금액(B)의 차액이 발행가액(A)에 대한 이자상당액이 되는 셈이며, 만기까지 이자를 지급하지 않는다는 점은 발행회사가 부담하는 채무의 실질에 아무런 영향이 없다. 이자의 지급 대신에 상응하는 대가를 다른 형태로 받는 경우도 있을 수 있다. 전환사채를 소지한 사채권자는 전환권이라는 옵션을 가지게 되는데, 옵션권리자가 그 권리를 취득하기 위해서는 옵션의무자에게 이에 대한 대가(즉 옵션수수료)를 지급해야 함이 마땅하다. 전환사채 발행시 사채청약자는 통상 전환권이라는 옵션을 취득하기 위한 대가를

사채이자율을 감축하는 방법으로 옵션의무자(발행회사)에게 지급한다. 상환금액이
사채의 발행가액보다 높지 않음에도 불구하고 사채의 표면이자율이 0이 될 수도
있다. 이러한 경우 지급할 이자는 전환권 취득을 위한 수수료 지급에 충당된 셈
이고, 이자 지급이 없다고 하여 사채의 속성을 잃는 것은 아니다.

(3) 이자지급의 조건

이자의 지급이 상법 제469조 제2항 제3호에 규정된 지표나 지수에 연동하여
산정되지 않고 금액은 정해져 있으나 지급여부가 다른 일정한 조건부(예: 발행회사
의 자기자본비율이 일정한 수준 이상인 경우에만 이자를 지급하거나, 주주에 대한 배당결
의가 있는 경우에만 이자를 지급한다는 조건[49])인 경우에도, 만기에 발행회사가 사채
권자에게 원금을 상환할 채무를 지는 경우는 물론 영구채인 경우 발행회사의 청
산·파산시 상환채무를 진다면 발행회사가 채무를 부담하는 것이므로 그러한 채
무를 증권화한 이상 상법상 사채에 해당한다. 물론 이러한 경우 그 조건이 공서
양속에 위반하는지 여부 및 조건의 법리에 따라 조건 또는 사채계약의 효력이 영
향을 받는지 여부는 별개의 문제로 검토되어야 한다. 이자지급에 추가하여 또는
이자지급에 갈음하여 사채권자가 이익배당에 참가하는 조건으로 발행하는 경우
도 사채에 해당한다(상법 제469조 제2항 제1호).

(4) 소결

개정상법상 파생결합사채가 사채에 포함됨으로써 이자의 지급은 사채가 반
드시 갖추어야 하는 속성은 아니고, 지급금액이 통상의 이자 산정방식으로 이루
어지지 않는다고 하여도 사채의 속성을 잃는 것은 아니다.

2.1.3. 채무의 성질

(1) 발행회사의 편무적 채무

증권으로 전전 유통된다는 점에서 사채에 표창된 채무는 발행회사의 편무적
채무이어야 한다. 사채 소지인이 이행할 주된 채무가 있는 경우 사채 취득자가
그 채무를 면책적으로 인수하고 사채양도인이 그 채무를 면하기 위해서는 발행회
사의 승낙을 받아야 할 텐데(민법 제453조, 제454조), 이러한 절차는 사채의 유통을
방해한다. 발행회사가 사채의 발행시점에 사채권자가 부담하는 주된 채무의 인수
에 대하여 포괄적으로 승낙을 하는 것도 이론적으로는 생각하여 볼 수 있으나 실
제 그러한 일이 발생하는 것을 상상하기는 어렵다. 상법의 사채에 관한 조항들도

---

49) 고창현, 앞의 논문(주 39), 888, 891쪽.

모두 발행회사만이 채무를 부담하는 것을 전제로 하고 있다.

또한, 위 Ⅲ.2.1.1.(4) '상환의 목적물'에서 논의한 바와 같이, 사채는 다수의 사채권자가 발생할 수 있음을 전제로 하는 것이 통상이고, 이러한 경우 사채권자가 가지는 채권이 동일하여야 할 것이므로 사채발행회사의 채무는 통상 금전지급 또는 종류물 인도 채무가 될 것이다.

(2) 형성권이 표창된 경우

사채라는 용어에 적혀있는 것처럼 사채에는 발행회사의 채무 및 이에 상응하는 사채권자의 발행회사에 대한 채권이 표창된다. 사채권자가 형성권을 가지도록 한 경우에도 사채의 속성을 유지하는가? 투자자가 형성권을 가지는 내용으로 발행한 증권이 사채에 해당하는지는 다음과 같이 나누어 생각해 볼 수 있을 것이다.

첫째, 사채권자가 형성권 이외에 발행회사에 대한 채권을 가지는 경우에는 사채로 보는데 문제가 없을 것이다. 대표적인 예가 개정전 상법에도 있었던 전환사채와 신주인수권부사채이다. 사채권자가 전환권과 신주인수권을 행사하면 회사의 승낙없이 주주가 된다는 점에서 형성권이 부여되었지만, 전환권과 신주인수권은 사채에 첨부된 권리이고 사채상 발행회사가 원리금 지급의무를 지고 있으므로 이들을 사채라고 보는데는 문제가 없다.

둘째, 투자자가 형성권만을 가지고 있고 그 형성권을 행사한 결과 발행회사에 대한 채권 이외의 다른 권리를 취득하는 경우이다. 대표적인 예가 2012년 6월 25일 국회에 제출된 자본시장법 개정안 제165조의7에 규정된 신주인수선택권증권이다. 신주인수선택권증권의 행사와 주금의 납입으로 주식을 취득하는 것이고 발행회사에 대한 채권을 취득하는 것은 아니다. 이러한 증권은 발행회사의 채무를 표창한다고 볼 수 없고 사채에 속한다고 하기 어렵다.

셋째, 투자자가 형성권만을 가지고 있지만 그 형성권을 행사한 결과 발행회사에 대한 채권을 취득하는 경우이다. 이 경우에는 궁극적으로 남는 것이 발행회사의 채무라는 점에서 사채로 취급하는 것이 합리적일 것으로 생각된다. 대표적인 예가 현금결제형 주식워런트(ELW)이고 이에 대하여는 아래 Ⅳ.2.3.3.에서 상세히 검토한다.

2.1.4. 소결

개정상법하에서도 실제 발행되는 사채의 대부분은 개정전 상법하에서 인정되던 사채 즉 소비대차적 성격이 있는 사채일 것이다. 그러나, 개정상법상 사채가 표창하는 발행회사의 채무가 반드시 소비대차상의 채무이어야 하는 것은 아니다. 사채가 되기 위해서 반드시 원금이 있어야 한다거나 이자지급의무가 있어야 하는 것은 아니다. 발행회사의 편무적 금전채무 또는 종류물 인도 채무를 증권으로 표창하는 경우에는 사채에 해당한다고 할 수 있다.

2.2. 주식과 사채의 구분
2.2.1. 주식과 사채의 접근

회사의 자금조달에는 주식발행으로 자기자본을 조달하는 방법과 사채 발행 등 부채를 부담하는 방법이 있고, 전형적인 주식(즉 의결권 있는 보통주)과 전형적인 일반사채(즉 전형적인 이자부 기한부 소비대차를 표창한 사채)는 여러 면에서 큰 차이가 있다. 사채는 회사의 채무를 표창하고 주식은 회사에 대한 지분을 표창하는 것인데 그동안 다양한 형태의 증권이 발행되면서 주식과 사채가 접근하여 주식의 특성 중 일부를 가지는 사채와 사채의 특성 중 일부를 가지는 주식이 발행되고 있다.[50] 이러한 현상 속에서 사채의 외관을 띄고 있으나 실질적으로 주식으로 취급하는 것이 올바른 것이 아닌가 하는 의문이 발생하는 경우도 있을 수 있다.[51] 아래에서는 투자금의 회수에 관하여 발행회사가 채무를 부담하는지 여부의 관점과 주주권의 일부에 해당하는 권리를 가지는지 여부의 관점에서 주식과 사채의 구분을 검토한다.

2.2.2. 상환·지급의무의 유무

위에서 사채 상환금액의 규모가 얼마인가 또는 상환기한의 유무가 사채의 속성을 정하는 요소가 아니라고 하였다. 그렇다면, 사채와 주식의 경계선은 어디에 그어야 하는 것인가.

예컨대, 원금의 상환기한이 없는 사채 가운데 확정적인 이자를 지급하지 않

---

50) 예컨대 의결권이 없고 일정한 금액으로 미리 정해진 배당을 받으며 일정기간 경과 후 상환되는 내용의 무의결권상환우선주는 사채에 상당히 접근하여 사채형 우선주로 불린다. 국제회계기준 제1032호는 우선주의 발행자가 보유자에게 확정되었거나 결정가능한 미래의 시점에 확정되었거나 결정가능한 금액을 의무적으로 상환해야 하거나, 우선주의 보유자가 발행자에게 특정일이나 그 이후에 확정되었거나 결정가능한 금액의 상환을 청구할 수 있는 권리를 보유하고 있는 경우에는 그 우선주는 금융부채로 취급한다(문단 18).
51) 송옥렬, 앞의 책(주 2), 1111쪽은 "금융공학의 발전으로 다양한 파생상품을 설계할 수 있게 되면서 주식과 사채의 중간영역에서 양자의 특징을 모두 가진 다양한 신종증권이 만들어지고 있다. 법은 주식과 사채의 이분법에 기초하여 제도를 마련하고 있기 때문에 항상 형식과 실질 사이에 긴장이 발생할 소지가 있다."고 지적하였다.

고 발행회사의 이익에 참가할 수 있거나(이익참가부사채) 이자액이 발행회사의 이익 또는 주주에 대한 이익배당액에 연계하여 산정되는 경우, 원금상환을 예정하고 있지 않다는 점과 회사의 배당가능이익에 참가한다는 점에서 무의결권 우선주식에 매우 근접하게 된다. 그러나, 이 경우에도 회사의 청산·파산시 사채권자가 가지는 권리에 의하여 주주와 구별된다. 사채권자는 채권자로서의 권리를 행사하게 될 것이고 주주는 채무가 모두 변제된 이후에 잔여재산을 분배받을 권리가 있을 뿐이다. 사채의 조건에 상환기한을 두지 않고, 발행회사의 청산·파산시에도 발행회사의 상환의무가 없도록 계약에 정해 놓고 사채권자에게 이익에 참가할 수 있는 권리를 부여하는 내용의 증권을 사채라고 발행하더라도 이를 사채로 볼 수는 없을 것이며, 적법한 절차를 거치지 않고 주식과 유사한 속성을 가지는 증권을 발행한 것으로 취급하여야 마땅할 것이다.

이익참가부 사채가 아닌 사채의 경우에도 항상 발행회사의 상환·지급의무가 없다면 사채에 해당한다고 볼 수 없다. 상환기한이 없더라도 발행회사의 청산·파산시 상환·지급의무가 있는 한 채무를 표창한다고 볼 수 있고 사채에 해당하지만, 항상 상환·지급의무가 없도록 정한 경우(즉 평상시뿐 아니라 청산·파산시에도 상환·지급의무가 없는 조건으로 발행된 경우)에는 채무를 표창하는 것이라고 할 수 없고 사채에 해당하지 않는다. 이러한 증권을 사채로 발행하는 것은 적법한 절차를 거치지 않고 주식과 유사한 속성을 가진 증권을 발행한 것으로 보아야 할 것이다. 이렇게 항상 상환의무가 없도록 발행한 증권은 다른 자산이나 지표·지수의 변동에 따라 산정한 상환금액의 규모가 0이 되는 경우가 발생할 수 있는 증권과는 차이가 있다. 후자는 파생결합사채로서 상법상 사채로 취급되어야 한다.

2.2.3. 주주권의 일부에 해당하는 권리의 취득과 사채성

상법상 사채권자가 주주권의 전부 또는 일부에 해당하는 권리를 취득하거나 잠재적으로 취득할 수 있는 사채로는 전환사채, 신주인수권부 사채, 이익참가부 사채, (자기주식)교환사채, (자기주식)상환사채를 들 수 있다. 이러한 사채 이외에 주주의 권리의 일부에 해당하는 권리를 직접·간접적으로 행사할 수 있도록 하는 경우 사채로서의 속성을 유지하는지 검토할 필요가 있다. 의결권등 주주의 공익권에 해당하는 권리를 사채권자에게 부여할 수는 없을 것이다.[52]

---

52) 김교창, 앞의 책(주 2), 221-223쪽은 "사채권자에게도 주주총회에 출석하여 어느 정도의 의결권을 행사할 수 있도록 한 사채"를 경영참가사채라고 하고 이를 외국의 사채의 종류

사채권자가 주주총회 또는 이사회 결의등 회사의 의사결정에 직접 참가하지는 않으나, 발행회사가 특약사항(covenant)의 하나로 일정한 사항에 대하여 사채권자의 사전 동의를 받을 것을 약정하는 경우가 있을 수 있다. 예컨대, 일반 무담보 사채를 발행하면서 (i) 담보부사채 발행(또는 일정한 금액 이상의 담보부 차입 거래) 또는 (ii) 일정한 금액 이상의 배당금 지급시에는 사채를 보유한 사채권자의 동의를 받도록 정하는 경우이다. 이러한 경우, 사채권자가 주주권을 행사하거나 경영참여를 하는 것으로 볼 수는 없다. 발행회사가 특약사항을 위반하여 동의의 대상인 행위를 한 경우, 원칙적으로 위반으로 인하여 그 행위의 효력에 영향이 있지는 않을 것이고, 다만 사채권자에 대한 계약위반에 해당하게 될 것이다.

3. 증권의 발행

3.1. 증권실물 발행과 사채권자의 권리

상법은 사채에 대하여 채권(債券)을 발행하거나 전자등록을 하도록 정하고 있다(제474조 제1항 제10호, 10호의 2, 제478조). 사채가 집단성과 유통성을 가지도록 하였다. 다수 사채권자들이 유통시장에서 자유로이 사채를 유통할 수 있도록 할 필요가 있으므로 동일한 기회에 발행하는 동일한 종류의 사채상의 사채권자의 권리를 균일하게 하여 사채가 호환성을 가지도록 할 필요가 있다.[53]

의 하나로 소개하였다. 영국에서는 사채권자가 발행회사와의 계약에 의하여 발행회사의 이사를 선임할 수 있는 권리를 부여받을 수 있는 것으로 본다. Davies and Worthington, 앞의 책(주 13), p. 1184. 윤영신/정순섭, 「신종사채 발행 활성화에 관한 연구」(충남대학교, 2002), 15-20쪽 및 45-51쪽은 신종사채가 가지는 주식성을 기준으로 신종사채를 범주화하여 주주와의 이해조정 필요성 유무를 언급하였다.

53) "단일한 기회에 발행되는 전환사채의 발행조건은 동일하여야 하므로, 주주배정으로 전환사채를 발행하는 경우에 주주가 인수하지 아니하여 실권된 부분에 관하여 이를 주주가 인수한 부분과 별도로 취급하여 전환가액 등 발행조건을 변경하여 발행할 여지가 없다. … 사채는 채권발행의 방법에 의한 기채로서 유통성, 공중성, 집단성 등의 성질을 가지고 있으므로, … 이는 같은 기회에 발행하는 전환사채의 발행조건 등이 동일한 것을 전제로 하는 것이다."라는 대법원 2009. 5. 29. 선고 2007도4949 전원합의체 판결의 판시도 이러한 취지라고 할 수 있다. 다만, 위 대법원 판결은 '사채의 조건'(원금과 이자의 지급기일, 이자율, 만기 상환금액, 전환가액 등 최초 취득한 사채권자 및 유통시장에서 매입한 사채권자 모두와 회사 간의 권리의무를 정하는 사항, 즉 terms and conditions of bonds)과 '사채 발행 또는 모집의 조건'(발행시 인수인의 수수료, 발행/모집가격 등 발행시 인수인 또는 최초 취득자와의 발행관련 권리의무를 정하는 사항, 즉 terms of offer)을 구별하지 않았다. 동일한 조건의 사채를 발행하되 그 발행가액을 달리 정하여 (예컨대, 주주에게 배정할 때는 액면가로 청약하도록 하고, 제3자에게 배정할 때는 할증된 가격으

사채 발행시 채권(債券)을 발행하기로 한 경우, 사채의 모집에 응하여 청약하고 사채 발행가액을 납입한 사람은 발행회사로부터 사채권을 교부받을 권리를 취득할 것이다. 사채권을 교부받지 못한 청약자는 엄격히 보면 사채권을 취득하지 못하였으므로 사채권자의 지위를 획득하였다고 보기 어려운 면도 있다. 그러나, 사채청약자가 청약대금을 모두 납입한 이상 회사에 대한 관계에서는 그 사채청약자가 사채권을 교부받았을 때와 동일한 권리를 행사할 수 있도록 하더라도 발행회사 또는 제3자의 이익을 해칠 여지가 없다. 따라서, 사채청약자가 사채청약대금을 전부 납입한 경우, 발행회사에 대한 관계에서는 그 사채청약자가 수령할 사채권상의 사채권자의 권리를 보유한다고 보는 것이 합리적이고, 따라서 그는 사채권을 교부받지 못하였다고 하더라도 발행회사에게 원리금 지급을 청구할 수 있다고 보아야 한다. 그러나, 그는 사채권을 보유하고 있지 않으므로 상법 제479조에 따른 기명사채 양도방법 및 민법 제523조에 정한 무기명채권의 양도방법으로 그의 권리를 양도할 수 없을 것이다. 사채에 대한 최초청약자는 사채권을 교부받지 못한 상태에서는 지명채권의 양도 방법으로 그가 가지고 있는 권리를 양도할 수 있다고 보아야 하고, 이렇게 양도하는 경우 사채권을 교부받을 권리도 함께 양도되는 것으로 보아야 할 것이다.

3.2. 무권화 제도와 사채권자의 권리

상법은 사채에 대하여 채권(債券)을 발행하는 대신 전자등록을 할 수 있도록 하였다(제474조 제1항 10호의 2, 제478조 제3항). 또한 전자단기사채법이 제정되어 2013년 1월 15일 시행을 앞두고 있고, 보다 광범위하게 전자적으로 증권을 발행할 수 있도록 하는 전자증권법의 입법이 추진되고 있다.[54] 현재도 공사채등록법에 따른 등록과 한국예탁결제원에의 예탁을 통하여 실질적으로는 전자적 방식으로 발행 유통되고 있다고 할 수 있다.

사채권 실물이 발행되던 종래의 전통적인 회사채 제도와 실물발행을 대체하는 전자증권 제도 모두 사채의 유통을 전제로 한다. 사채 등록제도와 전자증권제도를 이용하는 경우에는 사채권자의 권리의 양도는 등록부 기재 또는 전자적 장

로 청약하도록 함) 발행하더라도, 그 '전환사채 자체의 조건'은 동일하므로 단일한 기회에 발행되는 전환사채의 발행조건은 동일하여야 한다는 요건은 충족된다.
54) 금융위원회 보도자료, "2012년 금융정책 방향과 과제"(2011. 12. 30), 26쪽.

부에의 기재로 이루어진다. 이러한 무권화 제도를 이용하는 경우에도 사채상의 사채권자의 권리는 발행회사와 사채권자 간의 계약에 의하여 정하여진다.[55] 무권화 제도하에서는 사채권자의 권리를 기재하는 사채권 실물이 없으므로 이러한 사채권자의 권리 내지는 사채계약의 내용을 파악할 수 있도록 하는 장치가 필요하다. 상법 제478조 제3항에 따른 전자등록제도에서는 전자등록부상에 사채권자의 권리가 나타나도록 할 필요가 있고, 전자증권제도하에서도 마찬가지이다.

3.3 단위화의 완화

상법상 사채는 증권의 발행을 전제로 한다. 사채의 개념에 관한 전통적인 견해는 단위화된 증권 발행을 사채의 속성 중의 하나로 제시하였다. 통상 사채는 다수의 투자자에게 단위화된 증권으로 발행될 것이다. 그런데, 개정상법은 "동일종류의 사채에서는 각 사채의 금액은 균일하거나 최저액으로 정제할 수 있는 것이어야 한다"는 종전의 제472조 제1항을 삭제하였으므로, 반드시 동일한 금액을 기준으로 단위화하여야 하는 것은 아니다.

Ⅳ. 상법상 사채에 해당하는지 여부가 문제되는 거래유형

1. 상환의무가 자동소멸하거나 발행회사의 의사에 따라 소멸하는 증권

1.1. 의무전환사채[56]

주식으로 전환되지 않으면 사채 원리금지급채무가 소멸하는 조건으로 발행되는 이른바 의무전환사채에 대하여 2009년 7월 3일 법무부는 원리금지급채무가

---

55) 대법원 2005. 9. 15. 선고 2005다15550 판결은 그 사건 사채모집위탁계약 및 인수계약의 조항에 비추어 볼 때 "사채모집위탁계약 및 인수계약상 기한의 이익 상실규정은 제3자인 사채권자를 위한 규정으로 보기에 충분하므로, 제3자를 위한 계약의 법리에 따라 사채권자인 피고는 수익의 의사표시에 의하여 위 기한의 이익 상실규정을 원용할 수 있다"고 판시하였다. 위 사건에서는 이와 같은 결론에 이른 것이 타당하지만, (i) 발행회사와 사채권자 간의 계약관계를 정하는 내용과 (ii) 발행회사와 모집수탁회사 또는 인수회사 간의 계약관계를 정하는 내용을 구분하여 계약하도록 사채발행의 관행이 개선될 필요가 있다.

56) 주주가 전환권을 가지는 주식을 '의무전환주식'이라고 부르는 것과 비교할 때 '의무전환사채'라는 용어가 본문에서 설명하는 조건의 사채를 지칭하는데 적절한 용어인지는 의문이 있으나 이미 금융감독당국과 실무에서 이 용어를 사용하고 있으므로 그대로 사용한다.

존재하지 않고 전환권행사여부에 대한 선택권이 없다는 이유로 상법상 사채로 볼 수 없다는 견해를 취하였다.[57]

의무전환사채의 요체는 만기 이전에는 사채권자의 선택에 따라 전환권을 행사할 수 있고, 만기까지 전환권이 행사되지 아니하면 원리금지급채무가 소멸한다는 점이다. 구체적인 조건은 다양하게 정하여질 수 있겠으나 여기서는 서울지방법원 남부지원 2002. 5. 31. 자 2002카합995 결정에서 다룬 하이닉스반도체의 제159회 무보증 전환사채의 조건을 기초로 논의한다.[58] ㈜하이닉스반도체의 제159회 무보증전환사채는 상환기한은 2004년 12월 6일로, 이자율은 0%로서 이자를 지급하지 않도록 하였으며 전환기간은 사채발행일 이후 3개월이 경과한 날 부터 상환기일 1주일 전인 2004년 11월 29일까지로 하였고, 상환방법은 아래와 같이 정하였다.

"본사채의 만기는 2004년 12월 6일이며, 사채권자는 전환청구기간 내에 반드시 전환청구권을 행사하여 주식으로 의무전환하고, 전환권을 행사하지 않을 경우 「㈜하이닉스반도체 제2차 채권금융기관협의회(2001년 10월 31일) 회의」 결과에 의거 채권금액은 면제된다."

법무부는 이러한 증권이 상법상 사채에 해당하지 않는다는 근거로 (a) 원리금지급채무가 존재하지 않는다는 점과 (b) 전환권 행사여부에 대한 선택권이 없다는 점을 들고 있다.[59] 우선 (a)에 관하여 보면, 위 증권은 원금 상환의무 자체가 없다는 점에서 영구채와는 구별된다. 위 증권의 소지자는 전환권을 행사하거나 행사하지 않거나 두 가지 중의 하나의 행동을 취할 수밖에 없다. 전환권을 행사하면 사채는 소멸하고 주식을 취득하게 되고, 전환권을 행사하지 않으면 발행회사의 원금상환의무가 면제된다. 즉 어느 경우에나 발행회사는 원금상환의무를 부담하지 않는다. 발행회사의 청산·파산시에도 이 점은 마찬가지다. 파산채권은 파

---

57) 금융감독원 보도자료, "의무전환사채 등 변종사채 발행에 대한 공시심사 강화"(2009. 7. 20).

58) ㈜하이닉스반도체의 제159회 무보증전환사채의 내용에 대하여는 2001. 11. 30. 증권신고서 중 "모집 또는 매출사채의 내용" http://dart.fss.or.kr/dsaf001/main.do?rcpNo=20011129000177.

59) 송옥렬, 앞의 책(주 2), 1130쪽은 의무전환사채, 강제전환사채, 자동전환사채에 대하여 "상법이 예정하고 있는 형태와 다소 부합하지 않더라도 전환사채에서 마련해 준 이해관계의 조정에 관한 규정을 유추적용할 수 있다면 발행을 금지해야 할 이유가 없다"고 보고 있다.

산 전의 원인으로 생긴 재산상의 청구권이어야 하는데, 위 증권의 소지인은 전환권의 행사 또는 불행사 어느 경우에도 발행회사에 대하여 원금상환 청구권이 없다. 즉 기한부 채권도 조건부 채권도 보유하지 않는다. 이 점에서 위 증권은 청산·파산시 채권을 가지는 영구채 소지인과는 차이가 있고 법무부의 유권해석은 이 점에서 타당하다.

다음 (b)를 살펴보면, 위 증권에서는 투자자가 전환청구기간 중에는 언제든지 전환권의 행사를 할 수 있으므로, 투자자가 전환권 행사여부에 대한 선택권을 전혀 가지지 않는다고 볼 수는 없다. 문제는 전환권을 행사하지 않고 만기가 도래한 경우 원금상환채무가 면제되기 때문에 합리적인 투자자라면 전환청구기간 이내에 전환권을 행사할 것이라는 점이다. 전환청구기간의 만료시까지 전환할 것이므로 전환권행사가 사실상 의무화된 것과 마찬가지라고 이야기할 여지도 있다. 그렇다고 하여도 '전환청구기간' 중에 전환권을 행사할 수 있는 선택권이 사라지는 것은 아니다.[60]

합리적인 투자자라면 결국 전환권을 행사할 것이라는 점에 착안하여, 위 증권을 마치 만기에 자동적으로 전환되는 조건의 증권과 같이 취급한다면, 전환권을 행사하기 이전까지 이 전환사채를 가지고 있는 사람의 법적 지위는 (i) 만기에 신주를 발행받기로 하고 신주인수대금을 미리 발행회사에게 지급한 것이고,[61] (ii) 이에 추가하여 만기이전이라도 신주로 전환할 수 있는 전환권을 가진 것이 될 것이다. 그러나, 법적으로는 전환청구의 의사표시를 하여야 전환권이 행사되는 것이므로, 그 의사표시를 하지 않은 상태를 의사표시를 한 상태와 동일하게 볼 수는 없을 것이다.[62] 그렇다면, 위 증권은 (i) 주식인수선택권(warrant)의 발행, (ii) 주식인수선택권 청약자의 신주납입대금의 예납 및 (iii) 주식인수선택권자의 선택권 불행사시 예납한 신주납입대금의 반환청구권 포기라는 법률행위가 혼합된 것이라고 보는 것이 가장 정확한 분석이 될 것이다. 원금상환의무가 전혀 없도록

---

60) 조민제/조남문, "의무전환 조건부 전환증권의 허용여부에 대한 검토", 「법조」 제607호(법조협회, 2007. 4), 163-164쪽도 같은 취지.

61) 서종희, 의무전환사채에 관한 소고, 「법과사회」 제40권(법과사회이론학회, 2011), 230쪽이 이와 유사한 견해를 표시하였다.

62) Davies and Worthington, 앞의 책(주 13), p. 1185는 장래 일정한 날짜에 주식으로 전환되는 사채는 처음부터 회사의 주식으로 회계처리하되 전환 전까지 지급되는 이자는 세법상 비용으로 처리하는 것도 가능할 것이라고 적고 있다.

정한 위 증권을 사채로 볼 수는 없고, 또한 개정전 상법(위 증권의 발행시점의 상법) 및 개정상법상 독립적인 주식인수선택권의 발행이 허용되고 있지 않으므로 위와 같은 증권을 발행할 상법상의 근거는 박약하다고 보아야 할 것이다.[63]

1.2. 자동전환사채와 자동상환사채

일정한 기간의 경과(예: 만기 도래) 또는 일정한 조건(전환권 행사 제외)의 성취시 자동으로 주식으로 전환되는 내용의 사채를 말한다. 2012년 6월 25일 정부가 국회에 제출한 자본시장법 개정안에 규정된 조건부 자본증권 중 주식으로 전환되는 것이 이에 해당한다.[64] 아래에서는 신주로 전환되는 경우와 발행회사가 보유하고 있는 자기주식으로 상환되는 경우를 나누어 살펴본다.[65]

1.2.1 신주발행형 자동전환사채

우선 단순히 기간의 경과만으로 신주로 전환되는 조건의 증권을 살펴보자. 이러한 증권이 형성하는 법률관계는 기한부 신주발행약정에 따라 신주대금을 미리 납입한 것이라고 보아야 할 것이다. 발행회사의 청산·파산시 발행회사와 이 증권소지자의 법률관계는 신주발행이 불가능하게 됨에 따라 신주납입대금을 반환받을 수 있는 관계가 될 것이다. 즉 발행회사가 청산·파산하지 않는 한 투자자는 기간의 경과로 자동적으로 주주가 되는 것이므로 기한부 신주청약 및 납입의

---

63) 주식회사가 타인으로부터 돈을 빌리면서 채권자에게 대여금액을 주식으로 전환할 수 있는 형성권을 부여하는 조항을 둔 소비대차계약을 체결한 사안에서, 대법원은 "신주의 발행과 관련하여 특별법에서 달리 정한 경우를 제외하고 신주의 발행은 상법이 정하는 방법 및 절차에 의하여만 가능하다는 점에 비추어 볼 때, 위와 같은 전환권 부여조항은 상법이 정한 방법과 절차에 의하지 아니한 신주발행 내지는 주식으로의 전환을 예정하는 것이어서 효력이 없다"고 판시하였다(대법원 2007. 2. 22. 선고 2005다73020 판결).

64) 2012년 6월 25일 국회에 제출된 자본시장법 개정안은 상법에 규정된 사채와 다른 종류의 사채로서 "해당 사채의 발행 당시 객관적이고 합리적인 기준에 따라 미리 정하는 사유가 발생하는 경우 주식으로 전환되거나 그 사채의 상환과 이자지급 의무가 감면된다는 조건이 붙은 것으로서 자본시장법에 따라 주권상장법인이 발행하는 사채"는 파생결합증권에 해당하지 않고 채무증권에 해당하는 것으로 규정하였다(자본시장법 개정안 제4조 제7항 단서 제3호).

65) 주 48에서 언급한 것과 마찬가지로 자기주식의 처분을 신주의 발행과 마찬가지로 취급하는 것이 타당하겠으나, 상법상 이에 대한 명문의 규정이 없고 여러 하급심 재판례(수원지법 성남지원 2007. 1. 30.자 2007카합30 결정, 서울중앙지법 2007. 6. 20.자 2007카합1721 결정, 서울북부지법 2007. 10. 25.자 2007카합1082 결정 등. 신주발행과 유사하게 취급한 예는 서울서부지법 2006. 3. 24.자 2006카합393 결정 및 2006. 6. 29. 선고 2005가합826 판결)가 자기주식의 처분과 신주의 발행을 구별하고 있으므로 구분하여 검토한다.

법률관계를 형성한다고 보이고, 이를 증권화하였다고 하여 사채로 취급할 수는 없을 것이다. 통상의 전환사채의 경우 사채권자는 발행회사로부터 지급을 받을 권리가 있고 이 권리와 더불어 주식으로 전환할 수 있는 옵션을 가지고 있다는 점에서 기간의 경과로 자동적으로 신주로 전환되는 조건의 증권과는 구별된다.

다음, 일정한 조건의 성취시 주식으로 전환되는 증권을 살펴보자. 조건의 성취는 불확실한 것이고 조건이 성취되지 않는 경우 발행회사는 사채상 상환·지급 채무를 부담한다는 점에서 이러한 증권은 상법상 사채에 해당한다고 할 것이다. 다만, 일정한 조건 성취시 자동으로 전환되는 조건이 상법상 전환사채에 관한 조항에 부합하는지에 대하여는 의문이 있다. 입법론적으로는 기존 주주의 보호를 위한 상법 제418조를 따르는 한 이러한 종류의 자동전환사채를 금지해야 할 이유는 없을 것이다.[66]

1.2.2 자기주식교부형 자동상환사채

개정상법은 상환사채의 개념을 도입하였고 상법시행령에서 자기주식으로 상환하는 상환사채와 조건부 상환사채, 기한부 상환사채를 모두 인정하고 있으므로 (상법시행령 제23조 제2항, 제3항), 일정한 기간의 경과 또는 일정한 조건의 성취시 발행회사가 보유하고 있는 자기주식으로 자동 상환하는 사채의 발행이 허용된다는 점이 입법적으로 명확하게 되었다. 개정상법과 상법시행령은 자기주식으로 상환되는 상환사채를 주주 이외의 자에게 발행하는 경우에 대하여 상법 제513조의2(전환사채 인수권을 가진 주주의 권리)와 같은 조항을 두지 않고, 정관에 다른 정함이 없으면 이사회에서 정할 수 있도록 하였다. 이러한 조항은 종전부터 자기주식

---

66) 상법은 사채권자가 전환사채상의 전환권을 행사함을 전제로 하고 있고(상법 제515조 제1항), 자동적으로 전환되는 것은 상정하지 않고 있다. 자동전환되는 사채를 상법상의 전환사채로 볼 수 있는지 의문이 제기된다. 자동전환이 상법상 필요한 신주발행절차를 따른 것인가에 대한 의문이다. 전환사채가 아니라면, 결국 (i) 채무증권의 발행, (ii) 일정한 사유 발생시 채무증권의 상환과 상법 제416조와 제418조에 따른 제3자 배정 신주 발행, (iii) 채권자의 미지급원리금채권과 신주인수가액 납입채무를 상계하는데 대한 회사의 사전 동의가 결합된 거래라고 볼 수 있을 텐데, 이러한 신주 발행이 상법이 예정한 신주발행인지도 의문이다. 2012년 6월 25일 국회에 제출된 자본시장법 개정안에 따른 조건부자본증권에 대하여도 위와 같은 의문이 제기될 수 있으나, 개정안 제165조의6이 조건부자본증권을 사채로 규정함으로써 조건부자본증권이 상법상 사채에 해당하는지 여부에 대한 의문은 입법적으로 해소한 것으로 볼 수 있다. 박준, 앞의 논문(주 47), 48-49쪽; 정순섭, "조건부 자본증권에 관한 법적 연구", 「상사법연구」 제30권 제3호((주)한국상사법학회, 2011), 31-32쪽.

으로 교환되는 교환사채에 대하여 상법 제513조의2의 원칙을 적용하지 않았던 입장을 유지하기 위한 것으로 보인다. 이러한 조항은 결국 자기주식을 회사의 자산으로 보는 견해가 반영된 것이라고 할 수 있다.

1.3. 원금소각형 조건부 자본증권

자본시장법 개정안에 정해진 조건부 자본증권에는 "해당 사채의 발행 당시 객관적이고 합리적인 기준에 따라 미리 정하는 사유"가 발생하는 경우 주식으로 전환되는 것도 있지만 그러한 사유가 발생하는 경우 사채의 상환과 이자지급 의무가 감면된다는 조건이 붙은 것도 있다. 후자를 원금소각형 조건부 자본증권으로 부를 수 있다. 이러한 증권은 일정한 사유가 발생하는 경우에 한하여 원금상환의무를 감면하는 것이므로 위 IV.1.1.에서 검토한 '항상 원금상환의무가 없도록' 만든 하이닉스 반도체 발행 의무전환사채와는 차이가 있다. 원금소각형 조건부 자본증권상으로는 원금상환 채무가 있음이 원칙이고, 일정한 사유가 발생하는 경우에 한하여 원금상환의무가 감면되므로 사채로서의 속성을 가진다.[67]

1.4. 강제전환사채

발행회사가 사채를 상환할 의무는 지되 발행회사가 신주로 전환하는 선택권을 가지는 조건이 붙은 사채를 말한다. 이러한 사채는 상법상 사채의 개념에는 포함될 수 있지만, 상법상 전환사채의 전환권은 사채권자가 행사하는 것을 전제로 하고 있으므로 발행회사가 전환권을 보유하는 조건의 전환사채가 상법상 전환사채에 관한 조항에 부합하는지에 대하여는 의문이 제기될 수 있다. 특히 대법원 2007. 2. 22. 선고 2005다73020 판결이 제시한 "신주의 발행과 관련하여 특별법에서 달리 정한 경우를 제외하고 신주의 발행은 상법이 정하는 방법 및 절차에 의하여만 가능하다는 점에 비추어 볼 때, 위와 같은 전환권 부여조항은 상법이 정한 방법과 절차에 의하지 아니한 신주발행 내지는 주식으로의 전환을 예정하는 것이어서 효력이 없다"는 법리에 따른다면 법원이 현행 상법의 해석상 이러한 강제전환사채의 효력을 인정할 것인지 의문이다. 입법론적으로 이러한 사채의 발행을 금지할 특별한 이유가 없을 것이다.[68][69]

---

67) 정순섭, 앞의 논문(주 66), 38-39쪽.
68) 발행회사가 보유하고 있는 자기주식으로 상환하는 사채는 개정상법상 명시적으로 인정

2. 자본시장법의 파생결합증권

2.1. 상법의 파생결합사채와 자본시장법의 파생결합증권

상법 제469조 제2항 제3호는 "유가증권이나 통화 또는 그 밖에 대통령령으로 정하는 자산이나 지표 등의 변동과 연계하여 미리 정하여진 방법에 따라 상환 또는 지급금액이 결정되는 사채"를 사채의 한 종류로 열거하고 있고, 그 문안을 보면 자본시장법 제4조 제7항[70]의 파생결합증권의 정의와 거의 동일하다.[71] 다만 자본시장법상의 파생결합증권은 " … 지급금액 또는 회수금액이 결정되는 권리가 표시된 것"이라고 하여 반드시 사채일 필요가 없고 자본시장법상의 증권의 범주에 들어갈 수 있는 것이면 모두 포함되도록 규정하였다.

한편, 상법 제469조 제2항 제3호는 자본시장법 제4조 제7항과 거의 같은 내용을 담고 있으나 "… 상환 또는 지급금액이 결정되는 사채"라고 함으로써 파생결합증권과 다른 것을 의미하는 것이 아닌가에 대하여 의문이 생긴다. 이 점에 대하여는 상법 제469조 제2항 제3호를 어떻게 읽느냐에 따라 다음과 같이 해석이

되고 있다는 점(상법시행령 제23조 제2항)과의 균형도 고려하여야 할 사항 중의 하나이다. 자기주식의 처분을 신주발행과 마찬가지로 취급함이 타당하다고 생각하지만, 상법과 하급심판결들이 자기주식 처분을 신주발행과 구별하고 있다. 이러한 상법과 하급심 재판례들의 입장에 선다면 자기주식 상환사채 발행이 허용됨을 근거로 신주로 전환되는 강제전환사채의 발행을 허용하여야 한다고 주장할 수는 없을 것이다. 상환사채와는 달리 전환사채 발행시에는 기존주주 보호를 위한 장치(상법 제513조, 제513조의2 등)가 있다는 점이 강제전환사채의 발행을 인정할 수 있는 근거의 하나가 될 수 있다.

69) 독일의 주식법 개정법률안(Entwurf eines Gesetzes zur Änderung des Aktiengesetzes; Aktienrechtsnovelle 2012)(2012. 3. 14)(BT-Drs. 17/8989)은 전환사채상의 전환권을 발행회사가 가지는 경우도 인정하고 회사의 전환권 행사로 인한 신주발행을 위한 조건부증자를 허용하는 것으로 주식법 제192조를 개정하는 내용을 포함하고 있다. 이에 대한 상세한 논의는 최문희, "최근 독일의 회계기준과 주식법 개정 동향", 「BFL」 제46호(서울대학교 금융법센터, 2011. 3), 110-111쪽.

70) "이 법에서 '파생결합증권'이란 기초자산의 가격·이자율·지표·단위 또는 이를 기초로 하는 지수 등의 변동과 연계하여 미리 정하여진 방법에 따라 지급금액 또는 회수금액이 결정되는 권리가 표시된 것을 말한다."

71) 2012년 6월 25일 국회에 제출된 자본시장법 개정안에 따르면 "발행과 동시에 투자자가 지급한 금전 등에 대한 이자, 그 밖의 과실(果實)에 대해서만 해당 기초자산의 가격·이자율·지표·단위 또는 이를 기초로 하는 지수 등의 변동과 연계된 증권"은 파생결합증권에 해당하지 않는 것으로 명시하였다(자본시장법 개정안 제4조 제7항 단서 제1호). 즉 발행인이 발행가액(원금) 상환의무를 지는 경우에는 과실/이자/수익부분이 다른 자산이나 지표·지수에 연계되었다고 하더라도 파생결합증권에 해당하지 않는다는 것이다.

나눌 수 있다.

첫째, 상법 제469조 제2항 제3호는 다른 자산이나 지표·지수에 연계되는 증권 중 사채에 해당하는 것만을 파생결합사채로 정한 것이고, 따라서 파생결합증권 중에는 파생결합사채에 해당하는 것과 그렇지 않은 것이 있다는 견해이다. 파생결합사채인지 여부에 대하여는 사채의 본질을 갖추고 있는지 여부에 따라서 판단하여야 한다고 보게 될 것이다.

둘째, 상법 제469조 제2항 제3호의 입법취지는 자본시장법의 파생결합증권을 사채의 범주에 넣고자 한 것이므로, 그 취지에 비추어 볼 때, "… 상환 또는 지급금액이 결정되는 사채"라는 부분에서 "사채"라는 용어는 상법 제469조 제2항이 발행할 수 있는 사채의 종류를 열거하고 있기 때문에 사용한 것에 불과한 것이고 "… 상환 또는 지급금액이 결정되는 것"이라고 하는 것과 차이가 없다는 견해이다. 이 견해에 따르면 자본시장법의 파생결합증권의 범위와 상법의 파생결합사채의 범위는 같다고 보는 것이다.

이 문제는 단순히 상법 제469조 제2항 제3호의 문리해석만으로 해결할 문제라기보다는 사채의 속성에 비추어 검토해야 할 문제이다. 아래에서는 파생결합증권으로 실제 가장 많이 발행되는 주가연계증권(ELS)과 주식워런트증권(ELW)의 발행조건에 비추어 구체적으로 검토한다.

2.2. 주가연계증권(ELS)

ELS의 경우에는 발행시 청약자가 일정한 대금을 납입하고 증권을 취득하며, 발행회사가 주가 또는 주가지수에 연동하여 산정한 금액을 지급할 의무를 부담하므로 상법 제469조 제2항 제3호의 파생결합사채의 정의에 부합되는데 의문이 없다.

2.3. 주식워런트증권(ELW)
2.3.1. 주식워런트증권(ELW)의 기본적 법률관계

워런트는 발행자가 옵션의무자로서 그 소지인에게 옵션을 부여하는 내용의 증권이다. 옵션거래는 옵션권리자의 의사표시(옵션 행사)에 의하여 옵션의무자와 옵션권리자 간에 일정한 자산을 매도 또는 매수하는 거래(이하 '실물인도형')를 성립시키거나 기초자산의 가격·이자율·지표·단위 또는 이를 기초로 하는 지수 등에 의하여 산출된 금액을 옵션권리자가 옵션의무자로부터 수령하는 거래(이하 '현금결제형')를 성립시킬 수 있는 권리를 옵션의무자가 옵션권리자에게 부여하는 계약이다. 옵션의무자는 권리를 부여하는 대가로 옵션권리자로부터 옵션수수료를 수령한다. 아래에서는 이 두 가지 유형의 옵션의 특성을 중심으로 주식워런트증권이 사채에 해당하는지 여부에 관하여 검토한다.

2.3.2. 실물인도형 워런트 — 워런트 행사 후의 당사자의 의무

실물인도형 옵션이 화체된 워런트72)의 경우에는 옵션행사시 워런트소지인(즉 옵션권리자)이 미리 정한 행사가액(strike price)을 지급하고 미리 정한 자산을 수령할 수 있는 지위에 있게 되고, 이에 따른 이행을 하는 권리의무가 형성된다(물론 옵션은 권리이므로, 예컨대 콜옵션의 경우에는 옵션권리자는 행사당시 기초자산의 시가가 행사가액보다 큰 경우에만 옵션을 행사할 것이다). 실물인도형 옵션이 화체된 워런트의 경우에는 워런트 행사시 미리 정한 내용으로 매매계약이 체결되게 되고 그 이후에는 매매계약의 이행의 문제가 남게 된다. 실물인도형 워런트의 행사로 인한 매매계약의 체결과 이행은 아래와 같이 두 가지 유형으로 나누어 볼 수 있다.

첫째, 옵션권리자(워런트소지인)가 옵션 행사의 의사표시만 하도록 정해 놓은 경우이다. 이 경우에는 워런트상의 옵션의 행사로 매매계약이 체결되고, 양 당사자는 매매계약상의 의무를 지게 된다. 즉 옵션권리자가 매매대금지급의무(콜 워런트의 경우) 또는 매매목적물인도의무(풋 워런트의 경우)를 지고, 옵션의무자(워런트 발행회사)가 이에 상응하는 매매목적물인도의무(콜 워런트의 경우) 또는 매매대금지급의무(풋 워런트의 경우)를 지게 되며, 양 당사자가 상호 이러한 의무를 이행하여야 하는 상태에 놓이게 된다.

둘째, 옵션권리자가 옵션 행사의 의사표시를 할 때, 항상 그 옵션행사로 체결되는 매매계약상 옵션권리자가 이행하여야 할 의무를 미리 또는 옵션행사와 동시에 이행하여야 하는 경우이다. 즉 옵션권리자가 이행할 의무의 이행이 옵션행사의 조건으로 정해져 있는 경우이다.73)

---

72) ELW는 현금결제형과 실물인도형 모두 발행할 수 있으나, 실제 현금결제형만 발행되고 있다. 한국거래소, 「시장전문가들이 함께 만든 ELW시장의 이해」(에세이퍼블리싱, 2009), 78쪽.

73) 신주인수권부 사채의 신주인수권을 행사하려는 자는 행사의 의사표시(청구서 제출)와 아울러 발행가액을 전액 납입하여야 한다(상법 제516조의8 제1항). 신주인수권증권은 신주를 발행받는 옵션을 표창한다는 점에서 주식워런트증권(ELW)과 성질상 차이가 있으나,

상법상 사채는 매매계약의 이행과 같은 쌍무적인 채무의 이행을 전혀 예상하고 있지 않으므로 상법상 사채에 관한 조항이 첫 번째 유형의 워런트의 법률관계를 충분하고 적절하게 다룰 수 있다고 말하기 어려울 것이다. 그러나, 두 번째 유형의 워런트의 경우에는 워런트 소지인의 옵션행사 후 남는 채무가 발행회사의 편무적 채무뿐이므로 이러한 채무의 이행은 일반적인 사채의 원리금 상환의무의 이행과 성질상 큰 차이가 없다고 할 수 있다. 그렇다면 두 번째 유형의 워런트는 상법상 사채로 취급하여도 무방할 것이다. 다만 실물인도형 워런트에서도 원금의 존재여부에 대하여 논란이 있을 수 있고 이 점은 현금결제형 워런트에 관한 아래 2.3.3.의 논의가 동일하게 적용된다.

2.3.3. 현금결제형 워런트 ― 워런트의 원금 존재여부[74]

현금결제형 옵션이 화체된 워런트의 경우에는 옵션행사시 옵션권리자(워런트 소지인)가 옵션의무자(워런트 발행회사)로부터 워런트조건에 따라 산정한 금액(기본적으로 실물인도형 옵션이었다면 옵션권리자가 수령할 자산의 시가에서 행사가액을 공제한 금액)을 지급받는다. 현금결제형 옵션은 이와 같이 옵션행사로 인하여 옵션권리자가 미리 정한 방법으로 산정한 금액을 수령하는 것이고 옵션권리자가 옵션의무자에게 옵션행사시 추가로 지급해야 하는 것은 없다. 이와 같이 현금결제형 워런트의 경우에는 워런트소지인이 항상 금액을 수령하는 지위에 있게 된다. 특히 실제 발행되는 주식워런트증권(ELW)은 옵션 만기시에만 옵션을 행사할 수 있는 유럽형 옵션(European option)을 표창하고, 만기에 옵션행사하는 것이 옵션권리자에게 유리한 상황이 된 경우에는 자동적으로 옵션이 행사된 것으로 보고 산정한 금액을 발행회사(옵션의무자)가 증권소지인(옵션권리자)에게 지급하도록 한다. 이러한 워런트의 경우에는 실물인도형 옵션을 표창하는 워런트에서와 같은 문제는 발

옵션행사로 관념적으로 체결되는 계약상 옵션권리자가 이행할 의무의 이행이 옵션행사의 조건으로 되어 있다는 점에서 상법 제516조의8 제1항은 본문에서 언급한 두 번째 유형에 해당한다. 전환사채의 경우에는 전환권행사시 발행될 주식의 주금납입금액에 해당하는 금액을 이미 전환사채 발행시 발행회사가 납입받았으므로, 전환사채권자의 전환권행사시 전환사채권자가 이행할 의무가 없다는 점에서 마찬가지의 성격을 가진다. 교환사채의 경우도 이 점에서는 전환사채와 마찬가지이다.

74) 법무부, 「상법 회사편 해설」(도서출판 동강 2012), 360쪽은 "ELS는 상법상 파생결합사채에 포함되나, 원본이 없는 ELW의 경우 상법상 파생결합사채에 해당하지 않는" 것으로 보고 있다. 필자도 법무부 상법개정위원회 회의에서 이와 같은 의견을 피력한 적이 있으나, 깊이 검토한 결과 이 글에서와 같은 결론에 이르게 되었다.

생하지 않는다. 다만, 현금결제형 워런트의 경우에도 사채의 원금에 해당하는 것이 있는지가 문제될 수 있다. 워런트 발행시 워런트투자자가 발행회사에게 옵션 프레미엄에 해당하는 금액을 지급할 것이다. 이 금액은 옵션의 가격에 해당하는 것이지 나중에 상환하여야 할 원금의 개념과는 거리가 멀다. 투자자의 관점에서는 파생결합사채에 대한 투자는 단순히 신용위험에 대한 투자가 아니고(즉 투자원금에 대한 신용위험을 반영한 이자를 지급받는 것이 아니고), 다른 종류의 위험에 대한 투자를 하게 된다. 이를 발행회사의 관점에서 보면 종래의 전통적인 사채는 자금조달의 목적으로 발행하는 것이었지만, 파생결합사채는 단순히 자금조달만을 목적으로 하는 것은 아니다.[75) 이는 파생결합사채에 담겨있는 위험의 성격이 다르다는 점에서 쉽게 드러난다. 이러한 파생결합사채의 특성을 고려할 때, 위 Ⅲ.2.1.1.에서 논의한 바와 같이 종전의 전통적인 사채에서의 원금의 개념을 파생결합사채에 그대로 적용할 필요는 없을 것이다. 현금결제형 워런트가 발행회사의 편무적인 금전채무를 표창한다는 점에서 사채의 속성을 갖추고 있다고 볼 수 있

---

75) 2011년 6월 25일 국회에 제출된 자본시장법 개정안은 개정상법 제469조 제2항 제3호에 따른 파생결합사채 중 발행회사가 투자원본의 상환채무를 확정적으로 부담하고 이자 내지는 수익에 해당하는 부분만 다른 자산이나 지표의 변동에 연계하여 결정되는 것은 채무증권에 포함시키고(자본시장법 개정안 제4조 제3항, 제4조 제7항 단서 제1호), 그렇지 않은 파생결합사채는 파생결합증권으로 취급한다. 주식 등 지분증권에 연계된 파생결합증권의 발행 및 투자원금까지 기초자산에 연계된 파생결합증권의 발행을 투자매매업의 한 유형으로 규정하고 있어서(자본시장법 제6조 제2항, 제7조 제1항, 동법 시행령 제7조 제1항), 자본시장법에 따른 투자매매업 인가를 받지 않고는 이를 발행할 수 없다. 즉, 다른 자산이나 지표에 연계된 사채를 사채의 범주에 포함시키는 것으로 상법이 개정되었어도, 이러한 사채발행이 자본시장법상 투자매매업에 해당하는 경우에는 인가를 받아야 발행할 수 있게 된다. 이 문제에 대하여 필자는 투자자 보호와 시장질서 유지의 차원에서 파생결합증권 발행을 투자매매업으로 규율할 필요가 있는 것이므로, 발행회사가 투자매매업자를 상대방으로 하거나 투자중개업자의 중개를 통하여 이러한 증권을 발행하는 경우에는 증권에 청약하는 투자자를 접촉하는 투자매매업자 또는 투자중개업자가 투자자 보호를 위하여 필요한 행위를 행하면 되고, 발행회사까지 투자매매업 인가를 받도록 할 필요는 없다는 주장을 편 바 있다. 박준, 기업금융활성화와 신종증권에 관한 자본시장법의 개정, 「상사판례연구」 제24권 제3호(2011), 35-36쪽. 그러나, 금융위원회는 금융투자업자의 인수·중개에 의하여 발행하는 경우라도 투자매매업인가를 받아야 한다는 점에 대한 예외를 인정하지 않겠다는 입장을 명백히 하였다. 금융위원회는 이러한 증권은 자금조달 목적보다는 영업 목적으로 발행되면서, 발행인에게 자본력, 위험관리 능력 등이 요구되는 점 등을 투자매매업인가를 요구하는 이유로 들었다. 금융위원회 보도자료 「자본시장과 금융투자업에 관한 법률 시행령」 개정안 입법예고"(2012. 2. 23)의 붙임자료, 8쪽.

고 그렇다면 파생결합사채에 해당한다고 봄이 합리적일 것이다.

3. 다른 종류의 증권발행

3.1. 기업어음의 경우

통상의 사채와는 다른 형태의 증권 또는 증서를 집단적으로 발행하여 자금을 조달하는 경우 이러한 채무증서를 상법상 사채로 취급하여 사채에 관한 상법 조항을 적용하여야 하는가의 문제가 제기될 수 있다. 상거래의 자금결제 목적 없이 오로지 자금조달을 목적으로 투자자에게 발행되는 기업어음(commercial paper)[76] 이 이러한 의문의 대상이 될 수 있는 대표적인 경우이다.[77] 원금 상환과 이자 지급의 조건 이외에도 기한의 이익 상실 조항, 발행회사의 기타 의무에 관한 조항 (covenants)등 여러 조건이 포함되는 통상의 사채와는 달리, 약속어음은 어음의 특성상 엄격한 어음 요건을 갖추어야 하고 통상의 사채의 조건에 포함된 조항들(예컨대 기한의 이익 상실 조항)이 어음에 기재될 경우 어음의 효력을 상실시키는 유해적 기재사항이 될 수 있다. 따라서, 약속어음을 발행하여 자금을 조달하는 경우에는 어음요건에 해당하는 지급금액, 만기등 채무의 기본적인 사항만이 기재되고 어음소지인(즉 투자자)의 권리보호는 거의 전적으로 어음법에 의존하게 된다. 다만, 기업어음을 뉴욕주법등 외국법을 준거법으로 하여 발행하는 경우에는 우리나라 어음법상 허용되지 않는 조항을 기재하는 것이 그 준거법상으로 허용될 수도 있다.

상법상 일반사채에 관한 조항은 발행절차를 규율하고 있고, 사채가 집단적으

---

76) 자본시장법상으로는 '기업어음증권'이라는 표시가 된 어음용지로서 은행이 내준 어음용지를 사용한 경우에만 기업어음증권에 해당하도록 규정하고 있고, 종전의 증권거래법에 있던 만기(1년 이내) 최저액면(1억원 이상) 등의 요건은 이제는 요구되지 않는다. 자본시장법 제4조 제3항, 동법 시행령 제4조.

77) 영국에서는 유통가능한 채무증서 중 대체로 만기 10년 이상인 것을 bonds, 만기 10년 미만인 것을 notes, 만기 1년 미만인 것을 commercial paper로 부르지만 그 구별이 명확하지는 않다(주 14). 일본에서는 CP는 어음으로 인식되었다. 相澤哲/葉玉匡美, "新会社法の解説(13) 社債", 「商事法務」 1751호(2005. 12. 5), 13쪽. 어음으로 발행된 commercial paper가 일본 회사법 제2조 제23호에 규정된 사채의 정의에 해당하는지 여부에 대한 논의는 本多正樹, "会社法上の社債の定義をめぐる諸問題(上)", 「商事法務」 1781호 (2006. 11. 5), 24-26쪽. 독일의 新債券法(Schuldverschreibungsgesetz; SchVG)의 적용대상인 債券(Schuldverschreibung)에는 commercial paper도 포함되는 것으로 보고 있다. Veranneman, 앞의 책(주 22), S. 11.

로 발행되어 다수의 사채권자가 존재할 때 이들의 의사를 확인할 수 있는 장치로
사채권자집회에 관한 조항을 두었으며, 사채권자의 이익을 위하여 사채권자를 대
변할 수 있는 장치로 사채관리회사 제도를 도입하였다. 그런데 사채관리회사를
반드시 둘 의무를 발행회사에게 부과하지 않고 발행회사가 선택하도록 하였으므
로(상법 제480조의2 제1항), 약속어음 발행의 방법으로 자금을 조달하였다고 하여
사채관리회사 제도를 잠탈한다는 문제는 없다. 그러나, 발행절차의 면에서는 약
속어음을 단위화하여 투자자에게 집단적으로 발행하여 자금을 조달하고자 하는
경우 상법상의 사채발행과 동일한 절차를 거치도록 할 필요가 있다.[78] 또한, 이렇
게 약속어음을 발행한 경우 채무재조정에서는 투자자들의 집단적 의사를 확인하
여 그 의사에 따라 행동하도록 하는 것이 발행회사와 투자자 양쪽 모두에게 바람
직할 것이다. 특히 만기가 중장기인 기업어음을 여러 투자자들에게 발행하여 발
행회사와 다수의 투자자 간의 집단적인 법률관계가 형성되는 경우에는 그 필요성
이 있을 것이다. 그러나, 어음법상 어음권리자에 대한 인적 항변이 절단되는 점
등에 비추어 볼 때 어음이라는 법적 형식으로 행한 거래를 상법상의 사채로 성격
을 재구성하여 투자자의 권리행사의 면에서 상법상의 사채와 유사하게 취급하기
는 어려울 것이다.

3.2. 양도가능대출증서의 경우

대출은행단을 구성하여 대출하는 신디케이티드 대출(syndicated loan)에서 대
출은행이 대출채권 양도를 편리하게 하기 위하여 양도가능대출증서(TLC: trans-
ferable loan certificate 또는 TLI: transferable loan instrument)를 이용하는 경우가 있다.
이러한 증서도 사채에 해당하는지 검토한다.

먼저 TLC를 보면, 신디케이티드 대출에 참여한 대출은행이 대출계약상의 권
리의무를 양도하기 위하여 이를 양수하고자 하는 은행과 TLC를 작성하여 대리은
행(agent bank)에게 제출하면 대출은행 변경에 의한 경개가 이루어진다. 영국법상
TLC는 장래의 경개(novation)를 할 수 있도록 하는 증서로 보고 있다.[79] 즉 신디케

---

78) 금융위원회는 최근 기업어음 시장의 정보공시 부족 등의 문제에 대한 대응방안을 제시
   하면서, 회사채에 비하여 기업어음 발행절차가 간편하다는 점을 지적하였다. 금융위원회
   보도자료 "CP시장 현황 및 대응방안"(2012. 9. 25).
79) Agasha Mugasha, The Law of Multi-Bank Financing(Oxford University Press 2007), p. 44.

이티드 대출계약상 이러한 방식의 대출은행 변경에 대하여 차입자 또는 다른 대출은행의 동의를 받지 않아도 되도록 규정한 경우, 차입자와 대출은행들이 대출계약을 체결함으로써 미리 동의한 것으로 보고 있다. TLC는 차입자가 미리 발행한 증서가 아니고 양식만 대출계약에 첨부되어 있고 경개가 이루어지는 시점에 권리의무를 양도하고자 하는 대출은행과 양수하고자 하는 사람이 작성하는 증서라는 점에서 발행회사가 발행하는 사채와는 근본적으로 차이가 있다. 한편 TLI는 신디케이티드 대출에 참여한 대출은행이 가지는 권리(의무는 불포함)를 양도하기 위하여 사용하는 것이지만, 양도인과 양수인이 작성하는 문서라는 점에서는 TLC와 동일하다.[80]

이와 같이 TLC와 TLI는 양도하고자 하는 대출은행과 양수하고자 하는 사람이 작성하는 문서로서 발행회사가 발행하는 사채와는 성격이 다르다.[81] 만약 대출은행의 대출실행시 차입자가 TLC 또는 TLI에 서명하여 대출은행에게 교부하면 사채의 성격을 가진다고 볼 수 있는 것은 아닌가라는 의문이 제기될 수 있다. 이 문제는 대출계약과 사모사채거래의 경계선이 어디인가의 문제이다. 이 문제에 대하여는 증권에 표창된 채권(債權)의 양도 방식과 내용의 두 가지 점에서 검토가 필요하다.

첫째, 채권의 양도 방법에 관하여 검토한다. 상법상 무기명 사채는 채권(債券)의 교부로 양도된다. 회사채가 대부분 무기명사채로 발행되고 공사채등록법에 따른 등록과 한국예탁결제원에의 예탁을 활용하여 발행 및 유통되고 있기 때문에 실제 기명사채에 관한 조항은 관심의 대상이 되지 못하였다. 기명사채는 지시채권이라고 볼 수는 없고, 양도인과 양수인 간의 양수도 합의와 권리가 표창된 채권(債券)의 교부가 있으면 두 당사자 간의 양수도가 이루어지며 다만 회사 및 제3자에 대항하기 위해서는 상법 제479조에 따라 사채원부와 사채권에 취득자가 기재되어야 한다고 보는 것이 통설이다.[82] 기명사채 양도에 관한 상법 제479조는 기명사채의 유가증권성을 충분하게 반영하지 못하였다는 점에서 입법적으로 보

---

80) ibid.
81) 일본에서도 상법상의 사채의 개념을 논하면서 syndicated loan은 지명채권으로 인식되었다고 하였다. 相澤哲/葉玉匡美, 앞의 논문(주 77), 13쪽.
82) 권기범, 앞의 책(주 2), 951쪽; 송옥렬, 앞의 책(주 2), 1128쪽; 이철송, 앞의 책(주 2), 988쪽; 임재연, 앞의 책(주 2), 768쪽; 정동윤, 앞의 책(주 2), 551쪽; 정찬형, 앞의 책(주 2), 1160쪽; 최기원, 앞의 책(주 2), 855쪽.

완되어야 할 조항이지만,[83] 현행 상법상 사채의 양도시 민법상의 지명채권 양도
와 차이가 있는 부분은 채무자에 대한 대항요건 및 제3자에 대한 대항요건이다.
사채로 인정되기 위해서는 최소한 상법에 정한 양도 방법에 해당하는 정도의 유
가증권성을 갖추어야 할 것이다.

둘째, 채권의 내용에 관하여 보면, 동일한 기회에 발행한 동일한 종류의 사
채상의 사채권자의 권리는 균일하게 하여 사채가 호환성을 가지도록 할 필요가
있다. 신디케이티드 대출계약은 대출은행의 개별적 특성이 반영되는 조항들이 포
함된다는 점에서,[84] 동일한 채권을 증권에 표창하여 집단적으로 거래하도록 하는
전형적인 사채와는 구별된다고 볼 여지가 있다. 그러나, 이 견해에 대하여는 국제
금융시장에서 발행되는 채권(bond)의 발행조건에도 통상 채권자(bondholder)의 법
적 지위에 따라 발행회사의 부담이 달라지는 내용의 조항이 포함된다는 점을 들
어 반론을 제기할 수 있다. 즉 채권(bond)에는 원리금 지급시 세금 등의 원천징수
가 이루어지는 경우 원천징수가 없었더라면 원래 지급하였어야 할 금액을 채권자
(bondholder)가 수령할 수 있도록 발행회사가 추가금액을 지급할 의무를 지는 내
용의 gross-up조항이 통상 포함된다. gross-up조항을 두는 경우, 세법상 거주성 등
각 채권자의 특성에 따라 채권자 별로 발행회사가 부담하는 금액에 차이가 있을
수 있다. 사채권에 표창된 지급일에 지급할 지급채무(전통적인 사채에서는 합의된
이자율에 따른 이자와 원금을 지급하기로 하는 원리금 지급채무)가 주된 채무라고 할
것이고, 사채의 속성을 갖추었는지 여부를 판단하는 목적으로는 원천징수에 따른
추가 지급의무는 부수적 요소라고 볼 수 있을 것이다.[85] 증권에 표창된 채무 중

83) 상법 제479조 제1항과 마찬가지로 일본의 회사법 제정전 商法 제307조 제1항도 회사에
대한 대항요건뿐 아니라 제3자에 대한 대항요건으로 기명사채의 양도시 취득자 성명의
사채원부 기재를 요구하였다. 일본에서는 이 조항에 대하여 기명사채의 유가증권성을
충분히 인식하지 못하여 회사에 대한 대항요건과 제3자에 대한 대항요건을 구분하지 못
한 것으로 보고, 제3자에 대한 관계는 유가증권법의 일반 법리 또는 기명주식에 관한 법
리에 따라 증권의 점유에 의하여 결정되도록 하여야 한다는 등의 비판이 있었다. 「新版
注釈 会社法(10)」(有斐閣, 1988), 田中昭 집필부분 104-105쪽.
84) 각 대출은행의 자금조달비용의 증가를 대출금리에 반영하고자 하는 yield protection 조
항 또는 increased cost 조항이 대표적인 예이다.
85) gross-up조항에 따라 각 사채권자가 수령하는 금액은 동일하게 된다는 점에서 이 조항은
사채권자의 권리를 실질적으로 균일하게 하는 것이라고 볼 여지가 있지만, 사채권자가
자신의 거주지국에서 외국납부세액공제를 받을 수 있어서 사채권자가 수령하는 금액이
반드시 동일하게 된다고 볼 수 없는 면도 있다.

주된 채무가 동일한 것이면 사채의 특성을 지닌 것으로 보는 것이 합리적이라고 생각된다. 원천징수에 따른 추가 지급의무가 사채권자 별로 달라진다고 하여 사채의 성질을 잃는다고 보아서는 안 될 것이다. 대출거래를 증권화한 경우에도 증권에 표창된 주된 채무가 균일한지 여부에 따라 판단하는 것이 합리적일 것이다.

V. 결론

이 글은 2011년 상법 개정으로 사채에 관한 조항이 대폭 개정된 것을 계기로 상법상 사채가 가지는 속성이 무엇인지를 탐구하였다. 사채는 발행회사의 편무적 채무를 표창하는 증권이라는 점에서 채무와 증권의 두 요소로 구성되어 있다.

첫째, 채무의 면을 보면, 개정 상법상 파생결합사채가 사채에 포함됨으로써 원금상환의 요소와 이자 지급의 요소가 사채의 채무성의 불가결한 요소는 아니게 되었다. 소비대차적 성격이 사채의 기본속성이라고 할 수 없게 되었다는 점에서 사채의 패러다임이 변하였다고 할 수 있다. 다만, 사채발행회사가 사채상 부담하는 채무는 편무적 채무이어야 하고, 다수의 사채권자의 권리가 균일하도록 하기 위해서는 그 채무는 금전채무 또는 종류물인도 채무에 한정될 것이다. 최근 다양한 금융상품의 개발로 사채와 주식이 접근하고 있는 상황에서 사채와 주식을 구별하는 기준은 채무성이 있는지 여부이다. 발행회사의 파산·청산시 사채권자에게 지급할 채무를 부담하는지 여부 및 주식에 앞서 지급할 채무인지 여부가 사채인지 여부를 판정하는 기준이 된다.

둘째, 사채에는 발행회사에 대한 채권(債權)이 표창되어 전전유통된다는 점에서 유가증권의 속성(다만 기명식 사채의 경우에는 지명채권양도와 사채권의 교부라는 형태로 양도된다는 점에서 완화된 유가증권적 속성)을 가진다. 이러한 증권이라는 속성 중 사채권실물 발행의 중요성은 증권예탁제도 및 무권화 제도가 이용됨에 따라 점차 줄어들고 있다. 그러나, 증권예탁 및 무권화 제도를 이용하더라도 증권으로 거래될 수 있는지 여부가 사채와 대출채권(일반적인 차입채무)을 구별하는 기준이 된다. 즉, 사채는 증권으로 거래된다는 점에서 동일한 기회에 발행하는 동일한 종류의 사채상 사채권자의 권리는 균일하고 호환성을 가진다는 점이 사채의 속성의 하나이다.

상법상 사채에 해당하는지 여부가 문제되는 다양한 유형의 새로운 증권을 검토하였다. 의무전환사채(주식으로 전환되지 않으면 사채 원리금지급채무가 소멸하는 조건으로 발행되는 증권)와 기간의 경과로 자동적으로 주식으로 전환되는 자동전환사채는 채무성이 없다는 점에서 사채에 해당한다고 볼 수 없다. 이에 반하여 자기주식교부형 자동전환사채는 상법시행령상의 상환사채에 해당하고, 원금소각형 조건부 자본증권은 사채로서의 속성을 가진다. 발행회사가 상환의무를 지되 신주로 전환하는 선택권을 발행회사가 가지는 강제전환사채는 상법상 사채에 해당하지만 상법이 정한 전환사채에 해당하는지 의문이 있다. 입법적으로 이러한 전환사채의 발행도 허용하는 것이 타당할 것이다. 자본시장법상의 파생결합증권 중 주가연계증권(ELS)은 전형적인 파생결합사채로서 사채에 해당함에 의문이 없다. 주식워런트증권(ELW)이 상법상 사채에 해당하는지 여부에 대하여는 논란의 여지가 있을 수 있고 유형별로 검토가 필요하지만 실제 발행되고 있는 현금결제형인 경우에는 상법상 사채에 해당한다고 봄이 합리적하다.

[참고문헌]

고창현, "신종자본증권", 「민사판례연구」 제27권(박영사, 2005).

권기범, 「현대회사법론」(제4판)(삼영사, 2012).

김건식/노혁준/박준/송옥렬/안수현/윤영신/최문희, 「회사법」(제3판)(박영사, 2012).

김교창, "상법중 사채에 관한 개정의견", 「회사법의 제문제」(한국사법행정학회, 1982).

박동민/이항용, "전자단기사채제도 도입을 통한 기업어음시장 개선에 관한 연구", 「한국증권학회지」 제40권 1호(한국증권학회, 2011).

박 준, "기업금융활성화와 신종증권에 관한 자본시장법의 개정", 「상사판례연구」 제24권 제3호((사)한국상사판례학회, 2011).

법무부, 「상법 회사편 해설」(도서출판 동강, 2012).

서종희, "의무전환사채에 관한 소고", 「법과사회」 40권(법과사회이론학회, 2011).

송옥렬, 「상법강의」(제2판)(홍문사, 2012).

윤영신, "법률에 규정이 없는 사채의 발행가부", 「상사법연구」 제22권 제1호(한국상사법학회, 2003).

윤영신/정순섭, 「신종사채 발행 활성화에 관한 연구」(충남대학교, 2002).

이창희, 「세법강의」(제10판)(박영사, 2012).

이철송, 「회사법강의」(제20판)(박영사, 2012).

임재연, 「회사법 Ⅰ」(박영사, 2012).

정동윤, 「상법(상)」(제6판)(법문사, 2012).

정순섭, "조건부 자본증권에 관한 법적 연구", 「상사법연구」 제30권 제3호(한국상사법학회, 2011).

정찬형, 「상법강의(상)」(제15판)(박영사, 2012).

조민제/조남문, "의무전환 조건부 전환증권의 허용여부에 대한 검토", 「법조」 제607호(법조협회, 2007. 4).

최기원, 「신회사법론」(제14대정판)(박영사, 2012).

최문희, "최근 독일의 회계기준과 주식법 개정 동향", 「BFL」 제46호(서울대학교 금융법센터, 2011. 3).

「주석 상법 회사법(4)」(한국사법행정학회, 2003).

Birds, John, *Annotated Companies Legislation* (Oxford University Press, 2010).

Davies, Paul L. and Worthington, Sarah, *Principles of Modern Company Law* (Ninth Edition)(Sweet & Maxwell, 2012).

Ferran, Eilis, *Principles of Corporate Finance Law* (Oxford University Press, 2008).

Gullifer, Louise and Payne, Jennifer, *Corporate Finance Law* (Hart Publishing, 2011).

Hüffer, Uwe, *Aktiengesetz* 8th Auflage(C.H. Beck, 2008).

Kanda, Hideki, Debtholders and Equityholders, 21 *Journal of Legal Studies* 431 (1992).

Morse, Geoffrey, *Palmer's Company Law Annotated Guide to Companies Act 2006* (Sweet & Maxwell, 2007).

Mugasha, Agasha, *The Law of Multi−Bank Financing* (Oxford University Press, 2007)

Veranneman, Peter, *Schuldverschreibungsgesetz Kommentar* (Verlag C.H.Beck München, 2010).

Welch, Edward P., Turezyn, Andrew J. and Saunders, Robert S., *Folk on the Delaware General Corporation Law: Fundamentals* (Wolters Kluwer, 2008).

江頭憲治郎, 「株式会社法」(第2版)(有斐閣, 2008).

江頭憲治郎, "永久社債に関する諸問題", 「企業と法(下) ― 西原寛一先生追悼論文集」(有斐閣, 1995).

尾崎輝宏/高橋康文, 「逐条解説 新社債,株式等振替法」(金融財政事情研究会, 2006).

本多正樹, "会社法上の社債の定義をめぐる諸問題(上)", 「商事法務」 1781호(2006. 11. 5).

本多正樹, "会社法上の社債の定義をめぐる諸問題(下)", 「商事法務」 1782호(2006. 11. 15).

森順子, "会社法における社債の概念と実務への影響", 「商事法務」 1774호(2006. 8. 5).

相澤哲/葉玉匡美, "新会社法の解説(13) 社債", 「商事法務」 1751호(2005. 12. 5).

神田秀樹, 「会社法」(第11版)(弘文堂, 2009)

野村修也, "新会社法における社債制度", 「ジュリス」 1295호(2005. 8. 1-15).

鈴木克昌/峯岸健太郎/久保田修平/根本敏光/前谷香介/田井中克之/宮田俊, 「エクイティ·ファイナンスの理論と実務」(商事法務, 2011).

鴻常夫, 「社債法」(有斐閣, 1958).

「会社法コンメンタール 〈16〉 社債」(商事法務, 2010).

「新版 注釈 会社法(10)」(有斐閣, 1988).

7. 타인명의 자기주식 취득과 "회사의 계산"[*]

I. 문제의 제기

상법은 자기주식 취득을 합병, 영업양수, 회사의 권리실행, 단주처리, 주주의 주식매수청구권의 행사 등 특정한 목적으로 취득하는 경우(상법 제341조의 2)와 일반적으로 자기주식을 취득하는 경우(상법 제341조)로 나누어 규율하고 있다. 상법은 후자의 일반적인 자기주식 취득에 대해 원칙적으로 주주총회의 승인을 거쳐 배당가능이익 범위 내에서 주주평등의 원칙을 준수하는 방법으로 취득하도록 하여 한도, 방법 및 절차상의 제한을 두고 있다. 상법은 또한 누구의 명의로든 회사의 계산으로 부정하게 회사의 주식을 취득하면 회사재산을 위태롭게 하는 죄로 형사처벌할 수 있도록 하였다(상법 제625조 제2호). 자기주식은 의결권이 없고(상법 제369조 제2항) 다른 주주권도 없다.

상법에 정해진 특정목적의 자기주식 취득 또는 상법상의 요건과 절차를 준수한 일반 자기주식 취득은 회사의 명의와 계산으로 자기주식을 취득하는 것이므로 자기주식임이 쉽게 드러난다. 그러나 회사가 타인의 명의로 자기주식을 취득하거나 회사가 보유한 자기주식을 외관상 타인에게 양도하였지만 계속 자기주식으로 취급해야 할 경우가 있다. 이 경우 자기주식인지 여부를 판단하는 기준이 "회사의 계산"이다.[1]

---

* 상사법연구 제37권 제1호(한국상사법학회, 2018. 5) 게재.

[1] 자기주식은 의결권이 없다고 규정한 상법 제369조 제2항의 자기주식은 "명의를 불문하고 회사의 계산으로 가지고 있는 주식"을 의미한다. 또한 회사계산 타인명의 자기주식 취득은 (i) 타인이 회사의 계산으로 신주를 청약하거나 기발행 주식을 다른 주주로부터 양수하는 경우뿐 아니라 (ii) 타인이 이미 가지고 있는 주식에 대해 일정 시점부터 '회사의 계산'으로 보유하는 경우도 포함한다. 회사가 가지고 있던 자기주식을 타인에게 양도

대법원 판례는 "회사의 계산"에 해당하려면 주식취득자금이 회사의 출연에 의한 것이고 주식취득에 따른 손익이 회사에 귀속되는 경우여야 한다고 판시하였다. 이 때 회사의 출연과 회사에의 손익귀속의 구체적인 의미가 무엇인지를 규명하고 그 밖의 다른 기준을 둘 필요가 없는지 검토할 필요가 있다. 이 글에서는 대법원 판결과 하급심 판결에 나타난 사례와 새로운 금융거래를 중심으로 "회사의 계산"의 의미가 무엇인지를 검토하고자 한다. 이 글은 "회사의 계산"의 의미를 파악하는 것을 목적으로 하고 있고 타인명의 자기주식 취득을 둘러싼 거래의 채권적·물권적 효력에 대한 논의는 다음 기회로 미룬다.

Ⅱ. 자기주식 취득 규제의 목적과 타인명의 자기주식 취득의 특수성

1. 자기주식 취득 규제의 목적

회사법의 자기주식 취득 규제는 대체로 다음과 같은 문제를 방지하기 위한 것이다.[2] 대법원 2003. 5. 16. 선고 2001다44109 판결은 이 가운데 ①, ②, ③을 자기주식 취득 규제의 목적으로 들었다.

① 자본충실 훼손: 자기주식을 유상으로 취득하면 회사의 순자산 감소로 자본충실을 해친다.

② 지배구조 왜곡: 자기주식에 의결권이 부여되면 경영자가 의결권을 행사할 수 있게 되므로 지배구조의 왜곡이 발생한다. 회사가 자신의 구성원이 됨은 논리적 모순이라는 점도 같은 맥락이다.

③ 주주평등 위반: 특정주주에 대한 자본 환급의 효과가 있어 주주평등의 원칙에 위반된다.

④ 불공정한 주식거래: 자기주식의 취득·처분을 결정하는 사람이 회사의 경영자 즉 내부자이므로 내부자거래·투기거래의 우려가 있다.

자기주식 취득 규제에 대한 반론은 다음과 같이 답한다.[3]

하면서 '회사의 계산'을 유지하는 경우에는 자기주식 처분의 외관을 갖추고 있으나 그 주식은 자기주식의 성격을 계속 유지한다.

2) 이철송, 「회사법강의」 제26판(박영사, 2018), 387-388쪽; 권기범, 「현대회사법론」 제7판 (삼영사, 2017), 602-603쪽.

3) 김건식/노혁준/천경훈, 「회사법」 제3판(박영사, 2018), 653-654쪽; 송옥렬, 「상법강의」 제8판(홍문사, 2018), 862쪽.

① 자본충실 훼손: 적법한 순자산 감소인 배당과 같은 수준의 채권자보호 장치를 두어 배당가능이익 범위 내에서 자기주식 취득을 허용하면 해결된다.

② 지배구조 왜곡: 자기주식에 대해 회사의 구성원의 지위를 인정하지 않으면 해결된다. 즉 자기주식에 의결권, 배당금지급을 받을 권리 등 일체의 주주권을 인정하지 않으면 된다.

③ 주주평등 위반: 자기주식을 주주평등 원칙을 지키는 방법으로 취득하도록 하면 해결된다.

④ 불공정한 주식거래: 자본시장법상 공시의무와 미공개중요정보 이용금지로 충분히 규율된다.

1994. 1. 5. 당시 증권거래법 개정 및 이후 수차에 걸친 증권거래법 개정을 거쳐 2011년 상법개정으로 상법 제341조에서 주식회사가 상장여부를 불문하고 취득방법(거래소를 통한 거래 및 주주평등의 원칙을 지킬 수 있는 거래), 취득금액(배당가능이익 범위), 취득절차(주주총회 결의 또는 정관에 의한 수권)의 요건을 준수하는 경우 회사의 명의와 계산으로 자기주식을 취득할 수 있도록 한 것은 이러한 반론을 반영한 것이다.

상법 등 법률에서 허용된 자기주식 취득의 요건은 위에 언급한 자기주식 취득에 따른 문제를 해소하기 위한 것이므로 그 요건에 맞추어 자기주식을 취득하는 경우에는 위 규제목적을 논의할 필요가 없다. 그러나 자기주식 취득 요건을 갖추지 못한 자기주식 취득에서는 위에서 언급한 자기주식 취득 규제목적에 비추어 법을 해석·적용할 필요가 있다. 이 때 4가지 규제 목적 중 ③(주주평등 위반)은 주금환급 즉 자본충실 훼손에 수반하는 문제이고 ④(불공정한 주식거래)는 회사법의 관점에서는 자기주식 취득이 야기하는 본질적인 문제가 아니므로 결국 ①(자본충실 훼손)과 ②(지배구조 왜곡)에 초점을 맞출 필요가 있다.

2. "회사의 계산"이 문제되는 상황(타인명의 자기주식 취득)의 특수성

상법이 정한 방법, 금액한도 및 절차에 따라 회사의 명의와 계산으로 자기주식을 취득하면 위에서 본 자기주식 취득 규제 목적이 우려하는 사항들이 해소된다고 할 수 있다. 회사의 명의와 계산으로 자기주식을 취득하는 행위는 쉽게 드러나고(아무리 늦어도 재무제표에 대한 감사인의 감사보고서·검토보고서가 작성될 때는 드러날 것임), 상법을 위반하여 자기주식을 취득하는 의사결정과 행위를 한 임직원은 민·형사상의 책임[4]을 질 수 있다는 점에서 상법을 위반하여 회사의 명의와 계산으로 자기주식을 취득할 유인은 별로 없다.

회사의 계산으로 자기주식을 취득하되 타인의 명의를 이용한다는 것은 회사가 자기주식을 취득함을 밝히지 않으려는 것이고, 이는 회사가 법령에서 정한 절차와 요건을 따르지 않고 자기주식을 취득하려고 하기 때문이다. 따라서 회사가 타인명의로 자기주식을 취득하면 원래 자기주식 취득 규제가 우려하는 문제들을 야기할 수 있고, 반론이 제시한 해결방안들이 작동하지 못하게 된다.

특히 타인명의로 자기주식을 취득하면 외관상 자기주식임이 드러나지 않는다는 점을 이용하여 그 주식을 의결권이 있는 주식으로 취급하고 주식명의인으로 하여금 경영진의 의사대로 그 주식의 의결권을 행사하도록 하려고 할 수 있다.[5] 타인명의를 이용하여 자기주식은 의결권이 없도록 한 법적인 장치가 작동하지 못하게 하는 것이다. 이러한 점에 비추어 볼 때 회사계산 타인명의 자기주식 취득을 논의할 때는 자본충실 훼손만이 아니라 지배구조 왜곡의 문제를 중요하게 생각해야 한다.[6]

Ⅲ. 자기주식 취득시 "회사의 계산"

1. "회사의 계산"의 의미

1.1. 판례와 통설 — 회사의 출연과 회사에의 손익귀속

"회사의 계산"에 해당하려면 회사의 출연과 회사에 대한 손익귀속이 되어야

---

4) 민사적으로는 상법 제399조에 따른 책임과 불법행위책임을 생각할 수 있고, 형사적으로는 상법 제622조(특별배임죄), 제625조(회사의 재산을 위태롭게 하는 죄) 제2호 위반, 형법상 배임죄 등을 생각할 수 있다.

5) 대법원 2017. 3. 23. 선고 2015다248342 전원합의체 판결(특별한 사정이 없는 한, 주주명부에 적법하게 기재된 주주는 회사에 대한 관계에서 의결권 등 주주권을 행사할 수 있고, 회사는 실질주주의 존재를 알았어도 주주명부상 주주의 주주권 행사를 부인할 수 없다)에 비추어 회사의 계산으로 타인이 취득한 주식도 주주명부상 주주가 회사에 대하여 의결권을 행사할 수 있는 것 아닌가라는 의문이 제기될 수 있다. 그러나 위 전원합의체 판결이 다룬 것은 주식에 의결권이 있음을 전제로 주주명부상 주주와 실질주주 중 누가 회사에 대하여 의결권을 행사할 것인가의 문제이고, 회사의 계산으로 취득한 자기주식은 의결권이 없으므로(상법 제369조 제2항) 전원합의체 판결의 판시사항이 적용될 여지가 없다.

6) 대법원 2011. 4. 28. 선고 2009다23610 판결, 서울북부지법 2007. 10. 25.자 2007카합1082 결정, 서울남부지법 2015. 6. 11. 선고 2014가합4256 판결의 사안은 모두 자본충실의 훼손의 문제보다는 지배구조 왜곡의 문제와 관련된다.

한다는 것이 대법원 판례의 입장이다. 대법원 2003. 5. 16. 선고 2001다44109 판결은 "회사 아닌 제3자의 명의로 회사의 주식을 취득하더라도, 그 주식취득을 위한 자금이 회사의 출연에 의한 것이고 그 주식취득에 따른 손익이 회사에 귀속되는 경우라면, 상법 기타의 법률에서 규정하는 예외사유에 해당하지 않는 한, 그러한 주식의 취득은 회사의 계산으로 이루어져 회사의 자본적 기초를 위태롭게 할 우려가 있는 것으로서 상법 제341조가 금지하는 자기주식의 취득에 해당한다"고 하고 그 사건에서도 자기주식으로 인정하였다. 대법원 2011. 4. 28. 선고 2009다23610 판결은 위 대법원판결을 이어 받아 "회사가 직접 자기 주식을 취득하지 아니하고 제3자의 명의로 회사의 주식을 취득하였을 때 그것이 위 조항에서 금지하는 자기주식의 취득에 해당한다고 보기 위해서는, 그 주식취득을 위한 자금이 회사의 출연에 의한 것이고 그 주식취득에 따른 손익이 회사에 귀속되는 경우이어야 한다"라고 일반론을 제시하였다. 다만 이 대법원판결은 당해 사건에서 회사의 출연은 인정되지만 회사에 손익이 귀속된다는 점을 인정할 수 없다고 하여 자기주식 취득에 해당하지 않는다고 판시하였다.

국내의 학설도 대체로 이에 동조하고 있다.[7] 일본의 학설은 대체로 "회사의 계산"[8]이란 "실질적인 의미에 있어서 대가의 지불이 회사의 부담으로 되고 손익이 회사에 귀속되는 것을 말한다"[9]거나 "경제상의 효과가 실질적으로 회사에 귀속되는 경우를 말한다"[10]고 보고 있다. 독일에서는 취득에 따른 위험 부담, 취득

---

7) 이철송, 앞의 책(주 2), 391쪽; 송옥렬, 앞의 책(주 3), 871쪽;「주식회사법대계 I」(법문사, 2013), 제3장 제3절 Ⅲ. "자기주식의 취득 및 처분"(정수용 집필), 1015-1016쪽. 김건식/노혁준/천경훈, 앞의 책(주 3), 664-665쪽은 "취득자금의 지원"과 "위험의 부담"을 기준으로 제시하였다.

8) 일본 회사법도 일정한 제한된 경우에 한하여 자기주식 취득을 허용한 조항인 제155조에서는 회사의 계산에 의한 타인명의의 주식 취득에 대하여 언급하고 있지 않고, 제963조 제5항 제1호(회사의 재산을 위태롭게 하는 죄)가 타인 명의로 취득하더라도 회사의 계산으로 부정하게 취득하면 형사처벌하도록 규정하였다. 그러나 제155조의 해석상 자기주식취득에 해당하는지 여부는 명의가 아니라 계산에 의하여 판단되는 것으로 해석하고 있다. 落合誠一 編,「会社法コンメンタール〈4〉株式(2)」(商事法務, 2009), 제155조 주석(藤田友敬 집필), 11쪽.

9) 落合誠一 編,「会社法コンメンタール〈21〉雑則(3)・罰則」(商事法務, 2011), 제963조 주석(佐伯仁志 집필), 105쪽; 上柳克郎・鴻常夫・竹内昭夫 編,「新版 注釈会社法(13)」(有斐閣, 1988), 제489조 주석(芝原邦爾 집필), 578쪽.

10) 江頭憲治郎・中村直人,「論点体系 会社法 6」(第一法規 2012), 제963조 주석(葉玉匡美 집필), 490쪽.

주도, 경제적인 처분권한의 귀속 등이 자기주식과 관련한 회사의 계산의 판단 기준으로 제시되고 있다.[11]

1.2. 다른 요소는 고려할 필요가 없는가?

일본에서는 "회사의 계산"에 의한 주식 취득인지 여부를 판단할 때 고려 요소로 (i) 취득자금의 출처, (ii) 취득을 위한 거래의 의사결정, (iii) 취득한 주식에 대한 지배의 3개 요소를 드는 유력한 견해가 있다.[12] 이 견해에서 주목할 만한 부분은 주식에 대한 지배를 중요한 고려요소로 삼는다는 점이다. 이 견해는 취득자금의 출처를 가장 중요한 요소로 보고 있고 주식에 대한 지배가 "회사의 계산"을 인정하는데 불가결한 요소는 아니지만 거래의 실질이 자기주식의 취득임을 인정하는 강력한 요소로 보고 있다.

상법이 "회사의 계산"이라는 용어를 사용하기 때문에 자금의 흐름과 손익의 귀속 같은 경제적인 요소에 집중하게 됨은 부득이하다. 하지만 자기주식 취득 규제의 목적이 출자환급에 따른 자본충실의 침해의 방지에만 있지 않고 특히 지배구조의 왜곡의 방지도 포함한다는 점에서 "회사의 계산"은 자기주식 규제 목적을 반영하여 해석해야 한다. 이러한 점에서 회사(보다 정확하게는 경영진)가 주식에 대한 지배를 하는지 여부는 대법원판례가 제시한 자금출연과 손익귀속에 추가하여 중요한 고려요소라고 하겠다.

2. 회사의 출연

2.1. 판례로 인정된 각종 출연의 공통적 속성 — 주식취득자금 조달의 지원

대법원 2003. 5. 16. 선고 2001다44109 판결과 대법원 2011. 4. 28. 선고 2009다23610 판결이 "주식취득을 위한 자금이 회사의 출연에 의한 것"일 것을 요구하는 이유를 명확하게 밝히지는 않았다. "회사가 회사의 계산으로 자기의 주식을 취득할 수 있다면 회사의 자본적 기초를 위태롭게 할 우려"가 있다고 하며 회사의 출연이 필요하다고 판시한 점에 비추어 출자의 환급 또는 자본충실 훼손의 문제에 초점을 맞춘 것으로 추측할 수 있다. 그런데 출자의 환급 또는 자본충실 훼손의 효과는 대법원 판결이 인정한 여러 유형의 출연별로 차이가 있다. 회사가

---

11) MüKoAktG/Oechsler, 4. Aufl. 2016, AktG §71a Rn. 12, 54.
12) 龍田節, "会社の計算による自己株式の取得", 「法学論叢」 138巻4·5·6号(1996), 5-11쪽.

주식명의인에게 주식취득자금을 증여하면 그 출연(증여) 자체가 자본충실 훼손을 초래하는 행위이다. 그러나 회사가 주식명의인에게 자금을 대여하거나 주식명의인이 금융기관 등으로부터 주식취득자금을 차입할 때 회사가 보증한 경우에는 그 출연(자금대여 또는 보증)만으로 즉시 출자의 환급이나 자본충실 훼손의 문제가 발생하지는 않는다. 자금대여나 보증의 출연은 손익귀속과 결합됨으로써 자본충실 훼손의 우려 및 주식명의인 입장에서의 출자환급을 받는 효과가 발생할 수 있을 뿐이다.

이와 같이 증여는 그 자체가 자본충실을 훼손한다고 할 수 있지만 자금대여 또는 보증 방식의 출연은 그 자체가 출자의 환급이나 자본충실 훼손을 초래한다고 할 수는 없다. 증여, 자금대여, 보증의 공통적인 속성은 주식명의인이 주식취득자금을 조달하도록 회사가 지원하는 행위라는 점에 있다. 대법원 판례가 "주식취득을 위한 자금이 회사의 출연"에 의할 것을 요구할 때의 출연은 그 자체가 회사의 자본충실을 훼손하는 행위라기보다는 오히려 주식명의인의 주식취득자금 조달을 회사가 금전적·재무적으로 지원하는 행위의 성격을 가지는 것이라고 볼 수 있다. 이러한 회사의 출연이 회사에의 손익귀속과 결합될 때 주식명의인은 주식 취득에 따른 위험을 부담하지 않게 되고, 회사가 자금대여 또는 보증한 경우 차입금 상환시 주식명의인의 부담은 주식처분대금에 그치게 된다. 결국 주식명의인은 실질적으로 차입금상환의 부담을 지지 않게 되어 차입기간 동안 출자 환급을 받은 것과 같은 효과가 생긴다. 또한 주식에 대한 위험을 부담하지 않는 주식명의인은 의결권을 행사할 유인이 별로 없어 손익과 위험이 귀속되는 회사(보다 정확하게는 회사의 경영진)의 의사대로 의결권을 행사할 가능성이 높게 되어 지배구조 왜곡의 문제가 발생하게 된다.

2.2. "회사의 출연"의 유형별 검토

2.2.1. 주식취득자금 제공·지원의 유형과 출연의 개념

타인의 명의를 이용하여 자기의 계산으로 주식을 취득·보유하는 거래의 가장 철저한 형태는 단순히 주식명의인의 명의를 빌릴 뿐 주식취득자금의 마련, 주식취득거래의 실행, 주권의 수령과 보관, 주주권의 행사 등을 모두 계산주체가 행하는 순수한 차명거래일 것이다. 자기주식이 아닌 주식을 타인명의로 취득하는 경우에는 이러한 순수한 차명거래도 충분히 발생할 수 있다. 그러나 타인명의와

회사계산으로 자기주식을 취득하는 거래는 위법한 거래로서 자기주식임을 드러
내지 않기 위한 경우이므로 통상의 주식차명거래보다는 계산주체의 대외적인 활
동이 잘 드러나지 않고 주식취득자금 제공 또는 조달 지원이 외관상 별도의 거래
로 보이게 되어 있는 경우가 대부분일 것이다.

　회사가 타인에게 주식취득자금을 제공하거나 조달을 지원하는 방법에는 직
접적인 자금제공(직접제공)과 타인의 자금조달을 원활하게 하기 위한 지원(간접제
공)으로 나누어 볼 수 있다. 직접제공은 다시 그 자금의 반환이 예정되어 있는지
여부에 따라 ① 반환이 예정되지 않은 자금제공(증여형)과 ② 반환이 예정된 자금
제공(자금대여형)으로 나눌 수 있다. 간접제공은 ③ 타인의 주식취득자금 차입시
회사가 보증 또는 담보를 제공하는 신용보강형과 ④ 타인의 주식취득자금 조달비
용을 회사가 부담하는 조달비용부담형으로 나누어 볼 수 있다. 또한 ⑤ 회사가
보유한 자기주식을 대여함으로써 자금없이 차입자(주식명의인)가 주식의 소유권을
취득하도록 하고 회사가 주식명의인에 대하여 동종 동량의 주식반환채권을 가지
는 주식대여형도 자금대여형 직접제공과 기본적으로 같은 성질을 가진다.

　민법상 재단법인에 대한 재산의 출연(민법 제43조), 연구기관 등에 대한 정
부·지방자치단체의 출연[13] 등은 출연을 받는 재단법인이나 연구기관 등의 재
산의 증가를 가져오게 하는 행위이고 그 출연금의 반환은 예정되어 있지 않다.
민법상 재단법인 출연 등에서 사용하는 출연이라는 용어는 "재산의 증가를 가져
오게 하는 행위"를 말한다.[14] 증여형은 민법 등에서 사용하는 출연에 해당한다.

　자금대여형과 신용보강형같이 취득자금의 반환(또는 구상채무의 발생)이 예정
된 경우에는 상대방(차입자)의 적극재산(현금)이 증가하는 만큼 소극재산(반환채무)
역시 증가하므로 "재산의 증가를 가져오게 하는 행위"라고 할 수는 없고, 조달비
용부담형도 주식취득자금 자체를 제공하지는 않는다는 점에서 민법 등에서 사용
하는 출연의 개념에 부합하지는 않는다. 그러나 "회사의 계산"의 구성요소로서의
출연은 반드시 민법에서 사용하는 출연의 개념으로 한정할 이유는 없고 자기주식
취득 규제의 취지에 비추어 그 범위를 정할 필요가 있다. 증여형(직접제공(1))이 회

13) 정부출연연구기관 등의 설립·운영 및 육성에 관한 법률, 지방자치단체 출자·출연 기관
　의 운영에 관한 법률 등.
14) 김용담, 「주석민법(제4판) 민법총칙(1)」(한국사법행정학회, 2010), 제43조 주석(송호영 집
　필), 664쪽.

사의 출연에 해당한다는 점에 대하여는 의문의 여지가 없을 것이므로 아래에서 그 밖의 유형들을 검토한다.

2.2.2. 직접제공(2) — 자금대여형

회사가 주주에게 주식 가액에 상당하는 금전을 대여하거나 새로 주식을 취득하고자 하는 사람에게 주식취득자금을 대여하면 회사는 차입자에 대한 신용위험을 부담한다. 회사가 상환능력이 없는 사람에게 자금을 대여하여 그 자금을 회수할 수 없는 경우에는 그 자금대여 자체가 회사의 자본충실을 해하는 행위가 되어 증여형 출연과 차이가 없다. 그러한 정도로 과도한 신용위험을 부담하는 경우가 아니라면 자금대여 자체가 회사의 자본충실을 해하는 것은 아니다. 입법론으로는 주주에 대한 자금 대여 자체를 금지할 것인지 여부를 논의할 여지가 있겠으나, 현행 상법상으로는 회사가 주주에게 자금을 대여하여 신용위험을 부담하는 행위 자체가 회사의 채권자 보호 차원에서 금지되는 것은 아니다. 또한 자금대여 자체가 지배구조 왜곡의 문제를 야기하지는 않는다.

그러나 회사가 주식명의인에게 주식취득자금을 대여하고 그 주식의 가격변동과 현금흐름을 반영하여 대여금의 반환을 받기로 약정한 경우에는 주식 취득 및 보유에 따른 손익이 회사에게 귀속된다. 이와 같은 경우 주식명의인은 주식 취득 및 보유에 따른 손익과 위험을 부담하지 않고,[15] 자금대여기간 동안 주식명의인은 회사로부터 출자 환급을 받은 것과 다르지 않다.[16] 또한 자금대여기간 동

---

15) 龍田節, 앞의 논문(주 12), 2쪽은 매매대금을 회사가 지출하는 것으로 처리하는 경우는 드물고 매매대금을 회사가 매수인에게 대여하는 경우가 많다고 하고, 9쪽은 대여금의 자산성이 떨어져 자본을 손상할 위험이 있다고 하면서 회사의 대여금 회수의사가 약하다는 점을 지적하였다. 손익귀속의 약정이 명시적으로 이루어지지 않은 경우, 회사가 대여금을 회수할 의사가 약하다는 점은 묵시적으로 손익귀속의 합의가 있음을 추정하게 하는 요소라고 할 수 있다. 물론 회사에의 손익 귀속 없이 회사가 타인에게 회사주식을 매입자금을 대여하는 행위만으로 그 자금으로 매입한 주식이 자기주식이 되는 것은 아니다.

16) 회사가 주식명의인 A에게 1년간 자금을 대여하되 주식처분대금으로 대여금을 반환받기로 약정한 경우, A는 대여금을 제공받는 시점에 출자 환급을 받은 것이고 1년 후 주식처분대금을 회사에게 지급하는 것은 A명의로 된 자기주식 처분대금을 계산주체인 회사에게 현실적으로 귀속시키는 행위라고 할 수 있다. A가 위와 같은 조건으로 회사로부터 대여금을 제공받아 그 자금으로 거래소 시장을 통하여 주식을 매입한 경우는 A가 (i) 자기 자금으로 주식을 매입하고 (ii) 대여금 명목으로 회사로부터 출자 환급을 받는 행위가 동시에 일어난 것과 다름이 없다. 이 경우 거래소 시장에서 주식을 매도한 매도인에게 출자 환급이 이루어진 것은 아니다.

안 주식명의인은 주식에 대한 위험에 노출되지 않아 스스로 의결권 행사를 결정할 유인이 없이 회사의 의도대로 의결권을 행사할 가능성이 높아 지배구조 왜곡의 문제를 야기한다. 이러한 자본충실 훼손과 지배구조 왜곡의 문제는 회사가 이미 주식을 가지고 있는 주주에게 그가 보유한 주식의 가액에 해당하는 금액을 대여하고 대여금을 일정기간 경과 후 그 주식 처분대금(또는 시가상당액)으로 반환하기로 한 경우에도 동일하게 발생한다.

요컨대 반환이 예정된 자금대여형으로 자금을 제공한 경우에도 주식보유의 손익이 회사에게 귀속되면 그 주식명의인이 보유한 주식은 회사의 계산으로 취득한 자기주식으로 보아야 한다. 대법원 2011. 4. 28. 선고 2009다23610 판결도 회사가 선급금 약 41억원(나중에 변제·반환됨)을 주식명의인에게 지급하여 주식취득자금 200억원 중 일부를 마련하도록 한 행위가 회사의 자금출연에 해당하는 것으로 판시하였다. 이 사건에서 회사가 선급금이라는 명목으로 실질적으로 대여금을 제공한 것을 자금출연으로 인정한 것은 타당한 판시이다.

2.2.3. 직접제공(3) — 주식대여형

회사가 보유하고 있는 자기주식을 타인에게 일정기간 소비대차 방식으로 대여하고[17] 차입자(또는 정을 아는 제3자)가 그 주식을 보유하는 경우이다.[18][19]

증권대차는 종류물의 소비대차로 증권대여시 대여자로부터 차입자에게 증권의 소유권이 이전되고 반환시 차입자로부터 대여자에게 소유권이 이전되는 거래

---

17) 자기주식 대여 자체가 허용되는지 및 허용되더라도 대여 주식을 반환받을 때 상법이 정한 자기주식 취득 방법·절차·한도가 적용되는지 등의 쟁점은 이 글의 검토범위를 벗어나므로 다루지 않는다. 이 점에 대한 최근의 논의는 정재은, "자기주식과 대차거래", 「BFL」 제87호(서울대학교 금융법센터, 2018. 1), 24-41쪽.

18) 주식 차입은 통상 공매도를 목적으로 한다. 회사가 공매도 목적 차입자에게 자기주식을 대여하면 유통시장 공급량을 늘이고 공매도로 인한 단기간의 주가하락을 부추기게 된다. 대여수수료 수입에도 불구하도 경영진의 선관주의의무 위반의 문제와 투자자관계(IR: investor relations) 악화의 문제가 발생한다는 점에서 경영진이 그러한 대여를 할 유인은 별로 없다. 자기주식 차입자가 그 주식을 매도하지 않고 보유한다는 것은 대차거래로 소유권을 취득하여 주주권을 행사할 것을 목적으로 한다고 볼 수 있다(이른바 전략적 목적의 주식대차거래).

19) 회사가 보유한 자기주식을 환매조건부로 매도하는 경우 주식대차거래에서의 문제와 유사한 문제가 발생하는지 여부는 환매조건부매매 거래의 법적 성격을 매매와 담보부차입 중 어느 것으로 보는가에 따라 달라질 것이다. 이에 관한 독일에서의 논의로는 Cahn/Ostler, "Eigene Aktien und Wertpapierleihe", Institute for Law and Finance, Working Paper Series No. 76 (2008), S. 15 ff., 37 ff.

이다. 차입자는 대여자에게 차입수수료를 지급한다. 차입자의 반환채무를 담보하기 위하여 담보를 제공하는 경우도 많다. 그러나 차입자가 대여자에게 증권의 매매대금에 해당하는 대금을 지급하지는 않는다. 차입자는 대차수수료 지급과 반환채무의 부담을 대가로 하여 대차목적물의 소유권을 취득하는 셈이다. 대차수수료의 금액이 작은 점을 고려한다면 반환채무의 부담이 주된 대가라고 할 수 있다. 대여자는 대차기간 종료 후 동종동량의 증권을 반환받을 것이므로 대차기간 중에도 그 증권의 가격의 등락에 대한 위험에 노출되어 있다. 즉 증권의 가격이 상승하면 그 상승분을 대여자가 향유할 수 있고 하락하면 그 하락에 따른 손실도 대여자가 부담한다. 즉 증권의 소유권이 차입자에게 이전되어도 증권의 시세변동 등에 따른 손익은 계속 대여자에게 귀속한다.

회사가 보유하고 있는 자기주식을 타인에게 대여하면, 차입자가 그 주식의 소유권을 취득할 것이고 차입자는 소유권 취득에 대한 대가를 지급하지는 않는다.[20] 다만 대차기간이 종료하면 동종동량의 주식을 대여자인 회사에게 반환할 의무를 부담할 뿐이다. 자기주식의 대여는 실질적으로 주금 납입 없이 주식이 유통되도록 만드는 셈이다.[21] 자본충실을 훼손하는 효과의 면에서 보면 출자환급과 차이가 없다.

또한 회사의 출연의 관점에서 본다면 이는 자금대여형과 성격이 같다. 증권 대여시 차입자에게 대차목적물의 소유권이 이전되는데 대한 주된 대가는 차입자의 반환채무 부담이다. 회사가 차입자에 대해 반환채권을 가지고 있음은 회사가 차입자에 대한 신용위험을 부담함을 의미한다. 자금대여형과 비교할 때 신용위험의 내용이 금전 반환이 아닌 주식 반환이라는 점에서 차이가 있을 뿐, 회사가 주

---

20) 이 점에서 자기주식의 대여는 자기주식의 매도 또는 신주발행과 큰 차이가 있다. 자기주식의 대여, 매도, 신주발행은 그 차입자, 매수인, 신주인수인이 주주의 지위를 가지게 만든다. 자기주식의 매도시에는 매도대금, 신주발행시에는 주금납입으로 주주의 지위 발생에 상응하는 자본 증가가 이루어지지만 자기주식 대여시에는 그렇지 않다. 岩原紳作, "貸株と自己株式の処分", 「会社・金融・法〔上巻〕」(商事法務, 2013), 440쪽은 자기주식의 대여시 주금의 납입없이 주주의 지위를 취득하는 문제를 지적하고, 450쪽은 대여한 자기주식을 반환받아도 출자반환이나 주주평등상 문제가 발생하지 않는다고 하며 자기주식의 규제를 받지 않는 무상취득에 해당한다고 보았으나, 대여된 자기주식의 계산주체가 누구인지에 대해서는 논하지 않았다.
21) 자기주식은 원래 주금을 납입받아 발행되었겠으나 자기주식 취득시 회사가 대가를 지급함으로써 주금의 환급이 일어났으므로 경제적으로는 주금이 납입되지 않은 것과 다름이 없다.

식명의인의 주식취득과 관련하여 그에 대한 신용위험을 부담한다는 점에서 자금
대여형과 기본적으로 같은 성질의 거래이다. 주식대여시 대여자가 부담하는 신용
위험의 규모가 대여주식의 가치에 상응한다는 점은 자금대여형 제공에 회사에의
손익귀속이 결합된 것과 마찬가지이다. 통상 주식의 소유권 취득은 신주의 인수
또는 유통시장에서의 매매를 통하여 이루어지므로 대법원 판례는 "주식취득에 필
요한 자금이 회사의 출연에 의한 것"이라고 한 것이다. 증권대차와 같이 대금의
지급 없이 주식의 소유권을 취득하는 거래에서는 자금이 필요 없다. 주식대차거
래를 이용하여 회사가 주식명의인에 대한 신용위험을 부담하는 행위도 "회사의
출연"의 한 유형에 속한다고 보아야 한다.

2.2.4. 간접제공(1) ─ 신용보강형

주식명의인이 주식취득자금을 마련하기 위하여 타인으로부터 차입할 때 회
사가 차입금반환채무에 대해 보증·담보를 제공하는 경우, 회사가 주식명의인에
게 주식취득자금을 직접 제공한 것은 아니다. 그러나 보증채무 부담 또는 담보제
공으로 회사는 주채무자(주식명의인)에 대한 신용위험을 부담한다. 회사가 부담하
는 신용위험의 내용과 규모는 회사가 주채무자에게 자금을 대여한 경우와 차이가
없다. 이는 (i) 회사가 금융기관으로부터 대출받은 후 그 자금을 주식명의인에게
대여한 경우와 (ii) 주식명의인이 금융기관으로부터 대출받을 때 회사가 보증채무
를 부담한 경우를 비교해 보면 쉽게 알 수 있다.

보증·담보를 제공한 회사의 입장에서는 직접 주식명의인에게 출자 환급을
한 것은 아니다. 그러나 주식명의인이 (회사의 보증으로 신용보강을 받은) 자금대여
자로부터 차입하여 취득자금을 조달하되 차입금의 상환시 주식명의인의 부담부
분이 주식 처분대금에 그치는 경우, 주식명의인은 실질적으로 주식취득자금 차입
금 상환의 부담을 지지 않게 되어 차입기간 동안 주식명의인에 대한 출자 환급의
효과가 발생하게 된다. 회사가 직접 주식취득자금을 지출한 것은 아니지만, 주식
명의인이 회사의 신용위험 부담하에 취득자금을 차입하고 회사에의 손익귀속과
결합함으로써 금융기관의 대출을 이용하여 간접적으로 출자 환급이 이루어지도
록 한 것이라고 할 수 있다. 또한 신용보강형 간접제공이 회사에의 손익귀속과
결합되면 주식명의인은 주식가치의 등락에 대한 아무런 위험과 손익에 노출되지
않아 자금대여형에서와 마찬가지로 지배구조 왜곡의 문제를 야기할 수 있다. 따
라서 "회사의 계산"의 맥락에서는 주식명의인의 주식취득자금 차입시 회사가 보

중 또는 담보를 제공하는 행위를 회사가 주식취득자금을 주식명의인에게 대여하는 행위와 달리 취급할 이유가 없다. 대법원 2011. 4. 28. 선고 2009다23610 판결은 주식명의인이 130억원의 은행대출을 받아 주식취득자금 200억원 중 일부를 마련하는 과정에서 회사가 그 대출원리금 반환채무를 보증한 행위를 회사의 자금출연에 해당하는 것으로 인정하였다.[22) 타당한 판시이다.

회사가 보증채무를 부담함으로써 주식명의인이 주식취득자금을 마련할 수 있도록 하는 행위는 회사가 보유하고 있는 자기주식을 처분하는 과정에서도 발생할 수 있다. 서울북부지법 2007. 10. 25.자 2007카합1082 결정이 다룬 사건에서 P회사는 보유하고 있던 자기주식을 해외 SPC에게 매도하면서(매매대금: 약 657억원) SPC가 매매대금을 조달하기 위하여 발행한 교환사채의 원리금(상환할증금 포함) 지급채무를 보증(보증총액: 약983억 원 상당)하였다. 서울북부지법 2007. 10. 25.자 2007카합1082 결정은 여러 이유를 들어 이 주식이 여전히 P회사의 자기주식에 남아 있다고 보기 어렵다고 판시하였다. 이 결정이 회사의 계산을 상세히 분석하지는 않았으나, 판결 이유 중 자금출연에 관련된 것으로 P회사의 교환사채 지급채무의 보증은 해외 특수목적법인을 이용한 교환사채 발행에 있어서 교환사채의 발행조건을 더 유리하게 하기 위하여 교환사채의 기초자산인 주식을 매도한 기업이 통상적으로 부담하는 의무에 불과하다고 하였다.

주식매도인(P회사)이 자회사 또는 계열회사도 아닌 매수인(SPC)의 채무를 보증할 이유는 없다. 교환사채발행은 SPC의 주식취득자금 조달 방법인데, P회사의 지급보증이 있다는 것은 SPC가 P회사의 신용을 기초로 교환사채를 발행한 것이다. 이 사건에서 P회사는 교환사채원리금 지급채무를 보증함으로써 SPC가 주식취득자금을 마련할 수 있게 하였다. P회사의 보증은 대법원 2011. 4. 28. 선고 2009다23610 판결에서 자금출연으로 인정한 대출원리금상환채무 보증과 차이가 없다. 교환사채를 인수한 증권회사가 인수대금을 전액 납입하였다거나 교환권의 행사시 SPC보유주식이 교환사채권자에게 이전된다는 점은 SPC가 P회사의 신용을 이용하여 주식취득자금을 조달한 사실을 부정할 논거가 되지 못한다. P회사의 신용을 이용한 주식명의인(SPC)의 주식취득자금 조달이라는 점에서 P회사의 출연

---

22) 원심판결(광주고등법원 2009. 2. 27. 선고 2008나3157 판결)은 자금출연뿐 아니라 손익귀속도 인정하여 타인명의 회사계산에 의한 자기주식으로 인정하였으나 대법원은 자금출연만 인정하고 손익귀속은 인정하지 않아 원심판결을 파기 환송하였다.

이 있었음이 인정되어야 한다.

이러한 구조(국내회사가 자기주식을 해외 SPC에게 매도하고 국내회사의 보증을 붙여 SPC가 교환사채를 발행하는 구조)의 거래의 목적은, 그 거래와 국내회사가 동일한 자기주식을 기초로 직접 교환사채를 발행하는 것을 비교해 보면 쉽게 알 수 있다. 두 거래 모두 국내회사의 신용하에 교환사채를 발행하게 되므로 자금조달비용은 기본적으로 차이가 없고, 회계상 두 거래 모두 국내회사가 차입한 것이고 자기주식을 처분하지 않은 것으로 처리된다.[23] 자기주식이 SPC에게 매도되어 자기주식의 지위를 벗어난다고 보면 주주권(특히 의결권)이 부활한다는 점이 두 거래의 중요한 차이이다. 이 사건에서 회사에 손익이 귀속되는지는 아래 3.에서 살펴본다.

2.2.5. 간접제공(2) — 조달비용부담형

(1) 가상의 사례의 분석

아래와 같은 두 가지 가상의 사례를 생각해 보자.

[사례 1]

A회사 주식에 대하여 B와 A회사는 다음과 같이 합의하고 합의를 이행하였다.

① B가 A회사 주식을 취득하되 취득에 필요한 자금은 A로부터 제공받는다.

② B는 A회사 주식 매입 후 A회사가 요청할 때까지 보유한다.

③ B는 A회사 주식 보유기간 중 배당을 받으면 그 상당액을 A회사에게 지급한다.

④ B는 A회사 주식 보유기간 중 A회사가 정하는 대로 의결권을 행사한다.

⑤ B는 A로부터 제공받은 ①의 자금을 A회사 주식 처분시 상환한다. 주식처분대금 상당액을 A회사에게 지급하면 ①의 자금은 상환된 것으로 한다.

[사례 2]

A회사 주식에 대하여 C와 A회사는 다음과 같이 합의하고 합의를 이행하였다.

⑥ C가 {A회사가 아닌 다른 곳(예: 금융기관)으로부터} 차입한 자금으로 A회사 주식을 취득한다.

⑦ C는 A회사 주식 매입 후 A회사가 요청할 때까지 보유한다.

---

23) 이 사건 거래에 대하여 P회사는 "회사의 교환사채발행과 관련하여 SPC에 대한 자기주식의 매각은 상법 및 증권거래법 등에 따른 자기주식 매각요건을 충족하나, 교환사채 발행 및 상환과 SPC가 보유한 자기주식과 관련한 위험을 회사가 실질적으로 부담하고 있는 바, 경제적 실질에 따라서 상기 거래를 차입거래로 회계처리하였"다고 공시하였다(2007. 12. 31.자 감사보고서에 첨부된 재무제표 주석사항 14).

⑧ C는 A회사 주식 보유기간 중 배당을 받으면 그 상당액을 A회사에게 지급한다.

⑨ C는 A회사 주식 보유기간 중 A회사가 정하는 대로 의결권을 행사한다.

⑩ C가 A회사 주식 처분시 (i) {(처분가액) > (취득가액 + C의 자금조달비용, 즉 C가 주식처분 시점까지 차입자금에 대해 지급하는 이자 기타 조달비용)}인 경우에는 그 차액을 C가 A회사에게 지급하고, (ii) {(처분가액) < (취득가액 + B의 자금조달비용)}인 경우에는 그 차액을 A회사가 C에게 지급한다.[24]

[사례 1]은 타인명의의 자기주식 취득으로 인정되는데 별 다툼이 없을 것이다. [사례 1]에서는 대법원 판례에서 언급한 회사의 자금대여형 자금출연(①)과 회사에 대한 손익귀속(③⑤) 이외에도 회사가 주식에 대한 지배(처분권 행사②와 의결권 행사④))를 할 수 있는 계약상 권리를 가지고 있어 전형적인 차명주식에 가깝다. 회사의 자금출연(①)과 회사에 대한 손익귀속(③⑤)으로 출자의 환급과 이에 따른 자본충실 훼손 문제가 발생한다. 또한 위 사례에서는 주식에 대한 지배를 할 수 있는 계약상 권리를 가지고 있어 전형적인 차명주식으로 약정하여 지배구조 왜곡의 문제를 야기한다는 점을 보다 명확하게 보여준다. [사례 1]에서 B는 그 주식 취득·보유에 따른 손익과 위험을 부담하지 않으므로 그 주식상의 의결권을 행사할 유인이 없다. 이런 경우에는 의결권 행사에 관한 약정(④)이 없더라도 회사에게 주식의 취득과 보유에 따른 위험과 손익이 귀속되는 이상 회사(경영진)의 의도대로 의결권이 행사될 수밖에 없다.

[사례 2]는 [사례 1]에서 회사의 주식취득 자금 제공이 빠진 형태의 거래이고 일종의 주식스왑거래이다. [사례 2]에서도 회사의 자금제공은 없지만 (i) 회사가 C의 주식취득자금 조달비용을 부담하고 (ii) 주식 취득·보유에 따른 손익이 회사에게 귀속(⑧⑩ — 이 부분이 주식스왑거래의 핵심적인 내용이다)되며 (iii) 회사가 주식에 대한 지배(처분권(⑦)과 의결권(⑨))를 할 수 있는 계약상 권리를 가지고 있다.

[사례 2]에서는 주식명의인이 금융기관 등으로부터 차입에 의하여 주식취득자금을 조달하고 그 자금을 A회사가 직접 주식명의인에게 지출하지 않는다는 점에서 자금대여형과 차이가 있고 신용보강형과 유사하다. [사례 2]에서는 A회사가

---

24) [사례 2]에서는 이해의 편의를 위하여 C가 제3자로부터 자금을 차입하는 상황을 상정하였으나, C가 자신의 보유 자금을 사용하면서 ⑧⑩과 같은 약정을 한 경우 [사례 2]와 동일한 분석을 할 수 있다.

주식명의인의 주식취득자금 차입과 관련하여 C에 대한 신용위험을 부담하지 않고 대출금융기관이 그 신용위험을 부담한다. 대출금융기관은 신용위험을 반영하여 이자 등 조달비용의 지급을 요구할 것이므로 A회사의 조달비용 부담은 C에 대한 신용위험 부담에 상응한다고 할 수 있다. 더 중요한 사항은 주식명의인인 C의 입장에서는 주식취득자금 조달(차입)에 따른 조달비용 부담이 전혀 없게 되고, 차입금의 상환시에도 C의 부담부분은 주식처분대금에 그친다(⑩)는 점이다. 결국 C는 아무런 금전적 부담이 없이 주식을 취득·보유하게 된다.

회사가 주식명의인에게 주식취득자금을 대여하거나 그 취득자금 차입시 보증하여도 대여 또는 보증만으로 출자 환급 또는 지배구조 왜곡의 효과가 발생하지는 않는다. 그러한 문제는 (자금대여형의 경우에는) 주식처분대금을 회사에 지급함으로써 원리금 상환이 이루어진 것으로 보도록 하는 장치 또는 (신용보강형의 경우에는) 금융기관에게 상환할 원리금과 주식처분대금의 차액을 회사와 정산하는 장치가 있을 때 발생한다. 이러한 장치가 있기 때문에 주식명의인은 실질적으로 주식취득자금 차입금 상환의 부담을 지지 않게 되고 차입기간 동안 주식명의인에 대한 출자 환급의 효과가 발생하게 된다. [사례 2]에서는 A회사가 C에게 직접 주식취득자금을 제공하지는 않았으나, A회사가 C의 주식취득자금 차입에 필요한 조달비용을 부담하고 금융기관에게 상환할 원리금과 주식처분가액의 차액을 회사와 정산하는 장치(⑧⑩)를 둠으로써 C는 금전적 부담 없이 주식을 취득·보유하게 된다. 회사와 주식명의인 사이의 약정과 주식명의인의 금융기관으로부터의 차입이 결합되어 주식명의인이 출자 환급을 받는 효과가 있다는 점에서 회사가 신용보강형 출연을 한 경우와 차이가 없다.

특히 중요한 점은 회사지배 왜곡의 문제이다. [사례 2]에서는 지배구조 왜곡의 문제를 더 명확하게 드러내기 위하여 의결권 행사에 관한 약정(⑨)이 있는 것으로 상정하였으나, 그러한 약정이 없더라도 마찬가지 문제가 있다. 이는 [사례 2]에서 C는 주식 취득·보유에 따른 손익과 위험을 부담하지 않으며, 주식취득자금 조달에 관하여 아무런 부담을 지지 않기(⑩) 때문에[25] C는 의결권을 행사할 유인

---

25) C는 A회사에 대한 신용위험을 부담한다는 점에서 B와 차이가 있다. B는 A회사로부터 자금을 제공받아 주식을 취득하고 나중에 A회사에게 지급할 의무만을 지고 있을 뿐 A회사에 대한 청구권을 가지지 않으므로 회사에 대한 신용위험을 부담하지 않는다. 그러나 C는 자신이 자금을 조달하고 주식 처분대금이 취득대금에 조달비용을 합한 금액보다 작은 경우 그 차액을 A회사로부터 받아야 하므로 A회사에 대한 신용위험을 부담한다. C는

이 없다. 회사에게 주식의 취득·보유에 따른 위험과 손익이 귀속되는 이상 회사(경영진)의 의도대로 의결권이 행사될 가능성이 매우 높다.

회사가 주식명의인에게 주식취득자금을 제공하건, 주식명의인이 제3자로부터 주식취득자금을 조달하고 회사가 그 자금조달비용을 부담하건, 주식명의인이 주식 취득·보유에 따른 위험과 손익을 부담하지 않는 경우에는 그는 주식의 의결권을 행사할 유인이 없다. 어느 경우건 위험과 손익이 회사에 귀속되므로 회사가 의도하는 대로 의결권이 행사될 가능성이 매우 높다. 이와 같이 회사가 주식명의인에게 주식취득자금을 제공하지 않더라도 그의 자금조달비용을 부담하고 주식 취득·보유의 위험과 손익이 회사에게 귀속되도록 하는 경우는 자기주식 취득시 발생하는 문제 중 지배구조 왜곡의 문제를 야기한다.

이와 같이 회사가 주식명의인의 자금조달비용을 부담하고 아울러 주식 취득·보유에 따른 손익과 위험을 회사가 부담하는 경우를 타인명의 회사계산의 자기주식으로 인정하지 않는다면 회사가 손쉽게 타인명의로 회사의 주식을 취득하게 하고 그 주식의 의결권도 회사(경영진)가 원하는 대로 행사하는 결과가 될 것이다. 회사의 조달비용 부담은 주식명의인에 대한 신용위험 부담에 상응하는 것이므로 조달비용부담형을 신용보강형과 마찬가지로 회사의 출연에 해당하는 것으로 보아야 한다.26) 만약 회사가 조달비용부담의 방법으로 타인명의로 자신이 발행한 주식을 보유하도록 하는 것이 허용된다면, 금융기관과 같이 회사보다 신용도가 높거나 주식취득자금 조달에 어려움이 없는 사람을 이용하여 쉽게 자기주식을 취득할 수 있게 될 것이다.

(2) 총수익스왑계약의 이용

총수익스왑계약을 통한 거래가 [사례 2]의 대표적인 예라고 할 수 있다. 서울남부지법 2015. 6. 11. 선고 2014가합4256 판결은 자기주식에 관한 건은 아니고 상호주 보유 여부와 관련하여 타인 명의와 "회사의 계산"으로 보유한 주식인지

거래수수료 등의 방법으로 A회사의 신용위험을 부담하는데 대한 대가를 받을 것이다.

26) 독일에서는 회사가 주식스왑거래를 하여 주식보유의 경제적 위험과 기회를 부담하는 경우에는 스왑거래 상대방이 주식을 보유하고 있는 경우뿐 아니라 상대방이 주식을 보유하지 않은 경우(이 경우 그 상대방은 또 다른 사람과 위 스왑거래의 위험을 회피하는 거래를 하는 것이 통상일 것이다)에도 회사의 계산으로 자기주식을 취득할 권리를 가지거나 의무를 지기로 하는 법률행위에 해당한다고 보고 있다. MüKoAktG/Oechsler(주 11), § 71a Rn. 60.

여부를 판단하였다. 이 판결은 우선 타인명의 회사계산으로 주식을 보유함으로써 상호주 규제를 잠탈할 수 있고 상호주 규제가 우려하는 회사의 지배구조의 왜곡이 나타날 위험성이 있기 때문에 상법 제369조 제3항에서 "발행주식 총수의 10분의 1을 초과하는 주식을 가지고 있는 경우"에는 타인명의 자기계산으로 가지고 있는 경우도 포함한다고 보고, 자기의 계산인지 여부는 회사의 출연과 회사에의 손익귀속 등을 종합적으로 고려하여야 한다고 판시하였다.

이 판결은 이 사건에서는 "피고 회사가 주식의 매매대금을 실질적으로 출연하였다거나 이 사건 주식의 취득에 따른 손익이 피고 회사에 귀속된다고 볼 수 없어 결국 이 사건 주주총회 당시 D증권 명의로 이전된 이 사건 주식을 피고 회사가 더 이상 자기의 계산으로 보유하고 있다고 보기 어렵"다고 판시하였다.

이 사건에서 F회사는 자신의 지분 30.8%를 보유한 최대주주인 G회사의 주식을 출자전환으로 취득하여 2013. 10. 23. 13.08% 주주가 된 후 2014. 3. 21. D증권과 4.86% 지분을 매도하는 매매계약 및 1년간 총수익스왑(TRS: total return swap)계약을 체결하고 2014. 3. 25. 매매계약을 이행하였고, TRS계약도 이날 발효되었다.27) TRS계약의 주요 조건은 (i) [주식처분가격＞TRS계약 체결일 종가]이면 그 차액을 D증권이 F회사에게 지급하고, [주식처분가격＜TRS계약 체결일 종가]이면 그 차액을 F회사가 D증권에게 지급하며, (ii) F회사는 D증권에게 고정금리(연6.4%)를 지급하게 되어 있다.

서울남부지법 2015. 6. 11. 선고 2014가합4256 판결이 회사의 출연을 인정하지 않은 이유로 D증권은 F회사에게 이 사건 주식의 매매대금을 실제로 지급하였고, 당시 F회사는 D증권에게 주식 매매대금을 대여하지 아니하였으며, D증권이 주식매수자금을 마련할 수 있도록 연대보증 등의 방법으로 기여한 바도 없는 점을 들었다.

판결이 지적하였듯이 이 사건에서 F회사는 주식취득자금을 직접제공하지도 신용보강형 간접제공을 하지도 않았으나, F회사는 주식매매대금의 조달비용을 부담하였다. TRS계약의 조건상 D증권이 F회사에게 주식매매대금을 지급하고 주식을 매수하지만, 그 주식매매대금 조달비용28)을 F회사로부터 지급받는다. D증권

---

27) F회사와 G회사 사이의 상호주 관계가 해소되어 G회사는 2014. 3. 27. F회사의 주주총회에서 의결권을 행사하였다.

28) 2014년 3월의 은행의 가중평균대출금리가 기업대출 연 4.28%, 대기업에 대한 기업대출

은 자금조달에 아무런 어려움이 없는 금융기관이므로 조달비용의 부담만이 문제가 된다. F회사는 매매대금 자금조달비용을 부담함으로써 D증권의 매매대금 조달에 필요하고도 충분한 지원을 한 것이다. D증권 입장에서는 F회사가 매매대금 상당액을 D증권에게 제공한 것과 경제적으로 차이가 없다. 이러한 거래는 주식명의인이 주식에 대한 이해관계를 가지지 않는다는 점에서 쉽게 지배구조의 왜곡 문제를 야기할 수 있다. 이러한 거래를 회사의 출연에 해당하지 않는다고 하면 매우 손쉽게 "회사의 출연" 요건을 회피할 수 있게 된다.

(3) 숨은 조달비용부담형

회사가 주식명의인의 주식취득자금 조달비용을 부담한 경우에도 주식취득자금을 제공한 경우와 마찬가지로 지배구조 왜곡의 문제를 야기할 수 있음을 보여주기 위하여 [사례 2]는 회사가 자금조달비용을 부담한다는 점이 명백히 드러나도록 하였다. 회사와 주식명의인 간의 약정에서 그 점이 명백하게 드러나 있지 않은 경우에도 회사에게 귀속되는 손익 속에 주식명의인의 주식취득자금 조달비용이 녹아들어 있도록 할 수도 있다. 주식명의인이 회사의 주식을 취득·보유하되 주식의 가격변동에 따른 손익과 배당금 지급에 따른 현금흐름을 모두 회사에게 귀속시키고 주식명의인은 주식 취득·보유에 대한 수수료를 회사로부터 받는 약정을 하는 경우 그 수수료에는 그 주식명의인이 주식취득·보유에 필요한 자금의 조달비용이 반영되어 있다고 보아야 한다.[29]

3. 회사에의 손익귀속

3.1. 손익귀속의 의미와 필요성

3.1.1. 손익귀속의 의미 — 투자위험의 부담

회사에의 손익귀속은 주식보유에 따른 손실과 이익을 주식명의인이 아닌 회사가 부담·향유한다는 것이다. 주식 취득·보유에 따른 손익이 누군가에게 귀속

은 4.28%였으며(한국은행 보도자료(2014. 4. 29): 2014년 3월중 금융기관 가중평균금리), D증권의 사업보고서에 나타난 차입부채의 이자율은 위 평균대출금리 보다도 낮으므로, F회사가 D증권에게 지급하는 고정금리 6.4%는 D증권의 자금조달비용에 이 거래에 대한 수수료가 포함된 것이라고 할 수 있다.

29) 서면약정에 주식의 가격변동에 따른 손익을 회사에게 귀속시키고 배당금 지급에 대해서는 아무런 언급이 없는 경우에도 통상 배당금 액수는 매년 크게 변하지 않으므로 종전의 예에 따른 배당률로 배당금이 지급될 것으로 묵시적으로 합의하거나 합의가 없더라도 종전의 예를 전제로 수수료를 산정한 것이라고 보아야 한다.

된다는 것은 그가 주식 취득·보유에 따른 위험을 부담했기 때문이고, 손익이 귀
속되는 현상은 위험부담의 결과 나타나는 것이다. 재산적 권리를 가지고 있으면
그 이면에는 항상 위험이 존재한다. 금전 채권자(債權者)는 채무자가 채무불이행
할 위험 즉 신용위험을 부담하고, 회사채 등 채권(債券)을 가진 투자자는 만기까
지 보유할 것이 아니라면 이자율 변동에 따른 가격변동 위험을 부담한다. 주식에
투자한 투자자는 투자위험(주식의 가격변동 위험)을 부담한다. 그 위험이 현실화되
면 손실발생으로 나타나고, 이익은 그 위험부담에 따른 대가라고 할 수 있다. 누
군가가 주식 취득·보유에 따른 투자위험을 부담했다는 것은 그가 주식에 대한
권리를 가지고 있음을 반증하는 것이라고 할 수 있다. 이러한 점에서 회사가 주
식에 대한 투자위험을 부담한다는 점은 "회사의 계산"을 인정하는데 매우 중요한
요소가 된다.

3.1.2. 손익귀속의 필요성

상법은 회사가 타인에게 회사주식 취득 자금을 제공하는 행위 자체를 특별
히 금지하지는 않는다. 주식 취득에 필요한 자금을 제공하는 행위는 이사의 충실
의무·선관주의의무 차원에서의 규율 및 주요주주 등 이해관계자와의 거래의 규
율을 받을 뿐이다. 상법은 회사의 계산으로 회사의 주식을 취득하는 것을 규율한
다. 회사의 계산과 회사의 출연이 동일한 것은 아니다. 주식취득자금에 대한 회사
의 출연의 기본형이라고 할 수 있는 증여형 출연과 자금대여형 출연을 중심으로
출연만으로는 회사의 계산을 인정하기 충분하지 않음을 살펴보기로 한다.

먼저 증여형 출연을 살펴본다. 주식을 취득하는 타인에 대한 증여는 수증자
의 재산의 증가를 가져올 뿐 회사의 순자산을 감소시키므로 자본충실을 해하는
행위이다.[30] 그러나 그 수증자가 주식을 취득했다고 하여 그 주식이 당연히 자기
주식이 되는 것은 아니다. 단순히 회사가 타인에게 자금을 증여하고 그 타인이
그 자금을 가지고 주식을 매입한 경우 그 타인은 법적으로나 경제적으로 그 주식
을 자신이 소유하고 임의로 주주권을 행사하고 주식을 처분할 수 있을 것이다.
우리사주조합이 회사가 출연한 금전을 재원으로 우리사주를 취득하는 경우가 전
형적인 예이다.[31] 이 경우는 우리사주조합 또는 그 조합원이 주식을 취득·소유하

---

30) 주식명의인이 회사로부터 증여받은 자금으로 취득한 주식이 회사의 자기주식으로 인정
되지 않는 경우에도 그 증여는 회사의 이익을 위한 것이 아닌 한 이사의 충실의무·선관
주의의무를 위반한 위법행위가 될 것이다.

게 할 목적으로 회사가 주식취득자금을 출연하는 것이기 때문에, 회사의 출연이 있다고 하여 회사의 계산으로 주식을 취득했다고 할 수는 없다. 물론 증여 자체가 적법한가는 별개의 문제이다. 회사의 계산으로 주식을 취득했다고 하려면 수증자와 회사 사이에서 증여 이외에 추가적인 합의 또는 행위가 필요하다. 그 추가적인 합의 또는 행위가 바로 손익의 귀속 또는 아래 Ⅲ.4.에서 검토할 주식의 지배인 것이다.

다음으로 자금대여형 출연을 살펴본다. 회사가 주식취득자금을 대여하면 회사는 차입자에 대한 신용위험을 부담한다. 자금대여 자체의 적법성·적정성은 회사가 차입자의 신용위험을 부담할 필요성, 신용위험 부담의 규모와 방법, 신용위험 부담에 대한 대가 등을 기초로 판단할 문제이다. 회사가 상환할 능력이 없는 차입자에게 대여하여 대여자금을 회수할 수 없는 경우가 아니라면 자금대여 자체가 회사의 자본충실을 해하는 것은 아니다. 회사가 단순히 주식취득자금을 대여한 경우에는 차입자가 차입금 상환의무를 부담할 뿐 주식의 취득·보유에 따른 위험을 부담하므로, 의결권을 자금대여자인 회사의 의사에 따라 행사할 유인이 없다. 회사가 취득자금을 대여하여 차입자가 적법하게 회사의 주식을 취득하는 대표적인 예로는 우리사주조합을 들 수 있다.[32] 그러나 자금대여와 더불어 회사가 그 주식의 가격변동과 현금흐름을 반영하여 대여금의 반환을 받기로 하는 등 주식 취득·보유에 따른 손익이 회사에게 귀속되는 경우에는 회사가 단순히 신용위험을 부담하는데 그치지 않고 주식보유의 위험도 떠안게 된다. 그 결과 자금대여기간 동안 출자환급의 효과와 지배구조 왜곡의 문제가 발생한다.[33]

신용보강형 출연도 신용위험 부담이라는 점에서 자금대여형 출연에 대한 위 논의를 그대로 적용할 수 있다. 조달비용부담형 출연 역시 주식명의인의 주식취득자금 조달을 위한 이자 등 금융비용을 부담하는 행위가 손익귀속과 결합하여 자본충실 훼손의 우려와 지배구조 왜곡의 문제를 야기한다. 이러한 점에서 "회사

---

31) 근로자복지기본법 제36조 제1항 제1호에 따른 것이지만 이 법률에 근거하지 않은 우리사주조합 또는 조합원에게 그들의 우리사주 취득자금을 회사가 출연한 경우도 마찬가지이다. 회사의 자금출연은 우리사주조합 또는 조합원의 주식취득 및 소유를 위한 것이기 때문이다.

32) 우리사주조합은 회사로부터 우리사주 취득자금을 차입하여 회사의 주식을 취득할 수 있다(근로자복지기본법 제36조 제1항 제3호, 제42조 제1항).

33) 위 Ⅲ.2.2.2.의 논의 참조.

의 계산"에서 손익귀속은 매우 중요한 요소이다.

자기주식에는 주식보유에 따른 손익이 발생할 여지가 없고 타인명의 자기주식도 마찬가지여야 한다는 점에 착안하여 회사에의 손익귀속은 "회사의 계산"의 구성요소가 아니고 회사의 출연만으로 "회사의 계산"의 요건이 충족된다는 견해도 있으나,[34] 자기주식에 주식보유에 따른 손익이 발생할 여지가 없다는 것은 자기주식으로 판명이 된 이후의 일이다. 자기주식인지 여부를 판명하기 위한 요건으로 손익귀속을 논하는 것이다. 이러한 점에서 대법원 2003. 5. 16. 선고 2001다44109 판결과 대법원 2011. 4. 28. 선고 2009다23610 판결 등 대법원 판례가 타인명의 회사계산의 자기주식에 해당하기 위한 요건으로 주식 취득에 따른 손익이 회사에 귀속될 것을 요구하는 것은 타당하다.

3.2. 손익귀속의 약정과 실행

타인명의 회사계산으로 하는 자기주식 취득에서는 (a) 주식명의인과 회사 사이의 약정·거래와 (b) 주식명의인과 주식매도인 사이의 주식매매의 두 단계의 거래가 있게 된다. (a)의 거래에서 주식명의인이 실제 주식보유에 따른 이익을 회사에게 넘기고 손실을 회사로부터 보전받았다면 손익이 회사에게 귀속되었음이 분명하다. 그러나 주식보유에 따른 손익이 회사에게 귀속되도록 하는 약정만 체결하였고 그 약정을 이행하지 않은 상태는 어떻게 볼 것인지에 대해서는 논란이 있을 수 있다.

약정만으로는 부족하고 실제 손익 귀속행위가 있어야 손익귀속으로 인정할 수 있다는 견해("첫째 견해")가 있을 수 있다. 그 논거는 다음과 같이 정리해 볼 수 있을 것이다.

(i) 그러한 약정은 자기주식에 관한 강행법규[35] 위반으로 무효이므로 약정당사자는 약정을 이행할 의무가 없고 따라서 실제 손익을 귀속시키는 행위가 이루

---

34) 김이수, "타인명의, 회사계산에 의한 자기주식 취득의 판단기준에 관한 고찰 — 대법원 2011. 4. 28. 선고 2009다23610호 판결을 대상으로 —",「상사판례연구」제25집 제2권 (2012), 64-67쪽.

35) 타인명의 회사계산으로 하는 자기주식 취득은 다른 법률에서 허용하지 않는 한 위법한 행위이고 그러한 취득을 할 수 있도록 하는 약정 역시 위법하다. 자기주식 취득에 관한 상법상 규율 위반의 효과는 각 규율의 성격에 비추어 판단할 필요가 있으나, 그 규율의 목적이 자본충실의 침해, 지배구조의 왜곡, 주주평등원칙 위배 등을 방지하고자 하는데 있으므로 대부분 강행법규에 해당할 것이다.

어지지 않았다면 약정 및 주식매수[36] 시점(=T1)에는 회사에의 손익 귀속은 이루어지지 않았다.

(ii) 그 약정이 무효임에도 불구하고 주식명의인과 회사가 그 약정을 이행하여 실제 손익을 회사에게 귀속시키면 불법원인급여 또는 비채변제에 해당하여 반환을 청구하지 못하게 되므로 실제 손익을 귀속시키는 행위 시점(=T2)부터 회사에게 손익귀속이 이루어진 것으로 보아야 한다.

그러나 아래와 같은 점을 고려해 보면, 자기주식 취득여부의 판단 목적상으로는 주식명의인과 회사 사이에서 손익을 회사에 귀속시키도록 하는 약정을 체결한 시점(=T1)부터 회사에게 손익귀속이 이루어진 것으로 보는 견해가 타당할 것으로 보인다.

(i) 타인명의 자기주식 취득을 위한 약정이 강행법규에 위반하여 무효라 할지라도, 그 약정이 은밀하게 이루어지거나 그럴싸한 외관을 갖추어 강행법규에 위반한 약정임이 잘 드러나지 않게 될 수도 있다. 이러한 경우 첫째 견해와 같이 그 약정의 이행 시점(=T2)부터 손익귀속이 이루어진 것으로 취급하면, T1 이후 T2까지의 기간 동안 주식명의인이 회사와의 약정에 기초하여 주식을 취득·보유하고, 주주권도 회사(경영진)의 의사에 맞추어 행사해도 그 주주권의 행사를 위법하다고 보기 어렵게 된다. 이렇게 회사(경영진)의 지배구조 왜곡의 문제를 방관해서는 안 된다. T1시점부터 손익귀속 요건이 충족된 것으로 보아야 타인명의 자기주식 취득으로 인한 폐해에 더 효과적으로 대처할 수 있다.

(ii) 회사가 주식명의인과 체결한 약정은 어느 한 시점에 전부 이행되는 것이 아니라 일부씩 이행될 수 있다. 첫째 견해에 따르면 T2 시점을 이행의 완결시점으로 할 것인지 착수시점으로 할 것인지 불명확하다.

약정이 없더라도 손익·위험이 회사로 귀속되도록 거래구조를 설계하거나 아니면 실제 손익·위험을 회사로 귀속시키는 행위를 한 경우에는 회사에의 손익귀속을 인정해야 한다. 이러한 거래구조 설계는 주식 보유만을 목적으로 설립된 특수목적법인이 주식명의인이 되도록 하는 경우 쉽게 발견할 수 있을 것이다.

---

36) 논의의 편의상 주식명의인과 회사 간의 손익귀속약정과 주식명의인의 주식취득이 같은 시기에 이루어진 것으로 가정한다.

3.3. "회사의 계산"의 요건을 충족시키는 손익귀속의 범위

3.3.1. 손익 전부가 회사에게 귀속하는 경우

(1) 손익 전부의 귀속

가장 순수한 형태의 손익귀속은 주식을 보유함에 따른 손해를 부담하고 이익을 가져가는 것을 의미한다. 주식을 보유함에 따른 손익은 주식의 처분(또는 평가)에 따른 손익과 주식을 보유하는 동안 그 주식으로부터 나오는 배당 등의 현금흐름으로 구성된다. 주식을 보유하는 동안 회사가 준비금의 자본전입에 의한 무상증자 또는 주식배당을 함으로써 보유주식수가 증가한 경우 그 증가분도 포함하여 처분(평가) 손익과 배당 등의 현금흐름을 생각하면 된다. 타인이 보유하는 회사의 주식에 대한 처분(평가) 손익과 배당 등의 현금흐름이 100% 회사에 귀속되도록 약정하거나 명시적 약정이 없어도 실제 회사에 귀속되도록 행동하면 회사가 손익귀속 주체라는 점에 대하여 의문의 여지가 없을 것이다.

주식 보유에 따른 손익이 회사와 주식명의인에게 나뉘어 귀속되는 경우는 어떠한가? 물론 당해 거래의 상황하에서 발생할 수 있는 손익의 거의 전부 또는 실질적으로 대부분이 회사에게 귀속되는 경우는 손익전부가 귀속되는 유형에 포함시켜야 할 것이다. 손익이 회사와 주식명의인에게 실질적으로 나뉘어 귀속되면 회사와 주식명의인 모두 손익 전부의 귀속주체는 아니고 손익 일부의 귀속주체가 될 것이다. 자기주식 규제의 맥락에서 회사에게 손익 중 일부만 귀속되는 경우 회사를 손익주체에 해당하는 것으로 볼 것인지, 일부 귀속시 손익주체로 보는 기준은 무엇인지가 문제될 것이다.

(2) 대한종금 사건과 손익귀속의 범위

대법원 2003. 5. 16. 선고 2001다44109 판결이 다룬 사건에서 손익 전부가 회사에 귀속되도록 한 것인지를 살펴보자. 이 사건에서는 ① 신주청약인이 회사(대한종금)로부터 100억 원을 대출받아 이를 신주인수의 청약대금으로 대한종금에 납입하고, 인수한 주식 전부를 대한종금에 담보로 제공하며, ② 대한종금이 영업정지를 받는 등의 사유가 발생하는 경우에는 그 전 일자로 신주청약인이 대한종금에 대하여 위 주식을 매수할 것을 청구할 수 있는 권리가 발생한 것으로 간주하고 ③ 그 매수가격은 발행가액과 같은 금액으로 하여 신주청약인의 대출금채무와 상계되고 이자 등 일체의 채권에 대하여 대한종금의 권리가 상실되는 것으로 원화대출약정을 체결하였다. 대법원은 이러한 거래를, 원고가 청약하는 신주인수대금을 대한종금이 대출의 형식으로 제공하여 납입하게 하지만 원고에게는 그 대여금 상환의 책임을 지우지 아니하고 그 주식인수에 따른 손익을 대한종금에 귀속시키기로 하는 내용의 계약으로 보고, 이 계약의 실질은 대한종금이 발행하는 신주를 대한종금의 계산 아래 대한종금이 신주청약인의 명의로 인수하여 취득하는 것을 목적으로 하는 것으로서, 자기주식의 취득이 금지되는 유형에 해당한다고 판시하였다.

이 사건에서 신주청약인과 회사(대한종금) 사이의 약정상 일정한 사유가 발생하면 신주청약인은 대한종금에게 발행가액과 동일한 가액으로 주식을 매도할 수 있는 권리를 부여받았다. 주식을 매도할 수 있는 권리는 풋옵션이고 옵션행사가액보다 주식의 가치가 하락하는 데 따라 옵션권리자가 입을 수 있는 손실을 옵션의무자로부터 지급받을 수 있는 기능을 한다. 통상 풋옵션의무자는 주가하락의 위험을 부담하고 주가상승의 이익은 주식을 보유한 풋옵션 권리자가 향유할 수 있다. 이 사건을 일견하면 주식명의인은 대한종금에게 주식보유에 따른 손실을 전가하고 대한종금은 손실만을 부담한 것이고 주식보유에 따른 이익은 주식명의인이 향유할 수 있도록 한 것처럼 보일 수 있다.

여기서 중요한 사항은 옵션행사가액과 주식명의인의 신주인수 당시의 주식의 시가이다. 이 사건에서 옵션행사가액은 발행가액(=액면가액 1주당 5,000원)이고, 주식명의인이 대한종금으로부터 신주납입대금을 차입한 1998. 6. 19. 대한종금 주식의 종가는 1,160원이었다.[37] 신주인수인은 주식의 시가(1,160원)보다 훨씬 높은 발행가액 5,000원에 신주를 인수한 이상 신주인수 시점부터 이미 주당 3,840원의 손해가 있음을 알고 신주를 인수한 것이다. 주식명의인은 주가가 5,000원을 넘지 않는 한 풋옵션을 행사할 것이다. 이 풋옵션을 주가변동과 연계하여 분석하면 회사가 주식명의인에게 (i) 신주인수시 시가(1,160원) 미만으로 주가가 하락하는데 따른 손실을 보전하는 부분과 (ii) 주식인수시 이미 발생한 주당 3,840원의 손해를 보전하는 부분으로 나누어 볼 수 있다. (ii)부분에서 주가가 신주인수시 시가(1,160원)보다 높아질수록 회사가 부담할 금액은 작아진다. 이는 주가가 5,000원에 달할 때까지의 주가상승분이 회사에 귀속됨을 의미한다. 이 사건에서 대한종금과 주식명의인 사이의 계약은 외관상 풋옵션의 형식을 취하였으나 주가 하락분 전부와

---

37) 한국증권거래소, 증권시장 제7411호(1998. 6. 19).

많은 주가상승분(당시 주가보다 431%(5,000/1,160) 상승하는 부분)이 대한종금에게 귀속되는 거래였다. 따라서 이 사건에서 주식 보유에 따른 손익의 전부가 회사에게 귀속되도록 합의한 것은 아니었으나, 그 귀속부분이 주가하락에 따른 손실 전부와 상승에 따른 이익의 많은 부분이라는 점에서 굳이 일부 귀속을 논의할 필요가 없다고 할 수 있다.

(3) 손익전부 귀속의 예(1): 총수익스왑

서울남부지법 2015. 6. 11. 선고 2014가합4256 판결은 총수익스왑(TRS: total return swap)계약을 활용한 거래에서의 손익귀속에 대하여 판시하였다. 이 사건에서 F회사와 D증권이 체결한 TRS계약상 (i) [주식처분가격 > TRS계약체결일 종가]이면 그 차액을 D증권이 F회사에게 지급하고, [주식처분가격 < TRS계약체결일 종가]이면 그 차액을 F회사가 D증권에게 지급하며, (ii) F회사는 D증권에게 고정금리(연6.4%)를 지급하게 되어 있다. 즉 F회사는 주가상승분을 주식명의인으로부터 지급받고 하락분을 주식명의인에게 지급함으로써 주가 등락에 따른 손익을 100% 회사에게 귀속시켰다.

서울남부지법 2015. 6. 11. 선고 2014가합4256 판결은 다음과 같은 점들을 들어 F회사에의 손익귀속을 인정하지 않았다.

① D증권은 주식보유기간 동안 의결권 및 이익배당을 받을 권리를 가지며, 주식을 임의로 제3자에게 처분할 수 있고, F회사는 주식우선매수권을 갖지 않으며 D증권에 주식에 대한 의결권의 위임 등을 요청할 수도 없는 점.

② D증권이 계약이 종료될 때 주식을 다시 F회사에 매도하는 등의 방식으로 F회사로부터 주식 매매대금을 그대로 회수할 수 있는 절차는 마련되어 있지 않고, 공정거래법상 상호출자 해소의무가 있어 F회사가 주식을 다시 취득할 수도 없는 점.

③ D증권이 계약의 거래종료일 이후에도 주식 중 전부나 일부를 매도하지 않고 계속 소유하는 경우 그 잔여주식으로 인한 손익은 모두 D증권에 귀속되어 이 사건 주식 취득에 따른 손익이 언제나 전액 F회사에게 귀속되지는 않는 점.

그러나 아래에서 보는 바와 같이 위의 사항들은 모두 F회사에의 손익귀속을 인정하지 않을 설득력있는 논거가 되지 못한다. 먼저 ①에서 언급한 3가지 사항에 대하여 살펴본다.

(i) 주식발행회사인 G회사가 당시 결손금이 누적되어 있어 이익배당을 기대

할 상황이 아니었고, F회사가 D증권에게 G회사 주식을 매도한 것은 2014. 3. 27. 개최되는 주주총회에서 최대주주인 G회사 보유주식에 대한 상호주 제한이 해소되도록 하는데 있었기 때문에 D증권이 이익배당을 보유하도록 한 것은 이 사건에서는 특별한 의미가 없다.[38]

(ii) 주식명의인이 주식을 매도인에게 미리 정한 가격으로 다시 매도하도록 하는 약정(환매약정)은 매도인이 주식에 대한 손익과 위험을 부담하는 하나의 유형에 불과하고 손익귀속의 필요조건은 아니다. D증권이 주식을 제3자에게 처분할 수 있고 F회사가 주식우선매수권이 없다는 점은 "주식 처분가액과 취득가액 사이의 차액 정산"으로 손익귀속시켰음을 부정할 논거가 되지 못한다.

(iii) 매도인이 주식명의인에게 의결권위임을 요청할 수 있는지 여부는 손익귀속의 본질적 요소가 아니다. 특히 이 사건에서는 문제된 주식 자체의 의결권의 행사가 필요한 것이 아니라 주식의 소유권 이전을 통하여 F회사의 최대주주인 G회사 보유주식에 대한 상호주 제한이 해소되도록 하기 위한 것이므로 D증권에 매도한 주식의 의결권을 누가 어떻게 행사하는가는 이 사건 거래에서 별다른 의미가 없다.

②에 언급한 사항도 ①에 언급된 환매약정과 마찬가지이다. 이 약정상 D증권은 당해 주식을 F회사에게 매도하여 매매대금을 회수하는 것이 아니라 처분대금에 "주식 처분가액과 취득가액 사이의 차액 정산"을 합침으로써 매매대금을 회수하도록 되어 있다. 주식을 F회사에게 매도할 수 없다는 점이 D증권과 F회사 사이에서 주식보유의 손익을 F회사에게 귀속시킨 것을 부정할 논거는 되지 않는다.

③에서 언급한대로 TRS계약 종료 후에 D증권이 주식을 계속보유하면 종료 후에는 D증권에게 손익이 귀속된다. 이 사건에서 문제는 'TRS계약 기간중 주식보유에 따른 손익이 누구에게 귀속되는가'이다. TRS계약 종료 후 D증권이 주식을 계속 보유할지 여부는 D증권의 새로운 투자결정의 문제이다. TRS계약 이후의 손익귀속에 관한 논의가, TRS계약 기간중 D증권이 매수한 주식보유에 따른 손익을

---

38) G회사의 2013년 말 결손금은 8,550억원이고, 2014년 말 결손금이 672억원이었다(금호산업 제43기(2014. 1. 1. - 2014. 12. 31.) 감사보고서 첨부 재무제표). G회사가 이익배당을 할 수 있는 재무상태였다고 가정하더라도, 이익배당의 규모가 주가등락에 따른 손익에 비하여 미미하다면 주가등락에 따른 손익을 전부 F회사에게 이전하고 이익배당청구권만을 주식명의인이 보유한 경우 상호주 보유 규제의 맥락에서 F회사가 아닌 D증권에게 손익이 귀속된다고 할 수 없을 것이다.

F회사에게 귀속시켰다는 점을 부정할 논거는 되지 못한다. 여기서 유의할 점은 '일정 기간동안' 어느 당사자에게 손익이 귀속되도록 하고 그 기간 이후에는 다른 당사자에게 귀속시키는 약정을 충분히 할 수 있다는 점이다.

물론 개별적인 계약 조건을 살펴보고 판단해야 하겠지만, 일반적으로 총수익스왑(total return swap)은 용어 그대로 기초자산의 손익 전부(total return)를 주고 받기로 하는 약정이므로 가장 전형적인 손익귀속·투자위험 전가 방법이라고 이야기할 수 있다. 이 사건에서는 계약기간 동안 F회사에게 모든 손익이 귀속됨이 TRS계약상 명백하다.[39]

(4) 손익전부 귀속의 예(2): 자기주식 대여

증권대차거래에서 차입자가 대여자에게 증권의 매매대금에 해당하는 대금을 지급하지는 않는다. 차입자는 반환채무의 부담을 대가로 하여 대차목적물의 소유권을 취득하는 셈이다. 대여자는 대차기간 종료 후 동종동량의 증권을 반환받을 것이므로 대차기간 중에도 그 증권의 가격의 등락에 대한 위험에 노출되어 있다. 즉 증권의 가격이 상승하면 그 상승분을 대여자가 향유할 수 있고 하락하면 그 하락에 따른 손실도 대여자가 부담한다. 즉 증권대차에도 불구하고 증권의 손익은 계속 대여자에게 귀속한다. 이 점은 회계원칙에 잘 반영되어 있다. 대차거래로 증권의 법적인 소유권이 차입자에게 이전되었더라도, 증권대여자는 그 증권 소유에 따른 위험과 보상의 대부분을 보유하고 있으므로 대여한 증권을 계속 인식해야 한다. 자기주식을 대여한 경우 마찬가지로 대여자(=회사)는 대여한 자기주식을 계속 자본의 차감항목으로 인식하여야 한다.[40]

자기주식의 대여시에도 대여한 주식의 손익이 대여자에게 귀속된다는 점은 동일하다. 차입자는 차입한 주식에 대한 법적인 소유권을 취득하지만 양도인(=회

---

39) F회사의 2014년 1/4분기 재무제표에 대한 검토보고서에 첨부된 주석은 "당사는 2014년 3월 25일자로 상기 지분증권 중 1,613,800주를 양도하였는바, 금융자산의 소유에 따른 위험과 보상의 이전 여부를 판단하여 동거래로부터 수취한 양도대금을 금융부채로 계상하고 양도로 인하여 보유하게 된 권리를 당기손익인식금융자산으로 계상하였"다고 기재하였다.

40) 금융자산 양도시 양도자가 금융자산의 소유에 따른 위험과 보상의 대부분을 보유하면, 당해 금융자산을 계속하여 인식한다. 증권대여계약을 체결한 경우는 양도자가 금융자산의 소유에 따른 위험과 보상의 대부분을 보유하는 예에 해당한다(K-IFRS 제1039호 문단 20, AG40). 따라서 증권대여자는 대차거래로 증권의 법적인 소유권이 차입자에게 이전되었다고 하더라도 그 증권 소유에 따른 위험과 보상의 대부분을 보유하고 있으므로 대여한 증권을 계속 인식해야 하고 제거하지 못한다(K-IFRS 제1039호 문단 20, AG51).

사)에게 주가에 상응하는 대가를 지급하지 않았고 소유권 취득 후 주가 변동에 따른 위험도 부담하지 않으며 통상의 주식대차거래에서는 대차기간 중 발생하는 배당금 해당액을 차입자가 대여자에게 지급한다. 이는 차입자가 차입주식에 대한 계산주체가 되지 못함을 잘 드러낸다. 주식대여에도 불구하고 대여자가 계속 계산 주체로 남는 것이다.41) 자기주식의 대여는 차입자 명의와 회사의 계산으로 자기주식을 보유하는 결과를 가져온다. 이러한 방법의 자기주식 보유는 상법이나 자본시장법이 허용하는 자기주식 보유 방법이 아니다.

이와 같이 자기주식 대여는 차입자 명의와 회사의 계산으로 보유하는 자기주식이므로 그 주식에 따른 의결권을 비롯한 주주권을 행사할 수 없다고 보아야 한다. 주식을 차입하여 계속 보유할 차입자에게 자기주식을 대여하는 상황은 회사의 경영진에게 우호적인 상대방과의 거래로서 경영진이 바라는 방향으로 주주권 (특히 의결권)이 행사되도록 하기 위한 경우 이외에는 생각하기 어렵다. 이러한 거래는 회사명의와 계산으로 보유하는 자기주식의 의결권을 행사할 수 없도록 한 상법을 잠탈하여 타인명의와 회사계산으로 보유하면서 주주총회 결의를 왜곡하는 것이다. 자기주식 차입자의 의결권 행사는 허용되지 않는다고 보아야 할 것이다.

3.3.2 손익 일부의 귀속은 "손익귀속" 요건을 충족하는가?

손익 일부의 귀속에는 여러 형태가 있을 수 있다. 주식 보유의 손익의 일정한 비율을 귀속시키는 경우에는 그 비율에 해당하는 주식수 만큼 손익귀속이 이루어진 것으로 처리하면 될 것이다. 문제는 이렇게 손익 전부를 비율적으로 귀속시키지 않고 손실만 부담하거나 이익만 향유하는 경우, 또는 손실의 일부와 이익의 일부가 귀속되는 경우이다.

(1) 회사가 주식 보유의 손실을 부담하는 경우

1) 외관 손실부담—실질 손익 귀속형

회사가 손실만 부담하는 약정을 하는 경우에도 손실 부담의 기준(=풋옵션 행사가액)을 어떻게 정하는가에 따라 실질적으로 손실뿐 아니라 이익의 상당부분이 회사에게 귀속되도록 할 수도 있다. 앞서 본 바와 같이 대법원 2003. 5. 16. 선고

---

41) 정재은, 앞의 논문(주 17), 36쪽도 같은 취지. 이 논문 30-32쪽은 자기주식 대여시 회사의 자본충실과 주주의 비례적 지위가 침해되는 문제점과 의결권 부활을 활용하기 위한 전략적 목적의 자기주식 대여시 지배구조 왜곡의 가능성을 지적하고 자기주식을 대여하는 회사의 경제적 이익은 기대하기 어렵다고 하였다.

2001다44109 판결에서 다룬 대한종금 사건의 약정이 외관상으로는 회사가 손실만 부담하는 듯이 되어 있지만 행사가액이 시가보다 훨씬 높은 가액으로 설정되어 있어 실질적으로 손실뿐 아니라 현실적으로 발생할 수 있는 이익의 대부분이 회사에게 귀속되도록 설계되어 있었고 대법원이 손익이 회사에 귀속되는 것으로 인정한 것은 타당하다.

2) 외관 실질 모두 손실부담형

대한종금 사건과는 달리 손실 부담의 기준을 주식의 시가로 설정하는 경우에는 손익 모두 회사에 귀속되는 것은 아니고 주식명의인의 주식보유에 따른 손실만을 회사가 부담하게 될 것이다. 통상 "계산" 주체는 손익이 모두 귀속되는 경우를 말하므로 타인명의 회사계산에 의한 자기주식 취득에서도 손익이 모두 회사에 귀속되는 경우만이 "회사의 계산"에 해당한다는 견해도 있을 수 있다.[42]

회사가 손실만 부담하는 경우에도 회사의 출연과 결합하면 다음과 같은 점을 고려할 때 손익 모두 회사에 귀속되는 경우와 마찬가지로 취급할 필요가 있다. 회사가 주식취득자금을 주식명의인에게 대여하거나 주식명의인의 자금차입시 보증·담보를 제공하는 방법으로 출연한 경우 주식 취득·보유에 따른 손실을 회사가 부담하면 주식명의인은 차입금 상환의 부담을 지지 않게 되어 실질적인 출자환급의 효과를 가져온다. 또한 상장회사의 주가는 재무제표상 주당 순자산 가액보다 높은 경우가 많다.[43] 주가 하락에 따른 손실부담은 회사의 부실화를 가속화할 수 있다는 점에서 자본충실을 해하게 될 우려도 커진다. 아울러 회사가 손실을 부담한다는 것은 주식명의인이 주식 보유에 따른 투자위험을 부담하지 않는다는 것이므로 주식의 의결권 행사도 회사(경영진)의 의사에 따르게 될 가능성 즉 지배구조의 왜곡의 문제를 야기할 가능성이 높고 특정 주주와의 약정이므로 주주평등의 원칙 위배의 문제도 야기한다.

회사가 출연하고 주식보유의 손실만 부담하기로 한 경우 자기주식으로 인정하지 않더라도 대법원 2007. 6. 28. 선고 2006다38161,38178 판결(평화은행)의 판시와 같이 그 손실분담약정이 주주평등원칙의 위반에 따라 무효가 되면 손실분담에

---

42) 윤찬영, "자기주식 취득을 위한 재정지원행위와 상법 제341조의 적용 — 대법원 2007. 6. 28. 선고 2006다38161, 38178 판결 — ", 「법조」 제58권 제10호(2009), 218쪽.

43) 2018. 4. 11.자 주가순자산비율(PBR)이 유가증권시장은 1.12(코스피200은 1.15), 코스닥시장은 2.38(코스닥150은 3.83)이다. 한국거래소, 통합시장지 제1658호(2018. 4. 11).

따른 회사의 자본충실 침해는 방지될 수 있다는 견해도 충분히 있을 수 있다. 그러나 이러한 견해는 회사가 모든 주주와 손실분담약정을 한 경우 문제를 해결하지 못한다.

3) 회사가 손실을 부담하는 방법

주식명의인이 주식을 보유하는데 따른 손실을 회사가 부담하는 가장 전형적인 방법은 회사와 주식명의인 사이에 손실부담 약정(=풋옵션 계약)이 체결되는 것이다. 하지만 손실부담 약정을 체결하지 않으면서도 회사가 자신이 발행한 주식의 보유에 따른 손실을 부담하는 경우가 있다. 대표적인 방법으로는 주식명의인이 보유한 유일한 자산이 회사가 발행한 주식이고, 회사가 그 주식명의인에 대한 신용위험을 떠안는 경우이다. 이러한 형태로 주식을 보유하는 주식명의인은 통상 특수목적회사(SPC: special purpose company)일 것이다.

다음과 같은 사례를 상정해 보자([사례 3]).

① SPC의 주주는 A회사 또는 그 자회사가 아니다.

② A회사가 SPC에게 주식취득자금을 대여하고, SPC는 이 자금을 이용하여 A회사가 발행한 주식을 취득 보유한다.

③ SPC는 A회사 주식 이외에 다른 자산을 가지고 있지 않다.

[사례 3]에서 A회사가 SPC에게 가지는 대여금채권에 대한 책임재산은 A회사가 발행한 주식뿐이다. SPC 보유재산인 A회사 주식의 가격이 상승하여 [취득가액 + 대여금 이자액]이 되면 주식을 처분하여 차입금을 상환할 수 있다. A회사 주식의 가격이 그만큼 상승하지 않으면 SPC는 보유재산으로 차입금을 상환할 수 없다. A회사는 자신이 발행한 주식 가격이 [취득가액 + 대여금 이자액]까지 상승하지 않는 경우 차입금을 상환받지 못하여 손실을 입게 된다. 이는 A회사가 자신이 발행한 주식의 가격하락에 따른 손실을 부담하기로 하는 약정을 SPC와 체결한 것과 다름이 없다. [사례 3]의 ②와는 달리 SPC가 주식취득자금을 금융기관등 다른 곳으로부터 차입하되 A회사가 그 차입원리금의 상환을 보증한 경우도 A회사의 보증채무 이행 여부 및 그 이행에 따른 구상채권의 회수가 A회사의 주가의 등락에 달려 있다는 점에서 차이가 없다.

[사례 3]에서 SPC의 주주는 주주 유한책임 제도에 의존하여 A회사 주가 하락에 따른 손실을 A회사에게 전가하고 A회사 주가 상승에 따른 이익([취득가액 + 이자액]을 초과하는 상승분)을 SPC의 주주로서 향유할 수 있다. SPC를 활용한 거래에

서는 통상 주가 상승에 따른 이익을 SPC의 주주가 아닌 다른 금융제공자가 향유하도록 거래의 구조를 만든다.[44] 통상의 상황하에서는 회사의 경영진은 회사가 주가 하락에 따른 손실만 부담하고 주가 상승에 따른 이익은 SPC의 주주들이 향유하도록 할 아무런 이유가 없다. [사례 3]과 같은 구조의 거래에서 A회사가 주가 하락에 따른 손실을 부담하면서 SPC의 주주가 주가 상승에 따른 이익을 향유하도록 하는 것은 주가 상승에 따른 이익을 얻게 될 SPC에 대해 A회사의 의사결정권자가 이해관계를 가지고 있기 때문일 것이다. 만약 A회사의 경영진이 SPC의 주주라면 A회사 주식의 주가하락에 따른 손실을 A회사에게 부담시키면서 주가상승의 이익은 자신들이 향유하고 의결권을 행사하여 A회사를 지배할 수 있게 된다. A회사의 경영진에게 [사례 3] 거래에 대하여 형사책임과 이사의 임무해태에 따른 손해배상책임만을 추궁하는 것으로는 A회사의 경영진이 SPC가 보유한 주식을 이용하여 A회사를 지배하는 것을 막지 못한다. A회사의 경영진이 SPC의 주주가 되어 [사례 3]과 같은 구조로 A회사 주식을 취득하도록 하는 거래야말로 타인명의 회사계산으로 보유하는 주식으로서 주주권의 행사를 할 수 없는 것으로 보아야 한다.

4) 판례에 나타난 사례의 검토

① 대법원 2011. 4. 28. 선고 2009다23610 판결

이 사건의 사실관계를 다시 요약하면 페이퍼코리아 이사 등이 글로벌피앤티를 설립한 후 페이퍼코리아의 최대주주(버추얼텍)로부터 글로벌피앤티 명의로 페이퍼코리아 주식(발행주식 총수의 약 25%)을 200억원에 매수하여 글로벌피앤티를 통하여 페이퍼코리아를 지배하게 되었다. 그 과정에서 ① 페이퍼코리아가 글로벌피앤티에 선급금 41억원을 지급하고, ② 글로벌피앤티가 130억원의 은행대출을 받을 때 대출원리금 채무를 페이퍼코리아가 연대보증하여 글로벌피앤티가 주식매수대금을 마련할 수 있도록 금융지원을 하였고 ③ 페이퍼코리아 이사 등이 페이퍼코리아의 중요한 영업부문과 재산을 글로벌피앤티에 부당하게 이전하는 방법으로 글로벌피앤티로 하여금 주식취득을 위한 자금 200억원을 마련하게 하고 이를 재원으로 위 주식을 취득하게 하였다.[45]

---

44) 예컨대 서울북부지법 2007. 10. 25.자 2007카합1082 결정이 다룬 사건에서는 SPC가 교환사채를 발행함으로써 주가 상승시에는 교환사채권자가 교환권을 행사할 수 있도록 하였다.

45) 페이퍼코리아의 2008년 정기주주총회에서 글로벌피앤티가 의결권을 행사하였고, 원고는

원심판결은 글로벌피앤티의 주식취득이 피고(페이퍼코리아)의 출연에 의한 것이고 그 주식 취득에 따른 손익이 페이퍼코리아에게 귀속되어 자기주식 취득에 해당한다고 보았다. 그러나 대법원은 "글로벌피앤티가 이 사건 주식 인수대금을 마련한 것이 피고의 출연에 의한 것이라는 점만을 인정할 수 있을 뿐, 더 나아가 소외인 등이 설립한 글로벌피앤티의 이 사건 주식취득에 따른 손익이 피고에게 귀속되는 관계에 있다는 점을 인정하기는 어렵고, … 피고와 글로벌피앤티 사이에 글로벌피앤티의 이 사건 주식취득에 따른 손익을 피고에게 귀속시키기로 하는 명시적 또는 묵시적 약정이 있었다는 등 글로벌피앤티의 이 사건 주식취득에 따른 손익이 피고에게 귀속되는 것으로 볼만한 사정을 찾아볼 수 없다"고 하여 페이퍼코리아의 계산에 의한 주식취득에 해당한다고 볼 수 없다고 판시하였다.

이 사건에서 글로벌피앤티의 주식은 페이퍼코리아의 대표이사 2명과 감사 및 대표이사의 배우자가 100% 소유하고 있었다.[46] 글로벌피앤티는 신문고지 원료 등을 구입하여 페이퍼코리아에게 매도하는 영업을 하였다는 점에서 아무런 영업활동을 하지 않는 통상의 SPC와는 다르지만, 글로벌피앤티가 페이퍼코리아 주식 이외에 다른 자산을 얼마나 더 가지고 있었는지는 판결문상 알 수 없다. 만약 페이퍼코리아의 자금출연과 글로벌피앤티의 페이퍼코리아 주식 취득 시점에 글로벌피앤티의 유일한 책임재산이 페이퍼코리아의 주식이었고 달리 글로벌피앤티가 수익을 올릴 것을 예상할 수 없었다면 페이퍼코리아는 자신이 발행한 주식의 가치의 하락의 위험을 부담하였다고 할 여지가 있었을 것이다. 페이퍼코리아의 경영진이 배임죄로 처벌되었지만,[47] 경영진에게 형사책임을 추궁하는 것으로는 경영진이 회사(페이퍼코리아)의 자금출연으로 주식을 취득하고 그 주식을 이용하여 회사를 지배하는 것을 막지 못한다. 글로벌피앤티가 보유한 페이퍼코리아 주

글로벌피앤티가 보유한 주식을 페이퍼코리아의 자기주식으로 보아야 한다고 하며 주주총회결의 취소소송을 제기하였다. 이 사건의 배경과 경과에 대하여는 이상훈, "회사주식 취득자에 대한 자금지원, 자기주식 취득에 해당하지 않는다", 「기업지배구조연구」, 제39권(경제개혁연구소, 2011), 103-104쪽.

46) 글로벌피앤티가 페이퍼코리아 주식을 취득한 2006. 8.경을 기준으로 한 글로벌피앤티의 주주와 그들의 주식 보유상황은, 페이퍼코리아 대표이사 회장이 33.13%, 페이퍼코리아 대표이사 사장이 34.08%, 페이퍼코리아 대표이사 사장의 배우자가 16.39%, 페이퍼코리아 감사가 16.4%였다. 원심판결(광주고등법원 2009. 2. 27. 선고 2008나3157 판결) 주 2.

47) 원심판결에 따르면, 구매대행수수료 명목의 지급, 선급금 명목의 지급, 대출금 채무 연대보증 등의 행위로 페이퍼코리아에게 손해를 가한 것이 인정되어 '특정경제범죄가중처벌 등에 관한 법률위반(배임)죄'로 유죄판결(징역 3년 집행유예 5년 등)이 선고되었다.

식의 가치 등락에 따른 손익이 페이퍼코리아에게 귀속되는지 여부를 더 면밀하게
분석할 필요가 있었다.[48]

② 서울북부지법 2007. 10. 25.자 2007카합1082 결정

이 사건에서 P회사는 보유하고 있던 자기주식을 해외 SPC에게 매도하면서
(매매대금: 약657억원) SPC가 매매대금을 조달하기 위하여 발행한 교환사채의 원리
금 및 상환할증금 지급채무를 보증(보증총액: 약983억 원 상당)하였다. SPC의 유일
한 자산은 P회사 발행주식뿐이다. 이 거래에 대하여 법원은 손익귀속에 대한 별
다른 분석 없이 SPC가 자기주식에 대한 의결권을 우회적으로 부활시키기 위해
사용된 도구라거나 이 사건 주식이 여전히 A회사의 자기주식에 해당한다고 보기
어렵다고 판시하였다.

이 거래에서 P회사와 SPC가 보유한 주식의 관계를 살펴보자. 교환사채의 만
기일까지 교환사채권자가 교환권을 행사하지 않고, 만기일의 SPC보유주식의 총
가액이 교환사채의 원리금(및 상환할증금)에 미달하는 경우 SPC는 교환사채의 원
리금(및 상환할증금)을 지급할 능력이 없고, 보증인인 P회사가 교환사채의 원리금
을 지급해야 한다.[49] P회사가 교환사채의 원리금을 지급하면 SPC에게 구상채권
을 취득하게 된다. 그런데 구상채권의 이행을 담보할 SPC의 책임재산은 P회사 발
행주식뿐이다. SPC가 보유한 P회사 발행주식의 주가의 등락에 따라 P회사가 구
상채권을 행사하여 회수할 수 있는 금액이 결정되므로 P회사는 자신이 발행한 주
식의 가치변동 위험에 노출되어 있다.

SPC보유주식의 가치가 보증총액(약 983억 원)에 미달하는 경우 P회사는 그 미
달하는 금액만큼의 손실을 입게 된다. 보증총액은 P회사가 SPC에 대한 주식매도
대금(약 657억 원)보다 약 49% 이상 높은 가격이므로 주가가 그만큼 상승하지 않
는 이상 이 건 거래로 인하여 P회사는 손실을 입게 되고 그 손실액의 규모는 주

---

48) 고인배, "자기주식 취득을 위한 제3자에 대한 자금지원: 대법원 2011. 4. 28. 선고 2009다
  23610호 판결", 「동아법학」 제53호(2013), 542쪽은 "주식취득으로 인한 손익이 모두 페이
  퍼코리아에게 귀속된다"고 평가하는 것이 보다 합리적일 것이라고 하였다.

49) P회사가 부담하는 채무의 내용은 위 주식을 SPC에게 양도하지 않고 스스로 위 주식을
  교환대상으로 하는 교환사채를 발행한 경우와 차이가 없다. 서울북부지법 2007. 10. 25.
  자 2007카합1082 결정도 "피신청인(P회사)이 외부자금을 차입하거나 직접 교환사채를
  발행하는 경우에도 피신청인(P회사)은 채권자들에게 직접 원리금 채무를 부담하게 되어
  이 사건 거래에 따라 지급보증채무를 부담하게 되는 것과 별다른 차이가 없을 뿐 아니
  라"라고 판시하여 이 점을 인정하였다.

식가격에 반비례하여 증가한다.[50] SPC가 보유한 P회사 발행주식의 주가하락에 따른 손실과 주가상승분의 일부가 P회사에게 귀속된다. 서울북부지법 2007. 10. 25.자 2007카합1082 결정은 이 점에 대하여 분석하지 않았다. 하지만 이 점은 P회사 재무제표 주석사항에 "SPC가 보유한 자기주식과 관련한 위험을 회사가 실질적으로 부담하고 있는바, 경제적 실질에 따라서 상기 거래를 차입거래로 회계처리"하였다고 기재함으로써 P회사 스스로 인정하였다.[51]

P회사가 자기주식을 기초로 직접 교환사채를 발행하였다면, 교환권 행사로 주식이 사채권자에게 이전되기까지는 그 교환대상주식은 자기주식으로서의 법적 성질을 계속 가지고 있었을 것이고 의결권 등 주주권은 행사할 수 없었을 것이다. P회사가 SPC가 발행한 교환사채의 지급을 보증하는 거래구조를 취함으로써 SPC는 P회사의 신용으로 주식취득자금을 조달하고, P회사는 자신이 발행한 주식의 가치변동 위험을 계속 부담하고 있음에도 불구하고, 자기주식의 명의가 SPC에게로 이전되었다고 하여 그 주식을 자기주식이 아닌 것으로 취급하는 것은 타당하지 않다.

(2) 회사가 이익만 향유하는 경우

회사가 주식보유에 따른 이익만 향유하고 주식명의인이 주식보유에 따른 손실을 부담하는 것은 회사가 손실을 부담하는 경우에 비하여 문제가 적어 보인다. 이는 자본충실의 훼손의 관점에서는 회사가 자신이 발행한 전환사채를 취득하는 것과 차이가 없다. 또한 주식명의인이 주식보유에 따른 투자위험을 부담하므로 지배구조의 왜곡의 문제 및 주주평등의 원칙 위배의 문제에 대해서도 우려할 만하지 않다. 그러나 이러한 상황에서 유의할 점은 이익향유의 기준(=콜옵션의 행사가액)과 이익향유에 대해 회사가 주식명의인에게 지급하는 대가(=콜옵션 수수료)이

---

50) 주가가 교환가액(1주당 98,500원) 이상, 즉 P회사가 SPC에게 주식을 양도할 때의 주식가격(87,900원)보다 약 12% 이상 상승하고 실제 사채권자가 교환권을 행사하지 않는 한 P회사는 보증채무를 이행해야 한다.

51) 현행 한국채택국제회계기준 제1039호(금융상품: 인식과 측정) 문단20은 금융자산의 양도에 관하여 (1) 양도자가 금융자산의 소유에 따른 위험과 보상의 대부분을 이전하면, 당해 금융자산을 제거하고 양도함으로써 발생하거나 보유하게 된 권리와 의무를 각각 자산과 부채로 인식하고, (2) 양도자가 금융자산의 소유에 따른 위험과 보상의 대부분을 보유하면, 당해 금융자산을 계속하여 인식하며, (3) (1)(2) 어디에도 해당하지 아니하고, (i) 양도자가 당해 금융자산을 통제하고 있지 아니하면, (1)과 같이 처리하고, (ii) 양도자가 당해 금융자산을 통제하면, 당해 금융자산에 대하여 지속적으로 관여하는 정도까지 당해 금융자산을 계속하여 인식하도록 규정하고 있다.

다. 콜옵션의 행사가액을 시가보다 낮게 설정하고 대신 큰 금액의 콜옵션 수수료를 지급하면 이익의 향유뿐 아니라 실질적으로 손실의 전부 또는 상당부분을 회사에 귀속시킬 수도 있을 것이다.[52] 또한 이익 향유에 대한 대가가 커지면 실질적으로 주식취득자금의 출연과 같은 기능을 할 수도 있을 것이다.

(3) 손실과 이익의 일부가 귀속되는 경우

주식보유에 따른 손익 가운데 일부가 회사에 귀속되는 경우(특히 비율 이외의 방법으로 일부가 정해지는 경우)는 어떠한가. 이러한 유형은 스펙트럼이 너무 넓어 일률적으로 판단할 수 없을 것이고 회사에 귀속되는 손익의 정도에 따라 회사의 계산에 해당하는지 여부를 판단할 수밖에 없을 것이다.

3.4. 회사의 자금출연없이 주식보유의 손익이 회사에게 귀속되는 경우

주식명의인이 자신의 자금으로 주식을 취득하면서 그 주식 보유에 따른 손익전부를 다른 사람에게 귀속시킨다는 것은 그 다른 사람과 무엇인가의 거래가 있기 때문일 것이다. 회사에게 주식보유의 손익을 전부 귀속시키는 경우에는 통상 회사가 주식취득자금을 직·간접적으로 제공하거나 그 자금조달비용을 부담한 경우일 것이다. 회사가 주식취득자금을 제공하거나 조달비용을 부담하지 않는데도 불구하고 주식명의인이 주식보유에 따른 손익전부를 회사에게 귀속시키는 경우에는 그 밖의 다른 이유가 있을 것이고 그 이유가 무엇인지 파악할 필요가 있다.

이렇게 주식보유에 따른 손익전부를 회사에게 귀속시키면 주식명의인은 그 주식의 가치가 어떻게 되건 관심을 기울일 이유가 없다. 자연스럽게 손익귀속의 주체인 회사(실제로는 경영진)가 정하는 대로 주주권을 행사하게 되어 결국 경영진이 지배구조의 왜곡을 야기할 우려가 매우 높아진다. 이러한 경우 자기주식의 규제 목적 가운데 어느 부분을 강조하는가에 따라 "회사의 계산"으로 볼 것인지가 정해질 것이다. 지배구조의 왜곡 문제에 중점을 두면 회사의 자금출연이 없다고 하여도 "회사의 계산"으로 그 주식을 보유하는 것으로 볼 필요가 있다고 할 것이다. 자본충실 훼손의 문제에 중점을 두면 회사의 자금출연이 없음을 이유로 그 주식은 자기주식으로 보지 않고 손익이 귀속되도록 한 법률관계의 효력을 문제

---

52) 행사가액이 0인 콜옵션(=zero strike call option)은 손익 전부가 옵션권리자에게 귀속된다. 행사가액이 주식의 시가 보다 낮게 정해질수록 옵션권리자가 손실을 부담하는 부분이 증가한다.

삼게 될 것이다.

이와 관련하여 대법원 2007. 6. 28. 선고 2006다38161,38178 판결이 다룬 사건을 살펴보자. 이 사건에서 회사(평화은행)는 경영개선명령을 받고 자기자본 확충을 위하여 유상증자하면서 회사 임직원들에게 출자금액을 배정하였고, 임직원 1,575명 중 1,512명이 퇴직금을 중간에 정산하여 그 중간퇴직금으로 신주인수대금을 납입하였다. 당시 주식의 시가가 1주당 780원대이었고 신주발행가액은 액면가인 5,000원이었다. 신주청약시 회사는 노동조합 대표자와 증자 참여한 직원에 대한 손실보전합의를 하고, 이를 실행하기 위하여 회사는 증자에 참여한 직원(임원 제외)이 그 주식을 퇴직시까지 보유하고 있는 경우에는 적용단가(퇴직시 퇴직 전 일로부터 최근 1개월간의 주식 종가 평균)와 액면가(주당 5,000원)의 차액을 보전하는 내용으로 퇴직금 특례지급기준을 제정하였다(손실보전합의와 퇴직금특례지급기준을 합하여 "손실보전약정"). 대법원은 원고들의 신주인수계약이 무효는 아니고 원고들이 퇴직금을 중간정산하여 마련한 자금으로 신주인수대금을 납입한 행위가 납입가장이 아니라고 하고, 다만 손실보전약정은 "주주의 자격을 취득한 이후의 신주매각에 따른 손실을 전보하는 것을 내용으로 하는 것이므로 주주평등의 원칙에 위반"되어 무효라고 판시하여 원심판결을 유지하였다.

이 사건에서 회사는 신주를 인수한 직원들에게 신주취득자금을 제공하지는 않았다. 또한 손실보전약정은 직원들의 신주취득자금 조달비용은 전혀 반영하지 않고 신주발행가액과 주가의 차액을 보전하는 내용으로 되어 있다. 손실보전약정의 내용은 실질적으로 주식보유의 손익이 거의 전부 회사에게 귀속되는 것과 다름없다.[53] 이 사건에서는 회사가 직원들에게 주식취득자금을 제공하거나 주식취득자금의 조달비용을 부담하지는 않았다는 점에서 법원은 직원들이 인수한 신주가 타인명의 회사계산에 의한 자기주식에 해당하는 것으로 인정하지는 않은 것으로 보인다. 평화은행의 직원에 대한 손실보전약정이 대한종금의 신주인수인과의

---

53) 이 손실보전은 당시 주가(1주당 780원)가 641%(5,000/780) 상승하더라도 직원에게 손실이 발생하게 되고 이를 보전하게 되어 있다. 당시 주가를 기준으로 하면 주가가 하락함에 따른 손실뿐 아니라 주가가 641% 상승하는 부분까지도 회사에게 귀속되는 현금정산형 풋옵션이다. 통상의 풋옵션에서는 주가 하락에 따른 손실이 옵션의무자에게 귀속하지만, 이와 같이 옵션 행사가액이 시가보다 훨씬 높게 설정되어 있는 풋옵션에서는 주가 하락분뿐 아니라 옵션행사가액에 도달할 때까지의 주가상승분도 옵션의무자에게 귀속한다. 이러한 점에서는 위에서 검토한 대한종금 사건과 큰 차이가 없다.

약정과 내용상 큰 차이가 없지만, 평화은행 사건에서는 회사와 직원 사이의 손실보전약정을 무효로 판시하였는데[54] 반하여 대한종금 사건(대법원 2003. 5. 16. 선고 2001다44109 판결)에서는 타인명의 회사계산에 의한 자기주식으로 인정한 것은 회사의 자금출연의 면에서 차이가 있기 때문이라고 할 수 있다.

이 사건에서 신주를 인수한 평화은행의 직원들은 신주인수 후 주식의 가치가 641% 이상 상승하여야 비로소 그 주식보유에 따른 이익을 향유할 수 있게 된다. 통상 주식의 가치가 그 정도로 상승하기 전까지 주주가 주식보유에 따른 손익에 대하여 별로 관심을 가질 이유가 없는 경우에는 손실보전약정을 한 회사(경영진)의 의사가 주주권 행사에 큰 영향을 주고 지배구조의 왜곡을 가져올 우려가 있을 수 있다. 그러나 이 사건에서는 신주인수인이 은행의 직원이기 때문에 은행의 존속과 주식의 가치에 대하여 매우 강력한 이해관계를 가지고 있다는 점에서 주식명의인이 별도의 이해관계없이 주식보유에 따른 손익을 회사에게 귀속시키기로 한 경우와 차이가 있다. 또한 직원이 퇴직금 중간 정산으로 마련한 자금으로 주식을 인수하였고 그 자금사용에 따른 이자상당액은 손실보전의 대상에 들어 있지 않은 점도 대한종금 사건과는 차이가 있다.

4. 회사의 주식에 대한 지배

4.1. 주식에 대한 지배의 유형

회사의 주식에 대한 지배의 예로는 타인의 명의로 주식을 취득하였으나 주권을 회사가 보관하는 경우, 주식의 의결권 기타 주주권을 회사(경영진)가 정하는 대로 행사하는 경우, 주식의 처분 여부와 시기, 조건 등을 회사(경영진)가 정하는 경우 등을 들 수 있다. 회사는 이러한 사항에 관하여 주식명의인과 명시적인 약정을 할 수도 있으나, 아무런 명시적인 약정이 없이 주식명의인이 실제 위와 같이 행동하는 경우에도 회사가 주식에 대하여 지배하고 있다고 보아야 할 것이다.

---

54) 이 사건의 원심판결(서울고등법원 2006. 5. 19. 선고 2005나112804, 112811(병합) 판결)은 손실보전약정이 주주평등의 원칙 및 자기주식취득금지의 원칙에 위반되어 무효라고 판시하였으나 직원들이 취득한 주식이 자기주식에 해당한다고 판시하지는 않았다. 직원들이 취득한 주식이 자기주식에 해당한다고 보았다면 신주인수 역시 무효라고 했을 것이다.

4.2. "회사의 계산" 판단시 주식에 대한 지배의 역할

대법원 판례는 회사가 자신의 계산으로 자기주식을 취득한 것인지 여부를 판단하기 위한 기준으로 "회사에 의한 자금출연"과 "회사에의 손익귀속"을 들었고, 회사의 주식에 대한 지배는 그 구성요소로 제시하지 않았다. 그러나 회사의 주식에 대한 지배는 그 주식을 실질적으로 회사가 가지고 있음을 잘 드러낸다. 뒤집어 보면 주식에 대한 지배를 하지 않는 주식명의인은 자신의 명의로 보유한 주식에 대하여 이해관계를 가지고 있지 않음을 의미한다.[55]

특히 증여형 출연에서는 회사가 주식명의인에게 주식취득자금을 증여함으로써 회사의 순자산의 감소가 이루어진다. 그 증여자금으로 취득한 주식을 회사가 지배한다면 그 주식에 대해서는 출자환급이 이루어졌다고 보아야 할 것이다. 이러한 방법을 통하여 명의주주가 주식을 취득·보유하는 경우 출자환급과 지배권의 왜곡이 모두 이루어졌기 때문에 그 주식의 손익이 회사에게 귀속되는 장치가 없다고 하여 회사의 계산으로 취득한 주식임을 부정할 수는 없다.[56] 증여형 출연이 이루어진 경우에는 회사의 주식지배만으로도 회사의 계산으로 주식을 취득한 것으로 인정할 필요가 있다.

자금대여형 출연이 이루어진 경우에는 회사가 차입자(명의주주)로부터 제공한 자금을 회수할 것이 예정되어 있다. 회사에게 주식보유의 손익이 귀속되지 않는다면 회사는 제공한 자금의 원리금을 반환받을 권리가 있을 것이다. 증여형 출연과는 달리 자금대여형 출연에서는 대여한 자금의 반환이 예정되어 있다는 점에서 손익귀속 없이 주식지배만으로 출자환급이 이루어졌다고 하기는 어렵다. 자금대여형 출연을 받은 명의주주가 취득한 주식에 대하여 회사가 지배하는 경우에는 그 지배 행위의 내용을 보고 판단할 필요가 있다. 간접제공의 경우도 마찬가지이

---

55) 주식명의인이 회사(경영진)가 정하는 대로 의결권을 행사하는 것은 (i) 회사의 계산으로 주식을 보유하고 주식명의인은 주식에 대한 이해관계가 없기 때문일 경우도 있고, (ii) 주식명의인이 자신의 계산으로 주식을 보유하고 있지만 회사로부터 대가(수수료의 형태로든, 다른 거래의 조건에 반영하는 방법으로든)를 받고 그와 같이 행동하는 경우도 있을 것이다. 후자의 경우에는 회사가 대가를 지급하고 회사의 경영진이 원하는 대로 의결권을 행사할 수 있도록 하는 것이므로 경영진의 충실의무 위반 행위라고 하겠다. 또한 상법 제634조의2(주주의 권리행사에 관한 이익공여의 죄)와 제631조(권리행사방해 등에 관한 증수뢰죄) 위반과 배임죄의 문제도 발생할 것이다.

56) 주식지배를 목적으로 하는 증여가 경영진의 배임행위로 형사처벌의 대상이 되고 주식명의인과의 약정이 민사적으로 무효로 될 수 있다는 점은 별개의 문제이다.

다. 예컨대 회사가 주권을 보관하는데 그친다면 대여금반환청구권 이행을 위한 담보적 성격으로 파악해야 하는 경우가 많을 것이다. 명의주주가 의결권 등 주주권 행사 또는 처분의 시기·방법·조건 등을 스스로 결정하지 않고 회사(경영진)의 지시를 따르도록 약정되어 있거나 실제 따른다면, 그것은 명의주주가 주식에 대한 위험을 부담하지 않기 때문임을 매우 강력하게 시사한다고 할 수 있다. 회사가 이러한 유형의 주식 지배를 하고 있음은 회사가 그 주식을 실질적으로 가지고 있음을 드러내는 것이므로 손익귀속을 입증하는 강력한 정황증거라고 보아야 할 것이다. 손익귀속뿐 아니라 회사의 출연이 충분히 입증되지 않는 경우에도 회사의 주식에 대한 지배는 주식명의인이 회사의 계산으로 주식을 보유하고 있음을 뒷받침하는 상당히 강력한 정황증거라고 할 수 있다.

Ⅳ. 결론

자기주식 맥락에서 "회사의 계산" 해당 여부가 문제되는 상황은 회사의 명의가 아닌 타인명의로 주식을 취득·보유하는 경우이다. 이 때 "회사의 계산" 해당 여부는 자기주식 취득을 규제하는 주요 목적인 자본충실과 지배구조왜곡 방지의 관점에서 판단하여야 한다.

대법원 판례는 "회사의 계산"의 구성요소로 회사의 출연과 회사에의 손익귀속을 제시하였다. 증여형 자금제공이 회사의 출연에 해당함에는 의문이 없다. 반환이 예정된 자금대여형과 주식명의인의 차입에 대한 회사의 보증과 같은 신용보강형도 회사의 출연에 해당한다고 본 대법원 판례의 입장은 타당하다. 이러한 회사의 출연의 공통적 속성은 주식취득자금 조달에 대한 회사의 금전적·재정적 지원이라는 점에 있다. 회사가 주식명의인의 주식취득자금 조달비용을 부담하는 조달비용부담형도 같은 속성을 가지고 있으므로 회사의 출연의 한 형태로 인정할 필요가 있다. 자금조달비용 부담은 신용위험 부담에 상응한다는 점, 회사가 조달자금을 부담하면 주식명의인의 입장에서는 회사에 의존하여 자금을 제공받는 것과 다르지 않다는 점, 조달비용부담이 회사에의 손익귀속과 결합되면 지배구조왜곡의 문제가 발생한다는 점 등에서 조달비용부담형은 신용보강형이나 자금대여형과 차이가 없다. 또한 회사가 이미 보유한 자기주식을 소비대차 방식으로 대여하는 형태의 거래에서는 주식명의인이 주식취득자금을 마련할 필요가 없으므로 주식대여형을 주식취득자금제공과 마찬가지로 취급할 필요가 있다.

증여형 출연은 그 자체가 회사의 순자산을 감소시키는 행위로서 자본충실을 해하는 것이지만 증여를 받아 취득한 주식이 "회사의 계산"에 의한 자기주식 취득으로 인정되는 것은 자금출연 이외에 회사에의 손익귀속 또는 회사의 주식지배가 있기 때문이다. 자금대여형, 신용보강형, 조달비용부담형 출연과 같이 회사가 주식명의인의 신용위험 또는 자금조달비용을 부담하는 경우, 관련 주식 취득·보유에 따른 손익이 회사에 귀속되면 즉 주식 취득·보유에 대한 위험을 회사가 부담하면, 신용위험 또는 자금조달비용의 부담을 넘어 자본충실 훼손과 지배구조 왜곡의 문제를 야기하므로 "회사의 계산"에 의한 자기주식 취득에 해당하게 된다. 주식대여형 출연에서는 거래의 성질상 회사에의 손익귀속이 내재되어 있다. 회사의 자금출연에 의하여 주식명의인이 주식을 취득한 경우에는 주식 보유에 따른 손익 전부가 회사에 귀속되는 경우는 물론 손실만 회사에 귀속되는 경우도 자본충실 훼손과 지배구조의 왜곡의 우려를 야기한다는 점에서 자기주식에 해당하는 것으로 보아야 한다.

대법원 판례가 제시한 회사의 자금출연과 회사에의 손익귀속이라는 판단기준이외에 회사의 주식지배도 중요한 고려요소이다. 회사가 주식취득자금을 증여하고 그 자금으로 취득한 주식을 회사가 지배하는 경우에는 그 주식에 대한 출자환급이 이루어졌다고 보아야 할 것이므로 손익귀속의 입증을 구하지 않고 증여형 출연과 주식지배만으로 "회사의 계산"에 의한 자기주식으로 인정할 필요가 있다. 증여형 출연이 아닌 다른 유형의 출연의 경우 회사의 주식지배는 "회사의 계산"에 의한 자기주식임을 인정할 강력한 정황증거라고 보아야 할 것이다.

[참고문헌]

고인배, "자기주식 취득을 위한 제3자에 대한 자금지원: 대법원 2011. 4. 28. 선고
　　　2009다23610호 판결", 「동아법학」 제53호(동아대학교 법학연구소, 2013).

권기범, 「현대회사법론」 제7판(삼영사, 2017).

김건식/노혁준/천경훈, 「회사법」 제3판(박영사, 2018).

김용담, 「주석민법(제4판) 민법총칙(1)」(한국사법행정학회, 2010), 제43조 주석(송호
　　　영 집필).

김이수, "타인명의, 회사계산에 의한 자기주식 취득의 판단기준에 관한 고찰 — 대법
　　　원 2011. 4. 28. 선고 2009다23610호 판결을 대상으로 —", 「상사판례연구」
　　　제25집 제2권(2012).

송옥렬, 「상법강의」 제8판(홍문사, 2018).

윤찬영, "자기주식 취득을 위한 재정지원행위와 상법 제341조의 적용 — 대법원
　　　2007. 6. 28. 선고 2006다38161, 38178 판결 —", 「법조」 제58권 제10호(법조
　　　협회, 2009).

이상훈, "회사주식취득자에 대한 자금지원, 자기주식 취득에 해당하지 않는다", 「기
　　　업지배구조연구」 제39권(경제개혁연구소, 2011).

이철송, 「회사법강의」 제26판(박영사, 2018).

정재은, "자기주식과 대차거래", 「BFL」 제87호(서울대학교 금융법센터, 2018. 1).

한국상사법학회, 「주식회사법대계 Ⅰ」(법문사, 2013), 제3장 제3절 Ⅲ. "자기주식의
　　　취득 및 처분"(정수용 집필).

Cahn/Ostler, "Eigene Aktien und Wertpapierleihe", Institute for Law and Finance,
　　　Working Paper Series No. 76(2008).

MüKoAktG/Oechsler, 4. Aufl. 2016, AktG.

江頭憲治郎・中村直人, 「論点体系 会社法 6」(第一法規, 2012), 제963조 주석(葉玉匡美
　　　집필).

落合誠一 編, 「会社法コンメンタール 〈4〉 株式(2)」(商事法務, 2009), 제155조 주석(藤
　　　田友敬 집필).

落合誠一 編, 「会社法コンメンタール 〈21〉 雜則(3)・罰則」(商事法務, 2011), 제963조
　　　주석(佐伯仁志 집필).

上柳克郎・鴻常夫・竹内昭夫 編, 「新版 注釈会社法(13)」(有斐閣, 1988), 제489조 주석
　　　(芝原邦爾 집필).

岩原紳作, "貸株と自己株式の処分", 「会社・金融・法〔上巻〕」(商事法務, 2013).

龍田節, "会社の計算による自己株式の取得", 「法学論叢」 138巻 4・5・6号(1996).

제2편
법률가의 의무와 책임

1. 이른바 현관예우·관선변호 현상에 대한 법적 고찰[*]

Ⅰ. 머리말

2010년 세칭 그랜저 검사 사건과 스폰서 검사 사건 등 세인의 주목을 받는 사건들이 발생하였다. 그랜저 검사 사건은 잘 아는 고소인으로부터 고소사건을 잘 처리해달라는 부탁을 받고 그 사건을 담당한 후배검사에게 청탁하고 고소인으로부터 그랜저 승용차와 금품을 수령한 사건이다. 스폰서 검사 사건은 건설업자가 전·현직 검사 다수에게 25년에 걸쳐 금품과 향응을 제공했다고 보도된 사건이고, 향응을 받은 일부 검사가 그 건설업자에 관한 사건을 담당한 검사에게 사건처리에 관하여 청탁하였음이 드러났다. 법원에서는 2005년 부장판사가 후배판사에게 청탁하였다가 구두경고를 받은 사건¹⁾이 발생했고, 2006년 법조브로커 김홍수 사건과 관련하여 고법부장판사가 다른 판사에게 청탁하였음²⁾이 드러나 대법원장이 대국민 사과까지 하였는데, 이번에는 검찰에서 내부적인 청탁이 잘 드러나는 사건이 발생한 것이다.

재조 — 법원·검찰 — 내에서 동료 또는 선후배 법관·검사가 사건을 담당한 다른 법관·검사에게 청탁하는 것을 (의뢰인의 관점에서) 속칭 관선변호(官選辯護)라 불러왔다.³⁾ 이렇게 청탁하는 행동이 용인되는 현상(실제 그 청탁대로 사건이 처

---

* 서울대학교 법학 제52권 제2호(서울대학교 법학연구소, 2011. 6) 게재.
1) "대법원, 후배판사에 '판결 압력' 부장판사 경고", 문화일보(2005. 9. 28), 8쪽; "후배판사에 수차례 '재판청탁'", 서울신문(2005. 9. 29), 7쪽; 아래 [사례 6].
2) 서울중앙지방검찰청, "법조비리사건수사결과"(2006. 8. 23); "판사에게 청탁전화하는 판사들/ㄱ부장판사 'ㅇ사장 집행유예로 풀어달라'", 한겨레신문(2006. 7. 31), 4쪽; 아래 [사례 1].

- 349 -

리되었는지 여부는 묻지 않음)은 법원·검찰 내부의 관점에서 보면 "현관예우(現官禮遇)"[4]라고 부를 수 있다. 관선변호와 현관예우는 동전의 양면이므로 이 글에서는 이를 구별하지 않고 현관예우·관선변호로 부르기로 한다. 현관예우·관선변호의 현상이 실제 있는지, 있다면 얼마나 있는지를 정확하게 파악하기는 어렵다. 법원과 검찰의 조직 내부에서 일어나는 현상이고 성질상 은밀히 일어날 것이기 때문이다. 판례 또는 징계 결정 등을 통하여 단면을 파악할 수 있을 뿐이다.[5] 이 글에서는 판례와 징계 사례 등을 통하여 현관예우·관선변호의 유형을 살펴보고 현관예우·관선변호가 일으키는 문제점과 그 발생원인 및 법적인 대응 방안에 대하여 검토하기로 한다.

Ⅱ. 판례와 징계사례 등에 나타난 현관예우·관선변호의 유형

1. 유형의 분류

현관예우·관선변호 현상은 법관·검사(이하 "청탁자"라고 함)가 사건을 담당한 다른 법관·검사(이하 "피청탁자"라고 함)에게 누군가(이하 "의뢰인"이라고 함)의 의뢰를 받고 청탁하는 것이다. 이 때 청탁자와 의뢰인의 관계는 (i) 직·간접적인 금전적 대가관계가 있는 경우, (ii) 직·간접적인 금전적 대가관계 없이 친분관계만 있는 경우로 나누어 볼 수 있고, 후자는 다시의뢰인이 가족, 친척, 친구, 친지 등 변호사가 아닌 사람인 경우와 친분관계가 있는 변호사인 경우로 나누어 볼 수 있을 것이다.

---

3) 서울중앙지방검찰청, 앞의 문서(주 2), 6쪽은 "법조브로커나 사건관계자들은 친분 관계가 있는 판사, 검사, 경찰관들을 통해 그들이 사건을 직접 담당하는 동료 판사, 검사, 경찰관에게 선처를 부탁하는 속칭 '관선 변호'를 기대하는 경우가 많았고, 실제 그러한 '관선 변호'를 한 사례도 있었음"을 지적하였다. 23명의 구술을 바탕으로 저술된 김두식, 불멸의 신성가족(창비, 2009), 144-176쪽은 '관선 변론'의 몇가지 사례에 대하여 상세히 기술하고 있다.

4) 김홍진, "전관예우, 현관예우", 조선일보(2011. 1. 15), A30쪽은 현관예우를 금품을 수수하며 조직 내의 인사를 활용하여 청탁하여 사건을 해결하는 것을 의미하는 용어로 사용하는 듯하고, 전관예우, 현관예우와 더불어 연관(聯關, 蓮官)예우라는 용어도 사용하고 있다.

5) 서울중앙지방검찰청, "법조비리사건수사결과"(2006. 8. 23)가 관선변호의 현상이 있음을 지적한 이외에도 한겨레신문 기사(supra note 2); 우득정, "관선변호", 서울신문(2005. 9. 30), 31쪽; "법조위상 회복을 위하여 — (4)판사가 판사에게 청탁 … '관선변호' 전화 끊자", 법률신문 (2006. 8. 29); "관선변호", 영남일보(2006. 8. 11), 8쪽 등이 현관예우·관선변호의 현상을 구체적인 예를 들어가며 보도하였다.

청탁자와 피청탁자 간의 관계를 기준으로 볼 때는 (i) 직무상 상하관계에 있는 경우, (ii) 직무상 상하관계에 있지는 않으나 같이 근무하거나 같이 근무한 경험이 있는 등 직무상 알게 된 경우, (iii) 직무상 상하관계에 있지도 않고 직무상 알게 된 것은 아니나, 지연, 학연, 혈연 등의 관계로 알고 지내는 경우로 나누어 볼 수 있다.

이러한 유형 구분은 개념적인 것이고 실제 그러한 현상이 있는지를 확인하기 위해서는 실증적 조사가 필요하다. 아래에서는 판례와 징계 사례 등에 나타난 현관예우·관선변호가 어떠한 유형에 속하는지 살펴본다.

2. 청탁자인 법관·검사와 의뢰인간의 관계에 따른 분류

2.1. 의뢰인이 법조 브로커 내지는 이에 준하는 경우

현관예우·관선변호의 문제를 확인할 수 있는 판례는 대부분 금전대가관계에 따른 수뢰, 알선수뢰 등 형사적으로 문제된 사건들이다. 아래 [사례 1]은 의뢰인이 법조브로커인 대표적인 사례라고 할 수 있다. 이른바 스폰서 검사 사건으로 불리며 언론에 크게 보도된 사건인 [사례 2]와 [사례 3]의 의뢰인은 건설업자이지만 청탁한 사건이 본인의 변호사법 위반 사건이었고, 스스로 지역민원 해결을 위하여 검사들에게 청탁을 자주 했다고 하고 있으므로 같은 범주에 넣을 수 있을 것으로 보인다. [사례 1]은 법조 브로커가 위법한 브로커 활동을 하는 과정에서 법관의 청탁을 이용한 경우이고, [사례 2]와 [사례 3]은 법조 브로커가 위법한 브로커 활동으로 인하여 변호사법 위반피의자가 되어 수사를 받게 되자 자신의 사건에 관하여 친분있는 검사들의 청탁을 이용한 사건이라는 점에서 약간 차이는 있다. [사례 2]에서는 징계사유와 판결문 상으로는 향응을 받았음을 인정하였지만 대가관계임을 명시적으로 인정하지는 않았고, [사례 3]의 판결문에서는 향응을 받았음이 인정되었으나 알선수뢰를 인정하기에 필요한 대가관계가 인정되지 않았다.

[사례 1] 서울고등법원 2007. 12. 28. 선고 2007노109 판결 (대법원 2008. 6. 26. 선고 2008도505판결로 상고기각) ― 조○○부장판사 ― 법조 브로커 김홍수 사건6)

이 판결은 (1) 피고인이 2002. 2. 김홍수로부터 "부천지원에 카드깡으로 구속된 김○○이 우리 가게 여직원의 오빠인데 담당판사에게 이야기하여 보석으로 빨리 나올 수 있도록 해 달라"는 취지의 청탁을 받고, 그 무렵 김홍수에게 보석신청서 양식을 보내주어 구속된 김○○의 처 명의로 보석신청서를 작성하여 담당재판부에 제출하도록 한 다음, 김○○이 부천지원에서 2002. 3. 27. 보석으로 석방되었고(2002. 5. 16. 벌금 700만원 선고), (2) 피고인은 같은 해 5월 김홍수가 운영하는 수입카펫 점포를 방문하여 김홍수에게 "보석으로 석방된 사람의 여동생이 누구냐, 얼굴 좀 보자"라며 위 사건이 잘 처리된 것에 대한 사례를 요구하는 듯한 태도를 보임에 따라, 그로부터 2-3일 후 롯데백화점 내 가구점에서 김홍수가 구입하여 준 이탈리아제 식탁 1세트와 소파 1세트 합계 1,000만원 상당을 받아 공무원의 직무에 속한 사항의 알선에 관하여 금품을 수수하였다는 사실을 인정하고 유죄를 선고하였다. 판결문상으로는 피고인이 보석 담당 재판부와 연락을 하였는지 여부에 대하여 언급이 없어 현관예우·관선변호의 문제가 발생하였는지는 정확히 파악할 수 없다. 그러나, 보석으로 석방된 이후 사례를 요구하는 듯한 태도를 보였다는 점에 비추어 보면 보석을 위하여 노력을 하였을 것이라는 점을 추측해 볼 수 있다.

또한 법원은 공소사실 가운데 "이전에 청탁받은 사건에 대한 알선 명목으로 금원이 교부되었다"는 부분과 "이전에 청탁받은 사건을 잘 해결하여 주었으니 앞으로도 계속 도와달라는 취지에서 금원이 교부되었다"는 부분에 대하여 구체적인 사건의 알선에 관하여 금원을 수수한 것을 인정할 증거가 없다고 하여 무죄를 선고하였다. "이전에 청탁을 잘 들어 주었다는 점"에 대한 언급이 공소사실에 나오지만 알선수뢰를 인정할 수 있을 정도의 입증이 안 되었다고 하여 무죄 판결이 선고되어 판결문 상으로는 피고인이 김홍수의 청탁을 여러 차례 들어 준 것인지를 확인할 수는 없다.

---

6) 한겨레신문, 앞의 기사(주 2)는 이 사건과 관련하여 부장판사가 다른 법관에게 행한 구체적인 청탁 사례들를 보도하였으나 그 사례들은 [사례 5] 판결에서 다루어지지 않았다. 또한 서울중앙지방검찰청, 앞의 문서(주 2), 3쪽은 김홍수로부터 청탁 명목으로 금품을 수수한 혐의로 전직 부장검사 2명과 전직 검사 1명을 기소하였다고 밝혔으나, 그 결과는 확인할 수 없었다.

[사례 2] 법무부공고 2010-118호(2010. 7. 13. 관보 제17297호) 및 서울행정법원 2011. 1. 31. 선고 2010구합37087 판결 — 세칭 스폰서 검사 사건

이 사건의 징계대상자인 부산지방검찰청 검사장 박○○은 1987년 진주지청 검사로 근무할 당시 갱생보호위원으로 활동하던 정○○을 알게 된 후 친분관계를 유지하여 왔다. 2009. 6. 19. 정○○로부터 1인당 13만원 상당의 향응을 제공받았고, 2009. 8. 13. 정△△로부터 당시 구속 수사 중에 있던 정○○에 대한 선처 및 병원치료 부탁을 받고 '알았다. 챙겨보겠다'는 취지로 대답한 후, 2009. 8. 17.경 정△△로부터 정○○에 대한 구속집행정지 등 선처를 부탁받고, 담당 검사A에게 그 요구를 수용해 달라는 취지의 부탁을 하였다.[7] 한편, 박○○은 2009. 9. 24.경 및 10월말 경 부산지검 1차장검사에게 정○○에 대한 수사템포를 늦추어 줄 것을 부탁하였다.[8] 박○○에 대하여 위의 두 가지 사유를 비롯한 12개의 징계사유를 근거로 면직처분이 내려졌다. 징계처분 취소청구에 대하여 법원은 원고 패소 판결을 선고하였다. 법원은 "원고는 단순히 업무차원에서 확인을 하였다기보다는 앞서 본 정△△와의 사적 접촉 이후 정○○에 대한 구속집행정지 등의 선처를 검사A에게 청탁하였다고 보기에 충분하다."고 판시하고, 또한 "원고는 차장검사B에

---

7) 서울행정법원 2011. 1. 31. 선고 2010구합37087 판결에 의하면 검사A는 아래와 같이 진술하였다. "2009. 8. 18. 정○○의 상태를 확인한 후 구속집행정지 불허결정서를 작성하여 부장님, 차장님 결재를 받고 원고에게 대면 보고를 하였다. 그 때 원고는 검사A에게 '내가 정○○를 좀 아는데 몸이 아프다는 말을 들었다. 혹시 치료나 수술을 받게 해 줄 방법이 없겠느냐'라고 물었다. 이에 '정○○는 구속집행을 정지할 정도로 심각한 상황이 아니고 다른 사람들과의 형평에 비추어 보더라도 구속집행정지를 할 정도의 사안이 아니다. 더욱이 검사를 잘 안다고 떠들고 다니는 사람이라 구속집행을 정지하면 나중에 말이 많이 나올 것 같다. 수술은 구치소 안에서 통원치료를 통해 할 수 있다'고 하였더니, 원고는 '그럼 구속집행정지는 불허하고 대신 정○○가 구치소에서 수술이나 치료를 받을 수 있도록 해 주는 것이 좋겠다'고 하면서 구속집행정지 불허결정에 결재를 하였다."

8) 구체적인 사실관계에 대하여는 다툼이 있었는데 서울행정법원 2011. 1. 31. 선고 2010구합37087 판결은 진상조사단의 일원인 검사C가 2010. 6. 6. 차장검사B를 상대로 전화확인 후 작성한 전화확인결과보고에는 "원고는 2009. 9. 24.경 검사A가 5,000만 원 사건의 피해자를 조사한 직후 차장검사B에게 정○○에 대한 수사진행상황을 물으면서 '정○○에 대한 수사템포를 늦추면 안 되겠느냐'고 말하고, 2009. 10. 말경 검사A가 계좌추적영장을 발부받아 정○○의 관련 계좌를 추적하던 중 다시 차장검사B에게 정○○에 대한 수사진행상황을 물으면서 '정○○가 어필을 한다. 수사템포를 늦춰서 천천히 내사하면 어떠냐'라고 말하였다"는 취지로 기재되어 있고, 차장검사B는 2010. 8. 27. 특별검사로부터 조사받으면서 "원고로부터 '템포를 좀 천천히 하면 안 되겠나'라는 구체적인 말을 들은 바는 없고 다만 일반적으로 사건을 수사함에 있어서 신중하고 여유 있게 진행하라는 정도의 말을 하였던 것으로 기억한다"고 진술한 사실을 인정할 수 있다고 판시하였다.

게 정○○ 사건에 대한 수사진행상황을 확인하면서 정○○의 항의 등을 이유로 그 수사 속도를 늦추어 천천히 내사할 것을 적극적으로 요구하거나 최소한 이를 암시 또는 유도하는 말을 하였다고 할 것이고, 당시 원고가 정○○로부터 지속적으로 협박성 문자메시지를 받고 있었던 점에 비추어 보면 차장검사B에게 위와 같은 요구나 암시 또는 유도를 한 것은 정○○ 사건에 대한 수사 과정에 부당한 영향력을 미치기 위한 의도였다고 보기에 충분하다. 비록 차장검사B가 원고의 요구를 거절하여 사실상 그 목적을 이루지 못하였다고 하더라도, 이는 부당한 영향력 행사가 그 목적을 이루지 못한 것일 뿐 부당한 영향력 행사 사실 자체가 부인되는 것은 아니다."라고 판시하였다.

[사례 3] 서울중앙지방법원 2010. 12. 30. 선고 2010고합1322 판결 및 2011. 1. 28. 선고 2010고합1321 판결 — 세칭 스폰서 검사 사건

'검사 등의 불법자금 및 향응수수사건 진상규명을 위한 특별검사의 임명 등에 관한 법률'에 따라 세칭 스폰서 검사사건을 수사한 특별검사에 의하여 기소된 4명의 검사중 정△△ 고검 검사 사건(서울중앙지방법원 2010. 12. 30. 선고 2010고합1322 판결)과 김○ 부장검사 사건(서울중앙지방법원 2011. 1. 28. 선고 2010고합1321 판결)은 검사가 사건관계인과 접촉하여 의뢰를 받고 담당 검사에게 청탁하는 과정을 잘 보여준다.

1. 정△△는 1990-91년 진주지청에서 근무할 때 N건설을 운영하며 관내 갱생보호위원으로 활동하던 정○○를 알게 되어 공적, 사적 모임에서 15회 정도 만나 식사를 함께 하였다. 그 사이 정○○와는 아무런 교류가 없었고, 피고인이 2009. 1. 말경 부산고검에 부임한 직후 정○○는 피고인에게 전화하여 함께 식사할 것을 제의하였고, 피고인은 2009. 3. 30. 부산고검에서 함께 근무하는 공익법무관들과 함께 정○○와 식사를 한 후 노래방을 갔고, 그 비용 64만 원은 정○○가 결제하였다.

그동안 정○○는 1992년경 N건설이 부도가 나고, 2003년과 2005년에는 변호사법위반죄, 2008. 7.경에는 사기죄로 유죄판결을 선고받고, 그 이후 "아는 검사를 통해 사건을 무마해주겠다"는 명목으로 2008. 12. 이○○로부터 2,000만원, 2009. 3. 이△△로부터 400만원을 수수하였다.

이후 부산동부경찰서는 2009. 4. 15.경 정○○의 변호사법위반 혐의사실에

대하여 내사에 착수하여 정○○을 출석시켜 조사하였고, 정○○는 피고인을 만나거나 전화로 사건에 관하여 피고인에게 이야기 하였다. 정○○는 2009. 7. 6. 경찰이 부산지검에 구속영장 청구를 신청하자 피고인에게 전화하여 담당 검사에게 전화해 줄 것을 부탁하였고, 피고인은 같은 날 정○○에 대한 사건 담당 부산지검 검사F에게 전화하여 '기록을 잘 검토해 달라'는 취지로 말하고, 2009. 7. 하순경 사건을 인수한 검사A에게 전화하여 같은 취지로 말하였다.

피고인이 부산고검에서 근무할 당시 담당하였던 업무는 고소사건에 대한 항고사건의 처리 업무 및 국가소송 업무였고, 부산지역 소재 경찰의 구속영장 청구 신청에 대한 지휘를 비롯한 경찰에 대한 수사지휘 업무는 부산지검 소속 검사들이 담당하였다.

이 사건에 대하여 1심 법원은 직무관련성과 뇌물수수 또는 알선뇌물수수의 범의를 인정할 수 없다는 이유로 무죄를 선고하였다. 한편 법무부는 2011. 4. 4. 향응을 제공받은 사실과 수사검사에게 청탁한 사실을 징계사유로 삼아 이 사건에 관하여 정△△ 고검 검사에게 감봉 1월의 징계처분을 하였다(법무부공고 제2011-47호, 관보 제17483호 2011. 4. 8).

2. 김○는 부산지검 공판부장으로 근무할 때 당시 창원지검 차장검사이던 한○○의 제안에 따라 2009. 3. 17. 한○○, 울산지검 강○○부장검사와 함께 정○○를 만나 식사하여 알게 되었다. 김○은 2009. 4. 13. 그의 지휘하에 있는 공판부 검사 11명과의 회식비용 60만 원 상당과 룸살롱 음주 대금 140만 원 상당을 정○○로 하여금 지출하게 하고, 다음날인 2009. 4. 14. 정○○로부터 3차례에 걸쳐 정용재의 형사문제와 관련된 전화를 받고 또 그 후 여러 차례 정용재로부터 "내가 지금 곤란한 문제를 겪고 있다. 어쩌면 좋겠느냐?"라는 전화를 받아 조언을 해 주었다. 정○○가 2009. 7. 27. 체포되어 가면서 "부장님, 저 잡혀 갑니다. 경찰관에게 지금 잡혀가고 있습니다."라는 취지로 도움을 요청하는 전화를 하자 검사A에게 "내가 아는 사람이 지금 잡혀간다는데, 도대체 무슨 사건이냐"고 물었다.

이 사건에 대하여 1심 법원은 객관적 직무관련성은 인정되지만 식사등 향응이 피고인의 직무와 관련되는 것을 알았다고 보기 어렵다는 이유로 무죄를 선고하였다. 한편 법무부는 향응을 받은 사실과 청탁한 사실을 징계사유로 삼아 김○ 검사에게 정직 1월의 징계처분을 하였다(법무부공고 제2011-47호, 관보 제17483호 2011. 4. 8).

2.2. 의뢰인이 법조브로커는 아니지만 금전적 대가관계가 있는 경우

아래 [사례 4]는 친분관계가 있는 기업인으로부터 금품을 받고 청탁한 사건이다.

[사례 4] 서울중앙지방법원 2011. 1. 28. 선고 2010고합1614 판결 — 세칭 그랜저 검사 사건

이 사건의 피고인1(서울중앙지검 형사2부 부부장 검사)은 피고인2와 1993-1994년부터 알게 되었고 피고인2가 2004년 폭력행위등처벌에관한법률 위반죄로 실형을 선고 받고 2007년 출소 후 2007년 가을부터 피고인2를 다시 만나 자주 연락하고 만나면서 지내왔다. 건설업자인 피고인2는 아파트 시행사업을 하다가 그가 운영하던 건설회사의 대표이사등이 사업부지등을 양도해 버린 행위를 배임죄로 2회에 걸쳐 고소하였고, 그 사건을 서울중앙지검 형사2부가 담당하게 되었다.

피고인1은 2008. 1-2.경 고소사건 중 1건을 담당한 후배 검사D에게 "고소인이 억울하다고 하니 사건을 바로 처리하지 말고 기록을 잘 검토해 봐라"고 했고, 2008. 4.경 나머지 고소사건을 담당한 검사E에게 "고소인이 억울하게 아파트 시행권을 빼앗긴 것 같으니 잘 들어봐 달라"고 했다. 검사E는 '혐의없음' 의견으로 결재를 올렸는데 검사D가 담당한 사건과 관련사건이라는 이유로 검사D에게 재배당되었고, 2008. 6. 30. 검사D는 피고소인 중 일부를 기소했으나, 2008. 11. 11. 모두 무죄가 선고되었다. 그 사이, 2008. 6.과 2008. 11. 피고인2과 피고소인측은 피고소인측이 피고인2에게 27억원을 지급하고 부동산 일부 지분을 양도하는 내용으로 합의하였다.

피고인2는 (1) 피고인1에게 2008. 5.부터 2008. 12.까지 5회에 걸쳐 총 1,100만원을 교부하고, (2) 2009. 1. 피고인1의 처 명의로 그랜저 승용차를 구입하고 그 대금을 현대자동차에 지급하였으며(그 대신 피고인1이 타고 다니던 소나타 승용차를 받음), (3) 2009. 10. 피고인1에게 500만원을 교부하였다.

법원은 다음과 같은 이유로 피고인1이 다른 공무원의 직무에 속한 사항의 알선에 관하여 뇌물을 수수하였음을 인정하고 유죄를 선고하였다.

"부부장검사는 부장검사를 보좌하여 전문수사체제 운영에 필요한 기획, 수사, 연구, 자료관리 등을 총괄하고 신임검사를 지도하며, 부장검사가 직무를 행할 수 없을 때 선임 부부장검사가 소속부의 검찰사무를 대결한다고 규정하고 있는

등(…), 검사는 원칙적으로 각기 단독 관청이긴 하지만, 검사동일체 원칙에 따라 상급자를 중심으로 유기적으로 연결되어 있고 상급자로부터 지휘감독 및 업무상 조언을 받기도 하는 점에 비추어 보면, 피고인1은 당시 검사D, 검사E에 대해 부부장검사라는 자신의 지위를 이용하여 법률상 또는 사실상의 영향력을 행사할 수 있는 지위에 있었음을 충분히 인정할 수 있다(피고인1이 검사E에게 메신저로 부탁을 한 시점은 피고인1이 ○○지청으로 전출된 이후이긴 하나, 그 시기가 전출 직후인 점, 검사E는 그 해에 처음 발령받은 초임검사였던 점 등을 고려해 보면 피고인1은 여전히 검사E에게 위와 같이 영향력을 행사할 수 있는 지위에 있었다고 볼 수 있다).

피고인2는 자신의 고소 사건이 D검사실에서 조사되던 시기에 피고인1과 수십 회에 걸쳐 전화통화를 하였고, 자신이 참고인으로 조사를 받은 날을 전후하여 항상 피고인1과 전화통화를 하였는바, 위와 같이 피고인1과 통화하면서 고소 사건에 관하여 자세히 논의하고 그러한 과정에서 피고인1에게 자신에게 유리하게 사건을 처리해 줄 것을 청탁하였을 것으로 보인다.

피고인1은 형사2부에서 같이 근무하고 있던 검사D에게 피고인2의 고소 사건에 대하여 "조사 없이 바로 처리하지 말고 기록을 잘 검토해 달라"고 말하였고, (…) 검사E에게 "고소인이 억울하다고 하니 잘 들어봐 달라"고 말하였는바, 피고인1의 행동은 검사D, E의 직무인 범죄수사 처리에 있어서 고소인인 피고인2를 참고인으로 조사하고 피고인2의 입장을 충분히 고려해 줄 것을 요청한 것으로서, 피고인2의 청탁에 따라 위 검사들의 직무인 형사사건 처리에 관해 알선한 것으로 충분히 인정할 수 있다."

2.3. 금전적 대가관계 없이 친분관계만 있는 경우

판결문과 징계공고문만을 볼 때 [사례 5], [사례 6]과 [사례 7]은 금품 수수가 확인되지 않는 친분관계이다. 이 3개의 사례의 의뢰인은 분쟁에 연루된 기업가 내지는 투자자였고, 판례와 징계사례에서 변호사가 친분 있는 법관·검사에게 부탁한 사례는 찾지 못하였다.

[사례 5] 대법원 공고 2007-28호(관보 제16526호 2007. 6. 15)

2007. 6. 7. 대법원은 손○○부장판사가 사건을 담당하고 있는 다른 판사에게 부탁을 한 점 등을 이유로 정직 10월의 징계처분을 하였다. 이 사건에서는 징계

대상자가 2006년 7월경 친구의 소개로 알게 된 모 회사의 주요 주주 모 씨로부터 주식 및 경영권 양도계약 이행과정에서 발생한 분쟁에 관한 설명을 듣고 관련 서류를 검토한 사실이 있음에도 불구하고 그 후 모 씨 등이 제기한 회계장부등열람및등사가처분신청사건 등 6건의 신청 및 비송사건 재판을 회피하지 아니한 채 진행하고, 각 재판을 전후하여 재판 당사자인 모 씨와 수 회 만나거나 전화통화를 하였으며, 2006년 하반기 모씨 등이 제기하여 다른 재판부에서 진행중이던 대표이사등직무집행정지가처분신청사건에 관하여 담당 재판장에게 모 씨의 의견을 전달하였다(그러나 위 신청은 기각됨).

[사례 6] 2005년 서울중앙지법 부장판사 구두 경고

서울중앙지법 부장판사가 같은 법원의 후배 판사에게 특정 사건에 대해 청탁성 압력을 행사하여 대법원으로부터 구두경고를 받았다. 언론 보도[9]에 따라 사건을 요약하면 A부장판사와 평소 잘 아는 관계인 B가 대형 건설사에 투자한 돈을 돌려받기 위해 법원에 소액사건으로 민사소송을 제기하였다. B는 소송대리인을 선임하지 않았다. A부장판사는 다른 판사를 통해 사건 담당 C판사에게 B의 소액사건과 관련한 청탁을 수차례 하였으나, B는 패소하였다. A부장판사는 C판사에게 전화를 걸어 사건에 대해 직접 물었고, 그 과정에서 법리적 논쟁이 벌어졌다. A부장판사가 C판사에게 '근무평정'까지 언급하면서 두 사람은 심한 말다툼을 한 것으로 전해졌다. B는 즉시 항소를 제기하였고 항소이유서에서 1심 재판부가 법리를 잘못 적용했다고 비판했다. 이를 본 C판사는 A부장판사의 그간 '압력행태'를 소액 단독 판사 전체회의에서 공론화했으며, 이 사실을 확인한 대법원은 A부장판사에게 재발방지를 약속받고 구두경고 수준에서 사건을 마무리했다. 이에 따라 A 부장판사도 C판사에게 전화로 정식 사과했으며 사건이 불거지자 B도 소송을 취하했다.

[사례 7] 대법원 2007. 6. 14. 선고 2004도5561 판결 — 검찰총장 사건[10]

이 사건의 피고인은, 1999. 6. 9.경부터 2001. 5. 25.경까지 대검찰청 차장검사로, 2001. 5. 26.부터 2002. 1. 15.까지 검찰총장으로 재직하였다.

---

9) 위 사실관계는 문화일보, 앞의 기사(주 1)에 의존하였다.
10) 이 사건에서는 피고인이 무역금융사기 사건과 주가조작사건의 수사비밀을 피의자에게 누설한 점에 대하여도 유죄가 선고되었다.

A, B, D(ㅇㅇ종건 대표이사인 C의 동생)는 오랜 친구 사이로 함께 어울려 다니며 대통령의 아들이자 아태재단 부이사장이라는 A의 신분과 영향력을 이용하여 피고인을 비롯한 여러 고위 공직자들 혹은 재계 인물들과 식사나 술자리를 통하여 친분을 쌓아 오면서, 여러 업체들로부터 공무원이나 금융기관 임·직원들을 상대로 한 민원 문제를 해결해 준다는 명목으로 거액의 돈을 받아 챙기는 행위를 반복해 왔다. B는 A의 비서실장 혹은 대리인 역할을 하면서 피고인에게 다른 사람으로부터 부탁 받은 인사 청탁 혹은 사건에 관련된 정보를 문의하거나 선처를 구하는 전화를 하기도 하고, 직접 피고인의 집무실을 방문하기도 하였다. 평소 B는 주위 사람들에게 검찰 고위간부들 특히 피고인과는 절친하여 자주 술자리를 하는 사이인데 워낙 자신이 술자리에서 잘 노니까, 피고인이 "너는 내 방에 무상으로 출입해도 좋다"고 허락하였다고 자랑하기도 하였다.

대검찰청은 2000. 12. 13. 울산시장 E가 ㅇㅇ종건 대표이사 C로부터 토지구획정리사업허가 건과 관련하여 금품을 수수하였다는 등의 첩보를 울산지검에 보냈고, 사건을 배당받은 울산지검 특수부 검사는 뇌물공여 혐의뿐 아니라 불법대출 등의 비리에 관한 수사 단서를 포착하고 압수·수색을 실시하여 그 혐의에 대한 증거를 수집한 다음 본격적인 수사에 착수하려 하였다.

피고인은 2001. 5. 초순 B으로부터 ㅇㅇ종건에 대하여 선처하여 달라는 취지의 전화 부탁을 받고, 울산지검 검사장에게 전화를 걸어 위 내사사건과 관련한 수사상황을 확인한 다음 내사를 중단하여 달라는 취지로 "아는 사람의 부탁이니 특별한 일이 없으면 그 회사에 대하여 잘 되도록 하여 달라"는 지시를 하였다. 피고인은 또 2001. 5. 26. 검찰총장 취임식을 전후하여 면담을 하게 된 검사장에게 재차 위 회사에 대한 내사를 가부간에 빨리빨리 종결하라는 취지의 독촉 지시를 하여, 2001. 5. 28.경 검사장으로 하여금 울산지검 특수부장을 통하여 내사사건의 수사검사에게 곧바로 내사 종결하도록 지시하게 하였다. 결국 수사검사는 각종 범죄혐의의 단서 및 이를 뒷받침할 물적 증거도 확보되어 이에 대한 수사는 물론 이를 토대로 울산시장의 수뢰 혐의에 대한 수사도 가능한 위 내사사건의 수사를 중단한 채 2001. 5. 26. 범죄 혐의 없음을 이유로 내사종결처분을 하였다.

B는 2001. 8.말 ㅇㅇ종건 관련 내사사건이 종결 처리되도록 노력해 준 것에 대한 대가를 요구하여 2억원권 약속어음 한 장을 교부받았다(위 돈 중 위 내사사건 종결과 관련된 금액은 1억원이다).

이 사건에 대하여 원심은 "피고인의 주장과 같이 피고인이 울산지방검찰청 검사장에게 단지 내사진행이 외부로 공개되지 않도록 하라는 뜻으로 말하였을 뿐이라고 하더라도, 이미 수개월간 내사가 진행되어 사무실과 임원의 거주지에 대한 압수수색까지 진행된 사안에 대하여 압수수색 결과 확보된 자료에 대한 충분한 검토도 하지 못한 상태인 압수수색 직후의 시점에서 더 이상 내사진행이 외부로 공개되지 않도록 하라고 언급하였다면 그 언급만으로도 내사 담당자로서는 현실적으로 더 이상 추가적인 내사진행을 추진하기 어려울 것이므로, 위와 같은 언급 역시 ○○종건에 대한 내사중단의 지시로 평가될 수밖에 없으며, 위와 같은 내사중단 지시에 의하여 담당 검사로 하여금 구체적인 혐의 사실을 발견하여 정상적인 처리절차를 진행중이던 ○○종건 내지 E 시장에 대한 내사를 중도에서 그만두고 종결처리토록 한 행위는 대검찰청 차장검사 혹은 검찰총장의 직권을 남용하여 담당 검사로 하여금 의무 없는 일을 하게 한 행위에 해당한다"는 이유로 직권남용권리행사방해의 공소사실을 유죄로 인정하였고, 대법원은 피고인의 상고를 기각하였다.

3. 청탁자와 피청탁자 간의 관계에 따른 분류

3.1. 직무상 상급자의 지시 또는 청탁

3.1.1. 직무상 상급자의 지시

대표적인 사례로는 검찰총장이 외부의 청탁을 받고 내사중인 사건이 계류된 지방검찰청 검사장에게 지시하여 내사를 중단시킨 혐의로 유죄판결을 받은 사건인 [사례 7]을 들 수 있다.

3.1.2. 직무상 상급자의 청탁

직무상 상급자가 하급자에게 사건 처리에 관하여 이야기 하지만 직권남용권리행사방해에 이르지 않고 청탁 내지는 청탁성 지시를 하는 경우이다. 위의 [사례 2](세칭 스폰서 검사 사건 — 부산지검 검사장)와 [사례 4](세칭 그랜저 검사사건)가 이 유형에 해당한다.

3.2. 개인친분형

3.2.1. 직무상 동료이거나, 동료 또는 상하관계에 있었던 경우

이 유형은 청탁자가 직무상 상급자는 아닌 경우이다. 청탁자가 동료이거나 과거 동료 또는 상하 관계에 있었던 경우, 직무상 상급자가 아닌 직급상 상급자인 경우, 청탁하는 시점에는 직무상 상급자가 아니지만 과거에 직무상 상급자이었던 경우도 포함시킬 수 있다. [사례 3], [사례 5]와 [사례 6]이 이 유형에 해당한다.

3.2.2. 지연, 학연, 혈연 등의 관계가 있는 경우

직무상 알게 된 사이는 아니지만 지연, 학연, 혈연 등의 관계로 알게 된 사이에서 다른 법관이나 다른 검사에게 청탁한 사례를 법원의 판례 또는 법관·검사의 징계처분 사례에서 발견하지는 못하였다. 그러나, 위 개인친분형(3.2.1.)의 청탁 사례가 있음에 비추어 볼 때 그보다 더 가까운 관계일 수 있는 개인친분형(3.2.2.)의 경우 청탁이 이루어질 수 있는 가능성을 배제할 수 없을 것이다.

Ⅲ. 현관예우·관선변호가 초래하는 문제

현관예우·관선변호의 사례들 가운데는 청탁하는 법관·검사가 금품을 수수한 경우와 그렇지 않은 경우가 있다. 판례에 나타난 사례들은 주로 수뢰, 알선수뢰 등 형사책임을 물을 수 있는 금품수수 사례이고, 그러한 사례가 심각한 문제임은 두말할 여지가 없겠으나, 금품수수 관계가 없는 현관예우·관선변호도 아래의 문제가 있다.

1. 재판·수사의 불공정성 초래

피청탁자가 청탁에 응하는 재판·수사를 한다면 재판·수사의 불공정성을 초래하는 정말 심각한 문제임은 두말할 나위가 없다. 이 점은 전관변호사가 수임한 사건에 대하여 그의 의뢰인에게 유리한 재판·수사를 할 경우의 문제와 동일하다.[11] 청탁자가 피청탁자에게 의뢰인의 의견을 전달하거나 "기록을 잘 살펴 달라"[12]는 등의 방법으로 사건 처리에 대하여 청탁한 경우, 그 청탁을 받은 법관·

---

11) 한상희, "전관예우—그 폐해와 혁파방안", 퇴직 판·검사 전관예우, 어떻게 해결할 것인가?(2008. 11. 14) 발표문, 7쪽은 이를 "법의 왜곡"이라 부르고 "사법적 의사결정의 사유화"와 "법적용에 있어서의 형평성의 저해"를 지적하였다.

12) 기록을 잘 살펴보라는 요청이 문자 그대로 기록을 잘 살펴보라는 의미라고 하더라도 문제가 있다는 지적이 있다. 전관예우와 관련하여 법관·검사가 넘치는 사건을 처리해야 하는 상황하에서 법관·검사는 한정된 자원(시간과 집중력)을 적정하게 배분하여야 마땅할 것이라는 점에서, 청탁을 받은 사건 처리에 비정상적으로 시간과 집중력을 투입함으로써 결국 다른 사건의 처리에 필요한 시간과 집중력이 부족해진다면 공정하게 직무를 수행하였다고 할 수 없다는 지적이다. 한상희, 앞의 발표문(주 11), 7쪽.

검사가 어떻게 반응하였는지를 외부에서 확인하기는 매우 어려운 일이다.

위 Ⅱ.에서 살펴본 사례들 중 [사례 7]은 상급자가 직권을 남용하여 수사를 비정상적으로 중단하도록 하여 형사적으로 직권남용권리행사방해죄로 처벌되었다. 사건을 담당한 특수부의 부장검사와 담당 검사는 이러한 지시가 부당함을 인식하였지만 검찰총장의 지시이었기 때문에 거부할 수 없었다.[13] 또한, [사례 4]에서는 청탁을 받은 검사 중 E는 혐의없음으로 의견을 제시하였으나 검사D가 기소하였고, 결국 법원에서 무죄 판결이 선고된 것으로 보아 고소인 측을 위한 청탁이 효과를 발휘한 인상이 짙다. [사례 1]에서는 보석으로 석방되어 청탁의 취지와 같은 내용의 결정이 내려진 것으로 볼 수 있으나, 그것이 청탁에 의한 것인지 여부는 확인할 수 없다.

이와는 달리 [사례 2]에서는 검사장의 지시성 청탁을 받은 수사검사와 차장검사가 그 청탁을 받아들이지 않았고, [사례 3]도 [사례 2]와 동일한 사건에 대한 청탁이었으므로 수사검사가 그 청탁을 받아들이지 않은 것으로 보인다. [사례 5]에서는 부장판사가 의뢰인의 의견을 담당 법관에게 전달하였으나, 담당 법관은 이를 받아들이지 않고 의뢰인의 가처분신청을 기각하였고, [사례 6]에서도 부장판사의 청탁을 담당 판사가 받아들이지 않았다. 다행스런 일이다.[14]

2. 사법제도에 대한 신뢰 훼손 초래

피청탁자가 청탁에 응하는 재판·수사를 하지 않는다고 하더라도 법관·검사

---

13) 서울고등법원 2004. 8. 20. 선고 2003노3391 판결에 의하면, 울산지검 특수부장이 "총장님의 뜻이 있었다는 말이 내사종결에 결정적인 영향을 미쳤고, 일시 보류는 모르지만 사건 자체를 덮는 것은 부당하다고 생각하였기 때문에 차마 그 지시를 주임검사에게 전달하기가 거북하였다. 주임검사에게 더 이상 내사를 진행하지 말고 덮으라는 총장님 지시가 있다. ㅇㅇ 사건은 사실관계를 모두 밝혀 놓고도 처박았는데 그렇게 하니까 검찰이 욕먹지. 총장님 말을 무시할 수도 없고 어떻게 하면 좋지 라는 식으로 검사장의 말을 전달하였다."고 하였고, 주임검사도 "본인은 내사를 계속 진행할 예정이었는데 공소외23(울산지검검사장)의 지시를 받고 서둘러 내사종결을 하다 보니 정확히 확인되지 않은 상황이 내사종결결정문에 기재되었고, 만일 검사장의 지시가 아니었다면 내사를 계속 진행하였을 것이다."라고 진술하였다.

14) 제1공화국 시절 법무부장관을 통한 대통령의 압력에도 불구하고 임영신 상공부장관을 수뢰 등 혐의로 기소한 당시 최대교 서울지검장의 일화는 정권의 압력에 굴하지 않고 검찰의 정치적 중립성을 수호한 대표적 사례이다. 최대교 선생에 대하여는 이시윤, "韓國 法曹三聖의 司法正義 實現과 司法民主化 精神", 사법민주화과제 2010년 제2호(대한변호사협회 법조원로특별위원회), 29-36쪽.

가 청탁하는 것이 용인된다면 재판·수사의 공정성에 대한 의혹을 불러일으켜 결국 사법에 대한 불신을 초래할 수 있다는 점에서 역시 문제가 있다.[15] 위 사례들을 보면 법원의 사례인 [사례 1], [사례 5]와 [사례 6]은 모두 부장판사가 청탁하였고, 검찰의 사례인 [사례 2], [사례 3], [사례 4]와 [사례 7]은 모두 부부장검사 이상, 검사장 심지어는 검찰총장까지 청탁 내지는 청탁성 지시를 하였다. 이와 같이 20년 안팎 또는 그 이상의 경력을 가진 고위 법관·검사가 청탁하였다는 사실은 당해 사건의 재판·수사의 공정성에 대한 의혹뿐 아니라 사법제도에 대한 불신까지 초래할 수 있는 심각한 문제이다.

법조브로커 김홍수와 관련하여 [사례 1]이 발생한 이후 언론의 보도를 보면, "상대방이 있는 민사 사건은 청탁하지 않는다"[16]거나, [사례 6]에 대하여 "재판권 훼손이라는 비판을 받기도 했지만, 법원 내부적으로는 '법리논쟁'으로 보는 시각도 많다. 재판결과에 영향을 줄 정도의 압력은 아니었다는 것이다"[17]는 등 청탁이 판결에 영향을 끼쳤다고 생각하지 않는다는 취지의 보도가 있었다. 이러한 보도가 실제 법관의 시각을 정확히 반영한 것이라면 상당히 우려가 된다. 법관은 재판을 내용상으로도 공정하게 하여야 할 뿐 아니라, 재판이 불공정하게 이루어질 수 있다는 의혹을 야기할 외관을 만들거나 외관 형성을 용인하여서는 안 된다.[18] 현관예우·관선변호는 피청탁자의 재판·수사권 내지는 재판의 독립성을 훼손하였는가 여부의 관점에서뿐만 아니라, 그러한 청탁이 이루어진다는 점 자체가 사법부의 재판 및 검찰의 수사에 대한 국민의 신뢰를 훼손한다는 관점에서도 바라볼 필요가 있다.

3. 브로커와 스폰서 문제의 해결 불가능

[사례 1], [사례 2], [사례 3]과 [사례 7]에서 보듯이 법관·검사가 동료에게 사건 청탁을 하는 것이 용인되는 풍토에서는 이러한 청탁을 할 수 있는 법관·검사와의 친분을 돈독히 하고자 하는 수요가 증가하게 마련이다. 친분을 쌓고자 법

---

15) 전관예우에서도 동일한 문제가 있다. 한상희, 앞의 발표문(주 11), 7쪽.
16) 한겨레신문, 앞의 기사(주 2).
17) 법률신문, 앞의 기사(주 5).
18) 정인진, "미국의 법관윤리전범에 관한 연구", 재판자료 58집 외국사법연수논집(9)(1992), 73-75쪽은 미국에서 윤리적 실체뿐 아니라 외관도 중시하는 점에 대하여 상세히 논하고 있다.

관·검사에게 평소에 금전적 지원을 하는 이른바 스폰서 가운데는 장래 자신이 법적인 사건에 연루될 경우에 대비하여 친분관계를 쌓아두려는 경우도 있겠으나, 다른 사람의 사건 처리까지 부탁하는 경우도 있을 수 있다. 이렇게 친분관계를 형성하여 청탁하고 사건관계인으로부터 청탁에 대한 대가를 받게 되면 바로 법조 브로커가 되는 것이다. 현관예우·관선변호의 풍토는 법조 브로커가 발호할 수 있는 좋은 토양을 만들어 준다고 할 수 있다.

예컨대 세상을 떠들썩하게 했던 법조 브로커 윤상림 사건에 대한 법원의 판결(대법원 2008. 2. 28, 2007도10004; 원심: 서울고등법원 2007. 11. 2, 2007노377)을 보면 피고인 윤상림이 각종 사건의 처리와 관련하여 법조인맥을 활용하여 청탁하겠다고 하면서 금품을 요구한 사실들이 상세히 묘사되어 있다.[19] 사건을 담당하는 법관·검사를 직접 모르더라도, 알고 있는 법원·검찰 내의 인맥을 활용하여 담당 법관·검사에게 청탁하겠다는 것이고, 이는 결국 현관예우·관선변호를 전제로 하는 것이다. 물론 법조 브로커가 금품을 요구하였다고 하여 그가 법원·검찰의 인맥을 활용하여 실제 사건을 담당한 법관·검사에게 청탁하였는지 여부를 알 수 없다. 그러나, 법조 브로커가 이러한 명목으로 금품을 요구하고 상당한 대기업의 임원까지 그 요구에 응하는 것은 현관예우·관선변호가 작동할 수 있다는 믿음이 있기 때문이라고 볼 수 있다.

---

19) 예: (i) 공소외 21 주식회사 부사장 공소외 22로부터 계열회사 대표이사인 공소외 24가 대전지방검찰청 특수부에 구속될 상황이니 평소 알고 지내는 법조인맥을 통하여 공소외 24의 억울한 사정을 설명해 달라는 부탁을 받자, 친분이 있는 변호사를 통하여 특수부에 선처할 수 있는지 알아보았으나 부하직원이 이미 자백하여 돌이킬 수 없는 상황이라는 취지의 설명을 듣고도 대전지역에 근무하는 판사들을 잘 알고 있는 것처럼 행세하면서 공소외 24에게 걱정하지 말고 소환에 응하라고 조언했다가 구속이 되어 버렸다. 어떻게 된 것이냐는 취지의 항의를 받자 "걱정하지 말라. 대전지역 판사들을 잘 알고 있으니 영장담당 판사에게 부탁하여 영장이 기각되도록 해 주겠다. 충분한 경비가 필요하니 준비하라"고 요구한 사실, (ii) 포스코건설이 광주시 오포지역 개발과 관련하여 대검찰청 중앙수사부의 수사를 받게 되자, 위 회사 부사장으로 송도 신도시 개발관련 총책임자인 공소외 67에게 접근하여 "조사를 받고 잘 끝낼 수 있도록 도와주겠다, 공무원에게 돈 준 게 있으면 내가 미리 절충해 줄 테니 내게 얘기를 해 주시오, 내가 미리 이러지 않았으면 당신 꼴인될 수도 있었소, 언제 송도에 구경 갈 테니 한 번 시간을 주시오, 공사가 굉장히 크다는데 나도 큰 물에서 놀아봐야 되겠소, 내가 포스코건설을 위하여 대검 중수부에 이야기를 해서 애를 쓰고 있으니 당신도 나를 좀 도와주시오", "내가 검찰 고위 간부에게 청탁하였으니 내일 들어가면 끝나고 당신은 무사할 것이다, 당신도 내게 뭔가 해주어야 하는 게 아니냐, ㅇㅇ부사장이 송도를 맡고 있는데 내게 공사라도 주어야 힘이 나지, 송도에서 200억 원 상당의 공사 하나만 주소"라고 요구한 사실.

4. 변호사의 건전한 법률사무 처리활동에 대한 장애

만약 변호사가 현관예우·관선변호를 활용하여 변호활동을 할 수 있고, 또 그렇게 하는 것이 효과가 있다면, 본래 하여야 할 업무인 증거와 사실관계의 조사 및 법리 분석을 통하여 수임 받은 사건을 처리하는 것보다 법관·검사와 친분관계를 돈독히 하는데 힘을 쓰게 될 우려가 있다. 이러한 현상이 일부에서라도 나타난다면 변호사의 직무 수행이 불건전하게 될 뿐 아니라 법률문화의 발전에도 심각한 악영향을 미칠 우려가 크다.

Ⅳ. 현관예우·관선변호의 발생원인과 대응방안

1. 의식의 문제

1.1. 청탁자의 의식

1.1.1. 아는 사람에게 법적 조언·조력을 제공한다는 의식

현관예우·관선변호 뒤에는 항상 누군가의 의뢰가 있고, 청탁자인 법관·검사는 그 의뢰인에게 법적 조언·조력을 제공하는 것이다. 법관·검사가 자신이 아는 사람에게 법적 조언·조력을 제공하여도 무방하다는 의식 내지는 그러한 제공이 필요하다는 의식이 있다고 할 수 있다.[20] 이 가운데는 청탁자가 청탁에 대한 대가를 수령하여, 알선수뢰죄가 인정된 [사례 1] 및 [사례 4]와 같이 금전적 동기가 있는 경우도 있고, [사례 3]과 같이 청탁과 직접 관련 없이 향응을 받는 정도의 관계인 경우도 있다. 또한, [사례 7]과 같이 권력 주변인물의 요청을 받고 청탁이 이루어지는 등 금품수수 없이 친분관계에만 기초하여 청탁을 하는 경우도 있을 것이다. 금전적 동기가 있는 경우이건 아니건 청탁자인 법관·검사가 의뢰인에게 법적 조언·조력을 제공한다는 점에서는 기본적으로 차이가 없다. 때로는 의뢰인으로부터 사건 담당 법관·검사에게 청탁하여 달라는 부탁을 받은 후 거절하기 어려우므로 고려해 보겠다거나 이야기 해 보겠다는 취지로 답한 후 실제로는 청탁을 하지 않는 경우도 있을 것이다. 이러한 경우에도 의뢰인은 청탁에 의하여 재

---

20) 한겨레신문, 앞의 기사(주 2)는 어느 판사가 청탁을 받은 경우 "정말 억울하게 '엮였다'고 생각되는 경우엔 담당 판사에게 기분 나쁘지 않게 '참고하라'고 얘기 한다고 말했다"고 보도하였다

판·수사가 이루어진다고 생각할 것이므로 사법에 대한 신뢰를 훼손하는 점에서는 마찬가지의 문제가 있다.[21]

1.1.2. 다른 법관·검사에게 청탁하여도 무방하다는 의식

청탁자가 다른 법관·검사에게 사건 처리에 대하여 청탁하는 것은, 기본적으로 자신이 금전적 이익을 추구하지 않는 한 어느 정도의 청탁은 하여도 무방하다는 의식에 기초하고 있다고 할 수 있다.[22][23] 이러한 의식은 누군가의 부탁을 받고 사건처리에 관하여 부당한 지시를 하는 상급자도 마찬가지다. 단순히 상급자로서 지시할 권한이 있다고 하여 청탁성 지시를 한다기보다는 이러한 청탁을 하여도 무방하다는 의식이 있기 때문에 사건관계인의 의뢰를 받아 하급자에게 지시한다고 볼 수 있다.

이러한 의식은 다음과 같이 분석하여 볼 수 있다.

첫째, 자신이 아는 사람에 대한 법적 조력 제공이 무방 또는 필요하다고 생각하는데서 출발한다.

둘째, "기록을 잘 살펴보라"는 정도의 청탁은 사건을 담당한 법관·검사의 공정한 판단을 해치지 않는 것이라고 정당화한다.[24]

셋째, 동류의식 내지는 선후배 관계에 기초하여 사건 담당 법관·검사를 청탁할 수 있는 상대방이라고 생각한다. 법관·검사는 사법시험에 합격하여 다른 국

---

21) 김두식, 앞의 책(주 3), 157-160쪽은 이러한 '립써비스'를 하는 경우가 많다고 적고 있고 그러한 립써비스가 사법에 대한 신뢰를 훼손하는 문제를 지적하였다.

22) 모 대법관이 퇴임 직전 외부 강연한 것을 법원 내부 게시판에 올린 아래 글에도 이러한 의식이 잘 드러난다. 한인섭등 7인 공저, 법조윤리 제2판(박영사, 2011), 417쪽에서 재인용. "사회생활을 하다보면 법관이라 하여 청탁이 없을 수 없습니다. 어떻게 보면 재판이라는 업무는 청탁이 따르기 쉬운 일입니다. 민사사건의 승패나 형사사건의 유무죄 판단에 관하여는 재량이 없으므로 청탁의 여지가 없지만 재량이 있는 영역에서는 법관도 청탁을 하거나 받을 수 있습니다. 물론 하지도 말고, 받지도 않는 것이 제일 바람직하지만 법관도 현실 속에 살고 있는 생활인인 이상 어쩔 수 없는 일입니다. 청탁을 하는 경우 — 법관도 가족이나 가까운 친인척 또는 친구들 때문에 부득이 동료법관에게 부탁하는 경우가 있을 수 있습니다. 이 때에는 절대로 무리하게 떼를 써서는 안됩니다. 청탁을 받는 경우-법관이 청탁을 받더라도 재판의 결론이 달라질 수 없습니다."

23) 한겨레신문, 앞의 기사(주 2), supra note 2. 한인섭, "법조비리: 문제와 대안", 서울대학교 법학 제39권 1호(1998), 174쪽은 "법조사회가 아직 정의주의(情誼主義) 법문화를 벗어나지 못하고 있는 점"이 문제임을 지적하였다.

24) 한겨레신문, 앞의 기사(주 2)는 판사들은 "내 청탁이 판결에 영향을 미쳤다고는 생각하지 않는다"고 입을 모았다고 하고 나아가 한 판사는 "사건의 실체적 진실을 밝히기 위해서 그런 정도의 도움은 줄 수도 있는 거 아니냐"고 반문하였다고 보도하였다.

가기관으로부터 독립된 조직에서 활동할 수 있도록 선발되었다는 점에서 이들 사이에서의 엘리트 의식, 동류의식 및 연고의식이 쉽게 형성될 수 있다.[25] 사법시험과 사법연수원 선후배 관계는 아래 넷째 요인으로 언급한 조직 내의 상하 관계와 더불어 선배·상급자가 후배·하급자에게 청탁하여도 무방하다는 의식을 형성하기 쉬운 환경을 만든다.[26] 법학전문대학원이 법조인 양성을 담당하고 아울러 법조 일원화를 이룸으로써 이 문제가 개선될 수 있는지는 관심 있게 지켜볼 사항이다.

넷째, 법원·검찰의 조직상 상급자의 우월적 의식에 기초하여 하급자에게 청탁한다. 법관·검사는 신규 임용이후 계속 승진 심사의 대상이 되므로 직무상·직급상 상급자를 무시할 수 없게 된다. 이러한 조직 구조는 상급자가 하급자에게 청탁하여도 무방하다는 의식의 형성을 가져오기 쉽다. 위에서 본 7개의 사례 모두 상급자가 하급자에게 청탁하였다.

법관·검사가 다른 법관·검사에게 청탁하여도 무방하다는 의식은, 청탁이 사법에 대한 신뢰에 어떠한 영향을 줄 것인지에 대하여는 충분히 고려하지 않고, 청탁을 청탁자와 피청탁자 간의 문제로만 파악하도록 만든다.[27]

위와 같은 청탁자의 의식을 가지고 있던 법관·검사는 사직·퇴임 후 변호사로 개업한 이후에도 재직 시의 동료·선후배에게 청탁하여도 무방하다는 의식을 계속 가지기 쉬울 것이다. 변호사 개업 후에는 오히려 의뢰인을 위한 변호사의 활동이라고 생각하여 재직 시의 동료·선후배에게 더 쉽게 청탁하려고 할 수 있다. 전관예우의 문제를 일으키는 전관변호사의 의식은 청탁자의 의식의 연장선상에 놓여 있다고 할 수 있다. 이러한 점에서 전관예우의 문제에 대하여도 현관예우·관

---

25) 이용혁, "사회적 자본(Social Capital)의 부정적 측면에서 본 한국의 법조비리", 형사정책 18권 2호(2006), 450-452쪽은 이러한 동류의식이 사적인 결속을 하도록 변형되고, 연고주의가 작용하며, 법조 브로커는 법조인들을 사회적 연결망으로 활용한다는 점을 잘 지적하였고 그 이외에도 미약한 처벌도 여러 법조비리의 공통된 요소라고 지적하였다. 채한수, "법조비리의 인간관계적 고찰", 한국인간관계학보 제7권 제1호(2003), 26-27쪽도 동류의식 문화를 법조비리의 첫 번째 원인으로 지적하였다.

26) 한겨레신문 사설, "법조비리 근절, 자정만으로는 한계 있다"(2006. 8. 26, 19쪽)도 "사법연수원 기수 문화에서 오는 판사, 검사, 변호사 사이의 끈끈한 인간관계부터 끊어야 한다, 이를 위해서는 로스쿨 도입이 주요한 계기가 되겠지만, 우선 검증된 변호사를 판사나 검사로 임용하는 법조 일원화를 더욱 확대해야 한다"는 주장을 하였다

27) [사례 6]에 대한 언론보도에 따르면 청탁을 한 A부장판사는 "서로 오해가 있었던 것 같아 사과하고 끝났다"고 한다. 청탁을 청탁자와 피청탁자 간의 문제로만 파악하고, 사법의 신뢰에 미치는 영향에 대한 문제의식이 없음을 단적으로 보여 준다. 문화일보, 앞의 기사(주 1).

선변호와 같은 맥락에서 문제점을 파악하여 해결책을 강구할 필요가 있다.

1.2. 피청탁자의 의식

피청탁자가 다른 법관·검사로부터 청탁을 받았을 때의 대응은 청탁에 대한 문제의식의 강도에 따라 다음과 같이 생각하여 볼 수 있다.[28][29]

(a) 어떠한 내용의 청탁이라도("기록을 잘 살펴보라" 또는 "공정하게 처리하여 달라"는 청탁 포함), 청탁을 하는 사실 자체가 부당하다고 생각하여 다음과 같이 대응한다.

(a-1) 청탁자에게 청탁하는 것 자체가 부당하다고 이야기한다.

(a-2) 청탁했다는 사실을 법관·검사의 징계·감찰 담당자에게 보고한다.

(a-3) 청탁했다는 사실을 사건의 상대방 당사자에게 통지한다.

(b) 청탁이 부당한 일이지만 동료 선후배 법관·검사이므로 그냥 알았다고 하고 무시한다.

(c) "기록을 잘 살펴보라" 또는 "공정하게 처리하여 달라"는 정도의 청탁은 재판·수사를 청탁의뢰인에게 유리하게 하여 달라는 청탁이 아니므로 그 정도의 청탁은 무방하다고 생각하고 더 공정하게 처리하려고 애쓴다.

(d) 동료 선후배 법관·검사가 하는 청탁이니만큼 무리하지 않는 범위 내에서는 그 청탁을 감안하여 처리한다.

(e) 상급자의 지시이니만큼 청탁성 지시라고 하더라도 이에 따른다.

실제 사건에서 피청탁자가 청탁을 받고 어떻게 행동하였는지를 정확히 파악할 수는 없다. 판결문, 징계공고, 언론 보도에 기초하여 추측하여 보면 [사례 6]에

---

28) 최대권, "The Judicial Functions and Independence in Korea", 서울대학교 법학 제40권 제 2호(1999), 61-62쪽은 친구 친척 등의 청탁은 법관이 거절하기 매우 어려운 사회적 압력으로 작용한다는 점을 지적하고 그러한 청탁을 받은 법관이 취하는 태도는 다양하겠으나 아마도 대다수는 대체로 법률에 충실하게 재판하지만 재량이 있는 범위 내에서는 청탁을 고려할 것이라고 추측하였다. 윤진수, "법관의 윤리", 「법률가의 윤리와 책임」(제2판)(박영사, 2003)은 이러한 추측이 사실이라고 하더라도 공정한 재판과는 일치하지 않는다고 적절히 지적하였다.

29) 본문에 제시한 (a) 내지 (e)유형 이외에 청탁을 받으면 그 청탁한 의뢰인에게 더 불리하게 사건을 처리하겠다고 하는 법관·검사도 있을 수 있다. 이러한 유형은 청탁을 하지 말라는 취지로 그러한 입장을 표명하는 것이라고 이해할 수 있다. 만약, 청탁을 하였다고 하여 정상적인 재판·수사보다 청탁의 의뢰인에게 더 불리하게 처리한다면 그것 역시 공정한 재판·수사라고 하기는 어려울 것이다.

서 (a-2)와 유사한 반응을 보인 것으로 볼 수 있고, [사례 5]는 (a)(b)(c)유형 중의 어딘가에, [사례 1]은 (b)(c)(d)유형 중 어딘가에, [사례 2]와 [사례 3]은 (b)(c)유형 중 어딘가에, [사례 4]는 (d)(e)유형 중 어딘가에 속할 것으로 보이고, [사례 7]은 (e)유형에 속한다고 할 수 있다.

(a)유형으로 대응하였다면, 청탁행위에 대한 문제가 더 일찍, 더 많이 제기되었을 텐데 그렇지 않은 것을 보면 (a)유형으로 대응하는 경우가 많지 않은 것으로 추측된다. 언론도 (b)또는 (c)유형이 많은 것으로 보도하였다.[30] (a)유형이 적고 (b) 또는 (c)유형이 많으며 심지어 (d) 또는 (e)유형의 반응을 보이는 피청탁자의 의식은 다음과 같이 분석하여 볼 수 있을 것이다.

첫째, "기록을 잘 살펴보라"는 정도의 청탁은 피청탁자의 공정한 판단을 해치지 않는 것이라고 정당화하여 청탁을 하여도 무방하다고 생각할 수 있다.[31] 이러한 생각을 가진 경우 공정한 판단은 피청탁자가 주관적으로 공정하다고 생각하는 판단을 의미할 것이고, 불공정하게 보일 수도 있다는 외관에 대하여 얼마나 의식하는지는 알 수 없다.

둘째, 청탁이 문제가 있다고 보는 경우에도(예: [사례 6]) 재판의 독립성의 차원에서 문제를 제기한다. 즉 피청탁자의 권한 행사에 관여하는 것이 부당하다는 것이다. 역시 사법제도에 대한 다른 당사자 내지는 일반 국민의 신뢰 훼손에 대하여 얼마나 의식하고 있는지는 알 수 없다.[32]

셋째, 동류의식에 기초하여 청탁을 하여도 무방하다고 생각할 수 있다.

넷째, 직무상·직급상 상급자가 하는 청탁은 관료 시스템하에서 상급자의 평

---

30) 주 22의 모 대법관의 강연 내용도 (b) 또는 (c)유형에 해당하는 것으로 볼 수 있다. 또한 주 31, 32.

31) 우득정, 앞의 글(주 5)은 법관들이 친지나 친구 등 거절하기 힘든 상대로부터 청탁을 받았을 때 "제1수칙은 '한쪽 귀로 듣고 다른쪽 귀로 흘려라.'"이지만 최소한의 성의를 보여야 하는 경우에는 "담당 재판부가 친한 판사이면 직접, 잘 모르면 잘 아는 판사를 통해 사건의 어떤 부분에서 억울함을 호소하고 있으니 기록을 잘 검토해 달라는 정도로 말한다. 여기까지가 판사가 판사에게 청탁할 수 있는 이른바 '관선변호'의 도덕적 한계로 알려져 있다"고 한다.

32) 문화일보, 앞의 기사(주 1)는 [사례 6]과 관련하여 사건의 전말에 정통한 판 판사가 "'재판권침해' 행위는 극복되어야 할 대상"이라고 지적하였다고 보도하였고, 법률신문, 앞의 기사(주 5)도 '재판권 훼손'을 언급하고, 또한 "한 판사는 '그런 부탁을 받는다고 재판결과가 달라지지는 않는다'며 대수롭지 않다는 반응을 보였다"고 하였을 뿐, 법관이 다른 법관에게 청탁한다는 사실 자체가 사법의 신뢰를 훼손한다는 점에 대하여 법관이 의견을 제시하였다는 보도는 없다.

가를 받고 있거나 앞으로 받아야 할 수도 있는 피청탁자로서는 무시할 수 없다고 생각할 수 있다.33) 위의 사례들을 보면 검찰총장의 지시에 대하여는 담당 검사가 무시하지 못하였지만([사례 7]), 검사장이나 다른 상급자의 청탁에 대하여는 담당 검사가 상급자의 청탁이라고 하여 들어주지는 않았고([사례 2]과 [사례 3]), 부장판 사의 청탁에 대하여 사건 담당판사가 문제를 제기하였다([사례 6])는 점에서 법 관·검사의 독립성에 대한 의식은 상당히 강함을 보여주고 있다고 하겠다.

이른바 전관변호사가 사건을 수임하여 자신의 의뢰인에게 유리한 판단을 해 줄 것을 요청하는 경우, 그 요청을 받은 법관·검사의 의식과 행동 양식도 위에서 본 피청탁자의 의식 및 행동 양식과 다르지 않을 것이므로, 전관예우의 문제도 현관예우·관선변호와 같은 맥락에서 접근할 필요가 있다.

1.3. 의뢰인의 의식

법조비리를 방지하고자 하는 여러 대책에도 불구하고 법조 브로커 사건이 계속 발생하는 것을 보면, 국민들이 일반적으로는 재판·수사가 공정해야 한다고 생각하면서도, 자신이 사건에 연루된 경우에는 사건을 담당한 법관·검사에게 가 까이 접근할 수 있는 길을 찾고자 하는 이율배반적인 태도를 보이고 있다고 할 수 있다.34) 로마켓이 승소율, 전문성 지수뿐 아니라 인맥지수를 산출하여 제공하 는 것은 이러한 인맥 정보에 대한 수요가 있다는 판단에 따른 것일 것이다. 로마 켓 사건의 1심판결(서울중앙지방법원 2007. 7. 6. 선고 2006가합22413 판결)에서 "정보 제공을 영업으로 하는 또한 변호사를 선택함에 있어 다른 법조인과의 인맥에 관 한 정보를 제공하는 것은 투명한 법조계를 위해 법조인들이 현재 기울이고 있는 노력을 무색케 하고 소위 전관예우 등의 병폐를 심화시킬 우려도 어느 정도 있는 것으로 보인다"고 언급하였듯이 인맥지수의 활용을 부추기는 것은 상당히 우려가 되는 현상이다.

---

33) 김두식, 앞의 책(주 3), 161-170쪽은 법원·검찰 내에서 승진하기 위해서는 평판이 좋아야 하는데, 청탁을 거절할 경우 평판에 악영향을 준다는 점 및 법원·검찰 내에서 승진은 변 호사 개업후의 수입에 큰 영향을 미친다는 점을 지적하였다.

34) 민경한, "'전관출신변호사의 형사사건 수임제한' 변호사법 개정안은 위헌의 소지가 전혀 없다", 퇴직 판·검사 전관예우, 어떻게 해결할 것인가?(2008. 11. 14) 발표문, 13쪽은 "국 민들도 돈과 권력에 의존해서 문제를 해결하려는 마음을 버려야 한다"고 적절히 지적하 였다.

법관·검사에게 청탁하는 의뢰인은 위에서 논의한 청탁자의 의식(아는 사람에게 법적 조언·조력을 제공하여도 무방하다는 의식과 어느 정도의 청탁은 하여도 무방하다는 의식)을 이용하는 셈이다. 피청탁자가 (a)(b)유형의 반응을 보이지 않고 (c)(d)(e)유형의 반응을 보인다면 의뢰인 입장에서는 성공적인 의뢰가 될 것이다. 결국, 현관예우·관선변호에 관여하는 법관·검사는 의뢰인에 의하여 이용당하는 셈이고, 그 대가로 청탁자는 금전적 이익(예: [사례 1]과 [사례 4]) 또는 친분관계의 유지 등 비금전적 이익을 향유하게 된다. 청탁자에게 청탁이 치루는 더 큰 대가, 즉 사법에 대한 신뢰의 훼손에 대한 의식이 부족한 경우에는 의뢰인이 청탁자를 현관예우·관선변호에 이용하기 쉽게 될 것이다.

2. 법규의 문제

2.1 문제의 핵심과 검토의 범위

윤리강령을 포함한 법규는 법관·검사의 행동 기준이 될 뿐 아니라 국민들이 법관·검사에게 무엇을 기대할 수 있는지를 정하여 준다는 점에서 매우 중요한 의미를 가진다.[35] 청탁에 관한 의식과 행동 역시 윤리강령을 비롯한 법규가 무엇을 어떻게 정하고 있는가에 따라 달라지게 된다. 윤리강령에 현관예우·관선변호를 용인하거나 용인하는 듯한 조항을 두고 있다면 의식 개혁이 되기 어렵다. 의식의 문제에서 살펴 본 사항들은 아래 법규의 분석에서 드러나듯이 대부분 윤리강령을 포함한 현행 법규에 기초하여 형성된 것이고 윤리강령 등 법규를 개선하면 어렵지 않게 개선될 수 있는 문제로 보인다.[36][37]

현관예우·관선변호는 (i) 법관·검사가 누군가의 의뢰를 받고, (ii) 사건을 담

---

35) 정인진, 앞의 논문(주 18), 49쪽.

36) 이상수, 법조윤리의 이론과 실제(서강대학교출판부, 2009), 543쪽은 "법조윤리의 접근은 근본적으로 법조인 개인의 양식과 처신을 문제 삼는 것이지만 제도의 중요성을 간과해서는 안 된다, 법조윤리가 잘 작동하기 위해서는 그것을 가능하게 하고 원활하게 하는 제도적 개혁이 병행되어야 한다"고 하여 동일한 의견을 제시하였다.

37) 2006년 법조 브로커 김홍수 사건에 부장판사가 연루되었음이 밝혀진 이후 대법원이 발표한 대책에 관한 보도("'법조비리' 어떤 대책 담았나", 연합뉴스(기사입력 2006. 8. 16))에 따르면 "법원행정처가 16일 발표한 대책은 크게 △법관윤리강령 구체화 및 강령 강화 △법관 징계제도 및 운영 쇄신 △외부인사 참여 위원회에 법관윤리 및 징계, 감찰 심사기능 부여 △재판절차 투명화를 위한 개혁 추진 △법관 임용 및 연임심사 강화 △법관 윤리교육 강화 등을 뼈대로 하고 있다"고 하였으나, 그 이후 법관윤리강령이 개정되지 않았다.

당한 다른 법관·검사에게 청탁하는 것이다. 이 두 단계 모두에 사법에 대한 신뢰 보호를 위한 안전장치를 구축할 필요가 있다. (ii)단계에 대한 안전장치를 구축하고 그것이 제대로 작동한다면 (i)단계에 대한 안전장치를 그다지 엄격하게 할 필요가 없다고 보는 견해도 있을 수 있다. 그러나, (ii)단계는 법원·검찰 내부에서 발생하는 일인 만큼 안전장치가 얼마나 잘 준수될 수 있을지에 대하여 강한 확신을 가지기 어려운 측면이 있다. 그렇다면 (i)단계에 대한 규율도 느슨하게 할 수는 없을 것이다.

청탁자가 대가를 받는 경우, 수뢰, 알선수뢰 또는 변호사법 위반에 해당하는지 여부가 문제되고,[38] 이 때 청탁한 사건과 금품수수의 대가관계를 어느 정도로 넓게 인정할 것인가의 문제가 제기될 수 있으나,[39] 이 글에서는 이 문제는 다루지 않는다. 또한, 전관예우 문제와 마찬가지로 현관예우·관선변호 문제를 해결하기 위하여 양형기준의 설정등 사법과정의 객관화와 판결문의 공개 등 국민이 감시할 수 있는 장치를 마련하는 방안 등이 제시될 수 있으나 이 점도 이 글에서는 다루지 않는다.

2.2. 법관·검사와 의뢰인 간의 관계

청탁자인 법관·검사가 가지는 "아는 사람에게 법적 조언·조력을 제공한다

---

38) [사례 4]와 같이 특정 사건의 청탁과 관련하여 금품을 수수한 경우에는 알선수뢰죄 내지는 변호사법 제111조에 해당할 수 있을 것이다.

39) 금품제공자가 구체적인 사건에 대한 대가성을 인정하기 어려운 금품을 법관·검사에게 제공하고, 상당한 시간이 흐른 이후에 사건 청탁을 하는 경우에는 금품의 수수가 알선에 관하여 제공된 것인지에 대하여 입증이 어렵게 된다. [사례 1]의 1심판결(서울중앙지방법원 2006. 12. 22. 선고 2006고합931 판결)은 일부 공소사실에 대하여 "이 부분 공소사실은 단지 이전에도 청탁을 잘 들어주었으니 앞으로도 다른 판사의 직무에 관련된 사항에 관하여 계속 알선을 부탁한다는 명목으로 금품이 제공되었다고만 기재되어 있을 뿐이어서 청탁의 대상이 되는 사항이 어느 정도라도 구체적으로 나타나 있다고 볼 수 없고, 그 결과 피고인의 방어권행사에 지장이 없을 정도로 공소사실이 특정되어 있다고 보기는 어렵다고 할 것이어서 공소를 기각하여야 할 것"이라고 판시하였고, 항소심 판결(서울고등법원 2007. 12. 28. 선고 2007노109 판결)은 "공소사실 자체가 '앞으로도 계속 사건해결을 도와 달라'는 뜻으로 금품의 수수가 이루어졌다는 것인바, 이는 구체적 사건이 발생하기 이전에 포괄적으로 청탁이 이루어졌다는 취지로서 그러한 행위가 알선수재행위의 구성요건에 해당하는지 여부는 별론으로 하고, 위 공소사실이 피고인의 방어권행사에 지장을 줄 정도로 특정되지 않아 기소자체가 위법하다고 보기는 어렵다. 그러나, 이 부분 공소제기 자체는 적법하다고 하더라도 (…) 증거도 역시 없으므로 (…) 무죄를 선고하여야 할 것"이라고 하면서 검사의 항소를 기각하였다.

는 의식"이 제도적으로 어디에 기초한 것이며 어떻게 해소할 것인가를 검토한다.

2.2.1. 법관윤리강령

(1) 법관의 법적 조언·조력 제공금지 원칙의 필요성

법관윤리강령은 재판에 영향을 미치거나 공정성을 의심받을 염려가 있는 경우에는 법률적 조언을 하거나 변호사 등 법조인에 대한 정보를 제공하지 않도록 규정하고 있다(제5조 제3항). 즉 '재판에 영향을 미치거나 공정성을 의심받을 염려가 있는 경우'가 아니면 법관이 누군가에게 법률적 조언을 하여도 무방하다고 읽힐 수 있다.[40] 대법원공직자윤리위원회 권고의견 제1호(2006. 11. 15.)는 "법관이 타인으로부터 요청을 받았을 때, 무색하게 법률적 조언을 해 주거나 법조인에 대한 일반적인 정보를 제공하는 정도를 넘어, 스스로 나서서 분쟁의 해결을 도모해서는 안 된다. 다만, 그것이 실질적으로 자신의 문제이거나 그와 같이 볼 수 있는 경우는 예외가 될 수 있으나, 그 경우에도 신중히 행동할 필요가 있다"고 권고하여 법관윤리강령 제5조 제3항을 보수적으로 해석하였다. 그러나 이 권고의견 역시 법관이 타인으로부터 법률적 조언 또는 법조인에 대한 정보를 요청받는 경우, 그 요청을 전면적으로 거부한다는 것은 쉽지 않은 일이라고 보았다.

한편 법관윤리강령은 타인으로부터 또한 법관윤리강령은 "법관은 재판업무상 필요한 경우를 제외하고는 당사자와 대리인등 소송 관계인을 법정 이외의 장소에서 면담하거나 접촉하지 아니한다"(제4조 제4항)고 규정하고 있을 뿐 다른 법관이 담당한 사건의 소송관계인과의 접촉에 관하여는 아무런 언급이 없다.

현관예우·관선변호가 문제되는 청탁은 통상 누군가로부터 의뢰를 받아 행하게 된다. 법관이 사건 계류 중인 누군가와 접촉하는 행위 및 그에게 특정 사건에 관하여 법적인 조언을 제공하는 행위는 '재판에 영향을 미치거나 공정성을 의심받을 염려가 있는 경우'가 아니더라도 사법에 대한 불신을 초래할 수 있는 행위이다. 또한 이러한 행위는 모두 변호사의 영역에 속하는 것이지 법관이 행할 것은 아니다. 법관은 원칙적으로 다른 사람에게 특정 사건에 대한 법적인 조언·조력을 하지 못하도록 하고[41] 본인이 담당한 사건이건 아니건 법원에 계류되었거

---

40) 최근 법원행정처가 발간한 법관윤리(2011), 89-90쪽은 이 조항에 대하여 '법관의 공정성 유지'라는 측면에서 한계를 찾아야 한다고 적고 있다.

41) 국제연합 마약범죄사무소(United Nations Office on Drugs and Crime, UNODC)의 후원 하에 수십개국의 사법부 수장들이 의견을 모아 2002년 채택하고, 국제연합 경제사회이사회(The Economic and Social Council)가 2006/23 결의로 지지한 방갈로어 법관행위원

나 곧 계류될 것으로 예상되는 사건의 관계인임을 알면서 접촉하는 것은 삼가도록 원칙을 정할 필요가 있다.[42] 이러한 원칙을 정해야 하는 이유는 여러 면에서 찾을 수 있다.

첫째, 법관이 다른 법관 담당 사건에 대하여 의견을 제시하면 사법에 대한 신뢰에 악영향을 줄 수 있다. 사건 담당 법관이 조언을 제공한 법관과 달리 의뢰인에게 불리한 판단을 한 경우, 의뢰인은 사건 담당 법관의 판단을 존중하지 않게 되어 사법에 대한 불신을 초래할 우려가 커진다. 사건에 대한 판단은 양 당사자의 주장과 입증을 거쳐 판단하여야 할 텐데, 한 당사자의 이야기만 듣고 조언할 경우 불충분한 정보에 기초한 조언이 될 수 있다.[43] 또한, 법적인 쟁점에 대하여 견해가 나뉠 경우 어느 한 법관으로부터 조언을 받은 의뢰인은 그 법관의 견해만이 올바른 견해인 것으로 생각할 수도 있다. [사례 6]은 이와 같은 문제를 잘 드러내 주었다.

둘째, 법관이 의뢰인에게 특정 사건 특히 이미 소송계류중인 사건이거나 곧 소송이 제기될 사건에 대하여 법적 조언을 하게 되면, 의뢰인은 나아가 그 법관에게 담당 법관에 대한 청탁까지 부탁하게 될 가능성이 높아진다. 법관이 법적 조언을 함으로써 현관예우·관선변호의 첫 단추를 꿰는 셈이다.

셋째, 법관의 법적 조언·조력 제공 금지는 법관의 사회적 고립화 현상을 해결하기 위하여 반드시 필요하다. 법관이 친척, 친구, 친지들의 법적인 문제에 대

칙(The Bangalore Principles of Judicial Conduct) 제4.12조는 법관이 법관직을 가지고 있는 동안에는 법률사무 수행(practice law)을 하지 못한다고 규정하였다. The Judicial Integrity Group, Commentary on The Bangalore Principles of Judicial Conduct(2007), p. 106.

42) 법원행정처, 법관윤리(2011)는 "법관에게는 고도의 공정성과 그러한 외관의 유지가 요구되므로 법관이 타인에게 법률적 조언을 하거나 법조인에 대한 정보를 제공하는 행위는 마땅히 금지되어야 한다"고 하면서, "그러나, 우리사회에서 법관에게 법률적 조언을 청하거나 변호사등 법조인에 대한 정보를 요청하는 사례는 흔히 볼 수 있고, 우리 사회의 특성상 법관이 이러한 요청을 전면 거부하기란 매우 어렵다."고 하면서도 "특히 소송이 계속 중인 사건 또는 곧바로 소송으로 비화될 것으로 보이는 사안에 관하여는 법률적 조언이나 변호사에 대한 정보 제공을 삼가야 한다"고 하여 법관윤리강령 제5조 제3항의 문면에도 불구하고 특정사건 관련 법관의 조언을 금지하는 취지로 적고 있다. 주 40, 89-90쪽, 101쪽.

43) 最高裁判所大法廷 決定 2001年(平成13年)03月30日 平成13(分)3(주 50) 중 金谷利廣 재판관의 반대의견에서도 구체적인 사건의 내용에 관하여 의견을 이야기 하는 것은 가능한 한 피해야 한다는 입장을 보였다.

하여 사정을 들어주고 조언을 하여 주지 않으면 그들과의 인간관계가 끊어지게 되어 결국 법관의 사회적 고립화를 초래할 우려가 있는 것이 현실이다.[44] 이러한 우려는 법관에게 그러한 조언을 해 줄 수 있다는 기대를 하기 때문에 발생한다. 지금까지는 그러한 기대를 해왔다고 하더라도, 법관이 할 수 있는 행위와 그렇지 않은 행위를 구별하는 원칙을 엄격히 세우면 그 기대수준은 달라질 것이다. 법관이 특정사건에 대하여 법적 조언·조력을 할 수 없다는 원칙을 명확히 세우고, (모든 법관이 이를 지킨다면 가장 바람직하겠지만 그렇게 되지 않더라도) 대부분의 법관이 그 원칙을 지킨다면, 법관에게 그 원칙을 위반하면서 법적 조언·조력을 해 달라고 요청하는 사람이 잘못된 행동을 한 것으로 평가되는 환경이 만들어질 것이다. 법관과 교류하는 사람들이 더 이상 법관에 대하여 특정사건에 대한 법적 조언·조력을 구할 수 없음을 인식하면, 법관이 학술, 종교, 교육, 자선, 취미 등 직무외의 활동을 할 수 있는 여지가 더 커지게 될 것이다. 재판은 사회 현상과 시대의 흐름에 대한 이해 없이 이루어져서는 안 되고, 법관이 사회적으로 지나치게 고립화 되는 현상은 결코 바람직하지 못하다.[45] 법관의 법적 조언·조력 제공을 금지하는 원칙을 엄격하게 세우고 이를 잘 준수하는 것이야말로 법관의 사회적 고립화 문제를 해결하기 위하여 필요한 가장 중요한 사항일 것이다.

넷째, 과거 법조인의 숫자가 적었을 때는 변호사뿐 아니라 법관·검사까지 법적 조언을 하는 역할을 수행할 필요가 있었을 수도 있다. 그러나, 변호사의 숫자가 대폭 증가하고 앞으로도 계속 증가할 것으로 예상되는 현재의 상황에서는 법관·검사가 법적 조언을 제공하는 역할을 맡을 이유가 없다.

(2) 법관의 법적 조언·조력 제공 금지의 적용 범위

법적 조언·조력 제공 금지의 원칙을 세우는 경우에도 전면적으로 금지할 것인지 아니면 일정한 범위 내에서는 법적 조언·조력 제공을 허용할 것인지를 생각해 볼 필요가 있다. 현행 법관윤리강령은 '재판에 영향을 미치거나 공정성을 의

---

44) 영남일보, 앞의 기사(주 5)는 "모 부장판사는 '판사들 가운데 집안 어른이나 지인들로부터 욕을 먹지 않은 사람은 드물다'면서 '우리나라 정서상 집안일이나 지인 일을 모른 척하기 힘든 탓에 청탁 유무를 떠나 이들의 사정을 들어주는 것 자체가 오해를 받는 것 같다'고 말했다."고 보도하였다.

45) The Judicial Integrity Group, 앞의 문서(주 41), paras. 31-32도 법관이 엄격한 생활을 하여야 하지만 사회생활로부터 격리되는 것은 불합리하고 사회의 접촉이 필요하다는 점을 강조한다. 사법연수원, 법조윤리론(2009), 17쪽도 같은 취지의 언급을 하였다.

심받을 염려가 있는 경우'가 아닌 한 법적 조언을 제공할 수 있도록 하여 법적 조언을 원칙적으로 허용하고 내용을 중심으로 제한을 두었다. 이러한 방식의 제한으로는 위에서 언급한 문제들을 해소할 수 없고, 법적 조언·조력 금지를 원칙으로 삼아야 함은 위에서 언급하였다. 법적 조언·조력 금지를 원칙으로 삼는 경우에도 일정한 예외를 인정할 것인지에 대하여는 다음과 같은 몇 가지 접근 방법이 있다.

첫째, 법적인 조언과 개인적인 조언을 구별하여 법관은 어떠한 법적인 조언도 할 수 없도록 하는 방안이다. 방갈로어 법관행위원칙이 제시한 방안이다. 법관행위원칙 제4.12조는 법관의 법률사무 수행을 금지하고 그 금지에 대한 예외가 없다. 법률사무 수행에는 법적인 조언 제공과 문서 작성 등을 포함한다. 위 조항에 대한 주석에 따르면 법관이 법적인 조언(legal advice)을 제공하는 것은 금지되지만 가까운 가족이나 친구에게는 비공식적으로 보수를 받지 않고 개인적인 조언(personal advice)을 할 수는 있다고 보고 있다. 다만, 그러한 개인적 조언을 하는 경우에는 그가 법적인 조언(legal advice)를 제공하는 것이 아니고, 법적인 조언이 필요하면 그것은 전문직(즉 변호사)으로부터 받아야 한다는 점을 명확히 하도록 하고 있다.[46]

둘째, 법관으로부터 법적인 조언·조력을 받을 수 있는 사람의 범위를 한정하는 방안이다. 미국 변호사협회의 모범법관행위규범(ABA Model Code of Judicial Conduct February 2007)의 규칙 제3.10조는 법관이 가족들에게 대가없이 법적 조언을 하거나 법률문서를 작성 또는 검토하는 경우를 제외하고는 법률사무[47]를 하지 못하도록 규정하였다.

셋째, 법적인 조언·조력의 형태에 따라 법관이 행할 수 있는지 여부를 정하

---

46) The Judicial Integrity Group, 앞의 문서(주 41), paras. 172-174. 변호사의 무료 법률상담도 법적인 조언(legal advice)에 해당하고 개인적인 조언(personal advice)과는 구별된다는 점에서 반드시 조언이 유상으로 이루어지는가 여부를 가지고 법적인 조언인지 여부를 판단할 수 있는 것은 아니다.

47) 정인진, 앞의 논문(주 18), 166쪽은 "법률사무취급이 반드시 영리목적을 가진 행위를 뜻하는 것이 아니라면, 그에 상응한 보수를 받지 않는다고 하더라도 법정외에서의 법적 조언의 제공은 윤리문제를 일으킬 소지를 안고 있는 것이다"라고 적고 있다. 모범법관행위규범(ABA Model Code of Judicial Conduct February 2007)의 규칙 제3.10조에서 사용하는 법률사무(practice of law)는 당해 조문상 가족에 대한 무보수 법적 조언을 예외로 인정하고 있음에 비추어 대가를 받지 않은 법적 조언도 포함되는 것으로 읽힌다.

는 방안이다. 독일 법관법(Deutsches Richtergesetz) 제41조 제1항은 "법관은 직무외
에서 법률의견서(Rechtsgutachten)를 작성하거나 유상으로 법적인 정보제공(Rechts-
auskünfte)을 할 수 없다"고 규정하여 법관이 법률의견서를 작성하는 행위는 전면
금지하고, 법적인 정보제공은 무상으로 행하는 한 허용하고 있다. 법률의견서
(Rechtsgutachten)는 사실관계와 법률관계를 조사하고 그 조사로부터 일정한 결론
을 이끌어 내어 의뢰인이 그 사실관계와 법률관계에 대한 상황을 알 수 있게 하
고 그 결과를 스스로 확인할 수 있도록 하는 것을 의미한다.[48] 법률의견서(Rechts-
gutachten) 작성과 법적인 정보제공(Rechtsauskünfte)의 구별기준이 반드시 명확하지
는 않으나, 대체로 법률의견서(Rechtsgutachten)는 그 설명과 결론을 의뢰인 뿐 아
니라 다른 전문가도 확인할 수 있을 정도로, 학문적인 작업 방식에 따라 문헌과
판례상의 근거를 포함한 것을 의미하는 것으로 보고 있다.[49]

    일본은 법관의 직무상 의무 위반, 직무해태 또는 품위손상에 대하여 징계할
수 있는 조항(일본 裁判所法 제49조)을 두고 있을 뿐, 법관의 법적 조언·조력 제공
에 관한 특별한 법규는 없으나, 최고재판소의 결정[50]으로 법관의 법적 조언·조

---

48) Günther Schmidt-Räntsch und Jürgen Schmidt-Räntsch, Deutsches Richtergesetz Kommen-
    tar 6. Auflage(Verlag C.H. Beck, 2009), p. 569.

49) ibid.

50) 最高裁判所大法廷 決定 2001年(平成13年)03月30日 平成13(分)3. 이 사건에서는 일본 후쿠
    오카고등재판소의 법관E가, 검사로부터 배우자D가 체포 가능한 정도의 혐의로 수사가
    진행중이라는 통보를 받고 D가 혐의를 부인한다고 하여 수사기관의 증거와 논리의 문제
    점 등을 지적하고 D의 혐의가 없다는 내용의 문서를 작성하여 D와 그의 변호사에게 교
    부하였다. 이 행위가 일본 재판소법 제49조(법관은 직무상의 의무를 위반하거나, 혹은
    직무를 게을리하거나 품위를 부끄럽게 하는 품행이 있은 때에는 따로 법률이 정하는 바
    에 의하여 재판에 의해서 징계된다)에 위반하는 행위인가에 대하여 일본 최고재판소에
    서는 12:3으로 의견이 나뉘었고 다수의견은 아래와 같은 이유로 E의 행위가 재판소법 제
    49조를 위반한 것이라고 하여 경고처분을 하였다. 이 결정은 본문에 언급한 판시에 이어
    다음과 같이 판시하였다.
    "사실 관계를 보면, E는, 차석검사로부터, 아내D에 대한 피의사건의 수사가 체포도 가능
    할 정도로 진행하고 있기 때문에, 사실을 확인하고 이것을 인정한다면 합의를 하라는 취
    지로 수사정보의 제공을 받았으나, D가 반복하여 사실을 부인하였기 때문에 그 혐의를
    풀기 위한 것으로 보이는 일련의 행동에 나선 것으로, 구체적으로는 (…) 차석검사로부
    터 제공받은 수사정보의 내용도 이용해 "[D의 혐의사실] 스토커 방지법 위반"이라는 서
    면 등을 작성하고 피의자인 D와 변론을 맡은 甲변호사에게 교부하였다는 것이다. 그리
    고 이 서면의 기재 내용 중에는 수사기관과 피의자의 어느 쪽에도 서지 않고 중립적인
    입장에서 수사 상황을 분석했다는 것이 아니라, 피의자인 D의 편에 서서 수사 기관이
    가지고 있는 증거와 논리의 의문점, 문제점을 끄집어내고 강제 수사와 공소제기가 되지

력 제공의 한계를 판시하였다. 이 결정은 법관이 검사로부터 배우자가 체포 가능한 정도의 혐의로 수사가 진행중이라는 통보를 받고 수사기관의 증거와 논리의 문제점 등을 지적하고 배우자의 혐의가 없다는 내용의 문서를 작성하여 배우자와 그의 변호사에게 교부한 사안에서, 법관의 행위가 실질적인 변호활동에 해당한다고 하여 법관을 징계하였다. 이 결정은 "법관은 직무를 수행함에 있어서는 물론, 직무 이외의 개인으로서의 생활에서도 그 직책과 맞지 않는 것 같은 행위를 하여서는 안 되며, 또한 법원과 법관에 대한 국민의 신뢰를 손상하지 않도록 신중하게 행동해야 할 의무가 있다고 할 것이다. 이것으로부터 본다면 법관은 일반적으로 수사가 상당 정도 진전된 구체적인 피의 사건에 관하여 일방 당사자인 피의자에 가담하는 것과 같은 실질적인 변호 활동에 해당 행위를 하는 것은 삼가지 않으면 안 된다"고 하고, "그러나, 법관도 1인의 인간으로서 사회생활, 가정생활을 영위하는 자이기 때문에 그 친족, 특히 배우자가 범죄 혐의를 받은 경우에는 이를 지원, 옹호하는 어떠한 행위도 할 수 없다고 하는 것은, 인간으로서 자연의 정(情)으로부터 볼 때 지나치게 엄격하다고 하지 않을 수 없다. 법도, 사법작용에서 그러한 친족간의 정의(情義)에 일정한 배려를 보여주고, 또한 이것이 사법작용의 제약이 될 수 있음을 인정하고 있다. 판사가 범죄 혐의를 받은 배우자를 지원 내지 옹호하는 것은 일정한 범위에서 허용된다고 할 수 있다. 그러나 법관이 위의 의무를 지고 있는 것에 비추어보면 그것도 자연히 한계가 있다고 하지 않을 수 없고, 그 한계를 넘어, 법관의 공정, 중립에 대한 국민의 신뢰를 훼손하는 행위에까지 이르는 것은 허용되지 않는다"고 판시하였다. 이러한 일본 최고재판소 결정

않도록 하는 단서를 찾기 위해 기재된 것으로 보이는 것이 많이 포함되어 있다.

E의 행위는 그 주관적 의도는 차치하고, 객관적으로 보면 피의자인 D에게 수사기관의 조사에 대한 해명 방법을 교시하고, 변호인인 甲변호사에게 변론방침에 관하여 시사점을 주는 등의 의미를 갖는 것이며, 이것에 의하여 수사활동에 구체적인 영향을 줄 수 있음이 충분히 예상된다. 또 E도 이 행위가 그러한 의미를 갖는 것임을 인식하였다고 할 수 있다. 이에 의하면, E는 앞서 언급한 실질적인 변호활동에 해당하는 행위를 하였다고 하지 않을 수 없고, 그 결과 법관의 공정, 중립에 대한 국민의 신뢰 손상, 나아가 법원에 대한 국민의 신뢰를 손상했다. 따라서 E로서는 법관의 입장에 있는 이상, 그런 행위는 변호인에게 맡기었어야 했던 것이고, E의 행위는 아내를 지원, 옹호하는 것으로서 허용되는 한계를 넘은 것이라고 할 수밖에 없다." 이 판결에 대하여는 澤登文治, "親族間の情義と裁判官の懲戒処分", ジュリスト 1224호(2002. 6. 10), 6-7쪽; 市川正人, "古川判事戒告處分決定をめぐって", 法學教室 No. 251(2001. 8), 81-84쪽. 市川正人 83쪽은 "배우자를 지원 내지 옹호하는 행위"와 "실질적인 변호 활동에 해당하여 국민의 신뢰를 훼손하는 행위"를 어떻게 구별해야 하는지에 대하여 의문을 제기하였다.

은 법관의 법률의견서 작성을 금지하는 독일 법관법 제41조 제1항과 유사한 입장을 취한 것으로 보인다.

위의 세 가지 접근 방법 중 방갈로어 법관행위원칙의 접근 방법이 가장 논리적이고 설득력이 있다. 그러나, 과연 개인적인 조언(personal advice)과 법적인 조언(legal advice)을 실제로 얼마나 잘 구별할 수 있을 것인지에 대한 우려가 있다. 그렇다면, 미국변호사협회의 모범법관행위규범과 같이 조언을 받을 수 있는 사람의 범위를 정하거나, 독일 법관법과 같이 법관이 행할 수 있는 조언·조력의 유형을 정하는 편이 원칙을 실제 적용하는 면에서는 더 현실성이 있을 것이다. 조언·조력을 받을 수 있는 사람의 범위 또는 허용되는 조언·조력의 유형의 범위를 정할 때는 아래 Ⅳ.2.3.에서 논의하는 다른 법관·검사에 대한 청탁 금지 원칙과 피청탁자의 행동지침이 얼마나 잘 정립되고 준수되는지와 연계하여 생각하여 볼 필요가 있다. 법관·검사의 법적 조언·조력에 대한 규율, 청탁금지 및 피청탁자의 행동지침 세 가지 모두 사법에 대한 신뢰보호를 위한 안전장치로서 다른 안전장치가 원활하게 작동하지 않을 때 상호 보완하는 관계에 있기 때문이다.

위의 여러 요소들을 고려하여 볼 때, 현관예우·관선변호가 문제되는 사건들이 계속 발생하고 있는 상황에서는 미국변호사협회의 모범법관행위규범과 같이 조언을 받을 수 있는 사람의 범위를 정하여 그 범위 내의 사람에 대하여는 법관·검사가 예외적으로 무상의 법적 조언을 할 수 있고 그 이외의 사람에 대하여는 법적 조언·조력을 할 수 없도록 하는 것이 바람직할 것으로 보인다. 그 범위에 대하여는 우선 부양의무의 대상인 배우자 및 민법 제974조에 규정된 친족으로 정하는 방안을 고려하여 볼 수 있다. 법관이 부양의무를 지면서 법률문제의 해결에 도움을 주지 못하도록 하는 것은 불합리하기 때문이다.[51] 물론 이러한 배우자 또는 친족에 대한 법적 조언이 허용되는 경우에도 법관은 재판의 독립성·공정성에 영향을 미치거나 미칠 수 있다는 외관을 보이거나 그러한 의심을 받을 우려가 있는 행동을 하여서는 안 될 것이다. 그 한계를 어디에 그어야 할 것인지에 대하여는 법률의견서 작성을 금지한 독일 법관법과 실질적인 변호활동은 금지된다고 본 일본 최고재판소 결정을 참고할 수 있을 것이다.

이와 관련하여, 법관이 (부양의무의 대상인 친족 등 예외에 해당하지 않는) 아는

---

51) 변호사법 제36조와의 균형을 맞춘다는 면에서 변호사법 제36조 단서에 규정된 민법 제767조의 친족으로 정하는 방안도 고려하여 볼 수 있다.

사람에게 소송과 무관한 법적인 문제에 관한 법적 조언을 무상으로 하는 것까지 금지하는 것이 적정한가에 대하여 의문이 제기될 수 있다. 소송 사건이 계류되어 있지 않더라도 잠재적으로 분쟁이 발생할 수 있는 것이 법률문제의 속성이고, 법관에 대한 청탁이 가능하다는 의식을 불식시키기 위해서는, 법관은 소송과 무관한 법률문제라고 하더라도 특정한 사건에 관한 법적 조언·조력을 제공할 수 없다는 원칙을 세우는 것이 바람직하다. 참고로 방갈로어 법관행위원칙 주석은 법관의 직무외 활동과 관련하여, 법관이 자선, 교육, 종교, 의료, 사교, 체육, 문화, 예술등 비영리단체의 구성원이나 임원이 되는 것은 무방하지만, 이 단체의 법률조언자(legal adviser)가 되어서는 안 된다고 명시하였다. 이 경우에도 법관이 순전히 구성원 또는 임원의 자격으로서 법률문제에 대한 의견을 제시할 수는 있으나, 그것이 법적 조언으로 취급되어서는 안 되며 법적 조언을 변호사로부터 받아야 한다는 점을 확실히 하도록 요구하고 있다.[52]

법관이 특정사건에 대한 법적조언을 하여서는 안 된다고 하여, 법관의 사법제도 또는 법에 관한 학문적 연구와 저작활동, 강연과 교육활동을 제한하여야 한다는 것은 아니다. 특정 사건에 대한 법적 조언과 사법제도 내지는 법 일반 또는 특정 법 분야에 관한 연구, 저작, 교육 활동은 구별되어야 한다. 후자의 활동은 기본적으로 사법제도의 신뢰를 높이고 법률문화의 발전에 기여할 수 있는 것이므로 법관의 본래의 직무수행에 지장을 초래하거나 공정하게 판단할 능력에 영향을 주거나 영향을 준다는 의혹을 불러일으키지 않는 한 제약할 것은 아니다.[53] 그러나, 전자 즉 특정사건에 대한 법적인 조언은 사건관계인이 그릇된 기대를 가지게 할 우려가 있고, 더 나아가 다른 담당 법관에 대한 청탁을 유발할 가능성이 있으며, 다른 법관의 직무수행에 대하여 언급함으로써 사법제도의 신뢰에 악영향을 미칠 우려가 크다는 점에서 엄격히 제한하여야 한다.

2.2.2. 검사윤리강령

검사윤리강령은 "검사는 직무 수행의 공정성을 의심받을 우려가 있는 자와 교류하지 아니하며 그 처신에 유의한다"(제14조), "검사가 자신이 취급하는 사건의 피의자, 피해자 등 사건 관계인 기타 직무와 이해관계가 있는 자와 정당한 이

---

52) The Judicial Integrity Group, 앞의 문서(주 41), para. 167.
53) 미국변호사협회의 모범법관행위규범의 규칙 제3.7조는 이러한 활동에 대하여 상세히 규정하고 있다.

유 없이 사적으로 접촉하지 아니한다"(제15조), "검사는 부당한 이익을 목적으로 타인의 법적 분쟁에 관여하지 아니한다"(제18조 제2항)는 조항을 두고 있을 뿐 다른 사람에게 법적인 조언·조력을 하는 행위에 대하여는 아무런 언급이 없다. 역시 다음과 같이 개선할 필요가 있다.

첫째, 검사는 공익의 대표자로서 검찰청법 제4조[54]에 열거된 직무를 행하여야 하는 것이지, 친구, 친지등 다른 일반인에게 그들이 당면한 사건에 대하여 법적 조언·조력을 행할 것은 아니다. 그러한 법적 조언·조력은 변호사가 활동할 영역이다. 법관과 관련하여 논한 것과 마찬가지로 검사가 다른 사람에게 법적 조언·조력을 행하면, 검사에게 의뢰인이 생기는 셈이 되고, 현관예우·관선변호의 청탁을 받을 가능성을 높인다. 법관과 마찬가지로 검사가 특정사건에 관하여 법적 조언·조력을 제공하는 행위는 원칙적으로 금지하고 일정한 범위 내의 가족에 대한 법적 조언·조력만을 예외로 인정할 필요가 있다.

둘째, 검사윤리강령은 다른 검사가 취급하는 사건의 피의자 등 사건관계인을 접촉하는데 대하여는 아무런 언급이 없다. 다른 검사가 취급하는 사건 또는 취급할 것으로 예상되는 사건의 관계인을 접촉하는 경우, 알선·청탁을 의뢰 받을 가능성이 높아질 것이므로, 사건관계인임을 알면서 접촉하는 것은 금지하여야 올바를 것이다.

2.2.3. 변호사윤리장전·윤리규칙

변호사윤리장전의 윤리규칙 제26조는 "변호사는 법원의 위신이나 재판의 신뢰성을 손상시키는 언동을 하여서는 아니 되며, 사법권의 존중에 특히 유의하여야 한다"고 규정하고 있다. 변호사가 자신이 잘 아는 법관·검사에게 사건 담당 법관·검사에 대한 청탁을 하도록 요청한다면 그것은 윤리규칙 제26조에 위반되는 행위라고 할 수 있을 것이다. 그런데, 윤리규칙 제26조는 추상적으로 규정되어 있으므로, 변호사가 현관예우·관선변호를 이용하는 행위를 금지하는 내용을 윤

---

54) 제4조(검사의 직무) ① 검사는 공익의 대표자로서 다음 각 호의 직무와 권한이 있다. 1. 범죄수사, 공소의 제기 및 그 유지에 필요한 사항, 2. 범죄수사에 관한 사법경찰관리 지휘·감독, 3. 법원에 대한 법령의 정당한 적용 청구, 4. 재판 집행 지휘·감독, 5. 국가를 당사자 또는 참가인으로 하는 소송과 행정소송 수행 또는 그 수행에 관한 지휘·감독, 6. 다른 법령에 따라 그 권한에 속하는 사항
② 검사는 그 직무를 수행할 때 국민 전체에 대한 봉사자로서 정치적 중립을 지켜야 하며 주어진 권한을 남용하여서는 아니 된다.

리규칙에 보다 구체적으로 보완하여 위에서 제시한 법관윤리강령 및 검사윤리강령의 보완과 조화를 이루도록 할 필요가 있다.

이와 관련하여 외국의 변호사 윤리규범의 구체적인 조항을 참고할 수 있다. 미국 변호사협회의 직무행위표준규칙(ABA Model Rules of Professional Conduct) 제3.5조는 "(a) 법관, 배심원, 잠재적 배심원과 다른 공무원에게 법에서 금지된 방법으로 영향력을 미치려고 시도하거나, (b) 법 또는 법원의 명령에 의하여 허용된 경우를 제외하고는 위에 적은 사람들과 일방적으로 의사소통을 하여서는 안 된다"고 규정하고 있다. (a)항에서 말하는 "법"에는 법률만이 아니라 법관행위규범(Code of Judicial Conduct)도 포함되고, 법관이 일방적 의사소통 금지의무를 위반하도록 시도하는 것도 (a)항 위반이 된다.[55] 유럽변호사행위규범(Code of Conduct for European Lawyers) 제4.2조는 "변호사는 소송수행을 공정하게 하도록 언제나 주의하여야 한다"고 규정하고 있는데, 변호사가 일방적으로 법관과 접촉하여서는 안 된다는 점도 포함하는 것으로 해석하고 있다.[56]

한편 일본의 변호사직무기본규정은 제74조에서 "변호사는 재판의 공정과 적정 절차의 실현에 힘쓴다"는 일반적인 조항을 둠과 아울러 제77조에서 "변호사는 그 직무를 행함에 있어서 법관, 검사 그 밖의 재판절차에 관한 공직에 있는 자와의 연고 그 밖의 사적 관계가 있는 것을 부당하게 이용하여서는 안 된다"고 규정하고 있는 것도 참고할 만하다. 위 제77조는 "사건을 유리하게 하기 위하여 법관, 검사 등과 사적인 면접, 교섭 등을 하여서는 안 된다. 그의 직무에 관하여 이러한 자와의 연고를 선전하고, 또는 이것을 이용하여서는 안 된다"고 정한 종전 조항의 취지를 이어받아 문언을 정리한 것이다.[57] 사적 관계는 혈연, 학교의 동기 동창생, 동향, 선후배 관계 등을 포함하고, 이용의 방법에는 면담뿐 아니라 전화, 편지 등 문서에 의한 경우와 제3자를 통하는 경우도 포함하고, 이용에는 수임사건에서 유리한 결과를 이끌어 내는 것뿐 아니라 변호사가 광고를 하는 경우 자신의

---

55) *Annotated Model Rules of Professional Conduct (6th Edition)* (Center for Professional Responsibility, American Bar Association 2007), p. 337.

56) CCBE (Conseil des barreaux européens — Council of Bars and Law Societies of Europe), Charter of Core Principles of the European Legal Profession and Code of Conduct for European Lawyers(2008), p. 29.

57) 解說 辯護士職務基本規程, 自由と正義 56卷 臨時增刊號(日本弁護士連合会 2005. 3), 127-128쪽.

평가를 높이기 위하여 행하는 것도 포함한다고 해석하고 있다.[58]

2.3. 법관·검사가 다른 법관·검사에게 청탁하는 행위

청탁자가 가지는 "다른 법관·검사에게 청탁하여도 무방하다는 의식"이 제도적으로 어디에 기초한 것이며 어떻게 해소할 것인가를 검토한다.

2.3.1. 법관윤리강령 및 법관및법원공무원행동강령

법관윤리강령은 법관의 청탁에 관한 명시적인 조항은 두고 있지 않다. 다만, 일반적인 조항으로서 법관은 타인의 법적 분쟁에 관여하지 아니하며, 다른 법관의 재판에 영향을 미치는 행동을 하지 않도록 하고 있다(제5조 제1항). 다른 법관이 담당하는 사건에 관한 청탁도 그 법관의 '재판에 영향을 미치지 않는 경우에는 청탁을 해도 무방하다'는 것으로 읽힐 수 있다. 대법원공직자윤리위원회 권고의견 제1호(2006. 11. 15.)는 법관은 타인의 부탁을 받고 검찰과 경찰 또는 다른 법관에게 자신의 신분 내지 직위를 이용한 청탁을 하거나 영향력을 행사하는 행위를 하여서는 안 되며, 그러한 행위로 의심받을 만한 행위도 피하여야 한다고 권고하여, 법관윤리강령 제5조 제1항보다 더 넓게 법관의 다른 법관에 대한 청탁행위를 금하도록 권고한 것으로 보인다. 법관이 법관의 신분과 지위를 가지지 않았다면 다른 법관에게 사건에 관한 청탁을 할 수 없었을 것이라는 점을 생각하여 보면 대법원공직자윤리위원회 권고의견 제1호는 법관이 다른 법관에게 청탁을 하여서는 안 된다는 취지로 읽어야 하고 이는 매우 타당한 권고이다.

법관의 행동이 온당한지 여부를 다른 법관의 재판에 '실제 영향을 미치는가 아닌가'의 기준만으로 판단할 것은 아니다. 법관이 다른 법관에게 하는 청탁은 그것이 '기록을 잘 살펴보아 달라'는 청탁이라고 하더라도 항상 의뢰인의 부탁을 받아서 전달하는 것이다. 결국 청탁자는 자신이 피청탁자에게 영향을 미칠 지위에 있다는 인상을 의뢰인에게 보여주는 셈이 된다. 실제 피청탁자가 청탁에 의하여 영향을 받았는지 여부와 상관없이 청탁자가 그러한 영향을 미칠 수 있다는 인상을 주는 것 자체가 사법작용에 대한 국민의 신뢰에 심각한 악영향을 주게 된다.[59] 법관윤리강령도 "다른 법관의 재판에 영향을 미치는 행동을 하지 아니한

---

58) 앞의 책(주 57), 128쪽.

59) The Judicial Integrity Group, 앞의 문서(주 41)는 사법부 또는 법관의 독립성, 공정 또는 온당한 행동의 실제뿐 아니라 외관의 중요성을 여러 번 언급하였다(paras. 23, 37, 52,

다"는데 그칠 것이 아니라, 영향을 줄 수 있는 인상을 주는 행동과 본인 및 다른 법관의 직무수행의 독립성과 공정성을 의심받을 행동을 하지 않도록 하는 조항을 둘 필요가 있다.

한편 법관및법원공무원행동강령은 "법관 및 법원공무원은 자기 또는 타인의 부당한 이익을 위하여 다른 공무원의 공정한 직무수행을 해치는 알선·청탁 등을 해서는 아니된다"고 규정하여(제10조) 보다 구체적으로 직무상·직급상의 금지조항을 두고 있다. 이 조항에서는 '부당한 이익을 위한' 알선·청탁만을 금지하고 있어서 부당한 이익을 위한 것이 아닌 알선·청탁은 허용되는 것으로 읽힌다. 법관및법원공무원행동강령의 이 조항은 기본적으로 행정부 공무원의 행동강령 제11조와 동일한 내용으로 되어 있고, 법원의 특성을 반영하지 못한 문제가 있다. 행정절차와는 달리 법원의 재판은 재판절차를 통하여 이루어져야 하는 것이고 다른 법관이나 법원공무원에 의한 알선·청탁의 길이 열려 있어서는 안 된다. "부당한 이익을 위하여"라는 요건을 삭제하는 것이 타당할 것이다.

한편, 변호사법 제36조는 "재판기관이나 수사기관의 소속 공무원은 자기가 근무하는 기관에서 취급 중인 법률사건이나 법률사무의 수임에 관하여 당사자 또는 그 밖의 관계인을 특정한 변호사나 그 사무직원에게 소개·알선 또는 유인하여서는 아니 된다. 다만, 사건 당사자나 사무 당사자가 민법 제767조에 따른 친족인 경우에는 그러하지 아니하다."라고 규정하고 있고, 제37조 제1항은 "재판이나 수사 업무에 종사하는 공무원은 직무상 관련이 있는 법률사건 또는 법률사무의 수임에 관하여 당사자 또는 그 밖의 관계인을 특정한 변호사나 그 사무직원에게 소개·알선 또는 유인하여서는 아니 된다."고 규정하고 있다. 제37조 위반은 형사처벌 대상이고(제113조 제3호), 제36조 위반은 과태료 부과 대상이다(제117조 제1항 제1호).

이 조항의 연혁을 보면, 2000. 1. 28. 법률 제6207호로 변호사법이 전부 개정될 때 추가된 조항들이다. 입법취지는 당시 심각한 사회문제로 제기된 바 있는 법조비리의 근원적 척결을 위한 강력한 제도적 장치를 마련하고자 하는데 있고, 재판·수사기관 직원들과 변호사와의 유착관계 근절을 위한 입법이다.[60] 이 두 조

---

55. 65, 111, 112 등).

60) 의안번호 152496(제안일자 1999. 12. 17) 변호사법개정법률안의 제안이유. 이 조항들 이외에도 판사·검사 등으로 재직중 취급한 사건을 변호사 개업 후 수임하는 행위의 금지,

항은 금품의 수수 또는 대가의 수령을 요건으로 하고 있지 않다. 변호사 소개·알선만으로도 재판·수사의 독립성과 공정성에 영향을 미치거나 미칠 수 있다는 점에서 대가의 수령을 요구하지 않은 것이라고 할 수 있다.

법관·검사가 당해 법원 또는 검찰청에 계류 중인 사건에 관하여 (i) 변호사를 소개·알선하는 경우에 비하여 (ii) 그 사건을 담당한 법관·검사에게 청탁을 하는 경우가, 동료 법관·검사의 청탁이라는 점에서 상대방 당사자를 포함한 국민들에게, 재판·수사에 영향을 미칠 수 있다는 인상을 훨씬 강하게 줄 수 있다. 이런 점에서 법관·검사가 다른 법관·검사에게 청탁하는 행위는 변호사법 제36조 또는 제37조에 못지않게 심각한 행위로 취급할 필요가 있다.

2.3.2. 검사윤리강령

검사윤리강령은 검사가 다른 검사나 다른 기관에서 취급하는 사건 또는 사무에 관하여 공정한 직무를 저해할 수 있는 알선·청탁이나 부당한 영향력을 미치는 행동을 하거나, 부당한 이익을 목적으로 타인의 법적 분쟁에 관여하지 않도록 규정하고 있다(제18조). 이 조항에서 다른 검사에 대한 알선·청탁은 '공정한 직무를 저해할 수 있는 경우' 또는 '부당한 영향을 미치는 경우'에만 금지되고, '부당한 이익을 얻을 목적'이 있는 경우에만 타인의 법적 분쟁에 관여하는 것이 금지된다. 결국 '공정한 직무저해' 요건과 '부당한 영향력' 요건을 갖추지 않은 알선·청탁은 허용하는 셈이다. [사례 3]과 [사례 4]에서 "기록을 잘 살펴보라"고 청탁한 것은 이러한 요건에 해당되지 않도록 하기 위한 것이라고 할 수 있다.

이와 관련하여 최근 이른바 스폰서 검사들에 대한 징계처분공고(법무부공고 제2011-47호, 관보 제17483호 2011. 4. 8)를 보면 수사지휘검사에게 '당사자가 억울하다 하니 기록을 잘 살펴 달라'고 말한 것을 다른 검사가 취급하는 사건에 관하여 청탁함으로써 검사로서의 직무상 의무를 위반한 것으로 인정하였다. 그 징계사건에서는 '당사자가 억울하다 하니 기록을 잘 살펴 달라'고 말한 것이 실질적으로 공정한 직무를 저해할 수 있거나 부당한 영향력을 미치는 행위로 인정한 셈이다.

변호사가 판사·검사 기타 재판·수사기관 직원과의 연고관계를 선전하는 행위의 금지, 비리행위로 퇴직한 판사·검사 등에 대한 변호사 등록거부제도 신설, 판사·검사에게 제공한다는 명목으로 금품을 수수하는 행위에 대한 처벌규정 신설, 사건브로커 근절을 위하여 변호사·사무직원의 사건유치목적의 수사기관 등의 출입을 금지시키고, 변호사 안내제도 도입 및 변호사 광고를 허용하고, 법조윤리확립을 위한 협의체를 설치하는 등의 조치를 취하였다.

이 징계처분 공고만을 보아서는 법무부가 일반적으로 실질적으로 공정한 직무를 저해할 수 있거나 부당한 영향력을 미치는 행위의 범위를 넓게 인정하고자 한 것인지 아니면 그 징계사건의 사실관계에 비추어 보면 공정한 직무를 저해할 수 있다고 본 것인지 알 수 없다.

검사는 공익의 대표자로서 검찰청법 제4조에 열거된 직무와 권한을 행사하여야 하도록 되어 있다. 검사의 직무 수행에 해당하지 않는 한 다른 검사에게 알선·청탁하거나 타인의 법적 분쟁에 관여하는 것이 정당화될 수 없고, 그렇다면 검사윤리강령에서 '공정한 직무 저해' 요건과 '부당한 이익을 얻을 목적' 요건은 삭제하는 것이 타당할 것이다. 법관과 관련하여 위에서 언급한 변호사법 제36조 및 제37조 관련 논의는 검사에게도 타당하다.

2.4. 피청탁자의 행동
2.4.1. 법관윤리강령

법관은 누구의 청탁을 받더라도 공정하게 재판하여야 함은 두말할 나위가 없다.[61] 법관윤리강령은 이와 관련된 조항으로 법관이 공평무사하고 청렴하여야 하며, 공정성과 청렴성을 의심받을 행동을 하지 않도록 하고(제3조 제1항), 신중하고 충실하게 심리하여 재판의 적정성이 보장되도록 하며(제4조 제3항), 재판업무상 필요한 경우를 제외하고는 당사자와 대리인 등 소송관계인을 법정 이외의 장소에서 면담하거나 접촉하지 않도록 규정하고 있다(제4조 제4항). '법관의 면담에 관한 지침'은 학술회의 관혼상제등 5가지 유형의 예외를 제외하고는 법관이 법정 이외의 장소에서 변호사 또는 검사와 면담하거나 접촉할 수 없다고 규정하고(제2조), 변호사나 검사가 법관을 면담하는 절차를 규정하였다(제3조, 제4조). 적정한 내용이지만, 아래의 두 가지 점을 고려할 필요가 있다.

첫째, 자신이 담당하고 있는 사건에 관하여 다른 법관이 청탁하고자 할 때, 청탁자의 이야기를 들어주는 행위는 법관윤리강령 제4조 제4항에서 금하고 있는 당사자등 소송관계인과 법정 이외에서 면담·접촉하는 행위에 해당한다는 점이다. 어느 한 당사자의 의뢰를 받고 사건 담당 법관에게 청탁하는 법관은 법관윤

---

61) 이상수, 앞의 책(주 36), 455쪽은 전관변호사가 개입한 재판에서 공정한 판단이 곤란하다면 법관 스스로 회피하여야 한다고 적고 있다. 이 점은 다른 법관이 청탁한 경우에도 마찬가지라고 할 수 있다.

리강령 제4조 제4항의 맥락에서는 그 당사자의 대리인과 다름없기 때문이다.

　　그런데, 법관윤리강령과 '법관의 면담 등에 관한 지침'은 면담·접촉 금지만을 규정하고 있고, 법관이 의도하지 않게 소송관계인을 법정 이외의 장소에서 접촉한 경우의 행동에 대하여는 아무런 언급이 없다. 법관이 일방당사자의 입장을 대변하는 사람을 법정 밖에서 접촉하게 되면, 양당사자가 대등한 입장에서 재판절차에 참여한다고 하기 어렵다.[62] 미국변호사협회의 모범법관행위규범의 규칙 제2.9조는 일정한 예외적인 경우를 제외하고는 법관이 당사자 일방과 의사소통하는 것을 원칙적으로 금지하면서, 법관이 금지된 의사소통을 하게 된 경우 상대방 당사자에게 그 내용을 알려 대응할 수 있는 기회를 부여하도록 하고 있다. 법관윤리강령도 이와 같은 취지의 조항을 두고 그것이 준수되도록 할 필요가 있다.[63] 사건을 담당한 법관이 다른 법관으로부터 청탁을 받은 경우 다른 당사자에게 알릴 의무를 지고, 실제 그러한 고지가 이루어지게 된다면, 청탁자의 청탁 행위는 쉽게 근절될 수 있을 것이다.[64] 이러한 원칙의 확립과 준수는 법관과 개인적인 친분이 있는 변호사가 법정에서의 변론을 통하지 않고 활동하는데 대한 견제장치로서의 역할을 할 수 있다는 점에서 전관예우의 문제의 해결에도 상당한 도움을 줄 수 있을 것이다.

　　둘째, 미국 변호사협회의 모범법관행위규범상 다른 법관이 법관행위규범에 위반하는 행동을 함으로써 법관으로서의 정직성, 신뢰성, 직무적합성에 심각한 의문을 야기한 것을 알게 된 경우, 법관은 법관징계담당기관에 이를 알릴 의무를 지고(제2.15조 (A)항), 또한 다른 법관이 법관행위규범에 위반하는 행동을 저질렀다고 의심할 만한 상당한 이유가 있는 정보를 지득한 법관은 적절한 조치를 취할 의무를 진다(제2.15조 (C)항).[65] 사법부에서 법관 상호간의 신뢰 역시 매우 중요하

---

62) 법원행정처, 법관윤리(2011)도 "일방 당사자 측에 의한 사실상의 변론이 정식의 재판절차 이외에서 면담이나 접촉을 통하여 이루어지는 것은 양쪽 당사자의 무기대등의 원칙에 어긋나는 결과를 초래하므로" 공정성의 면에서 문제가 있음을 지적하였다. 주 40, 66쪽.

63) 이상수, 앞의 책(주 36), 458쪽과 최진안, 법조윤리(세창출판사, 2010), 425쪽도 법관이 의도하지 않은 일방 당사자와 접촉을 하게 된 경우 다른 당사자에게 알려야 한다는 입장이다.

64) 한겨레신문, 앞의 기사(주 2)는 "상대방이 있는 민사사건은 아무리 가까운 사람의 부탁이라도 청탁하지 않는다"는 판사의 언급을 보도하였다. 청탁이 있는 경우 상대방에게 통지하는 제도가 충분한 실효성을 가질 수 있을 것임을 예상할 수 있게 한다.

65) 법관은 변호사의 '직무행위규칙' 위반에 대하여도 유사한 통지의무를 진다(2.15조 (B)항 (D)항).

므로 법관에게 다른 법관의 비윤리적 행위에 대하여 법원행정처 윤리감사관에게 보고할 의무 등을 부과하는 것이 바람직한지, 또한 이러한 조항을 둔다고 하여도 얼마나 실효성이 있을지[66]에 대하여는 논란의 여지가 상당히 있을 것이다. 다만, 사법에 대한 신뢰 증진은 누구보다도 법관이 부담하여야 할 임무라는 점에서 미국의 모범법관행위규범의 규칙 제2.15조와 유사한 조항을 둘 것인지를 신중하게 검토할 필요가 있다.

2.4.2. 검사윤리강령

다른 검사의 청탁이 있는 경우에도 사건을 담당한 검사는 공정하게 처리하여야 함은 두말할 나위가 없다. 이 점에 대하여는 검사행동강령에서 일반적으로 "검사는 … 어떠한 압력이나 유혹, 정실에도 영향을 받지 아니하고 오로지 법과 양심에 따라 엄정하고 공평하게 직무를 수행한다"고 규정하고 있다(제3조 제2항). 적정한 내용이다. 다만, 검사의 경우에도 다른 검사로부터 사건 처리에 관한 청탁을 받는 행위는 검사윤리강령 제15조에서 정한 사건 관계인 등과의 사적 접촉 제한을 위반하는 문제가 제기될 수 있다. 판사의 경우와 마찬가지로 청탁하는 검사는 그의 의뢰인의 대리인과 마찬가지의 지위에 있다고 볼 수 있기 때문이다. 검사의 경우에는 법관과는 달리 상대방 당사자에게 알리는 방법으로 청탁을 근절할 수는 없을 것이다. 이러한 점에서 검사의 경우에는 청탁을 받은 사실을 감찰담당 부서에 고지할 의무를 부과하는 제도를 도입할 필요성이 법관의 경우보다 상대적으로 더 크다고 하겠다.

V. 맺는 말

판례와 징계사례 및 언론 보도에 드러난 현관예우·관선변호의 유형과 문제점을 살펴보고 그 원인과 법적인 대응방안을 고찰하여 보았다. 현관예우·관선변호가 실제 얼마나 있는지 정확히 파악할 수 없으나, 최근 발생한 세칭 그랜저 검사사건과 스폰서 검사사건을 비롯한 판례와 징계사례에서 현관예우·관선변호의

---

66) 미국에서도 법관이 이론적으로는 법관행위규범을 위반하게 된다고 하여도 법관이 다른 법관의 비행을 보고하는 경우는 드물고 통계를 보면 일반인이 민원을 제기하는 경우가 대부분이라고 한다. Ronald D. Rotunda, *Professional Responsibility (8th Edition)* (Thomson/West 2008), p. 401.

존재가 잘 드러났다. 현관예우·관선변호는 그것이 극히 일부의 법관·검사에게 국한된 것이라고 하더라도 사법의 신뢰를 훼손할 수 있고, 현관예우·관선변호가 남아 있는 한 브로커를 근절할 수 없는 등 중대한 문제를 안고 있으므로 심각하게 대응할 필요가 있다.

청탁하는 법관·검사와 청탁을 받는 법관·검사의 의식을 분석하여 볼 때, 현관예우·관선변호는 윤리강령 등 법규의 느슨함과 이에 기초하여 형성된 법관·검사의 의식을 브로커를 포함한 의뢰인이 이용하는 것이라고 할 수 있다. 현관예우·관선변호의 문제를 해결하기 위해서는 윤리강령 등 법규에 정한 원칙 보완이 필요하다.

우선 법관·검사는 부양의무의 대상인 배우자와 친족등 일정한 예외적인 경우를 제외하고는 다른 사람에게 특정사건에 관한 법적 조언·조력을 하여서는 안된다는 원칙을 수립하여야 한다. 이 원칙을 수립함으로써 법관·검사에게 법적 조언과 청탁 등의 조력을 바라는 일반인의 기대를 없앨 수 있고, 나아가 법관·검사의 사회적 고립화를 방지할 수 있다. 이 원칙 수립과 더불어 법관·검사가 자신이 담당한 사건이 아닌 다른 사건에 관계되거나 관계될 수 있는 사건관계인을 접촉하는 행위도 금지하여야 한다.

아울러 법관·검사의 알선·청탁행위는 그것이 다른 법관의 재판에 영향을 미치는지 여부, 공정한 직무를 저해할 수 있는지 여부, 부당한 영향력을 미치는지 여부를 불문하고 금지하여야 한다. 법관·검사가 알선·청탁한다는 사실만으로도 그 사건이 공정하게 처리되지 않을 수 있다는 외관을 만들게 되고 이는 사법에 대한 국민의 신뢰에 심각한 손상을 초래할 수 있기 때문이다. 또한 일방 당사자를 위하여 사건 담당 법관에게 청탁하는 경우, 다른 당사자가 모르는 사이에 담당 법관과 그 일방 당사자 측이 의사소통하는 셈이 되므로 피청탁자인 법관은 그 사실을 다른 당사자에게 알릴 의무를 지도록 할 필요가 있다.

이러한 일련의 사항들은 모두 법관윤리강령, 검사윤리강령, 법관및법원공무원행동강령등에 반영하여야 한다. 아울러, 변호사가 현관예우·관선변호를 활용하는 행위 즉 법관·검사에게 윤리강령 등을 위반하도록 하는 행위를 하여서는 안 된다는 점을 명시적으로 변호사윤리규칙에 반영하여 법관윤리강령, 검사윤리강령의 보완과 조화를 이루도록 할 필요가 있다.

[참고문헌]

김두식, 「불멸의 신성가족」(창비, 2009).

민경한, "'전관출신변호사의 형사사건 수임제한' 변호사법 개정안은 위헌의 소지가 전혀 없다", 퇴직 판·검사 전관예우, 어떻게 해결할 것인가?(2008. 11. 14) 발표문.

법원행정처, 「법관윤리」(2011).

사법연수원, 「법조윤리론」(2009).

윤진수, "법관의 윤리", 서울대학교 법과대학 편, 「법률가의 윤리와 책임」 제2판(박영사, 2003).

이상수, 「법조윤리의 이론과 실제」(서강대학교출판부, 2009).

이시윤, "韓國法曹三聖의 司法正義 實現과 司法民主化 精神", 「사법민주화과제」 2010년 제2호(대한변호사협회 법조원로특별위원회, 2010. 8).

이웅혁, "사회적자본(Social Capital)의 부정적 측면에서 본 한국의 법조비리", 「형사정책」 18권 2호(한국형사정책학회, 2006).

정인진, "미국의 법관윤리전범에 관한 연구", 재판자료 58집 「외국사법연수논집(9)」(1992).

채한수, "법조비리의 인간관계적 고찰", 「한국인간관계학보」 제7권 제1호(한국인간관계학회, 2003. 2).

최대권, "The Judicial Functions and Independence in Korea", 「서울대학교 법학」 제40권 제2호(서울대학교 법학연구소, 1999).

최진안, 「법조윤리」(세창출판사, 2010).

한상희, "전관예우 — 그 폐해와 혁파방안", 퇴직 판·검사 전관예우, 어떻게 해결할 것인가?(2008. 11. 14) 발표문.

한인섭, "법조비리: 문제와 대안", 「서울대학교 법학」 제39권 1호(서울대학교 법학연구소, 1998).

한인섭, 한상희, 김재원, 이상수, 김희수, 김인회, 정한중, 「법조윤리」 제2판(박영사, 2011).

Annotated Model Rules of Professional Conduct (6th ed.) (Center for Professional Responsibility, American Bar Association, 2007).

CCBE (Conseil des barreaux européens — Council of Bars and Law Societies of Europe), Charter of Core Principles of the European Legal Profession and Code of Conduct for European Lawyers (2008).

Günther Schmidt-Räntsch und Jürgen Schmidt-Räntsch, *Deutsches Richtergesetz*

Kommentar 6. Auflage (Verlag C.H. Beck, 2009).

Ronald D. Rotunda, *Professional Responsibility* (8th ed.) (Thomson/West, 2008).

The Judicial Integrity Group, Commentary on The Bangalore Principles of Judicial
 Conduct (2007).

解說 弁護士職務基本規程,「自由と正義」56卷 臨時增刊號(日本弁護士連合会 2005. 3).

澤登文治, "親族間の情義と裁判官の懲戒処分",「ジュリスト」1224호(2002. 6. 10).

市川正人, "古川判事戒告處分決定をめぐって",「法學教室」No. 251(2001. 8).

2. 법관·검사 징계사례에 관한 연구[*]

I. 서론

1. 연구의 목적

올바른 사법제도의 확립과 공정한 운영은 자유민주주의 체제의 핵심을 이룬다. 최종적인 사법적 판단을 내리는 법관과 기소를 독점하여 형사사법에서 실질적인 권한을 행사하는 검사는 사법제도 운영에서 가장 중요한 위치에 있다. 사법제도가 공정하게 운용되기 위해서는 그 운용자의 책임성이 요구되고, 징계제도는 이러한 책임성을 구현하는 대표적인 제도라고 할 수 있다. 이 글의 목적은 법관과 검사에 대한 징계사례를 검토하여 첫째, 법관과 검사에 대한 징계의 실태를 파악하고, 둘째, 징계의 실태에 비추어 관련 윤리강령과 법규상 개선할 것이 있는지를 살펴보는데 있다.

아래 II.에서는 징계사유의 유형별로 분류한 징계사례의 분포를 연도, 징계종류, 연령, 경력 별로 개괄적으로 살펴본다. III.에서는 징계사례에 나타난 징계사유의 구체적인 유형과 징계수준을 상세히 파악하고, IV.에서는 징계사례의 특징을 추출한 후 윤리강령과 관련 법규 중 개선하여야 할 사항을 살펴본다.

2. 연구의 대상

2014년 2월 말까지 최근 20년간의 징계사례를 검토대상으로 하되, 관보상 징계내역을 확인할 수 있는 사례를 중심으로 검토하였다. 관보에서 징계내역을 구체적으로 파악할 수 있는 것으로 1995년부터 2014년 2월 말까지 19건의 법관징계

* 서울대학교 법학 제55권 제2호(서울대학교 법학연구소, 2014. 6) 게재.

사례와 2007년 5월부터 2014년 2월 말까지 47건의 검사징계사례를 확인할 수 있
었다.[1] 검사의 경우에는 판결문과 관보의 인사명령 등[2]을 통하여 1998년부터
2007년 1월까지 21건의 검사징계사례가 있음을 확인하였으나 구체적인 징계사유
를 파악할 수 없었기 때문에 이 21건은 원칙적으로 검토의 대상에서 제외하였다.
징계사례의 요지는 〈별표 1〉(법관징계사례)과 〈별표 2〉(검사징계사례)로 첨부하였
고 편의상 아래에서 징계사례를 언급할 때는 〈별표 1〉과 〈별표 2〉의 일련번호를
사용하였다.

　　법관징계법·검사징계법에 따른 징계절차를 거치지 않고 사직·전보·경고·
주의 등 비공식적으로 제재를 받은 사례(이하 "비공식제재사례"라고 한다)가 상당히
많이 있는 것으로 알려지고 있다.[3] 비공식제재사례에 대한 정보는 파악하기 어려
워 주로 언론보도에 의존하여 2014년 2월 말까지 최근 20년 동안의 비공식제재사
례(법관 52건, 검사 42건)를 참고하였다.[4] 또한 법관·검사가 공식적인 징계를 받지
않고 사직한 후 형사재판을 받은 사례도 참고하였다.

---

1) 법관의 징계는 관보에 게재하여야 한다(법관징계법 제26조 제2항). 이 조항은 1956. 1.
　20. 법관징계법 제정시부터 있었다. 검사의 징계 역시 관보에 게재하여야 한다(검사징계
　법 제23조 제2항). 그런데 2006. 10. 27. 검사징계법 일부개정(법률 제8056호, 2007. 1. 28.
　시행) 이전에는 관보게재범위가 중징계에 한하는 것으로 해석하여 중징계만 관보에 게재
　한 것으로 보인다. 위 개정 이전까지 6건의 검사징계가 관보에 게재된 것을 확인하였으
　나 징계사유가 구체적으로 기재되지 않았다.
2) 서울행정법원 2006. 11. 28. 선고 2006구합27298 판결; 국회 법제사법위원회 수석전문위
　원 김종두, 검사징계법 일부개정법률안 검토보고서(2006. 4), 13쪽. 2003년 징계 회부된
　검사 3명은 법조 브로커와의 부적절한 관계 때문인 것으로 보도되었으나 법무부는 내역
　공개를 거부하였다. 한국일보 2003. 7. 12. "'비위 검사' 신원·혐의 비공개 논란".
3) 2004년부터 2009년까지 비위로 문제가 된 검사는 총 98명인데 이 가운데 25.5%인 25명
　만 공식적인 징계를 받았고 54명은 경고, 19명은 주의를 받았다고 보도되었다(경향신문
　2010. 4. 26. "스폰서검사/옷벗으면 그만 … 검찰 징계는 '솜방망이 역사'"). 이를 보면 공
　식적인 징계를 받은 숫자의 3배 정도가 경고·주의를 받은 셈인데, 여기에는 사직한 사례
　는 포함되지 않은 것으로 보인다. 미국에서도 연방법원 법관에 관하여 비공식제재를 활
　용하고 있어서 공식 징계건수가 적다고 하여도 상당히 많은 비리(misconduct)와 무능의
　사례가 있을 것이라는 지적이 있다. Charles Gardner Geyh, "Informal Methods of Judicial
　Discipline", 142 *University of Pennsylvania Law Review* 243, 244.
4) 법관·검사의 직무수행·품위유지에 관하여 문제가 제기된 사례 가운데 일부만이 언론에
　보도되고, 언론보도 내용의 정확성에 대하여도 의문이 제기될 수 있다는 점에서 비공식제
　재사례를 파악하는 데는 한계가 있다. 그러나 법관·검사에 대한 비공식제재사례에 대한
　정보를 달리 입수할 수 있는 방법이 없으므로 보도자료에 언급된 내용 이외에는 부득이
　언론보도에 의존하였다. 언론보도의 검색은 주로 http://www.kinds.or.kr/를 활용하였다.

II. 징계사례의 분포

1. 징계사례의 분류기준

1.1. 법관징계법·검사징계법상 징계사유

법관징계법은 ① 법관이 직무상 의무를 위반하거나 직무를 게을리 한 경우 또는 ② 법관이 그 품위를 손상하거나 법원의 위신을 떨어뜨린 경우를 징계사유로 삼고 있다(동법 제2조). 즉 법관은 직무상의 의무를 이행하여야 할 뿐 아니라 품위를 유지하여야 하고 법원의 위신을 지켜야 한다. 한편, 검사징계법은 ① 검찰청법 제43조를 위반하였을 때,5) ② 직무상의 의무를 위반하거나 직무를 게을리하였을 때와 ③ 직무 관련 여부에 상관없이 검사로서의 체면이나 위신을 손상하는 행위를 하였을 때를 징계사유로 삼고 있다(동법 제2조). 검사징계법은 법관징계법과 유사하지만 검찰청법 제43조를 특별히 언급함으로써 동 조항에 규정된 사항을 더 강조하고 있다.

법관·검사가 징계를 받거나 사회적 비난을 받는 경우는 직무상 의무를 위반한 경우도 있지만 그렇지 않은 경우, 즉 품위·체면·위신을 손상하는 경우도 많다. 법관징계법과 검사징계법은 품위, 체면과 위신의 의미에 대하여는 아무런 규정을 두고 있지 않다. 대법원은 검사징계법과 관련하여 '직무의 내외를 막론하고 검사로서의 체면이나 위신을 손상하는 행위를 하였을 때'를 검사에 대한 징계사유의 하나로 규정하고 있는 취지는, 검사로서의 체면이나 위신을 손상하는 행위가 검사 본인은 물론 검찰 전체에 대한 국민의 신뢰를 실추시킬 우려가 있는 점을 고려하여, 검사로 하여금 직무와 관련된 부분은 물론 사적인 언행에 있어서도 신중을 기하도록 함으로써, 국민들로부터 신뢰를 받도록 하자는 데 있다고 보고 있다(대법원 2001. 8. 24. 선고 2000두7704 판결).6) 또한 헌법재판소는 '법관이 그 품위를 손상하거나 법원의 위신을 실추시킨 경우'라는 문안은 '법관이 주권자인 국민으로부터 수임받은 사법권을 행사함에 손색이 없는 인품에 어울리지 않는 행위

---

5) 검찰청법 제43조는 검사가 재직 중 국회 또는 지방의회의 의원이 되거나, 정치운동에 관여하거나, 금전상의 이익을 목적으로 하는 업무에 종사하거나, 법무부장관의 허가 없이 보수를 받는 직무에 종사하는 일을 하지 못하도록 규정하고 있다.

6) 헌법재판소 2011. 12. 29. 2009헌바282 결정도 동일한 판시를 하였다.

를 하거나 법원의 위엄을 훼손하는 행위를 함으로써 법원 및 법관에 대한 국민의 신뢰를 떨어뜨릴 우려가 있는 경우'로 해석할 수 있다고 보고 명확성의 원칙에 위배되지 않는다고 판시하였고(헌법재판소 2012. 2. 23. 2009헌바34 결정), 검사징계법상의 "검사로서의 체면이나 위신을 손상하는 행위"[7]에 해당하는지 여부 역시 구체적인 상황에 따라 건전한 사회통념에 의하여 판단할 수 있으므로 명확성의 원칙에 어긋나지 않는다고 판시하였다(헌법재판소 2011. 12. 29. 2009헌바282 결정). "품위", "체면", "위신"등의 용어는 일반 추상성이 있고 따라서 해석의 어려움이 있겠으나, 대법원과 헌법재판소의 판시가 언급하듯이 국민의 신뢰를 떨어뜨리는 행위를 포괄하기 위한 것이라고 할 수 있다. 국민의 신뢰 유지는 법관·검사가 추구하여야 할 가치를 성실히 추구할 때 이루어질 것이다.

1.2. 법관·검사가 추구하여야 할 가치

법관윤리강령은 7개의 조문에 사법권 독립의 수호(제1조), 품위유지(제2조), 공정성과 청렴성(제3조), 직무의 성실한 수행(제4조), 직무외 활동(제5조), 경제적 행위의 제한(제6조), 정치적 중립(제7조)을 규정하고 있다. 한편 유엔 인권위원회(UN Commission on Human Rights)의 지지를 받아 작성되어 영국의 법관행위지침(Guide to Judicial Conduct)[8]의 기초가 된 방갈로어 법관행위원칙(The Bangalore Principles of Judicial Conduct)[9]은 법관이 추구할 가치로 독립성(Independence), 공평성(Impartiality), 염결성(Integrity), 온당성(Propriety), 평등(Equality), 능력과 성실성(Competence and Diligence)의 6개를 들고 있고 미국변호사협회의 모범법관행위규범(ABA Model Code of Judicial Conduct February 2007)은 법관이 독립성(Independence), 염결성(Integrity)과 공평성(Impartiality)을 추구하고 온당하지 않음(Impropriety)을 방지할 것을 제일 먼저 선언하고 있다. 이러한 가치와 목표 및 행위규범은 궁

---

7) 국가공무원법은 법령위반과 직무상 의무위반에 추가하여 "직무의 내외를 불문하고 그 체면 또는 위신을 손상하는 행위를 한 때"를 징계사유로 규정하고 있다(제78조 제1항 제3호). 대법원은 이 조항의 의미를 "주권자인 국민의 수임자로서 또는 국민에의 봉사자인 직책을 다하는 공직자로서 공직의 체면, 위신을 손상하는데 직접적인 영향이 있는 행위를 한 때"로 해석하였다(대법원 1985. 4. 9. 선고 84누654 판결).

8) 2013년본은 아래에서 확인할 수 있다. http://www.judiciary.gov.uk/about-the-judiciary/the-judiciary-in-detail/how-the-judiciary-is-governed/guide-to-judicial-conduct

9) The Judicial Integrity Group, *Commentary on The Bangalore Principles of Judicial Conduct* (2007).

극적으로 사법제도의 공정한 운영과 이에 대한 국민의 신뢰를 지키기 위한 것이
고 법관에게는 이러한 가치와 목표를 추구하는 행동이 요구된다고 할 수 있다.

검사는 법관과 같이 최종적인 사법적 판단을 하는 기관은 아니라는 점에서
차이는 있겠으나 공익의 대표자로서 직무를 수행하여야 하고 수사를 지휘하고 기
소여부를 결정하는 중요한 역할을 한다는 점에서 검사에게도 역시 사법제도의 구
성원으로서 사법제도의 공정한 운영과 이에 대한 국민의 신뢰를 지키는 역할을
할 것이 요구된다고 하겠다.

1.3. 징계사유의 유형 분류

법관·검사가 추구하여야 할 가치를 반영하고 실제 징계사례에서 드러난 문
제점의 빈도를 감안하여 아래에서는 법관·검사에 대한 징계사례의 징계사유를
다음과 같이 분류하였다. 우선, 직무와 관한 사항과 직무외의 활동으로 나누고,
직무에 관한 사항은 ① 청렴성, ② 공정성, ③ 독립성, ④ 성실성, ⑤ 기타사항
으로, 직무외의 활동은 ⑥ 형사적 위법행위와 ⑦ 기타 온당성을 갖추지 못한 것
의 7가지로 대분류한 후, 각 대분류 내에서 다시 유형을 소분류하여 아래와 같
이 21개로 분류하였다(〈표 1〉부터 〈표 12〉까지에 기재된 A, B, C, ⋯ 는 아래의 분류를
의미한다).

A: ① 청렴성: 유형1 — 담당 사건 관련 금품 수수
B: ① 청렴성: 유형2 — 다른 법관·검사 담당 사건에 관한 알선·청탁 관련 금품수수
C: ① 청렴성: 유형3 — 개별 사건과 관련 없는 금품수수
D: ② 공정성: 담당 사건의 사적인 활용 또는 정실재판·수사
E: ② 공정성: 이해관계 있는 사건의 취급 또는 사건당사자와의 접촉
F: ② 공정성: 재판·수사 당사자에 대한 편견있는 언행
G: ③ 독립성: 하급자 담당 재판·수사에 대한 관여
H: ③ 독립성: 다른 법관·검사 담당 사건에 관한 청탁
I: ③ 독립성: 진행중인 사건에 대한 논평과 합의의 공개
J: ④ 성실성: 담당 직무수행상의 오류
K: ④ 성실성: 직무태만 기타 직무상 의무 위반
L: ⑤ 직무관련 기타: 직무관련 정보 또는 법원·검찰청 자원의 사적 활용

M: ⑤ 직무관련 기타: 사법에 대한 신뢰를 추락시키는 행위

N: ⑤ 직무관련 기타: 하급자·직무관계자에 대한 우월적 지위의 남용

O: ⑥ 직무외 형사적 위법행위: 폭행·손괴

P: ⑥ 직무외 형사적 위법행위: 성추행·성희롱

Q: ⑥ 직무외 형사적 위법행위: 음주운전

R: ⑥ 직무외 형사적 위법행위: 기타 형사적 위법행위

S: ⑦ 직무외 활동: 타인 분쟁에의 관여

T: ⑦ 직무외 활동: 정치적 활동

U: ⑦ 직무외 활동: 부적절한 금전거래/사업/기타

2. 법관·검사징계사례의 분포

아래에서는 징계사례를 우선 위에서 정한 징계사유의 유형별로 나눈 후 연도별, 징계종류별, 연령별, 경력별 분포를 개괄적으로 살펴본다.

2.1. 연도별 분포

법관과 검사에 대한 징계사례를 징계사유 및 연도별로 분류하여 보면 다음

〈표 1〉 법관징계사례 연도별 분포

징계처분연도	합계(주1)	직무 관련													직무외 활동					
		청렴성			공정성		독립성			성실성	기타			형사적 위법				기타		
		A	B	C	D	E	F	G	H	I	J	K	L	M	N	O	P	Q	R	S	T	U
1995	2(1)										1									1	
1998	6			6 (주2)																	
2004	1															1					
2005	1																	1			
2006	1										1										
2007	3(2)				1			1				1									
2011	1			1																	
2012	5(4)			1					1			1				1		1			
2013	2						2														
합계	22(19)			7	1	1	2	1	1		3		1			2		2		1	

주1: 괄호표시가 없는 경우는 징계대상자를 기준으로 한 사건수임.
　　괄호표시가 있는 경우에는 괄호속의 숫자는 징계대상자 기준 사건수이고, 괄호 밖의 숫자는 징계사유가 복수이거나 복수로 분류되는 경우 이를 모두 반영한 숫자임
주2: 이른바 의정부법조비리 사건 관련임.

과 같다. 2007년 이후를 기준으로 비교하면 전체 징계건수 면에서는 검사징계건수가 법관징계건수의 약 5배 정도가 되고, 법관·검사 모두 최근 수년간 징계건수가 증가하였다.

〈표 2〉 검사징계사례 연도별 분포

징계처분연도	합계(주1)	직무 관련														직무외 활동						
		청렴성			공정성			독립성		성실성		기타			형사적 위법				기타			
		A	B	C	D	E	F	G	H	I	J	K	L	M	N	O	P	Q	R	S	T	U
2007	6(5)						1					2	1			1						1
2008	2(1)					1															1	
2009	9(7)		2	3							3				1							
2010	8(2)			2					1			5										
2011	13(8)			3					2						3	3	1			1		
2012	4			2												1	1					
2013	17(16)	3	1		1							4	5		1		1	1				
2014	5(4)										1	1			1		1	1				
합계	64(47)	3	3	10	1	1	1		3		4	12	6		6	2	6	3		1	1	1

주1: 〈표 1〉의 주1과 같음
주2: 2007. 1. 28. 이전의 징계는 구체적인 징계사유를 알 수 없어 포함시키지 않았음. 서울행정법원 2006. 11. 28. 선고 2006구합27298 판결의 판결문에 따르면 1998-2004년의 징계 19건은 다음과 같이 3개의 대분류로 분류되었음.

	합계	징계사유		
		금품·향응수수	직무태만	품위손상
1998	2			2
1999	2			2
2000	2		2	
2001	0			
2002	0			
2003	9	2	4	3
2004	4		3	1

전국의 법관·검사 숫자에 대한 비율을 생각하여 보면 20년간 19명의 법관과 16년간 68명의 검사가 징계 받은 것은 많은 숫자는 아니다. 최근 10년간(2004-2013년)의 법관정원[10] 대비 징계 받은 법관의 숫자는 법관 100명당 매년 0.05명이고

---

10) 법원행정처가 2007부터 2013년 발간한 사법연감에는 법관의 연말 현재 인원이 나와 있으나 그 이전의 사법연감에는 각급법원판사정원법상의 정원만 표시되어 있어 부득이 정원을 기준으로 산정하였고 검사도 마찬가지로 검사정원법상의 정원을 적용하였다.

가장 징계건수가 많은 2012년도 법관 100명당 0.14명에 불과하다. 2007-2013년의
검사정원 대비 징계 받은 검사의 숫자는 검사 100명당 매년 0.33명이고 가장 징
계건수가 많은 2013년은 검사 100명당 0.82명이다.

　각국의 법관임명제도 등의 법제와 문화가 다르므로 비교하기가 쉽지 않지만,
단순히 비교하자면 우리나라 법관징계건수는 미국 연방법원과 비슷한 수준이
고,11) 캘리포니아 주 법원12) 또는 영국의 하급법원 법관에 대한 징계13)에 비하면
적다.14) 또한 〈표 1〉과 〈표 2〉의 징계건수는 공식적인 징계만을 기준으로 한 것

2014. 2. 28. 현재 법관의 정원은 2,844명, 검사의 정원은 1,942명이다.

11) 2001-2005년까지 5년간 미국 연방법원 법관에 대한 징계는 4건(공개견책 2건, 비공개견
책 1건, 기타 1건)이 있었고 공개견책 1건은 6개월간의 직무정지도 부과하였다. The
Judicial Conduct and Disability Act Study Committee, "Implementation of the Judicial
Conduct and Disability Act of 1980", *A Report to the Chief Justice* (September 2006)
("Breyer Report"), pp. 29-30. http://www.supremecourt.gov/publicinfo/breyercommit tee
report.pdf. 미국 연방법원 법관에 대한 징계를 정한 Judicial Conduct and Disability Act
of 1980의 적용대상인 연방순회법원, 지방법원, 파산법원의 법관과 치안판사(magistrate
judge)의 정원(약 1,800명)을 기준으로 하면 법관 100명당 매년 0.04명이다. 미국 연방법
원 법관에 대한 징계사례가 적은 것은 위 법률의 적용대상 범위가 좁다는 점과 적용대상
인 행위가 발생하여도 징계 청구가 별로 없기 때문이라는 점이 지적되고 있다. Geyh, 앞
의 논문(주 3), pp. 249-259. 한편 최근 20년간 미국 연방법원 법관 탄핵사건은 2009년과
2010년에 각 1건이 있었다. 2009년 건은 성추행 등을 이유로 하원에서 탄핵하였으나 사직
함으로써 상원에서 탄핵이 기각되었고, 2010년 건은 뇌물수수를 이유로 탄핵되어 파면되
었다. http://www.fjc.gov/history/home.nsf/page/judges_impeachments.html. 미국의 연방
법원 법관징계제도에 관한 일반적인 설명은 문재완, "사법부의 독립성과 책임성: 미국의
법관징계제도를 중심으로", 미국헌법연구 제16권 제2호(미국헌법학회, 2005. 9).
12) 참고로 2000-2009년의 10년간 미국 캘리포니아 주의 법관징계건수는 총 294건이고, 이를
법관 연인원 15,467명(즉 연평균 1,546명)을 기준으로 보면 법관 100명당 매년 1.9건이
다. 그러나 이 통계는 주의·비공개경고를 포함하고 있고 주의·비공개경고가 징계의 거
의 80%를 차지하고 있다. State of California Commission on Judicial Performance, Summary
of Discipline Statistics 1990-2009, p. 9. http://cjp.ca.gov/res/docs/miscellaneous /Statistical_
Report_1990-2009.pdf. 미국의 연방법원 법관에 대한 징계와 주법원 법관에 대한 징계에
관한 설명은 Randy J. Holland and Cynthia Gray, "Judicial Discipline: Independence with
Accountability", 5 *Widener Law Symposium Journal* 117 (2000).
13) 영국(잉글랜드와 웨일즈)의 경우에는 2010. 4.-2013. 3.까지 3년간 240건의 징계처분이
있었고, 이는 2012-13년 연차보고서에 언급된 법관수(상근 또는 비상근 정식 법관 3,600
명, 치안판사 29,000명, 행정심판소(tribunal) 판사 7,000명)를 기준으로 보면 연간 법관
100명당 매년 0.2건이다. Office for Judicial Complaints, *Annual Report 2012-13*, pp.
5-6, *Annual Report 2011-12*, p. 5; *Annual Report 2010-11*, p. 7. http://judicialconduct.
judiciary.gov.uk/reports-and-publications.htm.
14) 일본의 경우에는 1948년 이후 9명의 법관이 탄핵소추되고 그중 7명이 파면되었다. 裁判
官弾劾裁判所, 過去の事件と判例. http://www.dangai.go.jp/lib/lib1.html. 일본법(裁判官分

이고 비공식제재로 종결된 것은 포함되지 않았다.[15] 법관·검사에 대한 징계절차
가 "제도를 가지고 있다는 것을 자랑하기 위한 외부적인 장식물에 불과"하다는
등 징계제도가 유명무실하다는 비판도 있었으나,[16] 최근 수년간의 징계건수를
보면 이러한 비판을 불식할 수준이 되고 있다. 특히 검사의 경우 징계건수가 현
저하게 증가하였고 외국에 비하여도 건수가 적은 편이 아니다.[17][18] 그렇다고 법
관·검사에 대한 징계건수가 징계사유에 해당하는 행위의 발생건수를 전부 나타
내는 것은 결코 아니다. 비공식제재로 처리되는 사례도 많고 문제가 제기되지
않는 경우도 상당히 있을 것으로 추측된다. 참고로 언론보도 등으로 확인할 수
있는 비공식제재사례의 연도별 분포를 보면 다음과 같다.

限法 제2조)상 법관에 대한 징계는 견책과 1만엔 이하의 과료, 두 가지뿐이고, 1992년에
　　발간된 자료에 따르면 견책처분을 받은 법관이 26명, 과료처분을 받은 법관이 8명이다.
　　野村二郎, 日本の裁判官(早稻田經營出版, 1992), 203쪽.
15) 주 3의 언론보도를 보면 검사의 경우 비공식제재로 종결된 건이 공식적 징계건수의 3배
　　정도 되는 것으로 보인다.
16) 신평, "사법의 독립과 책임의 조화", 세계헌법연구, 제15권 제2호(국제헌법학회, 2009),
　　368쪽; 허일태, "법왜곡행위와 사법살인의 방지를 위한 입법정책", 형사정책연구, 제18권
　　제2호(통권 제70호)(한국형사정책연구원, 2007), 32쪽. 사법제도개혁추진위원회, 사법제도
　　개혁추진위원회 백서(상) 사법선진화를 위한 개혁(2006), 276쪽도 "판사, 검사, 변호사 등
　　비리를 저지른 법조인에 대한 징계가 미비하며, 징계절차가 활성화되지 않았기 때문에
　　법조인의 비리가 근절되지 아니하고 끊임없이 발생한다는 지적"이 있음을 언급하였다.
17) 미국에서는 검사에 대한 징계가 유명무실하다는 문헌이 많이 있다(아래 Zacharias의 논
　　문 footnote 3에 열거된 문헌들). 이에 대해 100건이 넘는 검사징계사례를 확인하였다고
　　하며 검사에 대한 징계가 유명무실한 것은 아니지만 충분하지도 않다는 주장이 제기되
　　었고(Fred C. Zacharias, "The Professional Discipline of Prosecutors", 79 *North Carolina
　　Law Review* 721 (2001)), 이에 대해 100년이 넘는 기간 동안 징계사례가 100건, 즉 1년에
　　1건도 안 된다는 것은 검사에 대한 징계가 매우 드물다는 그동안의 지적이 타당함을 뒷
　　받침한다는 반론이 제기되었다(Monroe H. Freedman, "Professional Discipline of Prose-
　　cutors: A Response to Professor Zacharias", 30 *Hofstra Law Review* 121 (2001)). 그 이후
　　에도 검사가 제재를 받는 경우가 매우 적다는 지적은 계속된다. Kelly Gier, "Prosecuting
　　Injustice: Consequences of Misconduct", 33 *Am. J. Crim. L.* 191 (2006), p. 205.
18) 일본에서는 2002년 5월부터 10년간 71건의 검사 징계(면직 6건, 정직 3건, 감봉 24건, 견
　　책 38건)가 행하여졌다. 內閣總理大臣, 答弁書(2012. 6. 1. 內閣衆質180第260号), 浅野貴博,
　　懲戒処分を受けた検察官の処遇等に関する質問主意書(2012. 5. 22. 質問第312号) http://www.
　　shugiin.go.jp/Internet/itdb_shitsumon.nsf/html/shitsumon/b180260.htm, http://www.shugiin.
　　go. jp/Internet/itdb_shitsumon.nsf/html/shitsumon/b180312.htm. 이는 2012. 1. 15. 현재 일
　　본의 검사숫자 2,708명을 기준으로 하면 검사 100명당 매년 0.26건이 된다.

〈표 3〉 법관 비공식제재사례 연도별 분포

비공식 제재 연도	합계 (주1)	직무 관련														직무외 활동						
		청렴성			공정성			독립성			성실성		기타			형사적 위법				기타		
		A(주2)	B	C	D	E	F	G	H	I	J	K	L	M	N	O	P	Q	R	S	T	U
1995	3(2)				1				1		1											
1999	6			5															1			
2000	3			2																		1
2003	2	2																				
2004	6	3		2												1						
2005	4(3)									1						1	1		1			
2006	3		1					1														1
2007	11		3	1							2	4	1									
2008	2	1														1						
2009	3						1								1						1	
2010	2						1					1										
2011	4(3)																2		1			1
2012	5(4)										1			1	1		1		1			
2013	2						1									1						
합계	56(52)	6	4	10	1		3	1	1	1	4	5	1	1	2	4	4		4		1	3

주1: 〈표 1〉의 주1과 같음.
주2: 언론보도를 토대로 A(금품·향응수수 유형1)에 해당할 가능성이 높아 그렇게 분류하였으나 반드시 뇌물죄의 구성요건으로서의 직무관련성이 있다는 의미는 아님. 구체적 사실관계에 따라서는 C(금품·향응수수 유형3)에 해당할 수 있음. 이하 법관 비공식제재사례에 관한 다른 표도 마찬가지임.

〈표 4〉 검사 비공식제재사례 연도별 분포

연도	합계 (주1)	직무 관련														직무외 활동						
		청렴성			공정성			독립성			성실성		기타			형사적 위법				기타		
		A	B	C	D	E	F	G	H	I	J	K	L	M	N	O	P	Q	R	S	T	U
1997	2(1)																		1			1
1999	23			23 (주2)																		
2001	3				3																	
2002	1		1																			
2003	2(1)	1																	1			
2006	1		1																			
2007	1								1													
2009	1			1																		
2011	9	3		4								2										
2013	1															1						
합계	44(42)	4	2	28	3				1			2				1			2			1

주1: 〈표 1〉의 주1과 같음.
주2: 이른바 대전법조비리 사건 관련임.

2.2. 징계종류별 분포

법관과 검사에 대한 징계사례를 징계사유 및 징계종류 별로 분류하여 보면 다음과 같이 분포되어 있다. 징계사유의 구체적인 내용에 대하여는 아래 Ⅲ.에서 다루기로 한다.

〈표 5〉 법관징계사례의 징계사유 및 징계종류별 분포

징계의 종류	합계(주1)	직무 관련														직무외 활동						
		청렴성			공정성			독립성			성실성	기타				형사적 위법				기타		
		A	B	C	D	E	F	G	H	I	J	K	L	M	N	O	P	Q	R	S	T	U
정직	12(10)			6	1	1			1	1		1		1								
감봉	5(4)						1					1				1		1		1		
견책	5			1			1					1				1		1				
합계	22(19)			7	1	1	2		1	1		3		1		2		2		1		

주1: 〈표 1〉의 주1과 같음.

〈표 6〉 검사징계사례 징계종류별 분포

징계의 종류	합계(주1)	직무 관련														직무외 활동						
		청렴성			공정성			독립성			성실성	기타				형사적 위법				기타		
		A	B	C	D	E	F	G	H	I	J	K	L	M	N	O	P	Q	R	S	T	U
해임	3	2		1																			
면직	16(10)	1		5	1				1			4	1		1		1					1	
정직	9(7)		2	1			1		1			2			1		1						
감봉	19(13)		1	3					1		1	3	2		2	2	2	1					1
견책	17(14)					1					3	3	3		2		2	2		1			
합계	64(47)	3	3	10	1	1	1		3		4	12	6		6	2	6	3		1	1	1

주1: 〈표 1〉의 주1과 같음.
주2: 〈표 2〉의 주2와 같음.

참고로 비공식제재사례의 사유 및 제재의 종류별 분포를 보면 다음과 같다.

〈표 7〉 법관 비공식제재사례 제재종류별 분포

비공식 제재의 종류	합계(주1)	직무 관련														직무외 활동						
		청렴성			공정성			독립성			성실성	기타				형사적 위법				기타		
		A(주2)	B	C	D	E	F	G	H	I	J	K	L	M	N	O	P	Q	R	S	T	U
사직	23(21)	2	4	5		1							1	1	2	2	3		1			1
전보	5(5)	2				1								1		1						

구분	합계	A	B	C	D	E	F	G	H	I	J	K	L	M	N	O	P	Q	R	S	T	U
경고(주3)	22(20)	1		4			2	1	1		3	5	1	1	2						1	1
불문/불명확	4(4)	1		1			1				1											1
합계	56(52)	6	4	10	1		3	1	1	1	4	5	1	1	2	4	4		4		1	3

주1: 〈표 1〉의 주1과 같음.
주2: 〈표 3〉의 주2와 같음.
주3: 서면경고·구두경고·주의를 모두 포함함.

〈표 8〉 검사 비공식제재사례 제재종류별 분포

비공식 제재의 종류	합계 (주1)	청렴성			공정성			독립성			성실성	기타				형사적 위법				기타		
		A	B	C	D	E	F	G	H	I	J	K	L	M	N	O	P	Q	R	S	T	U
사직	19(17)	3	2	8	3													2					1
전보(주2)	6			5							1											
경고(주3)	17			14								2					1						
불문/불명확	2	1		1																			
합계	44(42)	4	2	28	3						1	2					1	2					1

주1: 〈표 1〉의 주1과 같음.
주2: 기타 인사상 불이익 포함.
주3: 〈표 7〉의 주3과 같음.

2.3. 연령·경력별 분포

2.3.1. 법관

징계 받은 법관의 연령별 분포와 경력별 분포를 보면 다음과 같다. 징계 받은 법관 19명 중 12명이 평판사이고 7명이 부장판사였으며, 연령상으로는 45-49세까지가 가장 많은 비중을 차지하고 있다(〈표 9〉).[19] 경력상으로도 5년 미만의 법조경력을 가진 법관은 없는 반면 15년 이상의 법조경력을 가진 법관이 7명이다(〈표 10〉). 특히 2007년 이후 징계 받은 9명의 법관 중 7명이 부장판사이다(〈별표 1〉). 부장판사급 이상의 직급을 가진 법관이 전체 법관의 20% 남짓한 정도인 것을 감안하면 징계 받은 법관 중 부장판사가 차지하는 비중이 높은 편이다.

---

[19] 전체 법관의 연령별 분포는 파악할 수 없어 연령대별 징계 받은 법관의 비율을 구하지 못하였다.

〈표 9〉 법관징계사례 연령별 분포

징계 사유 발생시 연령(주2)	합계 (주1)	직무 관련														직무외 활동						
		청렴성			공정성			독립성			성실성		기타			형사적 위법					기타	
		A	B	C	D	E	F	G	H	I	J	K	L	M	N	O	P	Q	R	S	T	U
30세 미만	0																						
30-34	4			3															1				
35-39	4			3						1													
40-44	4(3)											2					1		1				
45-49	10(8)			1	1	1	2		1			1			1	1					1		
50-54	0																						
55-59	0																						
60세 이상	0																						
합계	22(19)			7	1	1	2		1	1		3			1	2		2			1	

주1: 〈표 1〉의 주1과 같음
주2: 로앤비에서 제공하는 생년 정보에 기초하여 그 해 1월 1일에 출생한 것으로 가정하였음.

〈표 10〉 법관징계사례 경력별 분포

법조인 경력(주2)	합계 (주1)	직무 관련														직무외 활동						
		청렴성			공정성			독립성			성실성		기타			형사적 위법					기타	
		A	B	C	D	E	F	G	H	I	J	K	L	M	N	O	P	Q	R	S	T	U
5년 미만	0																						
5년 이상 10년 미만	9			6								1					1		1				
10년 이상 15년 미만	4(3)											1					1		1			1	
15년 이상	9(7)			1	1	1	2		1	1		1			1							
합계	22(19)			7	1	1	2		1	1		3			1	2		2			1	

주1: 〈표 1〉의 주1과 같음
주2: 로앤비에서 제공하는 법조인 경력에 기초하였고 법관으로 임용되기 전의 법조인 경력(예: 군법무관)도 산입하였음.

2.3.2. 검사

개정 검사징계법(법률 제8056호)[20]이 시행된 2007. 1. 28. 이후 징계받은 검사의 연령별 분포와 경력별 분포를 보면, 47명 중 34명이 평검사 또는 부부장검사, 11명이 부장검사 또는 차장검사, 2명이 검사장급이다(〈별표 2〉). 연령상으로는 28세부터 55세까지 고르게 분포되어 있고(〈표 11〉), 경력상으로도 1년 미만의 경력자부터 25년 이상의 경력자에 이르기까지 다양하게 분포되어 있다(〈표 12〉).

---

20) 주 1.

〈표 11〉 검사징계사례 연령별 분포

징계 사유 발생시 연령 (주2)	합계 (주1)	직무 관련														직무외 활동						
		청렴성			공정성			독립성			성실성		기타			형사적 위법				기타		
		A	B	C	D	E	F	G	H	I	J	K	L	M	N	O	P	Q	R	S	T	U
30세 미만	3	1									1		1									
30-34	12(9)	1		3								2			1	1	1	1			1	1
35-39	17(13)		1	1	1	1	1		2		3	1	2		1	1	1			1		
40-44	7(6)		1						1			1	1		1		1	1				
45-49	18(12)	1	1	4								4	2		2		3	1				
50-54	3			1								2										
55-59	4(1)			1								2			1							
60세 이상	0																					
합계	64(47)	3	3	10	1	1	1		3		4	12	6		6	2	6	3		1	1	1

주1: 〈표 1〉의 주1과 같음.
주2: 〈표 9〉의 주2와 같음.
주3: 징계 받은 검사와 징계사유를 알 수 없는 1998년부터 2007년 1월까지의 징계 21건은 포함시키지 않았음.

〈표 12〉 검사징계사례 경력별 분포

법조인 경력(주2)	합계 (주1)	직무 관련														직무외 활동						
		청렴성			공정성			독립성			성실성		기타			형사적 위법				기타		
		A	B	C	D	E	F	G	H	I	J	K	L	M	N	O	P	Q	R	S	T	U
5년 미만	19(15)	2		2							1	2	4		2	1	2	1			1	1
5년 이상 10년 미만	9(8)		1	2	1						3		2									
10년 이상 15년 미만	13(9)		1	1		1	1		1			2			2	1	1	1		1		
15년 이상	23(15)	1	1	5					2			8			2		3	1				
합계	64(47)	3	3	10	1	1	1		3		4	12	6		6	2	6	3		1	1	1

주1: 〈표 1〉의 주1과 같음.
주2: 〈표 10〉의 주2와 같음.
주3: 〈표 11〉의 주3과 같음.

Ⅲ. 징계사유 유형별 검토

1. 청렴성에 관한 사례

1.1. 총설

법관·검사의 직무수행이 공정하게 이루어지고 국민의 신뢰를 받기 위해서는 법관·검사의 청렴성 유지가 필수적이다. 금품·향응 수수가 직무와 관련되면(유형 ① 뇌물수수에 해당할 것이고, 다른 법관·검사 담당사건에 관한 알선·청탁의 대가이면(유형②) 알선수뢰 또는 변호사법위반의 형사처벌의 대상이 되는 심각한 문제가 된다. 한편 특정한 사건과 관련없이 금품·향응을 받는 경우(유형③)에는 이러한 형사처벌의 대상이 되지는 않겠으나 그러한 금품·향응을 제공하는 사람이 장래 언젠가 자신이나 자신이 아는 사람이 법원·검찰에 사건이 계류될 때를 대비하여 금품·향응을 제공할 가능성이 높다. 특히 법원·검찰에 계류된 사건을 취급하는 것을 기본 업무로 하는 변호사의 경우는 더욱 그 가능성이 높고, 금품·향응의 수수는 법조브로커가 독버섯처럼 자랄 수 있는 토양을 만들 수 있으며, 금품·향응 제공자가 관련된 사건 또는 이들이 청탁하는 사건 처리의 공정성을 담보하기 어렵다. 이러한 점에서 유형③은 언제든지 유형① 또는 유형②로 변화할 수 있는 잠재력을 가지고 있다고 할 수 있다.

1.2. 유형①: 담당 사건 관련 금품수수

직무수행과 금품수수 사이에 형법상의 직무관련성이 인정되면 뇌물수수에 해당할 것이다. 이러한 사례로는 담당하고 있는 형사사건의 피고인이 빨리 석방될 수 있도록 해달라는 부탁을 받고 800만원의 외상술값을 대신 갚도록 한 법관이 사직 후 뇌물수수죄의 유죄판결을 받은 사건[법관형사재판사례 1][21]이 있다. 검사의 경우에는 부장검사가 2008년부터 수회에 걸쳐 뇌물등 명목으로 8억 8,400만원 상당의 금품을 수수하여 해임된 후 형사재판을 받은 사건[검사징계사례 49],[22] 수사중인 피의자와 성관계를 하여 뇌물을 공여받은 것으로 인정되어 해임된 사건[검사징계사례 50],[23] 고소사건을 무혐의처리한 대가로 피고소인으로부터 2,000만원 등을 수수하여 형사재판을 받은 사건[검사형사재판사례 1][24]과 고소인으로부터 수표 1,600만원 등을 수수하여 형사재판을 받은 사건[검사형사재판사례 2][25]이 있

---

21) 대법원 2008. 12. 18. 선고 2008도9349 판결.

22) 법무부공고 제2013-34호, 관보 제17956호(2013. 2. 21). 징역 7년이 선고되었다(서울고등법원 2014. 1. 10. 선고 2013노2400 판결; 대법원 2014. 5. 29. 선고 2014도1324 판결(상고기각)).

23) 법무부공고 제2013-34호, 관보 제17956호(2013. 2. 21). 징계 받은 검사는 기소되어 1심과 2심에서 뇌물죄에 대하여 유죄판결(직권남용권리행사방해죄는 무죄)을 받았다(서울중앙지방법원 2013. 4. 17. 선고 2012고합1753 판결; 서울고등법원 2013. 11. 1. 선고 2013노1418 판결; 대법원 2014. 1. 29. 선고 2013도13937 판결).

24) 중도일보 2004. 6. 4. "'몰카 사건' ○前검사 실형".

25) 매일신문 2011. 11. 25. "검사 시절 고소인에게 수천만원 금품, 변호사 징역형"; 한국일보 2011. 10. 24. "검사가 고소인 돈 받아/ 3년이나 지나 적발… 전직 검사 구속기소".

다. 검사가 사건관계인으로부터 향응수수 등의 혐의로 면직처분을 받은 사례[검사
징계사례 53][26)는 사실관계가 상세히 드러나지 않아 구체적인 내용을 파악하기 어
려우나 공고 문안으로는 이 유형에 해당할 가능성이 높다. 이들 사례와 같이 법
관·검사가 자신의 직무수행과 관련하여 금품을 수수하여 문제된 사례는 매우 예외
적이다.

한편 형법상의 직무관련성은 인정되지 않았으나 자신이 처리하는 사건과 관
련하여 금품이나 향응을 받은 것으로 의심될 수 있는 외관을 갖춘 사례들이 여러
차례 발생하였는데 대부분 사직이나 전보 조치로 마무리되었다. 1998년 법관이
중학교 동창생으로부터 보석신청사건을 선처해 달라는 부탁과 함께 200만원을
받은 사안에 대하여 "법관의 품위를 현저히 손상시킨" 것으로 판단해 사표 수리
로 마무리하였다[법관 비공식제재사례 1].27) 2003년에는 피고인에 대한 영장실질심
사 이후 변호사와 만나 골프를 치고 술을 마신 부장판사에 대하여 골프회동이 구
속영장 기각과는 무관한 것으로 보아 전보 후 사표를 수리하는 것으로 처리하였
다[법관 비공식제재사례 2].28) 2004년에는 형사사건의 구속영장을 두 차례 기각한
법관이 피의자와 친분이 있는 변호사와 여러 차례 식사를 하여[법관 비공식제재
사례 3]29) 지원(支院)으로 전보 조치하였고, 소송사건의 이해 당사자와 골프를 친
법원장과 부장판사에 대하여 법원장은 사직, 부장판사는 지방으로 전보 조치하는
데 그쳤다[법관 비공식제재사례 4].30) 2006년 지원에 근무하는 법관 3명이 상호저축
은행 대주주의 골프접대를 받았고 그중 2인이 그 대주주가 소유한 아파트를 시세
보다 싸게 임차하였으며 그중 1인은 그 대주주의 구속적부심에 관여하는 등의 문
제가 제기되었는데, 이들 법관 3명에 대하여는 사표 수리로 처리되었다[법관 비공
식제재사례 5].31) 언론보도만으로는 형법상의 직무관련성이 인정되기 어려울 것으
로 보이지만 금품·향응 제공자에 대한 재판을 담당하여 재판의 공정성에 대한

---

26) 법무부공고 제2013-150호, 관보 제18050호(2013. 7. 3).
27) 이 사건에 대하여 검찰은 직무관련성이 드러나지 않고 사표를 제출한 점을 들어 법관을
    형사입건하지 않고 수사를 종결하였다. 동아일보 1998. 7. 11. "'직무관련성 없다' 형사입
    건 않기로".
28) 동아일보 2003. 3. 12. "대법원, '변호사와 골프'판사 사표수리".
29) 국민일보 2004. 12. 7. "판사들 왜 이러나?…룸살롱 향응 받아 좌천·자신 조사하던 경
    찰 폭력 휘둘러".
30) 동아일보 2004. 4. 4. "'골프접대'받은 법원장 사퇴…부장판사는 전보키로".
31) 동아일보 2006. 7. 4. "골프접대 2차례…대법, 군산지원 판사 조사결과 발표".

의혹을 받을 외관을 만들었다는 점에서 유형①에 해당한다고 하겠다.

1.3. 유형②: 다른 법관·검사 담당 사건 관련 금품수수

법관·검사가 자신이 담당하는 직무와 관련되지는 않지만 동료 법관·검사가 담당한 사건이나 다른 법원·검찰 사무와 관련하여 알선·청탁하여 문제가 제기된 사례들이 있다. 단순한 알선·청탁에 그치지 않고 그 대가로 금품을 수수하는 경우에는 형사범죄에 해당한다. 법관이 다른 법관 담당 사건에 관하여 알선·청탁 명목으로 금품을 수수한 대표적인 사례는 법조 브로커로부터 금품을 받아 형사 처벌된 고등법원 부장판사(행위시는 지방법원 부장판사) 사건이다[법관형사재판사례 2].[32]

검사의 경우에는 이 유형의 징계사례가 훨씬 더 많이 발생하고 있다. 부장검사가 친분관계가 있던 그룹회장으로부터 정치자금법위반 사건에서 선처 받을 수 있게 해 달라는 청탁을 받고 미화 1만불을 받아 정직 6개월의 징계[33]를 받은 후 알선수재죄로 형사처벌[34]된 사건[검사징계사례 34]과 전과가 있는 건설업자로부터 금품과 그랜저승용차 구입대금을 제공받고 그가 고소한 사건을 담당한 다른 검사에게 사건처리를 청탁한 이른바 그랜저 검사사건[검사형사재판사례 3][35]이 대표적인 사례이다. 최근에도 같은 검찰청 내 다른 검사가 수사중인 피의자로부터 총 7회, 약 234만원 상당의 골프 접대를 받은 검사가 면직된 사례[검사징계사례 54][36]가 발생하였다. 내연관계에 있는 변호사로부터 그가 고소한 사건의 처리를 부탁받고 신용카드사용과 벤츠승용차를 제공받은 혐의로 기소되어 1심에서는 유죄판결을, 항소심에서는 무죄판결을 받은 세칭 벤츠 여검사 사건[검사형사재판사례 4][37]도 이 유형에 속한다고 할 수 있다.

금품·향응 수수가 알선·청탁의 대가임이 명백하게 입증되지 않은 경우에도

---

32) 대법원 2008. 6. 26. 선고 2008도505 판결. 위 부장판사 이외에도 같은 법조 브로커로부터 금품을 받고 보석사건을 해결해 달라는 부탁을 받은 법관을 불구속 기소하였으나[서울중앙지방검찰청, 법조비리사건수사결과(2006. 8. 23)], 1심에서 무죄가 선고되었다. 서울신문 2007. 2. 3. "'김홍수 청탁' 前대법원연구관 무죄".

33) 법무부공고 제2009-158호, 관보 제17102호(2009. 10. 21).

34) 대법원 2010. 6. 10. 선고 2010도1382 판결.

35) 대법원 2011. 9. 29. 선고 2011도7927 판결.

36) 법무부공고 제2013-150호, 관보 제18050호(2013. 7. 3).

37) 부산지방법원 2012. 1. 27. 선고 2011고합837 판결; 부산고등법원 2012. 12. 13. 선고 2012노65 판결(상고사건 계류 중).

알선·청탁과 관련하여 금품·향응을 받은 것으로 의심될 수 있는 외관을 갖춘 경우도 있다. 다른 검사 담당 사건의 고소인측 지인과 골프 회동한 후 그 비용을 그 지인으로 하여금 대납토록 한 외에도 다른 비위사실이 있는 부부장검사가 정직 3월의 징계를 받은 사례38)[검사징계사례 31]가 있다. 특정범죄가중처벌 등에 관한 법률 제3조의 알선수재죄가 성립하기 위하여는 알선할 사항이 공무원의 직무에 속하는 사항이고, 금품 등 수수의 명목이 그 사항의 알선에 관련된 것임이 어느 정도 구체적으로 나타나야 하고, "단지 금품 등을 공여하는 자가 금품 등을 수수하는 자에게 잘 보이면 그로부터 어떤 도움을 받을 수 있다거나 손해를 입을 염려가 없다는 정도의 막연한 기대감 속에 금품 등을 교부하고, 금품 등을 수수하는 자 역시 공여자가 그러한 기대감을 가지고 금품 등을 교부하는 것이라고 짐작하면서 이를 수수하였다"는 정도의 사정만으로는 알선수재죄가 성립한다고 볼 수 없으나(대법원 2004. 11. 12. 선고 2004도5655 판결; 대법원 2008. 6. 12. 선고 2008도2300 판결 등), 알선수재죄가 성립하지 않는다고 하더라도 이러한 금품수수는 법관·검사의 청렴성을 해치고 사법에 대한 신뢰를 추락시키는 행위로 취급하여야 할 것이다.

1.4. 유형③: 특정 사건과 관련 없는 금품수수

구체적인 청탁없이 변호사 또는 법조 브로커로부터 금품이나 향응을 받아 징계처분을 받은 사례는 상당히 많다. 변호사로부터 금품과 향응을 수수하여 문제가 된 1998년의 의정부지원 사건39)이 대표적인 사례이다. 이 사건에서는 6명의 법관이 징계를 받았다. 변호사로부터 120만원을 휴가비 명목으로 수령하고 2,200만원을 무이자로 차용한 법관[법관징계사례 2]과 명절인사와 사무실운영비 명목으로 840만원을 수령하고 향응을 받은 법관[법관징계사례 3]이 정직 10월에, 210만원 내지 330만원을 휴가비 등의 명목으로 수령하고 향응을 받은 법관 3명[법관징계사례 4, 5, 6]이 정직 6월, 140만원을 명절인사 명목으로 받은 법관[법관징계사례 7]이 견책의 징계를 받았다. 최근에도 변호사로부터 138만원 상당의 식사향응과 와인선물을 받은 부장판사가 정직 2월의 징계를 받은 사례[법관징계사례 15]40)가 있다. 또한 법조 브로커가 평소 검사들에게 향응을 제공한 이른바 스폰서 검사사건

---

38) 법무부공고 제2009-149호, 관보 제17102호(2009. 10. 5).
39) 관보 제13892호(1998. 4. 28).
40) 대법원 공고 제2012-11호, 관보 제17690호(2012. 2. 1).

[검사징계사례 35[41)]부터 39][42)도 금품·향응수수 시점에는 유형③에 속하는 사례라고 하겠다.

그러나 담당 사건과 직접 관련성이 없거나 구체적인 청탁이 없는 금품수수 또는 접대를 받은 사례에 대하여 사표를 받거나 경고에 그친 경우도 다수 보도되었다. 이러한 조치에 그친 사례의 상당수는 징계시효가 도과하였기 때문인 것으로 보인다. 1999년 드러난 대전법조비리 사건에서 변호사로부터 떡값 50만원을 받은 법관 3명에 대하여 엄계(嚴戒)에 그친 것이나[법관 비공식제재사례 6],[43) 법조브로커 김홍수 사건의 수사 종결 후 검찰이 법원에 비위사실 통보한[44) 부장판사 4명에 대하여 대법원 공직자윤리위원회가 구두경고와 인사에 반영할 것을 대법원에 권고한 사례[법관 비공식제재사례 7][45) 및 2007년 법관이 폭력조직 출신 사업가 등으로부터 필리핀, 제주도 등에서 골프 접대를 받은 사실이 드러났으나 사표 수리된 사례[법관 비공식제재사례 8][46) 모두 징계시효가 도과하였기 때문이었다. 그러나 징계시효가 도과하지 않았음에도 사표수리로 처리한 사례도 적지 있다.

---

41) 법무부공고 제2010-118호, 관보 제17297호(2010. 7. 13). 징계처분취소소송이 제기되었으나 1심과 2심에서 기각되었고(서울고등법원 2011. 12. 29. 선고 2011누8323 판결), 대법원에 계류 중이다.

42) 스폰서 검사사건에서 법조 브로커로부터 향응을 받고 수사지휘검사에게 기록을 잘 살펴달라고 부탁한 검사는 정직 3월[검사징계사례 37], 향응을 받고 고소장을 조사없이 처리한 검사는 감봉 2월[검사징계사례 38]을 받았다. 법무부공고 제2011-47호, 관보 제17483호(2011. 4. 8). [검사징계사례 37]의 해당 검사는 뇌물수수로 기소되었으나 직무관련성에 대한 고의가 없음을 이유로 무죄판결이 선고되었고, [검사징계사례 38]의 해당 검사는 직무유기로 기소되었으나 직무를 저버린다는 인식하에 의식적으로 직무를 포기하는 정도에 이르렀다고 보기 어렵다고 하여 무죄판결이 선고되었다(대법원 2011. 11. 10. 선고 2011도6512 판결). 형사사건에서 무죄판결이 선고되었다고 하여 징계사유에 해당하지 않는다거나 검사의 직무윤리에 위배되지 않는다고 볼 수는 없다. 특히 형사판결이 금품·향응수수 사실과 객관적인 직무관련성의 존재를 인정하였으므로 이러한 금품·향응수수가 검사의 직무수행의 공정성에 영향을 줄 수 있는 가능성과 불공정한 처리가 이루어질 수 있다는 외관의 창출 등의 면에서 직무윤리상으로는 심각하게 다루어야 할 것이다. [검사징계사례 38]에 대하여는 법원이 면직처분 취소판결을 하였으나(〈별표 2〉 주4), 면직처분을 징계재량권 남용으로 보았기 때문이고 향응수수는 징계사유에 해당한다고 판시하였다.

43) 세계일보 1999. 2. 20. "수임비리 판사 2명 사표수리".

44) 서울중앙지방검찰청, 법조비리사건수사결과(2006. 8. 23), 2쪽.

45) 세계일보 2007. 1. 30. "법조비리 연루 판사 4명인사조치·구두경고 권고".

46) 동아일보 2007. 2. 9. "판사가 조폭출신 기업인과 골프여행 … 대법, 사표 수리"; 문화일보 2007. 2. 9. "수렁에 빠진 법조계…고쳐지지 않은 고질병".

대전법조비리 사건에서 변호사로부터 떡값 100만원을 받은 대법원장 비서실장과 고등법원 부장판사가 사법발전에 헌신한 점을 참작하여 징계에 회부되지 않고 사직하였으며[법관 비공식제재사례 9],[47] 선배 변호사와 술을 마신 뒤 성접대를 받은 점이 문제되어 사직한 법관도 있다[법관 비공식제재사례 10].[48] 또한 변호사를 불러내 술을 마셔 서면 경고를 받은 사례[법관 비공식제재사례 11][49]도 있다. 1990년 조직폭력배와 술자리 합석한 부장판사의 사표가 수리된 사례[50]도 이 유형의 사례이다.

검사의 경우에는 대전법조비리 사건에서 변호사로부터 명절떡값, 전별금 등의 명목으로 금품을 수수한 6명의 검사가 사직하였고 징계시효가 도과한 5명의 검사에 대하여는 인사상 불이익을 가하는 것으로 처리하고 50만원 이하의 금품을 받은 12명에 대하여는 경고로 처리하였다[검사 비공식제재사례 1].[51] 이 사건으로 사직 또는 인사상 불이익 조치의 대상이 된 검사들은 모두 고검검사급 이상이고 검사장급이 3명이 포함되어 있어 가장 많은 고위 검사가 관여된 사건이었다. 검찰총장으로 내정되었다가 기업인과의 거액의 금전거래와 해외골프여행 및 차량 무상사용 등의 의혹이 제기되어 사퇴한 사례는 사실관계가 명확하게 밝혀지지 않았으나 언론보도에 비추어 볼 때 이 유형에 속하는 것으로 보인다[검사 비공식제재사례 2].[52]

최근 이 유형의 금품수수에 대한 징계가 강화되고 있다. 「검찰공무원의 범죄 및 비위 처리지침」상 금품·향응 수수에 대한 징계양정 기준이 강화되었다(대검찰청예규 제577호 2011. 11. 29. 개정). 종전에는 금품·향응수수에는 '직무관련 수수'와 '변호사 알선료 수수'만이 규정되어 있었으나 2011. 11. 29. 개정으로 '직무관련 수수'와 '직무 관련성이 없더라도 정당한 이유 없는 금품·향응 수수'로 규정하고 그 기준도 종전에 비하여 대폭 강화되었다. 실제 징계사례를 보면 2009년에는 건설회사 대표로부터 법인카드를 교부받아 38개월간 총 9,766만원 상당을 사용한

---

47) 세계일보 1999. 2. 20. "수임비리 판사 2명 사표수리".

48) 세계일보 2004. 10. 7. "性접대 받은 판사 법복벗어/진정받고 수사나서자 사표".

49) 국민일보 2004. 12. 7. "판사들 왜 이러나?".

50) 한겨레신문 1990. 12. 6. "대법원, 부장·고법판사 인사/'술자리 합석' 판사 사표수리"; 동 아일보 1990. 12. 26. "권력·폭력「검은유착 쇼크」".

51) 한국일보 1999. 2. 2. "금품수수 판·검사 30명 ⋯ 검사 6명 사표수리".

52) 한겨레신문 2009. 7. 14. "천○○ 후보 인사청문회/수상한 빚·해외골프·명품쇼핑/검찰총장후보가 '의혹백화점'".

검사를 해임한 사례[검사징계사례 28][53]가 있었고, 2012년에는 유흥업소 출입을 하면서 관할구역 내 변호사와 사적 접촉을 하고 변호사로부터 74만원(법원의 인정사실에서는 34만 8천원) 또는 85만원의 향응을 받은 검사 2명이 면직되었다[검사징계사례 45, 46].[54] 2012년의 면직처분[검사징계사례 45, 46]에 대한 취소소송에서 법원은 징계사유에 해당함은 인정하였으나 징계재량권의 남용으로 보아 면직처분을 취소하였고, 이후 이들에 대하여는 다시 징계절차를 개시하여 감봉 3월과 감봉 2월의 징계처분이 행하여졌다.[55]

2. 직무수행의 공정성에 관한 사례

2.1. 정실재판·수사 또는 담당 사건의 사적 활용

파산부 부장판사가 개인적으로 특별한 친분관계가 있는 변호사 또는 고교동창을 자신이 담당한 회생기업 또는 파산회사의 고문, 관리인 대리 또는 파산관재인으로 선임하도록 하고, 친형을 감사로 선임하여 공정성과 청렴성을 의심받을 행동을 하였다고 보아 정직 5월의 징계에 처한 사례[법관징계사례 13][56][57]가 정실재판 내지는 법관 권한의 사적 활용의 대표적인 예이다. 1995년 법관이 동일한 피고인의 동일한 사건에 관하여 다른 변호사가 신청한 보석은 두 차례 기각한 뒤 자신의 고교 동창인 변호사가 신청하자 보석을 허가한 사례[법관 비공식제재사례 12][58]도 이 유형에 속한다. 이 사례에서는 처음 두 번 보석을 신청한 변호사의 진정에 따라 대법원에서 자체조사한 뒤 법관을 지원으로 전보 발령하였다.

검사의 경우에는 최근 자신이 수사 중인 사건의 피의자에게 자신의 매형인 변호사를 선임하도록 알선하여 면직된 후 변호사법 위반으로 1심에서 유죄판결을 받은 사례[검사징계사례 51][59]가 있다. 2001년 벤처기업 주식분쟁사건을 수사하

---

53) 법무부공고 제2009-7호, 관보 제16918호(2009. 1. 14).

54) 법무부공고 제2012-110호, 관보 제17749호(2012. 4. 26).

55) 〈별표 2〉의 주 6과 7.

56) 대법원 공고 제2011-108호, 관보 제17631호(2011. 11. 10).

57) 이 사례의 부장판사는 직무상 관련있는 법률사건을 특정변호사에게 소개·알선하는 행위를 금지한 변호사법 제37조 위반으로 벌금 300만원에 처하여졌다(대법원 2013. 1. 31. 선고 2012도2409 판결).

58) 한겨레신문 1995. 3. 11. "두번 기각 보석신청 고교동창 변호사가 내자 허가".

59) 법무부공고 제2013-34호, 관보 제17956호(2013. 2. 21). 1심에서 유죄가 인정되었다(서울중앙지방법원 2013. 11. 1. 선고 2013고합43 판결). 법률신문 2013. 11. 1. "매형에 사건 알선 '브로커 검사' 집행유예".

면서 진정인에게 수사상황을 누설한 부장검사가 사직한 사례[검사 비공식제재사례 3][60]와 이용호 게이트 사건의 봐주기 수사 의혹을 받은 검사장과 지검 차장검사가 사직한 사례[검사 비공식제재사례 4][61]도 이 유형에 해당한다.

2.2. 이해관계 있는 사건의 취급 또는 사건 당사자와의 사적 접촉

법관이 사건 당사자와 사적으로 접촉하거나 다른 당사자 모르게 일방 당사자와 의사소통하는 것은 대립당사자주의에 반하고 재판의 공정성을 해치는 행동이다. 부장판사가 친구의 소개로 알게 된 사람으로부터 설명을 듣고 서류를 검토한 후 상대방이 제기한 가처분신청사건 등을 회피하지 않은 채 진행하고, 재판을 전후하여 그 사람과 만나거나 전화통화를 한 행위에 대하여 다른 비리와 더불어 법관으로서의 품위를 손상하고 법원의 위신을 실추시켰다고 보아 정직 10월의 징계에 처한 사례가 있다[법관징계사례 11].[62] 청렴성과 관련하여 위에서 언급한 [법관 비공식제재사례 2, 3, 4][63]도 사건의 일방 당사자와의 의사소통에 해당한다.

2.3. 재판·수사 당사자에 대한 편견있는 언행

재판 진행과정에서의 법관의 언행은 품위 유지의 면에서도 유의하여야 하지만 당사자 기타 소송 관계인에 대한 편견을 가지지 않고 재판함을 보여주기 위해서도 매우 유의해야 할 사항이다. 최근 여러 건 발생한 법관의 언행 관련 사례는 법정에서의 법관의 언행이 사법에 대한 국민의 신뢰에 얼마나 큰 영향을 미치는지 잘 보여주었다.

2009년 69세인 당사자가 법관의 허락을 받지 않고 발언하려다 40대 법관으로부터 "어디서 버릇없이 툭 뛰어나오느냐"고 질책을 받은 후 국가인권위원회에 진정하여 인권위원회가 인격권 침해를 인정하고 법원에 주의조치와 재발방지를 권고한 사례[법관 비공식제재사례 13][64]가 발생하였고, 2010년에도 법관이 70세 할

---

60) 세계일보 2001. 10. 19. "검찰위상 '날개없는 추락'".
61) 부장검사 1명도 사직하였고 그는 내사시 채권자와의 합의를 종용한 협의로 직권남용죄로 기소되었으나 무죄판결을 받았다(대법원 2005. 5. 26. 선고 2003도4600 판결). 법률신문 2005. 5. 31. "이○○ 前 군산지청장 직권남용 혐의 무죄 확정".
62) 대법원 공고 제2007-28호, 관보 제16526호(2007. 6. 15).
63) 주 28, 29, 30.
64) 국가인권위원회 2009. 11. 23. 09진인1874 결정, 국가인권위원회 결정례집, 제4집(침해구제분야)(2012. 6), 214-217쪽.

머니에게 인신공격적인 폭언을 하여 역시 인권위원회에서 법원행정처에 주의조치와 재발방지를 권고한 사례[법관 비공식제재사례 14][65]가 발생하여 주목을 끌었다. 이들 사례는 징계절차까지 가지 않고 주의로 종료된 것으로 보인다.[66] 그 이후에도 법관의 막말 사례가 인권위원회 진정을 통하여 다수 제기되었으나[67] 이를 이유로 한 징계처분은 없었다. 2013년에 들어서 부장판사가 형사사건의 피해자를 증인으로 신문하던 중 피해자가 진술을 자주 번복하여 증인신문 시간이 길어지자 화가 나 피해자에게 "늙으면 빨리 죽어야 돼요"라고 한 행위에 대하여 비로소 견책처분 하고[법관징계사례 18],[68] 형사사건의 피고인에게 배우자의 학력차이를 확인하면서 마약을 먹여서 결혼한 것 아니냐는 취지로 신문하고, 증인에게 비속어가 포함된 예를 들어 신문한 사건에 대하여도 법관의 품위를 손상하고 법원의 위신을 실추시킨 것으로 보아 감봉 2월의 징계에 처하였다[법관징계사례 19].[69]

검사의 막말에 대하여도 국가인권위원회에 진정된 사례는 다수 있으나,[70] 배임죄 피의사건 수사 중 피의자에게 부적절한 언행을 한 검사가 품위손상 및 인권보호수사준칙 위반으로 정직 2월의 징계를 받은 사례[검사징계사례 23][71]가 있을 뿐 다른 징계사례는 보이지 않는다.

3. 사법의 독립성에 관한 사례

3.1. 직무·직급상 하급자가 담당하는 사건의 재판·수사에 대한 관여

이 유형에 속하는 대표적인 사례는 전직 검찰총장이 직권을 남용하여 담당검사에게 의무없는 일을 하게 하여 형사재판을 받은 건이다. 대검찰청 차장검사

---

65) 국가인권위원회, 09-10 인권상담사례집(2010. 11), 83쪽.
66) 법률신문 2010. 2. 5. "서울중앙지법, '인권침해' 결정 판사에 주의조치".
67) 국가인권위원회, 2008 인권상담사례집(2008. 12), 156-159쪽; 국가인권위원회, 09-10 인권상담사례집, 82쪽; 국가인권위원회, 10-11 인권상담사례집(2011. 11), 111쪽; 국가인권위원회, 11-12 인권상담사례집(2012. 12), 61쪽 등.
68) 대법원 공고 제2013-11호, 관보 제17947호(2013. 2. 7). 이 사건으로 징계 받은 부장판사는 다른 민사사건의 피고에게 "(여기에) 남편 분도 있고 변호사도 있는데 여자분이 왜 이렇게 말씀이 많으세요"라고 말하여 여성비하적인 발언을 한 것으로 논란이 발생하자 사직하였다[법관 비공식제재사례 15]. 연합뉴스 2013. 10. 10. "'잇단 막말 논란' 서울동부지법 부장판사 사표수리".
69) 대법원 공고 제2013-57호, 관보 제18007호(2013. 5. 1).
70) 국가인권위원회, 09-10 인권상담사례집, 84-85쪽; 국가인권위원회, 10-11 인권상담사례집, 110쪽.
71) 법무부공고 제2007-57호, 관보 제16518호(2007. 6. 4).

(사건 진행 중 검찰총장으로 승진함)가 내사사건의 피조사자측으로부터 청탁을 받고 내사사건을 조기 종결하도록 지방검찰청 검사장에게 지시하고 검사장이 담당 부장검사를 통하여 수사검사에게 지시하도록 하여 결국 직권남용권리행사방해죄로 유죄판결을 받았다.[72] 지방법원장이 이른바 촛불재판에 영향을 주는 행동을 하였는지 여부가 문제되자 대법원공직자 윤리위원회에서 부적절한 행동으로 보았으나 징계를 권고하지 않고 경고 및 주의촉구를 권고한 사례[법관 비공식제재사례 16][73]도 이 유형에 속한다고 할 수 있다.

3.2. 다른 법관·검사가 담당하는 사건에 관한 청탁

　　법관·검사는 "권한이 막강하고 그 권한행사가 국민에게 미치는 영향이 지대하므로, 엄정, 공평, 불편부당한 태도로 직무를 수행하는 자세를 견지하여 오해를 받을 수 있는 사적인 동기에 의한 일체의 업무수행을 해서는 아니된다."[74] 법관·검사가 다른 법관·검사에게 그가 담당하는 사건에 관하여 청탁하는 행위[75]는 청탁받은 법관·검사가 그 청탁에 응하는 경우는 물론이고 청탁에 응하는 재판·수사를 하지 않는다고 하더라도 법관·검사가 청탁하는 것이 용인된다면 재판·수사의 공정성에 대한 심각한 의혹을 불러일으켜 결국 사법에 대한 불신을 초래할 수 있다는 점에서 문제가 있다.[76] [법관징계사례 11][77]에서 부장판사가 다른 재판부에서 진행중이던 가처분 신청사건에 관하여 담당 재판장에게 사건 당사자의 의사를 전달한 행위는 이 유형의 대표적인 사례이다. 부장판사가 사건 당사자의 준비서면 작성에 관여하고 사건을 담당한 같은 법원의 후배 판사에게 청탁성 압력을 행사하여 대법원으로부터 구두경고를 받은 사례[법관 비공식제재사례 17][78]도 이 유형에 속한다. 검사의 경우에는 Ⅲ.1.3.에서 언급한 유형②(다른 법

---

72) 대법원 2007. 6. 14. 선고 2004도5561 판결.

73) 대법원(신○○) 탄핵소추안(2009. 11. 6)(의안번호 6489).

74) 내사사건의 무마를 시도한 검사에 대한 인사발령의 적법성을 인정한 서울행정법원 2008. 10. 21. 선고 2007구합19447 판결의 판시사항의 일부이다.

75) 박우동, 판사실에서 법정까지, 제2판(한국사법행정학회, 2000), 19쪽은 이러한 청탁을 "양심을 찌르는 비수"로 비유하였다.

76) 이 문제에 대한 상세한 논의는 박준, "이른바 현관예우·관선변호 현상에 대한 법적 고찰", 서울대학교 법학, 제52권 제2호(통권 제159호)(2011. 6), 14-18쪽.

77) 주 62.

78) 문화일보 2005. 9. 28. "대법원, 후배판사에 '판결 압력' 부장판사 경고".

관·검사 담당 사건 관련 금품수수)에 해당하는 사례들이 모두 다른 검사가 담당한 사건에 대한 청탁을 전제로 하는 것이므로 담당 검사에 대한 청탁 내지는 압력을 가하는 문제를 안고 있다.

3.3. 재판의 합의내용의 공개

1995년 유괴 살인 사건의 판결을 선고하던 부장판사가 형량을 밝히기 전에 합의부 구성원 판사 3명의 의견이 갈려 2 대 1로 무죄를 선고하였다고 밝힌 일이 발생하였다. 이때 대법원은 합의 비공개를 규정한 법원조직법 제65조를 언급하며 "합의의 비밀은 재판의 독립을 보장하는 중요한 요소인 만큼 사건이 사회의 주목을 받고 있다는 등의 이유만으로 합의내용을 공개하는 일이 없도록 하라"고 전국 법원에 지시하였고, 위 부장판사에게는 징계절차를 개시하지는 않고 경고를 검토 중인 것으로 보도되었다[법관 비공식제재사례 18].[79] 2012년에는 이른바 석궁사건의 주심법관이 심판의 합의 내용을 법원 내부통신망 게시판에 올린 행위에 대하여 법원조직법 제65조상의 직무상 의무를 위반한 것으로 보고 정직 6월의 중징계에 처하였다[법관징계사례 16].[80]

4. 직무수행의 성실성에 관한 사례

4.1. 담당 직무수행상의 오류

실형 선고 후 구속집행 지시를 하지 않아 피고인이 그대로 법정을 빠져나가 도록 한 사례[법관 비공식제재사례 19],[81] 구속된 피고인에게 벌금형을 선고하면서 즉시 석방하지 않아 31일간 불법구금상태로 둔 사례[법관 비공식제재사례 20][82] 등 이 있으나 모두 경고에 그쳤다. 1심 재판에서 증거를 조사한 법관이 형사소송법 상 제척사유에 해당함에도 불구하고 항소심 재판장으로 관여하여 항소심 재판 을 다시 하게 된 사례(대법원 1999. 10. 22. 선고 99도3534 판결)에서도 법관에 대한

---

79) 한국일보 1995. 3. 7. "「강양 사건」 합의 공개/재판장에 경고 검토".
80) 대법원 공고 제2012-29호, 관보 제17709호(2012. 2. 28). 법원조직법 제65조는 심판의 합의는 공개하지 않도록 규정하고 있는데 이는 합의부를 구성하는 법관간의 다른 의견이 공개될 경우 재판과정에 대한 신뢰의 하락 및 특정 법관이 당사자의 공격 또는 압력을 받게 될 수 있기 때문이다.
81) 세계일보 2007. 3. 31. "법정구속 명령 전달 안 돼 피고인 제지 없이 사라져".
82) 문화일보 2007. 9. 28. "어이없는 부산지법… 벌금형 40代 석방지휘 안해 31일간 불법구금".

징계처분은 없었다. 검사의 경우에는 집행유예 실효지휘를 잘못하여 피고인이 각각 37일과 48일간 불법 구금되도록 한 2건의 사례[검사징계사례 29, 30] 및 필요적 벌금 병과 구형을 누락한 사례[검사징계사례 67][83]에서 견책의 징계를 받았다.[84]

4.2. 직무태만 기타 직무상 의무 위반

직무태만에 대하여는 직장을 무단이탈하여 지방자치단체장 후보로 출마한 배우자의 선거운동을 하여 선거관리위원회로부터 선거법규 위반행위라는 서면경고를 받은 법관에 대하여 감봉 6월의 징계를 한 사례[법관징계사례 1][85]와 5일간 잠적하여 4일간 무단결근하고 이 사실이 언론에 보도됨으로써 법관으로서의 품위를 손상하고 법원의 위신을 실추시켰다고 보아 견책에 처한 사례[법관징계사례 10][86]가 있다. Ⅲ.3.3에서 언급하였듯이 1995년에는 합의 내용을 공개한 부장판사에 대하여 징계절차를 밟지 않고 경고를 검토 중이라고 보도되었으나[법관 비공식 제재사례 18],[87] 2012년에는 주심법관의 합의 내용 공개에 대하여 법원조직법 제65조상의 직무상 의무를 위반한 것으로 보아 정직 6월의 중한 징계에 처하였다[법관징계사례 16].[88]

검사의 경우에는 다른 검사에게 재배당된 공판사건에 무단으로 관여하여 지시 위반등의 이유로 정직 4월의 징계를 받은 사례[검사징계사례 52][89]와 지검장의 지시에 위반하여 국정원 직원들에 대한 체포영장·압수수색영장을 청구·집행하고 직무배제명령을 받은 후 국정원장 사건에서 공소장변경신청을 한 부장검사 2명이 정직 1월 또는 감봉 1월의 징계를 받은 사례[검사징계사례 63, 64][90]가 있다.

---

83) 법무부공고 제2014-17호, 관보 제18202호(2014. 2. 13).
84) 법무부공고 제2009-149호, 관보 제17102호(2009. 10. 5). 집행유예 실효 지휘를 잘못한 다른 한건에서는 검사가 사기범죄자로부터 향응을 수수한 혐의도 있어 감봉 3월의 징계를 받았다.
85) 관보 제13106호(1995. 9. 5).
86) 관보 제16314호(2006. 8. 10).
87) 주 79.
88) 주 80.
89) 법무부공고 제2013-34호, 관보 제17956호(2013. 2. 21). 징계처분취소소송 1심에서 원고 승소판결이 선고되었다(서울행정법원 2014. 2. 21. 선고 2013구합12454 판결). 상급자의 지휘·감독에 따르지 않은 점에서 징계사유는 있으나 징계수준이 과도하다고 보았다.
90) 법무부공고 제2013-189호, 관보 제18172호(2013. 12. 31).

또한 고의[검사징계사례 26[91]] 또는 중대한 과실[검사징계사례 62[92], 66[93]]로 정기 재산변동신고를 잘못하여 견책을 받은 사례들이 있다.

5. 기타 법관·검사직과 관련된 행위

5.1. 직무관련 정보 또는 법원·검찰청 자원의 사적 활용

법관과 검사는 "권한이 막강하고 그 권한 행사가 국민에게 미치는 영향이 지대하므로, 엄정, 공평, 불편부당한 태도로 직무를 수행하는 자세를 견지하여 오해를 받을 수 있는 사적인 동기에 의한 일체의 업무수행을 해서는 안 되므로"[94] 계류 중인 사건의 처리를 공정하게 해야 할 뿐 아니라 자신이 담당하는 사건에 관한 정보를 다른 사람에게 알려주어도 안 된다. 이러한 정보제공은 재판·수사의 공정한 처리를 의심하게 하는 심각한 행위이다. 법관·검사가 동료가 담당하는 사건에 관한 정보 또는 법관·검사직에 있기 때문에 접근할 수 있는 정보를 다른 사람에게 알려주는 것 역시 심각한 문제를 야기할 수 있는 중대한 행위이다. 계류 중인 사건인 경우에는 그 사건을 공정하게 처리하지 않는 듯한 외관을 만들어 사법에 대한 신뢰를 떨어뜨리고 담당 법관·검사의 직무수행을 방해할 수 있는 행위가 된다. 계류 중인 사건에 관한 정보가 아닌 경우에도 법원·검찰청의 정상적인 정보관리를 방해하는 행위이다. 특히 검사의 경우 외부에서 알 수 없는 정보에 접근할 수 있다는 점에서 이 문제가 발생할 소지가 법관에 비하여 더 크다.

실제로 문제가 된 건들을 보면 모두 검사에 대한 징계사례다. 검사가 종교단체 사건과 관련하여 그 종교단체에 대한 반대 활동가의 출입국 내역을 임의로 조회한 점과 그 종교단체에게 수사기밀이나 반대 활동가의 출입국 관련 자료를 넘겼다는 고발이 들어왔다고 보도되어 면직된 사례[검사징계사례 25][95]가 대표적인

---

91) 법무부공고 제2007-149호, 관보 제16650호(2009. 12. 14).

92) 법무부공고 제2013-210호, 관보 제18109호(2013. 9. 30).

93) 법무부공고 제2014-17호, 관보 제18202호(2014. 2. 13).

94) 주 74.

95) 법무부공고 제2007-81호, 관보 제16541호(2007. 7. 6). 이 징계처분에 대하여는 징계처분 취소소송이 제기되었으나 원고청구가 기각되었다(서울고등법원 2009. 9. 17. 선고 2008누15406 판결; 대법원 2009. 12. 24. 선고 2009두18660 판결). 이 징계처분은 ① 출입국내역 조회 등 형사사법정보를 사적으로 사용했다는 점과 ② 수사기밀이나 출입국관련 자료를 넘겼다는 고발이 들어왔다는 취지로 보도되었음을 징계사유로 삼았으나, 법원은 ②에 관하여 실제 인정되지 않는 사실이 언론에 보도되었다는 것만으로는 징계사유로 삼을 수 없다고 하였으나, 다른 징계사유가 인정되고 징계권의 일탈 남용이 없다고 보았다.

사례다. 또한 최근 성추문 검사 사건 피해여성의 사진파일을 생성하여 외부에 유
출되게 한 2명의 검사가 감봉 6월, 관련 정보를 무단 열람한 3명의 검사가 견책을
받았다[검사징계사례 55, 56, 57, 58, 59].[96] 검사의 공적인 직무수행을 위한 권한을
개인적인 호기심의 충족을 위하여 사용하는 행위이고 사건 관계자의 개인정보와
인격권을 침해하는 행위라는 점에 대한 인식이 부족하기 때문에 발생한 것이라고
할 수 있다.

5.2. 사법에 대한 국민의 신뢰를 해치는 행위

6개월간 20여 차례에 걸쳐 사법부 내부통신망, 집단 전자우편, 외부 언론기관
기고, 인터뷰 등을 통해 근거 없이 법관 인사가 위법하다고 주장하면서 이를 이유
로 대법원장에 대한 징계 또는 탄핵소추를 반복적으로 요구하는 등의 행위를 한
사안에 대하여 재판의 독립 및 공정성에 대한 국민의 신뢰를 심각하게 손상함과
동시에 동료 법관들의 명예를 훼손하는 등 법관으로서의 품위를 손상하고 법원의
위신을 실추시킨 것으로 보아 정직 2월의 징계를 한 사례[법관징계사례 12][97]가 이
유형의 대표적인 사례이다. 또한 자신의 부친에게 유죄를 선고한 재판부를 비판하
는 글을 법원 내부통신망에 올린 법관이 부적절한 처신임을 인정하고 사직한 사
례도 있다[법관 비공식제재사례 21].[98] 법관이 다른 법관의 재판을 비난하는 행위는
재판의 공정성 및 사법제도에 대한 신뢰에 부정적 영향을 주는 행위이고 법원 내
부통신망을 개인적인 사건의 옹호에 이용하였다는 점에서도 품위를 손상하는 행
위라고 할 수 있다. 횡성한우 원산지 표기 관련 대법원 판결을 교조주의라고 비판
한 부장판사에 대하여 대법원 공직자윤리위원회가 서면경고를 권고한 것[법관 비
공식제재사례 22][99]도 사법에 대한 국민의 신뢰를 해치기 때문이라고 할 수 있다.

96) 법무부공고 제2013-150호, 관보 제18050호(2013. 7. 3).
97) 대법원 공고 제2007-53호, 관보 제16612호(2007. 10. 23). 이 징계처분에 대하여는 무효확
　　인 및 취소소송이 제기되었으나 기각되었고(대법원 2009. 1. 30. 선고 2007추127 판결),
　　헌법소원도 제기되었으나 기각되었다(헌법재판소 2012. 2. 23. 선고 2009헌바34 결정)(주
　　5).
98) 한국일보 2007. 12. 5. "판사가 '아버지 유죄' 재판부 비판".
99) 대법원 공직자윤리위원회는 "현재 진행 중인 사건에 대해 법관이 법정 밖에서 공개적으
　　로 의견을 표명한 것은 법관윤리강령 제4조 제5항과 대법원 공직자윤리위 권고의견 제3
　　호에 위배된다"는 입장을 취한 것으로 보도되었다. 한국일보 2012. 11. 28. "대법 윤리위
　　'늙으면 죽어야지' 막말 판사 징계위 회부".

1999년 대전법조비리사건 수사와 관련하여 고등검찰청 검사장이 검찰총장을 비난하는 내용의 기자회견문 발표가 징계사유에 해당한다고 본 것도 이 유형에 속한다. 이 사건에서는 고등검찰청 검사장(법조비리 사건 발생시 대전지검 검사장으로 근무)이 검찰의 정치적 중립, 국민이 여망하는 법조인의 자세 및 이에 부응하지 못한 본인의 반성과 함께 내용의 진위에 의심이 가거나 감정에 휩싸여 지나치게 단정적으로 과장되게 검찰 수뇌부를 비판한 내용[100]을 담은 기자회견문을 발표하였고, 이 행위를 포함한 몇 가지 징계사유를 근거로 면직처분이 행하여졌다. 법원은 면직처분이 징계재량권의 남용에 해당하다고 보아 면직처분을 취소하였으나, 위와 같은 행위는 "국민들로 하여금 검사 본인은 물론 검찰조직 전체의 공정성·정치적 중립성·신중성 등에 대하여 의문을 갖게 하여 검찰에 대한 국민의 신뢰를 실추시킬 위험성이 더욱 크다"고 보아 검사로서의 체면이나 위신을 손상시키는 행위로서 징계사유에 해당한다고 판시하였다.[101] 법관·검사가 항상 사법제도의 공정한 운영 및 사법에 대한 국민의 신뢰를 염두에 두고 행동하여야 함을 잘 보여준 판결이다.

5.3. 하급자·직무관계자에 대한 우월적 지위의 남용

직위·직급상 상위에 있는 법관·검사는 직무수행상 다른 직무를 수행하는 것이지 직무수행과 관련 없이 하위에 있는 다른 법관·검사·직원·기타 관계자에 대하여 권한을 남용해서는 안 된다. 최근 성추행·성희롱에 관한 징계사례가 증가하고 있고 대부분 직위·직급상 우월적 지위에 있음을 이용한 행위라고 할 수 있

---

100) "일부 검찰수뇌부는 검찰조직과 후배검사들을 담보로 권력에 영합하여 개인의 영달을 추구하여 왔다.", "이 사건 수사는 심리적 공황상태에 있는 이○○의 일방적 진술에 의하여 '마녀사냥식'으로 진행되고 있다.", "이 사건 수사의 목적이 검찰수뇌부가 특정인을 선별하여 제거하기 위한 데에 있고, 이를 위해 검찰수뇌부가 이○○와 야합하여 소위 '빅딜'을 하고 있다는 소문도 있다." 대법원 2001. 8. 24. 선고 2000두7704 판결.

101) "검사가 외부에 자신의 상사를 비판하는 의견을 발표하는 행위는 그것이 비록 검찰조직의 개선과 발전에 도움이 되고, 궁극적으로 검찰권 행사의 적정화에 기여하는 면이 있다고 할지라도, 국민들에게는 그 내용의 진위나 당부와는 상관없이 그 자체로 검찰 내부의 갈등으로 비춰져, 검찰에 대한 국민의 신뢰를 실추시키는 요인으로 작용할 수 있는 것이고, 특히 그 발표 내용 중에 진위에 의심이 가는 부분이 있거나 그 표현이 개인적인 감정에 휩쓸려 지나치게 단정적이고 과장된 부분이 있는 경우에는 그 자체로 국민들로 하여금 검사 본인은 물론 검찰조직 전체의 공정성·정치적 중립성·신중성 등에 대하여 의문을 갖게 하여 검찰에 대한 국민의 신뢰를 실추시킬 위험성이 더욱 크다." 대법원 2001. 8. 24. 선고 2000두7704 판결.

다. 2005년 부장판사가 회식자리에서 여성판사에게 신체접촉하였다는 주장이 제
기되어 진상조사에 나서자 사직한 사례[법관 비공식제재사례 23][102)와 2012년 회식
자리에서 여직원에게 강제로 입을 맞춘 부장판사가 사과하고 사직한 사례[법관 비
공식제재사례 24][103)가 있다.

    검사의 경우 2010년 이후 2014년까지 신임검사 또는 직무대리 실무수습 중
인 사람 등 직무관계자에 대한 부적절한 신체접촉이나 언행으로 징계 받는 사례
가 계속 발생하고 있다. 2010년에는 신임검사 교육에 참석한 검사들과 회식 중
술에 취해 여자 검사 2명에게 뽀뽀해 달라고 하여 견책처분된 사례[검사징계사례
40],104) 2011년에는 실무수습 중인 검사 직무대리와 술을 마시던 중 강제로 부적
절한 신체접촉을 하여 면직처분된 사례[검사징계사례 42][105)와 노래방에서 검사 직
무대리에게 블루스를 추자고 하는 등 부적절한 언행을 하여 감봉 2월의 징계를
받은 사례[검사징계사례 43],106) 2013년에는 노래방 회식 중 법원 국선전담 여성 변
호사의 배를 만진 검사가 견책의 징계를 받은 사례[검사징계사례 60][107) 및 회식 중
검사직무대리 실무수습 중인 사람에게 부적절한 신체접촉을 하여 감봉 1월의 징
계를 받은 사례[검사징계사례 68][108)가 발생하였다. 자신의 검사실에 배치되어 직
접 지도하던 초임검사로부터 주식투자금 등 명목으로 2억 3천만원을 빌렸다가 1
년이 되도록 일부만 변제한 검사가 다른 징계사유(향응 수수)도 있어서 정직 3월
에 처해진 사례[검사징계사례 31][109)도 이 유형에 속한다고 할 수 있다.

6. 직무외 활동(1) — 형사적 위법행위

6.1. 총설

    법관의 가장 중요한 의무 중 하나는 법을 준수하는 것이다. 법률과 양심에
따라 재판하여야 하는 법관이 법을 준수하지 않는다면 사건당사자와 국민에게 그
의 재판을 존중하여 줄 것을 기대하기 어려울 것이다. 미국변호사협회의 모범법

---

102) 경향신문 2005. 4. 28. "女판사 '성희롱' 논란 부장판사 사표 수리".
103) 한국일보 2012. 11. 22. "여직원 성추행한 판사 징계 없이 사직 논란".
104) 법무부공고 제2011-47호, 관보 제17483호(2011. 4. 8).
105) 법무부공고 제2011-181호, 관보 제17625호(2011. 11. 2).
106) 법무부공고 제2011-181호, 관보 제17625호(2011. 11. 2).
107) 법무부공고 제2013-150호, 관보 제18050호(2013. 7. 3).
108) 법무부공고 제2014-17호, 관보 제18202호(2014. 2. 10).
109) 법무부공고 제2009-149호, 관보 제17102호(2009. 10. 5).

관행위규범은 제1.1조에서 법관의 법준수 의무를 규정하고 있다. 이러한 법준수 의무는 검사에게도 동일하게 적용될 사항이고, 법관·검사가 직무를 수행할 때나 직무수행과 관련 없는 개인생활에서도 이행하여야 할 의무이며, 법 위반은 그 자체로 법관·검사의 품위와 위신을 손상하는 행위라고 할 수 있다.

6.2. 폭행·손괴

법관·검사가 개인생활에서 형사적 범죄가 되는 위법행위로 문제가 제기된 사례 중에는 폭행·손괴 등 폭력행사의 비율이 가장 높다. 징계 받은 사례는 법관의 경우에는 택시운전사를 폭행하여 벌금 200만원의 형을 받은 후 감봉 6월의 징계를 받은 사례[법관징계사례 17][110]와 술에 취해 택시 운전사와 시비를 벌이다 경찰에 연행된 후 경찰관을 폭행하여 벌금 300만원의 형을 받은 후 견책의 징계를 받은 사례[법관징계사례 8][111]가 있고, 검사의 경우에는 배우자를 폭행하여 감봉 1월의 징계를 받은 사례[검사징계사례 22][112]와 3회에 걸쳐 만취하여 폭행 등 부적절한 행동을 하여 감봉 2월의 징계를 받은 사례[검사징계사례 48][113]가 있다.

징계를 받지 않고 사직하거나 전보발령을 받은 사례도 여러 건 있다. 부장판사가 술집에서 옆자리 손님을 폭행하고 기물을 파손하여 벌금 100만원으로 약식기소되어 사직한 사례[법관 비공식제재사례 25],[114] 부장판사가 아파트 층간소음 문제로 윗집 차량을 손괴한 후 사직한 사례[법관 비공식제재사례 26][115] 등이 있다.

6.3. 성추행·성희롱·성매매

법관·검사가 개인생활에서 형사적 범죄가 되는 위법행위로 문제가 제기된 사례중 최근 증가하고 있는 것이 성추행·성희롱이다. 우선 법관·검사가 근무시간이 종료된 후 회식자리에서 하급자 기타 직무관계자에 대하여 성추행·성희롱을 하여 문제된 사례가 증가하고 있고 이 사례들은 위 Ⅲ.5.3.에서 언급하였다([법

---

110) 대법원 공고 제2012-138호, 관보 제17903호(2012. 12. 5).
111) 관보 제15875호(2004. 12. 18). 이 사례에서는 일단 지방으로 전보된 후 징계절차를 개시하였다. 국민일보 2004. 12. 7. "판사들 왜 이러나?".
112) 법무부공고 제2007-57호, 관보 제16518호(2007. 6. 4).
113) 법무부공고 제2012-220호, 관보 제17876호(2012. 10. 29).
114) 서울신문 2012. 11. 2. "검·경, '주폭' 前부장판사 봐주기 수사 논란".
115) 연합뉴스 2013. 6. 29. "이○○판사 층간소음으로 다툰 이웃 차량파손".

관 비공식제재사례 23, 24]와 [검사징계사례 40, 42, 43, 60, 68]). 대상이 직무관계자가 아닌 사례도 발생하였다. 2011년 고등법원판사가 지하철에서 여성을 성추행한 혐의로 현행범으로 체포된 사례가 발생하였으나, 징계절차가 개시되기 전에 사직하였다[법관 비공식제재사례 27].[116] 2012년 지방검찰청의 대변인인 부장검사가 여기자들과 회식하며 신체접촉을 하여 정직 3월의 징계를 받은 사례[검사징계사례 47]가 있었으나, 2013년 12월 지방검찰청의 차장검사가 여기자들과 회식하며 부적절한 신체접촉을 한 사안에 대하여는 경고에 그쳐 언론의 비판뿐 아니라[117] 검찰 내부에서도 비판을 받았다[검사 비공식제재사례 5].[118]

6.4. 음주운전

2005년에는 만취상태에서 택시를 타고 오다 택시운전사가 잠시 하차한 사이 택시를 무단으로 운전한 법관에 대하여 견책의 징계를 하였으나[법관징계사례 9],[119] 2012년에는 음주운전하여 정차하고 있는 택시를 들이받고 필요한 조치를 취하지 않아 벌금 400만원의 약식명령을 받은 법관에 대하여 감봉 2월의 징계를 하였다[법관징계사례 14].[120] 단순한 음주운전한 검사에 대하여 견책의 징계를 한 사례[검사징계사례 44]와 음주운전으로 사고를 내어 3명에게 상해를 입힌 검사에 대하여 감봉 2월에 처한 사례[검사징계사례 61][121]가 있다.

6.5. 기타 형사적 위법행위

연평해전이 정치적 목적으로 조작된 것이라고 주장하는 글을 PC통신에 올린 법관에 대하여 국방부에서 고소하자 사직한 사례[법관 비공식제재사례 28][122][123]가 있다.

---

116) 한국일보 2011. 4. 23. "대법, 지하철 성추행 판사 사표 수리".
117) 경향신문 2014. 1. 15. "여기자 성추행으로 감찰 받은 검사, 법무부 징계도 안 거치고 경고처분"; 한국일보 2014. 1. 15. "도덕성·기강 조롱하는 검사들 '봐주기' 안 된다".
118) 한국경제 2014. 1. 16. "女검사 '부적절한 신체접촉 기준이 뭔가'…檢 수뇌부에 '직격탄'".
119) 관보 제16091호(2005. 9. 23).
120) 대법원 공고 제2012-11호, 관보 제17690호(2012. 2. 1).
121) 법무부공고 제2013-210호, 관보 제18109호(2013. 9. 30).
122) 동아일보 1999. 9. 10. "판사가 PC통신에 「연평해전은 조작」 주장"; 동아일보 1999. 9. 18. "'연평해전 조작'주장 전직판사 사실 시인".
123) 그 밖에 20년이 지난 사건으로는 간통혐의로 고소된 법관이 사직한 사례가 있다. 동아일보 1990. 8. 1. "간통 피소판사 사표수리".

7. 직무외 활동(2) ― 형사적 위법행위에 해당하지 않는 사례

7.1. 총설

법관·검사의 개인활동 중에는 위법한 행위가 아닌 경우에도 품위와 위신을 손상하는 경우가 있다. 법관·검사로 지켜야 할 온당성(propriety)의 실체와 외관을 갖추지 못한 행위가 그것이다. 온당성을 갖추어야 한다고 하여 법관·검사가 성인 군자가 되어야 한다는 것은 아니나 일반인보다는 더 엄격한 기준을 적용할 자세가 되어야 한다. 온당성은 사법제도 일반 및 그 법관·검사가 행하는 재판·수사의 공정성에 대한 신뢰와 존중에 악영향을 미치는 행위인지 여부에 따라 판단하여야 한다. 이러한 점에서 온당성의 실체뿐 아니라 외관도 갖추어야 한다.124)

7.2. 타인 분쟁에의 관여

검사가 종전에 구속하였던 사람과 교류하고 그와 검사의 사촌 간의 분쟁에 관여하여 견책처분된 사례[검사징계사례 27]125)가 이 유형 또는 독립성을 침해하는 유형에 속할 수 있다.

7.3. 정치적 행위

위 Ⅲ.4.2.에서 언급한 배우자의 지방자치단체장 선거운동에 관여한 법관이 감봉 6월의 징계를 받은 사례[법관징계사례 1]126)와 검사 임용 전 정당에 가입한 후 검사 임용 후에도 당원 신분을 보유하여 정치운동에 관여하였음을 이유로 면직된 사례[검사징계사례 41]127)가 있다. 위 검사 면직처분에 대하여 법원은 정치운동 관여금지 조항(검찰청법 제43조 제2호 등) 위반과 정치적 중립의무 위반은 인정되지만 지나치게 가혹한 징계처분으로 보아 면직처분을 취소하였다.128)

---

124) 방갈로어 법관행위원칙 4.1은 "법관은 그의 모든 활동에서 온당하지 않음과 온당하지 않음의 외관을 피해야 한다"고 규정하고 있다. The Judicial Integrity Group, 앞의 문서(주 9), p. 80.

125) 법무부공고 제2008-21호, 관보 제16707호(2008. 3. 12).

126) 주 85.

127) 법무부공고 제2011-181호, 관보 제17625호(2011. 11. 2).

128) 서울행정법원 2012. 7. 5. 선고 2011구합41649 판결; 서울고등법원 2012. 12. 14. 선고 2012누22289 판결(항소기각); 대법원 2012. 4. 11. 선고 2012두444 판결(심리불속행 기각).

7.4. 부적절한 금전거래/사업

고리사채업자에게 1억원을 투자금으로 맡기고 월 250만원의 이익배당을 받고 재산변동신고시 이자액를 축소 신고한 검사가 감봉 2월의 징계를 받은 사례[검사징계사례 26][129]가 있다. 이러한 개인적인 금전거래는 위 Ⅲ.1.에서 언급한 청렴성을 해치는 금품수수와 경계를 짓기 어려울 수 있다. 검사장이 건설회사 회장으로부터 돈을 빌린 뒤 일부는 갚고 나머지는 건설회사 로비스트가 대신 갚았다가 문제가 제기된 후 로비스트에게 그 돈을 갚고 사직한 사례[검사 비공식제재 사례 6][130]가 이에 해당한다고 할 수 있다.

7.5. 기타 온당성이 문제된 행위

20년이 지난 사건이지만 「조세판례연구」라는 저서를 내면서 책표지에 저자를 「변호사 세무사 김○○」로 써넣은 법관에 대하여 대법원은 품위손상을 이유로 경위서를 징구한 후 사표수리한 사례가 있다.[131] 대한한의사협회로부터 무면허의료행위자들의 모임을 지원한다는 이유로 징계청원을 받은 부장판사에 대하여 법원행정처는 처신의 부적절한 점은 인정되나 법관징계사유에 해당되지 않는다고 본 사례[법관 비공식제재사례 29][132]도 있다.

Ⅳ. 징계사례의 특징과 법적 과제

아래에서는 징계사례의 분포와 징계의 내용에 비추어 징계사례의 특징과 이에 관한 윤리강령 기타 법규상 보완할 점에 대하여 징계사유, 행위자 및 제재의 내용과 절차별로 나누어 살펴보기로 한다.

---

129) 법무부공고 제2007-149호, 관보 제16650호(2009. 12. 14).
130) 동아일보 2002. 7. 4. "범박동 재개발 비리 물의/김○○ 제주지검장 사표".
131) 동아일보 1990. 7. 20. "판사3명에 사표 종용/대법원/품위손상 이유 경위서 받아".
132) 한의신문 2006. 4. 24. "황○○판사, 민중의술 상임고문 사임".

1. 징계사유

1.1. 청렴성 관련

1.1.1. 높은 빈도

징계사유 중 청렴성 관련 사례가 가장 높은 비율을 차지한다. 법관·검사가 금품을 수수하거나 향응을 받아 징계 받은 사례가 전체 징계사례의 1/3 이상을 차지하고 사직 등으로 마무리된 비공식제재사례를 포함하면 비율이 더 높아진다(〈표 1〉, 〈표 2〉).[133][134] 청렴성 관련 사례가 법관징계사례 중 가장 높은 비율을 차지하는 이유는 1998년의 이른바 의정부법조비리 사건과 관련된 6명의 법관에 대한 징계가 이루어졌기 때문이다. 그 이후 금품·향응 수수를 이유로 한 징계사례는 2012년에 1건이 있을 뿐이지만(〈표 1〉), 금품수수를 이유로 2명의 부장판사가 형사재판을 받은 사례([법관형사재판사례 1, 2])가 발생하였고, 비공식제재 사례도 2000년부터 2008년까지 계속 발생하였다(〈표 3〉). 검사의 경우에는 1999년 이른바 대전법조비리사건과 관련하여 검사장급을 포함한 20여 명의 검사에 대한 비공식제재가 이루어진 이후 금품·향응 수수를 이유로 한 징계사례가 꾸준히 발생하고 있다(〈표 4〉).

1.1.2. 유형③(특정 사건과 관련없는 금품·향응 수수)의 높은 비중과 문제점

금품·향응 수수의 3가지 유형 중 유형①과 유형②에 해당하여 법관이 징계 받은 사례는 없고, 형사재판을 받은 사례가 각 1건씩([법관형사재판사례 1, 2]) 있을 뿐이다. 검사의 경우에는 유형①과 유형②에 해당하여 징계 받은 사례가 각각 3건([검사징계사례 49, 50, 53])과 2건([검사징계사례 34, 54]이 있고, 사직 후 형사재판을 받은 4건([검사형사재판사례 1, 2, 3, 4])이 있어 법관보다는 빈도가 높은 편이다. 비

---

133) 영국의 최근 5년간의 법관징계 통계상 견책·정직·해임·사임의 사유 중 가장 높은 사유는 부적절한 언행(inappropriate behaviour/comments)(39%)이고 그 다음이 불성실한 직무수행(23%)이다. 2008년부터 3년간 위 징계에 추가하여 경고·주의·공식적 조언을 포함한 통계상으로도 부적절한 언행(45%)과 불성실한 직무수행(20%)이 가장 높은 비율을 차지하고 있고 금품·향응 수수는 찾아보기 힘들다. Office for Judicial Complaints, *Annual Report 2012-13*; *Annual Report 2011-12*; *Annual Report 2010-11*.

134) 미국 캘리포니아 주의 1990-2009년의 20년간 법관징계통계상으로는 이 글의 분류기준상 공정성에 해당하는 사유가 60% 이상을 차지하였고 직무관련 기타 사유와 성실성에 해당하는 사유가 그 다음이며, 선물 기타 혜택을 받았음을 사유로 한 것은 2.52%에 불과하다. State of California Commission on Judicial Performance, 앞의 자료(주 12), A-15.

공식제재사례 중에는 사실관계를 정확하게 알 수 없어 단정하기 어렵지만 유형①
에 근접한 것으로 보이는 사례와 유형 ②에 해당하는 것으로 보이는 사례가 상당
수 있다(〈표 3〉, 〈표 4〉). 그러나 금품·향응 수수의 3가지 유형 중 가장 비중이 높
은 것은 유형③이다(청렴성 관련 징계사례와 청렴성 관련 비공식제재사례의 약 70%,
〈표 1〉부터 〈표 4〉).

　　유형③이 많다는 점을 보며 직무와의 관련성이 떨어진다는 점에서 위안을
삼아야 할 일은 아니다. 유형③의 금품·향응 수수도 수령자가 법관·검사직에 있
기 때문에 이루어진다는 점에 유의할 필요가 있다. 많은 경우 제공자는 장래 언
젠가 제공자 자신 또는 그와 가까운 사람의 사건을 수령자가 담당할 경우에 대비
하거나, 다른 사람이 담당하는 경우 수령자가 담당자에게 청탁할 수 있도록 하기
위한 사전 정지작업을 하는 것이다.[135] 실제 법조브로커가 평소 검사들에게 향응
을 제공하다가 위법한 브로커 활동으로 인하여 변호사법 위반 피의자로 수사를
받게 되자 친분 있는 검사장과 부장검사 등에게 부탁하고 검사장 등이 이에 응하
여 사건 담당검사에게 청탁 또는 부당한 영향력 행사를 한 이른바 스폰서검사 사
건([검사징계사례 35, 36, 37, 38, 39])[136]은 유형③에 속하는 금품·향응수수가 언제든
지 유형②와 같은 기능을 할 수 있음을 잘 보여주었다. 특정사건과 관련 없는 금
품·향응의 수수는 그 수수시점에는 재판·수사의 공정성에 영향을 끼치지 않는
것처럼 보일 것이고 이를 근거로 제공자와 수령자 모두 개인적인 친분에 따른 선
물·접대라고 주장하겠지만,[137] 장래 재판·수사업무의 공정성에 영향을 미치거나

---

135) 이 점에 대하여는 김두식, 불멸의 신성가족(창비, 2009), 120쪽에서 "보험이 언젠가는 현
　　실적인 보상으로 변할 수 있다"고 지적한 바 있고, 실제 [검사징계사례 34]에서 검사에게
　　미화 1만불을 준 기업 회장이 검사에게 "용돈"을 준 이유에 대하여 한 진술은 사건발생
　　시를 대비한 정지작업임을 잘 드러내주었다.
　　○ 검찰에서의 진술: "용돈으로 사용하라고 준 것입니다, 하지만 제 입장에서 주변에 아
　　　는 사람도 많고 해서 무슨 문제가 생기면 ○검사에게 좀 도움을 얻으려는 생각도 있
　　　었습니다."
　　○ 법원에서의 진술: "피고인에게 용돈을 여러 차례 주었고 이 사건도 마찬가지이고, 가
　　　끔 부탁할 것이 있으면 부탁도 하고, 용돈을 줄 때 들어준 것이 있었으면 고마운 마음
　　　도 있고 겸사겸사 돈을 주었다." 서울중앙지방법원 2009. 9. 16. 선고 2009고합685 판
　　　결, 16쪽.
136) 주 41, 42.
137) Susan Rose-Ackerman, *Corruption and Government: Causes, Consequences, and Reform*
　　(Cambridge University Press, 1999), p. 98은 뇌물과 선물의 유사성에 대하여 분석하면서,
　　금품·향응 제공자와 수령자 모두 다른 사람들의 눈에 보이는 금품수수의 의미를 흐릿하

최소한 직무수행의 불공정을 의심받을 수 있는 독초의 싹을 키우는 셈이다. 결국 부패의 시발점으로 작용할 수 있으므로 이를 그대로 방치해서는 안 된다.

1.1.3. 유형③에 대한 윤리강령상 규율

유형①과 유형②는 형사범죄에 해당되는 데 반하여 유형③의 금품·향응 수수는 윤리강령이 규율하는 사항이다.[138] 그런데 윤리강령은 유형③에 속하는 금품·향응 수수를 그렇게 엄격하게 규율하고 있지 않다. 윤리강령은 법관·검사가 특정사건과 관계없는 금품·향응의 제공을 받을 때 그 당시의 재판의 공정성이나 직무수행에 지장을 초래하지 않는다고 하여 또는 금품·향응 제공자가 윤리강령에 규정된 좁은 범위의 사람에 속하지 않는다고 하여 금품·향응 수수를 스스로 합리화할 수 있는 여지를 두고 있다.

윤리강령은 "재판의 공정성에 관한 의심을 초래하거나 직무수행에 지장을 줄 염려가 있는 경우"에는 금전대차 등 경제적 거래행위를 하지 아니하며 증여 기타 경제적 이익을 받지 않도록 규정하거나(법관윤리강령 제6조),[139] "직무 수행의 공정성을 의심받을 우려가 있는 자나 사건관계인 등(검사 자신이 취급하는 사건의 피의자, 피해자 등 사건 관계인 기타 직무와 이해관계가 있는 자)으로부터" 정당한 이유 없이 금품, 금전상 이익, 향응이나 기타 경제적 편의를 제공받지 못하도록 하고(검사윤리강령 제19조), "직무 수행의 공정성을 의심받을 우려가 있는 자"의 범

게 만들려고 하며, 형사적 책임을 줄이기 위하여 종종 뇌물이 선물로 위장된다는 점을 지적하였다.

138) 대법원은 "공무원이 그 직무의 대상이 되는 사람으로부터 금품 기타 이익을 받은 때에는 사회상규에 비추어 볼 때에 의례상의 대가에 불과한 것이라고 여겨지거나, 개인적인 친분관계가 있어서 교분상의 필요에 의한 것이라고 명백하게 인정할 수 있는 경우 등 특별한 사정이 없는 한 직무와의 관련성이 없는 것으로 볼 수 없으며, 공무원이 직무와 관련하여 금품을 수수하였다면 비록 사교적 의례의 형식을 빌어 금품을 주고 받았다고 하더라도 그 수수한 금품은 뇌물이 된다"고 판시하였다(대법원 2000. 1. 21. 선고 99도4940 판결; 대법원 2006. 5. 12. 선고 2005도3041 판결 등). 특히 육군 법무감이 군법무관 출신 변호사들로부터 금품(변호사들이 받은 국선변호료)을 수수한 것을 뇌물수수로 인정하며 수수하는 시점에 특별한 청탁이나 개별적, 구체적 현안이 없었더라도 뇌물에 해당한다고 판시한 대법원 2006. 5. 12. 선고 2005도3041 판결에 비추어 보면 유형③에 속하는 사례 중 변호사 또는 법원·검찰에 사건이 계류된 적이 있거나 앞으로 계류될 수 있는 것으로 합리적으로 예상되는 사람으로부터의 금품·향응 수수는 뇌물죄에 해당할 수 있을 것이다.

139) 「법관 및 법원공무원 행동강령」 제13조는 상세한 기준을 제시하고 있으나 이 조항 역시 직무관계자·직무관계공무원으로부터의 수령만을 규율하고 있다.

위를 좁게 규정하고 있다(검사윤리강령운영지침 제9조).[140] 특히 다른 검사가 취급 중인 사건의 피의자, 피해자 등의 사건관계인은 '언론 보도 등을 통하여 사회의 이목이 집중되고 있는 경우'에만 검사가 교류 및 금품·향응 수수를 하지 않을 의무를 지는 것처럼 규정되어 있다. 다른 검사가 취급하는 사건의 공정성에 영향을 주거나 줄 수 있다는 외관을 만드는 행위는 금해야 하고 그 사건 또는 사건관계인이 언론에 보도가 되었는지 여부에 따라 검사의 행동지침이 달라져야 하는 것은 아닐 것이다.

1.1.4. 유형③에 대한 과거의 경미한 징계와 최근의 변화

형사처벌의 대상이 될 수 있는 유형①과 유형②에 대하여는 징계수준도 높은 편이지만 유형③에 대하여는 징계없이 비공식제재(사직·전보·경고)에 그친 사례가 상당히 많다(언론보도에서 파악할 수 있는 것만 해도 징계사례의 2배 이상이다). 사표수리는 일종의 실질적 제재의 의미를 가진다고 볼 여지도 있겠으나, 수수한 금품·향응 규모가 작다고 하여 전보·경고에 그치거나 불문에 붙이는 것은 금품·향응 수수의 독성에 대한 인식이 불충분한 것 아닌가 하는 의구심이 들게 한다.[141]

최근에는 검사에 관한 한 금품수수에 대한 검사 징계수준이 대폭 강화된 것으로 보인다. 2012년 74만원 또는 85만원 상당의 향응을 받은 검사를 면직처분한

---

140) 1. '사건 관계인 등' 중 검사가 사건을 처리한 후 2년이 경과되지 아니한 자.
　2. 수사, 재판 및 형 집행 기관으로부터 지명수배를 받고 추적 중에 있는 자.
　3. 다른 검사가 취급중인 사건의 '사건관계인 등' 중 언론 보도 등을 통하여 사회의 이목이 집중되고 있어 검사가 교류할 경우 공정성을 훼손할 우려가 있다고 의심할 만한 이유가 있는 자.
　4. 수사, 재판 및 형집행기관이 취급중인 다른 사람의 사건, 사무에 관하여 청탁하는 등 검사가 교류할 경우 공정성을 훼손할 우려가 있다고 의심할 만한 이유가 있는 자.

141) 예컨대, 부장판사가 법관 3명과 직원 10여 명이 참석한 회식을 주재하면서 그의 고교동창 사업가가 비용을 부담하도록 하고 이어 단란주점에서 스트립쇼 접대를 받았는데, 동석한 예비판사의 부인이 언론에 이 사실을 알린 후 예비판사가 사직한 사례(서울신문 2000. 8. 8. "법관 '스트립쇼 술판' 파문")에서 부장판사에 대하여는 어떠한 조치를 취하였는지 알 수 없다[법관 비공식제재사례 30]. 언론에서는 스트립쇼의 퇴폐성을 부각시켰고, 부장판사가 회식과 술자리를 주재하여 동창 사업가가 비용 부담하도록 한 점에 대하여는 별로 문제가 제기되지 않아, 퇴폐적인 술자리를 가졌음이 언론에 알려지게 된 데 대하여 참석한 예비판사가 책임을 지고 사직한 셈이나, 보다 근본적인 문제는 친구 사업가로부터 접대를 받았다는 것이다. 근본적인 문제에 대한 조치가 이루어지지 않았다는 점이 아쉬운 부분이다.

사례[검사징계사례 45, 46]가 있고[142] 관보에 게재된 징계사유상으로는 금품수수가 직무관련성이 있는지가 잘 드러나지 않아 유형③에 해당하는 것으로 보인다. 1999년 대전 법조비리 사건에서 50만원 이하의 금품을 받은 검사 12명에 대하여는 검찰총장 경고조치만 하고 징계나 인사상 불이익을 주지 않기로 하였던 것[검사 비공식제재사례 1][143]에 비하면 엄청나게 징계수준이 강화된 셈이다. 그러나 이 징계처분에 대하여는 징계사유에 비하여 징계가 과도하다고 보아 법원이 면직처분을 취소하였다. 징계를 강화하더라도 비위 사실에 대한 징계수준의 균형을 유지하여 징계재량권의 일탈 또는 남용이 되지 않도록 해야 함은 두말할 나위가 없으나, 면직처분이 취소되었다고 하여 이들 검사들의 행위가 정당화되는 것은 아니다. 법원의 판결문상으로는 "원고가 향응을 제공받을 당시 그 향응이 검사로서의 직무와 관련된 것이라는 인식이 없었던 것으로 보이고 그 전후로 원고가 위법·부당한 행위를 하였다고 볼 자료도 없는 점"을 징계재량권의 남용을 인정하는 사유 중의 하나로 들고 있다.[144] 그러나 검사의 직무윤리상으로는 실제 위법·부당한 행위를 하였다는 증거가 없다고 하더라도 불공정한 업무처리를 할 우려와 외관을 갖춘다는 점이 문제라고 하겠고, 직무관련성에 대한 인식도 보다 실질적으로 접근할 필요가 있다. 즉 검사에 대한 금품·향응 제공은 "검사직"에 있는 사람에 대한 제공이고 결국 현재는 아니라 하더라도 장래 그 검사의 직무수행 또는 그 검사를 통하여 다른 검사의 직무수행과 관련성을 짓게 된다는 점에 대하여 검사 전체가 인식을 새로 할 필요가 있다.[145]

---

142) 주 54, 55.

143) 주 51. 한국일보 1999. 2. 2. "금품수수 판·검사 30명... 검사 6명 사표수리".

144) 서울행정법원 2013. 2. 7. 선고 2012구합17384 판결.

145) 이 사건에서 향응을 제공한 변호사와는 같은 지역의 지원의 판사로 근무할 때 공판검사로 알게 되었고 그 변호사가 변호사개업한 후에 유흥주점을 같이 다니게 된 사이라는 점에서 전관예우의 문제가 제기될 수 있는 전형적인 사례라고 할 수 있다. 위 판결문에 따르면 그 변호사는 당해 검사가 수사한 사건 중 10건을 수임하였고 같이 유흥주점을 다니기 시작한 이후에도 6건을 수임하였다는데, 검사가 변호사로부터 향응을 제공받으면서 검사로서의 직무와 관련된 것이라는 인식이 없었다는 점을 검사의 주장대로 인정한다고 하더라도, 본인의 직무가 무엇이고 변호사가 왜 향응을 제공하는지를 생각하지 못하는 의식구조를 가진 검사가 과연 얼마나 공정하게 검사의 직무를 수행할 수 있을지 의문이다. 또한 검사가 그의 담당 사건을 수임한 변호사와 유흥주점에서 어울린다는 사실은 검사가 그 변호사에게 유리하게 사건을 처리하였는지 여부를 떠나 검사의 사건처리가 불공정하게 이루어질 수 있는 외관을 만든다는 점에서 매우 심각한 문제라고 하지 않을 수 없다. 참고로 영국에서는 지방법원(county court) 법관이 사직·퇴직하고 법정변호사

1.1.5. 윤리강령 보완의 필요성

위 Ⅳ.1.1.3.에서 논의하였듯이 법관윤리강령은 "재판의 공정성에 관한 의심을 초래하거나 직무수행에 지장을 줄 염려가 있는 경우"에는, 금전대차 등 경제적 거래행위를 하지 아니하며 증여 기타 경제적 이익을 받지 않도록 규정하고 있고(법관윤리강령 제6조), 검사윤리강령은 "직무 수행의 공정성을 의심받을 우려가 있는 자나 사건관계인 등으로부터" 정당한 이유 없이 금품, 금전상 이익, 향응이나 기타 경제적 편의를 제공받지 못하도록 규정하고 있다(검사윤리강령 제19조). 윤리강령이 사용하는 공정성 또는 직무수행을 구체적인 사건 또는 직무에 관한 것을 의미하는 것으로 본다면 구체적인 사건과 관련없는 금품 수수행위는 규율의 대상이 되지 않게 된다. 특정한 사건과 관련 없이 제공되는 금품·향응을 수수하는 법관·검사가 자기 합리화를 하는 데 이용할 수 있도록 되어 있다. 그러나 특정한 사건과 관련 없는 경우에도 금품·향응은 "법관직", "검사직"에 대하여 제공된다는 점을 직시하여야 한다. 사회상규상 허용되는 일부 제한적인 경우를 제외하고는, 법관·검사의 금품·향응 수수는 언제나 직무의 공정성에 영향을 주거나 영향을 줄 것이라는 의혹을 야기할 수 있다는 점을 윤리강령에 반영할 필요가 있다. 현재 계류 중인 사건과 관련이 없더라도 법관·검사의 금품·향응 수수는 원칙적으로 금지하고[146] 상호간에 부양의무가 있는 직계존비속 등으로부터의 증여, 사회상규상 허용되는 경조사 부조와 같이 허용되는 예외적인 경우를 보다 구체적으로 규정하도록 할 필요가 있다.[147] 허용되는 경우에 대한 구체적인 규정이 충분하지 못할 것에 대비하여 수령이 허용되는지 여부에 대하여 사전에 문의할 수 있는 창구(예컨대 윤리감사관 또는 이와 유사한 직책)를 두어 구체적인 타당성을 유

(barrister)로 돌아갈 수 없다고 법정변호사협회(Bar Council)가 공식적으로 정하였고, 상급법원(High Court) 법관에 대하여는 명시적인 정함은 없지만 법정변호사로 돌아가지는 않는다. Shimon Shetreet and Sophie Turenne, *Judges on Trial* (2nd Edition) (Cambridge University Press, 2014), p. 268.

146) 2013. 7. 24. 발의된 "검사징계법 일부개정법률안(박영선의원 대표발의)"이 검사징계법 제2조에 "정당한 이유 없이 금품·금전상이익·향응 등 경제적 편의를 제공받은 때"를 명시적인 징계사유로 추가하자고 하는 것도 금품·향응 수수에 대한 정당한 이유가 있어야만 허용된다는 것이므로 이 글과 같은 취지라고 할 수 있다. 검사윤리강령상 정당한 이유없는 금품·향응 수수를 금하고 그 위반에 대하여 현행 검사징계법 제2조 제3호(직무관련 여부에 상관없이 검사로서의 체면이나 위신을 손상하는 행위를 하였을 때)를 적용하여 징계제도를 운영한다면 위 개정법률안과 같은 개정을 할 필요는 없을 것이다.

147) 「법관 및 법원공무원 행동강령」 제13조를 참고할 수 있을 것이다.

지하는 방안148)도 생각해 볼 수 있다.

　이렇게 청렴성에 대하여 느슨하게 규정하고 있는 윤리강령은 법원의 판결에도 영향을 주고 있다. 이른바 스폰서 검사사건으로 면직된 검사장에 대한 징계처분취소소송에서 결론적으로 원고패소판결을 하였지만 판결 이유 중 "A가 위와 같이 사기 및 변호사법위반 혐의로 부산동부경찰서에서 수사를 받고 있었다는 사정만으로는 A를 의정부지방검찰청 검사장인 원고가 교류할 경우 공정성을 훼손할 우려가 있다고 의심할 만한 이유가 있는 자라고 단정할 수도 없으므로, 원고가 당시 A로부터 향응을 제공받았다고 하더라도 그것만으로는 검사윤리강령의 여러 규정에 위반하여 A가 직무 수행의 공정성을 의심받을 우려가 있는 자나 사건관계인 등인 사정을 잘 알면서 그로부터 향응을 제공받았다고 할 수 없다. 또한 위와 같은 만남 이후에 A가 원고에게 협박메시지를 보내면서 자신의 사건을 청탁하였다고 하여 위 만남 당시 원고가 검사윤리강령에 위반하였다고 단정할 수도 없다. 따라서 별지 징계사유 1 부분은 이 사건 면직처분의 징계사유로 삼을 수 없다"고 판시하여 검사윤리강령의 조항을 마치 법률조항과 유사하게 엄격하게 해석하는 것 같이 보인다.149) 검사에 대한 징계에서 검사윤리강령의 역할은 검사징계법 제2조에 규정된 징계사유(검찰청법 제43조 위반, 직무상의 의무 위반 또는 해태, 직무관련 여부와 상관없이 검사로서의 체면이나 위신의 손상)의 예시라고 보아야 한다.150) 검사윤리강령에 규정되어 있지 않은 사항이라고 하여 징계사유에 해당하지 않게 되는 것은 아니다. 징계시 검사윤리강령 위반여부는 검사징계법에 규정된 직무상의 의무 및 검사로서의 체면이나 위신 손상의 관점에서 해석해야 하고 검사윤리강령 자체를 형벌법규 해석하듯이 엄격하게 해석할 것은 아니다. 하지만, 구체적인 사건에서 법원이 이렇게 윤리강령을 엄격하게 해석한다면 윤리강령을 더욱 잘 정비할 필요가 있다.

　위 Ⅲ.1.4에서 본 바와 같이 「검찰공무원의 범죄 및 비위 처리지침」상 금품·향응 수수에 대한 징계양정 기준을 2011. 11. 29. 개정하여 금품·향응수수의 유형

---

148) 영국의 법관행위지침(Guide to Judicial Conduct)(주 8) 8.8.6. 참조.

149) 서울행정법원 2011. 1. 31. 선고 2010구합37087 판결.

150) 부패방지를 위한 장치로서의 행동강령(code of conduct)은 특정한 행위를 규정하기보다는 태도에 영향을 주기 위한 것이다. Mark Findlay and Andrew Stewart, "Implementing corruption prevention strategies through codes of conduct", Robert Williams and Alan Doig (eds.), *Controlling Corruption* (Edward Elgar, 2000), pp. 162-163.

을 '직무관련 수수'와 '직무 관련성이 없더라도 정당한 이유 없는 금품·향응 수수'의 두 가지로 규정한 것은 바람직한 개정이었다. 이에 그치지 말고 검사윤리강령상의 금품·향응 수수에 관한 조항도 개선할 필요가 있다. 최근 모든 공직자에 대하여 직무관련성을 묻지 않고 금품수수를 금지하는 입법을 추진하고 있는 상황이므로,151) 일반 공무원보다 높은 기준을 적용받아야 할152) 법관·검사의 금품·향응 수수에 관한 윤리강령은 조속히 개선되어야 한다.

1.2. 공정성 관련

1.2.1. 일방적 의사소통

재판·수사의 공정성에 관련된 징계사유로 징계된 사례의 숫자는 적은 편이다. 특히 그동안 사건 당사자와의 사적 접촉 내지는 일방적 의사소통에 대하여는 법관집무실 출입의 제한 등의 방법으로 규율하고 일방적 의사소통 자체에 대하여 심각하게 문제가 제기되지 않았다.153) 이 점은 일방적 의사소통의 문제에 대한 인식이 아직 부족하고 그러한 인식부족이 윤리강령에도 반영되어 있기 때문인 것으로 보인다. 법관윤리강령을 다음과 같이 보완할 필요가 있다. 첫째, 일방적 의사소통을 원칙적으로 금지하고, 둘째, 법관의 의사에 의하지 않은 일방적 의사소통이 이루어진 경우 그 내용을 상대방 당사자에게 즉시 알릴 의무를 부과할 필요

---

151) 2013. 8. 5. 정부가 국회에 제출한 「부정청탁금지 및 이해충돌방지법안」은 공직자는 직무관련하여 또는 지위직책에서 유래하는 사실상의 영향력을 통하여 금품등을 수수·요구·약속하는 경우에는 대가관계가 없어도 형사처벌을 하도록 하고, 일정한 예외를 제외하고는 직무 관련 여부 및 기부·후원·증여 등 명목에 관계없이 금품등을 수수·요구·약속하는 경우 수수금품의 2배 이상 5배 이하의 과태료에 처하도록 규정하였다. 한편 의원입법안으로 제출된 「부정청탁금지 및 공직자의 이해충돌방지법안」(2013. 5. 24. 김영주의원 대표발의)과 「부정청탁금지 및 공직자의 이해충돌방지법안」(2013. 5. 28. 이상민의원 대표발의)은 직무관련여부에 관계없이 100만원을 초과한 공직자의 금품수수, 요구, 약속은 형사처벌하고 100만원 이하인 경우에는 과태료에 처하도록 규정하였다.

152) 서울중앙지방법원 2008. 4. 11. 선고 2008고합155 판결은 "법관이 그 업무에 관하여 부정을 의심받는 것은 법치주의의 근간을 위협하는 것이므로, 법관은 다른 어떤 공무원보다 고도의 청렴성과 엄격한 도덕성을 유지하여야 한다"라고 하여 고도의 청렴성을 강조하였다.

153) 박우동, 앞의 책(주 75), 20-21쪽은 변호사가 법관집무실에 드나드는 것은 '송정외(訟廷外) 변론' 즉 법정에서의 변론과는 별도로 재판에 관한 변론을 하기 위한 것이고, 검사가 법관집무실을 방문하는 것도 마찬가지 유형이라는 점과 "상대방이 없는데서 판사를 만나 법정에서의 변론기일 비슷한 기회를 갖는다는데서 불공정, 불공평성이 있다"는 점을 지적하였다.

가 있다.[154]

법관윤리강령은 재판업무상 필요한 경우를 제외하고는 당사자와 대리인 등 소송관계인을 법정 이외의 장소에서 면담하거나 접촉해서는 안 되도록 규정하고 있다(제4조 제4항). 「법관의 면담등에 관한 지침」으로 변호사·검사 등 사건관계인의 법관집무실 방문을 규제하는 것은 법관이 사건관계인과 별도로 접촉하지 못하도록 하기 위한 것이다. 층마다 스크린도어를 설치하거나[155] 법관과 관련 변호사와의 전화 통화 금지 방안[156]도 마찬가지의 맥락에서 나온 대책이라고 할 수 있다. 사건 당사자와의 접촉은 은밀히 이루어질 것이기 때문에 실제 이 조항을 위반하는 사례가 얼마나 있는지 잘 알기는 어려우나 Ⅲ.2.2.에 언급한 바와 같이 위반사례들이 있고, 아직도 계속 전관예우의 문제가 제기되고 있다는 점[157]은 위반사례가 숨어 있을 수 있음을 암시한다.

법관이 소송관계인을 법정 이외의 장소에서 접촉하는 것을 금해야 하는 이유는 이러한 접촉은 다른 당사자가 모르는 사이에 법관의 심증형성에 영향을 주는 것이므로 공정한 재판절차라고 할 수 없기 때문이다. 법관이 알면서 이러한 접촉을 해서는 안 되는 것은 물론이겠고, 법관이 모르는 사이에 일방적 접촉을 하게 된 경우에는 그 사실과 의사소통의 내용을 상대방 당사자에게 즉시 알려줄 의무를 지도록 하여야 한다. 상대방이 알아야 당사자의 무기대등의 원칙에 부합한다.[158] 불공정하거나 온당하지 않은 직무수행인지 여부를 판단하기 위해서는 우선 이에 관한 정보가 제공되어야 한다는 점에 비추어 보더라도 상대방 당사자에 대한 통지의무는 중요하다. 상대방에 대한 통지를 행한다는 점은 담당 법관과 개인적인 친분이 있는 변호사 기타 다른 사람이 법관에게 접근하는 것을 방지할 수 있는 근본적인 대책이 될 것이고, 재직시의 친분관계를 이용한 전관예우의 문제에 대한 대책으로서도 의미가 있다.[159] 2006년의 사법제도개혁추진위원회의 건

---

154) 일방적 의사소통시의 법관의 의무에 대한 논의는 박준, 앞의 논문(주 76), 39쪽.

155) 동아일보 2006. 12. 14. "'스크린 감옥'에 갇히는 판사들".

156) 문화일보 2007. 3. 20. "또 땜질한 '전관예우 근절'".

157) 법률신문 2012. 6. 13. "변호사 90% 이상 '전관예우 존재한다' 서울변호사회, 회원 761명 설문조사".

158) 법원행정처, 법관윤리(2011), 66쪽.

159) 이른바 전관예우로 인한 폐해 발생의 기회를 축소시키는 효과가 있을 것이다. 이와 더불어 일반에 대하여 모든 판결문을 공개하면(물론 사건관계인의 개인적인 정보는 비실명 처리한다고 하더라도) 담당 법관과 변호사의 이름을 널리 알 수 있게 되어 햇빛이 가장

의안에도 "변호사가 재판절차와 관련하여 법관을 면담할 필요가 있는 경우에는 법관의 허가를 받아 면담할 수 있도록 하되, 사전에 면담신청서를 제출하고 이를 그 상대방에게 고지하여 상대방도 면담에 참여할 수 있도록 규정을 정비할 필요가 있다"는 내용이 포함되어 있었지만,[160] 상대방에 대한 통지제도는 아직 도입되지 않았다. 면담뿐 아니라 전화 기타 어떠한 방법에 의하건 법관의 당사자 일방과의 의사소통은 원칙적으로 금지하고 의사소통이 일어난 경우에는 상대방에게 알려야 함을 명백히 할 필요가 있다.

검사도 사건관계인과 사적 접촉을 해서는 안 될 것이다(검사윤리강령 제15조, 제11조). 검사윤리강령은 변호인 및 사건관계인과의 정당한 이유 없는 사적 접촉을 금지하면서, 변호권 행사 보장의 명분하에 검사가 변호인선임서를 제출하지 않은 변호사에게 일정한 범위 내에서 사건에 관하여 설명할 수 있도록 하는 조항을 두고 있다(검사윤리강령운영지침 제5조). 아직 사건을 수임하지 않은 단계의 변호사의 행동을 변호인의 변호권 행사라고 보기는 어려울 것이고, 변호사가 수임여부를 판단하기 위하여 필요로 하는 정보를 왜 검사가 제공해야 하는지 의문이다. 이 조항은 오히려 변호인선임서를 제출하지 않은 변호사의 비공식 변론을 합리화하는데 이용될 우려가 있는 것으로 보인다.

1.2.2. 사건관계자를 무시하는 언행

법관이 당사자 또는 소송관계인을 무시하는 언행에 대하여는 오래 전부터 문제가 제기되어 왔고,[161] 2009년과 2010년 국가인권위원회의 권고를 받고 언론에서 크게 보도되었는데도 주의를 주는 데 그쳤으나[법관 비공식제재사례 13, 14],[162] 2013년 1월에는 견책[법관징계사례 18],[163] 2013년 4월에는 감봉[법관징계사례 19][164]으로 징계수위가 높아지고 있다. 여론의 비판이 심해지자 징계수위가 높아지게

강력한 소독제로 작용할 수 있을 것이고, 전관예우에 대한 상당히 강력한 견제장치 기능을 할 수 있을 것이다.

160) 사법제도개혁추진위원회, 앞의 책(주 16), 278쪽.
161) 언론보도에 의하면 법정 내에서 당사자를 상대로 인격 모독의 행위로 진정한 건이 2008년 13건, 2009년 11건, 2010년 7건, 2011년 18건, 2012년 13건, 2013년 6건으로 68건에 달했다. 머니투데이 2013. 10. 29. "김진태 의원 '막말판사' 근절대책 시급"; 대한변호사협회, 2013 인권보고서(2014. 3), 81쪽. 국가인권위원회에 진정된 내용에 대하여는 주 64, 65 및 67.
162) 주 64, 65.
163) 주 68.
164) 주 69.

된 셈이다. 한편 사건당사자·관계인에 대한 검사의 언행이 문제되어 징계 받은 사례는 2007년 1건이 있을 뿐이다. 이를 근거로 사건관계인에 대하여 검사가 법관보다 바람직한 언행을 하고 있다고 볼 것은 아닐 것이다. 검사의 막말에 대하여도 국가인권위원회에 진정된 사례는 다수 있으나,165) 수면위로 드러난 검사의 언행 관련 사례가 법관보다 적은 것은 법원의 재판이 공개되어 있음에 반하여 검사의 수사는 그렇지 않고, 검사의 수사를 받는 피의자 또는 참고인은 법원에서 진술하는 소송당사자 또는 증인보다 심리적으로 훨씬 더 위축되기 때문일 것이라고 보는 것이 더 설득력이 있을 것이다.

법관의 잘못된 언행은 그의 편견을 드러내어 재판에 대한 국민의 신뢰에 악영향을 준다. 법정에서의 언행이 문제되고 있음은 법관에게 요구하는 공정성의 기준이 더 엄격해지고 사회의 기대가 더 커지고 있음을 보여준다. 이러한 변화의 근저에는 재판의 당사자 또는 이해관계자가 법관 앞에서 자신의 의사를 충분히 진술할 기회를 가지지 못하였기 때문에 나오는 불만이 깔려 있다고 할 수 있다.

법관의 잘못된 언행은 한편으로는 권위 의식에 기인한 면도 있지만166) 다른 한편 재판을 신속하게 진행하여야 하는 부담 때문인 면도 있는 것으로 보인다. 현행 법관윤리강령은 "법관은 신속하고 능률적으로 재판을 진행하며, 신중하고 충실하게 심리하여 재판의 적정성이 보장되도록 한다"(제4조 제2항)고 규정하여 재판의 적정성과 신속성을 함께 규정하고 있다. 재판이 공정하게 이루어져야 재판에 대한 국민의 신뢰가 쌓일 것이고 공정성이 확보되기 위해서는 당사자가 법정에서 자유롭고 충분한 진술을 할 수 있음을 보장하여야 한다.167) 소송당사자 등 재판에 이해관계를 가지는 사람이 법관 앞에서 자신이 하고 싶은 이야기를 충분히 할 수 있는 기회를 가지지 못하는 경우에는 그 결과에 대하여 쉽게 승복하기 어렵다. 법관 앞에서 충분히 진술할 수 있는 권리는 사법에 대한 국민의 신뢰

---

165) 주 70.

166) 헤럴드경제 2012. 10. 26. "판사들의 잇단 설화(舌禍), 무엇이 문제인가?"는 막말에 대하여 전문가들은 "법관들의 권위의식이 무의식 중에 표출"된 것이고 "수년간 사법시험에 매달린 판사들의 비현실적인 사회인식이 반영"된 것이라고 보도하였다.

167) 이미 오래 전에 정종섭, 헌법연구, 제2권(철학과 현실사, 1996), 284쪽은 대다수의 판사들이 신속한 재판처리를 위하여 당사자의 주장과 증거제출의 기회를 가로막는 사태가 적지 않게 발생한다는 점을 지적하고 "판사의 미제사건을 수시로 점검하여 사건 처리를 독촉하는 것은 재판의 신속에만 매달려 재판의 공정과 적정, 실체적 진실의 발견이라는 이념을 매장시키는 것"이라고 적절히 비판하였다.

의 전제라고 할 수 있다. 물론 재판의 진행이 지나치게 지연되어서는 안 될 것이고 법관 증원 등도 같이 맞물려 있는 문제이겠지만 원칙적으로 신속성과 능률을 위하여 당사자 등 이해관계자가 자신의 입장을 법관에게 충분히 전할 수 있는 기회가 희생되어서는 안 될 것이다. 미국의 모범법관행위규범이 법적 절차에 이해관계를 가지는 사람이 법관 앞에서 법에 따라 자신의 입장을 개진할 권리를 부여하도록 한 것(제2.6조)을 참고할 필요가 있다.

1.3. 독립성 관련

법관·검사가 다른 법관·검사에게 그들이 담당하는 사건에 관하여 청탁하였다고 하여 징계한 사례는 많지 않다. 이른바 관선변호라고 불리는 이러한 청탁은 언론보도에서 여러 차례 지적된 바 있으나,[168] 법원과 검찰 내부에서 은밀히 일어나는 일이므로 쉽게 외부에 드러나지 않고 형사판결과 징계결정 등을 통하여 단면만이 드러난다고 할 수 있다. 관선변호의 현상을 방지하기 위해서는 그러한 청탁을 행하거나 청탁을 받는 법관·검사의 의식을 개선해야 하는 면도 있겠으나, 윤리강령 등 제도를 개선해야 할 부분도 있다.[169]

법관윤리강령은 법관이 다른 법관 담당사건에 관하여 청탁하는 행위에 대한 명시적인 조항을 두고 있지 않다. 단지, 타인의 법적 분쟁에 관여하지 아니하며, 다른 법관의 재판에 영향을 미치는 행동을 하지 않을 의무(제5조 제2항)를 규정하고 있을 뿐이다. 다른 법관의 재판에 영향을 미치는지 여부를 기준으로 판단하도록 한 셈이다. 또한 「법관 및 법원공무원 행동강령」은 "자기 또는 타인의 부당한 이익을 위하여 다른 공무원의 공정한 직무수행을 해치는 알선·청탁" 등을 금하고 있어서(제10조), "부당한 이익"을 추구하는 경우가 아닌 한 알선·청탁이 허용되는 것처럼 되어 있다. 법관이 다른 법관에게 하는 청탁은 "기록을 잘 살펴보아 달라"는 것이라고 하더라도 항상 그것은 사건관계자의 의뢰를 받아서 하는 것이고 사건 담당법관에게 영향을 주고자 하는 의도가 아니라고 하기 어렵다. 청탁하는 법관이 영향을 주고자 하는 의도가 없었다고 강변하고 청탁받은 법관이 영향을 받지 않았다고 하더라도 청탁으로 영향이 있을 것이라는 인상을 주는 것 자체가 사법제도의 공정한 운영에 대한 국민의 신뢰를 실추시키는 것이다. 대법원공직

---

168) 박준, 앞의 논문(주 76)의 주 3, 4, 5에 열거한 문헌들.
169) 이 문제에 대하여는 박준, 앞의 논문(주 76), 35-38쪽에서도 일부 다루었다.

자율리위원회 권고의견 제1호(2006. 11. 15.)로 법관이 타인의 부탁을 받고 검찰·경찰·다른 법관에게 자신의 신분·직위를 이용한 청탁을 하거나 영향력을 행사하는 행위를 해서는 안 되고 그러한 행위로 의심받을 만한 행위도 피하여야 한다고 권고한 것은 매우 타당하다. 이 권고의견의 내용이 법관윤리강령에도 반영되어야 할 것이다. 또한 청탁받은 법관은 이 청탁을 일방적 의사소통으로 취급하여 상대방 당사자에게 알려야 할 의무를 지도록 해야 할 것이다.

검사윤리강령은 다른 검사나 다른 기관에서 취급하는 사건 또는 사무에 관하여 공정한 직무를 저해할 수 있는 알선·청탁이나 부당한 영향력을 미치는 행동을 하지 않을 의무와 부당한 이익을 목적으로 타인의 법적 분쟁에 관여하지 않을 의무를 규정하고 있다(제18조). 즉 다른 검사나 다른 기관에서 취급하는 사건 또는 사무에 관하여 알선·청탁에 대하여 "공정한 직무를 저해할" 수 있는 경우 또는 "부당한 영향력을 미치는" 행동을 하는 경우만을 규율하고 있다. "공정한 직무를 저해"하였는지 "부당한 영향력"을 행사하였는지를 알기는 쉽지 않다. 담당 검사에게 청탁하는 검사는 "기록을 잘 보아 달라"고 하는데 이는 한편으로는 다른 사람에게 "공정한 직무를 저해"하거나 "부당한 영향력을 행사"하지 않았다고 주장하기 위한 것이고 다른 한편으로는 스스로 자신의 행동을 합리화하는 자기 최면에 불과하다.[170] 검사가 동료 검사의 청탁을 냉정하게 거절할 수 있을지 의문이다. 담당검사를 아는 다른 검사를 통한 청탁으로 사건에 무엇인가 영향력을 행사할 수 있다고 한다면 검사의 직무수행의 공정성에 대한 신뢰는 심각한 손상을 받게 된다. 2011년 이른바 스폰서 검사사건에서 "당사자가 억울하다 하니 기록을 잘 살펴달라"고 청탁한 검사가 검사로서의 직무상 의무를 위반한 것으로 보고 징계한 것([검사징계사례 37]과 [검사징계사례 39])은 청탁의 실질을 파악한 것으로 타당하다고 하겠다. 다만, 이 징계사례에서 "기록을 잘 보아 달라"는 청탁이 실질적으로 공정한 직무를 저해하거나 부당한 영향력을 행사하는 유형으로 본 것인지 아니면 당해 사건의 전후 사정에 비추어 그렇게 판단한 것인지는 명확하지 않다.

민사사건이건 형사사건이건 대립당사자주의하에서 공개적으로 직무를 수행

---

170) [검사형사재판사례 3](주 35)에서도 피고인(부부장검사)이 사건담당검사에게 "사건 기록을 잘 검토해 보라"고 말한 사실은 인정하면서 사건처리방향에 관하여 영향을 끼치려 한 것이 아니므로 알선하지 않았고 받은 돈은 개인적 친분관계에 따른 용돈 및 경비 명목으로 받은 것이라고 주장하였으나 법원은 이러한 주장을 받아들이지 않고 유죄를 인정하였다. 서울중앙지방법원 2011. 1. 28. 선고 2010고합1614 판결.

하는 법관과는 달리 검사의 직무수행의 절차와 내용은 대부분 대외적으로 공개되지 않기 때문에 다른 검사를 통한 영향력 행사는 더 은밀히 행해질 수 있고 외부에서 알기 어렵다. 그렇기 때문에 다른 검사를 통한 청탁이나 영향력 행사는 더 엄격하게 규율해야 검사의 직무수행의 공정성을 확보하고 이에 대한 국민의 신뢰를 구축할 수 있을 것이다. 직무상 지휘·감독관계가 있는 경우가 아닌 한 다른 검사의 알선·청탁이 담당 검사의 공정한 직무수행에 전혀 영향을 주지 않는 상황이나 다른 검사에 대한 영향력 행사가 정당화될 수 있는 상황은 생각하기 어렵다. 다른 검사가 담당하는 사건에 대한 알선·청탁은 "공정한 직무를 저해할 수 있는 경우"라는 추가적인 요건 없이 금해야 할 것이고, 다른 검사에 대한 영향력을 실제 행사하는 행위뿐 아니라 영향력을 행사하고자 시도하는 행위도 금해야 할 것이다. 현행 검사윤리강령하에서도 "공정한 직무 저해"를 판단의 고려요소로 삼고자 한다면 실제 공정한 직무를 저해했는지 여부를 기준으로 판단할 것이 아니라 저해할 우려가 있는지, 저해하는 것으로 보이는 외관을 만들었는지, 검사의 공정한 직무수행에 대한 국민의 신뢰가 실추될 우려가 있는지와 같이 사법제도의 공정한 운영에 대한 국민의 신뢰에 어떠한 영향을 주는가를 함께 고려하여야 한다.

1.4. 성실성 관련

담당한 사건의 처리 등 직무수행상의 과오에 대하여는 법원이나 검찰이나 모두 징계에 인색하다. 판단의 오류가 아닌 주의의무를 소홀히 한 경우에 대하여 법관을 징계한 사례는 없다. 직무수행상의 오류에 대한 이러한 태도는 "법관이 위법 또는 부당한 목적을 가지고 재판을 하는 등 법관이 그에게 부여된 권한의 취지에 명백히 어긋나게 이를 행사하였다고 인정할 만한 특별한 사정"이 없는 한 재판과정의 잘못에 대하여 손해배상책임을 인정하지 않는 대법원 판례[171]의 입장과 유사한 것으로 보인다. 재판이 잘못되었다고 하여도 법관 또는 국가의 손해배상책임을 인정하지 않는 것은 사법부의 독립과 확정판결의 기판력 보호 및 상

---

[171] 검사의 직무수행에 대하여도 대법원 판례는 유사한 입장을 취하고 있다. 즉 "무죄판결이 선고, 확정되었다고 하더라도 그러한 사정만으로 바로 검사의 구속 공소의 제기 등이 위법하다고 할 수 없고, 수사기관인 검사의 판단이 경험칙이나 논리칙에 비추어 도저히 그 합리성을 긍정할 수 없는 정도에 이른 경우에만 귀책사유가 있다"고 판시하였다(대법원 1999. 1. 15. 선고 98다38302 판결).

소·재심제도 등 불복절차로 시정할 수 있다는 점 때문이다.[172][173] 그러나 재판과정의 잘못에 기하여 법관(또는 국가)에 대한 손해배상책임을 인정할 것인가의 문제와 법관이 주의의무를 소홀히 한 데 대한 행정적인 책임의 추궁은 별개의 문제이다. 법관의 주의의무 소홀로 인하여 잘못된 재판이 이루어지는 사례에 대하여는 계속 보도가 되고 있다.[174] 직무수행상의 과오로 잘못된 재판을 하여 당사자들에게 불이익을 가하고 재판에 대한 국민의 신뢰를 추락시킨 경우 기판력 또는 법관의 독립을 이유로 아무런 제재를 하지 않는 것은 별로 설득력이 없다.[175] 물론 법관의 주의의무 소홀을 징계대상으로 삼는다고 하더라도 징계가 법관의 독립성을 해쳐서는 안 된다.

검사의 경우 Ⅲ.4.1.에서 본 바와 같이 직무수행 중의 과오에 대하여 징계한 사례[검사징계사례 29, 30, 67]가 있으나, 공소제기와 관련된 징계사례는 없다. 검사는 기소독점주의와 기소편의주의(형사소송법 제246조, 제247조)의 보호를 받고 있고, 대법원이 공소권의 남용이 문제된 사건에서 검사가 자의적으로 공소권을 행사하여 소추재량권을 현저히 일탈한 위법이 있는 경우에만 공소권의 남용에 해당한다고 보고 있기 때문에[176] 공소제기 관련 사항은 징계사유로 취급하지 않는 것으로 추측된다. 그러나 검사가 공익의 대표자로서 직무를 적정하게 수행하였는가

---

172) 법관의 오판에 대한 책임을 제한하는 근거에 대하여는 김재형, "법관의 오판과 책임", 서울대학교 법과대학 편, 법률가의 윤리와 책임, 제2판(박영사, 2003), 168-169쪽. 독일법에 관한 논의는 송덕수, 법관의 직무상 잘못에 대한 법적 책임 연구(세창출판사, 2007).

173) 대법원 2001. 4. 24. 선고 2000다16114 판결; 대법원 2001. 10. 12. 선고 2001다47290 판결 등.

174) 최근 1년간의 언론보도만 하더라도 여러 건이 있다. 국민일보 2013. 3. 28. "법원, 황당한 실수… 전자발찌 10년 채워야 할 성폭력범 5년으로 줄여"; 국민일보 2013. 6. 18. "수뢰 교육부 공무원 법원 실수로 벌금 누락"; 서울신문 2013. 12. 24. "판사들 실수로 1심만 세 차례···'도돌이표 법원'"; 중도일보 2014. 2. 7. "'판사들의 황당실수' 서명 잘못해 재판 원점".

175) 참고로 2010년 영국에서는 치안판사(magistrate)가 졸아서 한 번이라도 심리에 영향을 주는 경우 즉시 해임사유가 되는 것으로 보았다. Shetreet and Turenne, 앞의 책(주 145), p. 240. 일본에서는 最高裁判所가 새로 제정된 刑事訴訟規則施行規則을 적용하지 않는 실수를 하여 상고기각해야 할 사건을 파기환송하였으나, 나중에 실수를 인정하고 1949. 7. 2. 最高裁判所 裁判官 4명에게 직무상의 의무 위반을 이유로 1만엔의 과료처분을 한 사례가 있다. 野村二郎, 앞의 책(주 14), 204쪽.

176) 일부 기소를 누락하였다가 나중에 추가기소 함으로써 피고인이 저지른 일련의 범죄행위에 대하여 동시에 재판받지 못한 사례에서 공소권의 남용을 인정하지 않았다. 대법원 1996. 2. 13. 선고 94도2658 판결; 대법원 1999. 12. 10. 선고 99도577 판결.

는 형사소송법상 공소권의 남용에 해당되는지 여부와는 별개의 문제일 것이다. 특별히 정당한 사유가 없는 분리기소는 그것이 형사소송법상 공소권의 남용에 해당하지 않는다고 하더라도 합당한 검사의 직무수행이라고 볼 수는 없을 것이다. 역시 사법제도의 공정한 운영과 이에 대한 국민의 신뢰를 증진하는 관점에서 검사에 대한 제재여부를 판단할 필요가 있다.

1.5. 기타 법관·검사직과 관련된 행위 — 성희롱·성추행

최근 수년간 성희롱·성추행을 이유로 한 징계사례와 비공식제재사례가 증가하였다. 직무관계자가 아닌 사람을 상대방으로 한 행위도 있었으나, 문제된 사례는 대부분 하급자·직무관계자에 대한 것이고, 또 대부분 회식 중 발생하였다. 회식은 업무종료 후에 이루어진다고 하더라도 단순히 법관·검사의 개인적인 활동이 아니라 직무의 연장선상에 놓여 있다고 보아야 한다. 2012년 발생한 사례[법관비공식제재사례 24][177]에서 당해 부장판사가 사직한 데 대하여 법원은 직무와 관련이 없는 일로 사직하였기 때문에 사직서 수리에 문제가 없다는 입장을 취하였다.[178] 부장판사가 같은 부 소속 배석판사와 회식하거나 법관이 업무관련이 있는 직원과 회식하는 행위가 직접적인 직무수행은 아니지만 부하직원에 대하여 직무상 우위에 있는 점을 남용할 여지가 있다는 점에서 직무에 관한 활동으로 파악하는 편이 더 설득력이 있을 것이다. 이 사건들은 법관·검사가 피해자들보다 직무상 우위에 있음을 의식적·무의식적으로 이용하였기 때문에 발생하였다고 할 수 있고, 그 원인으로 "특유의 수직적이고 남성중심적인 조직문화"가 "여성비하와 왜곡된 성의식을 낳고 있는" 점과 과거 이런 사건에 대하여 가벼운 징계에 그쳐온 점이 지적되고 있다.[179] 법관·검사가 직무관계자에게 직무상 지휘 감독을 할 수 있음을 기화로 성희롱을 하는 것은 상급자로서의 권한의 남용이고 법관·검사의 품위에도 어긋날 뿐 아니라 사법제도를 운영하는 조직의 신뢰성을 해하는 행위이다.

---

177) 주 103.

178) 「법관의 의원면직 제한에 관한 예규」(대법원행정예규 제819호, 2009. 8. 6. 일부개정) 제2조는 비위관련 조사 중인 법관이 의원면직을 신청한 경우 "비위사실이 직무에 관한 위법행위로서 법관징계법상 징계처분에 해당한다고 판단되는 때"에는 의원면직을 허용하지 않도록 규정하고 있다.

179) 경향신문 2012. 3. 30 "여기자 성추행한 최○○ 검사는 해임해야".

이 유형의 행위에 대하여 법관을 징계한 사례는 없고 3건 모두 비공식제재로 사직하였으나, 검사에 대하여는 2011년 이후 견책에서 면직까지 5건의 징계처분이 행하여졌다.[180] 최근 수년간 이 유형의 징계사례의 증가가 이 유형의 행위가 증가한 것 때문인지 아니면 그동안 문제가 제기되지 않던 것이 성희롱에 대한 사회적 인식의 제고로 문제가 제기되고 있는지는 알기 어렵다.

1.6. 직무외 활동

1.6.1. 타인 분쟁에의 관여와 법적 조언[181]

법관윤리강령은 타인의 법적 분쟁에 관여하지 아니하며, 다른 법관의 재판에 영향을 미치는 행동을 하지 않을 의무(제5조 제2항)와 재판에 영향을 미치거나 공정성을 의심받을 염려가 있는 경우에는 법률적 조언을 하거나 변호사 등 법조인에 대한 정보를 제공하지 않을 의무(제5조 제3항)를 규정하고 있다. 즉 법관윤리강령은 타인에게 법률적 조언을 하거나 변호사 등 법조인에 대한 정보를 제공하는 행위를 "재판에 영향을 미치거나 공정성을 의심받을 염려가 있는 경우"에만 규율하고 있다. 일방 당사자에 대한 법관의 법률적 조언이나 변호사 기타 법조인 관련 정보 제공은 약한 형태의 관선변호에 해당한다. 이러한 관선변호는 그것이 재판에 영향을 미치는지 여부를 불문하고 타방 당사자로 하여금 재판의 공정성에 대한 의심을 초래하고 결국 사법부 및 사법제도에 대한 신뢰를 떨어뜨리는 행위가 될 수 있다. 법관의 다른 사람에 대한 법률적 조언은 부양의무가 있는 일정한 범위의 가족·친족에 한하여 허용하여야 할 필요가 있다.

한편 검사윤리강령은 "검사는 부당한 이익을 목적으로 타인의 법적 분쟁에 관여하지 아니한다"고 규정하여(제18조 제2항), 검사가 타인의 법적 분쟁에 관여하는 경우에도 "부당한 이익을 목적으로"하는 경우만을 규율하고 있다. 검사는 수사권과 공소제기권한 등 형사사법에서 매우 강력한 권한을 부여받고 있으므로 타인의 법적 분쟁에 관여하여 어느 한 당사자를 위하여 행동하는 것 자체가 상대방 당사자에게 부당한 압력을 행사하는 것과 다름 없다. 검사가 타인의 법적 분쟁에

---

180) 최근 2014. 1. 여기자 회식 중 신체접촉에 대하여 경고조치에 그친 것을 보면 성희롱에 대하여 검찰이 더 엄격하게 제재하고 있다고 이야기 할 수 있는지 의문이다. 주 117, 118.

181) 이 문제에 대한 상세한 논의는 박준, 앞의 논문(주 76), 25-35쪽.

관여하는 행위는 검사의 권한을 명시적·묵시적으로 남용할 소지가 크고 남용하지 않더라도 일반인이 보기에 남용하는 것으로 보일 우려가 있다는 점에서 부당한 이익을 목적으로 하는지 여부를 묻지 않고 금지할 필요가 있다. 다만 부양의무가 있는 일정한 범위의 가족·친족의 법적 분쟁에 관하여 조언하는 것은 허용되어야 할 것이나, 물론 이러한 경우에도 검사가 권한을 남용하거나 부당한 압력을 가해서는 안 될 것이다.

1.6.2. 정치적 활동 — 선거운동

[법관징계사례 1] 발생 당시는 공무원은 지방자치단체장 선거운동을 할 수 없었고, 후보자의 배우자인 법관이 행한 선거운동 관여는 공직선거 및 선거부정방지법 위반이었다. 법률이 수차 개정되어 이제는 대통령·국회의원·지방의원·지방자치단체장 선거에서 공무원의 선거운동은 원칙적으로 금지되지만 후보자의 배우자·직계존비속인 공무원은 선거운동을 할 수 있도록 규정하고 있고(공직선거법 제60조), 현직 법관이 실제 선거운동하였음이 언론에 보도되었고,[182] 법원에서도 이러한 선거운동을 문제삼지 않은 것 같다. 언론보도에 미루어 추측건대 공직선거법상 허용되는 선거운동이므로 적법하고 따라서 법관이 선거운동을 하여도 무방하다고 본 것 같다.

그러나 법원조직법과 법관윤리강령은 법관이 "정치운동에 관여하는 일"(법원조직법 제49조 제3호)과 "선거운동 등 정치적 중립성을 해치는 활동"(법관윤리강령 제7조 제2항)을 하지 못하도록 규정하고 있다. 법관의 정치적 중립성을 강조하고 이를 해치는 행위를 금하는 것은 사법부가 독립성을 확보하여야 하고 사법제도가 공정하게 운영되어야 하기 때문이다. 법관이 정치적 활동을 하여 특정 당파를 지원하면 그 법관의 재판에는 편견이 작용하거나 적어도 편견이 작용할 수 있다는 우려를 초래하고, 이는 사법에 대한 신뢰를 실추시킨다. 공직선거법은 공정한 선거의 시행과 선거관련 부정의 방지를 목적으로 선거운동을 할 수 없는 사람을 규율하는 법률일 뿐, 법관의 선거운동 관여에 따라 발생할 수 있는 사법의 독립에 대한 영향 및 사법에 대한 국민의 신뢰의 추락의 문제를 다루는 법률이 아니다. 공직선거법상 허용되는 행위라고 하여 법관이 어떠한 행위라도 할 수 있는 것은 아니다. 법률상 위법하지 않은 행위 또는 일반인이 적법하게 할 수 있는 행위라

---

182) 문화일보 2012. 4. 5. "현직 판사의 선거운동이 합법?".

고 하여도 법관이 행해서는 안 되는 것들이 있다. 정치적 활동이 바로 그러한 종류에 속한다. 법관은 사법의 독립 및 사법제도의 공정한 운영에 대한 국민의 신뢰에 악영향이 있거나 있을 수 있는 행위는 해서는 안 되며, 후보자가 배우자·직계존비속이라고 하더라도 법관이 선거운동에 관여해서는 안 된다.[183]

검사도 정치적 중립을 지켜야 한다는 점에서는 마찬가지이므로(검찰청법 제4조 제2항) 검사에게도 동일한 기준이 적용되어야 한다. 현행 검사윤리강령상 검사의 선거운동은 명시적으로 금지하고 있다.[184]

2. 연령·경력

2.1. 법관

5년 이내의 법조경력을 가진 법관이 징계 받은 사례는 없고, 10년 이상의 법조경력을 가진 법관이 징계 받은 사례가 전체 징계건수의 52%, 15년 이상의 법조경력을 가진 법관이 36%를 차지한다. 법조경력이 길어질수록 법관으로서의 의무에 대한 인식이 강해지고 직무윤리에도 충실할 것으로 기대되는데 징계사례를 보면 반드시 그렇지 않은 셈이라고 할 수 있을 것이다. 직급상으로는 징계 받은 법관 19명 중 7명이고 특히 2007년 이후 징계 받은 9명의 법관 중 7명이 부장판사이다. 이러한 현상은 한편으로는 법정에서 소송절차를 주관하는 부장판사가 사건관계인에게 가장 많이 노출되고 따라서 법관의 언행에 관한 문제가 제기되기 쉽다는 점 때문일 수도 있다. 그러나 다른 한편 부장판사가 되면 소송절차를 주관하고 재판에서 매우 큰 영향력을 행사할 수 있게 되어 법관으로서의 직무윤리를 확립하지 않을 경우 비리의 유혹 또는 잘못된 언행을 하기 쉽게 된다는 점이 하

---

183) 일본에서는 선거운동보다 훨씬 정치적 색채가 희박한 사안(조직적범죄대책법안중 감청을 허용하는 부분에 대한 반대하는 단체의 집회에 판사보가 참석하여 발언함)에 대한 징계가 적법하다는 일본 최고재판소의 결정(1998. 12. 1)이 있다. 이 결정에 대하여는 윤진수, "법관의 윤리", 서울대학교 법과대학 편, 법률가의 윤리와 책임, 제2판(박영사, 2003), 154쪽.

184) 검사윤리강령 제3조 제1항은 검사의 정치운동 관여를 금지하였고, 검사윤리강령운영지침 제2조는 국가공무원법 제65조에서 금지된 정치운동을 검사윤리강령에서 금지하는 정치운동의 하나로 열거하였다. 국가공무원법 제65조 제2항은 "선거에서 특정 정당 또는 특정인을 지지 또는 반대하기 위하여 투표를 하거나 아니하도록 권유하는 운동"이 금지되는 행위 유형의 하나로 규정되어 있으므로 현행 검사윤리강령상으로는 후보자가 배우자·직계존비속이라고 하더라도 검사는 선거운동을 할 수 없도록 되어 있다고 할 수 있다.

나의 원인일 수 있을 것이다. 법관의 직무상 의무와 직업윤리에 대한 제도적 정비와 더불어 재판장을 맡는 법관들이 올바른 의식을 갖추도록 하는 노력이 필요하다고 하겠다.

2.2. 검사

검사의 경우에도 징계 받은 검사 중 10년 이상의 법조경력을 가진 검사의 비율이 51%로 상당히 높다. 한편 5년 이내의 법조경력을 가진 검사가 징계 받은 건수도 15건으로 전체 징계건수의 31%를 차지한다. 법관의 경우와는 달리 경력이 짧은 검사에 대한 징계 건수가 많은 이유는 검사는 임용되면 처음부터 단독으로 사건을 수사하고 공소제기 여부를 결정한다는 점에서 찾을 수 있을 것이다. 법관의 경우 임용 후 상당기간 합의부 소속으로 재판사무를 수행하고 단독으로 재판하지 않는 것과 대비된다. 검사가 부장검사 등 소속 상급자의 지휘감독에 따른다고는 하지만(검찰청법 제7조 제1항), 담당사건에 관하여는 직접 수사를 담당한 검사가 실질적으로 가장 강력한 권한을 행사한다. 강력한 권한을 행사하는데 맞추어 검사의 직무상 의무와 직업윤리를 제도적으로 정비하고 아울러 검사임용시점부터 직무상의무와 직업윤리에 대한 올바른 의식을 갖추도록 하는 노력이 필요하다고 하겠다.

3. 징계 기타 제재의 종류

3.1. 비공식제재

3.1.1. 비공식제재의 빈번한 활용

법관·검사에게 비리·품위손상 등의 문제가 있는 경우 공식적인 징계절차를 거치지 않고 사표를 수리하거나 전보발령 등의 인사조치를 취하거나 경고조치를 취하여 비공식적으로 제재를 가하는 경우가 드물지 않다.[185] 1985년 전보처분을

---

185) 30년 전에도 이러한 현상에 대한 지적이 있었다. 정덕장, 사법권의 독립(바울신서사, 1984), 243쪽은 법관징계제도의 운용의 특색으로 신상필벌의 원칙에 따라 징벌이 행하여지는 것이 아니라 사직이 주종을 이룬다는 점을 지적하고 법관 징계제도의 유용성이 점차 감소되고 있음에 대한 우려를 표시하였다. 현재는 「법관의 의원면직 제한에 관한 예규」로 의원면직에 대한 일부 제한을 두고 있고(주 178), 최근 수년간 징계사례가 증가하고 있어 징계제도의 유용성 감소에 대한 우려는 30년 전만큼 크지는 않다고 할 수 있다. 미국 주법원의 경우에도 법관에 대한 공적인 제재의 약 50%가 징계대상인 법관과 징계위원회의 합의에 의하여 이루어지며, 징계사유가 중대한 경우에는 합의로 사직하도록

비판하는 글을 발표한 법관을 서울민사지방법원에 발령한지 하루 만에 부산지방법원 울산지원으로 발령한 사례가 발생하여 대법원장에 대한 탄핵소추 발의[186]까지 되었으나 탄핵은 부결되었다. 검사의 경우에는 인사발령을 비공식적 제재수단으로 사용하고 있음을 법무부 보도자료에서 명시적으로 밝히고 있고,[187] 대검찰청예규인「검찰공무원의 범죄 및 비위 처리지침」상 징계 이외에 경고(서면), 주의(구두), 인사조치(근무처 또는 보직의 변경)의 세 가지 신분상 조치를 규정하고 있다(동 지침 제4조 제2항). 또한 위 지침 제4조 제1항은 각급청의 장이 사안의 경중에 따라 징계 등 신분에 관한 조치를 취하도록 함으로써 징계와 비공식제재의 구별에 대한 판단을 하도록 하였다.

비공식제재는 ① 사직, ② 전보 기타 인사상 불이익, ③ 서면 또는 구두경고의 형태로 이루어지고 있다.[188] 사직은 (i) 징계시효의 도과로 징계할 수 없어 다른 방법으로 직무수행에서 배제하기 위하여 이용되는 경우[189]도 있지만 (ii) 문제를 야기한 법관·검사는 징계절차에 들어가지 않는 혜택을 받고 사법부 운영의 면에서는 이들을 조속히 직무수행에서 배제하는 효과를 가져오기 위한 경우[190]

한다고 한다. Cynthia Gray, "How Judicial Conduct Commissions Work", *The Justice System Journal*, Vol. 28, No. 3 (2007), p. 414.

186) 대법원장 유태흥에 대한 탄핵소추에 관한 결의안(발의연월일 1985. 10. 18).

187) 법무부 보도자료(2006. 2. 13) "검사 정기인사" 7쪽은 다음과 같이 적고 있다.

　　"검사로서의 품위 손상 또는 사건처리의 기본자세에 문제가 있는 검사에 대한 인사 불이익

　　○ 법무부 감찰관실 출범 이후 강화된 법무부와 대검의 수시 감찰을 통해 품위손상 행위가 드러나 징계, 경고 등 신분조치를 받은 검사 또는 무리한 참고인 중지를 남발하거나 내사사건을 불명확하게 종결하는 등 사건처리의 기본자세에 문제가 있다고 판단되는 검사에게는 예외없이 인사상 불이익을 주었음

　　○ 다만, 인사상 불이익은 1회에 한정하여 당사자들에게 경각심을 일깨우도록 하고, 일사부재리의 원칙에 따라 다음 번 인사 시에 추가로 반영하지는 않을 계획임"

188) 10년 임기 만료 후 법관 재임용(법원조직법 제45조의2) 및 검사 임명 후 7년마다 행하는 적격심사(검찰청법 제39조)가 사실상 비공식제재로 활용될 여지도 있으나, 법관·검사의 재임용·적격심사는 법률에 근거를 둔 제도로서 그것 자체가 별도의 기준을 가지고 있으므로 이 글에서는 이를 비공식제재에 포함시키지 않았다. 일본에서는 임기만료로 재임용심사를 받게 된 법관가 최고재판소로부터 제시받은 새로운 임지를 받아들이지 않았고, 그 후 재임용에서 탈락한 사례가 발생하여 사법행정과 법관의 신분보장의 관계가 크게 논란이 되었다. 潮見俊隆, "司法行政と裁判官の独立: 長谷川判事再任拒否事件をめぐって", 法学セミナー, 161号(1969), 2-8쪽 등.

189) [법관 비공식제재사례 8](주 46), [법관 비공식제재사례 31](주 214).

190) [법관 비공식제재사례 1](주 27), [법관 비공식제재사례 5](주 31), [법관 비공식제재사례 9](주 47), [법관 비공식제재사례 15](주 68), [법관 비공식제재사례 21](주 98), [법관 비공

가 많다. 전보 기타 인사상 불이익을 부과한 사례는 (i) 위에서 본 대법원 2010. 2. 11. 선고 2009두16350 판결의 사안과 같이 징계시효가 도과한 경우[191])뿐 아니라, (ii) 징계절차 개시가 가능한 경우[192])도 다수 있다. 경고는 경미한 사항에 대하여 행하여야 할 텐데 과연 해당행위가 경미한 것인지에 대하여는 의문이 있는 경우[193])도 있다. 재판의 합의 내용의 공개에 대하여 1995년에는 경고에 그쳤으나 2012년에는 정직처분을 한 것은, 물론 사안의 내용과 징계대상자가 다르므로 일률적으로 판단할 수는 없겠으나, 유사한 문제에 대하여 경중의 판단이 시대의 흐름과 사회상황에 따라 변화하고 있음을 보여준다.

3.1.2. 비공식제재의 적법성

문제를 야기한 법관·검사가 스스로 사표를 제출하여 사직하는 경우에는 자신의 의사에 의한 사직이므로 사직 권유행위의 적법성이 문제되지 않을 것이다. 그러나 전보 등 인사발령을 통한 불이익을 가하는 경우에는 그것이 과연 적법한 행위인지에 대하여 논란이 있을 수 있다. 대검찰청검사급 보직인 법무연수원 기획부장에서 고등검찰청 검사로 보직 변경하는 인사발령처분을 행한 사례에서,[194]) 법원은 인사발령을 비공식적 제재수단으로 사용하는 것은 남용되지 않는 한 적법하다고 보았다.

대법원은 그 보직 변경이 국가공무원법상의 강임에 해당하지 않고, "공무원 인사관계 법령에 의한 처분으로서 성질상 행정절차를 거치기 곤란하거나 불필요하다고 인정되는 처분"에 해당한다고 보아 행정절차법 제21조에서 정한 처분의 사전통지절차를 거치지 않아도 된다고 판단하였다(대법원 2010. 2. 11. 선고 2009두16350 판결). 또한 원고는 "검사에게 비리나 과오가 있는 경우라도 검사징계법에서 정한 적법절차를 거친 징계나 탄핵의 방법이 아닌 다른 방법으로 검사에게 불이

식제재사례 23](주 102), [법관 비공식제재사례 24](주 103), [법관 비공식제재사례 25](주 114), [검사 비공식제재사례 3](주 60), [검사 비공식제재사례 4](주 61) 등.

191) [법관 비공식제재사례 6](주 43), [법관 비공식제재사례 7](주 45), [검사 비공식제재사례 1](주 51, 143) 등.

192) [법관 비공식제재사례 3](주 29), [법관 비공식제재사례 4](주 30), [법관 비공식제재사례 12](주 58) 등.

193) 주 190의 여러 사례들.

194) 검사가 사기죄 위반사건의 담당 수사관에게 사건을 내사 종결하도록 청탁하였다는 의혹을 받았으나 징계시효가 도과하여 징계절차를 개시하지는 못하였다. 법률신문 2007. 2. 21. "사건청탁 의혹 K검사장 인사 불이익 권고 — 법무부 감찰위원회 법무부장관에게"; 법률신문 2008. 10. 31. "사건청탁의혹 검사장, 고검 검사로 인사조치는 적법".

익을 가할 수 없다. … 이 사건 인사발령처분은 징계나 탄핵 이외의 방법으로 불이익을 가하는 처분으로서 위법하다"고 주장하였으나, 법원은 "인사재량권의 범위내에서라면 징계시효가 도과된 사유라 하더라도 언제나 전보처분의 사유로 삼을 수 없는 것은 아니고 다만 그 전보처분이 재량권을 일탈·남용한 경우에는 위법하게 되는 것에 불과하다"고 판시하였다(서울행정법원 2008. 10. 21. 선고 2007구합 19447 판결).

대법원 2010. 2. 11. 선고 2009두16350 판결의 법리를 법관에게도 그대로 적용할 수 있는가는 별도로 검토할 필요가 있다. 검사의 신분은 법률로 보장되고 있고 그 내용도 "징계처분에 의하지 아니하면 파면·정직 또는 감봉의 처분을 받지 아니"하므로(검찰청법 제37조) 법률로 부여받은 권한(인사권)에 근거하여 파면·정직·감봉이 아닌 다른 형태의 불이익처분을 할 수 있는 여지가 있다. 그러나 헌법 제106조 제1항에서 법관은 탄핵 또는 금고 이상의 형의 선고에 의하지 아니하고는 파면되지 않고 징계처분에 의하지 아니하고는 정직·감봉 기타 불리한 처분을 받지 않도록 법관의 신분을 보장하고 있으므로 법률에 근거한 인사권의 행사로도 다른 불리한 처분을 할 수는 없다. 결국 전보 기타 인사상 불이익이 헌법 제106조 제1항의 불리한 처분에 해당하는지 여부가 문제될 것이다.

이와 관련하여 법관이 전보명령에 대하여 헌법소원을 제기하였으나 보충성의 원칙에 따라 법률에 정한 구제절차를 거치지 아니하였다고 심판청구가 각하된 사례가 있다(헌법재판소 1993. 12. 23. 92헌마247 결정). 이 사건의 반대의견은 보충성의 원칙에 대한 예외를 인정하여야 한다고 보고 본안에 관하여 헌법 제106조의 불리한 처분에는 "법관의 의사에 반하는 전보처분"도 당연히 포함된다고 본 후, 객관적·합리적인 이유에서가 아니라 대법원장에게 잘못 보여 전보발령된 것이라면 인사권의 남용이고 헌법 제106조에서 보장하는 법관의 신분보장을 침해하는 것이라는 의견을 제시하였다.

독일,195) 프랑스196) 또는 일본197)과는 달리 "법관이 임기 중 그의 의사에 반

---

195) 독일기본법(Grundgesetz) 제97조 제2항 제1문은 전임으로 정규적이고 확정적으로 임명된 법관은 법원의 판결, 법률에 규정된 이유와 방식에 의해서만 그 의사에 반하여 임기 전에 면직되거나 계속적 또는 일시적으로 정직되거나 전보 혹은 퇴직될 수 있는 것으로 규정하고 있고, 이는 묵시적으로 불가동성의 원칙에서 나오는 것으로 보고 있다. Maunz-Dürig, *Grundgesetz: Kommentar*, Band Ⅴ(C.H.Beck, 2001), S. 20.
196) 프랑스 헌법 제64조는 법관의 신분은 법률로 정하도록 하고 아울러 법관은 不可動

하여 퇴직 또는 전보될 수 없다는" 이른바 불가동성(不可動性, Inamovibilität)의 원칙 중 전보에 관하여는 우리 헌법과 법률에 명시하고 있지는 않다.[198] 그러나 헌법상 법관은 징계처분에 의하지 아니하고는 정직·감봉 기타 불리한 처분을 받지 않도록 규정하고 있으므로 법관에 대하여 징계처분에 의하지 않은 불리한 처분을 내려서는 안 될 것이다. 법률상 판사의 보직은 대법원장이 정하도록 되어 있으나(법원조직법 제44조 제1항), 이 법률이 헌법 제106조 제1항을 위반하기 위한 목적이나 방법으로 사용되어서는 안 될 것이다. 정상적인 사법행정의 일환으로서 행하는 보직 이동[199]이라면 불리한 처분이 되지 않을 것이지만, 징계에 갈음하여 제재를 가하기 위하여 행하는 전보라면 불리한 처분이 아니라고 하기 어려울 것이다.[200]

(inamovibles)이라고 규정하였고 이에 근거한 「법관의 신분에 관한 조직법」(Ordonnance n° 58-1270 du 22 décembre 1958 portant loi organique relative au statut de la magistrature) 제4조는 "법관은 不可動이다. 따라서 법관은 그의 동의없이 새로운 보직을 받을 수 없고, 승진의 경우라도 그러하다."고 규정하였다. 불가동성의 원칙은 법관이 정부의 자의에 의하여 파면, 정직, 정년전의 퇴직 또는 전임될 수 없도록 하는 원칙이고 사법의 올바른 운영을 보장하기 위한 것으로 설명된다. 江藤价泰, "フランスにおける裁判官の身分保障・1", 法律時報, 44卷 3号(通卷522号)(1972), 65-66쪽, 小山昇, "フランスにおける裁判官の独立について", 北大法学論集, 第16卷 2·3合併号(1965), 46-52쪽.

197) 일본 재판소법(裁判所法) 제48조는 "재판관은 공적 탄핵 또는 국민의 심사에 관한 법률에 의한 경우 및 따로 법률이 정하는 바에 따라 심신의 고장 때문에 직무를 행할 수 없다고 재판된 경우를 제외하고는 그 의사에 반하여 면관(免官)·전관(轉官)·전소(轉所)·직무의 정지 또는 보수의 감액을 받지 아니한다"고 규정하고 있다. 일본에서도 법관의 임지 이동의 필요성은 인정하고 이동이 이루어지지만, 이 조항에 따라 법관의 동의하에 행하고 있다. 裁判官の人事評価の在り方に関する研究会報告書案(改訂版), 6쪽. http://www.courts.go.jp/saikosai/vcms_lf/81003002.pdf. 임지 이동에 관한 사법행정당국자와 법관과의 구체적인 협의과정은 潮見俊隆, 앞의 논문(주 188), 4-5쪽. 참고로 우리나라 헌법과는 달리 일본 헌법(제78조)은 "재판관은 재판에 의하여 심신의 고장을 이유로 직무를 행할 수 없다고 결정된 경우를 제외하고는 공적 탄핵에 의하지 아니하면 파면되지 아니한다. 재판관의 징계처분은 행정기관이 이를 행할 수 없다"고만 규정하고 있다.

198) 베니스위원회의 "사법의 독립에 관한 보고서(Report on the Independence of the Judicial System Part I: The Independence of Judges)" 제43항은 베니스위원회가 이 원칙을 헌법에 두는 것을 일관성 있게 지지해 왔고 법관의 의지에 반하는 전보는 예외적인 경우에 한해 허용될 수 있다는 입장을 표시하였다. http://www.venice.coe.int/webforms/documents/?pdf=CDL(2010)006-e. 이에 관한 국내문헌으로는 한부환, "베니스위원회에서 채택한 사법독립의 기준: 법관의 독립에 대하여", 통일과 법률, 제11호(법무부, 2012), 1-24쪽.

199) 和田英夫, "裁判官の身分保障と人事", 法律時報, 43卷 3号(通卷507号)(1971), 16쪽은 법관의 사무량의 차이, 독선과 매너리즘의 방지 등을 위하여 법관 인사가 필요함을 인정하지만, 사법행정으로서의 법관 인사는 헌법에 대한 충성을 기준으로 해야 한다고 주장한다.

200) 일찍이 정덕장, 앞의 책(주 185), 218쪽은 "인사교류라는 명목으로 전직 또는 보직변경이 남용된다거나(이른바 좌천) 재판결과에 대한 보복의 수단으로 이러한 인사조치를 한다

3.1.3. 제재로서의 전보조치의 문제점

전보가 적법하다고 하더라도 문제를 일으킨 법관·검사에게 성질이 다른 직무를 수행하도록 하는 것이 아니라 근무지를 변경하는 데 그치는 내용의 전보가 적절한 조치인지는 사법서비스를 제공받는 국민의 관점에서 다시 생각해 볼 필요가 있다. 다른 지역으로 이동시키는 전보 조치를 취하는 이유에 대하여는 통상 "논란이 불거진 상태에서 계속 해당 법원에 근무하는 게 부적절하다"201)거나 "관할 지역 재판을 더 이상 진행할 수 없다"202)는 판단에 따른 것으로 보도되고 있다. 이는 당해 법관·검사가 종전 근무지에서는 주민들의 신뢰를 받을 수 없어서 법관·검사로서의 직무수행을 하기 적합하지 않다는 판단이라고 볼 수 있다. 종전 근무지에서 주민의 신뢰가 추락하여 법관·검사로서의 직무수행의 적격성이 부족하게 되었는데 새로운 근무지에서는 그 적격성이 충분하게 되는 것인지 의문이다. 새로운 근무지 주민들이 충분한 정보를 가지고 있지 못하여 신뢰추락 사태가 발생하지 않거나 발생이 지연될 수는 있을 것이다. 그러나 충분한 정보제공이 되어 있지 않은 것을 이용하여 다른 근무지에서 근무하도록 하는 것은 새로운 근무지 주민들에게 적격성이 떨어지는 법관·검사에 의한 사법서비스를 수용하라는 셈이 된다. 특히 위와 같은 판단과 더불어 근무지 변경에 따른 불이익(서울 등 대도시 근무를 선호하는 데 따라 중소 시·군으로 전보되면 이른바 좌천이라고 보는 관점에서의 불이익)을 가한다는 의도로 전보를 행한다면 중소 시·군의 주민들에게 상대적으로 낮은 질의 사법서비스를 제공해도 무방하다는 생각이 근저에 자리잡고 있는 것 아닌가 하는 우려가 있다.

면 그것은 불리한 처분에 해당한다"고 보았고, 이시윤, "한국법관의 신분보장과 그 허구", 고시계, 제38권 제11호(1995. 11), 12쪽도 "징계처분에 의하지 않고는 의사에 반하는 전근, 즉 좌천을 당하지 않는다는 것이 헌법의 취지이지만, 헌법대로 법관징계법에서 좌천을 징계처분에 포함시키지 아니함으로써 좌천은 인사권자의 재량사항으로 보이게 하였으며, 그것이 관행화되어 있다. 둔화된 헌법감각 때문에 이를 문제삼는 사람도 없거니와 그 정도는 인사권자의 몫인 것으로 사회통념상 양해되어 있기도 하다."고 신랄하게 비판하였으나 이 문제가 시정된 것 같지는 않다.

201) 국민일보 2003. 3. 7. "영장기각 판사 — 변호사 골프치고 술자리…검찰 내사"에 보도된 대법원 관계자의 말.
202) 국민일보 2004. 2. 7. "판사들 왜 이러나?… 룸살롱 향응 받아 좌천·자신 조사하던 경찰 폭력 휘둘러"에 보도된 대법원 관계자의 말.

3.1.4. 비공식제재 법제화의 필요성

법관·검사에게 비리·품위손상 등의 문제가 발생하였어도 징계시효가 도과하는 등 징계절차를 활용할 수 없는 경우에는 부득이 비공식적인 제재수단의 활용을 생각하지 않을 수 없다. 징계절차를 개시할 수 있는 경우에도 때로는 비공식적인 제재수단을 활용할 필요가 있는 경우도 있다. 가장 전형적인 예가 가장 가벼운 징계인 견책에도 해당하지 않을 정도의 경미한 사항인 경우이다. 그 이외의 경우 공식적인 징계절차를 거치지 않고 비공식적 제재수단을 활용하기 위해서는 사법의 독립성과 공정성 및 사법에 대한 국민의 신뢰를 유지하거나 증진하는 데 비공식적 제재수단의 활용이 공식적인 징계보다 더 적합한 경우에 한해야 할 것이다. 이른바 '제 식구 감싸기'를 위한 수단으로 활용해서는 안 된다.

현행 징계제도하에서는 비공식제재는 공시되지 않고 전보 등 인사조치는 인사권자의 재량의 일부로서 행사되는 것이라는 점에서 투명성이 떨어지고,[203] 위 Ⅳ.3.1.3.에서 지적한 바와 같이 특히 근무지를 변경하는 전보는 新근무지 주민에게 설득력이 떨어진다. 법률에 비공식제재에 관한 근거조항을 두는 것이 바람직할 것이다. 즉 비공식제재의 종류(예컨대, 사직권유, 전보, 주의, 조언 등), 비공식제재를 적용하기 위한 개괄적인 기준(예컨대, 위에서 언급한 ① 징계시효 도과 등 징계절차를 활용할 수 없는 경우, ② 징계처분을 하기에 경미한 사항인 경우, ③ 사법의 독립성·공정성 및 국민의 신뢰유지의 관점에서 비공식적 제재가 적합한 경우) 및 이를 적용할지 여부를 결정할 권한을 누가 가지는지를 법률에 명시하는 것이 바람직하다.[204] 법

---

203) 미국 연방법원 법관에 대한 비공식제재에 대하여도 같은 지적이 되고 있다. Geyh, 앞의 논문(주 3), p. 246.

204) 법관에 대한 징계 또는 경고여부에 대하여 대법원 공직자윤리위원회가 권고하고 있어 (대법원공직자윤리위원회의 권한에 관한 규칙 제2조 제5호, 제6호), 어느 정도 객관성을 확보할 수 있는 장치를 마련하고 있다고 볼 여지도 있다. 그러나 징계 이외의 다른 종류의 제재에 관한 근거와 결정권한을 보다 명확하게 법률에 근거를 두도록 하는 것이 바람직할 것이다. 영국 2005년 헌정개혁법(Constitutional Reform Act 2005) 제108조 제3항은 "대법원장이 법관에게 징계목적으로 공식적인 조언, 또는 공식적인 경고 또는 견책을 할 수 있다(그러나 이 조항으로 인하여 대법원장이 비공식적으로 또는 다른 목적으로 할 수 있는 행위 또는 조언 또는 경고를 특정한 법관에게 대하여 행하지 않으면서 할 수 있는 행위를 제한하지 않는다)"라고 규정하고 있다. 영국의 법관행위조사청(Judicial Conduct Investigation Office)은 공식 제재(공식주의, 경고, 견책, 해임)와 비공식제재(비공식지도, 사직)를 모두 발표하고 있다. Office for Judicial Complaints, *Annual Report 2012－13*, pp. 5-6. http://judicialconduct.judiciary.gov.uk/ reports-and-publications.htm.

관·검사의 비리 발생시 어떠한 제재를 할 것인지를 포함하여 징계제도의 설정과 운영은 사법제도의 공정한 운영 및 이에 대한 신뢰의 회복205)과 증진의 관점에서 행하여져야 한다. 이러한 관점에서 볼 때 비공식제재를 행할 것인지 아니면 징계를 할 것인지는 외부인사가 참여하는 징계위원회에서 결정하도록 하는 것이 국민들에게 설득력이 있을 것이다.

검사에 대하여는 대검찰청예규인 「검찰공무원의 범죄 및 비위 처리지침」으로 경고(서면), 주의(구두), 인사조치(근무처 또는 보직의 변경)의 세 가지 신분상 조치를 규정하고(동 지침 제4조 제2항), 각급청의 장이 사안의 경중에 따라 징계 등 신분에 관한 조치를 취하도록 함으로써 징계와 비공식제재의 구별에 대한 판단을 하도록 하였다(동 지침 제4조 제1항). 사안의 경중에 따른 징계여부의 판단을 각급청의 장에게 맡기는 경우 이른바 '제 식구 감싸기'의 폐해가 발생할 우려가 있다. 징계와 징계가 아닌 신분상 조치 사이에서 어떠한 조치를 취할 것인지에 대한 판단도 검사 이외의 일반인이 참여하는 징계위원회에서 결정하도록 하는 편이 징계 이외의 다른 조치에 대한 신뢰도를 높이는 방안이 될 것이다.

3.2. 징계의 실효성
3.2.1. 징계와 법관·검사직의 유지 여부

법관은 탄핵 또는 금고 이상의 형의 선고에 의하지 아니하고는 파면되지 않는다(헌법 제106조 제1항, 법원조직법 제46조 제1항). 그동안 법관이 탄핵된 사례는 없다. 이는 아마도 탄핵사유를 "직무집행에서 헌법이나 법률을 위반한 경우"로 한정하고 있기(헌법재판소법 제48조) 때문인 것으로 보인다.206) 단순히 현저한 근무

---

205) 최근 여러 여론 조사에서 법조계에 대한 신뢰가 낮아져 있음이 보고되고 있다. 2007년 법조계에 대한 신뢰도 조사에 의하면 "모두 대체로 신뢰한다"는 답이 20.5%, "법원을 가장 신뢰한다"는 답이 16.8%, "검찰을 가장 신뢰한다"는 답이 3.6%이고 "모두 신뢰하지 않는다"는 답이 56%에 이르는 것으로 나타났다. 한국일보 2007. 4. 22. "국민 법조신뢰도 더 낮아졌다". 또한 시사저널 제1032호(2009. 7. 29), "국내 언론 최초 직업 신뢰도 조사 간호사, 환경미화원, 직업운동선수, 의사가 2~5위 33개 직업군 대상…가장 신뢰하지 않는 직업은 '정치인'"에 따르면 법관은 14위, 검사는 21위에 올라 있고, 닐슨코리아의 2010년 조사에 의하면 직업별 사회적 신뢰도에서 의사·회계사·변호사가 5.1점을 받은 반면 검사는 4.2점에 그쳤다. 닐슨코리아 보도자료(2010. 10), "우리나라 국민, 교사(5.7점) 신뢰하고 국회의원 불신(2.4점)".
206) 일본의 裁判官彈劾法 제2조는 "직무상 의무를 현저히 위반하거나 또는 직무를 심히 해태한 때"와 "직무의 내외를 불문하고 재판관으로서의 위신을 현저하게 떨어뜨릴 비행이

불량이나 현저한 품위손상으로 법관직을 박탈할 수는 없다. 다만, 법관이 중대한 심신상의 장해로 직무를 수행할 수 없을 때에는 퇴직을 명할 수 있고(법원조직법 제47조), 근무성적이 현저하게 불량하거나 품위유지가 현저하게 곤란한 경우에는 법관의 10년 임기 종료 후 재임용을 거부할 수 있을 뿐이다(법원조직법 제45조의2 제2항). 근무성적 불량과 품위손상에도 불구하고 10년의 임기를 매우 강력하게 보장해 주고 있으므로, 신규임용 또는 재임용한다면 적격성이 부족한 것으로 판정될 사람이 계속 법관직을 유지하게 된다. 이렇게 임기가 강력하게 보장된 법제하에서는 징계제도를 적극적으로 활용하여 법관의 적격성에 대한 정보를 국민들에게 제공할 필요가 있다. 법관임기를 엄격히 보장하는 현행법 아래서 현저한 근무성적 불량이나 현저한 품위손상으로 법관으로서의 적격성을 상실한 사람이 법관직을 계속 맡는 것을 방지하는 장치는 재임용 제도와 징계 후 자발적인 사직의 절차를 거치는 방안밖에 없다.

법관징계법상 징계에는 정직·감봉·견책의 세 가지 종류가 있다(법관징계법 제3조). 파면의 경우에는 파면처분 후 5년간 변호사 등록자격이 상실되므로(변호사법 제5조 제4호) 법관직으로부터 떠나도록 할 뿐 아니라 그 이후 변호사 활동을 제한하는 효과가 있는 데 반하여 정직 등 기타 징계처분에는 이러한 효과가 없다. 법관에 대한 징계 중 정직처분이 52%이고 나머지가 감봉과 견책이다(〈표 13〉). 파면이외에는 가장 중한 처분인 정직처분을 받은 10명의 법관 중 7명이 1년 이내에 사직한 것으로 나타났다(〈표 13〉). 법관징계법상 가장 중한 징계인 정직처분을 받은 법관이 계속 법관으로 재직하는 것은 바람직하지 않다는 무언의 압박이 있다고도 할 수 있겠다. 정직처분에 대하여 이러한 분위기가 있다면 법관에 대한 정직처분은 실질적으로 검사에 대한 면직처분에 근접하는 정도의 제재였다고 볼 수 있었다. 그러나 2014. 5. 20. 변호사법 개정으로 면직처분을 받은 경우에는 변호사 자격을 2년간 상실한다는 점에서 법관에 대한 정직처분 후 사직은 검사의 면직보다는 제재 효과가 약한 것으로 남게 되었다.

검사징계법상 징계는 해임, 면직, 정직, 감봉, 견책의 5단계로 되어 있다. 법관과는 달리 검사의 경우에는 검사직을 박탈하는 징계처분으로 해임과 면직이 있다. 해임된 검사는 3년간 변호사 자격이 없으나 최근 변호사법이 개정되기 이전

있는 때"를 법관 파면사유로 규정하여, 법관을 탄핵할 수 있는 범위를 넓히고 실제로 9건의 탄핵소추와 7건의 파면이 행하여졌다(주 14).

까지는 면직은 그렇지 않았다.207) 그동안 해임처분이 3건(7%), 면직처분이 10건
(24%)208)이 있었다(〈표 14〉). 면직은 변호사 자격이 자동적으로 제한되지 않는다는
점에서 활발하게 이용되어 온 것으로 보인다. 최근의 변호사법 개정으로 면직처
분에 대하여도 2년간 변호사 자격이 없도록 된 이후에도 종전과 같이 면직이 활
발하게 이용될지는 두고 볼 필요가 있다. 법관과는 달리 검사의 경우에는 정직처
분을 받은 6명의 검사 중 1명만이 1년 이내에 사직하였다(〈표 14〉).

〈표 13〉 징계처분 받은 법관의 사직

	정직	감봉	견책
징계처분 받은 법관수 (전체 징계건수 중 비율)	10 (52%)	4 (21%)	5 (26%)
징계처분후 1년 이내 사직(주1)	7	1	1

주1: 사직시점은 공개되지 않아 로앤비에 나타난 변호사개업일을 기준으로 정리하였음.

〈표 14〉 징계처분 받은 검사의 사직

	해임	면직	정직	감봉	견책
징계처분 받은 검사수(주1) (전체 징계건수 중 비율)	3 (6%)	11 (20%)	8 (15%)	18 (33%)	14 (26%)
징계처분 후 1년 이내 사직(주2)	관계없음	관계없음	1	4	0

주1: 관보에서 확인할 수 있는 징계건수 54건을 기준으로 하였음.
주2: 사직시점은 공개되지 않아 로앤비에 나타난 변호사개업일을 기준으로 정리하였음.

3.2.2. 실효성 강화를 위한 최근의 입법동향

법관·검사에 대한 징계가 과연 징계사유에 해당한 법관·검사에 대한 제재
로서의 실질적인 효과를 가지고, 이를 통하여 간접적으로 법관·검사의 비리를 예
방하는 효과를 가질 수 있도록 최근 두 가지 입법적인 보완책이 채택되었다.

(1) 징계부가금 제도의 도입

징계사유가 금품·향응 수수 또는 공금 횡령·유용인 경우 검사에게 통상의
징계 이외에 수수액·유용액의 5배 이내의 징계부가금(懲戒附加金)을 부과할 수 있

---

207) 징계처분으로 면직된 경우 2년간 변호사가 될 수 없도록 최근 변호사법이 개정되었다
(법률 제12589호, 2014. 5. 20. 일부개정 및 시행).
208) 행정소송으로 그중 6건의 면직처분([검사징계사례 4, 36, 41, 45, 46, 52])이 취소되었고
(다만 [검사징계사례 52]에 대한 면직처분취소는 1심 판결임) 이 중 2건([검사징계사례
45, 46])은 취소판결 후 다시 징계절차를 개시하여 감봉 3월과 감봉 2월의 징계처분이 행
하여졌다(주 54, 55).

도록 최근 검사징계법이 개정되었다(법률 제12585호, 2014. 5. 20. 일부개정 및 시행).
공무원에 대하여는 이미 2010년 국가공무원법 제78조의2로 징계부가금 제도가
도입되었고, 같은 내용의 제도를 검사에게도 적용하려는 것이다. 비리에 대한 집
행의 효과를 높인다는 차원에서나 다른 국가공무원과의 형평의 면에서나 설득력
있는 입법이다.

(2) 변호사 등록거부 사유의 확대

법관·검사가 징계처분을 받고 퇴직한 후 쉽게 변호사 개업을 할 수 없도록
변호사의 결격사유[209]와 변호사 등록거부를 할 수 있는 경우를 확대하는 내용으
로 변호사법이 개정되었다(법률 제12589호, 2014. 5. 20. 일부개정 및 시행). ① 결격사
유에 "징계처분에 의하여 면직된 후 2년이 지나지 아니한 경우"를 추가하고, ②
공무원으로 재직의 위법행위로 인하여 형사소추(과실범 제외) 또는 징계처분을 받
거나 그 위법행위와 관련하여 퇴직한 자에 대하여 변호사등록을 거부하기 위해
현행 변호사법 제8조 제1항 제4호에서 요구되는 "직무 관련성" 요건을 삭제하고
그 경우 1년 이상 2년 이하의 등록금지기간을 정하도록 하는 내용이다.

①의 개정은 특히 검사의 경우 검사직에서 퇴출시킨다는 점에서는 해임과
면직이 마찬가지임에도 불구하고 변호사 등록자격에서는 달리 취급하고 있다는
점을 해소하고자 하는 것이다. 검사도 법조인의 하나로 국가를 위하여 일하는 변
호사라고 할 수도 있기 때문에 검사의 자격이 없다고 판정된 사람에 대하여 변호
사로서의 활동을 제한하는 것은 합리성이 있다.

②의 개정으로 위법행위가 "직무와 관련이 없는 경우"에도 법관·검사 기타
공무원 재직 중의 위법행위로 징계처분을 받거나 위법행위와 관련하여 퇴직한 경
우로서 변호사의 직무수행이 현저히 부적당하다고 인정되는 경우에는 등록심사
위원회의 의결을 거쳐 변호사 등록을 거부할 수 있게 되었다. 법관·검사에 대한
징계는 직무와 관련 없는 사유라고 하더라도 기본적으로 법조의 품위·체면·위신
을 손상시키는 행위를 하였기 때문이고, 품위·체면·위신은 변호사도 지켜야 하
는 것이기 때문에 변호사 등록거부 사유를 "직무와 관련된 위법행위"를 행한 경
우에 한할 것은 아니고, 따라서 ②의 개정도 합리성이 있다. 또한 일률적으로 변

---

209) 개정전 변호사법 제5조 제4호는 "탄핵이나 징계처분에 의하여 파면되거나 이 법에 따라
　　제명된 후 5년이 지나지 아니하거나 징계처분에 의하여 해임된 후 3년이 지나지 아니한
　　자"를 결격자로 규정하고 있었다.

호사 등록을 거부하는 것이 아니라 "현저한 부적당성"에 대한 심사를 거치게 되고 등록금지기간을 1년 이상 2년 이하로 정하도록 하였기 때문에 과도한 규제라고 하기는 어렵다. 오히려 변호사협회가 스스로 변호사의 품위를 유지할 수 있는 장치를 두고 신규 등록하는 경우뿐 아니라 이미 등록한 변호사들에 대하여도 이 장치가 제대로 작동되도록 하는 것은 바람직한 일일 것이다. 또한, 그동안 징계받은 법관·검사가 변호사로 활동하면서 변호사 직무윤리를 얼마나 잘 준수하였는지에 대한 실증적 조사가 이루어진다면 징계 받은 법관·검사의 변호사등록을 어느 범위까지 제한할 것인지를 정하는데 도움이 될 것으로 보인다.

4. 징계절차

4.1. 징계시효

현행 법관징계법·검사징계법상 금품·향응수수 및 공금 횡령·유용은 5년, 기타의 경우에는 3년의 징계시효가 적용된다(법관징계법 제8조, 검사징계법 제25조).[210] 2009. 11. 2. 개정되기 전까지는 징계사유에 관계없이 3년, 2006. 10. 27. 개정 전까지는 2년의 징계시효가 적용되었다.

비공식제재 사례들을 보면 징계시효의 도과로 징계할 수 없었던 경우가 다수 발견된다. 예컨대, 대전법조비리 사건으로 변호사로부터 '떡값'을 받은 법관 중 3명은 징계시효가 지나 징계하지 않고 엄계(嚴戒)하는데 그쳤고,[211] 같은 사건에서 떡값등을 받은 지검장과 4명의 부장검사도 징계시효가 도과하여 인사상 불이익을 주었다.[212] 2006년 법조 브로커 김홍수 사건에서 문제가 제기된 4명의 부장판사도 징계하지 못하고 구두경고 또는 인사상 반영하는 데 그쳤으며,[213] 법관이 2001-2004년 폭력조직 출신 기업가로부터 해외골프 접대를 받은 사실이 2007년에 드러났지만 역시 징계시효가 도과하여 징계하지 못한 상태에서 사직원을 제

---

210) 이는 국가공무원의 경우도 마찬가지다(국가공무원법 제83조의2 제1항).

211) 이 사건에서는 징계시효가 도과한 3명의 법관에 대하여 대법원이 엄계(嚴戒)에 그치고 인사상 불이익을 주지 않아 언론의 비판을 받았다. 동아일보 1999. 2. 20. "[대법원「떡값판사」처리]「제식구 감싸기」式 마무리"; 세계일보 1999. 2. 20. "수임비리 판사2명 사표수리".

212) 한국일보 1999. 2. 2. "금품수수 판·검사 30명... 검사 6명 사표수리".

213) 서울경제신문 2007. 1. 29. "김홍수씨 접대받은 부장판사 4명 '대법 윤리위, 구두경고등 권고'"; 세계일보 2007. 1. 30. "법조비리 연루 판사 4명 인사조치·구두경고 권고".

출하였다[법관 비공식제재사례 31].[214]

최근 국회에서는 의원입법으로 징계시효를 5년으로 상향조정하는 개정안,[215] 금품·향응수수 및 공금 횡령·유용은 10년, 기타의 경우에는 7년으로 상향조정하는 개정안[216] 등이 발의되어 있다. 과거 징계시효 도과로 인하여 징계하지 못한 사례들은 징계시효가 2년 또는 3년으로 짧은 시기에 발생하였고 이제는 금품비리는 5년 기타는 3년으로 되어 있어서 종전보다는 훨씬 개선된 상황이라고 할 수 있다. 전산 및 정보통신의 발달로 시간의 흐름에 따른 증거의 멸실이라는 시효의 논거는 점차 설득력이 약화되고 있고, 결국 기간의 경과에 따른 안정성의 확보와 징계를 통한 사법에 대한 신뢰 및 예방적 효과의 증진을 고려하여 결정하여야 할 것이다. 시효로 인하여 징계하지 못하는 사례가 계속 발생한다면 시효기간 상향조정 주장의 설득력이 더 강해질 것이다.

4.2. 징계위원회

그동안 법관·검사에 대한 징계제도가 제 식구 감싸기의 행태를 보인다는 점 및 이를 개선하기 위하여 징계위원회에 외부인사가 참여하는 비중이 높아야 한다는 점에 대한 지적이 있었다.[217] 이러한 지적을 반영하여 2006년 법관징계법(법률 제8058호, 2006. 10. 27. 일부개정, 2007. 1. 28. 시행)과 검사징계법(법률 제8056호, 2006. 10. 27. 일부개정, 2007. 1. 28. 시행)이 개정되어 위원장 1인을 포함한 7인의 위원 중 3인의 외부인사를 위원으로 선임하도록 하였다. 큰 진전을 이루었다고 할 수 있으나, 아직 법원과 검찰의 내부위원이 과반수를 차지하고 있다는 점에서 변호사징계보다도 자율규제적 성격이 강하다고 할 수 있다.[218] 비공식제재의 빈도와 내

---

214) 동아일보 2007. 2. 9. "판사가 조폭출신 기업인과 골프여행…대법, 사표 수리"; 한국일보 2007. 2. 9. "이번엔 판사가 조폭과 접대골프/최근 사표".

215) 2012. 9. 27. 발의 검사징계법 일부개정법률안(안민석의원 대표발의).

216) 2013. 5. 22. 발의 검사징계법 일부개정법률안(변제일의원 대표발의), 2013. 5. 22. 발의 법관징계법 일부개정법률안(변제일의원 대표발의). 공무원에 대하여도 징계시효를 동일하게 상향조정하는 내용의 법률안도 같이 제출되었다.

217) 사법제도개혁추진위원회, 앞의 책(주 16), 278-279, 281쪽.

218) 변호사징계를 담당하는 대한변호사협회 변호사징계위원회는 전체 위원 9인 중 변호사는 3인에 불과하고, 판사 2인, 검사 2인, 법학교수 1인 기타 경험과 덕망이 있는 사람 1인으로 구성되어 있고(변호사법 제93조 제1항), 변호사징계에 대한 이의신청을 처리하는 법무부 변호사징계위원회는 전체위원 8인 중 변호사는 1인에 불과하고 판사 2인, 검사 2인, 법학교수 및 경험과 덕망이 있는 사람 3인으로 구성되어 있다(변호사법 제94조 제2항).

용에 관한 정보가 충분하지 않은 상태에서는 현행법상 징계위원회 제도가 적정하게 운영되는지 여부를 판단하기 어렵다. 징계위원회의 구성에 외부인사의 비중을 높일 것인지 또는 징계를 담당하는 기구를 더 독립적으로 만들 것인지는 충분한 정보에 기초하여 사법에 대한 국민의 신뢰 증진의 차원에서 검토하여야 할 것이다.

법관·검사가 공식적으로 징계위원회에 회부되는 경우에는 그 결정 내용이 관보에 게재되어 널리 알려지므로 징계위원회가 자율규제적 기능을 적정하게 수행하고 있는지를 최소한 사후적으로 검증할 수 있게 된다. 이러한 점에서 징계절차가 개시된 사건에 대하여는 제식구 감싸기를 크게 우려하지 않아도 되는 상황이 되었다고 할 수 있다. 그러나 징계절차가 개시되지 않고 비공식제재로 종결되는 사례는 공개되지 않는다는 점에서 적정한 결정이 이루어졌는지에 대한 의문이 제기될 수 있다. 비공식제재가 효과적이거나 바람직한 경우도 있을 수 있으므로 비공식제재의 활용 자체를 금해야 하는 것은 아니다. 그러나 비공식제재를 활용할 것인지 아니면 공식적 징계를 할 것인지 여부를 결정하는 것이 중요하고, 특히 그 결정 주체가 중요하다고 할 수 있다. 그 결정도 외부인사가 참여하는 징계위원회가 행하도록 하는 편이 바람직할 것으로 보인다.

V. 결론

이 글은 최근 20년간의 법관과 검사에 대한 징계사례를 공개적으로 입수할 수 있는 범위 내에서 입수하여 검토하였고, 주로 언론보도에 의존하여 비공식제재 사례들도 참고로 검토하였다. 징계사례를 징계사유별로 분류하여 연도별, 징계종류별, 연령별, 경력별로 분포도를 조사하였고, 징계사유의 유형별로 구체적인 내용을 검토하였다. 검토결과를 요약하면 아래와 같다.

① 법관·검사 징계건수는 전체 법관·검사 숫자에 비하면 적은 편이지만 최근 수년간 증가하고 있다. 전체 정원에 대비한 징계건수는 검사의 경우가 법관에 비하여 6배가 된다. 법관·검사 모두 법조경력이 10년 이상인 경우가 전체 징계건수의 1/2을 넘으며, 검사의 경우에는 경력이 짧은 검사가 징계 받은 사례도 상당히 많다. 재판장 또는 수사검사로서 부여된 권한의 차이에 따른 현상으로 보이고, 권한에 상응하는 직업윤리의 확립과 의식강화 노력이 필요하다.

② 징계유형을 보면, 청렴성 관련 사례가 가장 많고 특히 특정사건과 관련 없는 금품·향응 수수의 비중이 높다. 특정사건과 관련 없는 금품·향응 수수에 대한 징계수준은 낮은 편이다. 특정사건과 관련 없는 금품·향응도 법관·검사직에 대하여 제공되는 것이고 부패의 시발점이 될 수 있다는 점에서 방치하여서는 안 된다는 인식이 필요하다. 재판·수사의 공정성에 관한 징계사례는 적은 편이지만 최근 법관의 법정에서의 언행이 문제되는 사례가 증가하여 법관의 편견과 관련한 공정성의 기대수준이 높아짐을 보여주고 있다. 또한 최근 수년간 하급자·직무관계자에 대한 성희롱 관련 사례가 증가하고 있는 것도 주목할 만하다. 담당 사건의 처리시 직무수행상의 과오에 대하여 법관을 징계한 사례가 없어 관대한 입장을 취하고 있는 것으로 보이나 이러한 입장이 설득력이 있는지 의문이다.

③ 징계수준을 보면 법관이 탄핵되어 파면된 사례는 없고 검사에 대한 징계 중 약 1/4이 해임 및 면직이다. 그러나 정직처분을 받은 법관의 2/3 이상이 1년 이내에 사직하였다는 점에서 실질적으로 검사의 면직에 근접하는 효과를 가졌으나 최근의 변호사법 개정으로 면직의 효과보다는 약한 징계로 남게 되었다. 정확히 파악하기는 어려우나 언론보도에만 의존하더라도 징계처분을 하지 않고 비공식제재(사직, 전보, 경고, 주의 등)로 종료된 사례가 많다. 검사에 대한 전보발령 형태의 비공식제재의 적법성은 인정되었으나, 헌법에 규정된 법관의 신분보장에 비추어 동일한 법리를 법관에게 그대로 적용해서는 안 될 것이다. 비공식제재에 대하여도 기준과 결정기관을 법률로 정하는 것이 바람직하다.

④ 법관윤리강령·검사윤리강령상 행동지침으로서의 역할을 하게 되는 조항들을 보완할 필요가 있다. 청렴성에 관한 조항(특히 경제적 이익을 받는 행위를 일반적으로 금지하고 있지 않은 점), 공정성에 관한 조항(특히 일방적 의사소통의 규율이 느슨한 점), 독립성에 관한 조항(특히 다른 법관·검사에 대한 청탁에 대한 규율이 느슨한 점), 직무외 활동에 관한 조항(특히 법관·검사가 타인에 대한 법적 조언·조력을 하는 행위를 원칙적으로 허용하고 있는 점) 등이 개선되어야 할 부분이다. 선거운동과 같은 정치적 활동은 공직선거법에서 허용되는 행위라고 하더라도 법관·검사의 직업윤리상으로는 허용되어서는 안 된다. 법관·검사의 행동지침의 강화는 그 직무의 성질을 반영하고 권한과 신분보장에 대응하는 것이며 사법제도의 공정한 운영과 이에 대한 국민의 신뢰를 구축하기 위한 것이다.

이 글은 관보와 언론보도 등 공개된 자료에 기초하였기 때문에 이 글에서 다론 사례들이 법관·검사의 비리의 대부분인지 아니면 빙산의 일각에 불과한지 알 수 없다. 가장 정확하고 많은 정보를 가지고 있는 법원과 검찰(법무부)이 "법조윤리의 확립을 위해서는 무엇보다도 법관 및 검사의 윤리의식을 고양할 수 있는 방안이 마련되어야 한다"[219]는 점을 더 심각하게 인식하고 이 글에서 제기한 사항들 뿐 아니라 한정된 정보로 인하여 논의하지 못한 사항까지 검토하여 제도의 정비와 그 운영의 개선을 추구할 것을 기대한다.

---

219) 사법제도개혁추진위원회, 앞의 책(주 16), 277쪽.

〈별표 1〉 법관 징계 사례

	처분일자	징계 종류	징계사유	소속(행위시)	직위
[1]	1995.8.24.	감봉 6월	남편의 대구광역시장 선거운동에 관여함.	서울가정법원	판사
[2]	1998.4.7.	정직 10월	변호사로부터 여름 휴가비 명절인사 등 명목으로 6회에 걸쳐 120만원을 수령하고, 2명의 변호사로부터 각 1,700만원, 500만원을 무이자로 차용함.	서울지법 의정부지원	판사
[3]	1998.4.7.	정직 10월	변호사들로부터 20회에 걸쳐 명절인사 또는 사무실운영비 명목으로 840만원을 수령하고, 호텔 내 술집에서 변호사로부터 2회 향응을 제공받음.	서울지법 의정부지원	판사
[4]	1998.4.7.	정직 6월	변호사들로부터 14회에 걸쳐 여름휴가비 또는 명절인사 등 명목으로 330만원을 수령하고, 호텔내 술집에서 변호사로부터 향응을 제공받음.	서울지법 의정부지원	판사
[5]	1998.4.7.	정직 6월	변호사들로부터 10회에 걸쳐 여름휴가비 또는 명절인사 명목으로 210만원을 수령하고, 호텔 내 술집에서 변호사로부터 2회 향응을 제공받음.	서울지법 의정부지원	판사
[6]	1998.4.7.	정직 6월	변호사들로부터 11회에 걸쳐 여름휴가비 또는 명절인사 명목으로 240만원을 수령함.	서울지법 의정부지원	판사
[7]	1998.4.7.	견책	변호사들로부터 6회에 걸쳐 명절인사 등 명목으로 140만원을 수령함.	서울지법 의정부지원	판사
[8]	2004.12.13	견책	경찰서에서 경찰관들을 폭행하여 공무집행방해 등 죄로 벌금 300만원의 약식명령을 받음.	서울남부지법	판사
[9]	2005.9.14.	견책	만취상태에서 택시를 타고 가던 중 고속도로 휴게소에서 택시운전기사가 잠시 하차한 사이에 택시를 10킬로미터 정도 운전함.	청주지법	판사
[10]	2006.7.25.	견책	5일간 잠적하여 4일간(토요일 제외) 무단결근함.	수원지법	판사
[11]	2007.6.7.	정직 10월	1) 친구의 소개로 알게 된 A회사의 주요주주 B로부터 주식 및 경영권양도계약 관련 분쟁에 관한 설명을 듣고 관련 서류를 검토한 사실이 있음에도 불구하고 그 후 B등이 제기한 회계장부등 열람 및 등사 가처분신청사건등 6건의 신청 및 비송사건 재판을 회피하지 아니한 채 진행하고, 각 재판을 전후하여 당사자인 B와 수 회 만나거나 전화통화함. 2) B등이 제기하여 다른 재판부에서 진행 중이던 대표이사등 직무집행정지 가처분신청사건에 관하여 담당 재판장에게 B의 의견을 전달함(그러나 위 신청은 기각됨).	인천지법 부천지원	부장 판사
[12]	2007.10.12.	정직 2월	6개월간 20여 차례에 걸쳐, 사법부 내부통신망에 게시하거나 집단 전자우편으로 보낸 글 및 외부 언론기관에 기고한 글과 인터뷰를 통해, 근거 없이 고등법원 부장판사 보임인사가 위법하다고 주장하면서 이를 이유로 대법원장에 대한 징계 또	서울중앙지법	부장 판사

	처분일자	징계 종류	징계사유	소속(행위시)	직위
			는 탄핵소추를 반복적으로 요구함.		
[13]	2011.10.27.	정직 5월	파산부 재판장으로서 A회사 관리인들에게 개인적으로 특별한 친분관계가 있는 변호사를 선임하도록 권유하고, 친형을 B회사의 감사로 선임하고, C/D회사 관리인으로 하여금 위 변호사를 고문/관리인대리로 선임하도록 하고, E회사의 관리인으로 하여금 고교 동기동창 친구를 고문으로 선임하도록 하고, 위 친구를 C회사의 공동파산관재인으로 선임함.	광주지법	부장 판사
[14]	2012.1.6.	감봉 2월	음주운전하여 정차하고 있던 택시를 들이받아 손괴하고 필요한 조치를 취하지 아니하여 벌금 400만원의 약식명령을 받음.	광주지법	판사
[15]	2012.1.26.	정직 2월	관내 법무법인의 대표 변호사로부터 5차례에 걸쳐 합계 520,966원 상당의 식사 향응을 제공받고, 2차례에 걸쳐 합계 861,000원 상당의 와인 선물을 받음.	부산지법	부장 판사
[16]	2012.2.21.	정직 6월	법원내부통신망에 주심을 담당하였던 소위 2007년 석궁사건에 관한 처음 합의 결과를 밝힘.	창원지법	부장 판사
[17]	2012.11.23.	감봉 6월	택시에 탑승하여 주거지로 가던 중 운전기사가 진로변경 요구에 응하지 않는다는 이유로 택시 핸들을 잡아 흔들고 폭행하여, 벌금 200만원의 약식명령을 받음.	의정부지법 고양지원	판사
[18]	2013.1.11.	견책	피해자를 증인으로 신문하던 중, 피해자가 진술을 자주 번복하여 증인신문 시간이 길어지자 화가 나 피해자에게 "늙으면 빨리 죽어야 돼요"라고 이야기함.	서울동부지법	부장 판사
[19]	2013.4.11.	감봉 2월	피고인에게 배우자의 학력차이를 확인하면서 마약을 먹여서 결혼한 것 아니냐는 취지로 신문하고, 증인에게 비속어가 포함된 예를 들어 신문함.	부산지법 동부지원	부장 판사

〈별표 2〉 검사 징계 사례

	처분일자 (주1)	징계 종류 (주1)	징계사유(주1)	소속 (행위시)	직급
[1]	1998.10.17.	감봉 3월	품위손상		
[2]	1998	견책	품위손상		
[3]	1999	경근신	품위손상		
[4] (주2)	1999.2.4.	면직	검찰총장의 출석명령 불이행, 근무지 무단이탈 및 검찰수뇌부를 비판하는 기자회견	대전고검	고등 검사장
[5]	2000	중근신	직무태만		
[6]	2000	중근신	직무태만		
[7]	2003	중근신	확인할 수 없음.		
[8]	2003	중근신	확인할 수 없음.		
[9]	2003	중근신	확인할 수 없음.		
[10]	2003	중근신	확인할 수 없음.		
[11]	2003	중근신	확인할 수 없음.		
[12]	2003	견책	확인할 수 없음.		
[13]	2003.12.19.	정직 1월	검찰청법 제2조 제3호	대구지검	검사
[14]	2004.1.13.	감봉 3월	검찰청법 제2조 제3호	서울지검 북부지청	검사
[15]	2004.1.13.	감봉 1월	검찰청법 제2조 제3호	대구고검	검사
[16]	2004	중근신	확인할 수 없음.		
[17]	2004	경근신	확인할 수 없음.		
[18]	2004	경근신	확인할 수 없음.		
[19]	2004.7.22.	감봉 2월	검찰청법 제2조 제3호	서울북부 지검	검사
[20]	2006.11.10.	감봉2월	검찰청법 제2조 제3호	창원지검 진주지청	검사
[21]	2007.1.25.	감봉 1월	검찰청법 제2조 제2호	서울동부 지검	검사
[22]	2007.5.25.	감봉 1월	두 차례에 걸쳐 처인 피해자를 폭행하여 약 3주간의 치료를 요하는 턱관절염좌상을 가함.	서울남부 지검	검사
[23]	2007.5.25.	정직 2월	피의자에 대한 배임죄 등 피의사건 수사 중 부적절한 언행을 함.	서울동부 지검	검사
[24]	2007.5.25.	견책	부장검사로서 소속 검사에 대한 지휘·감독을 소홀히 하고, '자체첩보 접수·처리부' 등재를 소홀히 함.	서울동부 지검	부장 검사
[25]	2007.6.28.	면직	○○○의 출입국 내역을 조회하는 등 형사사법정보를 사적으로 사용하고, 언론에 징계혐의자가 ○○○에게 수사기밀이나 反○○○단체 회원의 출입국 관련 자료를 넘겼다는 고발이 들어왔다는 취지로 보도됨.	서울북부 지검	검사
[26]	2007.12.10.	감봉 2월	○○○이 고리사채업을 하는 것으로 추측하면서도 동인에게 1억원을 투자금으로 맡기고, 매월 250만원씩 합계 8,000만원을 이익배당금으로 교	대구지검	검사

	처분일자 (주1)	징계 종류 (주1)	징계사유(주1)	소속 (행위시)	직급
			부받음. 재산변동사항 신고시 ㅇㅇㅇ에게 1억원을 빌려주고 이자로 매월 100만원씩을 받기로 한 것처럼 축소 신고함.		
[27]	2008.3.5.	견책	A회사의 실질적 대표 B에 대하여 폭력행위등 사건으로 직접 구속지휘를 한 바가 있어 동인과의 교류가 매우 부적절하다는 것을 알 수 있었음에도 불구하고, 1) 미국유학을 떠나기 전날 B의 사무실로 직접 찾아가 만나고, 2) A의 경리로 근무했던 징계혐의자의 이종사촌 누나와 B간의 분쟁이 형사사건화될 것이 예상됨에도 양쪽 당사자들을 차례로 만나 사건화하지 말도록 말하는 등 각 부적절하게 처신함.	서울중앙 지검	검사
[28]	2009.1.8.	해임	(주)ㅇㅇㅇㅇ건설 대표ㅇㅇㅇ로부터 법인카드를 교부받아 38개월간 총 9,766만원 상당을 사용함.	여주지청 강릉지청	지청장
[29]	2009.9.18.	견책	2심 판결문을 확인하지 않은 채 실효지휘서에 첨부된 1심 판결문만 검토한 후 만연히 집행유예 실효지휘를 함으로써 157일(노역장유치 감안하면 37일)간 불법 구금되게 함.	인천지검	검사
[30]	2009.9.21.	견책	밀항단속법위반죄의 기수시기를 잘못 인식한 나머지 집행유예 실효지휘를 하여 48일간 불법 구금되게 함.	수원지검 안산지청	검사
[31]	2009.9.22.	정직 3월	1) 같은 부 소속 검사가 수사중인 사건의 고소인 측 지인과 골프회동하고, 그 비용 315,125원을 그가 대납토록 함. 2) ㅇㅇㅇ철도회사 지사장 등과 골프회동하고, 그 비용 309,375원을 그가 대납토록 함. 3) 자신의 검사실에서 직접 지도받던 초임검사로부터 주식투자금 등 명목으로 3차례에 걸쳐 2억 3천만원을 빌렸다가 원금 1억원을 변제한 후, 주가하락으로 변제하지 못하다가 2009. 3. 10.경 원금 8천만원 및 그동안의 이자 700만원을 변제하고 징계청구시까지 5천만원을 변제하지 아니함.	서울서부 지검	부부장 검사
[32]	2009.9.22.	감봉 3월	1) ㅇㅇㅇ가 사기죄 등 처벌받은 전력이 있을 뿐 아니라, 계속 사기범행을 저지르고 있다는 사실을 인식하고 있으면서도 그로부터 5회에 걸쳐 식당 및 유흥주점에서 215만원 상당의 향응을 수수하고, 2) 범죄경력조회서 등을 통해 사면여부를 제대로 확인하지 않은 채 실효지휘서에 첨부된 판결문만 검토한 후 만연히 집행유예 실효지휘를 함으로써 13일간 불법 구금되게 함.	서울중앙 지검	검사
[33]	2009.10.9.	감봉 3월	베트남 호치민시 공항에서 함께 출장을 갔던 수행검사로부터 동인이 ㅇㅇ그룹 ㅇㅇㅇ회장의 지시를 받은 ㅇㅇ그룹 계열사 전무로부터 여행경비 명목으로 수령한 미화 5,000불이 든 봉투를 ㅇㅇㅇ에게 반환한다는 명목으로 교부받아 소지함.	대검찰청	검사장
[34]	2009.10.9.	정직	ㅇㅇ그룹 ㅇㅇㅇ 회장과 함께 골프를 치고 나서	서울중앙	부장

	처분일자 (주1)	징계 종류 (주1)	징계사유(주1)	소속 (행위시)	직급
(주3)		6월	미화 5,000불을 교부받고, ○○○로부터 수사 중인 정치자금법위반 사건과 관련하여 선처 받을 수 있게 해 달라는 취지의 청탁전화를 받은 다음, 골프장 락카에서 만난 ○○○로부터 미화 5,000불을 수수함.	지검	검사
[35]	2010.7.8.	면직	이른바 스폰서검사 사건 - ○○○로부터 1인당 13만원 상당의 향응을 제공받았음. ○○○의 메모지 사본등에 징계대상자 및 일부 소속검사들에 대한 향응제공 내역이 기재되어 있다는 보고를 받은 후 및 ○○○로부터 검사에 대한 향응제공과 언론폭로에 대한 협박을 수차례 받고도 이에 대한 철저한 수사를 지시하거나 검찰총장 등에게 보고하지 않았음. △△△로부터 ○○○에 대한 구속집행정지등 선처를 부탁받고, 담당검사에게 그 요구를 수용해달라고 부탁하고, 차장검사에게 수사템포를 늦추어 줄 것을 부탁하고, 수사담당검사에게 내사상황을 보고받는 등 사적인 목적으로 소속검사의 수사에 관여함.	부산지검	검사장
[36] (주4)	2010.7.8.	면직	이른바 스폰서 검사사건 - ○○○로부터 1인당 123만원 상당의 향응 및 금품을 제공받았음. ○○○를 대리한 ▽▽▽가 작성한 검사들의 향응제공 내역이 기재된 고소장 및 진정서를 접수하고도 검찰총장에게 보고하지 아니함.	창원지검	차장 검사
[37]	2011.4.4.	정직 3월	이른바 스폰서 검사 사건 1) 1인당 23만원 상당의 향응 및 1인당 35만원 상당의 향응을 제공받고, 2) ○○○의 형사사건에 대한 수사지휘검사에게 '당사자가 억울하다 하니 기록을 잘 살펴달라' 고 하여 다른 검사가 취급하는 사건에 관하여 청탁함.	부산지검	부장 검사
[38]	2011.4.4.	감봉 2월	이른바 스폰서검사 사건 1) 1인당 15만원 상당의 향응 및 20만원 내지 30만원 상당의 향응을 제공받음. 2) 부산지검 공판부 검사들에 대한 향응 접대내역이 기재된 고소장을 배당받고도 재배당요청을 하지 아니하고 조사없이 각하처분함.	부산지검	검사
[39]	2011.4.4.	감봉 1월	이른바 스폰서검사 사건 1) 1인당 8만원 상당의 향응을 제공받음. 2) ○○○의 형사사건에 대한 수사지휘검사 2명에게 전화를 걸어 '당사자가 억울하다고 하니 기록을 잘 살펴봐 달라'고 말하여 다른 검사가 취급하는 사건에 관하여 청탁함.	부산고검	검사
[40]	2011.3.18.	견책	호프집에서 신임검사 교육에 참석한 검사들과 회식중 술에 취해 여자 검사 2명에게 뽀뽀해 달라고 말함.	법무 연수원	검사
[41] (주5)	2011.10.27.	면직	민주노동당, 열린우리당에 가입하여 검사로 임용된 후 2011. 6.까지 당원신분을 보유함.	부산지검 동부지청	검사
[42]	2011.10.27.	면직	노래방에서 검사직무대리 실무수습 중인 사람과	광주지검	검사

	처분일자 (주1)	징계 종류 (주1)	징계사유(주1)	소속 (행위시)	직급
			술을 마시던 중 강제로 부적절한 신체접촉을 함.	장흥지청	
[43]	2011.10.27.	감봉 2월	노래방에서 검사직무대리 실무수습 중인 사람들에게 블루스를 추자고 함.	청주지검	부장 검사
[44]	2011.10.25.	견책	고양시 일산동구 일대에서 음주운전함.	의정부지검 고양지청	검사
[45] (주6)	2012.4.26.	면직	유흥주점 출입 15회, 변호사와의 사적접촉 및 변호사로부터 85만원 상당의 향응 수수등	울산지검 포항지청	검사
[46] (주7)	2012.4.26.	면직	유흥주점 출입 20회, 변호사 사적 접촉 및 변호사로부터 74만원 상당의 향응 수수등	울산지검 포항지청	검사
[47]	2012.4.26.	정직 3월	저녁식사 자리에서 여기자 등에게 부적절한 언행을 함.	서울남부 지검	부장 검사
[48]	2012.10.25.	감봉 2월	3회에 걸쳐 술에 만취된 상태에서 폭행 등 부적절한 행동을 함.	수원지검 안산지청	검사
[49] (주8)	2013.2.15.	해임	수회에 걸쳐 뇌물등 명목으로 8억 8,400만원 상당의 금품을 수수함.	부산지검 서울중앙 지검등	부장 검사
[50] (주9)	2013.2.15.	해임	수습검사 근무 중 자신이 수사중인 피의자와 수회 성관계를 함.	서울동부 지검	검사
[51] (주10)	2013.2.15.	면직	자신이 수사 중인 사건의 피의자에게 특정 변호사를 소개하여 선임하도록 알선함.	서울중앙 지검	검사
[52] (주11)	2013.2.15.	정직 4월	다른 검사에게 재배당된 공판사건에 무단으로 관여함.	서울중앙 지검	검사
[53]	2013.6.26.	면직	사건관계인으로부터 향응수수, 유흥주점 및 모텔출입 장면이 동영상 촬영됨.	광주지검	검사
[54]	2013.6.26.	면직	근무하던 검찰청 내 다른 검사실에서 수사중인 피의자로부터 7회, 약 234만원 상당 골프 접대를 받아 향응 수수함.	전주지검	검사
[55]	2013.6.26.	감봉 6월	성추문 검사 사건 관련 여성의 사진 파일을 생성하여 결과적으로 실무관이 사진 파일을 외부 유출하게 됨.	의정부 지검	검사
[56]	2013.6.26.	감봉 6월	성추문 검사 사건 관련 여성의 사진 파일을 생성하고 내부 전송함.	부천지청	검사
[57]	2013.6.19.	견책	성추문 검사 사건 관련하여 무단으로 사건을 검색하고, 전산수사자료표를 열람함.	서울북부 지검	검사
[58]	2013.6.21.	견책	성추문 검사 사건 관련하여 무단으로 사건을 검색하고, 전산수사자료표를 열람함.	의정부 지검	검사
[59]	2013.6.24.	견책	성추문 검사 사건 관련하여 무단으로 사건을 검색하고, 전산수사자료표를 열람함.	의정부 지검	검사
[60]	2013.6.26.	견책	노래방 회식 중 법원 국선전담 여성 변호사의 배를 만짐.	서울중앙 지검	검사
[61]	2013.9.26.	감봉 2월	혈중알콜농도 0.146%의 술에 취한 상태로 승용차를 운전하던 중 전방에 신호 대기중인 차량을 들이받아 피해자 3명에게 각각 3주, 2주의 상해를 입게 함.	대전지검	부장 검사
[62]	2013.9.17.	견책	정기재산변동신고시 순누락금액 약 3억원의 재산을 중대한 과실로 잘못 신고함.	서울고검	검사

	처분일자 (주1)	징계 종류 (주1)	징계사유(주1)	소속 (행위시)	직급
[63]	2013.12.30.	정직 1월	지검장의 지시를 위반하여 국정원 직원에 대한 구속영장과 압수수색영장을 청구·집행하고 국정원장에 대한 공소장변경신청함. 정기재산신고시 약 5억원의 재산을 중대한 과실로 잘못 신고함.	수원지검 여주지청	지청장
[64]	2013.12.30.	감봉 1월	지검장의 지시를 위반하여 국정원 직원에 대한 구속영장과 압수수색영장을 청구, 집행하고 국정원장에 대한 공소장변경 신청함.	서울지검	부장 검사
[65]	2014.2.3.	견책	음주운전	제주지검	검사
[66]	2014.2.4.	견책	정기재산신고시 순누락금액 약 23억원의 재산을 중대한 과실로 잘못 신고함.	인천지검	부부장 검사
[67]	2014.2.4.	견책	뇌물수수죄에 대한 필요적 벌금병과 구형을 누락함.	광주지검 순천지청	검사
[68]	2014.2.10.	감봉 1월	검사실 회식중 검사직무대리 실무수습중인 사람에 대한 부적절한 신체접촉	청주지검 제천지청	검사

주1: 2004년까지의 징계사례 중 처분일자를 기재하지 않은 건들은 서울행정법원 2006. 11. 28. 선고 2006구합27298 판결과 국회 법제사법위원회 "검사징계법 일부개정법률안 검토보고서"(2006. 4)에 근거하여 존재를 확인한 것임. 구체적인 징계처분일과 징계사유를 확인할 수 없었음. 또한 2007. 1.까지는 관보에 게재된 징계사유가 간단하여 구체적인 내용을 확인할 수 없었음.

주2: 면직처분 취소됨(서울고등법원 2000. 8. 22. 선고 99누13699 판결, 대법원 2001. 8. 24. 선고 2000두7704 판결(상고기각)}

주3: 알선수재에 대하여 유죄판결이 선고됨(대법원 2010.6.10. 선고 2010도1382 판결)

주4: 면직처분 취소됨(서울행정법원 2011. 7. 6. 선고 2010구합36596 판결, 서울고등법원 2012. 2. 3. 선고 2011누24950 판결).

주5: 면직처분 취소됨(서울행정법원 2012. 7. 5. 선고 2011구합41649 판결, 서울고등법원 2012. 12. 14. 선고 2012누22289 판결(항소기각), 대법원 2012. 4. 11. 선고 2012두444 판결(심리불속행 기각)}.

주6: 면직처분 취소됨(서울행정법원 2013. 2. 8. 선고 2012구합19847 판결, 서울고등법원 2013. 9. 13. 선고 2013누7416 판결(항소기각), 대법원 2014. 1. 23. 선고 2013두21649 판결(심리불속행 기각)}. 이후 다시 징계절차를 진행하여 변호사로부터 4회에 걸쳐 85만원 상당의 향응을 수수하였음을 징계사유로 하여 2014. 5. 15. 감봉 3월의 징계처분이 행하여짐(법무부공고 제2014-106호 2014. 5. 20).

주7: 면직처분 취소됨(서울행정법원 2013. 2. 7. 선고 2012구합17384 판결, 서울고등법원 2013. 10. 10. 선고 2013누7690 판결(항소기각), 대법원 2014. 1. 24. 선고 2013두22468 판결(심리불속행 기각)}. 이후 다시 징계절차를 진행하여 변호사로부터 3회에 걸쳐 35만원 상당의 향응을 수수하였음을 징계사유로 하여 2014. 5. 15. 감봉 2월의 징계처분이 행하여짐(법무부공고 제2014-106호 2014. 5. 20).

주8: 뇌물수수에 대하여 유죄판결이 선고됨(서울고등법원 2014. 1. 10. 선고 2013노2400 판결, 대법원 2014. 5. 29. 선고 2014도1324 판결(상고기각)}.

주9: 뇌물수수에 대하여 유죄판결이 선고됨(서울중앙지방법원 2013. 4. 17. 선고 2012고합1753 판결, 서울고등법원 2013. 11. 1. 선고 2013노1418 판결, 대법원 2014. 1. 29. 선고 2013도13937 판결).

주10: 변호사법위반으로 1심에서 유죄판결이 선고됨(서울중앙지방법원 2013. 11. 1. 선고 2013고합43 판결)

주11: 징계처분취소소송 1심에서 원고승소함(서울행정법원 2014. 2. 21. 선고 2013구합12454 판결).

[참고문헌]

국가인권위원회, 「2008 인권상담사례집」(2008. 12).

국가인권위원회, 「09-10 인권상담사례집」(2010. 11).

국가인권위원회, 「10-11 인권상담사례집」(2011. 11).

국가인권위원회, 「11-12 인권상담사례집」(2012. 12).

국회 법제사법위원회 수석전문위원 김종두, 검사징계법 일부개정법률안 검토보고
(2006. 4).

김두식, 「불멸의 신성가족」(창비, 2009).

김재형, "법관의 오판과 책임", 서울대학교 법과대학 편, 「법률가의 윤리와 책임」,
제2판(박영사, 2003).

대한변호사협회, 「2013 인권보고서」(2014. 3).

문재완, "사법부의 독립성과 책임성: 미국의 법관징계제도를 중심으로", 「미국헌법
연구」, 제16권 제2호(미국헌법학회, 2005).

박우동, 「판사실에서 법정까지」 제2판(한국사법행정학회, 2000).

박 준, "이른바 현관예우·관선변호 현상에 대한 법적 고찰", 「서울대학교 법학」 제
52권 제2호(통권 제159호)(2011. 6).

법원행정처, 법관윤리(2011).

사법제도개혁추진위원회, 「사법제도개혁추진위원회 백서(상) 사법선진화를 위한 개
혁」(2006).

송덕수, 「법관의 직무상 잘못에 대한 법적 책임 연구」(세창출판사, 2007).

신 평, "사법의 독립과 책임의 조화", 「세계헌법연구」, 제15권 제2호(국제헌법학회,
2009).

윤진수, "법관의 윤리", 서울대학교 법과대학 편, 「법률가의 윤리와 책임」 제2판(박
영사, 2003).

이시윤, "한국법관의 신분보장과 그 허구", 「고시계」 제38권 제11호(1995. 11).

정덕장, 「사법권의 독립」(바울신서사, 1984).

정종섭, 「헌법연구」 제2권(철학과 현실사, 1996).

한부환, "베니스위원회에서 채택한 사법 독립의 기준: 법관의 독립에 대하여", 「통일
과 법률」 제11호(법무부, 2012).

허일태, "법왜곡행위와 사법살인의 방지를 위한 입법정책", 「형사정책연구」 제18권
제2호(통권 제70호)(한국형사정책연구원, 2007).

European Commission For Democracy Through Law (Venice Commission), Report
on the Independence of the Judicial System Part I: The Independence of

Judges. http://www.venice.coe.int/webforms/documents/CDL-AD(2010)004.
aspx.

Findlay, Mark and Stewart, Andrew, "Implementing corruption prevention strategies
through codes of conduct", Robert Williams and Alan Doig (eds.), Con‒
trolling Corruption (Edward Elgar, 2000).

Freedman, Monroe H., "Professional Discipline of Prosecutors: A Response to
Professor Zacharias", 30 Hofstra Law Review 121 (2001).

Geyh, Charles Gardner, "Informal Methods of Judicial Discipline", 142 University of
Pennsylvania Law Review 243 (1993).

Gier, Kelly, "Prosecuting Injustice: Consequences of Misconduct", 33 American
Journal of Criminal Law 191 (2006).

Gray, Cynthia, "How Judicial Conduct Commissions Work", The Justice System
Journal, Vol. 28, No. 3 (2007).

Holland, Randy J. and Gray, Cynthia, "Judicial Discipline: Independence with
Accountability", 5 Widener Law Symposium Journal 117 (2000).

Judiciary of England and Wales, Guide to Judicial Conduct 2013. http://www.judiciary.
gov.uk/about-the-judiciary/the-judiciary-in-detail/how-the-judiciary-is-governed
/guide-to-judicial-conduct.

Maunz-Dürig, Grundgesetz: Kommentar, Band V (C.H. Beck, 2001).

Office for Judicial Complaints, Annual Report 2012-13. http://judicialconduct.judiciary.
gov.uk/reports-and-publications.htm.

Office for Judicial Complaints, Annual Report 2011-12. http://judicialconduct.judiciary.
gov.uk/reports-and-publications.htm.

Office for Judicial Complaints, Annual Report 2010-11. http://judicialconduct.judiciary.
gov.uk/reports-and-publications.htm.

Rose-Ackerman, Susan, Corruption and Government: Causes, Consequences, and
Reform (Cambridge University Press, 1999).

Shetreet, Shimon and Turenne, Sophie, Judges on Trial (2nd Edition) (Cambridge
University Press, 2014).

State of California Commission on Judicial Performance, Summary of Discipline
Statistics 1990 ‒ 2009. http://cjp.ca.gov/res/docs/miscellaneous/Statistical_Report_
1990-2009.pdf.

The Judicial Conduct and Disability Act Study Committee, "Implementation of the
Judicial Conduct and Disability Act of 1980", A Report to the Chief Justice

(September 2006) ("Breyer Report"). http://www.supremecourt.gov/publicin fo/breyercommitteereport.pdf.

The Judicial Integrity Group, Commentary on The Bangalore Principles of Judicial Conduct (2007).

Zacharias, Fred C., "The Professional Discipline of Prosecutors", 79 *North Carolina Law Review* 721 (2001).

江藤价泰, "フランスにおける裁判官の身分保障·1", 「法律時報」 44巻 3号(通巻522号) (1972).

内閣総理大臣, 答弁書(2012. 6. 1. 内閣衆質180第260号), http://www.shugiin.go.jp/In ternet/itdb_shitsumon.nsf/html/shitsumon/b180260.htm.

小山昇, "フランスにおける裁判官の独立について", 「北大法学論集」 第16巻 2·3合併 号(1965).

野村二郎, 「日本の裁判官」(早稲田經營出版, 1992).

裁判官の人事評価の在り方に関する研究会報告書案(改訂版) http://www.courts.go.jp/sa ikosai/vcms_lf/81003002.pdf.

裁判官弾劾裁判所, 過去の事件と判例. http://www.dangai.go.jp/lib/lib1.html.

潮見俊隆, "司法行政と裁判官の独立: 長谷川判事再任拒否事件をめぐって", 「法学セミ ナー」 161号(1969).

浅野貴博, 懲戒処分を受けた検察官の処遇等に関する質問主意書(2012. 5. 22. 質問第 312号) http://www.shugiin.go.jp/Internet/itdb_shitsumon.nsf/html/shitsumon/ b180312.htm.

和田英夫, "裁判官の身分保障と人事", 「法律時報」 43巻 3号(通巻507号)(1971).

3. 법관의 이익충돌[*]

Ⅰ. 서론

사법제도가 자유민주주의 체제의 핵심적인 요소의 하나로 기능하기 위해서는 법관의 판단과 행동이 공정해야 한다. 법관은 헌법과 법률에 의하여 그 양심에 따라 독립하여 심판하여 공평무사하게 재판 기타 직무를 수행할 것이 기대된다. 법관에 의하여 그러한 재판을 받을 권리는 기본적 인권의 하나다.[1]

법관[2] 자신 또는 법관의 가족, 친구 등의 이익 또는 법관 집단의 이익을 고려할 수 있는 여지가 있는 상황에서는 법관이 헌법과 법률에 의하여 직무를 공정

---

[*] 「저스티스」 통권 제159호(2017. 4)에 게재된 논문을 수정·보완한 것임.

1) 헌법 제27조 제1항은 헌법과 법률이 정한 법관에 의하여 법률에 의한 재판을 받을 권리만을 언급하고 있으나, 유엔인권선언 제10조는 "모든 사람은 자신의 권리의무와 자신에 대한 형사소추에 대하여 결정될 때 독립된 공평한 법원에 의해 공정한 공개 심리를 받을 완전히 평등한 권리를 가진다(Everyone is entitled in full equality to a fair and public hearing by an independent and impartial tribunal, in the determination of his rights and obligations and of any criminal charge against him)"고 하였다. 유럽인권협약 제6조 제1항도 같은 취지의 조항(In the determination of his civil rights and obligations or of any criminal charge against him, everyone is entitled to a fair and public hearing within a reasonable time by an independent and impartial tribunal established by law)을 두고 있다.

2) 헌법재판은 일반재판과는 다른 특성이 있으므로 이 글에서 법관은 헌법재판관을 포함하지 않는다. 헌법재판소 2016. 11. 24. 선고 2015헌마902 결정도 "헌법재판은 일반재판과는 달리 당사자의 구체적인 이해관계에서 비롯되는 분쟁을 다루는 것이 아니라 규범이나 국가작용에 대한 헌법적 판단이 주를 이룬다"는 점과 "재판관이 특정 사건의 기초가 되는 상황과 관련하여 일정한 관계를 형성하고 있다 하더라도 그것이 헌법재판의 공정성이나 독립성에 직접 영향을 줄 가능성은 민·형사소송절차 등 일반재판에 비하여 상대적으로 낮다"는 점을 지적하였다. 위 결정에서 언급한 사항 이외에 헌법재판의 특성으로 "대체가능성이 없다"는 점과 "헌법재판은 헌법재판소 바깥의 법적 절차와 직접적이고 긴밀한 관계에 놓여 있는 경우가 많다"는 점도 지적한 글로는 김하열, "헌법재판소 재판관의 제척·기피·회피", 저스티스 통권 제144호(2014).

하게 수행할 의무 및 그 의무 이행으로 추구할 공익과 사익이 충돌하게 된다.[3]
이 글은 법관의 이익충돌의 특수성을 검토하고(Ⅱ), 법관의 이익충돌을 규율하는
현행 법규를 총괄적으로 살펴본 후(Ⅲ), 이익충돌 유형별로 현행 법규를 분석하고
문제점을 검토하고자(Ⅳ) 한다.

Ⅱ. 법관의 이익충돌의 특수성

1. 민·상사 법률관계에서의 이익충돌과의 유사성

1.1. 민·상사 법률관계에서의 이익충돌과 대리인 문제

민·상사 법률관계에서도 일방 당사자가 상대방의 이익·이해관계를 추구하
거나 보호할 의무가 발생하는 경우 이익충돌의 문제가 제기된다. 이 상황을 경제
학·경영학에서는 흔히 대리 비용(agency cost)이 발생하는 대리 문제(agency prob-
lem)로 표현한다. 개인·집단·조직(principal: 본인)이 자신의 이익·이해관계에 영향

---

3) 법정 안팎에서의 법관의 언행(이념, 인생관 또는 편견에 따른 견해의 표명)으로 사건의
   공정한 처리에 대한 우려가 있는 경우도 재판의 공정성을 훼손하거나 공정성에 대한 우
   려를 야기하는 행위이겠으나 이는 이익충돌의 문제라기보다는 법관의 부적절한 언행의
   문제라고 할 수 있다. 또한 재판의 공정성과 신속성 같이 법관이 직무 수행시 추구해야
   하는 복수의 목표가 갈등관계에 있는 상황은 이 글에서 다루는 이익충돌 상황에 포함하
   지 않았다. Geyh, Charles Gardner, Judicial Disqualification: An Analysis Of Federal Law,
   2nd Ed., Federal Judicial Center (2010), p. 24에 따르면 미국의 법원은 (i) 법관의 부적격
   (disqualification)을 초래하는 '법관과 당사자 사이의 개인적인 관계'와 (ii) 부적격 사유로
   인정하기 불충분한 정치, 종교, 기타 소속관계를 구별하고 있고, 후자의 예로 일방 당사
   자와 같은 종교를 가진 것은 법관의 부적격 사유가 되지 않는다고 한 Bryce v. Episcopal
   Church in the Divorces of Colorado, 289 F.3d 648 (10th Cir. 2002)와 일방 당사자와 같
   은 정당에 소속된 것이 법관의 부적격 사유가 되지 않는다고 한 Higganbotham v. Okla-
   homa, 328 F.3d 638 (10th Cir. 2003)를 들고 있다. Geyh의 위 논문, pp. 41-42는 이념, 인
   생관 또는 편견에 따른 의견의 표명이 부적격 사유로 인정된 미국 사례로 법관이 언론에
   담당사건에 대한 견해를 표명하여 부적격 사유로 인정된 United States v. Cooley, 1 F. 3d
   985 (10th Cir. 1993)과 In re Boston's Children First, 244 F. 3d 164 (1st Cir. 2001), 자동차
   회사를 피고로 한 사건을 담당한 법관이 불법행위 세미나에서 자동차회사에게 적대적인
   발언을 하여 부적격 사유로 인정된 Hathcock v. Navistar International Transportation
   Corp., 53 F. 3d 36 (4th Cir. 1995)를 들고 있다. 미국의 스칼리아 대법관이 이른바 국기에
   대한 맹세 사건(Elk Grove Unified School District v. Newdow, 542 U.S. 1, 2004)에서 공개
   적인 의견을 표명한 것이 문제되어 회피한 사례도 있다. Jennings, Marianne M. and Nim
   Razook, Duck When a Conflict of Interest Blinds You: Judicial Conflicts of Interest in the
   Matters of Scalia and Ginsburg, 39 U.S.F. L. Rev. 873 (2005) p. 908.

을 주는 의사결정 권한을 다른 사람(agent: 대리인)에게 행사하도록 위임한 상황이 대리인 관계에 해당한다. 소유와 경영이 분리된 회사의 주주와 경영자가 전형적인 대리인 관계에 해당하지만 다른 조직에서도 대리인 문제가 발생하고 정부 조직도 마찬가지다.4) 각자가 효용을 극대화하고자 하는 경우 대리인이 항상 본인의 최선의 이익을 위하여 행동하는 것은 아니고 이 점 때문에 대리 비용(agency cost)이 발생한다. 법관의 활동도 국민과의 사이에서 대리인 관계가 성립하고 대리인 문제가 발생할 수 있다는 점에서는 회사·주주와 경영자 간의 관계와 차이가 없다.

1.2. 민·상사 법률관계에서의 신인관계

영미에서 이익충돌과 대리인 문제를 규율하는 대표적인 법리가 신인의무(fiduciary duty)이다. 대체로 재량, 신뢰와 취약성의 요소가 갖추어진 상황. 즉 (i) 일방 당사자(즉 신인의무자)가 다른 당사자(즉 수익자)의 이해관계에 대한 재량권을 행사할 수 있고, (ii) 다른 당사자(수익자)는 일방 당사자(신인의무자)가 수익자의 이익을 위하여 행동할 것으로 기대하며, (iii) 다른 당사자(수익자)는 일방 당사자(신인의무자)의 사익 추구 또는 부당한 영향력 행사에 취약한 상황에서 그 일방 당사자가 신인의무를 부담하게 된다.5)

재판에는 항상 법관의 재량적 판단이 개재하게 되고, 법관의 심판은 소송 당사자를 비롯한 국민의 이익·이해관계에 영향을 미친다. 한편 국민은 법관이 헌법과 법률에 의하여 양심에 따라 공정하게 직무를 수행할 것을 신뢰하고, 법관의 판단에 취약한 위치에 있음은 두말할 나위가 없다. 이와 같이 법관과 국민의 관계는 민·상사 법률관계에서 신인의무가 인정되는 상황의 특징을 모두 갖추고 있다. 영미에서는 법관 등 공직자가 국민에 대하여 신인의무를 진다고 보는 견해가 오래전부터 있었고, 법관의 탄핵절차에서도 신인의무 위반으로 처리한 경우들이 있다.6)

---

4) Jensen, Michael C., and William H. Meckling, "Theory of the firm: Managerial behavior, agency costs and ownership structure", *Journal of Financial Economics* 3.4 (1976), p. 309. 이 논문에서 사용한 본인(principal)과 대리인(agent)은 민법상의 용어와는 다른 의미를 가진다.

5) 김정연, 자본시장에서의 이익충돌에 관한 연구, 경인문화사, 2017, 77-80쪽.

6) Leib, Ethan J., David L. Ponet, and Michael Serota, "A Fiduciary Theory of Judging", 101

영미법상 신인의무의 핵심은 충성의무(duty of loyalty)이고 이는 이익충돌 금지원칙(no conflict rule)과 이익향수 금지원칙(no profit rule)으로 구성된다.[7] 이 중 법관의 이익충돌과 관련하여 의미가 있는 부분은 이익충돌 금지원칙이다. 이익충돌 금지원칙은, 신인의무자는 보호할 의무가 있는 상대방과 이익이 실제로 충돌하거나 충돌할 수 있는 상황에 처해서는 안 된다는 원칙이다.[8] 그 상황에서 신인의무자의 결정·행위의 내용이 공정하였는지 또는 그 결과가 수익자에게 이익이 되었는지를 묻지 않는 것이 원칙이다(no further inquiry rule).[9] 법관도 민·상사 법률관계에서의 신인의무자와 다름이 없는 지위에 있다는 점에서 신인의무자에게 적용되는 원칙과 법리의 적용을 받아야 마땅할 것이다.

2. 민·상사 법률관계에서의 이익충돌과의 차이

2.1. 신인의무·충성의무 법리의 적용 여부

2.1.1. 민·상사 법률관계에서의 이익충돌 규율의 기본법리 — 충성의무·충실의무

민·상사 법률관계에서의 이익충돌은 대체로 영미법상의 신인의무에 의하여 규율된다.[10] 우리나라 민·상사 법률관계에서의 이익충돌에 대한 법적 규율이 완

California Law Review 699 (2013), pp. 715-716.

7) 두 원칙에 대한 간단한 설명은 이중기, 충실의무론, 삼우사, 2016, 21쪽, 58-59쪽, 274-275쪽; 상세한 설명은 Virgo, Graham, *The Principles of Equity and Trusts*, Oxford University Press, 2012, pp. 495-518. 영국의 Law Commission은 신인의무의 4가지 속성으로 이익충돌 금지원칙(no conflict rule), 이익향수 금지원칙(no profit rule), 완전한 충성의 원칙(undivided loyalty rule)과 비밀유지의무를 들었다. Law Commission, Fiduciary Duties and Regulatory Rules, Consultation Paper No. 124(1992), pp. 27-30.

8) "본인은 신인의무자의 일편단심의 충성을 향유할 권리가 있다. …신인의무자는 자신의 의무와 이익이 충돌할 수 있는 지위에 스스로를 처하게 해서는 안 된다. 그는 정보에 기반한 본인의 동의(informed consent)를 얻지 않고 자기의 이익 또는 제3자의 이익을 위해서 행위하여서는 안 된다"는 Bristol and West Building Society v. Mothew [1998] 1 Ch (CA) 16 판결의 Millet 판사의 판시가 이 원칙을 잘 나타내고 있다.

9) 이 원칙이 회사의 이사의 행위에 대하여는 완화되었고 미국에서 특히 더 그렇다. Flannigan, Robert, "The Adulteration of Fiduciary Doctrine in Corporate Law", 122 Law Quarterly Report 449 (2006); Rock, Edward B. and Michael L. Wachter, "Dangerous Liaisons: Corporate Law, Trust Law, and Interdoctrinal Legal Transplants", 96 Northwestern University Law Review 651 (2002).

10) 국제적으로 회사법상 이익충돌 거래의 규율에서는 (i) 구체적인 법규(rule)로 미리 특정한 작위·부작위를 요구하는 방식과 (ii) 기준(standard)을 정해 놓고 준수 여부에 대한 사후심판을 하는 방식 중 (ii)의 방식을 널리 사용한다. 이 때 신인의무의 핵심적인 내용인 충성의무(duty of loyalty)가 대표적인 기준에 해당한다. Kraakman, Reinier, et al, *The*

벽하게 정비되어 있다고 볼 수는 없으나, 가장 전형적인 이익충돌이라고 할 수 있는 신탁의 수탁자와 수익자 간 및 회사의 이사와 주주 간의 이익충돌에 대해서 영미법상의 신인의무의 핵심적인 내용인 충성의무(duty of loyalty)와 유사한 충실의무 조항을 법률에 명시하고 다시 구체적인 이익충돌 행위 유형을 법률로 규율하고 있다(신탁법 제33조, 제34조, 상법 제382조의3, 제397조의2, 제398조). 그 밖에도 신인관계에 해당하는 민·상사 법률관계 중 일부에 대해서는 법률로 충실의무에 관한 조항을 두고 있으나 신탁의 수탁자에게 적용되는 충실의무보다는 불충분하게 입법되어 있는 경우11)도 있고, 이익충돌에 관한 한 신탁의 수탁자 또는 주식회사의 이사와 유사한 지위에 있다고 할 수 있음에도 불구하고 일반적인 충실의무 조항 없이 선량한 관리자의 주의의무에 관한 조항만을 두거나,12) 일반적인 충실의무 조항을 두지 않고 이익충돌 문제를 다루는 조항만을 둔 경우13)도 있다.

이와 같이 민·상사 법률관계에서의 이익충돌에 대한 법적 규율이 완벽하게 정비되어 있다고 볼 수는 없으나, 가장 전형적인 이익충돌이라고 할 수 있는 수탁자와 수익자 간의 이익충돌과 이사와 주주 간의 이익충돌을 비롯하여 많은 부분이 충실의무로 규율되고 있다. 충실의무가 영미법상의 신인의무의 핵심적인 내용인 충성의무와 같은 개념인가에 대하여는 논란의 여지가 있겠으나14) 유사한

Anatomy of Law, Oxford University Press, 2009, pp. 37-45, 173(김건식외 7인 역, 회사법의 해부, 소화, 2014, 74-85쪽, 277쪽).

11) 자산운용업자, 투자자문업자, 투자일임업자, 신탁업자, 사모투자전문회사의 업무집행사원에 관한 자본시장법 제79조, 96조, 제102조, 제272조.

12) 수임인에 관한 민법 제681조, 합자조합의 업무집행조합원에 관한 상법 제86조의5, 사채관리회사에 관한 상법 제484조의2. 이중기, 앞의 책(주 7), 76-77쪽은 위임인의 이익을 최대한 도모할 것에 대한 기대가 정당한 상황이라면 위임에도 신인의무가 적용된다고 보는 반면, 이연갑, "위임과 신탁: 수임인과 수탁자의 의무를 중심으로", 비교사법 제22권 제1호, 비교사법연구회(2015), 43-46쪽은 위임과 신탁이 실정법상 다르게 취급되고 있음을 중시하여 법률관계가 위임인지 신탁인지는 의사해석의 문제로 본다.

13) 변호사법 제31조, 합명회사 사원에 관한 상법 제198조, 제199조.

14) 우리나라 법상 충실의무라는 용어가 항상 영미법의 신인의무(fiduciary duty)와 같거나 유사한 의미로 사용되지는 않고 있다. 대법원 판례도 충실의무라는 용어를 다양하게 사용하고 있어서 영미의 신인의무의 핵심적인 내용을 이루는 충성의무(duty of loyalty)와 같은 의미를 가지는 용어로 정착되어 있지는 않다. 그동안 충실의무라는 용어를 사용한 대법원 판례는 대체로 다음과 같은 네 가지 유형으로 나누어 볼 수 있고, 최근 이사의 충실의무를 선관주의의무와 구별해서 사용한 판결들이 나오고 있다(대법원 2016. 1. 28. 선고 2014다11888 판결, 대법원 2016. 8. 24. 선고 2016다222453 판결 등).

(i) 영미의 충성의무(duty of loyalty)에 해당하는 용어로 사용한 예(대법원 2005. 12. 22.

법리를 입법적으로 반영하고자 한 것은 부정할 수 없을 것이다.

2.1.2. 법관의 이익충돌을 규율하는 기본법리의 미확립

민·상사 법률관계에서는 영미법상의 신인의무의 핵심인 충성의무와 유사한 충실의무를 적용함으로써 이익충돌을 규율하는 기본 법리가 어느 정도 정립되어 있다. 법관의 직무수행도 신인의무 특히 충성의무 법리가 적용되는 법률관계의 특징을 가지고 있으나 공법관계에서의 이익충돌에 대하여 영미법상의 신인의무에 상응하는 충실의무를 적용하고자 하는 입법이 없음은 물론이고 이론적인 논의도 별로 없는 상황이다.

영미에서는 형평법상의 법리로 신인의무 법리가 형성되었고 신인관계가 형성되면 그것이 사법(私法)적 지위에서 발생하건 공법적 지위에서 발생하건 모두 신인의무 법리가 적용된다는 것이 확립되어 사회의 기초를 이루고 있다.[15] 그러한 기본 법리가 정립되어 있지 않은 우리나라에서 실정법상 명시적인 근거 없이 법원의 판례를 통하여 그러한 법리가 형성될 것을 기대하기는 어렵다.[16] 또한 그러한 법리를 입법한다고 하여도 수백년에 걸쳐 발전된 영미법상의 충성의무의 내용을 모두 담기는 쉽지 않고 간단한 입법은 해석에 대한 논란을 불러일으킬 것이다. 현행 공직자윤리법은 공직자가 공익을 우선하여 성실하게 직무를 수행할 의무(제2조의2 제2항)를, 청탁금지법은 사적이해관계에 영향을 받지 않고 직무를 공

선고 2003다55059 판결).

(ii) 충실의무와 선관주의의무를 구별하지 않은 예(주식회사의 이사에 관한 대법원 2013. 9. 12. 선고 2011다57869 판결, 대법원 2013. 4. 11. 선고 2012다116307 판결, 대법원 2009. 10. 15. 선고 2009도5655 판결, 대법원 2009. 5. 29. 선고 2007도4949 전원합의체 판결, 대법원 2009. 5. 14. 선고 2008다94097 판결, 대법원 2004. 9. 13. 선고 2003다67762 판결, 대법원 2004. 5. 13. 선고 2002도7340 판결. 금융기관의 임직원에 관한 대법원 2011. 5. 13. 선고 2009다62608 판결, 대법원 2007. 5. 31. 선고 2005다56995 판결).

(iii) 금융회사의 고객보호의무를 충실의무로 표현한 예(포괄적 일임매매 약정하에서의 과당매매에 대한 대법원 2007. 11. 15. 선고 2005다16775 판결, 대법원 2006. 2. 9. 선고 2005다63634 판결, 대법원 2002. 3. 29. 선고 2001다49128 판결, 대법원 1996. 8. 23. 선고 94다38199 판결).

(iv) 단순히 직무를 성실히 수행하는 의미로 사용한 예(대법원 2010. 7. 29. 선고 2008다7895 판결, 대법원 2009. 2. 12. 선고 2008다74895 판결).

15) Virgo, supra note 7, p. 482; Leib, Ponet and Serota, supra note 6, pp. 709-712. 검찰총장 서리의 뇌물 수수에 신인의무 법리를 적용한 Attorney-General for Hong Kong v Reid [1993] UKPC 2 (1 November 1993).

16) 공무원도 충실의무자라고 보는 견해로는 이중기, 앞의 책(주 7), 426쪽.

정하고 청렴하게 수행할 의무(제4조 제1항)를 규정하고 있으나, 이 조항들이 민·상사 법률관계에서의 충실의무와 같은 법적 효과를 가지는지는 의문이다. 이와 같은 상황이므로 법관의 이익충돌을 구체적으로 규율하는 법규를 잘 정비할 필요가 있다.

2.2. 구체적인 수익자의 존재 유무 및 추구할 이익의 성격

민·상사 법률관계에서 신인관계가 형성되는 경우는 공익신탁 등 극히 예외적인 경우를 제외하고는 항상 수익자가 있고 신인의무자는 수익자의 이익을 추구할 의무를 진다. 따라서 수익자가 동의하면 이익충돌 상황이 허용될 수 있다.

법관이 추구해야 할 목표는 사법제도의 공정한 운영(특히 법관의 독립성과 공정성) 및 이를 통한 사법에 대한 국민의 신뢰를 확보하는데 있다. 법관이 이러한 의무를 수행함으로써 추구하는 이익은 특정한 개인·법인의 이익이 아니라 불특정 다수인 공중(公衆)이 수혜하는 공익이다. 이러한 공익과 법관 자신 또는 특수관계인의 이익 또는 법관 집단의 이익이 충돌되는 상황에서 특정인이 법관의 사익 추구행위를 허용할 수는 없고, 따라서 소송당사자의 동의에 의한 법관의 이익충돌을 허용하는 제도는 매우 제한적으로 신중하게 인정하여야 한다.17)

또한 법관의 이익충돌을 규율하는 목적은 법관의 독립성과 공정성을 확보하는데 있고 주로 공정성18)의 문제라고 할 수 있다. 공정성은 법관이 추구할 가장

---

17) 영미에서는 당사자가 법관의 불공평성의 문제에 대하여 면제동의(waiver)할 수 있다. Hammond, R. Grant, *Judicial Recusal: Principles, Process and Problems*, Hart Publishing, 2009, p. 93. 미국 연방법 28 U.S.C. 455(e)는 법관의 결격사유 중 공평성에 대한 합리적인 의문이 생기는 상황에 관한 일반조항인 455(a)에만 해당하는 경우에는 완전한 정보제공(full disclosure)에 기한 당사자의 면제동의(waiver)를 받을 수 있지만, 구체적 유형별로 규율하는 455(b)에 해당하는 경우에는 당사자의 동의로 결격사유를 치유할 수 없도록 하였다. Geyh, supra note 3, p. 75는 면제동의는 사소한 건에 한정되어야 하고 이용을 극도로 자제해야 한다고 판시한 판결(United States v. Kelly, 888 F.2d 732 (11th Cir., 1989))도 있음을 지적하였다. 본안 변론 후에는 그 이전에 알고 있던 기피사유를 들어 기피신청할 수 없도록 한 민사소송법 제43조 제2항도 일종의 묵시적 동의를 제한적으로 인정한 셈이다.
18) 법관의 이익충돌은 통상 재판의 '공평성'(impartiality) 훼손 문제를 야기하지만, IV.4 논의와 같이 두 당사자 간의 공평성의 문제가 아닌 문제도 발생할 수 있다. 또한 법관윤리강령과 대법원판결이 '공정성'이라는 용어를 사용하고 있어, 이 글에서는 외국어의 번역을 제외하고는 주로 '공정성'이라는 용어를 사용하되 '공평성'을 포함하는 의미로 사용하였다.

중요한 가치이다.[19] 공정성은 재판의 결론뿐 아니라 결론에 이르는 과정에도 적용되는 원칙이다.[20] 공정성을 실제 해치는 경우뿐 아니라 해칠 우려 또는 그러한 외관을 갖춘 것만으로도 사법에 대한 국민의 신뢰를 실추시킬 수 있다.[21] 법관이 사익 또는 특정 집단의 이익을 위한 행동을 하는데 이르지 않더라도 사익 또는 특정 집단의 이익을 위한 판단을 할 우려가 있는 "외관"을 갖추는 경우도 사법의 신뢰를 위해서는 규율할 필요가 있다.[22] 이러한 점에서 민·상사 법률관계에서의 이익충돌의 규율보다 더 엄격히 법관의 이익충돌을 규율할 필요가 생긴다.

"공정한 재판을 기대하기 어려운 사정"이 있거나(민사소송법 제43조) "불공평한 재판을 할 염려"가 있으면(형사소송법 제18조) 당사자는 기피를 신청할 수 있다. 이 때 기피이유가 있는지 여부는 법관의 행위가 재판의 공정성을 훼손하였는지뿐만 아니라 그렇게 볼 만한 외관을 갖추고 있는지 여부를 기준으로 판단하여야 한다. 공정성 훼손의 외관 형성을 기준으로 삼는지 여부에 따라 어떻게 다른 결론에 이르게 되는지를 잘 보여주는 사례가 대법원 1968. 9. 3. 자 68마951 결정이다. 이 결정은 "설사 … 재항고인 주장과 같이 본안 피고 소송대리인과 피고의 실제가 판사실에 임의로 드나드는 한편 재항고인측이 없는 자리에서 피고 소송대리인과 주심법관 사이에 사건핵심에 관한 말이 있었다고 하여서 그 대화내용이 재판의 공정을 방해할만한 것으로 인정할 객관적인 사정이 있다는 구체적인 주장과 소명이 없는 이상 이러한 사유로써는 편파 불공평한 재판이 이루어질 것이라는 의심을 당사자에게 품게 함에 족한 사정이 있다고는 하기 어려우며, …"라고 하

---

19) 이상수, 법조윤리의 이론과 실제, 서강대학교 출판부, 2009, 448쪽도 같은 취지.

20) The Judicial Integrity Group, Commentary on The Bangalore Principles of Judicial Conduct, 2007, p. 53.

21) 방갈로어 법관행위원칙(The Bangalore Principles of Judicial Conduct)은 "공평성(impartiality)은 실제로 존재해야 하고 또한 합리적으로 지각하기에도 존재하여야 한다. 불공정함이 합리적으로 느껴진다면 그러한 지각은 불만과 부정의라는 감각을 남겨 사법제도에 대한 신뢰를 무너뜨리기 쉽다. 공정성의 지각은 합리적인 관찰자의 기준으로 판단하여야 한다"고 하였고, 사법부와 법관의 독립성, 공정 또는 온당한 행동에 관하여 실제뿐 아니라 외관이 중요함을 여러 번 강조하였다(paras. 23, 37, 52, 55. 65, 111, 112 등). Id., p. 39, 44, 57, 59, 62, 85, 86.

22) Shetreet, Shimon, "Creating a Culture of Judicial Independence: The Practical Challenge and the Conceptual and Constitutional Infrastructure", in Shimon Shetreet and Christopher Forsyth, *The Culture of Judicial Independence*, Leiden: Brill (2012), p. 53; 이상수, 앞의 책(주 19), 450쪽; Judicial Integrity Group, supra note 20, p. 53; 유럽인권재판소 Mcgonnell v. The United Kingdom - 28488/95 [2000] ECHR 62 (8 February 2000).

였다.

이 결정은 거의 50년 전의 일이고 현재는 판사실 출입자체를 엄격히 규율하고 있으므로 위 사건과 같은 상황이 발생하기 어렵다고 할 수 있을 것이다.[23)] 재판의 공정성은 재판의 결론에만 요구되는 것이 아니라 재판절차의 진행에도 요구된다.[24)] 위 결정에서 언급한 상황에서 "일방 당사자측이 판사실을 임의로 드나들고 주심판사와 사건 핵심에 관한 말을 나눈다"는 점 자체가 재판이 불공평하게 이루어진다는 우려를 일으키는 것이지 "일방 당사자의 소송대리인과 동생이 판사와 나눈 이야기의 내용"에 따라 재판의 공정성 훼손 여부가 결정되는 것은 아니다. 법관과의 긴밀한 관계를 이용한 법관과의 의사소통은 은밀히 이루어질 것이므로 그 의사소통의 내용을 파악하여 공정성 방해를 입증하는 것은 불가능하다. 불공정의 외관 형성이 판단의 중요한 기준이 되어야 한다.

2.3. 인센티브 방식 접근방안의 부적합성

민·상사 법률관계에서는 대리 비용(agency cost) 문제의 해결을 위하여 대리인(agent)이 본인(principal)과 동일한 경제적 이해관계를 가지도록 함으로써 대리인의 인센티브를 바꾸는 보상체계를 형성하는 방식도 사용된다.[25)] 그러나 법관은 재판의 독립성과 공정성을 지켜 사법에 대한 국민의 신뢰를 확보한다는 목표를 추구해야 한다는 점에서 보상을 통한 이해관계의 일치라는 대응방안은 법관에 대하여 적합한 것은 아니다.[26)]

2.4. 재판업무 수행에 따른 특수성 — 소송법상의 규율

일반적인 공직자의 이익충돌에 대하여는 법적·윤리적으로 의무를 부과하고 그 의무를 위반하는 경우 제재하는 방법으로 규율하게 된다. 공직자윤리법 등이 이와 같이 공직자의 이익충돌을 규율한다. 그러나 재판업무를 담당하는 법관의 이익충돌은 재판절차의 적법성과 효력에 영향을 줄 수 있다는 점에서 소송법상의

---

23) 법관의 변호사 및 검사 면담 등에 관한 지침(대법원 행정예규 제681호 2006. 10. 23. 시행).
24) Judiciary of England and Wales, Guide to Judicial Conduct 2016, p. 7.
25) Kraakman et al., supra note 10, pp. 42-43[김건식외, 앞의 책(주 10), 81-82쪽].
26) Posner, Richard A., "What Do Judges And Justices Maximize? (The Same Thing Everybody Else Does)", 3 *Supreme Court Economic Review* 1 (1993), p. 12는 법관은 재량권을 행사할 수 있어서 법관의 직무수행결과를 평가하기 어렵다는 점을 지적하였다.

규율이 필요하다.

재판의 공정성을 훼손할 우려가 명백한 상황임에도 불구하고 법관이 계속 재판해서는 사법에 대한 일반의 신뢰를 쌓을 수가 없다. 소송법은 이러한 취지에서 제척사유[27]를 규정하고 있고 제척사유에도 불구하고 계속 재판에 관여한 경우 상소(민사소송법 제424조 제1항 제2호, 형사소송법 제361조의5 제7호, 제383조 제1호) 또는 재심사유(민사소송법 제451조 제1항 제2호)로 삼고 있다. 소송법상의 제척사유는 재판의 공정성을 훼손할 우려가 명백한 상황을 유형화한 것이고, 기피·회피 제도는 그 이외 재판의 공정성을 훼손할 우려가 있는 경우를 다루기 위한 것이다, 소송법상 제척·기피·회피 제도의 입법과 해석시 소송절차법의 관점[28]뿐 아니라 재판의 공정성의 보장[29]을 염두에 두어야 한다. 특히 재판의 공정성에 실제 영향을 미친 경우뿐 아니라 영향을 미칠 우려가 있거나 그러한 외관을 갖춘 경우에는 사법에 대한 신뢰가 쌓일 수 없다는 점을 고려할 필요가 있다.

Ⅲ. 법관의 이익충돌을 규율하는 현행 법규의 총괄적 검토

1. 법관의 이익충돌을 규율하는 현행 법규

법관이 직무와 충돌되는 이익·이해관계를 가지는 경우를 규율하는 현행 법규는 (i) 직업윤리 법규와 (ii) 소송법규로 나누어 볼 수 있고 직업윤리 법규는 공무원 일반에게 적용되는 것과 법관에게만 적용되는 것으로 나누어 볼 수 있다.[30]

---

27) 민사소송법 제41조는 "제척의 이유"라는 용어를, 형사소송법 제17조는 "제척의 원인"이라는 용어를 사용하고 있어서, 이 글에서는 두 가지를 포괄하는 용어로 "제척사유"라는 용어를 사용한다.

28) 소송절차법에 비중을 둔 글로는 이동률, "법관의 제척", 중앙법학 제13집 제1호(2011); 이동률, "법관의 제척이유로서의 공동권리자 — 대상판결: 대판 2010. 5. 13, 2009다102254 —", 중앙법학 제16집 제3호(2014); 오상현, "법관 제척이유로서의 '당사자'와 '공동권리자·공동의무자': 대법원 2010. 5. 13. 선고 2009다102254 판결", 성균관법학 제26권 제1호(2014) 등.

29) 재판의 공정성의 측면에서 논의한 글로는 하정철, "재판의 공정성을 의심할 만한 사정의 존부 판단에 의한 제척이유의 실질화", 서울법학 제22권 3호(2015), 639-640쪽.

30) 법관의 이익충돌의 발생을 방지하는 기능을 하는 법적인 장치도 있다.
(i) 법관 재직 중 다른 공무원직 취임·보수 받는 직무 또는 영리목적 업무 종사 금지 및 대법원장의 허가 없이 법인·단체의 고문·임직원 취임 제한(법원조직법 제49조)이나 법관윤리강령상 소송관계인과의 법정 외에서의 면담금지(제4조 제4항), 타인의 법적 분쟁에의 관여 금지(제5조 제2항), 공정성을 의심받을 염려가 있는 경우에는 법률적 조언이나

1.1. 직업윤리 차원의 이익충돌 규율

1.1.1. 공직자일반에게 적용되는 법규

(1) 공직자윤리법

공직자윤리법은 공직자는 자신이 수행하는 직무가 자신의 재산상 이해와 관련되어 공정한 직무수행이 어려운 상황이 일어나지 않도록 직무수행의 적정성을 확보하여 공익을 우선으로 성실하게 직무를 수행할 의무가 있음을 선언하였다(제 2조의2 제2항). 보다 구체적으로 공직자가 공직을 이용한 사적 이익 추구 금지 및 재직 중 취득한 정보의 부당한 사적인 이용 금지(제2조의2 제3항)를 규정하였다. 위반에 대한 형사처벌 조항은 없다. 그 위반은 징계사유의 하나가 될 것이다. 이에 추가하여 직무관련성이 없다고 인정되지 않는 한 일정한 범위의 공직자는 주식을 매각하거나 주식백지신탁을 하도록 하고 있다(제14조의4 이하).

(2) 「부패방지 및 국민권익위원회의 설치와 운영에 관한 법률」(이하 "부패방지권익위법")

부패방지권익위법상 공직자는 부패행위를 하지 않을 청렴의무(제7조)가 있고 직무수행시 이익충돌 상황에서 자신 또는 제3자의 이익을 추구하는 행위는 부패행위에 해당한다(제2조 제4호). 위반에 대한 형사처벌 조항은 없다. 뇌물죄·배임죄 등 형사범죄에 해당하지 않는 한 징계 사유가 될 뿐이다(제8조 제3항).

부패방지권익위법에 근거하여 대법원규칙으로 제정된 「법관 및 법원공무원 행동강령」은 이익충돌 상황에 관하여 보다 구체적인 조항을 두고 있다. 법관은 자신이 수행하는 직무(일정한 민원업무는 제외)에 자신 또는 일정한 범위의 가족·

변호사 정보 제공 또는 금전대차 등 거래행위 금지(제5조 제3항, 제6조)는 재직 중 이익충돌을 일으킬 활동을 제한한다.

(ii) 공직자윤리위원회의 승인 없이는 퇴직 전 5년간 소속한 부서·기관의 업무와 밀접한 관련성이 있는 기관에 퇴직 후 3년간 취업제한(공직자윤리법 제17조) 및 퇴직 전 1년간 근무한 법원이 처리하는 사건을 퇴직 후 1년간 수임제한(변호사법 제31조 제3항, 제4항)은 법관 퇴직 후의 활동을 제한한다.

(iii) 현행 법규상 법관 임용시 임용전의 활동과 관련하여 이익충돌을 방지하는 장치는 없어 보인다. 참고로 프랑스 법관 지위에 관한 조직법률(Ordonnance n° 58-1270 du 22 décembre 1958 portant loi organique relative au statut de la magistrature)은 5년 이내에 국회의원이었거나 3년 이내 국회의원 후보였던 사람은 해당 지역에서 법관이 될 수 없고(유럽 의회는 예외)(제9조), 최근 5년간 법관으로 활동했던 지역에서 변호사로 개업할 수 없으며(제9-1조), 최근 5년간 변호사로 활동했던 지역에서 고등법원의 법관이 될 수 없도록(제32조) 하고 있다(다만 제9조와 제9-1조 적용시 파기원(Cour de Cassation)은 예외로 함). Plantard, Jean Pierre, "Judicial Conflicts of Interest in France", 18 American Journal of Comparative Law 710 (1970), pp. 712-715.

친지 등이 이해관계를 가지는 경우,[31] 다른 법령에 정함이 있으면 그에 따라 처리하고, 그렇지 않은 경우에는 그 직무의 회피 여부 등에 관하여 바로 위의 상급자 또는 행동강령책임관과 상담한 후 처리하여야 한다(제4조 제1항). 그 상급자·행동강령책임관은 해당 법관이 그 직무를 계속 수행하는 것이 적절하지 아니하다고 판단되면 직무를 일시적으로 재배정하거나 소속기관의 장에게 보고하고, 그 소속기관의 장은 직무가 공정하게 처리될 수 있도록 인력 재배치 등 필요한 조치를 하여야 한다(제4조 제2항, 제3항). 또한 법관은 상급자가 자기 또는 타인의 부당한 이익을 위하여 공정한 직무수행을 현저하게 해치는 지시를 하였을 때에는 그 사유를 그 상급자에게 소명하고 지시에 따르지 아니하거나 행동강령책임관과 상담할 수 있도록 규정하였다(제3조 제1항)

(3) 「부정청탁 및 금품등 수수의 금지에 관한 법률」(이하 "청탁금지법")

최근 많은 관심과 논란을 불러일으킨 청탁금지법도 법관을 포함한 공직자등은 "사적 이해관계에 영향을 받지 아니하고 직무를 공정하고 청렴하게 수행하여야" 할 의무를 진다는 점을 명시하여(제4조 제1항) 이익충돌에 관한 기본원칙을 언급하였으나, 구체적인 조항에서는 부정청탁과 금품수수에 관한 사항만을 규율하고 있다.[32]

---

31) 1. 자신, 자신의 직계 존속·비속, 배우자 및 배우자의 직계 존속·비속의 금전적 이해와 직접적인 관련이 있는 경우
   2. 4촌 이내의 친족이 직무관련자인 경우
   3. 자신이 2년 이내에 재직하였던 단체 또는 그 단체의 대리인이 직무관련자인 경우
   4. 그 밖에 법원행정처장이 공정한 직무수행이 어려운 관계에 있다고 정한 자가 직무관련자인 경우

32) 청탁금지법 제정시 정부안인 「부정청탁 금지 및 공직자의 이해충돌 방지법안」(의안번호 6272, 2013. 8. 5. 제출)은 이익충돌에 관한 보다 상세한 조항을 두고 있었으나 국회 심의 과정에서 이 조항들이 삭제되었다. 이 법률안은 "이해충돌"을 "공직자가 직무를 수행할 때에 자신의 사적 이해관계가 관련되어 공정하고 청렴한 직무수행이 저해되거나 저해될 우려가 있는 상황"으로 정의하고(제2조 제6호), 구체적인 이익충돌 금지로서 다음과 같은 규율을 하도록 하였다.
   ① 공직자의 사적 이해관계 직무의 수행 금지(안 제11조)
   ② 고위공직자의 사적 이해관계 직무의 수행 금지(안 제12조)
   ③ 공직자의 직무 관련 외부활동 금지(안 제13조)
   ④ 직무관련자와의 거래 제한(안 제14조)
   ⑤ 소속 공공기관 등에 가족 채용 제한(안 제15조)

1.1.2. 법관에게만 적용되는 법규

(1) 법관윤리강령

법관윤리강령은 이익충돌 상황에 대한 명시적인 언급은 하고 있지 않다.[33] 공평무사와 청렴을 강조하고 공정성과 청렴성을 의심받을 행동을 금지하는 조항(제3조 제1항)과 성실한 직무 수행 조항(제4조)이 이익충돌을 규율하는 기본원칙의 역할을 하고 있다. 아울러 공정성을 의심받을 염려가 있는 경우 법률적 조언의 금지(제5조 제3항), 공정성에 대한 의심을 초래할 염려가 있는 경우 금전대차 등 경제적 거래행위 금지(제6조) 등은 이익충돌 상황의 발생을 방지하는 기능을 한다.

(2) 대법원 공직자윤리위원회의 권고의견(이하 "권고의견")

법관윤리강령의 구체적인 적용에 관하여 대법원 공직자윤리위원회가 제시한 권고의견들은 이익충돌에 관한 사항을 다음과 같이 구체적으로 언급하고 있다.

(i) 현재·장래의 소송관계인과의 접촉 금지 및 과거·현재·장래의 소송관계인과의 금전대차·부동산매매 등의 금지(권고의견 제1호 2006. 11. 15.)

(ii) 법무법인과 취업협상 개시후 그 법무법인이 선임된 사건의 회피 및 선임된 사건이 많은 법무법인과의 취업협상 자제(권고의견 제4호 2009. 12. 2.)

(iii) 재판상 이해관계가 있을 수 있는 개인·단체로부터 운영자금을 제공받는 단체에서 활동 금지(권고의견 제5호 2010. 3.)

(iv) 배우자·친족이 변호사로 근무하는 법무법인이 수임한 사건의 처리 기준(권고의견 제8호 2013. 9. 12.)

(v) 공정성 훼손 우려가 있는 이익 수령금지 및 법관 직위를 이용한 타인에 대한 특별한 이익 제공 금지, 개인적으로 교류하던 사람이 소송당사자가 된 사건의 재배당요구·회피(권고의견 제9호 2014. 9. 21.)

---

33) 미국변호사협회가 제정한 2007년 모범법관행위규범(Model Code of Judicial Conduct February 2007)(이하 "ABA 모범법관행위규범"으로 약칭함)의 Rule 1.3은 법관은 자신 또는 타인의 개인적 이익 또는 경제적 이익을 증가시키거나 타인으로 하여금 이를 허용하게 하기 위하여 법관직을 남용하여서는 안 됨을, Rule 2.1은 법관의 의무는 그의 사생활 및 법관이 아닌 활동보다 우선되어야 함을, Rule 2.11에서 공평성에 대하여 합리적인 의문이 드는 경우에는 사건을 회피하여야 함을 규정하였다.

1.2. 소송절차 차원의 이익충돌 규율

1.2.1 민사소송법

민사소송에서 법관이 5가지 사유[34] 중 하나에 해당하면 직무집행에서 제척된다(민사소송법 제41조). 제척은 재판의 공정성에 대한 국민의 신뢰를 보장하기 위하여 법관이 불공정한 재판을 할 우려가 있는 일정한 경우에 당연히 그 직무를 집행할 수 없도록 하는 것이다(대법원 2010. 5. 13. 선고 2009다102254 판결). 제척이유에 해당하지 않더라도 법관에게 공정한 재판을 기대하기 어려운 사정이 있는 때에는 당사자가 기피신청을 할 수 있고(민사소송법 제43조), 제척 또는 기피의 이유가 있는 경우 법관은 감독권있는 법원의 허가를 받아 회피할 수 있다(같은 법 제49조). 민사소송법의 위 조항들은 행정소송(행정소송법 제8조 제2항), 가사소송(가사소송법 제4조, 제12조), 비송사건(비송사건절차법 제5조)에도 준용된다.

1.2.2 형사소송법

형사소송에서 법관이 7가지 사유[35]의 하나에 해당하면 직무집행에서 제척된다(형사소송법 제17조). 형사소송에서 법관이 제척원인에 해당하거나 법관이 불공평한 재판을 할 염려가 있는 때에는 검사, 피고인 및 변호인(피고인의 의사에 반하지 않는 한)은 법관의 기피를 신청할 수 있고(같은 법 제18조) 법관은 회피하여야 하며 회피여부는 소속법원 합의부 또는 직근 상급법원이 결정한다(같은 법 제24조).

1.2.3 사무분담 및 사건배당에 관한 예규

「법관 등의 사무분담 및 사건배당에 관한 예규」[36]는 법관이 종전에 재직·소

---

34) 1. 법관 또는 그 배우자나 배우자이었던 사람이 사건의 당사자가 되거나, 사건의 당사자와 공동권리자·공동의무자·상환의무자의 관계에 있는 때
　　2. 법관이 당사자와 친족의 관계에 있거나 그러한 관계에 있었을 때
　　3. 법관이 사건에 관하여 증언이나 감정을 하였을 때
　　4. 법관이 사건당사자의 대리인이었거나 대리인이 된 때
　　5. 법관이 불복사건의 이전심급의 재판에 관여하였을 때(다른 법원 촉탁으로 직무 수행한 경우는 제외)
35) 1. 법관이 피해자인 때
　　2. 법관이 피고인·피해자의 친족 또는 친족관계가 있었던 자인 때
　　3. 법관이 피고인·피해자의 법정대리인·후견감독인인 때
　　4. 법관이 사건에 관하여 증인, 감정인, 피해자의 대리인으로 된 때
　　5. 법관이 사건에 관하여 피고인의 대리인·변호인·보조인으로 된 때
　　6. 법관이 사건에 관하여 검사·사법경찰관의 직무를 행한 때
　　7. 법관이 사건에 관하여 전심재판 또는 그 기초되는 조사·심리에 관여한 때

속한 법무법인 등[37])이 수임한 사건은 법무법인 등에서 퇴직·탈퇴한 날로부터 3년이 경과하기까지는 그 법관에게 배당하지 않는 것으로 정하고 있다(제10조3 제1항 제3호). 또한 "재판장이 자신 또는 재판부 소속 법관과 개인적인 연고관계가 있는 변호사의 선임으로 재판의 공정성에 대한 오해의 우려가 있다고 판단하여 재배당 요구를 한 때"에는 재배당을 할 수 있도록 하였다(제14조 제10호).

2. 이익충돌 규율 법규의 상호 연계의 필요성

2.1. 다양한 법규에 의한 이익충돌 규율과 상호 연계의 필요성

법관의 이익충돌 규율에 관한 기본 원칙은 여러 법규에 흩어져 있고 내용도 차이가 있다. 먼저 법관을 포함한 공직자 일반에게 적용되는 법률인 공직자윤리법, 부패방지권익위법 및 청탁금지법이 이익충돌에 관하여 일반적인 내용을 규정하고 있으나, 원론적인 조항이고 구체적인 규율은 미흡하다. 신인의무가 신인관계에 대하여 일반적으로 적용되는 법원리로 자리 잡은 영미와는 달리 그렇지 않은 우리 현행 법체계에서는 개별적 구체적으로 규율할 수밖에 없다. 이러한 점에서 법관윤리강령과 소송법규가 중요한 의미를 가진다.

법관윤리강령은 공정성을 강조하고 있으나(제3조 제1항) 이익충돌 상황에 관한 명시적인 언급은 없다.[38]) 권고의견은 "재판의 공정성과 청렴성에 조그마한 의심이라도 불러일으킬 수 있는 외관이나 상황을 만들어서는 안 된다"는 점을 여러 차례 강조하여(권고의견 제1호와 제9호) 이익충돌에 관한 기준을 제시하였으나 법규적 성격이 불명확하고 이익충돌 상황에서의 체계적인 법관 행동지침에는 이르지 못한다. 소송법상 제척 조항은 구체적으로 이익충돌 상황을 규율하고 있으나 이익충돌 발생시 법관의 행동에 관한 기본원칙을 제시하지 않았다.

법관의 기본적 임무는 재판이므로 우선 법관의 이익충돌에 대한 소송법적인 규율을 정비하고, 소송법에 규정하기 어려운 사항은 법관윤리강령 또는 행동규범 등 직업윤리 법규에 명시하여 상호 연계되도록 할 필요가 있다.

---

36) 재판예규 제1578호, 개정 2016. 4. 11 시행 2016. 5. 1.
37) 법무법인, 법무법인(유한), 법무조합(사실상 법무법인 또는 법무조합의 형태로 운영되는 법률사무소를 포함), 공증인가합동법률사무소 포함.
38) ABA 모범법관행위규범(주 33) Rule 1.3은 법관은 자신 또는 타인의 개인적 또는 경제적 이익을 증가시키거나 타인으로 하여금 이를 허용하게 하기 위한 법관직 남용 금지를, Rule 2.1은 법관의 의무는 그의 사생활 및 비법관 활동보다 우선되어야 함을, Rule 2.11에서 공평성에 대하여 합리적인 의문이 드는 경우에는 사건을 회피하여야 함을 규정하였다.

2.2. 소송법상 이익충돌 관련 기본원칙의 수립의 필요성

법관의 이익충돌에 관한 구체적인 규율은 소송법의 제척·기피·회피 제도로 이루어지고 있다. 특히 제척사유에 해당하면 법관이 당연히 직무집행에서 배제되고 그 위반은 상소와 재심 사유가 되는 등 제척의 소송법상의 효과는 매우 강력하다. 제척의 이러한 성격에 비추어 제척사유는 당연히 법관이 직무집행을 하지 않아야 할 정도로 명백한 경우를 열거한 것이고 유추·확대해서는 안 되는 것으로 보고 있다.[39] 제척 사유에 해당하지 않으면서도 재판의 공정성을 훼손할 우려가 발생하는 경우 법관을 직무에서 배제하기 위하여 기피·회피 제도를 두었다. 기피·회피사유로 규정된 "공정한 재판을 기대하기 어려운 사정"과 "불공평한 재판을 할 염려가 있는 때"가 추상적으로나마 법관의 재판 배제의 기준을 제시하고 있으나 이익충돌 상황에서 법관의 행동지침으로 기능하기는 어렵다.

법관이 불편부당하게 공정히 직무를 수행하고 사적인 이해관계에 영향을 받지 않아야 하며 그렇게 직무수행을 하지 못할 우려 또는 그러한 외관을 갖춘 경우에는 재판에서 배제되어야 한다는 원칙을 소송법에 정해 둘 필요가 있다. 이러한 원칙은 다른 구체적인 조항의 해석과 운영의 기본원리로 작동할 뿐 아니라, 예상하지 못한 유형의 이익충돌 상황에 대하여 적절히 대응할 수 있게 될 것이다. 법관의 공평성(impartiality)에 대한 합리적인 의문이 있는 경우 법관이 회피할 의무를 지도록 한 미국 연방법원법 조항(28 U.S.C. 455(a)[40])을 참고할 필요가 있다.

3. 법관의 회피의무의 유형별 구체화의 필요성

3.1. 법관의 회피의무

법관의 이익충돌을 규율하기 위한 소송법상의 제도가 제척·기피·회피이지만 제척은 당연히 직무집행에서 배제하고 상소 또는 재심의 사유가 된다는 점에서 재판의 공정성 훼손의 우려가 명백한 이익충돌 상황을 규율하는데 그치게 된

---

39) 이시윤, 신민사소송법(제8판), 박영사, 2014, 78쪽; 신동운, 신형사소송법(제5판), 법문사, 2014, 782쪽.

40) Any justice, judge, or magistrate judge of the United States shall disqualify himself in any proceeding in which his impartiality might reasonably be questioned. ABA 모범법관행위규범(주 33) Rule 2.11도 같은 취지. 28 U.S.C. 455(a) 도입의 의미는 이충상, "법관기피신청의 남용", 법조 제51권 제4호(2002), 68쪽. 회피의무 반영 과정은 정인진, "미국의 법관윤리전범에 관한 연구", 외국사법연수논집(9), 재판자료 제58집, 법원행정처(1992), 116-120쪽.

다. 제척사유에 해당하지 않는 이익충돌은 기피·회피 제도로 규율하게 된다. 기피사유가 있는 경우 회피하여야 한다고 규정한 형사소송법과는 달리 민사소송법 제49조는 "회피할 수 있다"라고 하여 민사소송법 학자들은 회피가 법관의 권능이지 의무가 아닌 것으로 보고 있다.[41] 그러나 제척·기피·회피 제도가 추구하는 목적을 생각해 보면 기피 사유가 있음에도 법관이 그 사건을 계속 담당하는 것은 타당하지 않다.[42][43] 재판의 공정성 훼손의 우려가 있으면 법관은 스스로 회피하여야 마땅하다.[44][45] 민사소송과 형사소송에서 법관의 회피를 달리 정할 이유는 없고 형사소송법과 같이 회피의무가 있음을 명백히 하는 것이 타당하다.

3.2. 회피의무 발생 사유의 유형별 구체화

3.2.1. 유형별 구체화의 필요성

법관이 이익충돌 상황에 있을 때 재판에서 배제되어야 하는 이유는 법관이 반드시 의도적으로 불공정한 재판을 할 것이기 때문이 아니다. 인간은 자신을 실

---

41) 김능환·민일영, 주석 민사소송법(I)(제7판), 2012, 제49조 주석(김상준 집필부분), 297쪽. 일본에서는 회피가 법관의 권능이라고 보는 것이 통설이지만 소송법상 회피의무가 있다고 보는 견해와 소송법상 회피의무는 없지만 법관으로서의 직무상 책무를 인정하는 것이 타당하다는 견해도 있다. 秋山幹男외, コンメンタール民事訴訟法 I (第2版追補版), 日本評論社(2014), 263쪽.

42) 이상수, 앞의 책(주 19), 459쪽.

43) 회피할 사건을 처리하여 징계된 사례로는 대법원공고 제2007-28호, 관보 제16526호 (2007. 6. 15).

44) 전차와 버스에서 라디오 틀기 허용여부가 문제된 사건에서 미국 연방대법원의 Frankfurter 대법관은 자신이 라디오 틀기의 피해자라서 회피하면서 판시한 내용을 참고할 만하다. "법관은 사건의 모든 면을 냉정하게 생각하고 사적인 감정을 억눌러야 한다. … 법관은 직무수행시 대체로 사적인 견해를 제쳐두는 것이 사실이다. 이는 법관이 훈련, 직업적 습관, 자기통제 및 맡은 의무에 대한 충성을 하게 하는 운좋은 연금술로 성취된다. 그러나 이성이 잘 모르는 감정의 무의식적인 영향을 통제하지 못함 또한 사실이다. 그러한 무의식적인 감정이 최종 판단에 작동할 수 있거나 또는 그렇게 작동한다고 다른 사람들이 믿도록 이끌 수 있다고 믿을 근거가 있는 경우 법관은 회피해야 한다. …여러 이유가 있지만, 기본적인 고려요소는 사법제도 운영이 실제로 불편부당할 뿐 아니라 불편부당하다고 보여야 한다는 것이다", Public Utilities Commission of District of Columbia v. Pollak 343 US 451, 466-467.

45) 1969년 미국 연방대법관 후보로 지명된 Clement Haynsworth는 항소법원 판사 재직시 이익충돌 상황에도 불구하고 회피하지 않은 것이 문제되어 미국 연방상원에서 승인을 받지 못하였다. Frank, John P., "Disqualification of Judges: In Support of the Bayh Bill", 35 Law and Contemporary Problems 43 (1970), p. 51.

제보다 더 도덕적이고 능력 있으며 더 많이 누릴 자격이 있다고 생각하고 이로 인하여 이익충돌을 잘 인식하지 못하고 이익충돌 상황에서의 판단을 잘 하기 어렵다는 것이 심리학 연구 결과이고,[46] 법관도 이러한 인지적 착각과 편향에서 자유롭지 못하다는 실증연구[47]도 있다. 법관이 의식적으로 행동하지 않아도 불공정한 재판을 할 수 있는 가능성이 있고,[48] 공중(公衆)이 보기에 불공정한 재판을 할 우려가 있다. 재판의 공정성 훼손의 우려가 있는 상황을 유형별로 미리 정해두고 회피하도록 하는 것이 재판의 공정성과 사법에 대한 신뢰를 증진시킬 보다 효과적인 방법일 것이다.

회피의무를 발생시키는 사유인 "공정한 재판을 기대하기 어려운 사정"과 "불공평한 재판을 할 염려"는 매우 추상적이다. 대법원 판시[49] 역시 추상적이다. 추상적인 조항만을 두고 있기 때문에 기피제도가 남용되어 소송지연책으로 악용될 수도 있고,[50] 실제 기피신청이 인용되는 경우는 매우 드물다.[51] 다른 한편 재판

46) Chugh, Dolly, Max H. Bazerman & Mahzarin R. Banaji, "Bounded Ethicality as a Psychological Barrier to Recognizing Conflicts of Interest", in Don A. Moore et. al. (ed.), *Conflicts of Interest: Challenges and Solutions in Business, Law, Medicine, and Public Policy*, Cambridge University Press (2005), pp. 74-95.

47) Guthrie, Chris, Jeffrey J. Rachlinski, and Andrew J. Wistrich, "Inside the Judicial Mind", 86 *Cornell Law Review* 777 (2000). Bassett, Debra Lyn, "Judicial Disqualification in the Federal Appellate Courts", 87 *Iowa Law Review* 1213 (2001), pp. 1248-1251는 미국 판례와 법학자들의 연구가 무의식적인 편견의 문제를 다루어 왔음을 지적한다.

48) 2004년 미국 연방대법원의 Scalia 대법관이 Cheney v. U.S. District Court 사건의 당사자인 체니 부통령과 사냥을 같이 다녔음에도 불구하고 회피를 거부하면서 서면(Memorandum of Scalia J.)으로 "문제는 … 내가 그 친구와 함께 사냥을 하고 정부 비행기로 그와 함께 가자는 초청을 받아들였다는 이유로 내가 공평하게 결정할 수 없다고 합리적으로 믿을 것인지 여부이다. 대법관이 그렇게 값싸게 매수될 수 있다고 생각하는 것이 합리적이라면, 이 나라는 내가 상상한 것보다 더 깊은 곤경에 빠져 있다"고 이야기하였다. 이에 대하여 Bazerman, Max H. and Ann E. Tenbrunsel, *Blind Spots: Why We Fail to Do What's Right and What to Do about It*, Princeton University Press, 2011, pp. 18-19은 "많은 부패와 비윤리적인 행동이 의도하지 않은 것이고 … 의도적 부패만을 규율하는 법은 사회를 보호하는데 별로 소용이 없다"고 하며 Scalia 대법관의 이야기가 이익충돌의 심리적 측면을 모르거나 무시한 것으로 비판하였다.

49) 대법원은 "당사자가 불공평한 재판이 될지도 모른다고 추측할 만한 주관적인 사정이 있는 때를 말하는 것이 아니고, 통상인의 판단으로서 법관과 사건과의 관계로 보아 불공정한 재판을 할 것이라는 의혹을 갖는 것이 합리적이라고 인정될 만한 객관적인 사정이 있는 때를 말하는 것"이라고 판시하였다(대법원 1993. 9. 27.자 93마1184 결정, 대법원 2001. 3. 21.자 2001모2 결정 등).

50) 대법원 2007. 6. 18. 자 2007아9 결정도 "기피신청의 원인이 매우 추상적으로 규정되어

의 공정성 훼손 우려 발생을 당사자가 파악하여 입증하기 어렵지만 당해 법관은
잘 알고 있으므로 회피하여야 마땅한 경우도 있다.[52] 이러한 경우 "공정한 재판
을 기대하기 어려운 사정"과 "불공평한 재판을 할 염려"라는 추상적인 기준만으
로는 법관의 행동지침으로 작동하기에 충분하지 않다. 물론 법관이 회피할 사유
가 없는데도 불구하고 직무를 소홀히 하는 수단으로 회피를 이용해서는 안 된
다.[53] 법관이 회피해야 할 경우를 유형별로 정하면 법관의 행동지침을 제시할 수

있어 법원의 소송진행 등에 대한 주관적인 불만이나 의혹에 지나지 않는 사유를 들어 재
판의 공정을 기대할 수 없는 사정이 있다고 주장하면서 기피신청을 하는 등 당사자의 소
송지연책으로 악용됨으로써 법관의 독립성이 침해되고 신속한 재판의 진행에 장애를 초
래할 위험도 내재"하고 있다고 판시하였고 소송지연만을 목적으로 하는 기피신청은 기
피당한 법관의 소속법원이 각하할 수 있다는 입장이다(대법원 1991. 12. 7.자 91모79 결
정, 대법원 1985. 7. 8. 선고 85초29(84도253) 판결, 대법원 1987. 3. 30.자 87모20 결정,
대법원 1991. 12. 7.자 91모79 결정 등).

51) 2013년부터 2015년까지 지방법원의 제척·기피 사건 처리 현황이다. 2014-2016 사법연감.

	민사 처리건수	민사 인용건수	형사 처리건수	형사 인용건수
2013년	837	0	136	0
2014년	925	1	136	2
2015년	708	0	221	0

이충상, 앞의 논문(주 40), 45쪽에 따르면 1980년부터 1989년까지 10년간은 민사사건 기
피신청 183건 중 22건이 인용되고, 형사사건 기피신청 87건 중 1건이 인용되었으며,
1990년부터 1999년까지 10년간은 민사사건 기피신청 659건 중 50건이 인용되고, 형사사
건 기피신청 120건 중 2건이 인용되었다. 또한 하정철, 앞의 논문(주 29), 641쪽에 따르
면 2008년부터 5년간 민사사건에서의 기피신청 1,593건 중 단 1건만이 인용되었고 형사
사건에서는 인용된 건이 한건도 없음을 지적하고, 인용률이 낮은 이유가 간이기각 제도
의 정착과 법관에 대한 위신 손상 방지 또는 재판의 신속성 추구에 있다는 견해를 제시
하였다.

52) 법관이 징계받은 사례와 징계없이 인사조치된 사례 중에는 법관이 재판에서 배제되었어
야 할 사례들이 발견된다. 법관이 친구의 소개로 알게 된 사람으로부터 설명을 듣고 서
류를 검토한 후 상대방이 제기한 사건을 진행하고 재판 전후에 그를 만나거나 전화통화
를 하여 정직 10월의 징계를 받은 사례(대법원 공고 제2007-28호, 관보 제16526호(2007.
6. 15)), 변호사 또는 사건 이해당사자와 식사 또는 골프를 친 사례 등이 그것이다. 박준,
"법관·검사 징계사례에 관한 연구", 서울대학교 법학 제55권 제2호, 서울대학교 법학연
구소(2014), 629-631쪽.

53) Frank, John P., "Disqualification of Judges: In Support of the Bayh Bill", 35 *Law and
Contemporary Problems* 43 (1970), p. 51은 "직무에서 배제되어야 하는(disqualified) 경
우에는 법관은 직무를 거부할 의무(duty to refuse to sit)를 지고, 직무에서 배제되어야
할 정당한 이유가 없는 경우 법관은 직무를 수행할 의무(duty to sit)를 똑같이 진다"는
점을 강조하였다.

있고 재판의 불공정성에 대한 염려를 크게 줄일 수 있을 것이다. 물론 이렇게 하더라도 실제 발생할 상황을 모두 정해 놓는 것은 불가능하다. 새로운 상황이 발생하였을 때는 재판의 공정성을 훼손할 우려가 있는지 그러한 우려의 외관을 형성하였는지 여부에 따라 판단할 수밖에 없다.

3.2.2. 유형별 구체화의 법규에의 반영

이익충돌시 소송법상의 규율과 직업윤리 법규상의 규율은 일관성을 유지하는 것이 바람직하다. 소송법상의 효과를 고려하여 소송법상의 규율을 제한적으로 하는 경우에도 소송법상의 규율과 직업윤리 법규상의 규율이 상호 연계되어야 한다.

아래 Ⅳ. 법관의 이익충돌 유형별 현행법규 검토에서 드러나는 여러 미비한 부분 중 이익충돌로 인하여 재판의 공정성을 훼손할 우려가 명백한 사유(예컨대, 법관 자신이 이해관계를 가지기 때문에 발생하는 이익충돌 중 재판의 공정성 훼손 우려가 명백한 유형과 법관의 가족·친지 등의 이해관계 때문에 발생하는 이익충돌 중 법관 자신의 이익충돌과 같은 정도로 규율할 필요가 있는 유형)를 제척사유로 추가할 필요가 있다. 제척사유에 반영되지 않는 이익충돌에 대하여는 소송법상으로는 회피의무에 관한 일반 조항을 두고 그 회피의무의 발생사유를 유형화하여 법관윤리강령 등에 법관의 행동규범으로 명시할 필요가 있다. 제척과는 달리 기피사유가 있음에도 불구하고 법관이 회피하지 않고 재판을 진행하여 판결하였다고 하여 그 판결의 파기 사유는 되지 않는 점[54]에서 회피의무의 유형별 구체화는 제척사유의 확대만큼 강력하지는 않겠으나 법관의 행동지침을 제시하고 위반 시에는 징계사유로 삼을 수 있다는 점에서 실효성이 있을 것이다. 최소한 지금까지 대법원 공직자윤리위원회의 권고의견으로 제시된 내용들은 모두 법관윤리강령 또는 행동규범으로 구체적으로 규정하여 법적 규범으로 만들 필요가 있다.

Ⅳ. 법관의 이익충돌 유형별 현행 법규 검토

1. 법관이 담당사건의 결과에 대하여 이해관계를 가지는 경우

1.1. 법관이 담당사건의 직접적 이해당사자인 경우

법관이 담당사건의 결과에 대하여 가장 직접적으로 이해관계를 가지는 경우

---

54) 이시윤, "법관의 제척·기피·회피", 고시연구(1976. 4), 42쪽.

는 법관이 당사자·피고인·피해자인 경우일 것이다. 소송대리인·변호인은 의뢰인과의 사이에서 고도의 신뢰관계를 형성하고 의뢰인의 위임목적을 최대한 달성할 의무를 진다는 점에서 의뢰인에 준하는 이해관계를 가진다고 볼 수 있다.[55] 법정대리인·후견감독인·상속재산관리인·파산관재인·회생관리인 또는 법인·단체의 대표자·지배주주(또는 주된 출자자·출연자)도 이와 유사한 지위에 있다. 법관이 이러한 지위에 있는 경우도 당사자인 경우에 준하여 규율할 필요가 있다.[56]

1.1.1. 현행 법규

이 유형은 Ⅲ.1.1.에 언급한 공직자윤리법 제2조의2, 부패방지권익위법 제7조, 법관윤리강령 제3조 제1항 등에 의하여도 규율된다고 할 수 있다. 그러나 이들 법규는 추상적인 조항만을 두고 있고 소송법이 보다 구체적으로 규율하고 있다.

이 유형의 많은 부분은 소송법상 제척사유에 해당한다(민사소송법 제41조 제1호, 제4호, 형사소송법 제17조 제1호, 제3호 부터 제5호).[57] 대법원은 "민사소송법 제41조 제1호 …에서 말하는 사건의 당사자와 공동권리자·공동의무자의 관계라 함은 소송의 목적이 된 권리관계에 관하여 공통되는 법률상 이해관계가 있어 재판의 공정성을 의심할 만한 사정이 존재하는 지위에 있는 관계를 의미하는 것"이라고 판시하여 재판의 공정성 훼손의 우려를 해석의 기준으로 삼았다.[58]

---

55) 법원행정처, 법관윤리, 2011, 40쪽은 변호사가 당사자의 대리인·변호인에 불과한 이상 당사자 그 자체와 동일시하는 것은 지나치다는 입장이다.

56) 이하 "(i) 담당사건의 당사자·피고인·피해자, (ii) 그 당사자·피고인·피해자의 소송대리인·변호인·법정대리인·후견감독인·상속재산관리인·파산관재인·회생관리인, (iii) 그 당사자·피고인·피해자가 법인·단체인 경우 그 대표자·지배주주(또는 주된 출자자·출연자)"를 "직접적 이해당사자"로 약칭한다.

57) 형사소송법 제17조는 법관이 피고인인 경우를 열거하고 있지 않으나, 법관이 피고인의 친족인 때를 제척사유로 규정한 같은 조문 제2호에 비추어 그러한 경우는 당연히 제척사유에 해당한다고 해석된다. 독일도 마찬가지다. 백형구·박일환·김희옥, 주석 형사소송법(I)(제4판), 2009, 제17조 주석(박일환 집필부분) 85쪽; Cohn, Sigmund A., "Judicial Recusation in the Federal Republic of Germany", 3 *Georgia Journal of International and Comparative Law* 18 (1973), p. 22.

58) 대법원 2010. 5. 13. 선고 2009다102254 판결. 이 대법원판결은 종중규약을 개정하는 종중 총회결의의 효력을 다투는 소송을 종중원인 법관이 담당한 사건에서 그 법관이 원고들과 공통되는 법률상 이해관계를 가진다고 볼 수 있어 민사소송법 제41조 제1호의 당사자와 공동권리자·공동의무자의 관계에 있는 자에 해당한다고 판시하였다. 이 판결에 대한 논의는 하정철, 앞의 논문(주 29); 이동률, 앞의 논문(2014)(주 28); 오상현, 앞의 논문(주 28).

1.1.2. 검토

법관이 당사자에 준하는 이해관계를 가진 경우에 대한 규율의 보완이 필요하다.

첫째, 법관이 당사자·피고인·피해자 등의 대리인·변호인인 경우를 살펴본다.

민사소송법 제41조 제4호에 규정된 "사건당사자의 대리인"은 당해 민사소송에서의 대리인만을 의미하는 것으로 보고, 당해 소송의 쟁점이 된 실체법상의 계약을 체결할 때 대리인이었던 경우는 위 조항에 해당하지 않고 다만 사정에 따라 기피사유가 될 수 있다고 해석되고 있다.[59] 대법원 2010. 5. 13. 선고 2009다102254 판결이 잘 판시한 바와 같이 제척제도는 재판의 공정성에 대한 국민의 신뢰를 보장하기 위한 것이고 법관이 불공정한 재판을 할 우려가 있는 일정한 경우를 유형화하여 당연히 법관을 재판에서 배제하기 위한 것이다. 일방 당사자를 위하여 소송의 쟁점이 된 실체법상의 계약 체결에 관여한 경우는 항상 재판의 공정성에 영향을 미치거나 또는 미칠 우려가 있는 외관을 형성하고 있다는 점에서 재판에서 배제되어야 할 필요가 있다. 당해 소송이 제기되기 전에 소송의 쟁점이 된 계약의 체결 시 대리인으로 관여한 경우도 포함되는 것으로 해석하는 것이 타당할 것이다.[60]

한편 형사소송법 제17조 제5호는 "사건에 관하여 피고인의 대리인, 변호인, 보조인으로 된 때"라고 하여 기소 전 단계에서 피의자의 대리인·변호인이었던 경우를 포함하지 않는 것처럼 보인다. 법관이 피고인의 변호인을 겸할 수는 없을 것이므로 "된 때"는 "이었던 때"를 포함한다고 보아야 합리적일 것이다. 그렇게 보지 않는다면 "법관이 사건에 관하여 피고인의 변호인이 된 때"는 적용될 경우를 찾아 볼 수 없는 조항이 될 것이다. 또한 형사소송에서는 민사소송(민사소송법 제41조 제4호: "사건당사자의 대리인 이었던 때" 제척됨)과는 달리 규율하는 것이 될텐데 그렇게 달리 규율할 특별한 이유는 없다. 당해 사건에 관하여 "검사·사법경찰관의 직무를 행한 때" 제척되는 것과도 균형이 맞지 않는다. 법관이 당해 사건의 기소 전 단계에서 검사 또는 변호인의 어느 지위에서든 관여한 경우에는 재판에서 배제되어야 한다.[61] 예단을 배제하여 재판의 공정성을 확보하기 위함이다. 마

---

59) 김능환·민일영, 앞의 책(주 41), 제49조 주석(김상준 집필부분), 279쪽.

60) 미국 연방법원법(28 U.S.C. 455(b)(1))은 분쟁의 사실관계에 관하여 개인적으로 알고 있거나 당사자에 대한 개인적 편견을 가진 때 법관이 회피할 의무를 지도록 하였다.

61) 독일 형사소송법(Strafprozeßordnung)은 제척사유에 변호인 또는 피해자의 변호사이었던

찬가지로 형사소송법 제17조 제4호는 피해자의 "대리인으로 된 때"로 규정하였으나, 법관이 피해자의 대리인이었던 경우도 재판에서 배제되어야 한다. 형사소송법 제17조 제4호와 제5호의 문리해석상 위와 같은 해석을 할 수 없다면 "이었던 때"를 포함하는 것으로 개정되어야 한다.

둘째, 민사소송법·형사소송법은 법관이 담당한 사건의 당사자·피고인·피해자가 법인·단체이고 법관이 그 대표자 또는 지배주주(또는 주된 출자자·출연자)인 경우에 대하여는 아무런 언급이 없다. 입법당시에는 이러한 상황의 발생을 예상하지 못한 것으로 보인다. 실제 이러한 상황이 발생하기는 쉽지 않겠으나 비영리단체의 대표를 법관이 맡는 경우는 충분히 있을 수 있으므로 이러한 상황은 법관 본인이 당사자·피고인·피해자인 경우와 동일하게 규율할 필요가 있다.

1.2. 법관이 다른 지위에서 담당사건에 관여한 경우

대표적인 예가 법관이 전심, 관련 수사 또는 행정처분에 관여한 경우이다. 법관이 담당사건의 증인·감정인인 경우 그 지위가 법관으로서의 지위에 영향을 줄 수 있다는 점에서 전심 관여와 유사한 이익충돌이 발생한다.

1.2.1. 현행 법규

공직자윤리법, 부패방지권익위법, 법관윤리강령의 조항들이 이 유형도 규율한다고 할 수 있으나, 이들 법규는 추상적인 조항을 두고 있을 뿐이다.

소송법은 법관으로서 전심에 관여한 경우 및 형사사건에서 검사·사법경찰관으로 직무를 행한 경우를 제척사유로 규율하고 있다. 민사소송법은 "이전 심급의 재판에 관여하였을 때"(제41조 제5호), 형사소송법은 "전심재판 또는 그 기초되는 조사, 심리에 관여한 때"(제17조 제7호)와 "검사 또는 사법경찰관의 직무를 행한 때"(제17조 제6호) 제척되도록 하고 있어서 범위가 다르다. 또한 행정처분에 관여한 경우에 대하여는 아무런 언급이 없으므로 기피·회피에 의존하게 된다. 한편 민사소송법은 법관이 "증언·감정을 하였을" 때(제41조 제3호), 형사소송법은 법관이 "증인·감정인이 된" 때(제17조 제5호) 제척되도록 하고 있어서 차이가 있다.

때임을 명시하였다(제22조 제4호). "이전에 피의자를 위하거나 혹은 반대하여 업무를 행한 자는 더 이상 재판에 참여하지 말아야" 함을 의미한다. 김환수외 공역, Klaus Volk의 형사소송법, 박영사, 2009, 246쪽.

1.2.2. 검토

(1) 전심재판에 관여한 경우

전심 등에 관여한 법관이 다시 사건을 담당하지 못하게 하는 취지는 통상 전심 관여로 가질 예단을 배제하여 재판의 공정성을 기하고 전심에 관여한 법관이 다시 재판하면 심급제도가 무의미하게 됨을 방지하는데 있다고 설명된다.[62] 이익충돌 관점에서 보면 법관이 전심 등에서 행한 자신의 종전의 판단에 정당성을 부여할 개인적 이해관계가 있고 이는 공정하게 재판할 법관의 임무와는 충돌하게 된다.

그런데 민사소송법("이전 심급의 재판에 관여")과 형사소송법("전심재판 또는 그 기초되는 조사, 심리에 관여"와 "검사 또는 사법경찰관의 직무 수행")은 제척사유의 범위에서 차이를 두고 있고, 이러한 차이는 실제 제척 여부에 큰 영향을 미치고 있다. 형사소송에서는 제1심 재판에서 피고인에 대한 유죄의 증거로 사용된 증거를 조사한 법관은 전심재판의 기초가 되는 조사, 심리에 관여하였으므로 항소심 재판에 관여할 수 없다(대법원 1999. 10. 22. 선고 99도3534 판결). 그러나 민사소송에서는 법관의 제척원인이 되는 전심관여는 "최종변론과 판결의 합의에 관여하거나 종국판결과 더불어 상급심의 판단을 받는 중간적인 재판에 관여함을 말하는 것이고 최종변론 전의 변론이나 증거조사… 등에 관여한 경우는 포함되지 아니한다"(대법원 1997. 6. 13. 선고 96다56115 판결)고 하여 전심 관여 법관을 제척하는 취지 중 심급제도의 측면만 강조되고 있는 것 같다.[63] 그러나 대법원 2010. 5. 13. 선고 2009다102254 판결이 판시한 바와 같이 제척제도는 "재판의 공정성에 대한 국민의 신뢰를 보장하기 위한 제도"로서 "법관이 불공정한 재판을 할 우려가 있는 일정한 경우 당연히 그 직무를 집행할 수 없도록 하는" 것이므로 예단 배제를 더 비중 있게 고려하여야 한다.[64] 민사소송과 형사소송에서 예단 배제의 필요성의 범위가 달라져야 하는 이유는 찾기 어렵다. 현행 민사소송법 제41조 제5호가 형사

---

62) 이시윤, 앞의 책(주 39), 79쪽.

63) "법관이 사건에 관하여 불복신청이 된 전심재판에 관여하였던 때라 함은 당해 사건에 관하여 하급심재판에 관여한 경우를 말하며 당해 사건의 사실관계와 관련이 있는 다른 형사사건에 관여한 경우는 이에 해당하지 아니한다"고 판시한 대법원 1985. 5. 6. 자 85두1 결정도 전심재판 관여한 법관을 배제하는 취지를 심급제도에서 찾기 때문인 것으로 보인다. 이재상, "법관의 제척·기피·회피", 사법행정 제27권 제1호, 한국사법행정학회 (1986. 1), 51-52쪽도 대법원 판결과 같은 취지.

64) 하정철, 앞의 논문(주 29), 646쪽도 같은 취지.

소송법 제17조 제7호와 달리 규정되어 있기 때문에 위와 같이 판시한 것이라면 민사소송법의 제척 조항을 개정할 필요가 있다.

(2) 중재 또는 행정처분에 관여한 경우

전심에 관여한 경우뿐 아니라 법관이 담당사건의 전제가 되는 중재에 관여하였거나[65] 담당사건의 중요한 기초를 이루는 행정처분에 관여한 경우도 이러한 개인적인 이해관계를 가진다는 점에서는 차이가 없다. 이러한 경우 재판의 공정성에 대한 의문이 생길 수 있으므로 전심 관여 또는 수사 관여와 같이 취급할 필요가 있다. 법관이 임용전에 입법에 관여하였고 그 법률이 적용되는 사건을 담당하는 경우에는 그 입법이 그 당사자에게만 적용되도록 한 것이 아닌 한 전심 관여와 같은 상황이 된다고는 할 수 없다.[66][67]

우리나라와 법제가 근본적으로 다른 국가에서 발생한 것이기는 하지만, 법관이 그 담당사건의 중요한 기초를 이루는 입법 또는 행정처분에 관여한 것이 재판의 공정성을 훼손하거나 훼손할 우려가 있다고 하여 공평한 법원의 재판을 받을 권리를 규정한 유럽인권협약 제6조 제1항[68]을 위반하였다고 판시한 유럽인권재판소의 판결들[69][70]을 참고할 만하다.

---

65) 예컨대 중재판정의 효력을 다투거나 중재판정의 집행을 구하는 사건을 맡은 법관이 중재인·대리인으로 그 중재에 관여한 경우.

66) 독일 헌법재판소법 제18조 제3항 제1호는 입법관여가 헌법재판관의 제척사유가 아님을 명시하였다.

67) 영국의 Lord Chancellor가 사법부의 수장, 상원의 입법위원회 의장 및 내각의 구성원 등의 여러 직위를 가지고 있었으나, 2005년 헌법개혁법(Constitutional Reform Act 2005)으로 Lord Chancellor가 더 이상 법관의 역할을 하지 않게 된 것도 유럽인권협약에서 요구하는 재판의 독립성과 공정성에 대한 문제를 해소하는 측면이 있다. Andrews, Neil, Judicial Independence: The British Experience in Shimon Shetreet and Christopher Forsyth, The Culture of Judicial Independence (2012), pp. 363-364.

68) 주 1.

69) Procola v. Luxembourg — 14570/89 [1995] ECHR 33 (28 September 1995)에서 유럽인권재판소는 행정명령에 관여한 사람이 법관으로 재판한 것은 유럽인권협약 제6조 제1항 위반이라고 판시하였다. 이 사건은 "우유마케팅증진을 위한 농업협회"(Procola)가 룩셈부르크의 우유 쿼타제도 관련 행정명령에 대한 사법심사를 룩셈부르크 국무원(Conseil d'Etat)의 사법위원회에 신청하였으나, 그 행정명령 초안에 대한 국무원의 의견 작성에 참여한 4명을 포함한 5명으로 구성된 사법위원회는 신청을 기각한 건이다. 유럽인권재판소는 사법위원회 위원들이 종전에 제시한 의견에 얽매일 수 있다고 Procola가 우려할 정당한 근거가 있고 이는 재판의 공정성(impartiality)을 충분히 훼손하는 것으로 보았다.

70) Mcgonnell v. The United Kingdom — 28488/95 [2000] ECHR 62 (8 February 2000)에서 유럽인권재판소는 입법에 관여한 사람이 법관으로 재판한 것은 유럽인권협약 제6조 제1항

(3) 증인·감정인으로 관여한 경우

법관이 맡은 사건에서 그 법관이 증언이나 감정을 한 경우에는 그는 소송절차에 따른 증거조사를 통하지 않고 다른 경로로 지득한 정보로 심판할 우려가 있고 아울러 자신의 증언·감정을 중시할 수 있다는 점에서 법관의 지위와 충돌된다. 소송법은 법관 자신이 증인·감정인이 된 경우만을 제척사유로 삼고 있으나 법관이 중요한 증인·감정인의 대리인이었던 경우에도 자신이 증인·감정인이었던 경우에 못지않게 영향을 받을 수 있다. 이는 법관이 당사자·피고인·피해자의 대리인·변호인이었던 경우 재판에서 배제되어야 하는 이유와 마찬가지라고 할 수 있다. 법관이 동일한 법적 쟁점을 가진 다른 당사자 사이의 다른 사건을 재판한 것은 법률적 견해를 나타낸 것에 불과하므로 이 글에서 다루는 이익충돌에 해당하지는 않는다.[71]

1.3. 법관이 담당사건의 결과에 대해 경제적 이해관계 등을 가지는 경우
1.3.1. 현행 법규

이 유형 중 주식보유는 공직자윤리법이 규율한다. 일정한 공직자는 직무관련성이 없다고 인정되지 않는 한 보유 주식을 매각하거나 주식백지신탁을 해야 한다(제14조의4 이하). 이 조항은 등록재산을 공개해야 하는 고등법원 부장판사급 이상에게만 적용되므로 그 이외의 법관의 주식 보유에 따른 사적 이해관계를 규율하지 못한다. 그 밖에 법관이 담당사건의 재판 결과에 대해 개인적으로 경제적·비경제적 이해관계를 가지는 경우에 대해 특별히 정한 것은 없고, 공직자윤리법,

---

위반이라고 판시하였다. 이 사건은 원고가 영국의 건지(Guernsey) 소재 토지를 주거용으로 사용하기 위한 신청을 하였으나 섬개발위원회(IDC)는 건지의 의회(States of Deliberation)에서 1990년 채택한 개발계획(DDP6)에 위반한다는 이유로 기각하였고, 원고는 법원(Royal Court)에 제소하여 IDC의 결정을 다투었으나 법관인 베일리프(Bailiff)와 사실관계를 정하는 기능을 하는 7명의 일반인 배심원(Jurat)으로 구성된 재판부는 1995년 원고의 청구를 기각하였다. 그런데 재판을 담당한 베일리프는 의회에서 DDP6 채택시 副베일리프(Deputy Bailiff)로서 회의를 주재하였다. 유럽인권재판소는 이 사건이 Procola v. Luxembourg (28 September 1995)(주 69) 사건과 유사하다고 지적하고, 입법시 회의를 주재한 사실만으로도 재판의 공정성에 의혹이 제기될 수 있고, 법관이 DDP6 채택에 참여한 것에 의한 영향을 받을 수 있다고 원고가 우려할 정당한 근거가 있으며 이는 재판의 공정성을 충분히 훼손하는 것으로 보았다.

71) 대법원 1993. 6. 22. 선고 93재누97 판결은 "법관이 다른 당사자 사이의 동일한 내용의 다른 사건에서 당사자에게 불리한 법률적 의견을 표시하였다는 사정은 … 기피의 원인에 해당하지 아니"한다고 판시하였다.

부패방지권익위법, 법관윤리강령의 일반조항들이 추상적으로 규율하고 있을 뿐이다.

민사소송법은 법관이 당사자와 공동권리자·공동의무자·상환의무자의 관계에 있으면 제척되도록 하였을 뿐(제41조 제1호), 담당사건에 관하여 가지는 다른 경제적 이해관계에 대한 명시적인 규율은 하지 않고 있다. 형사소송법도 이 유형에 대하여 아무런 언급을 하지 않고 있다. 기피·회피 제도에 의존하고 있다.

1.3.2. 검토

법관이 담당사건의 직접적 이해당사자가 아니어도 재판 결과에 대해 개인적으로 이해관계를 가지는 경우에는 재판의 공정성에 대한 우려가 있다. 미국 연방법원법(28 U.S.C. § 455(d)(4))은 법관의 부적격을 초래하는 재무적 이익(financial interest)이란 "아무리 작더라도 법적 또는 형평법상의 이익의 소유,[72] 또는 이사, 조언자 기타 당사자의 업무에 능동적인 참여자로서의 관계"를 의미하는 것으로 정의한다. 다만 (i) 증권에 투자하는 집합투자펀드를 보유한 경우, (ii) 증권을 보유하는 교육, 자선 단체에서 직위를 맡고 있는 경우, (iii) 상호보험회사의 보험계약자로서의 지위, 상호저축은행의 예금자 지위가 있는 경우 및 (iv) 정부가 발행한 증권을 소유한 경우는 일정한 조건[73]하에 부적격을 초래하는 재무적 이해관계에서 제외된다. 미국에서 집단소송의 집단에 속하는 경우 부적격 사유에 해당하는지는 사안에 따라 다른 판결이 나오고 있고,[74] 간접적·우발적 이해관계는 부적

---

72) ABA 모범법관행위규범(주 33) Rule 2.11은 경제적 이익(economic interest)이라는 용어를 사용하였고, 그 용어는 공평성에 합리적인 의문을 일으키지 않을 정도로 사소함(de minimus)을 넘는 법적 또는 형평법상 이익의 소유를 의미하는 것으로 정의하였다.

73) 집합투자펀드를 법관이 운용하는 경우에는 법관의 부적격을 초래하는 재무적 이해관계에 포함되며, 상호보험회사의 보험계약자 또는 상호저축금융업자의 예금자로서의 지위를 가지는 경우 및 정부증권을 소유한 경우 소송의 결과에 의하여 그 지위 또는 증권의 가치가 상당히 영향을 받는다면 부적격을 초래하는 재무적 이해관계에 포함된다.

74) Geyh, supra note 3, p. 62는 집단소송의 집단구성원으로 추정되는 경우가 부적격을 초래하는 재무적 이해관계에 해당한다고 본 판례로 Tramonte v. Chrysler Corporation, 136 F.3d 1025 (5th Cir. 1998)와 Gordon v. Reliant Energy, Inc., 141 F. Supp. 2d 1041 (S.D. Cal. 2001)를, 부정적으로 본 판례로 In Re Virginia Electric and Power Company, 539 F.2d 357 (4th Cir. 1976)(이 사건은 전력회사가 원자력발전소용 기자재의 하자로 인한 손해배상을 청구한 소송이고 전력회사가 승소하는 경우 전력소비자들에게 요금을 반환할 수 있었으나 그것은 법적·형평법적 이익이 아닌 우발적인 이익에 불과하다고 봄)과 Berthelot v. Boh Bros. Const. Co., L.L.C. 431 F. Supp.2d 639 (E.D. La. 2006)(태풍 카트리나로 입은 손해를 지방정부 등에게 청구하는 집단소송에서 그 지역 법관이 자신은 카트

격 사유에 해당하지 않는다.[75] 영국 법관행위가이드상 법관이 담당사건의 결과에 대해 중대한 재무적 이해관계(significant financial interest)를 가진 경우에는 재판에서 배제된다.[76]

경제적 이해관계의 전형적인 예는 당사자·피고인인 회사의 주식을 보유한 경우이다.[77] 법관이 당사자·피해자인 회사의 주식을 보유하고 있는 등 사건의 결과에 경제적 이해관계를 가지는 경우 재판에서 배제되는 원칙을 명확히 할 필요가 있다. 법관이 담당사건을 담당하기 이전부터 재판의 공정성을 훼손하거나 훼손할 우려가 있는 외관을 형성하는 경제적 이해관계를 가지는 경우뿐 아니라, 사건 계속 중에 그러한 경제적 이해관계를 새로 형성하는 경우도 마찬가지다. 즉 어느 회사가 당사자인 사건을 담당한 법관이 그 사건 계속 중에 그 회사의 주식을 취득한 경우도 사건 담당 이전부터 주식을 보유한 경우와 차이가 없이 그 법관은 그 사건의 재판에서 배제되는 것이 타당할 것이다.[78]

재판의 공정성 훼손에 대한 우려는 주로 법관이 담당사건의 결과에 대하여 경제적 이해관계를 가지는 경우 제기되지만, 비경제적 이해관계도 경제적 이해관

리나로 입은 경제적 피해가 없고 카트리나로 인한 불편함은 일시적이고 매우 작은 것이었다고 하며 법관의 부적격을 초래하는 재무적 이해관계가 없다고 함)를 들었다.

75) Geyh, supra note 3, pp. 61-62에 소개된 여러 판례들 중 대표적인 것으로는, 석유회사의 가격고정행위를 다룬 경쟁법 사건에서 법관이 그 지역의 주민으로서 소송결과에 영향을 받는다고 하더라도 그것은 너무 간접적이고 우발적이어서 28 U.S.C. §455(d)(4)의 재무적 이해관계에 해당하지 않는다고 보았다. In re New Mexico Natural Gas Antitrust Litigation, 620 F. 2d 794 (10th Cir. 1980).

76) 단락 3.8, Judiciary of England and Wales, Guide to Judicial Conduct 2016, p. 11.

77) Geyh, supra note 3, p. 60은 법관이 당사자 회사가 발행한 주식을 1주라도 가지고 있으면 부적격 사유에 해당한다고 하였다. Hammond, supra note 17, pp. 12-13, 21-23은, 영국의 Dimes v Grand Junction Canal (1852) 판결로 영연방국가에서 어떠한 직접적인 금전적 이해관계라도 법관의 부적격 사유가 된다는 원칙이 확립되어 당사자 회사의 주식을 1주만 가지고 있어도 부적격 사유가 된다고 하겠으나, 최근 뉴질랜드 등 일부 영연방국가에서는 사소한 것(de minimus)에 대한 예외를 인정하는 판결도 있음을 지적하였다. 방갈로어 법관행위원칙은 법관이 담당사건에 관련된 상장회사의 주식 1% 이하를 소유한 경우에는 소규모이므로, 그 주식이 법관에게 중요한 것이 아닌 한, 통상 법관의 부적격을 초래하는 이해관계로 보지 않는다. Judicial Integrity Group, supra note 20, p. 57.

78) 1969년 미국 연방대법관으로 지명된 Clement Haynsworth가 회피하지 않은 것이 문제되어 상원에서 승인이 부결될 때 문제된 사건 중 하나는 그를 포함한 3인의 재판부가 사건 당사자 회사에게 유리한 판결을 하기로 결정한 후(1967. 11. 10). 그가 회사의 주식을 매입하였고(1967. 12. 20), 그 후 판결문 초안이 작성되어 그가 서명하여 공개한(1968. 2) 건도 있다. Frank, supra note 53, p. 56.

계만큼 공평한 판단에 영향을 줄 수 있는 경우가 있을 수 있다. 영미에서는 전통적으로 법관이 재무적 이해관계를 가진 경우만 규율해 왔고 법관들이 재무적 이해관계를 가진 경우에는 잘 회피하지만 다른 가능한 편견에 관하여는 그렇지 않다고 한다.[79] 재무적 이해관계에 관한 객관적 기준을 세우기는 쉽지만 그 밖의 이해관계는 그렇지 않다는 점이 지적된다.[80] 비경제적 이해관계를 가지는 경우의 예로는 법관이 담당사건의 직접적 이해당사자인 비영리법인의 임원인 경우,[81] 직접적 이해당사자가 법관의 승진·보직에 영향을 줄 수 있는 경우 등이 있을 수 있다.[82] 비경제적 이해관계는 유형화하기 쉽지 않을 것이므로 결국 재판의 공정성 훼손의 우려 및 그러한 외관 형성 여부를 기준으로 구체적인 사실관계를 검토하여 판단하여야 할 것이다.

이익충돌 상황에서 재판한 경우에는 국민의 눈으로는 재판의 공정성에 대한 의혹을 지울 수 없고 사법에 대한 신뢰가 훼손될 수 있으므로 법관이 담당 사건의 결과에 따른 자신의 경제적·비경제적 이해관계를 잘 몰랐다는 이유로 이익충돌 상황에서 재판을 계속 진행하도록 내버려두어서는 안 된다. 법관은 자신의 재무적 이해관계를 파악할 의무를 지도록 한 미국 연방법원법(28 U.S.C. 455(c) 전단)[83]과 방갈로어 법관행위원칙(원칙 4.7)[84]을 참고할 필요가 있다.

---

79) Bassett, supra note 47, pp. 1223, 1242.

80) Id.

81) 칠레 독재자 피노체트 사건을 재판한 영국 대법관 Hoffman이, 그 사건에 소송참가한 국제사면위원회(Amnesty International)의 활동을 지원하는 Amnesty International Charity Limited의 이사 겸 의장이었음이 판결 후에 드러났다. 피노체트의 면책특권 유무를 다루는 소송에서 Hoffman이 비금전적 이해관계를 가지고 있으므로 재판에서 배제되었어야 한다고 보아 Hoffman이 관여한 판결이 취소되었다. R v Bow Street Metropolitan Stipendiary Magistrate, ex p Pinochet (No 2) [1999] UKHL 1. 이에 관한 논의는 Hammond, supra note 17, pp. 26-27.

82) Geyh, supra note 3, p. 24에 따르면 미국의 법원은 (i) 법관의 부적격(disqualification)을 초래하는 '법관과 당사자간의 개인적인 관계'와 (ii) 부적격 사유로 인정하기 불충분한 정치, 종교, 기타 소속관계를 구별한다. 후자의 예로는 일방 당사자와 같은 종교를 가진 경우와 같은 정당에 소속된 경우 각각 법관의 부적격 사유가 되지 않는다고 한 Bryce v. Episcopal Church in the Divorces of Colorado, 289 F.3d 648 (10th Cir. 2002)과 Higganbotham v. Oklahoma, 328 F.3d 638 (10th Cir. 2003)를 들었다.

83) ABA 모범법관행위규범(주 33)의 Rule 2.11(B)도 같은 취지.

84) The Judicial Integrity Group, supra note 20, p. 98.

2. 법관이 담당사건의 이해관계자와 특별한 관계에 있는 경우

2.1. 법관의 배우자·친족이 담당사건의 결과에 대한 이해관계를 가지는 경우
2.1.1. 현행 법규

부패방지권익위법에 따른 「법관 및 법원공무원 행동강령」은 직계 존·비속과 배우자 등 일정한 친족이 관여된 경우의 처리를 규정하고 있고,[85] 법관윤리강령은 이 유형에 대하여 명시적인 조항을 두지 않고 있으나, 권고의견은 다음과 같이 법관의 가족·친족이 변호사로 근무하는 법무법인이 수임한 사건을 회피할 것을 권고하였다(권고의견 제8호 2013. 9. 12).

(i) 배우자·2촌 이내의 친족이 변호사로 근무하는 법무법인이 수임한 사건은 처리하지 않는 것이 바람직.

(ii) 3·4촌 친족이 변호사로 근무하는 법무법인이 수임한 사건은 원칙적으로 처리하지 않는 것이 바람직. 다만 그 친족이 담당변호사가 아니고 고용관계에 있는 소속변호사인 경우 제반 사정을 종합적으로 고려하여 공정성에 대한 우려가 없는 경우는 제외.

(iii) 4촌이 넘는 친족이 법무법인의 담당변호사인 경우 그 법무법인이 수임한 사건은 처리하지 않는 것이 바람직.

(iv) 4촌이 넘는 친족이 법무법인의 담당변호사가 아닌 구성원변호사인 경우 그 법무법인이 수임한 사건은 처리하지 않는 것이 바람직. 다만 제반 사정을 종합적으로 고려하여 공정성에 대한 우려가 없는 경우는 제외.

(v) 4촌이 넘는 친족이 법무법인의 담당변호사가 아니고 소속변호사인 경우 제반 사정을 종합적으로 고려하여 공정성에 대한 의심이 예상되는 경우에는 처리하지 않는 것이 바람직.

한편 민사소송법은 법관의 배우자나 배우자였던 사람이 당사자가 되거나 당사자와 공동권리자·공동의무자 또는 상환의무자의 관계에 있거나(제41조 제1호), 법관의 친족[86]이나 친족 관계에 있던 사람이 당사자인 경우(제41조 제2호)를 제척

---

85) 구체적인 내용은 주 31.

86) 친족은 배우자, 8촌 이내의 혈족, 4촌 이내의 인척이다(민법 제777조). 이시윤, 앞의 책

사유로 열거하고 있다. 형사소송법은 피고인·피해자가 법관의 친족이거나 친족 관계가 있었던 사람일 경우 제척사유로 규정하고 있다(제17조 제2호).

2.1.2. 검   토

(1) 규율대상인 인적 범위와 이해관계 범위의 관계

이 유형의 이익충돌을 어느 범위까지 규율할 것인가는 (i) 규율대상인 가족· 친족의 범위를 어디까지로 할 것인지와 (ii) 그 가족·친족이 어떠한 이해관계를 가진 경우를 규율할 것인지의 양면에서 생각하여야 한다. 민사소송법·형사소송 법의 제척조항이 적용되는 인적범위는 넓은 반면, 규율대상인 이해관계의 범위는 좁고 형사소송법은 친소관계에 관계없이 동일하게 취급하고 있다. 이와는 달리 권고의견은 친소관계에 따라 규율되는 범위를 순차적으로 달리 정하고 있어 상당 히 합리적인 접근방법을 채택하였다. 가족·친족의 이해관계로 인하여 재판의 공 정성이 훼손될 우려가 얼마나 있는가에 따라 재판 배제의 범위를 결정할 필요가 있다. 이러한 관점에서 보면, 법관의 배우자, 직계 존·비속, 배우자의 직계 존·비 속, 같이 거주하는 친족의 이해관계는 법관 자신의 이해관계와 같은 정도로 재판 의 공정성을 훼손할 우려 또는 그러한 외관을 갖추었다고 보는 것이 합리적이다. 이 범위의 친족의 이해관계로 인한 이익충돌은 법관 자신의 이해관계로 인한 이 익충돌과 같은 정도로 규율하는 것이 바람직할 것이다. 이 범위를 넘어 어느 정 도의 친족의 이해관계까지를 규율할 것인지는 더 논의가 필요할 것이다.

권고의견은 가족·친족이 법무법인의 변호사인 경우만을 언급하고 있어서 이 익충돌 유형의 일부분만을 규율하고 있고, 「법관 및 법원공무원 행동강령」의 규 율범위도 넓지 못하다. 아래에서는 민사소송법·형사소송법의 제척조항이 적용되 는 이해관계의 범위와 인적 범위를 나누어 살펴본다.

(2) 이해관계의 범위

배우자·가족·친족이 가지는 이해관계는 (가) 직접적 이해당사자인 경우, (나) 전심재판 또는 담당사건의 중요한 기초를 이루는 입법 또는 행정처분에 관여하거 나 증인·감정인으로 관여한 경우, (다) 소송의 결과에 대하여 경제적·비경제적 이해관계를 가지는 경우로 나누어 볼 수 있다. 민사소송법·형사소송법의 제척조

(주 39), 78쪽. 민사소송법 제41조 제2호의 친족을 민법 제777조와 제767조 중 어느 조항 에 따라 정할 것인지에 대한 논의는 이동률, 앞의 논문(2011)(주 28), 67-68쪽; 하정철, 앞 의 논문(주 29), 645-646쪽.

항은 이 글에서 정의한 직접적 이해당사자 중 매우 작은 범위의 이해당사자인 경우만을 규율하고 있고 (나), (다)의 상황은 전혀 규율하고 있지 않다.

1) 직접적 이해당사자인 경우

우선 법정대리인·소송대리인은 민사소송법 제41조의 당사자에 해당하지 않아 법관의 배우자가 당사자의 대리인이어도 제척사유가 아닌 것으로 해석되고 있다.[87] 형사소송에서도 법관의 배우자·친족이 피고인의 변호인 또는 피해자의 대리인인 경우는 제척사유에 포함되어 있지 않다. 법정대리인·소송대리인·변호인은 본인·의뢰인과 고도의 신뢰관계 하에서 본인·의뢰인의 이익을 적극적으로 추구한다는 점에서 본인·의뢰인과 같은 정도의 이해관계를 가지고 있다고 할 수 있다. 법관이 당사자·피고인·피해자와 일정한 범위의 친족관계에 있음을 이유로 제척되어야 한다면 당사자 등의 소송대리인·변호인·법정대리인과 같은 범위의 친족관계에 있는 경우에도 재판의 공정성 훼손의 우려가 크다고 해야 할 것이다. 이러한 경우 현행 법률상으로는 법관의 회피를 기대하고 있을 뿐이나,[88] 공정한 재판이 기대되는 상황을 생각하기 어렵다면 제척사유로 삼거나 회피의무가 있음을 명확하게 할 필요가 있다.

재판의 공정성에 대한 우려를 불식시킨다는 점에서, 법관의 배우자와 2촌 이내의 친족이 변호사로 근무하는 법무법인이 수임한 사건은, 재판의 공정성에 대한 우려를 낳을 수 있는 외관이 형성되었으므로, 처리하지 않는 것이 바람직하다고 하고, 법관의 3촌 이상의 친족이 변호사로 근무하는 법무법인이 수임한 사건도 변호사의 지위(담당변호사인가 소속변호사인가)와 촌수에 따라 법관이 사건을 처리하지 않는 것이 바람직한 경우를 명시한 대법원 공직자윤리위원회의 권고의견은 상당히 설득력이 있다. 이와 유사한 내용을 제척사유에 반영하거나 또는 회피의무의 유형화에 포함시키는 것이 바람직하다. 권고의견은 배우자·친족이 변호사로 근무하는 법무법인이 수임한 사건에 대해서만 언급하고 있으나 배우자·친족이 변호사로 직접 수임한 사건도 마찬가지로 취급해야 한다.[89]

---

87) 김능환·민일영, 앞의 책(주 41), 제41조 주석(김상준 집필부분), 277-278쪽.

88) Id., 278쪽은 법관의 배우자가 민사소송법 제41조 제3, 4, 5호의 제척원인에 해당하게 된 경우 즉 배우자가 증언·감정하였거나, 당사자의 대리인이었거나 대리인이 된 경우, 이전 심급의 재판에 관여한 경우에는 재판의 공정을 해할 우려가 있다고 인정되는 경우 기피나 회피의 원인이 된다고 보고 있다.

89) 미국 연방법원법(28 U.S.C. § 455(b)(5)(ii))은 법관의 배우자 또는 법관과 그 배우자의 3촌

현행 법규는 법관이 담당한 사건의 당사자·피고인·피해자가 법인·단체이고 법관의 배우자·친족이 그 대표자 또는 지배주주(또는 주된 출자자·출연자)인 경우에 대하여는 아무런 언급이 없다. 이러한 상황은 법관의 배우자·친족이 당사자·피고인·피해자인 경우와 동일하게 규율할 필요가 있다.

2) 전심재판 등에 관여하거나 증인·감정인으로 관여한 경우

학설은 법관의 배우자가 이전 심급의 재판에 관여한 경우에는 재판의 공정을 해할 우려가 있다고 인정되는 경우 기피나 회피의 원인이 된다고 보고 있다.[90] 법관이 담당한 사건의 전심에 법관의 배우자 또는 가족·가까운 친족이 관여한 경우 법관은 편견을 가질 수 있고 공정한 재판을 기대하기는 어렵다. 제척사유 또는 회피의무의 유형화에 포함시킬 필요가 있다.

현행 소송법상 법관의 배우자·친족이 담당사건의 증인·감정인이어도 제척사유에 해당하지 않는다. 그러나 법관이 증언·감정을 하였을 때 공정한 재판을 할 수 없는 것(민사소송법 제41조 제3호)과 마찬가지로 법관의 배우자 또는 가까운 친족의 증언·감정에 대하여는 법관이 편견을 가질 수 있다는 점에서 재판의 공정성 훼손의 우려가 크다.[91]

3) 소송의 결과에 대하여 경제적·비경제적 이해관계를 가지는 경우.

민사소송법·형사소송법은 법관 자신이 이러한 이해관계를 가지는 경우에 대해서도 아무런 언급이 없으므로 배우자·가족·친족이 이러한 이해관계를 가지는 경우에 대하여 정하고 있을 리가 없다. 법관의 배우자 또는 가까운 가족·친족이 이러한 이해관계를 가지고 있음을 법관이 알면서도 재판을 계속하는 것은 법관이 이러한 이해관계를 가질 때와 마찬가지로 재판의 공정을 해할 우려가 있으므로 최소한 회피의무의 유형화에서 다룰 필요가 있다. 문제는 이 때 규율할 가족·친족의 범위를 어디까지로 할 것인가이다. 법관의 배우자 또는 동거 미성년 자녀가 분쟁 또는 그 당사자에 대한 재무적 이해관계를 가지고 있음을 알고 있는 경우에는 법관의 부적격사유로 삼고 법관이 회피할 의무를 부과한 미국 연방법원법(28

이내의 친족 또는 그 배우자가 변호사로 관여하는 경우 법관이 회피할 의무를 지도록 하였다.

90) 김능환·민일영, 앞의 책(주 41), 제41조 주석(김상준 집필부분), 278쪽.

91) 미국 연방법원법(28 U.S.C. §455(b)(5)(iv))은 법관의 배우자 또는 법관과 그 배우자의 3촌 이내의 친족 또는 그 배우자가 중요한 증인이 될 가능성이 있는 경우 법관이 회피할 의무를 지도록 하였다.

U.S.C. § 455(b)(4))과 법관의 가족이 사건의 결과에 대하여 중대한 재무적 이해관계를 가진 경우 직무에서 배제된다고 한 영국의 법관행위가이드[92]를 참고할 필요가 있다.[93]

(3) 인적 범위

법관의 배우자가 직접적 이해당사자이거나 또는 전심에 관여한 법관·공직자인 경우 법관이 그 재판을 계속하여서는 공정한 재판이 기대되기 어렵다는 점에 대하여는 큰 의문이 없을 것이다. 그러나 친족의 경우 어느 범위까지 제척사유 또는 회피의무의 유형화에 포함시킬 것인지에 대하여는 신중한 검토가 필요하다. 현행 소송법상으로는 법관이 당사자·피고인·피해자와 친족관계에 있거나 있었던 경우를 제척사유로 삼고 있고 친족은 8촌 이내의 혈족, 4촌 이내의 인척과 배우자로 상당히 넓은 편이다.

제척사유가 되는 친족의 범위를 넓게 잡으면 법관이 파악하기 어려운 경우가 발생할 수 있어 실효성이 떨어지고 재판의 안정성을 해할 우려가 있다.[94] 친족의 범위를 넓게 잡는 것보다는 친밀한 관계에 있는 친족으로 제한하고 대신 법관의 재판관여가 배제되어야 할 상황(친족의 대리, 증언, 감정 등)을 확대하는 것이 바람직하다.[95]

---

92) 단락 3.8, Judiciary of England and Wales, supra note 76, p. 11.

93) 미국 연방법원법(28 U.S.C. 455(b)(6)후단)과 영국의 법관행위가이드(단락 5.1(7))는 법관이 관련 가족의 재무적 이해관계를 파악하는 합리적인 노력을 할 의무를 지도록 하였다.

94) 제척조항의 적용대상의 인적 범위에 대하여는 학계에서 이미 상당한 논의가 이루어지고 있다. 이동률, 앞의 논문(2011)(주 28), 61-62쪽은 독일 민사소송법 제41조 제3호가 직계혈족·직계인척이거나 이었던 사람, 3촌 이내의 혈족 또는 2촌 이내의 인척인 사람 또는 그러한 관계에 있었던 사람으로, 일본 신민사소송법 제23조 제2호가 당사자와 4촌 이내의 혈족, 3촌 이내의 인척 또는 동거친족이거나 그러한 관계에 있었던 때로 정한 점을 지적하였다. 형사소송법의 제척조항의 인적범위에 대하여는 조현욱, "친족의 범위와 관련된 법관의 제척사유에 관한 비교법적 고찰", 홍익법학 제13권 제3호(2012).

95) 미국 연방법원법(28 U.S.C. § 455(b)(5))은 법관 또는 배우자의 3촌 이내의 친척 또는 그 배우자가 (i) 당사자이거나 당사자의 임원·이사·수탁자인 경우, (ii) 변호사로 관여하는 경우, (iii) 재판의 결과에 의하여 상당한 영향을 받을 이해관계를 가지고 있음을 법관이 알고 있는 경우, (iv) 법관이 아는 한 중요한 증인이 될 가능성이 있는 경우 법관이 회피할 의무를 지도록 하였다.

2.2. 법관이 종전에 근무하였거나 앞으로 근무할 예정인 법인·단체·동업자 등이 담당사건의 직접적 이해당사자인 경우

2.2.1. 종전 근무에 관한 규율

부패방지권익위법에 따른 「법관 및 법원공무원 행동강령」은 자신이 2년 이내에 재직하였던 단체 또는 그 단체의 대리인이 직무관련자인 경우 다른 법령에 정함이 있으면 그에 따라 행동하고 그렇지 않은 경우에는 직무 회피 여부를 바로 위의 상급자 또는 행동강령책임관과 상담한 후 처리하도록 하였다(제4조 제1항).

민사소송법·형사소송법은 이 유형에 대하여 구체적인 조항을 두고 있지 않다. 구체적인 상황에 비추어 기피·회피 제도로 처리하고 있고, 다만 종전 근무한 법무법인과 관련한 문제에 대하여 사건배당이라는 실용적인 방법으로 대응하고 있다. 「법관 등의 사무분담 및 사건배당에 관한 예규」는 법관이 종전에 재직·소속한 법무법인 등이 수임한 사건은 그 법관이 법무법인 등에서 퇴직·탈퇴한 날로부터 3년이 경과하기까지는 그 법관에게 배당하지 않도록 하여(제10조3 제1항 제3호), 실질적인 재판관여 배제의 기능을 하고 있다. 다만 이러한 배당의 특례로 인하여 배당할 수 없거나 적정한 사건배당이 현저히 곤란하게 되는 때에는 각급 법원장 및 지원장이 사건의 배당에 관하여 달리 정할 수 있도록 하고 있다(제10조3 제3항).

또한 위 예규는 재판장이 "자신 또는 재판부 소속 법관과 개인적인 연고관계가 있는 변호사의 선임으로 재판의 공정성에 대한 오해의 우려가 있다"고 판단하면 재배당을 요구할 수 있도록 하고 있고(제14조 제10호), 개인적 연고관계의 범위에 관하여 서울중앙지방법원은 2015. 8. 1.부터 자율적으로 기준을 정하여 형사합의부 사건 가운데 재판부 소속 법관 한 사람 이상과 변호인이 고교 동문, 대학(원) 동기, 사법연수원(법학전문대학원) 동기, 같은 재판부나 업무부서 또는 로펌에서 함께 근무한 경우, 그 밖에 이에 준하는 업무상 연고관계가 있는 때에는 재판장이 재배당을 요구할 수 있는 것으로 처리하기로 하였다.[96] 이러한 재배당요구에 관한 구체적인 기준은 다른 법원들로 확대되고 있다.[97]

---

96) 법률신문, "형사합의부 사건, 판사 ― 변호인 연고 있으면 재배당"(2015. 7. 23).
97) 부산고등법원(연합뉴스 2016. 6. 30), 서울고등법원 (연합뉴스 2016. 7. 20), 울산지방법원(연합뉴스 2016. 9. 19), 수원지방법원(연합뉴스 2016. 7. 26), 대구지방법원(연합뉴스 2016. 9. 26). 대법원 보도자료, 재판의 공정성 훼손우려에 대한 대책(2016. 6. 16).

2.2.2. 장래 근무에 관한 규율

소송법은 이 유형에 대한 구체적인 조항을 두고 있지 않다. 권고의견 제4호 (2009. 12. 2)는 다음과 같이 권고하였다.

(ⅰ) 법무법인 등과 취업협상 개시 후 그 법무법인 등이 선임된 사건을 회피하여야 한다. 그 협상이 초기단계이거나 탐색적인 것에 불과하더라도 종국적으로 결렬되지 아니한 이상 마찬가지다. 취업협상을 진행하면서 그 법무법인 등이 대리·변호하는 사건을 진행할 경우 재판의 공정성과 법관의 청렴성이 의심받을 수밖에 없다

(ⅱ) 법무법인이 선임된 사건이 많거나 많을 것으로 예상되는 경우 그 법무법인과의 취업협상을 자제함이 바람직하다. 법관의 개인적 이익보다는 신속하고 능률적으로 재판을 진행하여야 할 법관의 직무상 의무가 우선한다.

2.2.3. 검토

(1) 재배당기준과 권고의견의 법규화

현재의 배당·재배당을 통한 대응은 법률에 아무런 조항을 두고 있지 않은 상태에서 법관들이 자율적으로 대응하였다는 점에서 높이 평가할만하다. 또한 장래 근무할 법무법인 등이 담당하는 사건에 관한 권고의견도 시의적절하다. 불가피하게 재배당 요구의 기준을 자율적으로 정하는 방법으로 대응하였다고 하더라도, 그 기준을 거의 전국적으로 채택하는 단계에 이른 이상 이를 회피의무의 유형으로 만들어 법관행위규범화하는 편이 사법에 대한 신뢰를 쌓는데 도움이 될 것이다. 권고의견 역시 규범화하여 실효성을 확보할 필요가 있다. 법관과 대리인·변호인과의 관계로 인한 회피의무의 범위가 넓어지면 당사자가 재판부를 선택하는 방법으로 이를 악용할 우려가 없는 것은 아니다. 회피의무의 유형을 정할 때 악용의 우려까지 고려할 필요가 있다.

(2) 종전 근무 관련한 재배당 요구 제도

첫째, 재배당 요구 시 연고관계의 의미에 대한 여러 법원들의 기준은 형사소송에 대해서만 적용되는 것으로 보도되고 있다.[98] 양형에 대한 법관의 재량이 크

---

98) 주 96, 97의 언론보도.

다는 점에서 형사소송에서 더 중요한 의미를 가지겠으나 민사·가사·행정 등 다른 종류의 소송에서도 본질적으로 같은 이익충돌의 문제가 있다.

둘째, 위 기준은 법관이 종전에 법무법인·법률사무소에서 근무한 경우만을 다루었고 법관이 다른 회사·법인·단체에 근무하였고 그 회사·법인·단체가 담당 사건의 직접적 이해당사자인 경우는 "기타 이에 준하는 업무상 연고관계"가 있는지 여부로 대응하고 있을 뿐이다. 사내변호사의 증가와 경력법관 임용제도 등을 고려해 보면 법관이 다른 회사·법인·단체에 근무한 경우 일정기간은 연고관계가 있다고 보고 재판에서 배제되도록 하는 것이 바람직하다.[99]

법관이 정부에서 근무한 경력이 있는 경우 그 부처가 담당 사건의 직접적 이해당사자인 경우에도 위와 동일한 기준을 적용해야 하는가의 의문이 발생할 수 있다. 법관의 종전 근무를 이유로 한 재판에서의 배제는 (i) 법관이 종전에 근무한 직장(법무법인, 회사, 단체 등) 자체에 우호적인(또는 비우호적인) 입장을 취할 우려와 (ii) 법관이 종전 직장 근무시 인간관계를 형성한 사람이 사건을 수임하거나 처리함에 따라 법관이 그에게 우호적인(또는 비우호적인) 입장을 취할 우려 때문이라고 할 수 있다. 정부에서 근무한 경우에는 (i)의 우려보다는 (ii)의 우려를 중시하여, 법관이 최근 일정기간 이내에 다른 정부부처에서 근무시 같은 업무부서에서 근무한 사람이 담당사건의 직접적 이해당사자인 경우에는 재판에서 배제되도록 하는 방안을 고려해 볼 수 있을 것이다.

(3) 장래 근무 관련한 권고의견

권고의견 제4호의 취업협상 개시후 사건회피에 관한 부분은 미국 연방항소법원의 판결인 Pepsico Inc v. R McMillen[100]을 참고하고, 법관이 담당한 사건을 많이 수임한 법무법인 등과의 취업협상의 자제에 관한 부분은 그 이후에 나온 미국의 사법회의(Judicial Conference)의 권고의견[101]을 참고한 것으로 보인다. 권고의견의 문언상 의문이 있을 수 있으나 Pepsico Inc v. R McMillen 판시[102]와 같이 궁

---

99) 법관의 정부 근무경력에 대하여는, 최근 일정기간 정부부처의 같은 업무부서에서 근무한 사람이 담당사건의 직접적 이해당사자인 경우에는 재판에서 배제하도록 하는 것이 합리적일 것이다.

100) 764 F2d 458 (7th Cir. 1985).

101) Committee on Codes of Conduct Advisory Opinion No. 84: Pursuit of Post- Judicial Employment.

102) Pepsico Inc v. R McMillen 사건은 정년을 앞둔 1심 법관이 헤드헌터에게 취업할 로펌을 찾아볼 것을 위임하였고(담당 사건을 맡은 로펌은 제외하라는 지시를 법관이 헤드헌터

극적으로 협상이 성사되었는지 여부와 관계없이 협상하는 중에는 협상 상대방이 수임한 사건을 담당해서는 안 된다. 협상이 성사된 이후 이러한 우려가 계속됨은 물론이고 협상이 결렬된 후에도 일정한 기간이 경과하기 전에는 협상 상대방이 수임한 사건을 담당하지 않는 것이 바람직하다.

2.3. 법관이 담당사건의 직접적 이해당사자와 기타 친분관계 등을 가진 경우
2.3.1. 현행 법규

권고의견 제9호(2014. 9. 21)[103]는 법관이 (i) 법관 직위를 이용하여 외부인사에게 특별한 이익을 제공해서는 안 되고 그렇게 의심받을 상황을 만드는 것도 피해야 하며, (ii) 개인적으로 교류하던 사람이 소송당사자가 된 재판을 맡게 된 경우 적극적으로 재배당 요구를 하거나 회피하는 것이 바람직하다고 권고하였다. 소송법은 이 유형에 대하여 구체적인 조항을 두고 있지 않다. 기피·회피 제도에 의존하되 다만 형사소송에서는 위 Ⅳ.2.2.1.에서 언급한 재판장의 재배당 요구로 대처하고 있다.

에게 하였는지에 대하여는 법관과 헤드헌터의 진술이 상이함), 헤드헌터가 그 법관이 담당한 사건의 당사자를 대리하는 2개의 로펌에 취업가능여부를 문의하였으나 한 곳에서는 거절당하였고 다른 한 곳에서는 회신을 받지 못하였다. 심리를 시작하기 직전에 이를 알게 된 법관이 이를 양 당사자에게 알리고 회피하지 않자 취업을 거절한 측에서 기피를 신청하였다. 항소심은 법관이 실제 온당하지 않은 행위(impropriety)를 하지는 않았으나 편파성을 보일 외관(appearance of partiality)이 형성되었다는 점에서 연방법원법 제455조 (a)항에 따라 재판에서 배제되어야 한다고 다음과 같이 판시하였다.
"법관이 … 로펌과 취업 협상(그것이 예비적, 임시적, 간접적이건, 의도하지 않은 것이건, 결국 성사되지 않은 것이건 상관없이)을 한 시점에 회피하여야 한다. 법관이 어느 한 당사자와 협상을 하는 경우에는 의문의 여지가 없을 것이다. 왜냐하면 어느 한 당사자와 재무적 관계를 가질 것을 예상하면서 다른 당사자에게 공정하게 재판할 수 있다고 설득할 수는 없기 때문이다. 양 당사자와의 사이에서 그러한 예상을 하는 경우에는 편견의 요소가 덜 명백하지만 편파성을 보일 외관이 완전히 없어지지는 않는다. 외관상으로도 공평한 정의를 보여야 하므로 법관은 담당사건에 나오는 변호사중 어느 하나 또는 모두와 취업 가능성을 추구해서는 안 될 것이 요구된다. 담당사건의 변호사 앞에 법관이 취업을 간절히 부탁하는 역할로 나타날 때 사법부의 존엄과 독립성은 약화된다. 공중(公衆)은 그러한 상황에서 심리된 사건이 사법부의 최고의 전통에 따라 결정되었다고 신뢰할 수 없다."
103) 권고의견 제9호는 법관은 직무의 공정성을 손상시킬만한 부적절한 만남을 피해야 함과 독립성·청렴성·공정성을 훼손한다고 볼 수 있는 어떠한 이익도 법관 또는 가족이 받지 않아야 함을 지적하였다.

2.3.2. 검토

법관과 친분관계가 있는 변호사가 대리·변호하는 경우에 대하여는 연고가 강조되는 우리 사회 풍토에서는 기피이유가 되고 특히 전관예우의 문제가 제기되는 상황에서는 더욱 그렇다는 지적이 있어왔다.[104] 권고의견도 이 문제를 정면으로 다루고 있지 않은 상황에서 재배당요구를 통한 대응은 법관들이 자율적으로 대응하였다는 점에서 평가할만하다. 형사소송뿐 아니라 민사·가사·행정 등 다른 종류의 소송에서도 연고관계가 있는 법관의 재판 관여를 배제할 필요가 있다.

재배당요구에 관한 위 기준은 외관상 친분관계가 있을 것으로 보이는 경우를 유형화한 것이고, 그 이외에도 개인적 친분관계가 긴밀한 경우도 충분히 있을 수 있다. 이러한 개인적 친분관계를 모두 유형화하여 규범화하는 것은 쉽지 않다. 대법원 공직자윤리위원회의 권고의견도 "개인적으로 교류하던 사람"이라는 표현을 사용함으로써 기준을 세우기 어려움을 잘 나타내고 있다. 결국 그러한 친분관계로 인하여 재판의 공정성에 영향을 줄 우려 또는 공정성에 영향을 줄 외관을 형성하는지에 대하여는 법관의 양식에 맡길 수밖에 없을 것이다.

법관의 친분관계와 관련하여 특히 유의할 것은 이른바 관선변호의 문제이다.[105] 직접적 이해당사자가 법관과 친분관계를 가지고 있고, 그 법관이 사건을 담당한 법관과 친분관계가 있는 경우, 다른 법관을 매개로 하여 직접적 이해당사자와 사건 담당 법관 간에 간접적으로 친분관계가 형성될 수 있다. 직접적 이해당사자가 잘 아는 법관을 통하여 사건담당 법관에게 부정청탁을 하는 것은 청탁금지법에 따라 금지된다. 그러나 다른 법관을 통하여 사건담당 법관에게 부정청탁에 해당하지 않는 정도의 이야기를 하는 것[106]도 재판의 공정성에 영향을 미치

---

104) 이시윤, 앞의 책(주 39), 82쪽은 "법관이 소송대리인과 … 특별한 친근관계, 불화관계가 있을 때에는 본인과의 관계만큼 엄격한 기준에 의할 것은 아니라도 연고와 의리의 중시 풍토에서 법조의 정화를 위해서나 제41조 제2호와의 균형관계로 보아 기피이유가 되는 것으로 봄이 옳을 것이다. 우리 사회에 만연된 '우리가 남이가'식의 전직 봐주기의 '전관예우' 문제가 형사에서의 '유전무죄, 무전유죄'에 대한 반캠페인이 벌어지고 있는 상황에서는 더욱 그러하다"고 강조하고 "독일은 … 법관이 변호사 차에 같이 탄 것까지 기피이유로 보고 있다"고 지적하였다.
105) 이 문제에 관한 상세한 논의는 박준, "이른바 현관예우·관선변호 현상에 대한 법적 고찰", 서울대학교 법학 제52권 제2호(2011).
106) 법관이 법령 위반 없이 가지고 있는 재량 범위 내에서 처리하도록 요청하거나 단순히 법에 따라 공정하게 처리해달라고 이야기 하는 것은 청탁금지법 제5조 제1항 상의 부정청탁에 해당하지 않는다. 그러나 법관이 동료 법관에게 그 동료 법관이 담당한 사건에 관

거나 미친다고 보일 외관을 형성한다는 점에서 금지되어야 한다.

3. 법관이 담당사건의 직접적 이해당사자에게 상담·조언하거나 그와 금전대차 등 거래를 한 경우

3.1. 법관이 담당사건의 직접적 이해당사자에게 상담·조언한 경우

이 유형은 상담·조언의 시점에 따라 첫째, 법관이 이미 담당하고 있는 사건의 이해당사자에게 사건에 관한 상담·조언을 하는 경우와 둘째, 법관이 담당하고 있지 않은 사건(예컨대 아직 소송이 제기되지 않은 사건)에 대하여 그 사건의 직접적 이해당사자와 상담하거나 그에게 조언하는 경우로 나누어 볼 수 있다. 둘째 유형은 상담·조언 시에는 이익충돌의 문제 또는 그 법관이 담당한 사건의 재판의 공정성 문제를 일으키지 않을 것이나, 법관이 그 사건을 담당하게 되면 상담·조언을 받은 사람과의 사적인 관계로 인한 이익충돌과 더불어 자신이 행한 상담·조언의 내용에 정당성을 부여하고자 할 수 있다는 점에서 법관 자신의 개인적인 이해관계가 생기게 된다.

3.1.1. 현행 법규

첫째 유형은 법관윤리강령과 법관의 면담 등에 관한 지침으로 법관의 소송관계인 면담·접촉을 엄격히 제한함으로써 규율한다. 둘째 유형은 법관윤리강령 제5조 제3항(재판에 영향을 미치거나 공정성을 의심받을 염려가 있는 경우에는 법률적 조언을 하거나 변호사 등 법조인에 대한 정보를 제공하지 않도록 함)과 권고의견 제1호(2006. 11. 15)(법관이 타인의 분쟁에 관여하여 직접 중재·조정하는 행위를 회피할 것, 조만간 담당할 사건의 소송관계인이 될 가능성이 큰 사람과의 접촉을 삼갈 것) 및 제9호(2014. 9. 21)(법관이 외부인사로부터 분쟁에 대한 설명을 들었거나 법적 조언을 해준 사실이 있다면 그 분쟁에 대한 재판을 맡는 것도 피할 것)로 어느 정도 규율하고 있다. 소송법은 구체적인 조항을 두고 있지 않고, 회피·기피 제도에 의존하고 있다.

3.1.2. 검토

첫째 유형은 법관과의 사적인 관계를 이용하여 법관의 판단을 미리 확인하는 것이므로 그것이 재판의 공정성을 훼손하는 심각한 행위라는 점에 대하여는

하여 언급하는 것은 그것이 단순히 법에 따라 공정하게 처리해달라거나 기록을 잘 보아달라는 것이라고 하더라도 청탁의 의미를 가진다고 보아야 하므로 다른 법관이 담당한 사건에 관하여 그 다른 법관에게 이야기 하는 것은 금지하여여 한다.

별다른 이의가 없을 것이다. 이러한 행위는 법관윤리강령과 법관의 면담 등에 관한 지침이 적절히 규율하고 있다.

둘째 유형에 대하여 법관윤리강령은 "재판에 영향을 미치거나 공정성을 의심받을 염려가 있는 경우"에만 법률적 조언을 하지 말도록 규정하고 있어 아직 소송이 제기되지 않은 사건에 대한 법관의 법적 조언은 허용되는 것 같이 되어 있다. 권고의견도 "법관이 타인으로부터 법률적 조언 또는 법조인에 대한 정보를 요청받는 경우 그 요청을 전면적으로 거부한다는 것은 쉽지 않은 일"이라고 보고 법관이 "무색하게 법률적 조언을 해" 주는 것은 허용되는 것으로 보았고(권고의견 제1호 2006. 11. 15), 다만 그렇게 조언을 해준 분쟁에 관한 재판을 맡는 것은 피하도록 권고하고 있을 뿐이다(권고의견 제9호 2014. 9. 21). 요컨대 법관이 타인에게 법적인 조언을 할 수 있되 그 사건을 맡는 것을 회피하라고 하는 셈이다.

이러한 조언은 은밀히 행해질 수밖에 없고 상대방 당사자는 그 사실을 알기 어렵다. 법관의 양식에 의존한 회피 권고보다는 근본적으로 법관의 법적 조언을 더 엄격하게 제한할 필요가 있다. 법관이 다른 사람과 법률문제에 대하여 상담하거나 조언을 제공한 이후 그 사건을 담당하게 된 경우에는 그 다른 사람과의 관계가 법관의 판단에 영향을 줄 수 있다는 점 및 법정에서의 증거에 입각한 사실관계의 파악이 아닌 사전에 입수한 정보에 기한 예단을 가질 수 있는 등 재판의 공정성에 영향을 미치는 문제가 발생한다.[107] 법관이 조언하지는 않았으나 사건의 내용을 듣기만 한 경우에도 마찬가지로 예단의 형성 또는 그 외관이 발생한다는 점에서 규율할 대상이 된다.

3.2. 법관이 담당사건의 직접적 이해당사자와 금전대차 등의 거래를 한 경우
3.2.1. 현행 법규

법관윤리강령은 "재판의 공정성에 관한 의심을 초래하거나 직무수행에 지장을 줄 염려가 있는 경우"에는 법관은 금전대차 등 경제적 거래행위를 하지 않도록 하고 있다(제6조). 나아가 권고의견은 법관이 현재 담당하고 있거나 과거에 담당하였던 사건의 소송관계인, 조만간 담당하게 될 가능성이 큰 사건의 소송관계인과 금전대차·부동산매매 등 거래를 하지 말 것을 권고하였다(권고의견 제1호

---

107) 상세한 논의는 박준, 앞의 논문(주 105), 25-33쪽.

2006. 11. 15). 민사소송법·형사소송법은 이 유형에 관한 구체적인 조항을 두고 있지 않고, 회피·기피 제도로 규율하고 있다.

3.2.2. 검토

법관윤리강령과 권고의견은 금전대차 등의 거래를 하는 시점에는 거래상대방에 관한 사건을 담당하거나 담당할 가능성이 크지 않았으나 거래가 계속되고 있는 상황에서 거래상대방이 관여하는 사건을 담당하게 된 경우에 대한 법관의 행동지침을 제공하지 못한다. 이 경우 법관이 회피하여야 하는 기준을 미리 정하기는 쉽지 않다. 그 대안으로 법관이 그러한 거래관계에 관한 상세한 정보를 모든 당사자에게 제공하고 모든 당사자가 동의하는 경우 그 법관이 계속 사건을 맡을 수 있도록 하는 방안(정보제공(disclosure)과 동의 방안)을 생각해 볼 수 있다. 이 방안은 영미에서도 인정되고 있으나,[108] 재판의 공정성의 훼손 또는 그 우려는 당사자의 동의로 치유될 수 있는 성질의 것이 아니라는 점, 사실상 당사자 및 소송대리인·변호인에게 동의할 것을 압박하는 형태로 운영될 우려가 있다는 점,[109] 실증적 심리학 연구[110]에 따르면 이익충돌 상황에 있음을 알린 후 더 쉽게 자신의 이익을 추구하는 경향(이른바 도덕적 허가(moral licensing)를 받은 것 같은 현상)이 있다는 점 등의 문제도 있다. 부득이 이 방안을 채택하는 경우에는 법관이 당사자에게 필요한 모든 정보를 제공하고 당사자와 그 소송대리인이 동의를 하지 않으면 불이익을 받을지 모른다는 우려가 없이 동의 여부를 결정할 수 있도록 하여야 한다.[111]

---

108) 미국 연방법원법 28 U.S.C. 455(e)의 이러한 제도에 대하여는 주 17.

109) Frank, supra note 53, p. 64; Bassett, supra note 47, p. 1228 fn 69.

110) Cain, Daylian M., George Loewenstein, and Don A. Moore, "The Dirt on Coming Clean: Perverse Effects of Disclosing Conflicts of Interest", 34 *Journal of Legal Studies* 1 (2005) pp. 1-25. Cain, Daylian M., George Loewenstein, and Don A. Moore, "When Sunlight Fails to Disinfect: Understanding the Perverse Effects of Disclosing Conflicts of Interest", 37 Journal of Consumer Research 836 (2011), pp. 836-857. 이 연구는 조언제공자와 조언수령자 간의 관계에서 조언제공자가 조언수령자의 이익과 충돌되는 이해관계를 가지고 있는 경우를 대상으로 한 것이고, 연구결과에는 본문에서 언급한 내용 이외에도 조언제공자가 이익충돌 상황에 있음을 조언수령자에게 알려주어도 조언수령자는 이익충돌 상황을 충분히 감안하지 못한다는 점도 있다. 논문의 저자들은 이익충돌상황에 있음을 밝히는 것보다는 이익충돌을 제거하는 방향으로 규율해야 한다고 주장한다.

111) Hammond, supra note 17, p. 94.

4. 기타 법원 또는 법관의 이익·이해관계가 있는 경우

법관이 어느 한쪽의 소송당사자에 치우친 판단을 할 우려를 야기하는 것은 아니지만 사법제도의 공정한 운영이 아닌 다른 이해관계를 법원 또는 법관이 가지고 있는 경우이다. 이러한 이익충돌을 특별히 규율하는 현행 법규는 없다.

4.1. 조정·화해 권고

경제발전 및 개인의 권리의식 제고에 따라 1980년대 이후 민사소송사건은 꾸준히 증가하였고 특히 1990년대 중반 이후 민사본안사건의 급증현상[112]이 나타났다. 법관의 1인당 민사본안사건 업무량은 증가하는 상황하에서 IMF 경제위기를 맞아 제한된 인력과 시설을 최대한 효율적으로 활용하기 위하여 민사조정을 적극적으로 활용하기 시작한 후,[113] 조정을 활성화하는 노력을 계속 기울이고 있다.[114][115] 조정은 당사자의 합의에 의하여 성립하는 것이지만 합의가 성립하지 않은 경우 법관이 직권으로 사건의 공평한 해결을 위한 결정 이른바 조정을 갈음하는 결정을 할 수 있고(민사조정법 제30조), 당사자가 이에 대하여 2주 이내에 이의신청하지 않으면 그 결정은 재판상 화해와 동일한 효력이 있다(같은 법 제34조 제4항). 민사조정 제도는 저비용 고효율 분쟁해결제도[116]라는 취지로 시작하였지만 몇 가지 점에서 제도가 남용되고 있다는 비판을 받아 왔고[117] 법원은 이를 해소하기 위한 노력을 하고 있는 것으로 보인다.[118]

---

112) 1970년 대비 2000년대 중반에는 민사본안사건 수가 16배까지 증가하였으나(정영화, "한국의 법문화 변화에서 법원과 법률가의 역할: 법원연계 민사조정의 활성화방안", 강원법학 제43권, 강원대학교 비교법학연구소(2014), 449쪽), 2006년 이후 2015년까지의 10년간 1심 민사본안사건 접수건수는 약간 감소하였다. 법원행정처, 2016 사법연감(2016), 601-603쪽.
113) 법원행정처 보도자료, IMF시대의 민사분쟁해결방식 — 조정(1998. 2. 10).
114) 정영화, 앞의 논문(주 112), 455-467쪽.
115) 2010년 3월 조기조정제도 도입후 조정회부 건수가 대폭 증가하였으나 조정성공률은 감소세라는 보도로는 "재판부 직권 '조정회부' 7배 늘었다", 법률신문(2012. 10. 4).
116) 법원행정처 보도자료(주 113).
117) 조정에 부적절한 사건의 조정 회부, 조정에 갈음하는 결정에 불복한다고 하여 불이익을 주는 행위, 조정에서 소송대리인을 배제하는 행위 등이 지적되었다. 민경한, "민사조정제도의 남용과 문제점", 법률신문(2005. 12. 19); 강석원, "화해·조정 권하는 재판정", 법률신문(2008. 10. 16); "서울변회에 접수된 조정강요 사례 등", 법률신문(2010. 10. 21).
118) 예컨대, 문광섭, "조정 활성화를 위한 공감과 협력을 바라며", 법률신문(2014. 7. 17).

재판상 화해도 양 당사자가 서로 양보하여 소송을 종료시키기로 하는 합의를 소송기일에 함으로써 성립하는 것인데[119] 2002년 민사소송법 전부개정시 화해권고결정 제도가 도입되어 법관이 직권으로 화해권고결정을 할 수 있고(제225조 제1항), 이에 대하여 당사자가 2주 이내에 이의신청을 하지 않으면 그 결정은 재판상 화해와 동일한 효력을 가지도록 하였다(제231조). 화해권고는 재판상 화해를 적극적으로 활성화하기 위한 제도이지만, 화해권고결정에 대하여 이의신청을 하지 않으면 재판상 화해의 효력을 가지도록 한 점에 대하여는 상당한 비판이 있다.[120] 이 비판은 조정에 갈음하는 결정에 대하여도 동일하게 적용된다.

판결 선고가 필요 없는 분쟁해결 방법의 도입에 대하여는 이익충돌의 관점에서 유의할 점이 있다. 사건을 담당한 법관이 직접 조정 등에 관여하는 경우 법관 자신의 이해관계가 개입할 수 있게 된다. 조정·화해권고를 통한 분쟁해결은 어려운 법적 쟁점의 분석과 판단 및 판결문 작성이 필요 없다는 점 때문에 담당법관이 선호할 수 있고 분쟁이 종국적으로 해결되어 상소 사건이 감소한다는 점에서 상급심 법관도 선호하게 된다. 조정·화해권고가 본래의 뜻과는 달리 "판결문 작성 노고의 도피구로 안일하게 운영하거나 남용하면 법치주의가 몰락할 수 있어 경계"해야 한다는 지적[121]은 이러한 이익충돌 문제를 간파한 매우 타당한 지적이다. 또한 조정·화해권고로 사건을 처리하는 것을 장려하여 그 처리건수와 비율을 법관의 근무평정에 반영하면 조정·화해권고 제도가 근무평정을 잘 받기 위한 목적으로 활용되어 운영이 왜곡될 우려가 있다.

4.2. 판례 등 정보의 공개

사법부가 가지고 있는 정보를 언제 어느 범위까지 공개할 것인가를 정할 때

---

119) 이시윤, 앞의 책(주 39), 569쪽.

120) "민사소송은 기본적으로 처분권주의와 변론주의의 원칙에 따르는 것으로 소송의 운명 또는 종결에 대한 결정권은 당사자에게 있다. 따라서 당사자들이 법원의 화해나 조정권고에도 불구하고 끝까지 당사자들이 동의(합의)의 의사를 표시하지 않았다면 … 법원이 할 수 있는 일은 당사자의 뜻에 따라 헌법과 법률 및 양심에 구속되어 판단하는 것일 뿐"이라고 비판하는 견해로는 함영주, "민사소송법상의 ADR 분류체계의 재검토", 민사소송 제17권 제2호, 한국민사소송법학회(2013).

121) 이시윤, 앞의 책(주 39), 579쪽. Macey, Jonathan R., "Judicial Preferences, Public Choice, and the Rules of Procedure", 23 *Journal of Legal Studies* 627 (1994), pp. 634-635 도 유사한 지적을 하였다.

도 공개에 따르는 공공적 이익과 법관 전체 또는 담당자의 이해관계가 충돌될 수 있다. 특히 그 정보가 가치를 가지고 있거나 정보의 우위를 담당자 또는 소속 조직이 향유할 수 있는 경우에는 이익충돌의 우려가 커진다. 이 점은 정부·공공기관이 가지고 있는 정보의 공개범위와 시기에 관한 공통된 쟁점이지만 판결 정보는 판례의 법리형성기능과 전관예우의 감시의 차원에서 다른 공공정보와는 구별된다.

판례는 법리를 형성하고 그 법리의 적용을 받는 사람들에게 행동지침을 제공함으로써 선례로서의 가치를 발휘할 수 있다. 판례가 행동지침의 기능을 하려면 법관만이 아니라 법원 밖에 있는 법률가들도 판례를 알 수 있도록 하여야 한다. 공개되지 않은 판결을 선례로 삼아 다른 사건을 판결하는 것은 바람직하지 못하다. 법관이 참고하는 판례들에 대해 법원 밖의 법률가들이 쉽게 접근할 수 있어야 하고, 원칙적으로 판결은 모두 공개할 필요가 있다.[122] 또한 판결문 공개는 법리에 관한 정보제공 기능뿐 아니라 외부 감시효과를 발휘할 수 있다. 판결문을 공개하여 담당 법관 및 담당 변호사를 쉽게 알 수 있도록 하면 전관예우의 문제 및 법관과 변호사 간의 친분관계에 따른 판결인지 여부에 대한 논란도 상당히 해소할 수 있을 것이다.

V. 결론

법관의 직무수행은 영미법상의 신인의무(fiduciary duty)가 부과되는 민·상사 법률관계와 마찬가지로 신인의무의 핵심인 충성의무(duty of loyalty)에 상응하는 충실의무가 적용되어야 할 성질을 가지고 있다. 그러나 현행법 체계상 법관의 이익충돌에 대하여 영미의 충성의무와 같은 의무를 적용하기는 쉽지 않다. 구체적인 법규를 통한 규율이 중요하다.

법관의 이익충돌 규율에서는 사적인 이해관계 때문에 재판의 공정성이 훼손되지 않도록 하여야 할 뿐 아니라 사법의 신뢰를 위해서는 재판의 공정성을 훼손할 우려가 있는 외관을 갖춘 경우도 규율할 필요가 있다.

법관의 이익충돌을 규율하는 현행 법규는 공직자 일반에게 적용되는 직업윤

---

122) 이상원, 판결과 기록의 공개 그리고 투명한 사법, 경인문화사, 2012, 190쪽.

리 관련 법규, 법관에게만 적용되는 직업윤리 관련 법규 및 소송절차 법규로 구
성되어 있어 다층적이고 상호 연계가 잘 이루어지지 않고 있다. 법관의 기본적
임무는 재판이므로 우선 법관의 이익충돌에 대한 소송법적인 규율을 정비할 필요
가 있다. 소송법상 법관이 재판의 공정성을 훼손할 우려가 있는 이해관계를 가진
경우 재판에서 배제되어야 한다는 원칙이 명시되는 것이 바람직하다. 민사소송법
과 형사소송법이 제척사유를 다르게 정한 것도 정비하여야 한다. 이익충돌로 인
하여 재판의 공정성을 훼손할 우려가 명백한 사유를 제척사유로 추가할 필요가
있고 그 이외의 이익충돌은 제척의 소송법적 효과를 감안하여 회피의무의 발생사
유로 유형화하여 법관을 규율하는 직업윤리 관련 법규에 명시하여 소송법과 직업
윤리 법규가 연계되도록 할 필요가 있다.

[참고문헌]

김능환·민일영, 「주석 민사소송법」(Ⅰ)(제7판)(한국사법행정학회, 2012).

김정연, 「자본시장에서의 이익충돌에 관한 연구」(경인문화사, 2017).

김하열, "헌법재판소 재판관의 제척·기피·회피", 「저스티스」 제144호(한국법학원, 2014).

김환수·문성도·박노섭 공역, 「Klaus Volk의 형사소송법」(박영사, 2009).

박 준, "법관·검사 징계사례에 관한 연구", 「서울대학교 법학」 제55권 제2호(서울대학교 법학연구소, 2014).

박 준, "이른바 현관예우·관선변호 현상에 대한 법적 고찰", 「서울대학교 법학」 제52권 제2호(서울대학교 법학연구소, 2011).

백형구·박일환·김희옥, 「주석 형사소송법(Ⅰ)」(제4판)(한국사법행정학회, 2009).

법원행정처, 「법관윤리」(2011).

법원행정처, 「2014 사법연감」, 「2015 사법연감」, 「2016 사법연감」.

신동운, 「신형사소송법」(제5판)(법문사, 2014).

오상현, "법관 제척이유로서의 '당사자'와 '공동권리자·공동의무자': 대법원 2010. 5. 13. 선고, 2009다102254 판결", 「성균관법학」 제26권 제1호(성균관대학교 법학연구소, 2014).

이동률, "법관의 제척", 「중앙법학」 제13집 제1호(중앙법학회, 2011).

이동률, "법관의 제척이유로서의 공동권리자 — 대상판결: 대판 2010. 5. 13., 2009다102254 —", 「중앙법학」 제16집 제3호(중앙법학회, 2014).

이상수, 「법조윤리의 이론과 실제」(서강대학교 출판부, 2009).

이상원, 「판결과 기록의 공개 그리고 투명한 사법」(경인문화사, 2012).

이시윤, "법관의 제척·기피·회피", 「고시연구」(1976. 4).

이시윤, 「신민사소송법」(제8판)(박영사, 2014).

이연갑, "위임과 신탁: 수임인과 수탁자의 의무를 중심으로", 「비교사법」 제22권 제1호(한국비교사법학회, 2015).

이재상, "법관의 제척·기피·회피", 「사법행정」 제27권 제1호(한국사법행정학회, 1986. 1).

이중기, 「충실의무법」(삼우사, 2016).

이충상, "법관기피신청의 남용", 「법조」 제51권 제4호(법조협회, 2002).

정영화, "한국의 법문화 변화에서 법원과 법률가의 역할: 법원연계 민사조정의 활성화방안", 「강원법학」 제43권(강원대학교 비교법학연구소, 2014).

정인진, "미국의 법관윤리전범에 관한 연구", 외국사법연수논집(9), 「재판자료」 제58집(법원행정처, 1992).

조현욱, "친족의 범위와 관련된 법관의 제척사유에 관한 비교법적 고찰", 「홍익법학」 제13권 제3호(홍익대학교 법학연구소, 2012).

하정철, "재판의 공정성을 의심할 만한 사정의 존부 판단에 의한 제척이유의 실질화", 「서울법학」 제22권 3호(서울시립대학교 법학연구소, 2015).

Andrews, Neil, "Judicial Independence: The British Experience", in Shimon Shetreet and Christopher Forsyth (eds.), *The Culture of Judicial Independence* (Leiden: Brill. 2012).

Bassett, Debra Lyn, "Judicial Disqualification in the Federal Appellate Courts", 87 *Iowa Law Review* 1213 (2001).

Bazerman, Max H. and Ann E. Tenbrunsel, *Blind Spots: Why We Fail to Do What's Right and What to Do about It* (Princeton University Press, 2011).

Cain, Daylian M., George Loewenstein, and Don A. Moore, "The Dirt on Coming Clean: Perverse Effects of Disclosing Conflicts of Interest", 34 *Journal of Legal Studies* 1 (2005).

Cain, Daylian M., George Loewenstein, and Don A. Moore, "When Sunlight Fails to Disinfect: Understanding the Perverse Effects of Disclosing Conflicts of Interest", 37 *Journal of Consumer Research* 836 (2011).

Chugh, Dolly, Max H. Bazerman & Mahzarin R. Banaji, "Bounded Ethicality as a Psychological Barrier to Recognizing Conflicts of Interest", in Don A. Moore et. al. (ed.), *Conflicts of Interest: Challenges and Solutions in Business, Law, Medicine, and Public Policy* (Cambridge University Press, 2005).

Cohn, Sigmund A., "Judicial Recusation in the Federal Republic of Germany", 3 *Georgia Journal of International and Comparative Law* 18 (1973).

Flannigan, Robert, "The Adulteration of Fiduciary Doctrine in Corporate Law", 122 *Law Quarterly Report* 449 (2006).

Frank, John P., "Disqualification of Judges: In Support of the Bayh Bill", 35 *Law and Contemporary Problems* 43 (1970).

Geyh, Charles Gardner, *Judicial Disqualification: An Analysis Of Federal Law*, 2nd Ed. (Federal Judicial Center, 2010).

Guthrie, Chris, Jeffrey J. Rachlinski, and Andrew J. Wistrich, "Inside the Judicial Mind", 86 *Cornell Law Review* 777 (2000).

Hammond, R. Grant, *Judicial Recusal: Principles, Process and Problems* (Hart Publishing, 2009).

Jennings, Marianne M. and Nim Razook, "Duck When a Conflict of Interest Blinds You: Judicial Conflicts of Interest in the Matters of Scalia and Ginsburg", 39 *University of San Fransisco Law Review* 873 (2005).

Jensen, Michael C., and William H. Meckling, "Theory of The Firm: Managerial Behavior, Agency Costs And Ownership Structure", *Journal of Financial Economics* 3.4 (1976).

Judiciary of England and Wales, Guide to Judicial Conduct 2016 (2016).

Kraakman, Reinier, et al, *The Anatomy of Law* (Oxford University Press, 2009){김건식외 7인 역, 회사법의 해부(소화, 2014)}.

Law Commission, Fiduciary Duties and Regulatory Rules, Consultation Paper No. 124 (1992).

Leib, Ethan J., David L. Ponet, and Michael Serota, "A Fiduciary Theory of Judging", 101 *California Law Review* 699 (2013).

Macey, Jonathan R., "Judicial Preferences, Public Choice, and the Rules of Procedure", 23 *Journal of Legal Studies* 627 (1994).

Posner, Richard A., "What Do Judges And Justices Maximize? (The Same Thing Everybody Else Does)", 3 *Supreme Court Economic Review* 1 (1993).

Rock, Edward B. and Michael L. Wachter, "Dangerous Liaisons: Corporate Law, Trust Law, and Interdoctrinal Legal Transplants", 96 *Northwestern University Law Review* 651 (2002).

Shetreet, Shimon, "Creating a Culture of Judicial Independence: The Practical Challenge and the Conceptual and Constitutional Infrastructure", in Shimon Shetreet and Christopher Forsyth, *The Culture of Judicial Independence*, Leiden: Brill (2012).

The Judicial Integrity Group, *Commentary on The Bangalore Principles of Judicial Conduct*, 2007.

Virgo, Graham, *The Principles of Equity and Trusts* (Oxford University Press, 2012).

秋山幹男외, コンメンタール民事訴訟法(Ⅰ)(第2版追補版), 日本評論社, 2014.

4. 외국법자문법률사무소의 법적 성격과 규제[*]

― 현행법의 합리적인 해석과 개선 방안 ―

I. 서론

1. 문제의 제기

2009년 제정된 외국법자문사법에 따라 법무부장관은 2012년 7월 19일 3개의 외국법자문법률사무소의 설립을 인가한 후 2012년 2월 15일 현재까지 13개의 외국법자문법률사무소의 설립을 인가하였다.[1][2] 이른바 법률시장 개방의 3단계 중 제1단계 개방을 한 것이다.[3] 외국법자문사법은 세계무역기구(WTO) 도하개발아젠다(DDA: Doha Development Agenda) 협상시 제출된 우리 정부의 양허안(이하 "WTO/DDA양허안")에 있던 법률시장개방 방안을 기초로 제정되었고 이후 체결된 각종 자유무역협정과 연계하여 운용되고 있다.

WTO/DDA양허안 및 각종 자유무역협정은 모두 외국법자문법률사무소를 외국로펌의 한국 내 대표사무소로 규정하였다. 외국법자문사법은 외국법자문법률

---

[*] 인권과 정의 제433호(대한변호사협회, 2013. 5) 게재.

1) 설립인가를 받은 13개의 외국법자문법률사무소 중 11개의 본점소재지가 미국이고 2개의 본점소재지가 영국이다. 상세한 내용은 2012년 7월 19일, 9월 14일, 9월 26일, 10월 18일, 11월 6일, 11월 15일, 12월 24일자 관보.

2) 외국법자문사 자격승인은 2012년 6월 12일 3명에 대하여 행하여진 후 2013년 1월 28일까지 37명에 대하여 자격승인을 하였다. 원자격국의 분포는 미국 29명(뉴욕주 22, 캘리포니아주 5, 워싱턴컬럼비아 특별구 2, 일리노이주 1), 영국 7명(잉글랜드 웨일즈 6, 스코틀랜드 1)이다.

3) 제2단계는 외국로펌과 국내변호사 또는 국내로펌 간의 업무제휴가 허용되는 단계이고 제3단계는 외국로펌과 국내로펌이 합작기업을 설립하여 국내변호사를 고용할 수 있게 되는 단계이다. 법률시장 개방의 3단계는 한국-미국 FTA에 구체적으로 규정되어 있고 이에 대하여는 김갑유, "한미 FTA체결과 법률시장 개방 이후 전망 ― 외국법자문사법안의 주요내용을 중심으로 ―", 「법조」 제615호(2007. 12), 71-79쪽.

사무소가 "본점사무소가 한국 내에서 외국법사무를 수행하기 위한 대표사무소"인 것으로 규정하고(제16조 제1항 제2호) 외국법자문법률사무소의 명칭에 본점사무소의 명칭을 사용하도록 하여(제27조 제2항) WTO/DDA양허안 및 각종 자유무역협정에 정한 것과 유사한 규정을 두었다. 그러나, 다른 한편 외국법자문사법은 외국법자문법률사무소의 설립신청을 외국법자문사 개인이 행하도록 하고(제15조), 외국법자문법률사무소의 구성원이 2명 이상인 경우 외국법자문사법에 정한 것 외에는 민법 중 조합에 관한 규정을 준용하도록 규정하고 있어(제23조 제3항), 외국법자문법률사무소의 법적 성격이 외국로펌과는 별도로 한국 내에 설립된 조합이라고 볼 여지를 만들었다. 외국법자문법률사무소의 법적 성격을 외국로펌의 한국 내 대표사무소 즉 외국로펌의 일부분으로 볼 것인가 아니면 외국로펌과는 별도로 한국내에 설립된 조합으로 볼 것인가는 외국법자문법률사무소의 구성원 또는 소속 외국법자문사의 행위에 대한 권리의무 및 책임의 귀속의 문제뿐 아니라 외국환법규 등 다른 법규상 취급에도 큰 영향을 주게 된다.

아래 Ⅱ.에서는 외국법자문법률사무소에 관한 외국법자문사법의 입법배경과 외국법자문사법의 관련 조항들을 살펴보고, Ⅲ.에서 외국법자문법률사무소의 법적 성격은 외국로펌의 한국 내 대표사무소로 보아야 함을 지적할 것이다. Ⅳ.에서는 외국법자문법률사무소의 법적 성격에 비추어 설립과 운영에 관한 현행법을 어떻게 해석하여야 합리적인지를 검토하고 아울러 바람직한 입법적 보완 방안을 제시하고자 한다.[4]

2. 용어

외국법자문사법은 외국에서 법률사무 수행을 주된 목적으로 설립된 사무소 또는 법인을 '본점사무소'로 정의하였다. 또한 자유무역협정에서는 '외국법무회사'라는 용어를 사용하였다. 본점사무소라는 용어의 사전적인 의미는 '법인·단체 자체'보다는(지점 기타 다른 사무소에 대응한) 법인·단체의 '본점'을 뜻하므로, '법인·단체 자체'를 의미하는 용어로 사용하기에는 충분하지 않고 오해의 소지가 있다. 또한 '외국법무회사'라는 용어는 회사의 형태를 취한 법률사무소만을 의

---

4) 외국법자문사법에 대한 일반적인 해설로는 법무부, 「외국법자문사법 해설서」(2010)와 김갑유, 앞의 논문(주 3). 외국법자문사법의 2011년 개정에 대하여는 이기영, "법률시장 개방과 개정 외국법자문사법 연구", 「법조」제661호(2011. 10).

미하는 것으로 읽힐 수 있는데 외국의 법률사무소가 반드시 회사의 형태를 취하고 있지 않으므로 이 용어도 적합하지 않다. 이 글에서는 복수의 외국변호사가 조직을 구성하여 법률사무를 처리하는 외국의 법률사무소 법인·단체 자체를 지칭하고자 하는 경우에는 법령상 용어를 사용하여야 하는 경우를 제외하고는 '외국로펌'이라는 용어를 사용하였다.

II. 관련 법규의 내용

1. WTO/DDA양허안 및 자유무역협정

1.1. WTO/DDA양허안

외국법자문사법의 입법의 토대가 된 WTO/DDA 양허안(2005. 5.)[5]은 사업서비스 중 전문직서비스에 속하는 법률서비스에 대한 시장개방에 대한 구체적인 약속을 포함하였다.[6] 그 중 외국법자문법률사무소에 관한 사항을 보면 다음과 같다.

(i) 상업적 주재(commercial presence) 방식에 의한 시장접근: 대표사무소형태로만 가능.[7] 한국의 자격 또는 이와 유사한 자격을 가진 변호사와의 제휴 또는 그러한 변호사의 고용은 허용되지 않음.

(ii) 회사이름(firm name)의 사용을 허용하되 다만 한글로 "외국법자문사사무소"라는 언급과 함께 사용되어야 함.

(iii) 한국에 대표사무소를 설립하기 위해서는 법무부장관의 허가가 있어야 함. 대표사무소는 법무부장관이 승인한 외국법자문사 1인 이상으로 구성됨. 대표사무소는 신용과 전문성을 보유하여야 하며 고객에게 손해가 발생할 경우 이를 보상할 수 있는 충분한 능력이 있어야 함.

(iv) 대표사무소는 이윤추구행위(profit-making activities)를 할 수 있음. 한국에의

---

5) WTO/DDA양허안은 http://www.wtodda.net/our.php?menu=02&submenu=02&content=view&bid=1412(검색일: 2013. 2. 15).

6) 법률서비스시장 개방에 관한 도하개발어젠다 협상에 관하여는 김형준, "법률시장 개방협상 현황과 향후과제", 「법조」 제582호(2005. 3)와 김준동/고준성/구문모/박순찬, 「DDA서비스협상의 주요쟁점 및 정책 대응방향: 법무·시청각·교육서비스를 중심으로」(대외경제정책연구원, 2002).

7) 김형준, 앞의 논문(주 6), 28쪽은 DDA 1차 법률시장 개방안을 설명하면서 "외국 로펌을 전제로 하지 않은 채 우리나라에 새롭게 외국 로펌을 설립하는 것은 허용되지 않는다"는 점을 강조하였다.

주재에 대한 적절한 사업계획과 재정기반을 보유하여야 함.

1.2. 자유무역협정

도하개발어젠다 협상은 합의에 도달하지 못하였고, 그 사이 체결된 자유무역협정(FTA: freee trade agreement)에서 법률시장 개방에 관한 사항을 규정하였다. 현재 발효된 8개의 자유무역협정[8] 중 외국법자문법률사무소의 설립과 가장 관련이 있는 것으로는 「대한민국과 미합중국 간의 자유무역협정」(2007년 6월 30일 서명, 2011년 11월 22일 비준, 2012년 3월 12일 공포, 2012년 3월 15일 발효)[9][10](이하 "한국-미국 FTA")과 「대한민국과 유럽연합 및 그 회원국 간의 자유무역협정」(2010년 10월 6일 서명, 2011년 5월 4일 비준, 2011년 6월 28일 공포, 2011년 7월 1일 발효)[11](이하 "한국-EU FTA")을 들 수 있다.

한국-미국FTA는 부속서 I 에서 외국변호사 또는 외국로펌이 한국 내에서 법률서비스를 제공하는데 관한 자격부여·승인·등록·감독 기타 요건 등에 대한 제한과 이들이 한국변호사·변리사·공인회계사·세무사·관세사 등과의 동업·제휴 기타 관계를 형성하거나 고용하는데 대한 제한 등의 권리를 한국이 유보한다는 점을 명시하고,[12] 이러한 권리유보에도 불구하고 부속서 II 에서 정한 외국법자문사에 의한 한국 내 법률서비스 제공이 허용되도록 규정하였다. 부속서 II 중 외국법자문법률사무소에 관한 부분[13]을 보면 한국은 일정한 요건 아래 미국 로펌[14]이 한국에 대표사무소(외국법자문사무소)를 설립할 수 있도록 허용하고[15] 미국 변호사가 그 자격을 취득한 관할지역에 관한 법 및 국제공법에 관하여 외국법

---

8) 8개의 자유무역협정의 상대방은 칠레, 싱가포르, 유럽자유무역연합(EFTA), ASEAN, 인도, EU, 페루, 미국이다. http://www.fta.go.kr/new/ftakorea/kor_chile.asp?country_idx=11(검색일: 2013. 2. 15).

9) 관보 제17717호(그2)(2012. 3. 12), 2쪽 이하.

10) 한국-미국FTA에 따른 법률시장 개방에 대한 상세한 해설은 최용훈, "한미 FTA 법률서비스 개방분야 타결내용에 관한 연구", 「법조」 제615호(2007. 12).

11) 관보 제17538호(그2)(2011. 6. 28), 2쪽 이하

12) 관보 제17717호(그2)(2012. 3. 12), 283쪽.

13) 관보 제17717호(그2)(2012. 3. 12), 331쪽.

14) 미국 로펌이라 함은 미국(미합중국) 법에 따라 설립되고 본점 사무소가 미국 내에 있는 로펌을 말함.

15) 최용훈, 앞의 논문(주 10), 28쪽은 "'외국법자문사무소(FLC office)'는 반드시 FTA협정등의 당사국인 원자격국의 본점사무소에서 설립하는 '대표사무소' 유형으로만 가능"하다고 적고 있다.

자문사로서 한국에서 법률서비스를 제공할 수 있도록 허용한다고 규정하였다.16)

한편 한국-EU FTA은 부속서 7-가-4에서 서비스분야의 구체적 약속에 관한 양허 내용을 정하고 있다.17) 이 중 상업적 주재 방식에 의한 법률서비스 시장 접근에 관한 내용을 보면 대한변호사협회에 등록된 변호사만이 법률서비스를 공급할 수 있음을 원칙으로 하되, 일정한 예외를 두었다. 그 예외로 협정 발효일 이전에 한국은 일정한 요건 아래 유럽연합 회원국 로펌이 한국에 대표사무소(외국법자문법률사무소)를 설립할 수 있도록 허용한다는 점과 유럽연합 회원국 변호사가 그 자격을 취득한 관할지역에 관한 법 및 국제공법에 관하여 외국법자문사로서 대한민국에서 법률자문서비스를 제공할 수 있도록 허용한다는 점 및 대표사무소는 이윤추구행위를 할 수 있고 다만 한국에의 주재는 적절한 사업계획과 재정기반을 유지하여야 함을 명시하였다.18)

1.3. WTO/DDA양허안 및 자유무역협정상 외국법자문법률사무소의 법적 성격

WTO/DDA양허안과 자유무역협정를 보면 외국법자문법률사무소는 한국 내에서 일정한 범위 내의 제한된 법률서비스를 제공할 수 있도록 허용되는 외국로펌의 한국 내 대표사무소라는 점과 그 대표사무소는 이윤추구행위를 할 수 있음이 명시되어 있다.

2. 외국법자문사법

2.1. 외국법자문사법의 관련 조항

외국법자문사법은 주로 외국법자문사에 관하여 규정하고 있고 외국법자문법률사무소에 관하여는 많은 조항을 두고 있지 않다. 아래에서는 외국법자문법률사무소에 관한 외국법자문사법의 조항들의 내용을 파악한 후 이들이 상호 일관성을

---

16) 부속서Ⅱ는 협정 발효일로부터 2년 이내에 일정한 요건 아래 외국법자문사무소로 하여금 한국 로펌과 특정한 협력약정을 체결하여 국내법사무와 외국법사무가 혼재된 사건을 공동으로 처리하고 그로부터 얻게 되는 수익을 분배받을 수 있도록 허용한다는 점과 협정 발효일로부터 5년 이내에 일정한 요건 아래 미국 로펌이 한국 로펌과 합작기업을 설립할 수 있도록 허용한다는 점 및 이러한 경우 합작기업의 의결권 또는 지분 비율에 대하여 제한을 가할 수 있고 합작기업은 일정한 요건 아래 한국 변호사를 구성원 또는 소속 변호사로 고용할 수 있다는 점도 명시하였다.

17) 관보 제17538호(그2)(2011. 6. 28), 144쪽 이하

18) 관보 제17538호(그2)(2011. 6. 28), 147-148쪽. Ⅱ. 분야별 구체적 약속, 1. 사업서비스, A. 전문직 서비스, a. 법률서비스, 시장접근에 대한 제한.

가지는지를 살펴본다.

2.1.1. 외국법자문법률사무소의 설립요건 — 본점사무소에 관한 조항

외국법자문사법은 외국법자문법률사무소의 설립요건으로서 외국로펌(외국법자문사법은 본점사무소라는 용어를 사용함)이 적법하게 설립되어 5년 이상 정상적으로 운영되었을 것(제16조 제1항 제1호)과 "본점사무소가 한국 내에서 외국법사무를 수행하기 위한 대표사무소로서 외국법자문법률사무소를 설립하기로 의결 또는 결정하였을 것"(제16조 제1항 제2호)을 요구하고 있다. 이와 같이 외국법자문법률사무소의 설립요건을 보면 외국법자문법률사무소는 외국로펌이 한국 내에서 외국법사무를 수행하기 위한 대표사무소이며 그렇기 때문에 과거 5년간 그 외국로펌이 정상적으로 운영되었을 것이라는 요건도 요구하고 있다고 할 수 있다.[19] 한편, 외국법자문사법 제16조 제1항 제4호는 설립인가를 받기 위한 요건으로 외국로펌이 외국법자문법률사무소의 업무와 관련한 민사·상사상 책임에 대하여 이행을 보증하도록 규정하였다.

2.1.2. 외국법자문법률사무소의 명칭

외국법자문법률사무소는 본점사무소의 명칭 다음에 외국법자문법률사무소를 덧붙인 명칭을 사용하여야 한다(외국법자문사법 제27조 제2항). 즉 외국법자문법률사무소는 설립신청자인 개인 외국법자문사의 이름을 사용하는 것이 아니라 당해 외국로펌의 명칭을 사용한다.

2.1.3. 외국법자문법률사무소의 설립신청자

외국법자문사법은 외국법자문사가 법무부의 인가를 받아 외국법자문법률사무소를 설립할 수 있도록 하였다(제15조 제1항). 외국법자문사는 외국변호사의 자격을 취득한 후 법무부장관의 자격승인을 받고 대한변호사협회에 등록한 개인을 말한다(외국법자문사법 제2조 제3호). 이렇게 외국법자문사법은 외국로펌이 아닌 개인인 외국법자문사가 외국법자문법률사무소를 설립하는 것으로 규정하고 있다.

2.1.4. 외국법자문법률사무소의 운영과 조직형태

외국법자문사법 제23조 제2항은 외국법자문법률사무소의 업무집행 등에 관

---

19) 외국법자문사법안이 국회에서 심의될 때 작성된 검토보고서도 "외국 로펌이 일정한 요건 아래 외국법자문사무소를 개설하여 외국법사무에 관한 영업을 수행할 수 있도록 허용함" 및 "신뢰성 있는 외국 로펌의 국내 진출과 건전한 영업 활동을 유도하고, 이들의 합리적 관리·감독 및 국내 소비자 보호에 기여할 것으로 기대됨"이라고 하였다. 국회법제사법위원회, "외국법자문사법안(정부) 검토보고"(2008. 11), 5쪽.

하여 변호사법 제50조 제1항, 제3항부터 제6항, 제7항 본문 및 제52조를 준용하도록 규정하였다. 위 조항들이 준용되면 외국법자문법률사무소는 외국법자문법률사무소의 명의로 업무를 수행하며 그 업무를 담당할 외국법자문사를 지정하여야 하고 담당외국법자문사를 지정하지 않으면 구성원 모두를 담당외국법자문사로 본다. 담당외국법자문사는 지정된 업무를 수행할 때에 각자가 그 외국법자문법률사무소를 대표한다. 외국법자문사법 제23조 제2항에 의하여 준용되는 변호사법 제50조의 각 조항은 법무법인에 관한 조항으로서 법무법인은 법무법인 명의로 법률사무를 처리하는 것이고 다만 구체적인 업무수행을 담당할 변호사를 지정하여 행하도록 한 조항들이다. 다른 한편 외국법자문사법 제23조 제3항은 외국법자문법률사무소의 구성원이 2명 이상인 경우에는 외국법자문사법에 달리 정한 것 이외에는 민법 중 조합에 관한 규정을 준용하도록 규정하였다.

2.1.5. 외국법자문법률사무소의 대표자 결원시의 조치

외국법자문사법 제16조 제3항은 "외국법자문법률사무소의 대표자가 결원된 때에는 3개월 이내에 이를 보충하여야 한다"고 규정하면서 보충의 주체는 명시하지 않았다. 결원을 보충하지 않으면 외국법자문법률사무소의 설립인가 취소사유가 된다(외국법자문사법 제20조 제1항 제3호). 법문에 결원 보충 주체가 명시되어 있지 않지만, 이미 결원된 종전 대표자가 보충할 수는 없을 것이므로 성질상 외국법자문법률사무소의 본점사무소 즉 외국로펌이 행할 것을 전제로 한 것이라고 보아야 할 것이다.

2.2. 외국법자문법률사무소와 외국로펌과의 관계

이와 같이 외국법자문사법은 한편으로는 외국법자문법률사무소를 외국로펌의 한국 내 대표사무소로 보고 명칭도 외국로펌의 명칭을 사용하도록 하였다. 외국로펌의 한국 내 대표사무소는 아래 Ⅲ.2.3.에서 논의하는 바와 같이 외국로펌의 조직의 일부분을 구성하는 것이므로 대표사무소의 법적 형태는 기본적으로 외국로펌을 따르게 되고 대표사무소를 설립하는 주체도 외국로펌이어야 할 것이다.

그런데 외국법자문사법은 외국로펌이 아닌 외국법자문사 개인이 외국법자문법률사무소의 설립신청자가 되도록 하고, 외국법자문법률사무소의 구성원이 복수인 경우 외국법자문법률사무소에 대하여 조합에 관한 조항을 준용하도록 하였다. 이 조항들은 마치 외국법자문법률사무소가 외국로펌과는 별도로 설립되어 운영되고, 외국법자문법률사무소의 구성원 및 소속 외국법자문사가 외국로펌과는 독립적으로 활동하는 것을 전제로 한 것처럼 읽힐 수도 있다. 이와 같이 외국법자문사법은 외국법자문법률사무소가 외국로펌과의 관계에서 어떠한 법적 지위를 가지는지에 대하여 혼선이 생길 수 있게 규정하고 있다. 이 조항들을 어떻게 파악하여야 올바른가에 대하여 아래 Ⅲ.에서 검토하기로 한다.

Ⅲ. 외국법자문사법상 외국법자문법률사무소의 법적 성격과 지위

1. 외국변호사의 국내활동에 대한 규제

1.1. 외국변호사 개인에 대한 규제

자국변호사가 아닌 외국변호사의 자국(이하 "주재국"이라고 함)내 활동에 대한 규제는 일차적으로 개인인 외국변호사를 규율하는 방법으로 이루어진다. 법률사무 취급활동을 변호사가 개인적으로 행하건 로펌의 형태로 조직화하여 행하건 그 활동은 변호사 개인을 통하여 이루어질 수밖에 없기 때문이다. 개인인 외국변호사에 대한 규제는 자격요건, 자격부여 절차, 등록, 업무범위, 업무수행방법(독자적 업무수행, 주재국 내의 변호사와의 동업 여부 등), 업무수행시 국내 법규와 윤리규범의 준수 및 위반시 징계, 의뢰인 기타 관계자에 대한 책임이행을 위한 보험가입 등에 걸쳐 이루어진다.[20] 이는 외국변호사의 활동으로 인하여 주재국의 사법제도에 악영향이 미치게 될 가능성을 차단하고 법률서비스의 수혜자인 의뢰인 기타 관계인의 보호를 위한 것이라고 할 수 있다.

1.2. 주재국 내의 외국변호사 법률사무소의 설립·운영에 대한 규제

외국변호사가 주재국 내에 법률사무소를 설립하여 활동하고자 하는 경우 이를 규제하는 방법은 (i) 외국변호사 개인을 중심으로 하는 규제(이하 "외국변호사개

---

[20] 외국변호사가 주재국에서 법률사무를 처리할 수 있도록 할 것인가의 문제는 (i) 외국변호사가 본국에서의 변호사자격을 기초로 주재국의 국내변호사 자격을 취득할 수 있도록 할 것인가와 (ii) 외국변호사가 주재국의 국내변호사 자격을 취득하지 않았음에도 불구하고 본국에서의 변호사 자격을 기초로 주재국 내에서 일정한 범위의 법률사무를 처리할 수 있도록 할 것인가의 두 가지로 나누어 볼 수 있다. Silver, Carole, "Regulating International Lawyers: The Legal Consultant Rules", 27 Hous. J. Int'l L. 527, 529-530(2005). 외국법자문사법은 (ii)의 문제를 다루고 있다.

인중심규제"라고 함)와 (ii) 외국로펌을 중심으로 하는 규제(이하 "외국로펌중심규제"라고 함)로 나누어 볼 수 있다.[21] 외국로펌에 소속되어 있지 않은 외국변호사가 주재국 내에 법률사무소를 설립할 수 있도록 하는 경우에는 외국변호사개인중심규제를 하는 것이 당연할 것이다. 그런데 외국로펌(또는 외국로펌에 소속되어 있는 외국변호사)만 주재국 내에 법률사무소를 설립할 수 있는 입장을 취하는 경우에는 그 법률사무소의 설립을 위하여 외국로펌이 충족해야 하는 요건을 부과하는 것이 자연스러운 일이고, 이러한 경우에는 외국로펌의 자격과 신뢰도에 기초하여 주재국 내의 법률사무소 설립이 허용되는 것이라고 볼 수 있다. 이러한 경우에는 외국로펌중심규제를 하는 것이 타당할 것이다.

외국로펌중심규제를 하는 전형적인 입법례로는 중국을 들 수 있다. 중국은 중국 내 대표사무소를 설립하고자 하는 외국로펌이 설립신청을 하여야 하고, 중국 내 대표사무소에 근무할 대표자가 그 외국로펌의 파트너 또는 이에 준하는 자격을 가지고 있음을 확인하는 서류와 대표자에게 권한을 위임하는 위임장을 제출하도록 함으로써, 중국내 대표사무소가 외국로펌의 사무소임을 명백하게 규정하고 있다.[22][23] 싱가포르도 외국로펌(foreign law practice)[24]이 싱가포르에서 법률서비스를 제공하기 위해서는 적격외국로펌(Qualifying Foreign Law Practice) 또는 인가받은 외국로펌(licensed foreign law practice)으로 인가를 받도록 하고 있어서 유사한 법제로 보인다.[25]

외국변호사개인중심규제를 하는 입법례의 예로는 일본을 들 수 있다.[26]

---

21) 법무부, 「법률시장 개방국들의 외국변호사」(2004), 237-239쪽은 국내활동을 인가받는 주체를 외국변호사 개인과 외국로펌 어느 한쪽으로 할지 아니면 양자로 할지를 정하여야 함을 지적하였다.

22) Regulation on Administration of Foreign Law Firms' Representative Offices in China Articles 6-8 available at http://www.china.org.cn/english/DAT/214778.htm(검색일 2013. 2. 15), 법무부, 앞의 책(주 21), 204쪽; 법무부, 앞의 책(주 4), 264-265쪽.

23) 중국의 외국로펌 활동 규제에 대하여는 Heller, Jane J., "China's New Foreign Law Firm Regulations: A Step in the Wrong Direction", 12 Pac. Rim L. & Pol'y J. 751 (2003); Cohen, Mark A., "International Law Firms in China: Market Access and Ethical Risks", 80 Fordham L. Rev. 2569 (2012).

24) 싱가포르법상 외국로펌(foreign law practice)은 단독 개업한 법률사무소, 파트너십, 법인을 모두 포함한다. 싱가포르 Legal Profession Act, Section 2(1).

25) 싱가포르 Legal Profession Act, Sections 130D and 130E.

26) 미국의 대부분의 주들도 외국변호사 개인을 규율하고 있고 외국로펌을 특별히 규율하고 있지는 않는다는 점에서 외국변호사 개인중심규제를 하는 입법례에 속한다고 할 수 있

1986년 제정된 일본의 '외국변호사에 의한 법률사무 취급에 관한 특별조치법'(이
하 "일본 외국변호사법"으로 약칭함)은 제45조에서 외국변호사(일본 외국변호사법상의
용어로는 외국법사무변호사(外國法事務辯護士))의 사무소에 관한 조항을 두면서 사무
소 명칭과 설치지역에 관한 조항과 복수사무소 설치를 금지하는 조항을 두고 있
을 뿐, 외국로펌(일본 외국변호사법상의 용어로는 '소속사업체')이 갖추어야 할 요건
이나 절차에 대하여는 아무런 조항을 두지 않았다. 오히려 1986년 제정된 일본
외국변호사법상으로는 외국법사무변호사의 사무소의 명칭에 그 사무소를 설치한
외국법사무변호사 개인의 성명을 사용하도록 하고, 소속 외국로펌의 명칭을 사용
하는 것을 금지하였다. 이러한 금지에 대하여 일본 법무성 담당자는 다음과 같이
설명하였다.

> "일본의 외국변호사 제도는 외국변호사가 될 자격이 있는 개인에 대하여 일본에
> 서 법률사무를 취급할 자격을 부여하는 것이고, 일본에서 행하는 외국법사무변호사
> 의 활동은 당해 외국법사무변호사 개인의 책임으로 행하는 활동이며, 소속 로펌의
> 활동으로 행하는 것은 아니다. … 새로운 제도을 창설함에 있어서 조금이라도 오해
> 를 피하기 위해서는 만약을 위해 이를 보다 명백하게 하는 편이 좋다는 생각에 기초
> 하여 외국법사무변호사의 사무소의 명칭에 관하여 이와 같은 규제를 둔 것이다"[27]

이러한 일본 외국변호사법의 입법태도는, 외국변호사 개인을 규제하는 방법
으로 외국변호사의 일본 내 활동을 규율한다는 입장을 관철하여 외국변호사의 일
본 내 사무소도 그 개인의 사무소이지 그가 속한 외국로펌의 일본 내 사무소가

다. 뉴욕주와 뉴저지주는 외국변호사 개인의 규제에 추가하여 외국로펌을 징계권한으로
규율하고 있다. Silver, Carole, What We Don't Know Can Hurt Us: The Need For
Empirical Research In Regulating Lawyers And Legal Services In The Global Economy, 43
Akron L. Rev. 1009, 1065-1066(2005). 그러나, 외국변호사들이 진출하는 대표적인 주인
미국 뉴욕주의 경우 외국변호사가 뉴욕주 변호사자격시험에 응시하여 뉴욕주 변호사 자
격을 얻는 것이 어렵지 않다는 점에서 뉴욕주의 foreign legal consultant 규제는 일본의
외국변호사 법제 또는 우리나라의 외국법자문사 법제와 같은 평면에서 논하기는 어렵
다. 2011년 15,063명이 뉴욕주 변호사 시험에 응시하여 9,607명이 합격하였는데, 이 가운
데 미국 밖에 있는 로스쿨을 졸업한 응시자가 4,427명, 이중 합격자가 1,442명이다. 한편
2011년 뉴욕주에서 foreign legal consultant로 자격을 얻은 사람은 23명에 불과하다. Bar
Examination and Admission Statistics (2011) http://www.ncbex.org/assets/media_files/Statis
tics/2011Statistics.pdf(검색일 2013. 2. 15).
27) 戸田信久/堺徹, "改正外国弁護士法の概要(上)", NBL 제550호(1994. 8. 1), 28쪽.

아닌 것으로 본 것이다. 이러한 입장을 관철하다 보니 실질적으로는 외국로펌의 일본 내 사무소임에도 불구하고 그 사무소에 근무하는 외국변호사(외국법사무변호사)의 개인 이름을 사무소 명칭으로 사용하도록 요구한 것이다. 소속 외국로펌의 인사이동으로 일본 내에서 근무하는 외국변호사가 다른 사람으로 교체되는 경우 사무소의 명칭이 변경되게 되고, 이러한 변경은 의뢰인 기타 거래상대방에게 혼선을 초래한다는 문제가 제기되었고, 결국 1994년 일본 내 사무소의 명칭에 소속 외국로펌의 명칭을 사용할 수 있도록 법이 개정되었다.[28] 우리 외국법자문사법 제16조 제1항 제2호에서 외국법자문법률사무소가 외국로펌의 대표사무소임을 나타내는 조항을 두고 있는 것과는 달리 일본 외국변호사법은 그러한 조항을 두고 있지 않아, 일본 외국변호사법은 1994년 개정 이후에도 당해 외국변호사(외국법사무변호사)를 규제하는 방법으로 그의 일본 내 사무소를 규율한다는 기본 입장이 유지되고 있는 것으로 보인다. 그러나 이와 같이 외국로펌에 소속된 외국변호사가 주재국에 설치한 사무소가 실질적으로 그 외국로펌의 사무소로서 주재국 내에서 법률사무를 처리하고 있음에도 불구하고 외국로펌의 주재국 내 사무소로 취급하지 않는 것이 외국로펌의 주재국 내 활동에 대한 적절하고 충분한 법적 규율이라고 볼 수 있는지 의문이다.

2. 외국법자문사법의 해석

2.1. 입법취지

외국법자문사법의 입법 배경인 WTO/DDA 양허안과 자유무역협정 및 입법자료들을 보면 외국로펌의 한국 내 대표사무소를 설립할 수 있도록 하였고 그 대표사무소를 외국법자문법률사무소로 부르고 있다. 따라서 입법취지는 외국로펌의 한국 내 대표사무소(외국환거래규정의 정의상으로는 지점의 성격을 가짐)로 외국법자문법률사무소를 설립하도록 한 점은 명백하다.

2.2. 관련 조항의 해석

외국법자문사법이 외국로펌으로 하여금 한국 내 대표사무소를 설립할 것을 허용하고자 하였고, 외국로펌이 한국 내의 대표사무소로 외국법자문법률사무소

---

28) 戸田信久/堺徹, 앞의 논문(주 27). 1994년 일본 외국변호사법 개정 이후 일본 내 외국법사무변호사의 사무소의 성격에 대한 논의에 관한 문헌은 찾지 못하였다.

를 설립하기로 의결·결정하는 점(외국법자문사법 제16조 제1항 제2호), 외국법자문법률사무소가 외국로펌의 명칭을 사용하도록 한 점(외국법자문사법 제27조 제2항), 국내 대표자 결원시 보충 조항(외국법자문사법 제16조 제3항, 제19조 제1항 제3호)등은 모두 외국법자문법률사무소가 외국로펌의 한국 내 대표사무소임을 전제로 하는 것이다.[29] 입법의 배경이 된 WTO/DDA양허안과 자유무역협정의 내용, 입법취지 및 위에 열거한 외국법자문사법의 여러 조항에 비추어 볼 때 외국법자문법률사무소는 외국로펌의 국내 대표사무소라고 보아야 할 것이다. 외국법자문법률사무소의 법적 성격은 당해 외국로펌의 법적 성격에 따라 결정될 것이다. 예컨대 외국로펌이 설립준거법상 법인인 경우에는 외국법자문법률사무소는 그 법인의 국내 대표사무소로서 법인의 일부를 구성한다. 외국법자문법률사무소를 외국로펌의 한국 내 대표사무소가 아닌 것으로 본다면, 외국법자문법률사무소의 활동에 대하여 외국로펌이 책임을 회피할 수 있는 논리적 근거를 마련해 주는 셈이 되어 외국법자문법률사무소를 이용하는 국내 의뢰인의 보호를 소홀히 하는 결과를 초래할 수 있다.

문제는 이러한 입법취지와 여러 조항에도 불구하고 외국법자문법률사무소의 설립신청자를 외국로펌으로 하지 않고 외국로펌에 소속된 개인 외국법자문사로 하였으며, 이에 부수하여 외국법자문법률사무소에 대하여 민법상 조합에 관한 조항을 준용하도록 규정하였다는 점에 있다. 이러한 조항들에 근거하여 외국법자문법률사무소는 외국로펌의 국내 대표사무소의 지위를 가지지 못하고 외국로펌과는 별도로 한국법에서 정한 조직형태를 갖춘 것으로 법적 성격을 파악해야 한다는 견해가 있을 수 있으나, 이러한 견해는 외국법자문사법의 입법취지와 외국법자문사법 제16조 등의 조항에 비추어 볼 때 타당하지 않다. 외국법자문법률사무소가 외국로펌의 대표사무소라고 하는 점과 일관성이 없어 보이는 조항들을 어떻게 해석할 것인가에 대하여는 아래 Ⅳ.에서 검토한다.

2.3. 대표사무소의 의미

한국 내에 대표사무소를 둔다는 것은 그 사무소를 설립한 법인 기타 조직체

---

29) 김갑유, 앞의 논문(주 3), 61쪽도 "외국로펌의 국내지사인 외국법자문사무소"로 표현하였고 63쪽은 외국법자문사무소는 본점사무소의 국내지점 형태로 개설해야 한다고 기술하였다.

가 한국 내에서 활동하는 인적·물적 주재(presence)를 가지는 것이다. 즉 대표사무소는 그 사무소를 설립한 법인 기타 조직체의 일부분이다. 외국법인 또는 조직체가 한국 내에 지점·사무소를 설치하는 경우, 그 지점·사무소 설치에 대하여는 외국환거래법에 따른 규제와 지점·사무소의 업무내용에 따른 산업별 규제(예: 금융기관 지점의 경우 영위하는 금융업에 따른 개별법상의 설치허가 및 감독)를 받게 되고, 사법(私法)적인 법률관계는 국제사법에 따르며, 외국법인이 회사라면 상법의 외국회사에 관한 조항들이 적용된다.

외국환거래규정은 외국기업의 국내지사를 지점과 사무소로 구분하여, 국내에서 수익을 발생시키는 영업활동을 영위하는 것은 "지점", 국내에서 수익을 발생시키는 영업활동을 영위하지 아니하고 업무연락, 시장조사, 연구개발 활동 등 비영업적 기능만을 수행하는 것은 "사무소"로 부르고 있다(제7-47조 제2항).[30] 금융관계법규에서도 영업활동을 수행하는지 여부에 따라 지점과 사무소 (또는 대표사무소)를 구별한다(예: 은행법 제58조,[31] 은행업감독규정 제84조 제1항[32]).

그런데, 외국법자문사법 제정의 계기가 된 자유무역협정은 외국로펌의 한국 내 대표사무소가 이윤추구활동을 할 수 있음을 명시하였다.[33] 외국법자문사법 상 외국법자문법률사무소는 외국법자문사의 원자격국 법령 및 일정한 국제법에 대한 자문과 국제중재사건의 대리업무를 수행할 수 있다(외국법자문사법 제24조). 대법원 2007. 7. 26.자 2006마334 결정에 따르면 변호사를 상법이 정하는 상인적 방법에 의하여 영업을 하는 자로 볼 수는 없다. 그러나, 변호사 활동은 한국표준산

---

30) 상법 회사편 제6장에서 규정하고 있는 외국회사가 한국 내에서 영업을 하기 위한 영업소는 외국환거래규정상 외국기업의 지점에 해당한다.

31) 외국은행의 국내지점 설치에는 금융위원회의 인가가 필요하고(은행법 제58조 제1항), 외국은행의 사무소 설치는 금융위원회에 신고하면 된다(은행법 제58조 제3항).

32) "은행법 제47조 제4호 및 제58조 제3항에서 정하는 '사무소'라 함은 은행(외국은행을 포함한다)이 은행업에 관한 정보의 수집 및 제공, 금융경제동향 조사, 본·지점 또는 고객과의 업무연락 등의 사무를 수행하기 위하여 직원을 상주시키고 있는 영업소 이외의 시설을 말한다."

33) 앞에서 보았듯이 우리나라의 WTO/DDA양허안과 자유무역협정에서는 대표사무소라는 용어를 사용하면서 이윤추구활동을 할 수 있는 것으로 규정하였고, 외국법자문사법도 법률사무를 취급하는 외국법자문법률사무소를 외국로펌의 대표사무소라고 표시하였다. 그러나, 대표사무소(representative office)라는 용어를 반드시 이와 같은 의미로 사용하지는 않는다. 예컨대 싱가포르의 Legal Profession Act, Section 130A는 representative office 라는 용어를 싱가포르 내에서 법률서비스 제공 기타 영업을 하지 않고 연락업무만을 행하는 사무소를 의미하는 것으로 사용하고 있다.

업분류상 전문서비스업에 속하고, 변호사의 법률사무 처리는 통상 유상으로 이루어지며, 변호사의 소득은 소득세법 제19조 제1항의 사업소득에 해당한다. 이러한 점에서 외국환거래규정에서 정한 지점과 사무소의 구별 기준을 적용한다면 외국법자문법률사무소의 업무는 영업활동을 영위하는 것에 속한다고 보아야 할 것이다. 즉, 자유무역협정이나 외국법자문사법에서 '대표사무소'라는 용어를 사용하고 있으나 그 용어가 지칭하는 활동형태는 외국환거래규정에 정의된 '사무소'가 아니라 '지점'의 성격을 가진다고 보아야 한다.[34]

Ⅳ. 외국법자문법률사무소의 설립과 운영에 관한 법제의 해석과 보완

1. 외국법자문법률사무소의 설립

1.1. 설립주체

법인의 지점·사무소는 그 법인의 인적·물적 조직의 일부를 구성하고 그 법인과 별도의 조직형태를 가지는 것은 아니다. 지점·사무소는 그 용어의 의미상 그 법인의 일부이다. 법인이 아닌 다른 단체의 경우에도 특별한 사정이 없는 한 마찬가지 법리가 적용된다고 보아야 할 것이다. 이와 같은 지점·대표사무소의 성질상 외국회사의 한국 내 지점·영업소 또는 회사가 아닌 다른 종류의 외국기업·단체의 한국 내 지점·사무소는 그 외국회사·기업·단체가 설치하여야 한다(상법 제614조, 외국환거래규정 제7-48조 등).

이와 같이 자신의 일부분에 해당하는 대표사무소를 설립하는 경우 그 설립주체는 외국로펌이 되는 것이 합당하다. 그런데, 외국법자문사법은 외국법자문법률사무소의 설립신청자를 외국로펌이 아닌 외국로펌 소속 외국법자문사 개인으로 규정하고 있다. 이렇게 규정한 것은 외국법자문사법상 외국변호사에 대한 규율을 한국 내에서 이루어지는 법률사무 처리에 초점을 맞추어 하겠다는 취지에서, 개인인 외국법자문사를 중심으로 한국 내 외국변호사의 활동을 규율하도록 설계하고자 한 것 아닌가 추측된다. 이러한 태도는 일본 외국변호사법을 참고한 것으로 보인다. 앞서 본 바와 같이 일본 외국변호사법은 개인에 대하여 일본에서

---

34) 본문의 논의는 외국법자문법률사무소가 상법 제614조에 따라 외국회사로 등기하여야 할 의무가 있다거나 외국회사로 등기할 수 있음을 의미하는 것은 아니다. 등기에 관하여는 Ⅳ.1.3.에서 검토한다.

법률사무를 취급할 자격을 부여하고, 일본에서 행하는 활동도 그 개인이 스스로의 책임하에 하는 활동이며 소속 로펌의 활동이 아님을 전제로 하였다.[35] 일본 외국변호사법은 이러한 입장을 관철하여 위 법에 따라 일본 내에서 활동할 수 있도록 승인받은 외국변호사인 외국법사무변호사의 사무소에 대하여는 1개의 조문만을 두고 있고 사무소 설립요건에 대하여 별도로 정하고 있지 않다.

그런데, 일본 외국변호사법과는 달리, 외국법자문사법은 외국법자문법률사무소의 설립요건에 외국로펌의 한국 내 대표사무소로서 외국법자문법률사무소가 설립한다는 점을 명시하고 있다. 외국법자문법률사무소의 법적 성격에 대하여 외국법자문사법이 취하고 있는 기본입장에 비추어 볼 때 일본 외국변호사법에서 규정하고 있는 외국변호사 규율방법을 그대로 따를 수는 없다. WTO/DDA양허안이나 자유무역협정의 조항들 및 외국법자문사법의 외국법자문법률사무소 설립요건과 일관성을 갖추려면 외국로펌이 설립주체가 되어 한국 내 대표사무소를 설립신청을 하도록 하는 것이 원칙일 것이다. 외국로펌에 소속된 외국법자문사가 설립신청인이 되도록 규정하고 있는 외국법자문사법 제15조는 이러한 점에서 타당한 조항이라고 하기 어렵고 외국로펌이 설립신청을 하도록 하는 것이 논리적·체계적으로 타당하다고 하겠으나, 현행법을 개정하기 까지는 다음과 같이 해석함으로써 외국법자문사법의 다른 조항과 조화를 이룰 수 있을 것이다.

외국로펌이 한국 내에 외국법자문법률사무소를 설립하여 업무를 수행하는 경우, 우리나라에서는 그 외국로펌의 업무수행중 외국법자문법률사무소를 통한 활동만을 규율의 대상으로 삼으면 충분하므로,[36] 법률사무 처리에 대한 감독의 목적상 외국법자문법률사무소를 외국로펌과는 별도로 취급할 필요성이 있다. 이러한 관점에서 외국법자문법률사무소에 대한 감독의 효율성을 높이기 위하여 외국법자문법률사무소를 실질적으로 운영할 개인이 신청인이 되도록 한 것이라고 선해할 수 있다. 또한 외국로펌이 아닌 소속 외국법자문사가 외국법자문법률사무소의 설립신청자가 되도록 규정하였다고 하여 외국법자문법률사무소가 외국로펌의 한국 내 대표사무소의 법적 지위에 영향을 주는 것은 아니다.

---

35) 주 27.
36) 물론 그 외국로펌이 외국법자문법률사무소를 통하지 않고 법률사무를 취급하여 우리나라 법에 위반되는 행위를 한다면 그 행위는 우리나라 법과 감독당국이 관여할 부분이다. 이러한 위반행위에 대한 우리나라 법과 감독당국의 관여는 외국법자문법률사무소의 설립여부와 관련이 없다.

1.2. 설립요건

1.2.1 외국로펌에 관한 자격요건

외국법자문사법은 외국법자문법률사무소의 설립요건으로서 외국로펌에 관한 세 가지 요건을 요구하고 있고 이 가운데 외국로펌의 자격에 관하여는 적법하게 설립되어 5년간 운영되었을 것을 요구한다(제16조 제1항 제1호). 외국법자문법률사무소가 외국로펌의 한국 내 대표사무소로 활동한다는 실질을 고려할 때, 한국 내에 대표사무소를 설립하고자 하는 외국로펌에 관한 자격요건을 두는 것은 타당하다. 참고로, 외국변호사 개인중심규제의 입장을 취한 일본 외국변호사법은 외국법사무변호사 사무소를 설립할 때 외국로펌에 관한 별도의 요건을 요구하고 있지 않다. 이에 반하여 외국로펌중심규제의 입장을 취한 중국은 외국로펌이 본국에서 변호사윤리규범위반으로 처벌받지 않았을 것을 요구하고 있다.[37]

1.2.2. 외국로펌의 대표사무소 설립에 관한 내부승인

외국법자문사법은 외국로펌이 한국 내에서 외국법사무를 수행하기 위한 대표사무소로서 외국법자문법률사무소를 설립하기로 의결 또는 결정하였을 것을 외국법자문법률사무소의 설립요건으로 요구한다(제16조 제1항 제2호). 외국법자문법률사무소가 외국로펌의 한국 내 대표사무소로 설립되는 것인만큼 설립에 관한 외국로펌의 내부적인 의사결정이 있었음을 확인하기 위한 것이다. 이러한 내부승인의 확인은 외국법자문법률사무소가 설립된 이후 운영되는 과정에서 발생하는 권리의무와 책임문제에 있어서 외국로펌이 자신과는 무관계한 것임을 주장하는 것을 방지한다는 점에서 의미가 있다.

1.2.3. 외국로펌의 이행보증

외국법자문사법은 외국법자문법률사무소 설립 요건의 하나로 외국로펌이 한국 내의 외국법자문법률사무소의 업무와 관련된 민사·상사상 책임에 대하여 이행을 보증할 것을 요구한다(제16조 제1항 제4호). 외국로펌이 법인이고 외국법자문법률사무소가 외국로펌의 일부분인 대표사무소라면 일반적인 법인의 법리에 의하면 외국로펌이 외국법자문법률사무소의 업무에 따른 민사·상사상 책임을 당연히 부담하여야 할 것이고 이에 관한 특별한 조항이 필요 없다고 볼 수도 있다. 그러나, 이러한 경우에도 외국법자문사법 제16조 제1항 제4호은 외국법자문법률사

---

37) Regulation on Administration of Foreign Law Firms' Representative Offices in China, Article 6(1).

무소를 이용하는 국내 의뢰인 기타 거래 상대방의 보호를 위하여 확인적 의미에서 외국로펌의 이행보증을 요구한 것으로 볼 수 있다. 또한 외국로펌의 설립지국 법상 외국법자문법률사무소의 행위에 따른 책임을 회피할 수 있는 여지가 있거나 그러한 시도를 하고자 하는 경우 이행보증을 근거로 저지할 수 있을 것이며, 다른 한편으로는 이행보증 제공 과정에서 본점사무소가 외국법자문법률사무소의 설립 및 운영에 따른 위험을 미리 점검하고 판단할 수 있도록 하는 기능을 할 수 있다. 또한 외국로펌이 법인이 아닌 경우에는 외국법자문법률사무소와 거래하는 한국 내의 거래상대방이 그 조직형태에 따라서는 누가 어떠한 책임을 지는지에 대하여 파악하기 어려울 수 있기 때문에 이러한 경우에도 외국로펌이 책임을 부담한다는 점을 보다 명확히 한다는 점에서는 이 조항이 의미가 있을 것이다.

이행보증상의 책임의 범위 및 내용은 이행보증의 문안과 조건에 따라 결정될 것이나, 이 이행보증은 외국로펌이 한국 내 대표사무소를 설립한 주체로서 부담하여야 할 책임을 경감하거나 면제하기 위한 것은 아니다. 따라서 이행보증의 문안과 조건에도 불구하고 외국로펌이 법률상 부담해야 하는 책임은 이행보증과 관련 없이 부담하여야 한다. 또한 외국로펌은 외국법자문법률사무소의 활동과 관련하여 외국법자문사법 제16조 제1항 제4호에 따른 이행보증이 적용되는 민·상사적 책임 이외에 다른 종류의 책임도 부담할 수 있다. 예컨대 외국법자문법률사무소의 행위에 따른 벌금·과징금 납부와 같은 형법 또는 행정법적인 책임도 한국 내에 지점을 설치한 외국회사와 마찬가지로 외국로펌이 부담한다고 보아야 타당할 것이다. 이 점에 대하여는 아래 Ⅳ.2.4.2.에서 검토한다.

1.3. 등기

법인인 외국로펌이 한국 내 대표사무소, 그것도 외국환거래규정의 정의상 지점의 성격이 있는 사무소를 설치한다면 상법 제614조 제2항에 따라 한국의 동종회사 또는 가장 유사한 회사의 지점과 동일한 등기를 할 의무가 발생하는가? 외국법자문사법은 외국법자문법률사무소의 등기에 대하여는 아무런 조항을 두고 있지 않다. 외국법자문법률사무소에게 등기의무를 부과하기 위해서는 외국법자문사법에 명시적인 등기 조항이 필요하다. 참고로 법무법인과 법무법인(유한)의 등기에 관하여는 변호사법 제43조과 제58조의 5에서 명시적인 조항을 두고 있다. 또한 외국법자문법률사무소를 등기하는지 여부에 따라 외국법자문법률사무소의 법적 성격이 달라지는 것은 아니다.

등기는 외국회사가 한국 내에 영업소를 설치하고 있음과 그 대표자를 공시하기 위한 것인데, 외국법자문법률사무소에 대하여는 등기 이외의 다른 방법에 의한 공시제도를 채택하였다. 외국법자문법률사무소에 대한 법무부장관의 설립인가는 관보에 고시되며, 등록·설립인가·손해배상책임보험에 관한 서류들을 일반인이 대한변호사협회에서 열람할 수 있다(외국법자문사법 제16조, 제18조). 외국법자문사법은 손해배상책임보험에 관한 서류등도 열람할 수 있도록 하였다는 점에서는 상업등기보다 더 상세한 내용을 일반인에게 공시하도록 하고 있다고 볼 수 있다. 이러한 정보의 열람은 반드시 대한변호사협회에서만 할 수 있고 인터넷을 통한 열람은 이루어지지 않기 때문에 이용자의 관점에서 볼 때 등기보다는 정보공시가 덜 효과적이다. 대한변호사협회가 가진 외국법자문법률사무소 정보를 최소한 상업등기 열람에 준하는 방법으로 이용할 수 있도록 할 필요가 있다.

2. 외국법자문법률사무소의 운영

2.1. 권리의무의 귀속

2.1.1. 지점·사무소의 활동에 따른 권리의무의 주체

법인의 지점·사무소는 그 법인의 일부를 구성하므로 지점·사무소의 행위의 효과는 당연히 법인에게 귀속되고 법인 자체가 권리의무의 주체가 된다. 외국환거래법과 외국환거래규정이 비거주자인 외국법인과 거주자인 한국 내 지점·사무소를 구별하여 취급하는 것은 외국환관리의 차원에서 행하는 것이고 사법(私法)적인 면에서의 권리의무의 귀속주체가 법인 자체인 점에는 영향이 없다. 법인이 아닌 조직의 지점·사무소의 경우에도 그 지점·사무소의 행위에 따른 권리의무의 귀속은 그 단체의 설립준거지법에 따라 그 단체에게 귀속됨이 원칙일 것이다.

외국법인의 한국 내 지점·사무소는 별도의 법인격이 부여되는 것은 아니고 또 그렇게 별도의 법인격을 부여할 필요도 없다. 지점·사무소가 속한 외국법인이 설립준거법상 법인격이 있으면 그 법인격에 기초하여 활동하면 되기 때문이다.[38] 외국의 단체가 조합인 경우에는 그 조합계약의 준거법에 의하여 조합의 법률관계

---

38) 참고로 국제사법 제16조은 "법인 또는 단체는 그 설립의 준거법에 의한다. 다만, 외국에서 설립된 법인 또는 단체가 대한민국에 주된 사무소가 있거나 대한민국에서 주된 사업을 하는 경우에는 대한민국 법에 의한다"고 규정하고 있다.

가 규율될 것이고 조합의 한국 내 지점·사무소는 그 조합의 일부이므로, 한국 내 지점·사무소가 별도의 조직형태를 가지도록 정할 필요가 없다.[39] 한국 내 지점·사무소가 별도의 조직형태를 가지도록 규정하거나 해석하면 오히려 법률관계에 혼선을 초래한다. 물론 한국 내 지점·사무소의 감독과 거래상대방의 보호를 위하여 지점·사무소의 업무집행 방법에 대한 제한을 두거나 책임의 귀속에 대한 특별한 조항을 둘 수는 있을 것이다.

2.1.2. 법무법인의 담당변호사 제도의 준용

외국법자문사법 제23조 제2항은 외국법자문법률사무소의 업무집행에 관하여 법무법인의 담당변호사제도에 관한 조항들(변호사법 제50조 제1항, 제3항부터 제6항, 제7항 본문) 및 구성원 등의 업무제한에 관한 조항(변호사법 제52조)을 준용하도록 하였다. 이 조항들은 변호사법상 법무법인(유한)과 법무조합에도 준용된다(변호사법 제58조의 16, 제58조의 30).

담당변호사 제도는 법무법인이 법률사무를 수임하더라도 각 변호사가 가진 전문성, 경험 및 능력에 맞추어 사무를 담당하게 된다는 점과 그 사무를 처리하는 변호사와 의뢰인 사이에 형성되는 개인적인 신뢰관계를 존중하기 위한 것이고,[40] 또한 이러한 담당변호사 지정은 당해 법률사무처리에 관한 책임소재를 분명하게 한다. 변호사법 제40조에 따른 일반적인 법무법인의 경우에는 법무법인의 재산으로 채무를 완제할 수 없는 경우에는 구성원변호사들이 연대하여 변제할 책임을 지는데(변호사법 제58조 제1항, 상법 제212조), 담당변호사 지정은 법률사무처리와 관련하여 발생한 책임에 관한 내부 구상관계를 분명하게 하는 의미가 있다. 법무법인(유한)과 법무조합의 경우에는 구성원의 책임이 제한되므로(변호사법 제58조의 10, 제58조의 24), 특정한 법률사무처리와 관련된 손해배상책임조항을 두고 있다(변호사법 제58조의 11, 제58조의 25). 이러한 경우 담당변호사 지정은 의뢰인의 손해배상청구권의 상대방과 그 범위 및 입증책임 등과 관련하여 더욱 중요한 의미를 가지게 된다.

외국법자문사법 제23조 제2항에 의하여 준용되는 변호사법 제50조의 각 조항은 법무법인에 관한 조항으로서 법무법인은 법무법인 명의로 법률사무를 처리

---

39) 조합의 준거법에 관한 일반적인 논의는 석광현, 「2001년 개정 국제사법 해설(제2판)」(박영사, 2003), 142쪽.

40) 日本弁護士連合会調査室, 「条解弁護士法(第4版)」(弘文堂, 2007), 266쪽.

하는 것이고 다만 구체적인 업무수행을 담당할 변호사를 지정하여 행하도록 한 조항들이다. 이 조항들을 준용한다는 것은 외국법자문법률사무소가 그 구성원인 외국법자문사의 명의가 아닌 외국법자문법률사무소의 명의로 업무를 수행하며 다만 구체적인 업무수행을 업무담당 외국법자문사가 행함을 명시적으로 인정하는 것이다. 이 조항은 외국법자문법률사무소는 외국로펌의 한국 내 대표사무소로서 외국로펌의 일부를 구성하는 경우에도 한국 내 대표사무소의 업무수행 방법에 관하여는 한국 내의 사법제도와의 조화 및 국내 법률서비스 수요자의 보호의 차원에서 한국법에서 특별한 규율을 함을 보여준다고 할 수 있다. 수임한 법률사무를 담당할 외국법자문사를 정한다는 것은 의뢰인과 변호사 간의 개인적 신뢰관계를 존중한다는 점 및 의뢰인이 담당 외국법자문사에게 개인적인 책임을 추궁하기 수월하게 한다는 점에서 외국로펌의 조직형태가 법인인지 파트너십인지 그 밖의 다른 형태인지를 불문하고 의미가 있다.

2.1.3. 조합에 관한 조항의 준용

외국법자문사법 제23조 제3항은 구성원이 2인 이상인 경우 외국법자문법률사무소에 대하여 외국법자문사법에서 정한 것 외에는 민법 중 조합에 관한 조항을 준용하도록 규정하였다. 이 조항에 대하여는 다음 몇 가지 점들을 고려할 필요가 있다.

첫째, 법무부 발간 「외국법자문사법 해설서」를 보면 이 조항은 외국법자문법률사무소의 설립신청자가 개인인 점에 착안하여 개인인 외국법자문사들이 공동으로 외국법자문법률사무소를 구성하고 그 외국법자문법률사무소는 외국로펌의 조직형태와는 무관한 독립적인 조직으로 상정한 것으로 보인다. 이 점은 다음과 같은 기술에 잘 드러나 있다.

"외국법자문법률사무소에 관하여 이 법에 정한 것 외에는 민법중 조합에 관한 규정을 준용하도록 하였는데, 이는 민법상 조합이 단체의 구성원인 개인의 독립성을 보장하는데 적절한 조직형태이므로 외국법자문법률사무소의 성격에 부합하기 때문이다."[41]

"외국법자문법률사무소가 어떠한 방식으로 운영될 것인지 단정적으로 예측하기는 쉽지 않으나, 초반에는 대표자 중심의 소규모로 운영될 것으로 많은 사람이 예상

---

41) 법무부, 앞의 책(주 4), 75쪽.

하고 있다. 외국법자문법률사무소에 2차적으로 준용될 조항을 착안함에 있어 위와 같은 관점에 따라 소속 외국법자문사의 독립적인 활동을 보장하는데 적합한 조직형태를 찾은 것이다."[42]

이와 같이 마치 외국법자문법률사무소가 외국로펌과는 별도로 외국법자문사들에 의하여 독립적으로 설립·운영되는 것을 전제로 한 것이라면 이는 외국법자문사법 제16조에 어긋나는 잘못된 전제라고 할 수 있다.[43] 외국법자문사법상 외국법자문법률사무소의 설립신청자가 되는 외국법자문사는 외국로펌에 소속된 사람이다(외국법자문사법 제15조 제1항). 외국법자문사법에 명시적인 조항을 두고 있지는 않으나 외국법자문법률사무소의 다른 구성원과 소속 외국법자문사들도 당연히 동일한 외국로펌에 소속되어 있을 수밖에 없다. 그들이 자신이 속한 외국로펌으로부터 독립적으로 업무를 수행할 것이라고 보는 것은 외국법자문법률사무소의 성격에 부합하지 않는다. 특히 외국법자문법률사무소가 외국로펌의 명칭을 그대로 사용한다는 점과 외국로펌의 본점사무소는 외국법자문법률사무소의 구성원 및 소속 외국법자문사의 업무처리와 관련된 민·상사상 책임에 대하여 이행보증을 한다는 점을 고려하면, 그 외국로펌이 외국법자문법률사무소로 하여금 독립적으로 활동하도록 내버려 두고 외국로펌 내지는 본점 사무소는 그 활동에 따른 책임만 부담한다는 것은 생각하기 어렵다. 요컨대, 외국법자문법률사무소가 외국로펌의 대표사무소로서 외국로펌의 일부분을 구성하는 것이고 외국로펌의 경영전략에 따라 운영되며 사무소의 구성원의 배치 및 교체도 외국로펌의 차원에서 이루어질 것이다. 이러한 점을 고려하면 외국로펌의 법적 성격과는 관련없이 외국법자문법률사무소를 조합으로 취급하고자 하는 것은 외국법자문법률사무소의 실제에 부합하지 않는다.

둘째, 외국법자문법률사무소가 외국로펌의 조직형태와는 무관한 독립적인 조직으로서 조합으로 취급되는 경우에는 외국법자문법률사무소를 이용하는 의뢰인 기타 거래 상대방에게 상당히 큰 영향을 줄 수 있다. 변호사법상의 법무조합

---

42) 위의 책(주 52), 75쪽.
43) 법무부, 앞의 책(주 21), 238쪽은 "외국로펌이 국내변호사들의 조직임을 전제로 하는 국내로펌과 같은 형태의 조직을 갖춘다는 것은 입법례가 없는 것으로 보여지고, 결국 국내 법적으로 외국로펌의 한국 내 지사 또는 대표사무소 형태의 설립요건과 절차를 규정함으로써 한국로펌과는 별도의 한국 내에서의 활동에 대한 법률상 근거를 마련하는 것으로 취급하여야 할 것"이라고 하였다.

은 소송당사자능력이 있음이 변호사법에 명시되어 있으나(제58조의 28), 민법상의
조합의 실체를 가진 조직은 원칙적으로 소송당사자능력이 없다(대법원 1999. 4. 23.
선고 99다4504 판결). 구성원이 2인 이상인 외국법자문법률사무소에 대하여 민법의
조합에 관한 조항을 준용하면 그 외국법자문법률사무소에게 입법적으로 민법상
의 조합의 성격을 부여하는 효과가 발생한다. 외국법자문법률사무소가 민법상의
조합의 실체를 가진 것으로 보게 되면 그 사무소를 이용하는 의뢰인 기타 거래
상대방은 외국법자문법률사무소를 상대로 소송을 제기할 수 없게 된다. 외국법자
문법률사무소 설립시 외국로펌이 제출한 이행보증에 근거하여 외국로펌을 상대
로 소송을 제기하고자 하는 경우에도 외국로펌에 대한 국내소송관할이 필요하다.
외국법인 등이 대한민국 내에 사무소, 영업소 또는 업무담당자의 주소를 가지고
있는 경우에는 그 사무소 등에 보통재판적이 인정되고(민사소송법 제4조), 원칙적
으로 분쟁이 외국법인의 한국 내 지점의 영업에 관한 것이 아니라 하더라도 우리
법원의 관할권을 인정하는 것이 대법원의 입장이다(대법원 2000. 6. 9. 선고 98다
35037판결 등). 외국법자문법률사무소가 외국로펌의 국내대표사무소의 지위를 가
진다는 점에서 외국로펌을 상대로 하는 소송에 관하여 우리 법원이 재판관할을
가지는 것이 당연하다. 그런데 외국법자문사법 제23조 제3항이 외국법자문법률사
무소에 대하여 민법상 조합에 관한 조항을 준용하도록 함으로써 혼선을 초래할
우려가 있다.

　셋째, 외국법자문법률사무소에 민법상의 조합에 관한 조항을 준용한다는 것
은 외국법자문사법 제23조 제2항에서 '법무법인의 담당변호사 제도'를 준용하고
있는 것과 일관성이 있는지 의문이다. 법무법인의 담당변호사 제도를 준용하는
것은 외국법자문법률사무소가 그의 명의로 업무를 수행하도록 한 것이고, 이는
외국법자문법률사무소가 그 구성원과는 별개의 조직 또는 단체임을 전제로 하는
것이다. 제23조 제3항의 법문상으로도 '이 법에 정한 것외에는 …민법 중 조합에
관한 규정을 준용한다'고 하였으므로, 제23조 제2항에서 규정된 법무법인의 담당
변호사 제도의 준용의 전제인 외국법자문법률사무소의 성격 즉 구성원과는 별개
의 조직 또는 단체라는 점에 어긋나지 않는 범위 내에서만 조합에 관한 조항이
준용될 수 있다.

　넷째, 외국법자문법률사무소에 대한 조합에 관한 조항 준용이 외국법자문법
률사무소를 이용하는 의뢰인 기타 거래 상대방들이 민사적인 책임을 수월하게 추

궁할 수 있도록 하기 위한 것이라는 주장도 있을 수 있다. 채권자의 조합원에 대한 권리행사(민법 제712조), 또는 조합원 전원을 위하여 상행위가 되는 행위로 인한 채무를 부담한 경우 조합원들의 연대책임(대법원 1992. 11. 27. 선고 92다30405판결)을 염두에 두고 이러한 조항을 넣은 것이라면 조합에 관한 조항을 준용하도록 할 것이 아니라 오히려 외국법자문법률사무소의 구성원들의 책임에 관한 조항을 보다 명확하게 규정할 필요가 있다. 즉 변호사법 제58조의 11이나 제58조의 25와 유사한 조항을 추가하고 추가되는 조항으로 인하여 외국법자문법률사무소를 설립한 외국로펌의 책임이 감면되는 것은 아님을 명백히 규정할 필요가 있다.

다섯째, 이 조항은 외국법자문법률사무소의 구성원이 2인 이상인 경우에 한하여 적용되도록 규정하고 있으므로 외국법자문법률사무소의 구성원이 1인인 경우에는 적용되지 않는다. 즉 이 조항을 근거로 외국법자문법률사무소가 외국로펌과는 별도로 조합의 법적 성격을 가진다고 보는 견해는 구성원이 1인인 외국법자문법률사무소의 법적 성격을 규명하지 못하게 된다.

이와 같은 점들에 비추어 볼 때 현행 외국법자문사법 제23조 제3항은 외국법자문법률사무소의 법적 지위와 성격을 외국로펌의 한국 내 대표사무소라는 점에 반하지 않는 범위 내에서 적용되는 것으로 해석하여야 하고, 입법론으로는 이 조항을 삭제하고 외국법자문법률사무소의 구성원 및 소속변호사의 책임 및 외국법자문법률사무소를 설립한 외국로펌의 책임에 관한 조항을 보다 명백하게 규정할 필요가 있다.

2.2. 업무범위

2.2.1. 외국로펌의 본국법상 권리능력·행위능력 및 업무범위에 따른 한계

외국법자문법률사무소는 외국로펌의 한국 내 대표사무소로서의 지위를 가지고 있으므로 외국법자문법률사무소의 권리능력·행위능력은 이를 설립한 외국로펌이 본국법상 가지는 권리능력·행위능력을 초과할 수 없다(국제사법 제16조). 또한 외국로펌의 본국법상 행할 수 있는 법률사무의 범위에 제한이 있다면 외국법자문법률사무소 역시 이러한 제한을 벗어나 한국 내에서 업무를 행할 수는 없다. 이 원칙에 대한 예외로 국제사법 제16조 단서는 한국에 주된 사무소가 있거나 한국에서 주된 사업을 하는 경우에는 한국법을 적용하도록 규정하고 있고, 상법 제617조도 유사한 조항을 두고 있다. 그러나, 외국법자문사법상 외국법자문법률사무소을 설립하기 위해서는 외국로펌이 본국에서 5년이상 정상적으로 운영될 것이 필요하므로, 외국법자문사법상 한국에서의 법률사무 처리를 주된 목적으로 하는 외국로펌을 설립하여 그 외국로펌의 대표사무소로 외국법자문법률사무소를 설립하는 것은 허용하지 않는 취지라고 할 수 있고, 그렇다면 국제사법 제16조 단서가 적용될 수 있는 경우는 없을 것이다.[44]

2.2.2. 외국법자문사법상의 제한

외국로펌이 본국법상 다양한 법률사무 처리를 할 수 있다고 하더라도, 한국 내에 설립한 외국법자문법률사무소는 외국법자문사법에 따라 허용된 범위 내의 업무만을 행할 수 있다. 외국법자문사법은 외국법자문법률사무소의 업무범위에 대하여는 아무런 조항을 두지 않았고, 외국법자문사의 업무범위를 외국법사무, 즉 (i) 원자격국의 법령에 관한 자문, (ii) 원자격국이 당사국인 조약 및 일반적으로 승인된 국제관습에 관한 자문, (iii) 국제중재사건의 대리(다만, 중재에서 (i)(ii)의 법령·조약이 적용되지 않기로 확정된 경우에는 그 때부터는 그 사건을 대리할 수 없음)로 제한하였다(외국법자문사법 제24조). 외국법자문법률사무소의 업무는 결국 그 구성원인 외국법자문사를 통하여 행하게 될 것이므로 현행 외국법자문사법상으로는 외국법자문법률사무소의 업무범위는 구성원인 외국법자문사가 행할 수 있는 업무가 제한됨에 따라 자동적으로 제한되도록 규정되어 있다고 할 수 있다.

이러한 입법은 외국변호사 개인을 중심으로 외국변호사의 국내활동을 규제하는 입장을 취한 일본 외국변호사법과 유사하다. 일본 외국변호사법은 외국법사무변호사가 행할 수 있는 업무의 범위를 정하고 그 이외의 업무를 금지하였고(일본 외국변호사법 제3조와 제4조), 사무소는 외국법사무변호사의 사무소로서의 지위를 가지는 것으로 규정하였다. 그런데, 위 Ⅲ.2.2.에서 상세히 논의하였듯이 외국법자문사법상 외국법자문법률사무소는 외국로펌의 한국 내 대표사무소로서의 지위를 가지고 있으므로 외국법자문법률사무소 내지는 이를 설립한 외국로펌이 권리의무의 주체가 될 것이다. 따라서, 한국 내에서 외국법자문사가 행할 수 있는 업무범위뿐 아니라 외국법자문법률사무소가 행할 수 있는 업무범위를 규정하여

---

44) 법무부, 앞의 책(주 21), 246쪽은 "한국에서의 활동을 목적으로 외국로펌을 신설하고 그 신설된 외국로펌의 지사 자격으로 한국에서 사무소를 개설할 경우 사회적 신뢰도의 면에서 법률서비스의 수요자들의 오신, 즉 외국로펌이어서 전문성과 신뢰도가 높다는 막연한 믿음을 불러일으킬 가능성이 상당하다고 예측되기 때문"에 강력한 설립요건이 필요함을 지적하였다.

야 보다 체계적인 입법이 될 것이다. 참고로 변호사법 제49조 제1항은 "법무법인은 이 법과 다른 법률에 따른 변호사의 직무에 속하는 업무를 수행한다"라고 하고 이를 법무법인(유한)과 법무조합에 준용함으로써(제58조의 16, 제58조의 30), 법률사무 처리와 관련하여 권리의무의 주체가 되는 법무법인에 대하여 별도로 업무범위에 관한 조항을 두었다.

2.3. 한국법규와 윤리규범의 준수

외국법자문법률사무소는 한국 내에서 법률사무를 처리하게 되므로 한국의 법규와 윤리규범을 준수하여야 함이 당연하다. 그런데, 외국법자문사법은 외국법자문법률사무소의 업무집행방법(제23조), 광고(제31조), 자료제출의무(제33조), 변호사·법무사·변리사·공인회계사·세무사·관세사의 고용 또는 이들과의 동업, 지분참여 등의 금지(제34조)에 관하여 규정하고 있을 뿐, 그 밖의 많은 법규와 윤리규범준수에 관한 사항을 외국법자문사의 의무로 규정하고 있다. 즉 외국법자문사에 관하여는 품위유지의무(외국법자문사법 제28조 제1항), 대한변호사협회가 정한 윤리장전 준수의무(같은 법 제28조 제2항), 비밀유지의무(같은 법 제30조)에 관한 조항을 두고 있을 뿐 아니라, 변호사법 제30조(연고관계등의 선전금지), 제31조(수임제한), 제32조(계쟁권리의 양수금지), 제33조(독직행위의 금지), 제34조(변호사가 아닌 자와의 동업금지), 제38조(겸직제한) 등의 조항을 준용하고 있다.

실제업무처리를 외국법자문사가 행할 것이므로 그 개인에게 법규와 윤리규범의 준수를 요구하는 것은 당연하다. 그러나, 외국법자문법률사무소는 외국로펌의 한국 내 대표사무소로서 법률사무를 처리하는 것이므로 구성원인 외국법자문사가 실제 업무를 처리한다고 하더라도 권리의무의 주체는 외국법자문법률사무소 내지는 외국로펌이 될 것이다. 이러한 외국법자문법률사무소의 법적 지위에 비추어 볼 때, 외국법자문사에게 준용되는 변호사법 조항들의 대부분은 외국법자문법률사무소에게도 준용되도록 할 필요가 있다. 참고로 변호사법은 위에서 언급한 조항 중 변호사법 제30조, 제31조 제1항, 제32조, 제33조, 제34조를 법무법인, 법무법인(유한)과 법무조합에게 준용하고 있다(변호사법 제57조, 제58조의 16, 제58조의 30). 물론 외국법자문사와 외국법자문법률사무소는 원자격국 또는 본국의 법규와 윤리규범 준수에 추가하여 한국법규와 윤리규범을 준수하여야 한다.

위 조항 중 특히 주목해야 할 조항은 변호사와 非변호사 간의 동업 또는 이

익분배를 금지하고 있는 변호사법 제34조이다. 이 조항은 非변호사와의 동업 또
는 이익분배로 인하여 법률사무 처리에 대한 전문성, 공공성 및 신뢰성을 훼손할
것을 우려한 조항이고, 직무의 공공성과 독립성을 강조하는 우리나라 변호사법제
의 기본적인 입장을 나타내는 것이라고 할 수 있다. 최근 외국 법제 가운데 非변
호사가 로펌의 지분권을 가지거나 경영·관리를 하는 것을 허용하는 경우도 있다.
이러한 형태의 외국로펌이 한국 내 대표사무소로서 외국법자문법률사무소를 설
립한 경우 그 사무소의 수익은 외국로펌의 수익의 일부가 될 것이고 이는 다시
非변호사인 지분권자에게 귀속될 것이다. 이는 변호사법 제34조 제4항이 금하는
非변호사의 변호사 고용이나 변호사법 제34조 제5항이 금하는 非변호사에 대한
이익분배에 해당될 수 있을 것이다. 외국법자문법률사무소의 구성원인 외국법자
문사는 非변호사가 지분권자인 외국로펌의 구성원이 되거나 고용됨으로써 이러
한 변호사법 제34조 제4항 또는 제5항에 위반되는 행위를 함을 알면서 한국 내에
서 활동하는 셈이 된다.[45]

---

45) 본문에서 언급한 문제는 외국법자문법률사무소가 국내변호사를 고용할 수 있는 단계가
되었을 때 더욱 심각하게 될 수 있다. 참고로, 최근 미국 뉴욕주변호사회의 직무윤리위
원회(Committee on Professional Ethics)에서 이러한 상황에 관하여 의견을 제시한 바 있
다. 의견의 배경이 된 질의는 영국의 법률서비스법(Legal Services Act)에 따라 대체적 기
업구조(Alternative Business Structure)를 취한 로펌에 뉴욕주변호사가 고용되어 뉴욕사무
소에서 뉴욕의 의뢰인을 위하여 법률사무를 처리하여도 무방한지에 관한 것이었다. 그
영국로펌은 비변호사가 관리자 및 지분권자의 지위를 가질 수 있고 사모주식발행으로
자본을 조달하고 전문적 경영진을 가지게 되어 있다. 고용된 뉴욕주 변호사는 영국로펌
의 스톡옵션과 주식을 부여받을 수 있고, 뉴욕사무소의 변호사는 비밀을 유지하고 영국
의 비변호사 경영진과 비밀정보를 공유하지 않는다. 2012. 3. 14. 미국 뉴욕주변호사회의
직무윤리위원회(Committee on Professional Ethics)는 이러한 질의에 대하여 '뉴욕주 변호
사는 非변호사가 지분권자 또는 경영·관리자로 참여하는 로펌에 고용되어 뉴욕에서 법
률사무를 처리하여서는 안 된다'는 의견을 제시하였고, 질의에 나타난 활동은 뉴욕주 변
호사직무행위규칙(New York Rules of Professional Conduct) 5.4(a)(변호사는 비변호사와
보수를 분배하여서는 안 됨)와 5.4(d)(변호사는 비변호사가 지분을 소유하거나 이사 또
는 임원이거나 변호사의 직무상 판단을 지시 또는 지배할 권리가 있는 단체와 함께 또는
그러한 단체의 형태로 법률사무를 처리하여서는 안 됨)를 위반하는 행위로 보았다. New
York State Bar Association, Committee on Professional Ethics, Opinion 911(3/14/12).
http://www.nysba.org/AM/Template.cfm?Section=Ethics_Opinions&template=/CM/Content
Display.cfm& ContentID=65130(검색일 2012. 2. 15).

2.4. 외국법자문법률사무소의 운영과 관련한 책임

2.4.1. 민사·상사상 책임

외국법자문법률사무소는 외국로펌의 한국 내 대표사무소의 지위를 가지므로 외국법자문법률사무소가 체결하는 수임계약 기타 계약상의 권리의무는 외국로펌에 귀속됨이 원칙이고(위 Ⅳ.2.1.1. 참조), 계약 위반에 따른 책임 역시 외국로펌에 귀속될 것이다. 외국법자문법률사무소 설립시 외국로펌이 제출하는 민사·상사상 책임에 대한 이행보증(외국법자문사법 제16조 제1항 제4호)에 대하여는 위 Ⅳ.1.2.3. 에서 논의한 바와 같다.

2.4.2. 행정적 책임

외국법자문법률사무소를 한국 내에 설립하는 외국로펌은 그 구성원과는 별도의 법인격을 가진 법인이거나 단체일 것이고, 외국법자문법률사무소는 외국로펌의 한국 내 대표사무소로 활동하는 것이므로, 외국법자문법률사무소는 그 구성원 또는 소속 외국법자문사와는 별도로 행정적 규율의 대상이 된다. 외국법자문사법은 외국법자문법률사무소의 설립에 대하여 인가를 받도록 할 뿐 아니라 그 운영에 대하여도 몇 가지 조항(제20조, 제22조)을 두고 있다. 외국법자문법률사무소의 법적 지위와 성격에 비추어 볼 때, 위 Ⅳ.2.3.에서 언급한 것과 같이 변호사법의 여러 조항들을 외국법자문법률사무소에게 직접 준용하여 행정적 규율 및 행정적 책임의 대상으로 삼을 필요가 있다. 그런데 외국법자문사법은 외국법자문사 개인에 대하여는 징계 또는 업무정지명령을 할 수 있도록 상세한 조항(제36조 내지 제45조)을 두고 있으나, 외국법자문법률사무소에 대하여는 법무부장관이 설립 인가를 취소할 수 있도록 하는 조항(제19조)을 두고 있을 뿐 외국법자문법률사무소를 징계할 수 있는 근거를 두고 있지 않다. 변호사법상 징계조항을 법무법인, 법무법인(유한) 및 법무조합에게 준용하는 것(제57조, 제58조의 16, 제58조의 30)과 유사하게 외국법자문법률사무소도 징계 또는 업무정지할 수 있는 근거를 마련할 필요가 있다.

3. 외국환거래법 및 세법상 외국법자문법률사무소의 취급

외국법자문사법상 외국법자문법률사무소는 외국로펌의 한국 내 대표사무소 이므로 외국환거래법규상 비거주자인 외국로펌의 국내지사에 해당한다. 변호사 활동을 영업으로 볼 수 없다는 대법원 2007. 7. 26.자 2006마334 결정이 있으므로 외국법자문법률사무소가 외국환거래규정에 규정된 "국내에서 수익을 발생시키는 영업활동을 하는 지점"(외국환거래규정 제9-32조 제2항 제1호)에 해당하는지에 대하여 의문이 제기될 수 있으나, 위 Ⅲ.2.3.에서 검토하였듯이 외국법자문법률사무소는 이윤추구 활동을 할 수 있다는 점에서 원칙적으로 외국환거래규정 제9-32조 제2항 제1호에 규정된 지점에 해당한다고 보아야 한다. 세법상으로도 외국로펌이 법인인 경우에는 외국법자문법률사무소는 원칙적으로 외국법인의 국내사업장에 해당한다고 보아야 할 것이다.46) 외국법자문법률사무소가 외국법자문사법에 따른 특별한 규율을 받고 있다는 점을 감안하여 외국환거래법규나 세법상 특별한 취급을 할 여지도 있을 것이나 이 점은 각 개별법규의 취지에 비추어 정할 문제이고 이 글에서는 상세히 논하지 않는다.

Ⅴ. 결론

외국법자문법률사무소의 외국법자문사법상의 법적 지위와 성격, 특히 외국로펌의 한국 내 대표사무소인지 여부에 대하여 외국법자문사법은 상반된 해석을 할 수 있는 조항들을 두고 있다. 그러나, 외국법자문사법의 입법취지가 외국로펌의 한국 내 대표사무소의 설립을 허용하고자 하는데 있었고 외국법자문사법에도 그러한 내용의 명시적인 조항이 있으므로, 외국법자문법률사무소가 외국로펌의 한국 내 대표사무소라고 파악하여야 한다. 외국법자문법률사무소의 설립, 운영 및 책임에 관한 법제는 외국법자문법률사무소의 법적 지위와 성격에 부합하게 해석하고 보완할 필요가 있다. 외국법자문법률사무소의 설립주체는 외국로펌이 되도록 하는 것이 체계적이고, 조합에 관한 조항을 준용하도록 한 외국법자문사법 제23조 제3항은 제한적으로 해석하여야 하며 외국법자문법률사무소의 구성원 및 소속변호사의 책임과 외국로펌의 책임에 관한 조항으로 대체하는 것이 바람직하다. 외국법자문법률사무소의 운영과 관련하여 변호사법의 여러 조항을 외국법자문법률사무소에 준용할 필요가 있고, 외국법자문법률사무소에 대하여 징계 및 업무정지명령을 할 수 있도록 정비할 필요가 있다.

---

46) 외국로펌이 파트너십인 경우 등 법률시장 개방에 따른 조세문제에 대하여는 안경봉, "법무시장개방과 조세", 「조세학술논집」 제23집 제2호(한국국제조세협회, 2007).

[참고문헌]

국회법제사법위원회, "외국법자문사법안(정부) 검토보고"(2008. 11).

김갑유, "한미 FTA체결과 법률시장 개방 이후 전망 — 외국법자문사법안의 주요내용
　　　을 중심으로 —", 「법조」 제615호(법조협회, 2007. 12).

김준동/고준성/구문모/박순찬, 「DDA서비스협상의 주요쟁점 및 정책 대응방향: 법무
　　　·시청각교육서비스를 중심으로」(대외경제정책연구원, 2002).

김형준, "법률시장 개방협상 현황과 향후과제", 「법조」 제582호(법조협회, 2005. 3).

법무부, 「법률시장 개방국들의 외국변호사」(2004).

법무부, 「외국법자문사법 해설서」 (2010)

석광현, 「2001년 개정 국제사법 해설(제2판)」(박영사, 2003).

안경봉, "법무시장개방과 조세", 「조세학술논집」 제23집 제2호(한국국제조세협회,
　　　2007).

이기영, "법률시장 개방과 개정 외국법자문사법 연구", 「법조」 제661호(법조협회,
　　　2011. 10).

최용훈, "한미 FTA 법률서비스 개방분야 타결내용에 관한 연구", 「법조」 제615호
　　　(법조협회, 2007. 12).

Heller, Jane J., "China's New Foreign Law Firm Regulations: A Step in the Wrong
　　　Direction", 12 Pac. Rim L. & Pol'y J. 751 (2003).

Cohen, Mark A., "International Law Firms in China: Market Access and Ethical
　　　Risks", 80 *Fordham L. Rev.* 2569 (2012).

Silver, Carole, Regulating International Lawyers: The Legal Consultant Rules, 27
　　　Hous. J. Int'l L. 527 (2005).

Silver, Carole, What We Don't Know Can Hurt Us: The Need For Empirical Research
　　　In Regulating Lawyers And Legal Services In The Global Economy, 43
　　　Akron L. Rev. 1009 (2010).

日本弁護士連合会調査室, 「条解弁護士法(第4版)」(弘文堂, 2007).

戸田信久/堺徹, "改正外国弁護士法の概要(上)", NBL 제550호(1994. 8. 1).

〈대담〉

박준 교수 정년기념 대담

일 시 : 2019. 12. 7.(화) 15:00∼18:00
장 소 : 서울대학교 호암교수회관 오크룸
대 담 자 : 정순섭(서울대학교 법학전문대학원 교수)
　　　　　 이숭희(법무법인 화우 변호사)
　　　　　 고창현(김·장 법률사무소 변호사)
　　　　　 김성은(골드만삭스 변호사)
　　　　　 이영경(김·장 법률사무소 변호사)
　　　　　 강동원(수원지방법원 안산지원 판사)
　　　　　 김재남(대전지방법원 천안지원 판사)
　　　　　 김정연(인천대학교 법학부 조교수)
녹취·정리 : 송순섭(서울대학교 법학연구소 조교)
　　　　　 이　연(서울대학교 대학원 법학과 박사과정)

〈인사 및 소개〉

김정연 : 저는 인천대학교 법학부에 재직 중인 김정연입니다. 박준 교수님 정년기념 대담에 참석해 주셔서 감사합니다. 일단 돌아가면서 박준 교수님과의 인연을 포함한 간단한 자기소개를 하시고 시작하는 것이 좋을 것 같습니다.

정순섭 : 정순섭입니다. 2007년 로스쿨 개교를 준비할 때 저는 홍익대학교에서 서울대로 옮기게 되었고, 박 교수님은 다 아시다시피 로펌에서 근무하시다가 대학으로 옮기시게 된 것이 처음 뵙게 된 계기입니다. 그리고 박교수님께서는 전공분야가 다양한 분야에 걸쳐있지만, 특히 금융분야는 저와 같고 해서 그동안 많은 것을 배울 수도 있었습니다. 아마 앞으로도 더 많은 토론과 가르침의 기회가 있을 것이라고 생각합니다.

고창현 : 저는 고창현 변호사입니다. 지금 현재 김·장 법률사무소에서 근무를 하고 있구요. 제가 박교수님을 처음 뵌 것은, 김·장 법률사무소에 93년도에 들어갔을 때입니다. 처음에 김·장에 들어갔을 때 금융 쪽에서 일을 했었습니다. 교수님께서는 당시 금융 쪽의 가장 대표 변호사로 계셔서, 그 밑에서 교수님을 멘토이자 저의 롤모델로 삼아 같이 근무를 했었습니다. 그리고 교수님께서 김·장 법률사무소에서 서울대 로스쿨로 옮기실 때까지, 십여 년 계속 같이 근무했습니다. 교수님께서 학교로 옮기신 다음에도 이런저런 가르침도 받고 있고, 또 『BFL』 편집위원으로서 정기적으로 뵙고 있습니다.

김성은 : 저는 김성은이구요. 현재는 골드만삭스에 다니고 있습니다. 처음에는 김·장 법률사무소에 다녔습니다. 98년에 들어갔으니까 박교수님을 아주 어릴 때, 저 높으신 변호사님으로 뵈었지요. 당시에 저는 함부로 말도 걸기 어려운 그런 분이었어요. 그사이 저는 다른 회사로 이직하고, 교수님이 학교로 오시고 나서 제가 박사과정 학생으로 들어가 다시금 뵙게 되었습니다. 오히려 김·장 때 교수님과 같이 일을 안 했던 것이 학생으로서 교수님 지도받는 데 더 나은 것 같아요. (모두 웃음) 특히 우리 남편은 로펌에서 교수님과 워낙 가깝게 일하기도 해서 전에 무서운 명성을 많이 듣고 있었거든요. 그렇게 새로운 관계를 시작해서 지금

까지 교수님을 모시고 있고, 현재는 박사논문 지도를 받고 있습니다.

이영경 : 예. 저는 이영경 변호사입니다. 지금 김·장 법률사무소에서 근무하고 있습니다. 저는 2000년에 김·장에 입사했는데 그때 박준 교수님께서 금융 파트에 계셨습니다. 제가 입사 후 2006년 미국연수를 나가기 전까지 박준 교수님하고 몇 차례 같이 업무를 할 기회가 있었습니다. 제가 미국에서 연수하는 동안 교수님께서 서울대로 가셨고, 2008년에 미국에서 돌아와 서울대학교 대학원에 진학하면서 교수님께 지도교수님이 되어 주십사 부탁을 드렸습니다. 대학원에서 교수님께 좋은 강의도 많이 듣고 박사학위를 받을 때까지 정말 너무 많은 도움을 받았습니다. 업무할 때나 공부하고 학위를 받을 때나 교수님께 너무나 많은 은혜를 입었습니다.

강동원 : 저는 강동원 판사입니다. 사실 박준 교수님과의 인연은 한 11년, 12년 전으로 거슬러 올라가는데요. 제가 군법무관으로 근무할 당시 대학원에 다녔는데, 그때 박교수님께서 학교에 오시면서 수업을 들었던 것이 첫 인연의 시작이었습니다. 그때는 다소 좀 나태하게 수업을 들었는데 … 박교수님 수업이 서울대에서 가장 버거웠습니다. 강제로 다 지도반이 되는 느낌이 들 만큼 너무 수업을 열심히 하셔서, 사실은 굉장히 인상적이었습니다. 학부 때 들었던 다른 수업과 비교할 때, 너무 타이트했고, 굉장히 준비를 많이 하시고, 또 피드백도 많이 주시고 하시는 걸 보고 '와~ 이렇게도 수업을 할 수 있구나!' 해서 굉장히 많이 놀랐던 기억이 있습니다. 게다가 당시 교수님의 의욕과 정성 덕분에 석사학위논문도 쓸 수 있었고 해서, 여러 가지로 저도 혜택과 은혜를 많이 입은 것 같습니다. 사실 제 게으름 때문에 못 뵌 지 오래되었는데요. 이 자리에 이렇게 함께 할 수 있다는 자체만으로도 너무 영광스럽고 또 행복합니다. 박사과정에 들어왔는데 여기저기 실무에 쫓기다 보니까 게을러서 사실은 박사과정을 아직 다 마치지 못하고 있습니다.

김성은 : 저는 박사과정에 10년 동안 있었어요. (모두 웃음)

김재남 : 저는 김재남 판사입니다. 선생님께서 처음 학교에 오실 때, 저는 대학교 3학년이었습니다. 멋모르는 나이였지만 선생님의 명성은 익히 듣고 있어서, 선생님께서 오신다 하여 3학년 몇 명이 "한번 선생님 강의를 들어보자! 들을 기회가

많지 않을 것이다."라고 하면서 겁도 없이 선생님의 증권거래법 강의를 수강했었습니다. 막상 수업을 들어보니, 교수님께서는 전문적인 지식과 수준이 너무 높으신데 저희는 주식거래조차 안 해 본 정말 초짜들이라 선생님의 명강의를 받아들일 수가 없었어요. 그래서 사실은 중간고사 직전까지 듣다가 선생님 몰래 드롭을 한 번 했었습니다. 그러면서 '언젠가는 좀 공부를 해서 선생님의 수업을 제대로 한 번 들어보고 싶다.'라는 생각은 많이 했었던 것 같습니다. 그 후에 제가 사법시험 붙고 법무관이 되어 대학원 석사과정 진학을 하면서, 선생님 강의를 다시 제대로 듣게 되었고요. 선생님 강의를 듣고 바로 선생님의 매력에 매료가 되어, 지도교수님으로 지도를 받고 싶다고 부탁을 드려서 그때부터 사제의 인연을 맺어 석사학위 지도를 받았고, 그리고 박사과정도 진학했습니다. 그런데 박사논문이라는 큰 벽에 막혀서, 선생님의 사사를 받아서 박사논문을 썼으면 정말 좋았을 것 같은데 아직 그러지 못하고 있는 실정입니다. 이 자리를 빌어 다시 한번 죄송합니다 선생님. (웃음)

김정연 : 저는 인천대학교 법학부에 재직 중인 김정연이고요. 저는 법학전문대학원 1기로 입학해서, 1학년 겨울방학 때쯤 박준 교수님께서 하시는 외국 변호사 윤리규범 프로젝트에 번역할 사람을 찾는다고 해서, 그때 처음 뵌 것 같은데요. 교수님이 당시 로스쿨에서 회사법, 법조윤리, 기업재무와 법, 금융거래법 이렇게 4과목 수업을 하셨는데요. 이런 교수님 수업을 다 들은 10여 명의 학생이 지금까지 인연을 맺고 지내는데, 저도 그중의 한 명입니다. 박준 교수님께서 졸업하고 1년은 열심히 일하라 하셔서 1년은 그냥 로펌 다니고, 2년 차 때 박사과정에 진학해서 박교수님의 가르침 덕분에 박사논문 쓰고, 지금은 학교로 옮겨서 학생들을 가르치고 있습니다. 이렇게 해서 자기소개는 마치는 것으로 하겠습니다.

〈정년 소감〉

김정연 : 첫 질문은, 요즘의 근황과 서울대학교 법학전문대학원에서 정년을 맞이하시게 된 소회에 관해서 말씀해 주시면 좋을 것 같습니다.

박준 : 학교에 온 지 12년 반 되었습니다. 시간이 흐르면 정년을 맞을 수밖에 없는데, 막상 정년을 맞으니까 '정말 정년인가?' 하는 생각이 들고 아울러 제일 먼저 드는 생각은 '의무를 잘 이행했다.'라는 일종의 안도감입니다. 제가 실무가로 있다가 교수로 옮겨와서 과연 잘 적응해낼 것이냐 하는 그 약간의 의구심도 있었으니까요. 마라톤으로 치면 다치지 않고 완주한, 쉬지 않고 완주한, 그런 느낌입니다. 두 번째로 든 생각은 인생 후반기에 교수가 되어 12년 반 만에 정년퇴직을 하니 교수생활이 조금 짧다는 느낌이 듭니다. 이것도 마라톤으로 치면 워밍업을 해서 좀 달릴만 할 때가 되니까 골인 지점이 앞에 와있는 그런 느낌입니다. 연구와 교육 모두 조금 더 해보면 좋겠다는 생각이 듭니다. 덧붙여 말씀드릴 것은, 이렇게 무사히 끝낼 수 있게 된 데 대한 감사하는 마음입니다. 학교에 와서 교수로서 활동할 수 있는 기회가 주어진 것부터 그렇습니다. 이것은 상당히 행운이 따르기 때문에 가능했습니다. 연구, 강의 등을 하면서도 여러 동료, 선후배 교수들로부터 많이 배웠습니다. 학생들도 제가 가지고 있던 의욕에 잘 호응을 해주었습니다. 또 집사람이나 가족들도 제가 하는 일을 믿고 응원해주었습니다. 정말 주변 여러분들의 도움이 매우 컸습니다. 모두 감사드립니다.

〈학창시절〉

김정연 : 옛날이야기로 돌아가 보겠습니다. 사실 교수님과 여러 가지 이야기를 나눌 기회가 많았던 것 같은데요. 막상 교수님께서 왜 법과대학으로 진학하기로 결심하셨는지 이런 계기는 못 들었던 것 같습니다. 학창시절 교수님은 어떤 학생이셨는지요? 워낙 공부를 잘하셨다는 말씀은 익히 많이 알려져 있습니다만, 공부만 잘하는 모범생이셨는지, 또 어떤 계기로 법과대학에 진학하시게 되셨는지 옛날이야기를 해주시면 좋을 것 같습니다.

박준 : 50년 전 이야기네요. (모두 웃음) 원래 저는 고등학교 1학년 초기까지 이과를 선택하려고 생각했었습니다. 형이 공과대학을 졸업했고, 선친께서 고등학교 생물 선생님이셨습니다. 다 자연과학 쪽입니다. 그 영향을 많이 받아, 저는 당연히 이과로 갈 것으로 생각하고 있었습니다. 그런데 고등학교 1학년 때 학교에서

모든 학생들이 다 하는 적성검사를 했는데, 의외로 이과 적성 보다는 인문·사회 적성이 훨씬 더 좋은 것으로 나왔습니다. 그래서 적성검사를 하는 기관을 제가 직접 찾아가서 문의해 보았는데 크게 도움이 되는 이야기는 못 들었습니다. 그것이 진로를 원점에서 다시 생각해보는 계기가 되었습니다. 인문·사회 생각은 전혀 하지 않고 있다가, 이쪽을 전공해도 괜찮겠다는 생각이 들면서 문과를 선택하게 된 겁니다. 상당히 의아스럽죠? (웃음) 적성검사를 상당히 신뢰한 셈입니다. 문과에서 무엇을 전공할 것인가에 대해서는 여러 생각도 해 보고 여러 이야기를 주변에서 많이 들었습니다. 법과대학을 졸업하면, 다른 어느 전공을 했을 때 할 수 있는 일을 다 할 수 있다고 이야기하는 분들이 여러분 계셨습니다. 매우 매력적인 이야기였습니다. 이런 과정을 거쳐 법과대학에 진학하게 되었습니다.

김재남 : 선생님께서 원래 이과에 뜻도 있으셔서 그런지 강의에서 설명해 주실 때, 예를 들면 옵션구조 같은 것에 대해 경제학적 설명을 해주실 때, 함수를 그려서 설명을 해주시는데, 젊은 저는 전혀 모르겠는데 선생님은 그렇게 분석을 해주시니까, 저와는 좀 다른 베이스를 가지고 계신 것 같이 그렇게 느꼈습니다.

정순섭 : 고등학교 시기에는 법률이라는 분야를 생각해 보신 것이 그때가 처음이신 것이지요?

박준 : 그렇습니다.

정순섭 : 예전에 중·고등학교 생활기록부를 보게 되면, 그 학생이 1학년 때는 무슨 과를 지망하고, 2학년 때는 무슨 과를 지망했는지 사실 다 적혀있어요. 거기에 보면 이제 상당수의 법률을 하시는 분들은, 다 법률로 되어있거든요. 제가 아는 상당수는요. 그런 면에서 약간 좀 차별화되시는 것 같습니다.

김재남 : 대학시절에 대해서도 여쭤보고 싶은 부분이 있습니다. 대학시절에 은사님들께서는 어떤 분이 계셨고, 그리고 그분들로부터 어떤 가르침을 받으셨는지 궁금하구요. 그리고 대학원 재학하시면서 송상현 교수님 조교를 하셨다고 알고 있는데, 혹시 송상현 교수님과 어떤 인상적인 에피소드나 어떤 구체적인 가르침

이런 것들이 있으시면 말씀해 주시면 어떨까 싶습니다.

박준 : 민법 김증한 교수님, 국제법 이한기 교수님, 형법 김기두 교수님, 상법 정희철 교수님 등이 계셨습니다. 그 당시에는 정말 원로 교수님이라고 생각했었는데, 지금 정순섭 교수님 연세 정도밖에 안 돼요. (모두 웃음) 송상현 교수님은 제가 대학교 입학하기 전해에 부임하셨는데, 거의 학생 같은 인상을 주는 아주 젊은 교수님이셨습니다. 제가 대학교 4학년 때 사법시험에 합격하여 총무처에서 합격증서 교부식에 참석하라는 연락을 받았는데, 그 날짜가 송 교수님 과목 중간고사 보는 날이었습니다. 교수님께 말씀드리고 양해를 얻으려고 했더니 그런데 갈 필요 없다고 하시는 겁니다. 총무처에서는 가족도 참석하라고 연락이 와서 아무래도 가야 할 것 같아 교수님 말씀을 거슬러 참석했더니 불참한 사람이 아무도 없었습니다. 조금 걱정을 했는데 그 후에 강의를 열심히 듣고 기말시험을 치렀더니 학점을 주셨습니다. 그렇게 인연이 생겨서, 4학년 2학기부터 송교수님 방에 조그마한 책상을 놓고 교수님 일을 도와 드렸습니다.

그때 송교수님을 모시고 있으면서 배운 것들이 제게 알게 모르게 영향을 준 것 같습니다. 송교수님께서 국제형사사법재판소 소장을 마치시고 귀국하셨을 때, 제자들이 짧막한 글을 하나씩 써서 「내마음의 영원한 등대 잊지 못할 스승 송상현 선생」이라는 책을 출간했습니다. 그 책에 기고한 글에서 송교수님을 모시면서 보고 들은 것 가운데 두 가지를 언급했습니다.

하나는 송 교수님께서 '법과 사회'라는 모임을 하셨습니다. 송교수님과 비슷한 연배의 법대 교수님과 판사, 검사 그리고 정치학, 경제학, 사회학, 행정학 등 인접학문의 30-40대 교수들의 모임으로 법학과 인접학문간의 이해를 높이는 활동이었습니다. 저는 조교로 모임에 몇 번 참석하면서 매우 깊은 인상을 받았습니다. 나중에 저런 활동을 하면 좋겠다는 생각을 하곤 했으나 실천하지는 못하였습니다. 그러나 변호사 활동을 하면서 기업활동 또는 거래내용을 파악하려고 애쓰고, 제도 개선에 관한 공청회 등에 열심히 참여하여 다양한 분야의 전문가들과 의견을 나누고, 금융법과 밀접한 관련이 있는 경제학 경영학 교수들과 알고 지내며 계속 배워야 한다는 생각을 가지게 된 데는 당시 송교수님의 '법과 사회' 모임을 지켜본 영향이 컸다고 생각합니다.

또 하나는 당시 제가 독일문화원에 다니며 독일어를 배웠는데, 송교수님께서는 영어가 중요하다고 강조하셨습니다. 송교수님께서는 젊으셨을 때부터 국제적인 감각이 탁월하셨습니다. 그때는 깨우치지 못하고 독일어만 계속 배우러 다녔습니다. 군법무관 제대하고 독일어를 사용할 일은 없고 영어만 필요한 변호사 생활을 하면서 송교수님 말씀이 생각나곤 했습니다. 그런데 독일어는 교수 된 후 연구에 필요해서 거의 30년 만에 다시 독일어를 공부하게 되어 뒤늦게 약간 쓸모가 생겼습니다.

김성은 : 저희 골드만삭스 같은 경우는 시니어들한테 "젊은 나 자신에게 보내는 편지"(letter to younger self)를 써서 회사 웹사이트에 올리고 직원들과 공유해요. 교수님께서는 알다시피 변호사로서도 최고이셨고 학자로서도 최고이셔서, 젊은 시절로 돌아가셔도 뭔가 달리하여야 하겠다는 점이 별로 없으실 것 같기는 한데, 그래도 혹시 젊은 시절 교수님에게 뭔가 충고해주고 싶으신 말씀이 있으실까요? 그리고 그 말씀 중 저희에게도 도움이 되는 그런 포인트들이 있다면 어떤 점들이 있을까요?

박준 : 어려운 질문입니다. 저는 제 커리어에 대해서는 큰 불만을 가질 수 없을 것 같고, 다시 선택하라고 해도 법과대학을 졸업하면 결국 변호사를 다시 하겠다고 할 것 같습니다. 그리고 또 교수도 하고 싶어 할 것 같습니다. 문제는 요즘 같으면 로스쿨 들어가기가 어려워서 안 될 것 같네요. (모두 웃음) 다른 걸 한다면 수학이나 다른 자연과학을 공부해서, 그것을 바탕으로 한 일을 하지 않았을까 하는 생각도 듭니다. '젊었을 때 어떻게 하는 것이 좋은가?'에 대해서는, 결국 자기가 하고 싶은 것을 해야 한다는 것이 답이 되어야 할 것 같습니다. 하고 싶고, 해서 행복감을 느낄 수 있는 것을 하는 것이 제일 좋은 일이겠지요. 그리고 그것을 할 수 있는 재능이 있으면 더 좋고. 그런 면에서 보면 저는 그동안 변호사를 했던 것이 괜찮았던 것 같고, 다른 선택을 했을 때 더 나았을까에 대해서는 의문입니다.

김성은 : 기술적인 요령(tactic) 측면에서 여쭈어보고 싶은 것이 있는데요. 예를 들어 나는 너무 일을 열심히 하는 스타일이었는데, 지금 다시 돌아와 생각해 보니까 일을 조금 덜 열심히 하는 게 좋았을 것 같다든지 이런 포인트는 없으신가요. (모두 웃음)

박준 : 오늘 아침 신문 칼럼을 보니 학문을 하려면 체력이 바탕이 되어야 하고, 체력이 좋은 사람들이 해야 한다는 이야기와 함께 맹자의 말씀이 인용되어 있었습니다. '우물을 파는데 아홉 개를 파도 물이 안 나오면, 그것은 아무것도 아닌 것 아니냐? 마지막 한 개를 더 팠으면 물이 나왔을 텐데. 그 마지막 한 개까지 팔 수 있어야 한다.'는 이야기입니다. (모두 웃음) 끝까지 정성을 다해 노력해야 한다는 점에는 수긍이 되지만, 다른 한편 아홉 개까지 파도 안 나온다는 것을 확인한 것만 해도 상당히 의미가 있는 것 아닌가 하는 생각도 듭니다. 그런데 어느 쪽으로 가든 대충해서는 안 되고, 무엇을 해도 열심히 해야 할 것 같습니다. (웃음)

강동원 : 열심히 한다고 말씀하니 갑자기 생각나는 것들이 있는데요. 제가 10년 전쯤 교수님께 어떻게 변호사로서 그렇게 성공적인 커리어를 이어올 수 있었느냐고 여쭤본 적이 있어요. 그러니까 교수님께서 "그냥 모든 일을 정성을 다해서 하면 된다."라고 말씀하시더라고요. 그리고 새벽에도 가끔 의뢰인의 전화를 받으실 때가 있는데요. 교수님이 전화 받는 목소리를 옆에서 사모님이 가만히 들으시는데, 정말 교수님이 새벽에 전화를 받는데도 힘든 내색 하나 없이 즐겁게 받으신다는 거예요. 새벽에 전화를 받아도 그렇게 반갑게 전화 받으시는 것을 보고 그것이 교수님 업무 자세의 바탕이 되었구나 느끼게 되어, 저 자신에 대해서 많은 반성을 하게 되었습니다.

〈변호사 시절〉

김정연 : 자연스럽게 변호사시절 이야기로 넘어가 보겠습니다.

김재남 : 돌이켜보아도 다시 변호사를 하실 것 같다고 하셨는데, 사실 저는 다른 말씀을 하실 줄 알았습니다. 사실 저희 젊은 제자들끼리 이야기할 때는, 우리 선생님은 변호사를 하셨지만, 판사가 제일 잘 어울리시는 분이다 하거든요. 판사를 하셨으면 대법원장까지 하셨을 분인데 너무 안타깝다 이런 이야기를 저희들끼리는 하는데 … 그러면 교수님께서 변호사로서의 길을 선택하시게 된 계기가 무엇이 있는지, 또 여기서 조금 더 덧붙이면 또 다시 하시더라도 변호사를 하시겠다

고 말씀하신 이유가 있으신지 여쭤보고 싶습니다.

박준 : 제가 법과대학을 다닐 때나 사법연수원을 다닐 때는, 법관이 되겠다고 생각 했었습니다. 그런데 왜 변호사를 하게 되었는지 생각을 해보면 여러 가지 요인이 있었는데 그 가운데 하나가 군법무관 생활의 영향이라고 할 수 있습니다. 군에 입대하여 훈련받을 때 10·26이 나고 그 다음 해에 5·18이 있었습니다. 그때 계엄하에서 군검찰관으로 관여하고, 군법회의 진행하는 것도 보면서 국가 공권력의 괴물 같은 막강함과 군법회의 재판에서의 법조인의 무력함을 느끼면서, 민간영역에서 일하고 싶다는 생각을 더 하게 되었습니다. 게다가 가까운 선배들이 판사·검사를 하지 않고 로펌에 들어가서 하는 일을 보니 새롭고 도전적인 일로 보였습니다. 이런 것들이 복합적으로 작용했다고 할 수 있을 겁니다. 당시 민간영역에서 일할 필요성도 컸고 그런 일을 한다는 것에 대한 자부심도 상당히 있었다는 생각이 듭니다. 다시 태어나면 법관과 변호사 중 어느 길을 택할 것인가를 생각할 때는 어느 쪽이 더 생각의 자유가 있는지, 더 틀을 벗어난 생각을 할 수 있는지, 그리고 만나는 사람의 제약이 있는지 등을 고려할 것 같습니다. 이런 점들을 고려하면 법관은 거의 수도승 같은 생활을 해야 할 것 같습니다. 제가 다시 태어나도 법관이 아닌 변호사를 할 것 같다는 생각의 근저에는 수도승 같은 생활은 하고 싶지 않다는 생각이 깔려 있을 겁니다. (모두 웃음)

김재남 : 선생님 혹시 기억하실지 모르겠습니다. 제가 법무관 때 선생님 석사과정 지도반으로서 지도를 받다가, 이제 진로를 선택할 시기가 와서 선생님께 여쭈어본 일이 있습니다. 그 당시에 저도 모 대형 로펌도 만나보고, 고민하던 시기였는데요. 당시 저도 선생님과 마찬가지로 변호사로 가고 싶은 생각도 상당히 있었거든요. 제가 어느 길을 가는 것이 좋겠냐 어떤 부분을 추천해주시겠냐고 선생님께 여쭈었더니, 선생님께서 제게 법원으로 가라고 말씀하셔서 제가 법원을 왔는데요. (모두 웃음)

박준 : 김재남 판사는 훌륭한 법관으로 활동할 수 있을 것으로 생각하였기 때문에 그렇게 조언했을 겁니다. 사실 요즈음 제자들에게 공공영역에 일하는 것의 중요성을 매우 강조합니다. 요즈음은 다들 로펌 등 민간영역으로 가서 일하고 싶어

해서, 제가 변호사를 선택하던 시절과는 많이 달라졌다고 할 수 있을 겁니다.

김정연 : 그런데 그렇게 변호사가 되셔서 금융 부분의 전문성을 가져야겠다고 생각하신 계기라든지 그런 것이 있으셨나요?

박준 : 무엇을 전공할 것이냐는 그 당시 별로 깊이 생각하지 않았고, 제가 잘 알지도 못했습니다. 그 당시에 김·장의 업무분야는 송무를 제외하면, 대체로 회사 관련된 일과 금융 관련된 일의 두 분야로 나뉘어 있었습니다. 당시 가까운 선배들이 제게 금융 쪽이 좀 더 어울리지 않겠는가 라는 조언도 해 주었습니다.

김정연 : 어떤 이유였는지 기억이 나실까요?

박준 : 글쎄. 그때 느낌 아닐까요? (웃음) 군법무관 시절에 잘 알지도 못하면서 『International Financial Management』 같은 책들도 읽어보곤 했는데, 잘 이해하지 못했을 텐데 재미는 있는 것 같았습니다. 그렇게 하면서 금융을 전문분야로 삼기 시작하게 된 겁니다.

김재남 : 선생님께서는 교수로 근무하셨던 기간보다 변호사로서 업무를 하셨던 기간이 더 기신데요. 변호사로서 겪으신 여러 경험들이 있으실 텐데 … 그중에서 혹시 후배 변호사들 또는 후배 법조인들 아니면 후학들에게 특별히 말씀해 주시고 싶으신 그런 에피소드가 있으신지요?

박준 : 특정한 에피소드를 말씀드릴 것은 없습니다만, 변호사로서 활동할 때 후배 변호사들, 특히 국제적인 활동을 하는 변호사들에게 자주 하던 이야기들 중의 한 가지를 말씀드리겠습니다. 세계는 넓고 사람도 많은 것 같아도, 사실 어느 한 분야에서 활약하는 사람들의 숫자는 그렇게 많지 않습니다. "한국과 관련된 국제업무 또는 한국의 금융과 관련된 국제업무를 하는 사람들은 전 세계적으로 얼마 안 된다. 우리도 일하면서 외국 로펌의 어느 변호사가 어떻다는 나름대로 평가를 하게 되는데, 한국 변호사에 대해서도 같이 일한 외국의 여러 변호사들이 똑같은 것을 하고 있을 것이다. 일을 할 때마다 당신이 속해 있는 분야에서 전 세계적으

로 평가를 받고 있다고 생각을 해야 된다."는 이야기를 좀 했었습니다.

또 이런 이야기도 좀 했었습니다. "변호사가 의뢰인을 위해서 기울이는 정성이 어느 정도인지 의뢰인은 그 미세한 차이도 다 깨닫는다." 변호사는 이 정도 대강 하면 되지 생각할지 몰라도 의뢰인은 다 깨닫고 금방 알아챕니다. 그래서 정성을 기울여서 일을 해야 됩니다. 가장 좋은 마케팅은 정성을 다해 일을 처리해서 그 결과 다음번에 다른 사건이 생겼을 때, 의뢰인뿐만 아니라 상대방도 이 변호사를 찾아가야겠다는 생각이 들게끔 하는 것입니다. (웃음)

김성은 : 딜(deal)을 하다 반대편 변호사가 너무 잘하면, 다음에 그쪽을 쓰는 경우 가 상당히 있어요. 심지어 스카우트 제의를 하기도 하고요.

김정연 : 고변호사님은 같이 일하시면서 어떤 가르침을 받으셨나요.

고창현 : 지금 말씀하신 것 듣고, 계속 마음에 찔리고 있는데 … (모두 웃음) 저는 모르겠지 했는데 다 안다고 하니까 약간 찔리네요. 아까 교수님께서 현직 판·검 사로 안 가고 변호사로 곧바로 가셨다고 말씀해주셨는데, 저는 사실 교수님과는 꽤 연배가 차이가 나지만, 저도 마찬가지입니다. 제가 처음부터 곧바로 변호사를 할 생각은 아니었어요. 군법무관으로 갈 때까지만 해도 판사를 할 생각이었는데, 군법무관 생활을 하면서 생각이 바뀌었습니다. 제가 지금은 서울현대미술관으로 바뀐 보안사령부에서 군법무관 생활을 했는데, 1990년 5월경에 우연히 부대 근처 에 있던 김·장을 가보게 되었고, 그 이후 자주 가서 변호사님들 일하시는 것도 보고 저녁 얻어먹으며 말씀도 듣고 했었습니다. 그러면서 변호사 업무 특히 금융 관련 업무에 흥미가 생겼고, 한양대학교 금융대학원 석사과정에 등록하여 공부도 했습니다. 제대하고는 곧바로 김·장에 들어갔고, 당연히 금융파트로 갔습니다. 물론 금융파트에 다른 변호사님들도 많이 계셨지만, 교수님은 제 멘토 역할을 하 셨습니다. 아 그런데, 그때도 교수님은 토요일마다 변호사들 모아서 강독하셨어 요. 그때 … (모두 웃음)

김정연 : 무슨 책으로요?

고창현 : 그때 영국 Allen & Overy 파트너 변호사인 필립 우드라는 분이 쓴 책을 가지고 강독을 했었어요. 당시 영문 대출계약서를 많이 만들었는데 다른 계약서 가져다가 적당히 수정해서 만들고 사실 어떤 조문은 왜 필요한지 모르는 경우도 많았는데, 그 책을 보면서 많이 배우게 되었어요. 그것을 교수님께서 지금 이화여대에 계시는 한민 교수님 이런 분들하고 같이 강독을 했었어요. 그러니까 당시부터 교수님께서는 변호사의 변호사 내지는 변호사의 교수 같은 역할을 하고 계셨던 것이지요. 저도 금융대학원 다니면서 편미분도 하고, 옵션 프라이싱(pricing)도 하고 하면서 나름 금융에 대해서는 꽤 안다고 생각했는데, 김·장에 들어가서 박준 교수님한테 엄청 많은 가르침을 받았지요. 그래서 그때 굉장히 깊은 감명을 받았었고, 그래서 '변호사는 무릇 이래야 한다.' 라고 생각을 하고 교수님을 롤모델로 생각했었어요. 그건 그렇고 저는 새벽에 전화 오면 엄청 짜증을 내거든요. (웃음) 집사람이 의뢰인한테 그렇게 해도 되냐고 그렇게 이야기할 정도로요. 저는 교수님과 완전 반대로 하고 있어서, 아까부터 여러 점에서 반성을 하고 있었습니다. (모두 웃음)

김정연 : 업계나 감독기관, 또 학계에서 박준 변호사님 하면 제가 처음 들었던 에피소드는, 어떤 분이시길래 이렇게 '교시'를 하나? 하는 것이었습니다. 김건식 교수님 『증권거래법』 교과서를 보면, "박준 변호사가 교시해 주었다."라는 내용이 각주에 들어있습니다. 그래서 그분이 누구신가 궁금했었다는 이야기들을 많이 하는데요. 교수님께서는 의뢰인에 대한 개별사건 자문뿐만 아니라, 우리나라 자본시장 개방 때부터 IMF를 지나 자본시장법이 제정될 때까지의, 많은 제도 변화에 대한 자문도 하시고 또 의견도 주시고 한 것으로 알고 있습니다. 그런 것과 관련해서 기억나는 일들을 말씀해주시면 의미가 있을 것 같습니다.

박준 : 자본시장법, 증권법과 관련되는 학회활동과 공청회 등에 많이 나간 것은, 제가 유학을 갔다 온 다음의 일입니다. 87년도에 유학 가서 89년도에 돌아왔습니다. LL.M을 하면서 논문을 썼습니다. 유학가기 전부터 논문을 미국의 로리뷰에 게재하겠다는 생각을 했습니다. 그래서 주제를 어느 정도 정해서 갔습니다. 당시 아직 우리나라의 증권시장이 개방되기 전에 개방을 위한 로드맵이 논의되고 있었습니다. 증권시장 개방과 관련된 법적인 문제에 대해 논문을 쓸 생각을 했었고, 실

제로 "Internationalization of the Korean Securities Market"이라는 제목으로 논문을 썼습니다. 법적인 문제에 관해서는 한국에서 거의 논의가 안 되어 있는 상황이었습니다. 미국에서는 당시 증권시장의 국제화에 대한 논의가 시작되고 있을 때였습니다. SEC 보고서도 나오고, 논문들도 꽤 있어서 LL.M 논문을 쓰면서 영어로 된 관련문헌을 몇천 페이지 읽었습니다. 그렇게 논문을 써서 버클리 로스쿨에서 나오는 법률잡지에 실었습니다.[1] 한국에 돌아와 다시 보니, 증권법에 관심을 둔 법학자나 법률실무가가 그렇게 많지 않은 겁니다. 예컨대 1991년 대한변호사협회에서 발간하는 「인권과 정의」가 "증권거래에 관한 제 문제" 특집을 기획하면서 같은 제목으로 사회를 포함한 5명이 참석하는 좌담회[2]를 했는데, 사회와 제가 변호사였고 나머지 세분은 증권감독원과 경제연구소 임원, 경영대 교수였습니다. 증권법을 약간만 공부했다고 하면 전문성이 있는 것으로 취급되어 공청회나 제도개선에 참여할 수 있게 되었고, 계속 관심을 가지고 보게 되니까, 공부를 더 하게 되었던 것 같습니다. 유학갔다 오면서 그때 공부한 것을 실무적인 관점에서 글로 써놓으면 좋지 않겠나 하는 생각을 했고, '1년에 한 개씩은 쓰자'는 생각을 했는데, 몇 년 하다가 바빠지니까 흐지부지 되어버렸습니다.

김성은 : 여태까지 LL.M에 가서 공부했다는 사람은 저는 지금 처음 보는 것 같습니다. (웃음)

고창현 : 계속 반성하고 있는데, LL.M 가면 보통 수업을 이틀로 몰고, 밤새 놀러 갈 계획 짜잖아요. (웃음)

김정연 : 좌담회가 다 반성회로 가는 것 같습니다. (모두 웃음)

박준 : 저는 LL.M 가서 미국 변호사시험을 안 보고 대신 LL.M 논문을 로리뷰에 게재하는 것을 목표로 삼았고 그것 하나 남기고 온 겁니다. (웃음)

김성은 : 어떻게 그러한 선택을 하셨어요. 쉬운 선택인 것 같지만 쉬운 선택이 아

---

1) *International Tax & Business Lawyer* Volume 7, No.1 (Winter 1989), pp. 1-56.
2) 인권과 정의 제184호(1991. 12) 43-83쪽.

니거든요. 왜냐하면 보통의 세속적인 판단으로 볼 때, 당연히 변호사 자격을 하나 따고 오는 것이 낫지, 공부해서 로리뷰에 게재를 한다? 이건 정말 …

정순섭 : 이미 세속적인 분야라서 … (웃음)

박준 : 제가 뉴욕주에 가서 변호사를 할 가능성이 있겠는가를 생각해 보면 거의 영에 가깝다고 할 수 있습니다. 뉴욕주 변호사 자격을 취득하는 것은 명함에 한 줄 집어넣는 것 이외에 미국 뉴욕주법을 전반적으로 훑어본다는 의미밖에 없는 일이었습니다. 그런데 논문을 미국 법학잡지에 게재한다는 것은 상당히 매력적인 일이었습니다.

정순섭 : 그때부터 아카데믹 쪽에 가까우셨던 것 같아요.

고창현 : 그런데 로리뷰에 게재(publish)하는 것이 쉽지가 않았을 것 같은데요.

박준 : 우선 도서관에 가서 제 논문에 관심을 가질만한 로리뷰들을 찾아보았습니다. 제목에 International, Capital Market, Business Law 등이 들어 있는 로리뷰들을 찾은 겁니다. 몇 군데를 골라 투고했습니다. 한 곳에서는 게재할 의향이 있는데 "너무 길다. 줄여라"라고 연락이 왔습니다. (웃음) 줄이는 것도 큰 작업이라 답하지 않고 있었는데, 버클리대학에서 나오는 잡지에서는 안 줄이고 게재하겠다고 하여 그것에 게재하기로 한 겁니다.

고창현 : 거기엔 어떻게 보내셨나요?

박준 : 모두 우편으로 보냈는데, 몇 달 있으니, 연락이 오더라고요. 학생 편집자들이 다 읽고 나서 우편으로 연락을 주는 겁니다. 이메일이 없던 시절입니다. 그때 미국 로리뷰에서 논문을 게재할 때 어떤 과정을 거치는지를 직접 겪어서 알게 되었습니다. 원고를 8, 9월에 제출했는데, 최종적으로는 그다음 해 5월에 인쇄되어 나왔습니다. 오래 걸렸습니다. 학생 편집자들이 읽어보고 게재하겠다는 결정을 하는데 한참 걸리고, 그다음 학생 편집자가 한 문장 한 문장을 보면서 전거를 붙

이라고 합니다. 어떤 부분은 내 생각이라고 답한 것도 있습니다. 각주에 적은 참고문헌이 영문 문서인 경우에는 버클리 도서관에서 확인해 보면 되지만 한글로 되어있는 문서는 그들 도서관에 없으니 사본을 보내 달라고 했습니다. 번역하지 않아도 된다고 하면서 그들 학교에 한글을 읽는 학생이 있으니까 그 학생한테 확인해보면 된다고 하더군요. 그렇게 몇 라운드를 했습니다.

김성은 : 한국에 돌아오셔서도 계속 그쪽과 연락을 하신 것이겠네요?

박준 : 아니요. 거기서 다 끝내고 돌아왔고. 나중에 인쇄본만 한국에 들어와서 받았습니다.

고창현 : 오! 대단하시네요.

김성은 : 대단한 것이지요.

이영경 : 저도 미국에 있을 때 글을 써볼까도 생각했었는데, 이메일이 발달한 지금 시대에도 못 하는 것을 교수님께서 당시에 하셨다는 것이 너무나 대단하고, 그런 경험을 기반으로 후배들을 계속 격려해주시는 것 같습니다. 글 쓰시는 것 말고 혹시 평소에 변호사로서 자기계발에 관하여 하시는 것이 있으신지요?

김정연 : 일단 로스쿨 졸업해서 졸업생들 모이거나 하면, 교수님께서 항상 변호사가 되어서 당장은 굉장히 허덕거리겠지만 그래도 한 1년 지나고 나면 각자 사무실에 익숙해지니, 그 후에는 반드시 주요 법률잡지를 보고 내용을 못 보더라도 꼭 그 제목이라도 보라고 한참을 말씀하시거든요. 그때는 다들 무슨 말씀인가 했는데요. 한참 지나고 나니깐 그 말씀을 이해하겠더라고요. 그 외에도 교수님은 "일본어를 배워라! 영어를 배워라!" 굉장히 많이 말씀해주셨던 것 같아요. 그와 관련하여 후학들에게 더 해주실 말씀이 있을 것 같습니다.

박준 : 요새는 『BFL』잡지를 내니까 사실 기업활동에 관한 법률업무를 하는 변호사들은 서울대학교 금융법센터에서 발간하는 『BFL』에 실리는 글만 계속 읽어 보

면 관련 분야의 새로운 동향을 파악할 수 있습니다. 『BFL』은 학계와 실무계 양쪽이 모두 유용하게 이용할 수 있는 훌륭한 법률잡지입니다. 『BFL』이 발간되기 전까지는, 국내에는 그런 것이 없었습니다. 로펌에서는 『金融法務事情』, 『NBL』, 『商事法務』 같은 일본잡지들을 구독했습니다. 『金融法務事情』은 주로 은행업무, 『NBL』은 주로 리스, 신용카드 같은 제2금융권 업무, 『商事法務』는 주로 회사와 증권업무에 관한 내용을 다루었습니다. 로펌 도서실에서 그 목차를 받아서 어떤 내용이 있는지 보는 겁니다. 일본 것은 그렇게 해서 쭉 따라갈 수 있었습니다. 어떠한 새로운 이슈가 제기되는지를 알 수 있는 거지요. 국내에서는 아직 문제가 제기되지 않았어도 시차를 두고 나중에 국내에서도 유사한 문제가 제기되는 경우가 꽤 있습니다. 미국 등에서의 동향을 파악하는 방법도 찾았습니다. 에스콰이어 재단에서 설립한 사회과학도서관에서 유명한 로리뷰를 비롯하여 중요한 사회과학 잡지들을 다 구독을 하고 있었고, 개인회원으로 가입해서 이용할 수 있는 거에요. 사회과학도서관에서 매달 들어오는 잡지의 목차와 국내 석·박사 논문의 목록을 보내주었습니다. 일단 제목만 보면서 법률, 정치, 사회, 경제 등 사회과학 분야의 국내외 학계의 동향을 파악하고, 흥미로운 것은 원문 복사를 요청하면 우편으로 받아볼 수 있었습니다. 읽어보겠다는 의욕이 앞설 뿐 그렇게 받은 논문을 다 읽는 경우는 거의 없었습니다. 초록이나 서문 또는 결론을 읽기만 해도 다행인 셈입니다. 그렇게라도 계속 해나가니까 제가 생각해 보지 않은 쟁점에 대한 논의도 어렴풋이나마 알 수 있게 되었습니다. 그것이 크게 도움이 되었던 것 같습니다. 제도 개선을 위한 공청회에 참석해 보면, 6개월, 1년 전에 외국문헌에서 보았던 쟁점이 이야기되는 것을 본 경험이 여러 차례 있었습니다. 금융제도에 관한 논의에는 경제, 경영을 전공하시는 분들이 많이 참석하는데 이 분들이 법조계보다는 훨씬 더 빨리 국제적인 동향을 파악하기 때문에, 그분들과 이야기가 더 쉽게 통할 수 있지 않았나 하는 생각도 듭니다.

김성은 : 목차를 보실 때 법률 관련 부분(legal section)만 보신 것이 아니라 전체 목차를 다 보신 거예요?

박준 : 법률과 금융 분야를 주로 보았습니다만, 시간을 낼 수 있으면 다른 분야 목차도 간단히 보는 경우도 있었습니다. 국내 박사논문은 법학이 아니어도 목록

은 훑어보곤 했습니다. 이것이 그 당시에는 학계의 동향에 관한 정보를 얻을 수 있는 제가 아는 유일한 길이었습니다. 요새는 인터넷과 데이터베이스가 워낙 발달되어 있으니 그런 정보를 얻는 것이 큰 문제는 아닐 것 같습니다. 오히려 정보의 홍수가 문제인 것 같습니다.

김성은 : 그럼 그것을 주말에 따로 시간을 내서 보셨어요, 아니면 하루에 10분, 20분씩 시간을 내서 보셨어요?

박준 : 주로 주말에 보았습니다. 평일에는 일하다 보면 하루가 금방 지나가니 주말에 잠깐 시간을 내는 거지요. 큰 시간이 드는 것은 아니었지만 꾸준히 하는 것이 중요한 것 아닐까 하는 생각입니다. 당장은 미미한 차이라고 하더라도 5년, 10년, 20년이 지나면 크게 벌어지지요.

〈학교로 전직한 계기〉

고창현 : 요즘 저희 사무실 같은 경우에는, 그런 면에서 과거에 비해 환경이 엄청 좋아져 있어요. 웬만한 파트는 전문분야 연구원으로 구성된 스탭들이 있어서, 이 분들이 국내, 해외 논문을 다 찾아서 전체로 묶어서 보내줍니다. 외국자료 담당 변호사가 본인이 직접 읽고 유용한 자료들을 돌리기 때문에, 사실은 가만히 앉아 있으면 떠먹여 주는 식으로 들어와요. 이렇게 편한 환경인데도 잘 안 보게 되는데, 심지어 사회과학도서관까지 가서 보셨다니 … (웃음) 사실 교수님께서 저희 사무실에 계실 때, 굉장히 닮고 싶은 분이었어요. 아까 교수님께서 말씀하신 것처럼, 매년 한 편의 글은 쓰시겠다고 말씀하셔서 저도 그렇게 해야지 하다가 딱 2년 하고 그만두었는데요. (모두 웃음) 어쨌든 어떤 면에서 사무실에 계시면서도, 일만 하는 보통의 변호사와는 다른 부분이 있긴 있었습니다. 일을 하면서도 공부하는 분이었기 때문에, 가르치는 직업과 어울리긴 하셨던 것 같습니다. 아시겠지만 그때 로스쿨이 생기면서, 저희 사무실에서 신희택 교수님과 박준 교수님이 같이 옮기셨거든요. 두 분이 나가신다는 것은 저희에게는 굉장한 충격이었습니다. 박준 교수님은 공부와 어울려 보이긴 했는데, 그래도 저의 멘토시고 롤모델이시고

했던 그런 분이 그만둔다고 하시니 … 그만둔다는 것은 현재에 뭔가 불만이 있다는 이야기잖아요. (모두 웃음) 좋다 좋다 하면서 하지만 안 할래 이런 것은 있기 어렵지 않습니까? 교수님이 저의 10년 선배시거든요. 그러니까 어떻게 보면 10년 뒤의 내 모습과 비슷한데, 물론 그 정도 역량이 있는 변호사가 되기는 어렵겠지만, 어쨌든 목표가 교수님이었는데, 교수님께서 나가시게 되어서 갑자기 멍해졌던 기억이 있습니다. 그때는 사무실 전체적으로 정말 큰 충격이었어요. 신희택 교수님도 그렇고 박준 교수님도 그렇고, 사무실에서 탑 중의 탑이셨거든요. 누구나 다 닮고 싶어 하는 변호사로 각 파트의 최고 선발투수 두 분이 나가시는 것이 되었기 때문에, 그때 저희 후배들의 입장에서는 진짜 큰 충격이었습니다. 뭐가 불만이셔서 '난 여기에 못 있겠다.' 이렇게 생각하셨는지 궁금합니다. 이제 교수님께서 사무실에 계셨던 기간보다, 제가 사무실에 있었던 기간이 몇 년 더 길게 되었네요. 하여튼 그것이 도대체 뭐였을까? 지금도 궁금하거든요. 이제는 말할 수 있다! 진짜 특히 저의 입장에서는 궁금하지 않겠어요?

김정연 : 원망이신 것 같은데요. (모두 웃음)

박준 : 학교로 옮긴 것은 로스쿨 제도가 국회에서 통과되어 기회가 생긴 것 때문입니다. 로스쿨법의 통과 여부가 불투명하다가 2007년도에 갑자기 국회에서 통과되어, 로스쿨 인가를 받기 위해 여러 학교에서 실무가 출신 교수를 필요로 하게 되었습니다. 그 기회에 저도 교수로 옮기게 된 것입니다. 교수가 된 것은 한편으로는 대단히 큰 행운이었고, 다른 한편으로는 큰 도전이었습니다. 제가 변호사를 그만두기 몇 년 전부터 '변호사를 몇 살까지 하는 것이 좋을까?'라는 생각을 했었습니다. 계속 변호사를 하는 것보다는 '아이가 대학을 졸업할 때까지?' '아이가 결혼 할 때까지?' 하는 식의 생각을 하곤 했습니다. 그렇게 먼 시기는 아니었습니다. 2007년 초에도 로펌의 변호사들과 "그동안 변호사로 쌓은 약간의 전문성을 활용하여 입법단계에서 법안을 제대로 만들지 못해서 생기는 문제를 방지하기 위한 의견제시 같은 일을 하면 어떻겠는가? 내가 혼자서 해서는 효과적이지 않을 테니, 변호사회에서 그러한 활동을 하면 어떨까? 다른 분야에서도 전문성을 쌓은 사람들도 동참하면 더 잘 되지 않을까?" 하는 이야기를 나누기도 했습니다. '언제쯤 그만둘까?' 하는 생각을 하고 있었기 때문에, 더 쉽게 학교로 옮기는 결정을 할

수 있었을 겁니다. 그런 생각을 하고 있을 때 학교로 옮길 수 있는 기회가 주어졌다는 것은, 정말 대단한 행운이었습니다. 제가 머릿속에 그리고 있던 일보다 훨씬 더 재미있고 보람을 느낄 수 있는 일을 하게 된 것이니까요.

〈연구활동 – 금융분야〉

김정연 : 교수님께서 대학교에 오셔서 처음 쓰신 논문은 글로벌 금융위기와 관련된 논문이었습니다. 저는 그 논문이 금융법 공부하는 후배연구자들이나 제자들에게 굉장히 많은 영향을 미친 논문이라고 생각합니다. 그리고 심당 국제거래학술상도 받으셨는데요. 지금 보니까 후배들이 받아야 될 상을 계속 받으신 것 같은 생각도 듭니다. (웃음) 교수님이 실무를 하시면서 쓰신 글과 교수로서 쓰신 글이 다르게 느껴지기도 했습니다. 같은 주제를 다루더라도 연구자의 입장과 실무자의 입장에서의 접근법에는 차이가 날 수밖에 없었을 것으로 생각됩니다. 교수로서의 삶은 어떠하셨는지, 혹시 어려운 점은 없으셨는지 말씀을 해주시면 좋을 것 같습니다.

박준 : 변호사로 일할 때는 어느 정도 공부하는 변호사에 속했을 겁니다만, 변호사로서의 공부와 교수, 학자로서의 공부는 많이 다름을 느낍니다. 변호사는 당면한 문제를 해결하기 위한 공부를 하면 됩니다. 문제의 해결은 여러 가지 방법을 통해 할 수 있으니, 꼭 어떤 법적 쟁점을 깊이 있게 파고 들어가서 그 원리를 깨우쳐서 해결하는 방법을 취할 필요는 없습니다. 그런 방법이 아닌 다른 여러 실용적인 방법들로도 문제해결을 할 수 있으니까요. 그래서 변호사로서 공부를 할 때는, 뿌리까지 들어가서 원리를 깨우칠 필요가 있는 경우는 드물었습니다. 학자로서의 공부는 그렇지 않고 기본 원리를 깨우쳐야 되는 것이니까 많이 다르지요. 학교에 와서 계속 '공부해야 될 것이 너무 많다.'는 생각이 들었습니다. 예컨대 제가 법과대학을 다닐 때는 들어본 적이 없는 코스의 정리를 비롯한 여러 법경제학적인 논의, 행동경제학, 심리학 등의 논의는 여러 법제도의 밑바닥에 깔려있는 이론적인 바탕이 됩니다. 교수가 되고 나서 변호사 때보다 시간여유가 좀 있겠다고 이야기하는 사람들이 많이 있는데, 별 차이가 없습니다. 차이가 있다면 변호사는

의뢰인의 일을 하기 위해서 바쁜 것이었는데, 교수는 스스로 필요성을 느껴서 일을 하기 위한 것이라는 점을 들 수 있을 겁니다. 또 변호사는 의뢰인이 정하거나 의뢰인과 협의하여 정한 시한에 맞추어 일하는 경우가 대부분입니다. 교수도 원고 마감일을 앞두고 밤늦게까지 원고를 마무리하는 경우도 있지만, 일의 시한을 스스로 정하는 경우가 많습니다. 교수는 하루하루 즐겁게 지내다 보면 스스로 해야 할 일의 진척이 잘 안 되게 되고 강한 자기통제가 필요한 직업이라고 할 수 있을 겁니다.

김성은 : 교수님. 연결된 질문인데요. 『금융거래와 법』 교과서 쓰셨잖아요. 사실 이 책은 저희 실무계에서는 주옥과 같은 교과서입니다. 굉장히 복잡한 금융거래에 대해서, 업무를 안 해본 사람도 이해가 될 정도로 쉬우면서도 굉장히 집약해서 쓰셨거든요. 실무를 하다 보면, 실무상의 쟁점만 알지 관련된 이론도 함께 전체적으로 정리한다는 것은 쉬운 일이 아닌 것 같습니다. 그래서 저는 이 교과서는 교수님밖에는 쓸 수 없는 교과서라고 생각하고 있습니다. 집필이 상당히 쉽지 않은 작업이었을 것 같습니다. 발간사를 읽어보니 교수님께서는 교과서 발간을 숙제나 의무처럼 느끼셨던 것 같은데요. 이와 관련해서 말씀해주시면 감사하겠습니다.

박준 : 『금융거래와 법』 서문에도 적었습니다만, 논문을 쓰는 것과는 별도로 이런 금융거래에 관한 책도 써야 되겠다는 의무감이 상당히 컸습니다. 금융규제에 관해서는 정순섭 교수님께서 잘해놓고 계시니까, 저는 금융거래 쪽을 해야 되겠다는 생각을 했습니다. 생각보다 상당히 어려운 일이었습니다. 틈틈이 조금씩 쓰긴 했어도 진도가 잘 안 나갔는데, 우연히 한민 교수와 이야기를 해보니 한민 교수도 똑같은 생각을 하고 있었습니다. 그래서 두 사람이 각각 책을 써서 내느니, 같이 힘을 합쳐서 같이 쓰기로 했습니다. 그 후에도 책을 내는데 2년 반의 시간이 걸렸습니다. 책을 정년퇴직하기 조금 전에라도 낼 수 있어서 다행이라 생각하고 있습니다. 더 추가하고 싶은 새로운 장 – 예를 들면 전자금융 – 이 있습니다. 또 제가 학교에서 맡은 주된 과목인 '금융거래법'과 '기업재무와 법'에서는 타인자본조달(debt finance)과 자기자본조달(equity finance)을 모두 가르치고 있습니다만, 이 책은 주로 타인자본조달을 중심으로 다루었습니다. 그래서 금융거래의

관점에서 주식에 관련된 사항들을 보완할 생각도 가지고 있습니다. 대체로 약 3년 정도의 계획으로 하려고 하는데, 잘 될지는 모르겠습니다.

김성은 : 한 챕터 쓰실 때 교수님의 실무 경험을 통해 자신 있게 머릿속에서 그냥 나오는 부분이 있을 것이고, 새로 다시 연구하셔야 할 부분이 있을 것 같습니다. 그 비율이 어느 정도 되었나요?

박준 : 많은 부분은 강의주제로 준비했던 것과 그동안 저와 한민교수가 연구하여 쓴 논문을 기반으로 했습니다. 이미 논문을 쓰면서 연구한 부분은 책을 쓰기 수월했지만, 그렇지 않은 부분은 강의주제로 다루었어도 글로 쓰기 위해서는 더 깊이 연구해야 하는 부분들이 상당히 많았습니다. 또 강의에서 다루지 못한 깊이 있는 쟁점들도 많이 넣었습니다. 너무 방만하게 풀어서 쓰면 분량이 너무 많이 늘어나므로, 축약해서 쓴 부분도 많습니다. 아마 그래서 읽기에 조금 힘든 부분도 있을지 모르겠습니다.

김성은 : 그것은 아는 사람만 알 수 있는 … (웃음)

박준 : 깊은 논의가 많아 초보자가 보기에는 조금 힘들 것 같고, 실무를 하면서 다시 보면 더 이해하기 쉬울 겁니다.

김정연 : 제가 지금 학부생들을 대상으로, 선생님 교과서를 가지고 강의를 하고 있는데요. 학생들이 아주 어려운 것 빼고는 또 잘 읽더라고요. 그리고 학부생들뿐만 아니라 금융권에서 일하는 변호사 아닌 실무자들도 이 책의 도움을 받는다는 말을 주변에서 많이 듣고 있습니다.

김성은 : 처음 금융법 관련 업무를 하기 전에 미리 한번 읽으면, 최소한 제목과 쟁점이라도 안다는 취지에서 큰 도움이 되는 것 같습니다. 예를 들어 파생거래할 때 조건부 자산 조항(flawed-asset clause) 같은 개념은 꽤 어려운 부분인데요. 교수님 교과서에는 1페이지로 간략하게 다루어 주시고 있거든요. 회사에서 관련 주제에 대하여 회의할 때 실제로 큰 도움을 받은 기억이 있습니다.

김정연 : 변호사를 하시면서 겪었던 금융시장, 금융제도의 변화도 있겠지만, 이제는 연구자의 입장에서 한발 물러서서 보시는 지난 10년 동안의 금융시장의 변화라든가 이런 것과 관련해서도 한 말씀해 주시면 좋을 것 같습니다.

박준 : 오늘의 질문 중에 제일 어려운 질문인 것 같습니다. 이 부분은 정순섭 교수께서 저보다 훨씬 더 잘 아실 것 같습니다. (웃음) 금융위기 이후에 과연 금융시장과 금융산업에 근본적인 변화가 있었나에 대해서는 의문입니다. 금융위기 때 금융시장에서 활동하는 사람들의 탐욕에 대해서 엄청나게 비난을 하고, 탐욕을 실현할 수 있게 되어있는 제도적인 장치에 대해서도 비판을 하고, 그런 제도적인 장치를 개선하였지만, 근본적인 시장의 속성은 달라진 것이 거의 없지 않나 하는 생각이 듭니다. 아울러 그 근본적인 속성을 바꾸는 것이 과연 가능한 것인지, 바꾸는 것을 사람들이 실제 원하는 것인지에 대해서도 약간 회의적인 생각이 듭니다. 예를 들어 금융위기를 양적완화를 통해서 극복한다고 하는 것도 결국은, 다음 세대로 부담을 넘기고 당장은 조금 편하게 지내자는 생각이 밑바닥에 깔려있는 것 아닌가 하는 생각이 듭니다. 지금 힘들게 살면서 해결하자고 하는 것은, 정치적으로는 수용되기가 어려운 정책이 아닌가 싶기도 합니다. 그래서 금융위기의 원인이 된 여러 가지 근본적인 문제에 대해서 얼마나 큰 변화가 있었는지는 의문입니다. 다만 금융시장, 금융산업, 금융인에 대한 인식은 조금 바뀐 것 같습니다. 탐욕에 대한 인식도 그전에는 잘 포장해서 겉으로 드러나지 않았었는데, 지금은 다 드러나게 되었지요. 그 면이 가장 큰 것 아닌가 하는 생각이 듭니다.

김정연 : 저는 포장이 없는 상태가 원래 그런 것인 줄 알았는데, 그게 아니었던 모양이지요?

고창현 : 조금 환상이 있었던 것은 맞는 것 같아요. 그런 부분에 대해서 제대로 이해를 못 하고, 막연히 동경도 하고 했던 것 같습니다. 그런데 그런 부분들이 양파 껍질 벗겨지듯이 많이 드러나게 되고, 그런 문제점들에 대해서 인식을 하게 된 것에 대해서는, 저도 교수님과 비슷한 생각을 합니다.

강동원 : 업무를 하시면서 규제 관련해 불합리한 것이 있다는 생각이 종종 드셨을

것 같습니다. 우리나라 금융발전과 관련하여 한국의 골드만삭스를 만들자는 이야기도 10년 전에는 있었던 것 같습니다. 그런데 돌이켜보면 그대로인 것 같습니다.

박준 : 우선 한국의 골드만삭스를 만들어야 되는지에 대해 생각해 볼 필요가 있을 것 같습니다.

김성은 : 골드만삭스를 만들자는 것은 크게 두 가지 의도가 있었던 것 같아요. 우선 여러 가지 업무를 할 수 있는 글로벌 뱅킹 모델을 가지자는 것이 하나하고, 금융에서 돈을 많이 버는 그런 금융산업의 선진화를 이루자는 것이 다른 하나가 아닌가 싶습니다. 제가 느끼기에는 그중에서도 금융산업의 선진화가 주된 의도인 것 같은데요. 왜냐하면 삼성전자는 세계 1등인데, 우리나라에서 지금 세계 1등인 금융기관은 없잖아요. '왜 그럴까? 규제 때문에 그런 것이 아닌가? 규제가 더 좋으면 잘 될 수도 있지 않나?' 이런 의도에서 그런 이야기를 한 것이 아닌가 싶어요. 그런데 저는 사실 규제보다는 컬쳐(culture)적인 면이 더 큰 것 같아요. 물론 금융위기가 오고 나서 업자의 입장에서 봤을 때는 굉장히 돈 벌기 어렵게 하는 규제가 많아지기는 한 것 같은데요. 그래도 여전히 뉴욕이나 영국과 같은 금융 중심지와 차이가 나는 것은 단순히 규제의 문제는 아니지 않을까 하는 생각도 하고 있습니다.

〈연구활동 − 법조윤리 분야〉

김정연 : 교수님께서는 전문분야인 금융 분야 외에도, 법조윤리에 관련해서 수업도 하시고 논문도 많이 발표하셨습니다. 그리고 외국제도에 대해서도 연구활동을 하시기도 하셨습니다. 그 이야기도 해주시면 좋을 것 같습니다.

강동원 : 법조윤리에 관련해서 연구를 많이 하신 것으로 알고 있는데, 특별한 계기가 있으셨는지요. 혹시 어떤 면이 조금 바뀌어야겠다는 이런 생각을 하신 일이 있으셨는지, 그리고 관련해서 변호사 업계나 법원이나 검찰 그리고 학계를 포함해서, 법조윤리에 관련해서 지적하고 싶으신 부분이나 남기고 싶은 말씀이 있으

신지 여쭙고 싶습니다.

박준 : 법조윤리는 법과대학 시절에는 없던 과목입니다. 사법연수원에서 가르쳤지만 주로 법관윤리를 다루었고 변호사윤리는 큰 비중을 두지 않았던 것 같습니다. 로스쿨에서는 법조윤리가 필수과목이어서, 교수들 가운데 누군가는 맡아야 하는 상황이었는데, 실무경험이 있는 사람이 해야 되지 않겠냐 해서 제가 하게 된 것이지요. (웃음) 2010년 1학기에 첫 법조윤리 강의를 하였는데 그 전 겨울 방학동안 국내에서 나온 법조윤리에 관한 책들과 논문들을 찾을 수 있는 것들은 모두 찾아서 읽어 보았습니다. 참고할 국내 문헌이 별로 많지 않았습니다. 그래서 법조윤리 연구와 교육을 위한 기초를 만들기 위해『법조윤리 총서』라는 것을 기획해서, 먼저 법조윤리에 관련한 판례들을 정리한『판례 법조윤리』, 외국의 법조윤리 관련한 법규 등을 정리한『주요국가의 변호사윤리규범』, 이 분야에서 논의를 제일 많이 하는 미국의 주요 판례들을 모은『판례로 본 미국의 변호사윤리』, 이렇게 3권의 책을 2-3년에 걸쳐 출간했습니다. 첫 번째 책은 제가 맡아서 하고 김정연 교수가 학생시절에 많이 도와주었습니다. 두 번째와 세 번째 책은 이상원, 이효원, 박준석, 윤지현 교수와 분담하여 책을 냈습니다. 법조윤리 연구와 교육의 기초를 이루는 작업이었습니다.

법조윤리에 관한 연구와 교육을 해 오면서 든 생각은, 법조인이 갖추어야 될 기본 자세를 논할 때 법적으로 책임을 물을 수 있는지 여부를 따지는 법의 해석과 집행에 관한 문제에만 국한되어서는 안 되고, 법에 쓰여 있지 않더라도 법률가로서 마땅히 해야 하는 행동에 대한 인식 같은 것이 조금 더 자리 잡혀 있어야 할 것 같습니다. 법규의 문제가 아니라 문화의 문제이고 문화가 조금 더 발전해야 하는 것이 아닌가 라는 생각이 듭니다.

김성은 : 정교수님께 질문을 하나 드리고 싶은데요.

정순섭 : 저한테요? (모두 웃음) 나는 조금 있다가, 10년 뒤에 하셔야 할 것 같은데요? (웃음)

김성은 : 동료로서 같은 금융법을 공부하시면서, 옆에서 지켜본 교수님의 모습은

어떠하셨는지 궁금하거든요.

박준 : 나가 있을까요? (모두 웃음)

정순섭 : 솔직한 평가를 바란 것이지요? (모두 웃음) 우리나라 법학계에서 본격적으로 금융법 분야 전임교수를 임용해서 연구와 교육이 이루어진 것은, 사실상 우리가 로스쿨을 도입하던 2007, 2008년 그때가 처음이라고 봐야 되지 않을까 싶습니다. 물론 그 전에도 관련된 교육이 이루어지지 않은 것은 아니지만, 별도 전공으로 인식하기 시작한 것은 아마 그 이후가 아닌가 하는 생각이 듭니다. 저는 교수님께서 초기 1세대로서 이 금융법이 하나의 학문 분야로 발전할 수 있는 기틀을 잡는 역할을 하신 것으로 생각을 하고 있습니다. 교수님의 논문이나 저서 등을 보면, 금융이라는 현상을 바라보는 시각을 기존의 법학적 방법이 아닌, 다양한 분야를 다 포함해서 말씀을 하시기 때문에, 후학들이 접근할 때, 좋은 출발점이 되지 않을까 하는 생각이 들고, 그리고 단순히 법학적인 접근으로 해결할 수 없는 분야이기 때문에, 그런 면에서는 상당히 좋은 출발점을 만들어 주셨다는 생각을 늘 하고 있습니다. 물론 이런 일을 모든 분들이 다 할 수 있는 것은 아니고, 교수님께서 법조 실무변호사로서 우리나라에서의 최첨단 실무를 이끌어 오셨고, 해당 분야의 연구와 교육도 짧지 않은 동안 진행을 하셨으며, 또 입법에도 여러 경로로 참여를 하신 그런 경험들과 개인적인 연구가 합쳐져서, 아마 하실 수 있지 않았을까 라는 생각을 하고 있습니다. 그래서 앞으로 금융 분야를 법학 관점에서 접근하시는 분들에게는 상당히 좋은 방법을 알려주신, 좋지 사례이지 않을까 라는 생각을 하고 있습니다.

김성은 : 정말 솔직하게 말씀해 주십시오. (웃음)

정순섭 : 더 이상 어떻게 솔직하게… (모두 웃음)

김성은 : 옆에서 너무 열심히 하시니까 힘들다든가 하는 이야기요? (웃음)

박준 : 정순섭 교수님이 더 열심히 하시는데요. (모두 웃음)

〈입법참여 활동〉

정순섭 : 저도 한 가지 여쭤보고 싶었던 것은, 다른 분야도 마찬가지인데 교수님은 상법 분야, 그리고 증권거래법을 포함한 금융법 분야에서 입법의 실제에 직접 참여해서 기여하신 부분이 많으신데, 우리나라의 입법이 진행되는 방식에 대해서 말씀해 주실 것이 있으실 것 같아요. 그리고 변호사로서 실무가의 관점에서 참여하셨을 때하고, 대학으로 옮겨오셔서 연구자 혹은 교육을 같이 하시는 입장에서 참여하셨을 때하고 차이가 있으셨는지요? 제 생각에 발전해야 될 부분이 상당히 많을 것 같습니다. 혹시 뭔가 부족한 부분이 있었다면 이 자리를 빌려 한 번쯤 정리해 주시면 좋을 것 같습니다.

박준 : 어려운 질문입니다. 제가 변호사를 할 때는 의뢰인의 이익을 위해서 입법을 위한 변호사로서 활동을 한다는 것은 별로 없었던 것 같습니다. 요즘은 그것도 중요한 변호사 업무 중의 하나로 의뢰인을 위하여 입법관련 활동을 하고 있는 것 같습니다. 변호사 시절 회사법 개정을 위한 법무부의 위원회 위원으로 활동을 한 적은 있었는데, 그것은 의뢰인의 이익을 위한 것이 아니라 공적인 관점에서 참여한 것이었습니다. 그래서 제 개인적인 경험으로는 교수로서 참여하는 것과 변호사로서 참여하는 것 사이에 차이가 별로 없었습니다. 다만 변호사로서는 좀 더 실무를 하면서 느낀 것들을 반영을 할 수 있었고, 교수로서는 그전보다는 좀 더 연구에 기초하여 논의하게 되었다는 점에서 차이는 있을 겁니다. 상법개정위원회와 같은 위원회를 통해서 초안을 만들고, 그 초안에 기초해서 해당 부처에서 법안을 만들어 국회에 제출하는 과정을 거치는 것은 전문가 집단의 의견을 모아서 입법관련 업무를 처리하는 것이라 아주 바람직한 것으로 보입니다. 그런데 때때로 최종 법안이 전문가 집단에서 의견을 모은 것과 거리가 있는 경우도 있습니다. 구체화된 협의라든가 고려사항이 있어서 그렇게 된 것이라고 생각해야 되겠지요. 이런 경우 법안의 문제점 또는 타당성에 대해서 입법예고를 통해서 의견을 모으는 정도에 그치는데, 조금 더 적극적으로 전문가들의 의견을 반영하면 좋겠다는 생각이 듭니다. 다른 이유 때문에 초안을 바꾼다고 하더라도, 그러한 변경이 가지는 의미, 효과에 관하여 의견을 모으는 것이 좋을 겁니다. 그런데 사실 그런 위원회조차 구성하지 않고 개정하는 경우가 훨씬 더 많을 겁니다. 특별법의 경우

에는 대부분 그런 것 아닌가 하는 생각이 듭니다. 외국에서는 관련 부처에서 연구회 같은 것을 만들어서, 쟁점들을 계속 연구해 나가고 그것이 결국에는 입법으로 반영이 되고 하는 것 같습니다. 우리도 그런 식의 절차를 거치는 것이 훨씬 더 좋지 않겠나 하는 생각을 하고 있습니다. 특히 금융에 관해서는 일본도 그것이 매우 활발한 것 같습니다.

정순섭 : 지금 교수님께서 말씀하신 것을 조금 더 보완해 보면, 결국 입법에 투입된 국가들의 자원 규모와 품질의 차이가 아닌가 라는 생각이 드는데요. 지금 영미권 국가들의 경우에는 주무관청에서 점차 조회절차(Reference)를 통해서 일정한 연구조사를 의뢰하고, 그 결과를 받으면 정부의 답변(Government Response)을 적어서 어떤 식으로 하겠다고 하고, 그에 따라서 초안이 만들어지고, 국회의 논의과정을 거쳐서 최종적으로 입법이 되는 것이 가장 일반적인 과정입니다. 일본의 경우 상법은 법무성에서 법제심의회를 구성해서, 금융관련법은 금융청에 있는 금융심의회에서 심의과정을 거치면서 요강안이 확정되고, 그 요강에 대해서 담당 공무원들이 조문을 만들어서 국회에 제출하고, 최종적으로 국회에서 입법이 되는 과정입니다. 이 모든 논의과정의 자료가 공개가 되는데요. 우리나라의 경우에도 상법의 경우에는, 개정위원회 형식을 거쳐서 회의록 포함한 대부분의 입법 자료가 공개가 되고 보존이 되는 형태이고, 금융관련법의 경우에도 일부 기본법에 대해서는 유사한 형태로 작업이 진행되지만, 대부분의 경우에는 법무부에서 진행하고 있는 방식하고는 다른 방식으로 진행되고 있다고 보는 것이 맞는 것 같습니다. 과거에 기본법의 경우에는 정부입법을 통해서 안을 정리한 다음 국회에서는 보편적인 수정을 거쳐서 입법이 되는 과정을 거쳤기 때문에, 입법 관련 자료들이 그나마 상당히 충실하게 남아있을 수가 있었는데, 최근에는 의원입법의 형식이 활발하게 이루어지면서 국회에 정부입법안이 없거나하는 경우도 생기게 되었습니다. 의원입법들이 여러 가지로 이루어지면서 최종적으로 그것을 하나로 만들어서, 위원회 대안의 형식으로 통과를 시켜버리니까 입법자료가 정확하게 파악이 잘 안 되는 경우가 다시 나타나기 시작하고 있습니다. 이것을 앞으로 어떻게 해결할 것인가 하는 것이 중요한 과제가 아닌가 하는 생각이 드는데요. 전체적으로 이 입법에 투입하는 국가 자원의 수준과 품질을 어떻게 높일 것인가 하는 것의 문제라는 생각이 들고, 그 부분에서 특히 대학에 있는 연구자들이 기여할

부분이 어디에 있을까 이제 깊이 고민을 해야 하는 단계가 아닌가 싶습니다. 예컨대 입법예고가 되면, 논문을 쓰는 방법도 있지만 거기에 대해서 직접 의견을 제출해서 그 의견을 남기는 형태로도 충분히 기여를 할 수도 있을 것 같습니다. 이런 의견도 나중에 해석할 때 자료로 의지할 수 있으니까요. 실제 외국에서는 그런 경우가 상당히 많습니다. 아울러 여러 가지 다른 방법도 한번 찾아봐야 하는 것이 아닌가 하는 생각도 하고 있습니다.

박준 : 입법예고에 대해서 제출된 의견을 모아서 공개하고 있나요?

정순섭 : 그것까지는 아직은 못봤습니다만, 입법예고 당시의 의견에 대한 정부의 반응을 정리해서 발표한 경우는 간혹 있었습니다.

김성은 : 영국, 미국, 홍콩의 금융규제당국이 새로운 규제를 도입할 때는 의견수렴(consultation)을 한다고 발표를 하고, 제시된 의견에 대하여 입장을 정리해 줍니다. 한국에서는 누가 어떤 의견을 제시하였고, 어떻게 정리되었는지 공개되지 않아 아쉽습니다.

정순섭 : 그쪽은 솔루션이라고 해서 제출된 것을 일단은 관련 웹사이트에서 전문공개를 하고 있습니다. 물론 본인이 비공개를 원할 때에는 공개를 하지 않습니다만… 그래서 전체적으로 입법이유서를 포함해 입법과정에서 생산된 자료가 보존되고 공개되는 것이 핵심적인데, 그 부분을 앞으로 지금보다 더 높여 나가야 되는 작업을 해야 될 것 같고, 그 과정에서 대학에 있는 연구자들이 기여할 부분에 대해서 조금 더 생각을 해야 하는 단계가 아닌가 싶습니다.

〈교육활동〉

이영경 : 그동안 학교에서 학생들을 지도하시면서 어떤 일들이 있으셨을까 궁금합니다. 교수로 재직하시면서 연구활동을 하는 것과 학생들을 지도하는 것은 상당히 다를 수 있을 텐데, 이제까지 많은 학생들을 지도하시면서 기억에 남는 일

이 어떤 것이 있는지 여쭙고 싶습니다.

박준 : 아까 강동원 판사가 이야기했습니다만, 제가 학생들을 가르칠 때 기존의 수업하고는 달리 굉장히 의욕을 보였습니다. 그 밑바닥에는, 의뢰인에 대해서 최선을 다해서 서비스해야 된다는 것이 깔려 있었을 겁니다. 25년간 변호사를 하면서 훈련이 되어왔던 겁니다. 학교에서 의뢰인은 누구인가요? 학생들이지요. (모두 웃음)

김정연 : 그런데 진짜 저도 의뢰인이 맞는 것 같고, 그런 느낌이 있어요. 특히 학생들이 찾아올 때 어떻게 대해 주느냐가 객관적으로 평가되는 것도 아닌데도 불구하고, 박교수님께서는 정말 많은 시간을 써주셨거든요.

정순섭 : 그런데 모든 의뢰인이 원하는 게 아닙니다. (모두 웃음)

김정연 : 저는 원하는 줄로만 알고 실천하려고 하고 있었는데요. (웃음)

박준 : 교수가 할 일은 통상 연구·교육·봉사로 나누어 이야기합니다. 이 세 가지 가운데 교수 업적 평가에서 결정적인 것은 연구이고, 나머지는 비중이 미미합니다. 교수들이 이러한 제도에 맞추어 합리적으로 행동한다면 연구에 집중하고 강의와 교육에는 크게 관심을 가지지 않을 겁니다. 이러한 제도가 문제이고 강의와 교육에도 상당한 힘을 쏟아야 한다고 봅니다. 특히 로스쿨에서는 연구만 해서는 기대되는 역할을 다 할 수 없습니다. 로스쿨 학생들이 졸업 후 법조인으로서 제대로 활동할 수 있도록 교육하는 것이 로스쿨에 기대되는 역할입니다. 그래서 강의와 교육에 대해서 큰 비중을 두어야 한다고 생각합니다. 그런 생각하에서 학생들에게 강의를 하니까 의욕이 넘치게 되는 것 같아요. 강의와 교육에 대한 제 생각은 글로 정리해서 발표하기도 했습니다.[3] 강의와 교육은 교수와 학생의 협업이고 강의 시간만으로는 충분하지 않습니다. 주 3시간의 강의시간 동안 할 수 있는 것은 매우 제한적입니다. 게다가 강의시간에 사고력을 증진시키기 위해서 소크라

---

3) "우리나라 상사법 교육의 방향과 과제", 상사법연구 제30권 제1호(2011. 5); "법학전문대학원에서의 이론교육과 실무교육", 저스티스 제151호(2015. 12).

틱 메소드를 사용하여 질문과 답을 하기 시작하면 지식 전달은 하기 어렵고 시간이 턱없이 부족합니다. 그래서 저는 강의시간 이전 단계와 이후 단계를 다 합쳐서 교육에 활용해야 한다는 입장입니다. 강의시간 전에 교수도 준비하지만 학생들도 준비해야 되고, 강의시간 이후에도 마찬가지입니다. 강의시간 이전 준비를 위해, 관련 자료를 읽어 오라고 하기도 하고, 관련 판례를 정리하는 과제물을 ETL에 올리도록 하여 과제물에 대한 코멘트를 표시해 주고, 그것을 다른 학생들도 모두 볼 것을 요구합니다. 강의시간에는 아무리 열심히 해도 교육해야 할 내용을 모두 다룰 수 없다면, 나머지는 사전 준비를 통해 상당 부분 보완할 수 있을 겁니다. 그다음은 평가입니다. 시험을 통해 평가를 하는데, 이 시험도 단지 지식을 아는지 여부를 판별하는 것에 그치지 말고, 그 평가시간을 통해서 마치 한 시간 강의를 들은 것처럼 뭔가 새로운 것을 깨달을 수 있어야 한다는 생각입니다.

김성은 : 그러니까 3학점이 아니지요. 거의 9학점이지요.

박준 : 이렇게 되면 시험문제를 내는 것도 쉽지가 않습니다. 그리고 평가를 위해 시험을 보고 나서도, 무엇이 잘되고 무엇이 잘못되는지를 학생이 알도록 피드백을 주었습니다. 특히 중간고사 때는 피드백을 꼭 주었습니다. 학기의 절반이 지나갈 때 길을 잘못 가고 있으면, 똑바로 가도록 조언해 주려고 하는 겁니다. 시험보고 하면 전체적으로 강평을 하지만, 학생을 한 명씩 불러 10분에서 15분 정도 개별적인 강평을 합니다. 물론 원하는 사람만 합니다. 이런 개별 강평을 한번 시작하니까 그다음부터는 그만둔다고 할 수가 없더라고요. (모두 웃음) 과제물에 코멘트를 적어주는 것도 일단 시작하니까 그다음부터는 그만둘 수 없습니다. 이렇게 하니 강의에 많은 시간과 노력이 들어가게 됩니다. 학기 중에는 매일매일 바쁜 겁니다. (웃음) 보통 같은 내용을 2번쯤 강의하면, 그다음부터는 쉬워져야 되는데 앞서 말한 듯이 하면 그렇지 않게 됩니다. 학생들이 써내는 과제물이 다르고 시험 답안도 매번 다르니 계속 새로운 것을 보면서 코멘트를 해야 하고, 그래서 항상 바쁘고 시간이 없는 것 같습니다. (웃음)
대학원에서 논문 쓰는 것은 기본적으로 학생들이 자율적으로 해야 되겠습니다만, 그래도 좀 더 자극을 주는 '넛지'를 하려고 했는데 학생들은 어떻게 생각하는지 모르겠습니다.

김정연 : 가장 최근에 논문을 쓰고 있는 김성은 변호사님이 한 말씀해 주시지요.

김성은 : 현재 논문 심사가 진행 중이라 … (웃음)

이숭희 : 저는 교수님으로부터 크게 두 가지 가르침을 받은 것 같아요. 우선은 공부의 방법론 측면에서의 가르침인데요. 제가 로펌에서 일할 때, 보통 처음에 회의하고 결과물 나온 다음에 다시 한번 회의하고는 하는데, 교수님께서는 그렇게 하시지 않고 중간중간 이슈별로 사람들마다 자기 생각을 이야기하게 하고 계속 진행하면서 토론하게 하셨거든요. 그러니까 일의 완성도가 더 높아지는 것이 있더라고요. 다른 하나는 정말 삶의 지혜라고도 생각이 되는데요. 제가 박사 논문 주제를 선정할 때, '키코 이슈' 같이 당시 시류에 상당히 민감한 이슈를 정리하고 싶은 생각이 많았어요. 그런데 교수님께서는 "그것은 쓸 사람이 많을 테니까, 좀 더 근본적인 것을 써라."라고 말씀하셨거든요. 그런데 당시에는 그 말씀을 이해하지 못했어요. '근본적인 것을 쓰면 누가 읽나.' 그런 생각도 해보고요. (웃음) 그런데 지내다 보니까, 생각이 바뀌더라고요. 변호사로서 고객을 위해서 일을 하는 것은 사적 영역이지만, 논문을 쓰는 것은 결국 남아서 공적 영역이 되잖아요? 그래서 제가 썼던 글의 완성도라든가 논리적인 완결성 측면은 별론으로 하고 살펴보면, 금융회사의 편인 변호사 입장에서 쓰다 보니까, 기본적으로 편파성이 있겠더라고요. 교수님은 논문 쓸 때, 제가 기본적으로 변호사다 보니 한계가 있다는 것을 알고 계셨던 것 같아요. 그래서 시류에 민감한 것보다는 근본적인 것을 쓰는 것이 맞다는 취지로 말씀하셨던 것 같습니다. 그때는 그것을 몰랐어요. 그런데 지금 보니까, 사적 영역에서 하는 것하고 공적인 영역에서 하는 것을 구분해서 해야 된다는 것을 알 것 같습니다. 교수님을 통해서 이해하게 된 삶의 지혜라고 봅니다.

김성은 : 논문 다 쓰셨어요?

이숭희 : 아직 못 썼어요. (웃음)

김성은 : 제가 논문에 대해서는 할 말이 참 많습니다. 왜냐하면 제가 논문 주제만

한 세 번 정도 거부당했거든요. 이것저것 아이디어가 많아가지고요. 맨 처음에는 '노자와 법'을 쓰겠다고 하기도 했고요. (웃음)

고창현 : 그것 굉장히 근본적인 것 같은데요? (모두 웃음)

김성은 : 노자적인 관점으로 자율적인 규제를 구현하여야 한다는 …

박준 : 심사할 사람이 없습니다. (웃음)

김성은 : 당시 교수님이 저보고 김건식 교수님과 상의하라고 그러시더라고요. 직접 운운 안 하시고요. 김건식 교수님한테 갔더니 "죄송합니다. 지도불가" (모두 웃음) 그래서 주제를 몇 번 더 가져갔는데, 박교수님께서는 매번 "2,000페이지 이상 읽고 주제를 제시하시오." 이렇게 말씀하셔가지고 … '언제 그렇게 하나?' 했었는데, 하여튼 지금 논문 쓰고 있고요. 어떻게 하다 보니까 이제 2,000페이지 정도는 읽은 것 같긴 합니다. 오늘 교수님 말씀 들으면서 "정성을 다하라!" 하신 말씀이 마음에 많이 남는데요. 그것이 명품과 명품 아닌 것의 차이를 만드는 것 같습니다. 사실 저같이 실무를 하는 변호사들은 명품과 명품이 아닌 것의 차이를 느끼기가 쉽지 않습니다. 결과 위주이고, 또 빨리빨리 하는 것이 중요하니까요. 그러다 보니 사실은 바늘 한땀 한땀의 중요성을 간과하게 되는 것 같습니다. 이미 경험하신 분들은 알겠지만, (모두 웃음) 이번에 교수님 지도하에 논문을 쓰면서 그 정성과 완결성에 따라 명품과 명품 아님이 구분됨을 새삼 느끼고 있습니다. (모두 웃음)

이영경 : 저 같은 경우는 박사논문이라는 대장정을 큰 마음의 준비 없이 멋모르고 시작한 것 같다는 생각이 드는데, 교수님께서는 제가 아무리 부족한 것을 가지고 와도 다 읽어주시고 검토해 주셨습니다. 교수님께서 너무 꼼꼼하게 봐주시고 저를 이끌고 나가주셨기 때문에 제가 마무리할 수 있었다는 생각이 듭니다. 제가 처음에 썼던 것은 평면적이었는데 그것을 큰 시야에서 봐주시고 지도해주셔서 조금이나마 입체적인 결과물이 나왔던 것 같습니다. 교수님께서 계속 이끌어 주시지 않았으면 정말 하지 못했을 것입니다.

김정연 : 최근에 컴퓨터 파일 정리를 하다가 뭔가를 발견해서 읽게 되었어요. 언제 박사논문을 쓰기로 결심을 했는지, 어떤 자료들을 보았고, 어떤 것들을 겪었는지, 그리고 "이제 박사 논문을 선생님께 드리고 갑니다."라고 정리한 파일입니다. 그 파일을 선생님께도 드리고, 저도 갖고 있었는데, 그것을 다시 보게 된 것이지요. 보면서 다시금 '선생님께서 매 순간 격려해 주시고 응원해 주셨구나! 선생님 아니었으면 이렇게 짧게 마치지 못했겠구나! 선생님이 안 계시면 어떻하지!' 하는 생각을 했습니다. 아직은 짧은 교수생활이어서 잘은 모르겠지만요. '우리 선생님 한테 받은 것에서 십분의 일만 학생들에게 하고 살아도 정말 훌륭한 선생님이 되겠구나!' 하는 생각 많이 하게 되는 것 같습니다.

박준 : 학교 오면서 학생들을 교육을 할 때 단순한 지식의 전달이 아니라 사고력을 키우는 훈련을 해야 한다는 생각을 했습니다. 지금도 계속 그런 생각을 하고 있지만, 과연 어떻게 해야 하는가가 어려운 일입니다. 우선 학생들에게 '책에 적혀 있는 것도 왜 그런지에 의문을 가져라.'고 이야기합니다. 의문을 가지고 그 의문을 스스로 해결해 보라는 것입니다. 이것은 대학원에서 석사·박사공부를 할 때도 마찬가지일 겁니다. 문제의식을 가지는 것이 탐구의 가장 기본입니다. 그동안 당연하다고 생각한 것에 대해서 의문을 가지고 탐구를 해 보면 '그렇지 않을 수도 있다.'는 생각도 할 수 있게 됩니다. 틀을 벗어난 생각을 해 볼 필요가 있다는 것입니다. 모든 것을 다 그렇게 할 수는 없겠지만 특히 연구자에게는 평상시에 그런 의식이 계속 있어야 될 것 같습니다. 실무가도 비슷한 문제의식을 가져야 뛰어난 실무가가 될 수 있는 것 아닌가 하는 생각이 듭니다. 그리고 2년쯤 전에 월터 아이작슨이 쓴 레오나르도 다빈치 전기 끝부분에 레오나르도 다빈치로부터 배워야 될 것들 열거했는데 첫 번째가 "호기심을 가져라. 끊임없이 호기심을 가져라."입니다. 그 책은 호기심이 레오나르도 다빈치가 여러 가지 새로운 걸 만들어내는 것의 바탕이라고 이야기합니다. 아이작슨은 아인슈타인도 "자기가 머리가 좋은 게 하나도 없는데, 호기심 덕에 이렇게 됐다."고 비슷한 이야기를 했다고 적었습니다. 호기심을 가지고, 문제를 제기하고 그 문제를 해결할 수 있도록 탐구를 해나간 것이지요. 문제의식과 더불어 일종의 도전정신과 약간의 성취욕이 있으면 더 좋을 겁니다.

〈인간적 면모〉

김재남 : 교육활동이나 이런 부분들에 대해서 쭉 말씀을 해주셨는데요. 생활이나 인간적인 부분들에 대해서도 여쭤보고 싶은 부분들이 있었습니다. 먼저 교수님께서는 변호사 시절부터 풀코스 마라톤도 여러 번 완주하시고, 최근에도 봄에는 로스쿨생들과 동아 마라톤을 뛰시고, 또 가을에는 제자들과 서울시에서 하는 10킬로 달리기 대회도 나가시고 하셨는데요. 또 최근에 서울대 학내마라톤 대회에서 교수부문 1등까지 하신 것으로도 알고 있습니다.

정순섭 : 이 최근이 언제에요?

박준 : 2016년이었습니다. 여기까지만 이야기하면 대단해 보일 겁니다. 출전자가 몇 명이냐고 물어보세요. (웃음)

정순섭 : 아 출전자가 몇 명이에요?

박준 : 교수부문 출전자가 두 명이었는데, 나머지 출전자 한 분이 그 직전년도 우승자였습니다. 그런데 그 직전년도 출전자가 몇 명인지는 몰라요. (모두 웃음)

김재남 : 교수님의 꾸준한 건강관리 비결이 무엇인지 굉장히 궁금합니다.

박준 : 체력과 건강관리의 중요함은 아무리 강조해도 지나치지 않을 겁니다. 어떤 일을 하려고 해도 건강하지 않으면 안 되잖아요. 매우 중요하지만 젊었을 때는 사실 모릅니다. 저도 젊었을 때는 운동과 체력관리를 소홀히 하고 지내다가, 로펌 변호사 두 분 덕분에 생활습관이 바뀌게 되었습니다. 얼마나 감사한지 모르겠어요. 한 분은 저를 이끌고 등산을 같이 다녔습니다. 1990년대 초반이니 제가 30대 후반이었습니다. 일주일에 한 번 북한산 대남문에 오르곤 했습니다. 그렇게 다니니까 매우 기분이 좋았습니다. 몇 년간 주말에 북한산과 청계산에 갔었습니다. 그런데 일주일에 한 번 하는 것 가지고는 부족하다는 생각이 들었습니다. 헬스클럽에 다니기 시작했습니다. 다른 한 분은 제가 1999년 초부터 달리기를 하도록 권

유했습니다. 주말마다 한강 고수부지에 나가서 뛰었습니다. 매주 뛰는 거리를 조금씩 늘릴 수 있었습니다. 거리를 늘리면서 '내가 이렇게 뛸 수 있네.'라는 생각을 하면 뿌듯해졌지요. 그렇게 해서 1999년 가을에 마라톤 풀코스까지 뛰었습니다. 처음 풀코스를 뛸 때는 페이스를 조절하지 못하고, 30킬로까지 빨리 뛰고 35킬로 정도부터 걷다 뛰다 했습니다. 그다음부터는 천천히 뛰되 걷지 않고 뛰었습니다. 2004년까지 마라톤 풀코스를 6번 뛰었습니다. 그러면서 운동의 생활화, 달리기의 생활습관화를 이룰 수 있었습니다. 젊었을 때부터 시작했더라면 더 건강하고 활기차게 지낼 수 있었지 않을까 하는 생각도 하면서 젊은 사람들한테 "운동을 게을리하지 말라."는 이야기를 계속하고 있습니다.

김성은 : 그 당시 금융팀 변호사들이 교수님 따라서 다 주말마다 마라톤을 해서, 의뢰인들을 안 만난다고 하는 이야기가 있었어요. (웃음) 골프를 쳐야 되는데…

박준 : 로펌 변호사 약 10명이 같이 달리기를 했었고 모두 즐겁게 달리기를 했던 것으로 기억합니다.

김정연 : 박교수님께서는 분석적이고 논리적인 그런 면모만을 보여주시는 것 같지만, 실은 『금융거래와 법』판 바꿀 때마다 표지 그림 고르시는 것도 그렇고, 또 학생들 교재에도 그림을 넣어서 보여 주신다거나, 또 예술의 전당 가면 자주 뵙기도 하거든요. 이런 취향은 자기계발의 일환에서 바꾸게 되신 것인지요? 아니면 진짜 좋아하시는 것인지 여쭙고 싶습니다. 그리고 좋아하는 화가, 연주자에 대해서도 구체적인 말씀을 해주시면 좋을 것 같습니다.

박준 : 거의 수박 겉핥기로 좋아하는 겁니다. 초판 표지에 있는 것은 베르메르 또는 페르메이르라고 불리는 네덜란드 작가의 그림입니다. 네덜란드 또는 플랑드르 지방 화가들에 대해서는 여러 면에서 관심이 있습니다. 그림을 잘 그리기도 했지만 그 지역이 16, 17세기에 발전한 것과도 관련해서 흥미롭습니다. 이번 겨울방학에는 베르메르 이전 시대의 브뤼헐 등 그쪽 화가들의 그림책을 보려고 하는데 잘 되려는지 모르겠습니다.

강동원 : 제가 2년 동안 헤이그에서 파견 근무할 때 교수님께 연락을 드렸더니, 그쪽에 있을 때는 렘브란트 그림은 꼭 봐야 된다고 하셔서 점심시간 때마다 일부러 시간 내서 뮤지엄에 갔었습니다. 정말 아는 만큼 더 많이 보이는 것 같더라구요. 그런데 교수님께서는 그 바쁘게 연구를 하시면서도, 이걸 또 언제 그렇게 신경을 … (웃음) 정말 대단하신 것 같아요.

박준 : 네덜란드 미술을 해설하는 비디오 강의에서 들었던 것 같은데. 헤이그에 있는 국제사법재판소를 비롯한 여러 국제기구에서 일하는 분들이 힘들고 날씨가 나빠도 그 일을 계속할 수 있는 것은 헤이그나 그 근방에 있는 미술관에 가서 그림을 보는 재미 때문이라는 겁니다. (웃음)

김성은 : 교수님은 변호사로서도 교수로서도 너무 많은 업적을 이루신 것 같습니다. 어떻게 시간활용을 하시는지요? 그리고 그 시간활용의 우선순위는 어떻게 정하시는지요? 그 생각의 과정을 후배 변호사나 후학들에게도 말씀해 주시면 좋을 것 같습니다.

박준 : 김성은 변호사는 잠을 안 자면 될 것 같은데요. (모두 웃음)

김성은 : 저는 체력이 안 되어서 잠을 많이 자야 해요… (웃음)

정순섭 : 잠을 4시간 이상 안자면 돼요.

박준 : 스티븐 코비의『성공하는 사람들의 7가지 습관』을 열심히 읽어본 것은 아니지만 그 책에 나오는 이야기 중에서 한 가지는 잊지 않고 있습니다. 사람들이 중요한 일과 급한 일 중에서 대개는 급한 일을 먼저 하고 중요한 일은 잊어버리고 하지 않는다는 겁니다. 중요한 일을 해야 한다는 것이지요. 운동을 하고 체력 관리하는 것도 중요한 일이지만 매일 처리해야 할 급한 일이 계속 생기니 미루게 되기 쉽습니다. 쉬운 결정은 아닐 겁니다. 급한 것도 처리하면서 중요한 것을 해야 하니까. (웃음) '중요한 것을 잊어버리면 안 된다.'는 것이지요. 또 여유가 생기면 즐겁고 재미있는 것도 해야지요. (웃음) 음악회도 가고, 전람회도 가는 겁니다.

김 변호사가 물어보신 것은, 한정된 시간 자원을 어떻게 나눌 것인가인데, 알뜰하게 살 수밖에 없을 것 같습니다. (모두 웃음)

김성은 : 굉장히 충격적이네요. (웃음)

박준 : 로펌 생활할 때도 같은 이야기를 했었습니다. 로펌 생활이 매우 바쁜데 그렇다고 하루 종일 일하고 집에 가는 것만 반복해서는 오래 하기도 쉽지 않을 겁니다. 약간은 일이 아닌 것에도 시간을 쪼개 쓸 수 있어야 할 텐데 그것은 시간을 알뜰하게 나누어서 하는 수밖에 없을 겁니다.

〈향후 계획〉

고창현 : 아까 정년이 좀 빨리 온 것 같다 그렇게 말씀하셨는데, 연구하고 강의하시는 일들은 아마 더하시겠지요? 제 생각에도 그것은 진심을 다해서 열심히 하실 것이라 전혀 의문이 없는데요. 얼마 전 제가 학교에 왔었는데, 그때 교수님께서 배드민턴 채를 들고 나오시면서 그거 배우러 가신다고 그러시더라고요. 그것처럼 지금 이 시점에서 뭔가 새로운 일을 해보시고 싶다거나, 아니면 더 성취하고 싶다거나 그런 것이 혹시 있으신지 궁금합니다.

박준 : 교수가 되어 연구하고 강의해 보니, 이게 정말 너무나 넓은 바다입니다. 배를 타고 나가서 연안만 돌고 올 수도 있지만 멀리 태평양까지 갈 수도 있습니다. 너무나 넓은 세상이므로 굳이 다른 걸 찾아볼 것이 없을 것 같습니다. 그래서 현재로서는 새로운 것을 찾으려고 하지 않고, 연구와 강의를 몇 년 더 해보려고 합니다. 몇 년이 지나면 또 다른 생각이 들지도 모르겠습니다. 법학 이외에도 흥미롭게 공부하고 싶은 것도 여러 가지 있으니 그런 것을 공부하는 것도 즐거운 일이 될 것으로 생각하고 있습니다.

이영경 : 그 답변이 반갑기도 한데요. 실무가의 입장에서 교수님의 『금융거래와 법』 저서가 발간되어서 정말 좋았습니다. 금융법 쪽이 어찌 보면 연구가 아직은

많이 이루어지지 못한 분야들이 굉장히 많습니다. 교수님께서 여러 가지 글을 쓰셨는데, "상법상 사채의 속성"을 비롯한 사채에 관한 글이라든지 "서브프라임 대출관련 금융위기의 원인과 금융법의 새로운 방향 모색"과 같은 2008년 금융위기에 관한 글이라든지, 교수님께서는 어떤 분야를 파고들어서 글을 쓰시면 그 분야에서 독보적인 글이 나오더라고요. 그래서 독자로서 굉장히 기다려지는 마음이 듭니다. 아까 앞으로의 연구활동을 잠깐 언급하셨는데 어떤 분야를 하실 것인지 좀 궁금하기도 합니다. 책을 내실 계획이 있으신지도 궁금하고요.

박준 : 있는 책을 보완하는 것도 작은 일이 아니라서, 앞으로 3년 정도는 새 책을 내기보다는 있는 책을 좀 더 좋게 만드는 데 치중하려고 합니다.

고창현 : 3년 동안은 두 분께서 하실 건가요. 다른 사람을 추가할 생각은 없으신가요?

박준 : 예. 한교수와 둘이서 하려고 계획하고 있습니다.

강동원 : 저는 좀 더 근원적인 질문을 마지막으로 드렸으면 하는데요. 성공적인 법조인으로서의 삶을, 그리고 훌륭한 교수로서의 삶을 살아오셨는데요. 그 이외에도 인생의 궁극적인 목적인 행복 또 여러 가지 정의 관련해서, 법조 선배이자 어른으로서 후배들한테 건의하고 싶은, 인생의 바람직한 목표 등이 있으시면 말씀해 주십시오. (웃음)

박준 : 갑자기 인생의 바람직한 목표라니 어렵네요 … (웃음) 저는 이렇게 답을 하겠습니다. '내가 나중에 어떤 사람으로 기억되고 싶은가를 먼저 스스로 생각하라.' 나중에 은퇴하고 세상을 떠났을 때, 사람들이 나를 어떻게 기억하고 있을까를 생각하고, 그 기억되고 싶은 모습으로 지금 살아가면 되는 것 아닐까요. 그것은 모든 사람에게 같을 수가 없을 겁니다. 각자 내가 사람들에게 어떻게 기억되고 싶은지를 생각해보면 살면서 여러 면에서 조심도 하게 되고 새로운 노력도 하게 될 겁니다.

강동원 : 또 찔리네요. (모두 웃음) 항상 우문현답을 주시니까요.

김정연 : 여기서 마무리하겠습니다.

일동 : 늘 건강하십시오.

박준 : 감사합니다. 모두 건강하고 행복하길 바랍니다.

(일동 박수)

찾아보기

저자소개

박 준
서울대 법대 졸업
하버드대 LL.M.
변호사(김·장 법률사무소)
서울대 법학연구소 금융법센터장
서울대 금융경제연구원장
서울대 법학전문대학원 교수
(현) 서울대학교 경영대학 객원교수

서울대학교 법학연구소 Medvlla Iurisprudentiae

"Medvlla Iurisprudentiae"는 '법의 정수精髓·진수眞髓'라는 뜻으로, 서울대학교 법학전문대학원에서 정년퇴임하는 교수들의 논문을 모아 간행하는 총서입니다.
법학 교육과 연구를 위해 일생을 보내고 정년퇴임하는 교수들의 수많은 연구업적들 중 학문적으로 가장 가치있는 논문만을 엄선하여 간행하였습니다.
이 총서가 법학자의 삶을 되돌아보게 하고 후학에게 귀감이 되기를 바랍니다.

금융법의 새로운 전개

초판발행	2020년 5월 30일
지은이	박 준
펴낸이	안종만·안상준
편 집	김선민
기획/마케팅	조성호
표지디자인	조아라
제 작	우인도·고철민·조영환
펴낸곳	(주) **박영사**
	서울특별시 종로구 새문안로3길 36, 1601
	등록 1959. 3. 11. 제300-1959-1호(倫)
전 화	02)733-6771
f a x	02)736-4818
e-mail	pys@pybook.co.kr
homepage	www.pybook.co.kr
ISBN	979-11-303-3640-4 93360

copyright©박 준, 2020, Printed in Korea

* 잘못된 책은 바꿔드립니다. 본서의 무단복제행위를 금합니다.

정 가   49,000원